Collection
L'HOMME ET LA NATURE

LE RHÔNE
Du Léman à Lyon

Ouvrages du même auteur :

L'Ondaine, vallée du fer, Le Hénaff éd., Saint-Etienne, 1981.
La Chautagne, Institut des études rhodanienne, Lyon, 1981.
L'Evolution des paysages végétaux de la côtière des Dombes, I.R.C.A.V.E., université Lyon III, 1981.

En collaboration :

Cartographie polythématique appliquée à la gestion écologique des eaux,
C.N.R.S., Lyon, 1982.
Recherches interdisciplinaires sur les écosystèmes de la basse plaine de l'Ain (France),
Documents de cartographie écologique, XXIX, Université Grenoble-I, 1986.

Ouvrage publié avec le concours
du Centre national des lettres

LE RHÔNE
Du Léman à Lyon

Jean-Paul Bravard

Préface de Michel Laferrère

L'HOMME ET LA NATURE

La Manufacture

Sommaire

Préface 13
Introduction 17

PREMIERE PARTIE
LE FLEUVE DANS SA VALLEE A L'AUBE DE L'ERE INDUSTRIELLE

I. Une vallée marquée par l'héritage glaciaire 35
  1. Les étapes de l'abandon par les glaces 35
  2. Le Rhône encaissé, de Genève à Seyssel 37
    a. Le Rhône dans la cuvette lémanique 37
    b. Les gorges du Rhône, de Fort-l'Ecluse à Seyssel 40
  3. Le remplissage des cuvettes de surcreusement glaciaire 41
    a. Les ombilics 41
    b. Le remplissage des cuvettes du Rhône jurassien 42
      — Le tronçon Le Parc-Yenne 46
      — Le tronçon La Balme-Cordon 47
    c. Le remplissage des cuvettes dauphinoises 49
      — Le cours du Rhône holocène dans les Basses-Terres ... 49
      — Le bassin de Briord 52
  4. De la basse plaine de l'Ain à Lyon 54
    a. Les niveaux tardi-glaciaires et holocènes de la confluence ... 54
    b. Le déplacement géographique de la confluence de l'Ain depuis le Moyen Age 56
    c. La plaine du Rhône en aval de la confluence de l'Ain .. 57
    d. Le Rhône et la Saône dans Lyon 59
  5. Le colmatage imparfait de la cuvette de Bourgoin-La Verpillière ... 61
  Conclusion 63

**II. La dynamique fluviale du Haut-Rhône au début du XIXe siècle :
réalités et perception des faits** 67
  1. Le Rhône, du lac Léman au Parc 68
    a. Des versants instables 68
    b. Un torrent 71
  2. La plaine du Rhône et les arrière-marais de Chautagne et de Lavours ... 73
    a. Le Rhône 74
    b. Les marais de Chautagne et de Lavours 76
      — Les flux hydriques 77
      — Les apports minéraux d'origine fluviale dans les marais ... 79

◀ *Le Rhône à l'amont de Lagnieu (cl. P. Porte).*

3. Les Basses-Terres du Dauphiné 80
    a. La plaine fluviale postérieure à la capture 81
      — Le modèle tressé aux XVIIIe et XIXe siècles 81
      — Du pont d'Evieu au pont de Groslée : l'affrontement de deux styles 87
    b. La plaine de l'ancien cours du Rhône 88
    c. Le Rhône dans la cuvette de Briord 90
4. Le Rhône entre le confluent de l'Ain et Lyon 91
    a. Les méandres de Balan-Villette d'Anthon 92
    b. Le passage des îles de Miribel 93
    c. Essai d'interprétation de la dynamique fluviale entre le confluent de l'Ain et Lyon 97
5. Remarques d'ordre général sur le tressage du Haut-Rhône 101
    a. Le tressage 101
    b. Le tressage du Haut-Rhône. Essai d'explication 102
    c. Le tressage, générateur de milieux diversifiés 104
Conclusion 109

III. Le régime des eaux avant l'ère des grands travaux 115

1. Un fleuve aux caractères submontagnards 115
    a. Une forte abondance spécifique 115
    b. L'émissaire du lac Léman : un régime glaciaire atténué 116
    c. L'Arve, dernier affluent montagnard 118
2. Les affluents préalpins et jurassiens : un début de compensation 118
    a. Les affluents préalpins 118
    b. Les affluents jurassiens 119
3. Des crues violentes atténuées par les plaines 121
    a. Les crues du Haut-Rhône : l'influence complexe des affluents 121
    b. L'influence bénéfique des plaines d'inondation 123
4. La variabilité naturelle de l'abondance et du régime 129
Conclusion 130

Conclusion de la première partie 131

DEUXIEME PARTIE
VERS LA MAITRISE DES EAUX.
LES SOCIETES HUMAINES DANS L'ENVIRONNEMENT FLUVIAL

I. Les sociétés riveraines, contraintes et adaptations aux époques d'économie traditionnelle . 135

1. L'occupation agricole des plaines alluviales 135
    a. Principes d'organisation de l'espace rural 135
    b. Les terroirs de plaine fluviale, paysages et affectations 138
      — Iles, grèves, brotteaux 138
      — Paysage et affectation des grands domaines nobles et religieux 142
      — Les terres paysannes, une agriculture risquée 149
      — Les premières tentatives de défense 153
    c. Les grands marais 157
      — Le statut foncier des terres de marais 158
      — Les grands marais : un espace vital 159
      — L'échec des premières tentatives dans les marais intramontagnards 164
      — L'œuvre de bonification : près de cent cinquante ans d'efforts 167
      — Le bilan de la bonification napoléonienne 170
Conclusion 172

2. Les usages traditionnels des eaux fluviales 174
    a. La pêche 174
        — Les poissons 174
        — Les domaines de pêche 176
        — La réglementation de la pêche 177
        — La destruction du poisson 178
    b. Les moulins : une énergie mal utilisée 179
        — Les moulins du Rhône flottable, entre Genève et Bellegarde 180
        — Les moulins du Haut-Rhône navigable jurassien 181
        — Les moulins du Rhône extra-jurassien 182
    c. La navigation 186
        — Sur le Rhône, des conditions naturelles très contraignantes ... 186
        — La navigation sur la rivière d'Ain, le Furan et le Séran 189
        — Le trafic des voies navigables dans la première moitié du XIXe siècle ... 191
3. La défense des plaines et des villes par les endiguements 194
    a. Les premiers grands travaux de génie civil à l'amont de Lyon ... 194
        — La fixation du confluent Rhône-Guiers à la fin du XVIIIe siècle ... 194
        — L'endiguement des plaines de Chautagne-Lavours (1773-1857) 195
        — La protection de Seyssel 196
    b. La fixation du cours du Rhône à Lyon 196
        — La situation au milieu du XVIIIe siècle 197
        — La digue de la Tête-d'Or (1756-1769) 197

    Conclusion 198

II. Le contrôle des eaux fluviales (XIXe-XXe siècles) 203
1. La défense de Lyon contre les inondations 203
    a. Les premières réalisations : 1825-1840 203
    b. 1840-1856 : priorité à l'urbanisme 205
    c. Du désastre de 1856 à la protection définitive 208
2. Le Rhône navigable, des projets aux réalisations 210
    a. Les pionniers 211
    b. Prise de décision et aménagement : un effort national décevant ... 211
    c. L'œuvre du Service de la navigation des Ponts et Chaussées ... 215
    d. L'évolution du trafic fluvial à l'époque de la vapeur :
        une correction fluviale inutile ? 221
        — Le flottage du bois sur l'Ain 224
        — Le transport des voyageurs de Lyon à Aix-les-Bains 224
        — La descente de la pierre du Sault à Lyon 225
3. Le contrôle des eaux du lac Léman et des Alpes suisses 226
    a. Les barrages et la machinerie hydraulique de Genève 227
    b. La réglementation de barrage du Léman 228
    c. Les difficiles relations franco-suisses 230
    d. Le contrôle des eaux alpestres 232
4. L'ère de la houille blanche sur le Rhône français 233
    a. Un carrefour d'initiatives 233
    b. Un fleuve en réserve 238
        — Le Haut-Rhône flottable 238
        — Le Haut-Rhône navigable 239
    c. Les aménagements de la Compagnie nationale du Rhône 241
    d. L'équipement hydroélectrique de l'Ain 244

    Conclusion 245

III. Les plaines du Haut-Rhône : déclin et reprise contemporaine 249

1. Les difficultés des plaines humides à la fin du XIXe siècle 249
   a. La loi de 1858 et ses implications dans les plaines fluviales 250
      — De la crue de 1856 à la loi de 1858 250
      — La politique rigoureuse des Ponts et Chaussées dans les grandes plaines
        d'inondation 252
      — La protection précaire des domaines et villages 254
   b. Le déclin rural des plaines 257
      — Les plaines du Bugey rhodanien 258
      — Le retour de l'eau dans les marais du Bas-Dauphiné 259
      — La Chautagne : de la crise d'un coteau à l'abandon d'un marais 263
   c. L'échec des tentatives d'irrigation dans la basse plaine de l'Ain 265
      — Le projet d'irrigation de la plaine du Rhône avec les eaux de l'Ain (1865-1868). 267
      — Le projet d'irrigation de la plaine de Loyettes (1899-1903) 268
   Conclusion 269

2. La renaissance agricole des plaines au milieu du XXe siècle 271
   a. Le retour aux marais 271
   b. Le boisement artificiel des plaines 273
   c. Une céréale en expansion : le maïs 274
   Conclusion 275

3. Les prélèvements d'eau et de matériaux dans le fleuve et sur ses berges 276
   a. L'alimentation de l'agglomération lyonnaise en eau potable 276
   b. Le refroidissement de la centrale nucléaire de Bugey 278
   c. Les prélèvements de matériaux dans la plaine alluviale 281
      — Les premiers prélèvements 281
      — L'extraction fluviale dans l'agglomération lyonnaise (1957-1984) 282
      — Les extractions entre Sault-Brénaz et Genève 284
   Conclusion 285

Conclusion générale de la deuxième partie 287

TROISIEME PARTIE
LES CHANGEMENTS CONTEMPORAINS DE L'AMENAGEMENT FLUVIAL

I. Les impacts sur la géomorphologie fluviale 293

Aspects méthodologiques 293

1. L'évolution du profil en long 295
   a. Le basculement du canal de Miribel 295
      — Les faits 295
      — L'interprétation de H. Girardon 297
      — Tentatives de correction et poursuite du basculement 298
      — Interprétation générale 300
   b. L'évolution des lignes d'eau depuis 1845 entre Génissiat et Loyettes 301
   c. L'évolution de la ligne d'eau à l'amont de la retenue de Génissiat 304
   Conclusion 304

2. La chenalisation du Rhône 305
   a. La Chautagne de 1760 à 1983 305
   b. L'évolution géomorphologique des îles de Brégnier 306
   c. L'évolution géomorphologique de la lône du Méant 307
      — La situation au XIXe siècle 310
      — Les travaux de génie civil et leurs effets 310
   Conclusion 311

3. Le renouvellement des formes fluviales 311
4. L'évolution contemporaine de la charge alluviale fine 312
    a. La vidange des réservoirs 313
    — Raison des vidanges et technique utilisée 313
    — Le flux minéral et la pollution mécanique 314
    b. Les effets induits des lâchures de sédiments 315
    c. L'étude rétrospective de la sédimentation fine 317
    — L'évolution de la sédimentation à l'extrémité méridionale du Jura 317
    — Les implications d'ordre économique et écologique 319
    Conclusion 321

II. Les impacts sur l'écoulement des eaux superficielles et souterraines 323

1. L'influence des barrages sur le régime du Rhône 323
    a. Le lac Léman et les réservoirs alpestres 324
    b. L'aménagement hydroélectrique de l'Ain 328
    c. Les barrages sur le fleuve et la modulation des débits 329
    — Les premiers barrages hydroélectriques : Coulouvrenière, Chèvres, Jonage 329
    — De Génissiat à Sault-Brénaz : éclusage et modulation des débits 331
    — Le Rhône court-circuité 333
    Conclusion 334
2. La contraction du champ d'inondation 335
    a. L'évolution du champ d'inondation avant 1980 335
    — Le bilan dans les plaines de Chautagne et Lavours 336
    — Le bilan dans la plaine de Miribel-Jonage 338
    — Le bilan dans l'agglomération lyonnaise 340
➤   b. L'impact des travaux de la Compagnie nationale du Rhône 340
    — L'impact direct des ouvrages 341
    — La mise en eau des marais et du lac du Bourget 342
    — La protection des terres agricoles riveraines 344
    Conclusion 345
3. Les impacts sur le niveau et l'écoulement des eaux souterraines 346
    a. La nappe phréatique entre Jons et Villeurbanne 346
    b. La nappe phréatique de la Chautagne 348
    — L'impact indirect des endiguements longitudinaux sur la nappe 348
    — L'impact des travaux de la Compagnie nationale du Rhône 350
    Conclusion 350

III. Impacts et qualité des milieux vivants 353

1. Des eaux fluviales de bonne qualité 353
    a. La situation au milieu du XIXe siècle 353
    b. La situation actuelle 354
    — Le Haut-Rhône a une eau très bien oxygénée 355
    — Une eau minéralisée mais une pollution chimique très faible 359
    — Un état sanitaire satisfaisant 359
2. Des biocénoses aquatiques dégradées 360
    a. L'état ancien des peuplements 360
    b. Niveau typologique potentiel et niveau réel 361
3. L'impact des grands travaux sur la qualité des eaux et sur les biocénoses aquatiques . 363
    a. L'impact des travaux d'endiguement réalisés au XIXe siècle 364
    b. Travaux et géographie des espèces 366

    c. L'impact des barrages hydroélectriques 367
      — Le barrage de Jons (1938) : un effet d'obstacle ? 368
      — Les mutations écologiques dans les réservoirs et les retenues 368
      — Les mutations écologiques à l'aval des retenues dans le cadre
        d'un fonctionnement normal 372
      — Les effets biologiques des vidanges des barrages 374
    d. Les impacts sur l'environnement de la centrale nucléaire du Bugey 378
      — L'impact des rejets d'eau réchauffée 378
      — Les effets chimiques des rejets liquides 379
      — L'impact des réfrigérants atmosphériques 379
  4. Les impacts sur la végétation et la faune terrestres 381
    a. Les formations végétales actuelles dans la plaine alluviale 381
    b. L'évolution générale de la ripisylve depuis la fin du XIXᵉ siècle 383
      — L'effet de l'endiguement insubmersible de Chautagne 384
      — L'effet de l'endiguement submersible 384
      — L'impact des ouvrages hydroélectriques de la C.N.R. 385
    c. Le statut de la faune dans les ripisylves rhodaniennes 385
      — L'avifaune 385
      — La faune terrestre 386
    d. Régénération géomorphologique, intérêt écologique et paysager 387
    e. L'évolution des marais après leur abandon 390
  Conclusion 391

IV. Conclusion de la troisième partie : réflexions sur la notion d'impact 395
  1. Aménagements et impacts 395
    a. Aménagements et réalité des impacts 395
    b. Aménagements et complexité des réponses 396
    c. Changement et perception du changement 397
    d. La dynamique du changement 399
  2. Les hommes et le changement sur le fleuve 402
    a. Des espaces naturels sur le Haut-Rhône ? 402
    b. La reconquête agricole des plaines et la hiérarchie des contraintes 403
    c. Modification des contraintes naturelles et déterminisme géographique 403
    d. L'émergence des conflits 404

CONCLUSION GENERALE :
UNIVERSITE ET DIVERSITE DE L'ESPACE RHODANIEN

Annexes
  Bibliographie 415
  Cartes, plans, photographies 429
  Glossaire 431
  Table des photographies 433
  Table des figures 434
  Index géographique 437
  English Summery: the Rhone River, between Geneva and Lyon 441
  List of illustrations 449

Préface

Je suis heureux de préfacer un livre qui devrait intéresser aussi bien les ingénieurs que les écologistes, si souvent divisés sur les projets de grands travaux. Il sera lu sans doute par beaucoup d'autres qui admirent les réalisations techniques de notre époque, mais qui s'inquiètent aussi des atteintes à l'environnement.

Il a pour sujet le Haut-Rhône français, un fleuve plutôt paradoxal : des générations d'ingénieurs ont été chargées de régulariser son lit pour la navigation, de lutter contre ses crues, de bonifier ses rives marécageuses, d'utiliser ses eaux pour la production d'énergie ; or il n'a fixé sur ses rives que des villages, quelques petites villes et si peu d'industries qu'on peut le considérer comme le moins humanisé des fleuves français, le plus naturel au sens courant de ce mot, malgré la proximité de deux grandes métropoles : Genève et Lyon.

Cet environnement verdoyant s'explique par le tracé du fleuve. Entre la cuvette du Léman et la plaine lyonnaise, le Rhône traverse un ensemble montagneux d'une grande complexité, où les plis du Jura méridional se raccordent à ceux des Préalpes. Et une fois franchi le dernier alignement anticlinal, il oblique vers le nord-ouest pour longer les hauts reliefs du Bugey, au lieu d'utiliser les grands couloirs du Bas-Dauphiné en direction de Lyon.

Avec un tracé aussi compliqué et dans ce milieu montagnard, le fleuve ne pouvait rassembler les hommes comme il le fait entre Lyon et la mer. Le Haut-Rhône est donc resté plus agreste, presque sauvage par endroits, avec des ravins instables, d'étroits défilés rocheux, un authentique canyon calcaire récemment noyé par les eaux d'un barrage-réservoir, de vastes étendues de plaines humides et marécageuses, et aussi ces broussailles arborescentes appelées brotteaux dans le vieux langage lyonnais.

On comprend que ce domaine fluvial ait tenté un géographe naturaliste, tel que Jean-Paul Bravard ; et il faut féliciter ce spécialiste de géomorphologie d'être aussi un humaniste, ayant le sens de l'histoire ; contrairement aux apparences, en effet, l'homme est intervenu très souvent sur le Haut-Rhône.

Nous disposons donc maintenant d'un excellent champ d'observation pour la géomorphologie fluviale dans ses principaux secteurs d'étude : dimension et tracé du lit mineur en basses eaux, périmètre d'inondation en période de crues, répartition des profondeurs en fonction du transport des alluvions et de la nature des roches en place, comportement des berges et des îles, peuplement par la végétation. Sur ces espaces rhodaniens, superficiellement occupés par l'homme, mais soigneusement répertoriés et cartographiés par les ingénieurs en différentes circonstances, il est possible d'observer les formes construites par le fleuve dans son aire d'écoulement.

Elles définissent un état d'équilibre du milieu naturel, où il faut savoir discerner le jeu des principaux facteurs physiques : débit, pente, charge alluviale des eaux, nature des alluvions, composition du tapis végétal, etc.

Ainsi, dans les archives du Service de la navigation, sur des cartes et des photographies aériennes, l'auteur a retrouvé le style géomorphologique du tressage, caractéristique d'un fleuve montagnard, c'est-à-dire à forte pente avec une charge caillouteuse abondante : le chenal d'écoulement principal des eaux déjà sinueux, est accompagné de nombreux autres chenaux de moindre importance encore plus sinueux, parfois anastomosés, ce qui donne à l'ensemble l'allure d'un faisceau de fibres d'inégale épaisseur avant tressage. Ce phénomène existe aussi sur le Bas-Rhône, mais l'observation est moins facile par suite d'une occupation humaine plus ancienne et plus dense.

Cependant, même sur le Haut-Rhône, les formes construites par le fleuve dépendaient de l'action conjointe de facteurs naturels et de facteurs humains, et c'est dans l'appréciation des uns et des autres qu'il fallait un géographe quelque peu historien. Car les moyens techniques des communautés riveraines du fleuve ont considérablement varié : très faibles pendant des siècles, ils ont brusquement accru leur efficacité à la fin du XVIIIe et surtout au XIXe siècle, à tel point que les positions respectives des deux partenaires se sont inversées : totalement soumis aux contraintes du fleuve avant l'ère technicienne, l'homme a complètement maîtrisé la totalité du domaine fluvial avec les derniers ouvrages réalisés par la Compagnie nationale du Rhône, ce qui accroît ses responsabilités dans la construction de nouveaux équilibres naturels.

L'ouvrage de Jean-Paul Bravard renouvelle aussi la géographie régionale. Depuis la thèse de Maurice Pardé, le Haut-Rhône avait une personnalité hydrologique ; mais dans leurs analyses, les géographes ne lui reconnaissaient guère que la valeur d'une frontière entre des unités naturelles différentes qui furent aussi des entités historiques : Alpes de Savoie, Jura, Bugey, Ile-Crémieu, Dombes et Bas-Dauphiné.

Dorénavant, on pourra voir dans cette vallée, physiquement hétérogène sans doute, un espace fluvial unique, convoité comme tant d'autres et aménagé en conséquence, mais avec des objectifs chaque fois limités dans le temps et qui ne se recouvrent guère : terroirs agricoles des plaines humides, fournisseurs de fourrage et d'humus pour les coteaux agricoles voisins, comme ce fut le cas de la Chautagne jusqu'en 1914 ; voie navigable pour l'approvisionnement de Lyon au XIXe siècle en pierres à bâtir, en bois, voire en pommes de Savoie débarquées sur les bas ports de la Guillotière et du quai de l'Hôpital ; espace d'écrêtement des crues avec l'écoulement alternatif du lac du Bourget et les endiguements submersibles de la plaine du Bouchage ; espace de bonification agricole par drainage des marais ; enfin espace énergétique avec la formule du barrage de basse chute sur canal de dérivation, expérimentée avec succès dès 1899 à Cusset, près de Lyon, par d'anciens ingénieurs de Suez, reprise cinquante ans plus tard pour l'équipement du Bas-Rhône, et de nouveau utilisée pour le Haut-Rhône à la faveur des chocs pétroliers des années soixante-dix : et n'oublions pas Génissiat, l'unique barrage réservoir du Rhône français, qui mit fin en 1948 aux coupures de courant de l'après-guerre.

Ces aménagements concernent surtout les plaines alluviales, séparées les unes des autres par des défilés rocheux. Sur la carte, cette disposition pourrait rappeler le Bas-Rhône entre Vienne et Donzère. En réalité, la vallée du Haut-Rhône est physiquement beaucoup plus hétérogène pour le motif suivant : entre les plis anticlinaux du Jura et les Préalpes qui s'enchevêtrent comme les voies d'une gare de triage, les énormes masses de glace du début de l'ère quaternaire ont creusé de gigantesques excavations ; et sur l'emplacement de ces ombilics les remblaiements alluviaux du Rhône et de quelques autres cours d'eau mineurs ont été très inégaux.

Ainsi, à propos de la plaine de Chautagne, qui fut l'objet de sa thèse de troisième cycle publiée en 1981, Jean-Paul Bravard avait analysé le fonctionnement du cône de déjection du Rhône. Bien approvisionné en galets, sables et argiles arrachés à la cuvette lémanique et aisément transportés dans le canyon calcaire de Bellegarde à Seyssel, ce cône a isolé l'un de l'autre les marais de Chautagne et celui de Lavours ; mais, en temps de crue, les alluvions fines renouvelaient la fertilité des marais où, chaque année, les agriculteurs prélevaient la blache. Ainsi était prouvé le bien fondé de la comparaison faite jadis par Lenthéric entre le Rhône et le Nil.

Ces mécanismes complexes sont maintenant présentés pour l'ensemble de la vallée du Haut-Rhône, dans cet ouvrage qui a valu à son auteur le titre de docteur d'Etat. On y perçoit le rôle des défilés rocheux où s'engouffre le Rhône, le moins actifs n'étant pas celui de Sault-Brénaz, en amont du confluent de l'Ain et de la vaste plaine de Miribel-Jonage, où de spectaculaires basculements du lit furent observés le long d'un canal de navigation du XIXe siècle. En définitive, ce qui distingue ces plaines de leurs homologues du Bas-Rhône, c'est l'instabilité du plancher alluvial qu'elles ont offert au fleuve, et cette caractéristique résulte de la vigueur du surcreusement glaciaire.

Ainsi sur ce point, comme sur beaucoup d'autres, Jean-Paul Bravard a atteint l'objectif que je lui avais fixé lors du choix de son sujet de thèse : retrouver dans la géographie physique les principes d'une nouvelle unité régionale. Mais son livre a aussi le mérite, sans doute plus important, d'éclairer d'un jour nouveau le débat écologique.

On entend dire souvent en effet : les milieux naturels sont des milieux qui ont été modifiés antérieurement, et non des reliques de la nature originelle. Ils n'ont donc pas ce caractère intouchable que certains voudraient leur conférer pour faire prévaloir une politique de protection rigide de la nature, considérée comme un patrimoine inaliénable de l'humanité.

En fait, l'exemple du Haut-Rhône montre fort bien que si l'on modi-fie le milieu naturel, cela entraîne effectivement une évolution vers un nouvel état d'équilibre ; mais il révèle aussi l'existence de deux types d'évolution : les unes réversibles aboutissent à des états pro-ches de l'état antérieur ; les autres irréversibles entraînent un appau-vrissement du milieu, voire des effets pervers redoutables à long terme.

Le choix entre les deux possibilités pourrait constituer une vérita-ble politique de protection de la nature.

Michel Laferrère

Introduction

1. Le Rhône, de la source à la mer

Dans son parcours suisse, le Rhône draine le Valais, gigantesque tranchée longue de deux cents kilomètres ; c'est la "gouttière médullaire" des Alpes italo-suisses qui sépare au nord les Alpes bernoises calcaires et au sud les Alpes pennines cristallines. Du col de la Furka (2 431 mètres) à Brigue, ce "sillon rigide", d'origine structurale, se resserre d'abord en gorges et ombilics surcreusés par les glaces avant de s'élargir en une plaine intramontagnarde bien calibrée, au fond plat remblayé par les apports alluviaux. A l'aval de Martigny, la vallée change de direction, s'oriente au nord-ouest pour franchir en cluse les nappes sédimentaires du flanc nord des Alpes et sortir de la chaîne. L'originalité majeure du Valais est une opposition classique entre un adret tourné au midi, versant du vignoble, des arbres fruitiers tels que noyers et pêchers et d'espèces végétales thermophiles tels que les pins et les genévriers, et un ubac forestier, domaine du châtaignier et des conifères de l'étage montagnard et subalpin.

Parvenu à une altitude de 375 mètres, le Rhône suisse se jette dans le lac Léman, immense mer intérieure de 582 kilomètres carrés et profonde de plus de trois cents mètres. Le lac occupe une dépression péri-montagnarde, entre Alpes et Jura, dont l'origine serait peut-être structurale en contrebas des grandes nappes calcaires du Chablais mises en place à la fin de l'ère tertiaire.

Les glaciers quaternaires ont surcreusé les formations molassiques meubles d'origine détritique mises en place en milieu marin à l'ère tertiaire. Après la fusion du dernier glacier, à la fin de l'époque dite würmienne, une nappe lacustre d'un volume de quatre-vingt-dix millions de mètres cubes s'est mise en place dans l'immense dépression ; le Rhône suisse a colmaté la partie amont du lac, entre le Chablais et l'Oberland, en construisant un cône de déjection. Il a été maintes fois souligné que le Léman est un organisme lacustre tout à fait distinct du Rhône suisse par la nature des sédiments variés qui s'y déposent, par sa flore et sa faune, par la chimie de ses eaux, si bien que le Rhône à Genève soutire les eaux d'un lac. Un Rhône nouveau va entrer sur le territoire français : « Le fleuve meurt pour renaître. Décanté, lavé, assagi, il sort du lac avec des eaux si claires qu'elles se refusent un temps à se mêler à celles que lui apporte l'Arve à la Jonction[1]. »

A l'aval du lac Léman et jusqu'à Lyon, la vallée du Rhône présente son tracé le plus complexe car les sollicitations structurales n'ont pas la clarté valaisanne. On considère plutôt que le fleuve s'est donné un tracé quaternaire, peut-être très récent, à travers le réseau complexe des plis savoyards et jurassiens. La vallée a un caractère particulièrement hétérogène et inachevé, mettant bout à bout le ravin

1. D. Faucher, 1968.

aux versants instables de la cuvette glaciaire genevoise, les cluses épigéniques resserrées à la traversée des monts jurassiens (Fort-de-l'Ecluse, Pierre-Châtel), la gorge étroite incisée dans la dalle calcaire en amont de Génissiat, les belles vallées synclinales de Chautagne et du Bugey méridional... Au sortir du Jura, le Rhône évite le Bas-Dauphiné, où de larges vallées glaciaires ont longtemps fait croire à son passage, pour adopter un tracé difficile au contact du Bugey et de l'Ile-Crémieu. Le Rhône devient alors fleuve de piedmont et inscrit son tracé dans le vaste complexe morainique et fluvioglaciaire établi en contrebas des chaînes alpine et jurassienne lors de la dernière glaciation. Le Rhône est ici l'héritier du lointain "Sandur" würmien, cette plaine d'épandage caillouteux que l'on peut imaginer à l'image des plaines de déglaciation arctiques.

A Lyon, ce fleuve étrange rejoint l'axe séquano-rhodanien qui se dessine nettement de la partie méridionale des plateaux lorrains à la Méditerranée. C'est enfin « le Rhône, le Rhône originel, on dirait volontiers le vrai Rhône[1] », plus familier que le fleuve montagnard. L'auteur mettait l'accent sur une unité retrouvée, produit d'une longue histoire géologique ; ce vieux sillon, creusé dans la molasse tertiaire au contact du Massif central et des grands cônes de déjection issus des Alpes, a subi des phases successives d'incision et d'alluvionnement qui ont modelé la "ria rhodanienne" et sculpté cette série de terrasses qui font l'originalité du paysage.

Cette histoire n'a pourtant pas effacé défilés et bassins, ces « témoins de l'architecture sous-jacente » : tantôt la vallée se resserre en défilés épigéniques à la traversée des blocs cristallins et calcaires, tantôt elle s'épanouit en cuvettes prospères. Alors que D. Faucher insistait sur l'homogénéité de l'espace, J. Bethemont (1972) met en avant l'impression d'émiettement donnée par la « pulvérisation du cadre » rhodanien. « De l'un à l'autre de ces obstacles, la course du fleuve est plus ou moins longue, sa pente plus ou moins tendue, sa vallée plus ou moins ample, enrichie ou non par des confluences, des sites d'abris, des points d'ancrage pour les ponts. » Cette présentation qui met l'accent sur l'hétérogénéité du cadre rhodanien, serait néanmoins excessive si elle omettait la torrentialité, facteur fondamental de la spécificité du Rhône. Quels que soient les avatars géologiques de son tracé, des Alpes à la mer, le Rhône possédait une puissante identité avant l'époque des grands aménagements. On a maintes fois souligné que le Rhône possède des caractères d'un fleuve torrentiel malgré la progressive pondération de son régime après chaque confluence importante. Les affluents alpins et massifs centraliens — Arve, Isère, Durance, Gard — injectaient une abondante charge caillouteuse dans l'axe fluvial à l'occasion de crues dévastatrices ; la "réponse" du cours d'eau à ces flux montagnards réside dans la vigueur de la pente, nécessaire au transit des sédiments, et dans un style géomorphologique tressé qui est une forme d'adaptation aux composantes du système. Quasiment de la source à la mer, le Rhône multipliait les îles et les bras dans un écheveau mouvant, imposant aux riverains une contrainte omniprésente ; rien de tel sur

18

le Rhin et le Danube, car ces fleuves perdent progressivement leur caractère montagnard en s'éloignant des Alpes.

2. Le Haut-Rhône français dans l'espace rhodanien

Si la « pulvérisation du cadre et l'émiettement des activités » ont empêché la basse vallée du Rhône de donner assise à une région, a fortiori n'est-il pas vain de définir un espace régional rhodanien à l'amont de Lyon ?

A l'aval de Lyon, le sillon rhodanien, ouvert entre le Massif central et les Alpes, appelle et concentre les flux de marchandises et la richesse. « Terre promise vers quoi tendent les hommes des hauts pays[2] » ; à l'amont de Lyon, rien de tel, car les sollicitations géographiques n'ont pas la même ampleur. Le fleuve y glisse un tracé hésitant au contact de provinces longtemps hostiles appuyées sur des unités naturelles évidentes physiques ou humaines. Les études de géographie régionale réalisées sur les pays préalpins et jurassiens ont toujours fait du val du Rhône une limite, une cloison étanche entre des entités géographiques autonomes : Jura méridional et piedmont savoyard, plaines de la Saône et Bas-Dauphiné ; « en agissant ainsi nous avons fait disparaître une unité certaine qui s'affirme de part et d'autre du fleuve[3] ».

Considéré sur une carte à petite échelle, il n'est pas contestable que le Haut-Rhône n'était guère mieux qu'une frontière confirmée par le traité de Paris en 1355, conclu entre la Savoie et le Dauphiné, et par le traité de Lyon en 1601. D. Faucher qualifiait le fleuve de « ligne de suture » entre provinces, et l'expression convient particulièrement bien.

A l'échelle de la vallée, et considéré par les communautés riveraines, le Rhône est marginal. Le val n'est jamais assez large pour que, de Genève à Lyon, une communauté puisse vivre exclusivement de la plaine alluviale ; le Rhône dans ses brotteaux n'est au mieux qu'un terroir accessoire car le cœur des finages est toujours sur les coteaux, comme les villages et les routes. Au XVIIIe siècle, le fleuve n'est pas véritablement une frontière politique mais un voisin tout à la fois utile et encombrant, qu'on repousse sur l'autre rive pour moins subir ses dégâts. Le Rhône d'alors n'est en rien comparable au Saint-Laurent, par exemple, qui peuple et enracine un pays neuf, « rue principale », « œkoumène linéaire » (G. Lasserre, 1980) ; il n'y a pas de civilisation fluviale ni même aquatique comme dans le Szigetköz ou le Sarköz hongrois où le contrôle systématique des milieux humides et des crues constituait la base de la prospérité. De ce simple point de vue, l'espace rhodanien ne serait qu'une juxtaposition de petits pays et de marais reliés par le fleuve, une région linéaire constituée par un « ensemble de sites semblables et contigus[4] ». Ainsi, la Semine, le val des Usses, la Chautagne et le Petit-Bugey sont les unités de base de ces « terres rhodaniennes » savoyardes relativement déprimées, car sans armature urbaine, que J. David (1980) oppose à l'avant-pays savoyard oriental plus dynamique.

2. J. Bethemont.
3. David, 1978.
4. J.-F. Richard, 1974.

19

En réalité, le Haut-Rhône est beaucoup plus qu'une succession de vals et de défilés étrangers les uns aux autres car l'élément géographique essentiel est le fleuve. De même que le fleuve et son trafic constituent le principe d'unité du Rhin[5], de même le Rhône a existé par intermittence au profit de Lyon et de l'espace national ; à l'époque gallo-romaine, puis du XVIIe à la fin du XIXe siècle, l'axe a drainé la pierre et le bois au profit de la grande ville. Les ingénieurs ont constamment cherché à valoriser cette voie naturelle de transit vers la Suisse et les pays germaniques puis l'énorme potentiel hydraulique que l'on pressentait dès la fin du siècle dernier. La loi de 1858, votée pour assurer la protection des grandes villes françaises contre les crues, assure le cadre juridique grâce auquel Lyon pourra réserver à son profit l'espace rhodanien. Quasiment pas de routes ni de villes, mais, comme le long du Rhin, « une zone de passage sur laquelle s'échelonnent des étapes, des entrepôts[6] » ; en somme la vallée du Haut-Rhône est un espace linéaire fonctionnel défini par un flux intermittent de marchandises puis d'énergie. Il est significatif que les études géographiques portant sur les grandes régions naturelles délimitées par le Rhône ont été réalisées dans une période d'éclipse relative du fleuve, comprise entre l'âge d'or de la navigation et des projets d'aménagements, et l'engagement des travaux par la Compagnie nationale du Rhône. La société présente retourne au fleuve, valorise son énergie, utilise son eau pour la consommation humaine et le refroidissement des centrales nucléaires. Ce faisant, elle découvre l'identité écologique de l'espace fluvial menacé ou dégradé par les grands travaux de génie civil ; de nouvelles contraintes surgissent comme la crainte des pollutions par les vidanges de barrages ou le nucléaire, si bien que l'axe fluvial acquiert une densité réelle.

3. L'objectif de l'étude : la compréhension des relations entre l'homme et la nature dans un espace fluvial

Dans la vallée du Haut-Rhône, nous prendrons en considération l'ensemble des milieux qui ont subi ou qui subissent encore la contrainte qu'est l'inondation par les crues du Rhône, en somme l'ensemble des plaine fluviales de fond de vallée ; le Grand-Marais de Bourgoin, localisé en Bas-Dauphiné, dans une ancienne vallée glaciaire où coule la Bourbre, affluent du Rhône, sera étudié comme élément régional de comparaison.

Ainsi sommairement défini, cet espace possède une incontestable identité de fonctionnement mais se pose la question des limites géographiques de ce territoire ; les limites en sont floues car la contrainte hydrique n'est plus ressenti comme autrefois sur l'ensemble du lit majeur retouché par les interventions humaines. Une région se définit plus par son centre, ici par son axe, que par une ligne frontalière, et l'on insistera plus sur le cœur que sur les franges.

Le thème de cet ouvrage sera l'ensemble des relations qu'a établi l'homme avec son environnement dans les plaines et les espaces fluviaux du Haut-Rhône. Relations difficiles et défiantes des sociétés

5. *Demangeon, 1935.*
6. *Juillard, 1968.*

20

rurales traditionnelles dotées de faibles moyens techniques et donc de peu d'emprise sur le milieu ; relations conquérantes et dominatrices de l'ère technicienne, que le régime sarde inaugure vers 1780 en Chautagne, mais qui ne triomphera que dans la deuxième moitié du XIXᵉ siècle. L'objectif poursuivi tout au long de ce travail sera de déterminer la part des causes anthropiques dans la dynamique du changement. Il va de soi que, dans un espace intramontagnard, les sociétés humaines sont établies sur les versants et jouent un rôle considérable lorsqu'elles ont les moyens techniques de s'imposer. Lorsque ce sera utile au propos, l'espace étudié s'élargira de manière à les prendre en compte.

Une préoccupation constante fut de choisir le plan d'exposition le mieux adapté au propos. Comment intégrer la dimension temporelle dans l'étroit réseau des relations de causes à effets qui régissent les rapports entre la nature et l'homme ? Nous avons opté pour la combinaison de plusieurs types de narration :

1. La première partie débute par une histoire accélérée des plaines et bassins du Haut-Rhône à l'Holocène ; la narration séquentielle des mutations enregistrées dans le paysage fluvial est tributaire des sources documentaires archivées dans le remplissage sédimentaire. L'étude des sondages et de nombreuses coupes ouvertes par la C.N.R., la palynologie et les datations au C 14 permettent d'esquisser une reconstitution des étapes du colmatage alluvial consécutif à la fonte du glacier würmien ; le plancher alluvial saisi dans sa dynamique moderne n'est pas un milieu stable au plan géomorphologique mais constitue le cadre partiellement hérité où agissent les eaux et la dynamique fluviale et où s'insèrent les activités humaines de la période pré-technicienne.

2. Dans une deuxième partie, nous avons fait le choix de brosser ensuite un tableau des relations homme-nature à la fin de la période d'économie traditionnelle ; le XVIIIᵉ siècle et le début du XIXᵉ siècle sont une époque où l'information disponible change de nature, où l'essor de la cartographie rend possible une vision spatiale des processus et des interactions. Il va de soi que les paramètres géomorphologiques sont privilégiés puisque les documents permettent une analyse au moins physiographique ; en revanche, des zones d'ombre subsistent pour les paramètres hydrologiques et biologiques, tant que les études d'écologie rétrospective n'auront pas suppléé les carences de l'écrit.

Dans ce tableau, nous avons choisi de privilégier l'étude des relations entre l'homme et son environnement au XVIIIᵉ siècle et au début du XIXᵉ siècle, relations faites de contraintes beaucoup plus subies que dominées et donc fortement teintées de déterminisme ; une telle approche serait souhaitable pour mieux comprendre les conditions prévalant à l'époque médiévale et permettrait éventuellement de discerner les éléments de permanence ou d'évolution. G. Bertrand (1981) estime que l'immobilisme global de l'agrosystème, tel que nous le percevons pour ces époques, n'est pas un état d'équilibre entre sociétés et milieux mais un état de tension écologique, de fragilité, voire de blocage. Les milieux fluviaux sont assez sensibles pour que la dynamique réagisse de manière significative au changement de paramètres telle que la charge, elle-même conditionnée par l'intensité et les modalités de la mise en valeur des terres ; il ne serait pas étonnant que les plaines du Haut-Rhône aient sensiblement évolué des temps médiévaux jusqu'au XVIIIe siècle, mais cette hypothèse requerrait une étroite collaboration avec des historiens médiévistes.

Nous envisagerons ensuite, de manière thématique et diachronique, l'ensemble des mutations subies par l'espace alluvial confronté aux sollicitations de l'ère technicienne. Le contrôle des eaux par l'endiguement, pour la batellerie, pour la production énergétique, le drainage et les bonifications ont cherché par tous les moyens disponibles à dominer les milieux humides ; ce sont là interventions directes de l'homme sur le milieu, étudié de manière systématique et sans préjuger de leur influence indirecte sur les paramètres de l'environnement.

3. La troisième partie traite des changements induits subis par l'environnement des plaines humides. La principale difficulté rencontrée réside dans l'établissement de liens de causalité clairement définis entre les impacts et les changements.

On a fait le choix d'étudier séparément les principaux paramètres physiques et biologiques, ce pour la commodité de l'exposé, mais il est évident qu'ils se nouent en complexes régionaux ou locaux. On a choisi la narration séquentielle dans les deux dernières parties car la cause précède le résultat dans l'expérience quotidienne ; l'abondance des documents iconographiques disponibles permet en effet une mise en relation directe des travaux de génie civil et des changements tenant à la dynamique fluviale ; un tel mode d'exposé est efficace quand il est continu, mais cette démarche était impossible dans le domaine biologique pour lequel le corps de données est très récent. On a donc choisi, lorsque cela s'avérait nécessaire, une démarche de type rétrospectif partant de l'état présent pour ensuite enregistrer d'éventuels changements historiques. L'exposé rétrospectif présente en effet l'avantage de ne pas nécessiter la définition d'un état de référence du milieu puisque l'analyse ne procède que de sauts vers le moins connu. Le maniement conjoint de ces deux méthodes d'exposé a révélé à l'usage un avantage supplémentaire, celui de démontrer des changements que l'on n'avait pas prévu de rencontrer. En l'occurrence, il a pu se trouver que le présent, contrairement à ce que laisse entendre la démarche actualiste, n'est pas nécessairement la clef du passé ; ceci pose la question d'un changement affectant le fonctionnement même des plaines alluviales et donc, de façon plus générale, celui de la réversibilité des processus.

Le Rhône, à sa sortie du Valais, se jette dans le lac Léman (cl. Cellard).

Le lac de Genève et son émissaire (cl. Cellard).

Le confluent du Rhône (à gauche) et de l'Arve à la Jonction.

Le défilé de Fort-de-l'Ecluse (cl. Cellard).

*Le Molard de Vions en Chautagne ; au premier plan
le Rhône, à l'arrière-plan le lac du Bourget*

*Un tronc d'arbre subfossile extrait des alluvions du Rhône
lors des travaux de construction de l'usine hydroélectrique.*

*Le Marais de Lavours et le Rhône aménagé.
Au premier plan, la ville de Culoz.*

*La mise en culture du marais de Lavours ; à proximité
de la gare de triage de Culoz, on reconnaît des fosses
d'extraction de la tourbe en service pendant
la dernière guerre.*

La Dent du Chat et la chaîne de l'Epine surplombent le village d'Yenne où le Rhône s'engage dans le défilé de Pierre-Châtel. Au premier plan la chartreuse Notre-Dame de Pierre-Châtel (cl. Cellard).

Vue aérienne de la cluse de Pierre-Châtel en infra-rouge couleur (cl. I.G.N.).

La cluse de Pierre-Châtel et le pont de la Balme (cl. Cellard).

La lône de Rossillon.

Une lône à Serrières-de-Briord

La lône de Saint-Didier.

Un chenal de l'île Grand-Jean.

Quatre degrés d'évolution de lônes du Haut-Rhône au voisinage de Brégnier-Cordon et des Avenières.

*Le cône de déjection de la Perna et le village de Serrières-de-Briord ;
à l'arrière-plan les chaînons du Bugey méridional.*

*Le défilé de Saint-Alban ou Maïarage
à l'aval des Basses-Terres.*

Le Rhône, à l'aval de Sault-Brénaz, longe le plateau calcaire de l'Ile-Crémieu.

*Les travaux de la Compagnie nationale
du Rhône à Sault-Brénaz en 1985 (les
fondations de l'usine).*

Un méandre de l'Ain.

Déversement du lône en crue dans la lône du Méant, à l'aval du confluent Ain-Rhône.

Le confluent de l'Ain et du Rhône en 1984. Les anciens méandres de l'Ain sont visibles dans les Brotteaux (cl. I.G.N.).

Le confluent Ain-Rhône ; la dynamique active de l'Ain contraste avec le chenal du Rhône fixé par des digues au XIXe siècle.

*Les méandres abandonnés dans le lit majeur du Rhône
à l'aval du confluent de l'Ain (cl. I.G.N.).*

*Le méandre abandonné du Grand Gravier sur Balan et
Saint-Maurice-de-Gourdans (cl. I.G.N.).*

La lône de la chaume à Balan.

*La lône du Grand Gravier au pied de la terrasse würmienne
de La Valbonne.*

Saules blancs, grand brotteau de Montalieu.

Houblon sauvage dans les brotteaux.

*La prêle d'hiver (*equisetum hiemale*)
tapisse le sol d'une levée de berge
à saules blancs et aulnes blancs.*

*Le saule cendré envahit le marais
de Lavours.*

Abattage d'un arbre par le castor.

Hutte de castor.

Saules coupés par le castor en Chautagne.

PREMIERE PARTIE

Le fleuve dans sa vallée
à l'aube de l'ère industrielle

Les gorges du Rhône près de Bellegarde (cl. R.-Violet).

I.
Une vallée marquée
par l'héritage glaciaire

Le caractère composite de la vallée du Haut-Rhône à l'aval du lac Léman a été maintes fois relevé ; à petite échelle, le franchissement des chaînons jurassiens par des cluses aussi spectaculaires que Fort-l'Ecluse ou le défilé de Pierre-Châtel a conduit la plupart des auteurs à admettre des phénomènes d'antécédence au moins partielle, c'est-à-dire à considérer que le tracé du Rhône est antérieur aux plissements responsables de la mise en place des chaînons. Ce type d'hypothèses, qui présente l'inconvénient de vieillir considérablement le tracé du Rhône, rencontre une objection de taille, à savoir la jeunesse apparente de certains défilés tel celui de Saint-Alban au contact du Bas-Bugey et du plateau de l'Ile-Crémieu. En revanche, les tenants de l'hypothèse glacialiste rajeunissent le tracé du Rhône actuel dans la mesure où les glaciations auraient imposé de profonds réaménagements. Les eaux pré-quaternaires auraient emprunté le val du Bourget et la cluse de Chambéry en direction du sillon alpin ; la glaciation alpine aurait imposé le changement de tracé et déversé dans le bas pays savoyard des quantités croissantes de glace en provenance des Alpes centrales ; « les issues étaient les ensellements qui séparaient les uns des autres les plis du Jura méridional. Quatre de ces passages ont pu fonctionner : vallée de Nantua, cluse des Hôpitaux, vallée de Couz (au sud de Chambéry), défilés du cours actuel. Ces derniers l'ont emporté parce qu'ils conduisaient plus vite vers les régions basses, et aussi parce qu'ils étaient situés au droit des plus grandes épaisseurs de glace et des premiers surcreusements, l'un et l'autre liés à l'axe de la vallée pré-glaciaire[1]. »

Bien qu'elle sorte du cadre du présent sujet, cette question mérite d'être évoquée dans la mesure où cette dernière hypothèse, la plus plausible, conduit à attribuer un âge très récent à la quasi-totalité de la vallée du Rhône à l'amont de Lyon.

1. Les étapes de l'abandon par les glaces

Les vicissitudes du glacier würmien* dans l'Est lyonnais sont maintenant bien connues grâce à la thèse de P. Mandier (1984) à laquelle nous renvoyons le lecteur. Les principales conclusions concernant notre propos sont les suivantes :

— « un premier glacier de piedmont a envahi la région de l'Est lyonnais au Würm ancien : stade A ou stade de Béligneux, et a faiblement mais nettement dépassé vers l'ouest la ligne des moraines dites internes[2]. » Des bois trouvés dans la dernière ride de retrait du complexe de Béligneux, ont été datés ⩾ 35 000 B.P. ;

1. Y. Bravard, 1984.
2. P. Mandier.

35

— séparée de la précédente par un important interstade*, une nouvelle avancée glaciaire a édifié les cordons des moraines internes de Grenay : stade B et C (maximum du Würm récent) ;

— la dernière pulsation froide glaciaire est celle de Charvieu : « Stade D (retrait Würm récent) qui fait place ensuite aux phénomènes de décrépitude du glacier würmien dont la masse fond assez rapidement pour dégager, dès 14 000 B.P., l'ouverture de la grotte des Romains à Virignin pourtant située à quarante-trois kilomètres à l'est des moraines internes. » Selon P. Mandier, le stade D pourrait peut-être se situer entre 15 000 et 18 000 B.P.

Cette chronologie glaciaire se trouve corroborée par les observations effectuées dans la cuvette lémanique par P. Olive (1972). Le dernier dépôt morainique stratigraphiquement prouvé serait attribuable au Würm IVG. (23 000-19 000 B.P.). « Le bassin lémanique était entièrement déglacé au plus ancien Dryas (17 000-19 000 B.P.), donc probablement aussi à l'interstade précédent comme également toutes les autres vallées alpines[3]. »

Le Rhône actuel inscrit son cours dans les terrasses fluvio-glaciaires d'époque tardi-würmienne. Le glacier à son maximum a construit les niveaux de l'Est lyonnais puis, successivement, les terrasses de La Valbonne (stade D) et Chesnes-Saint-Vulbas (stade E de décrépitude). L'emboîtement des niveaux, leur profil très raide s'expliquent par l'abaissement d'altitude des ''sources'' fluvio-glaciaires (cause mécanique) et par une aridité croissante entre 25 000 et 15 000 B.P., dans une ambiance très froide[4].

Au contact du Bugey méridional et du plateau de l'Ile-Crémieu a été proposé[5] le stade de retrait de Lancin entre le stade de Lagnieu (stade D de P. Mandier) et le stade de Morestel. Il serait corrélable à la terrasse de Malville (225-230 mètres) ; elle domine de vingt mètres le lit majeur du Rhône à Malville, de dix mètres à Montalieu et se raccorderait progressivement à la surface de la plaine holocène.

Dans cette période relativement courte qui s'étend du maximum würmien récent au stade de Charvieu, le glacier rhodanien a donc édifié ce vaste ensemble fluvio-glaciaire qui fossilise le petit ombilic de Loyettes. Lorsque la décrépitude du glacier s'est poursuivie, il est probable que la masse glaciaire s'est morcelée dans l'étendue de l'avant-pays lémanique, savoyard et bugiste.

Chacune des cuvettes de surcreusement a fonctionné dès lors comme un ensemble de sédimentation autonome ; citons à titre d'exemple l'ombilic* de La Verpillière dans le Bas-Dauphiné, surcreusé par le glacier würmien ; l'érosion fut limitée puisque la molasse est atteinte à vingt à trente mètres de profondeur entre La Verpillière et Jameyzieu, un peu plus de vingt mètres entre Bourgoin et Saint-Savin. « Pendant un temps, les eaux de fusion en provenance du glacier empruntent encore la vallée de la Bourbre et les ombilics ont dû garder des culots de glace fossile, bientôt remplacés par des lacs ou des marécages dont les remblaiements vont s'étendre sur une partie du post-glaciaire[6] ».

* Se reporter au glossaire pour une définition des mots accompagnés d'un astérisque.

3. M. Bornand, 1976.
4. P. Mandier, 1984.
5. R. Enay, 1981.
6. Y. Bravard, 1963.

Le fait important qui ressort des observations est le faible volume des constructions fluvio-glaciaires édifiées par le glacier en récession dans le val du Rhône. La fusion du lobe de glace a sans doute été rapide et généralisée à l'ensemble du bas-pays péri-alpin si bien que les ombilics amont ont piégé la quasi-totalité du matériel grossier : cuvette du Léman et Valais, ombilics de l'Arve. De la sorte, chacune des cuvettes situées entre Culoz et Sault-Brénaz a fonctionné comme un bassin de décantation glacio-lacustre et retenu les alluvions grossières provenant des affluents du Rhône. Les ombilics ont reçu avec retard la charge grossière de l'Arve, une fois comblées les cuvettes de Bonneville et Annemasse, puis ont connu un remblaiement progressif à l'Holocène. En revanche, à l'aval des rapides de Sault-Brénaz, le fleuve privé de charge de fond disposait d'une énergie nette considérable dont la dissipation fut assurée par l'incision dans le remblaiement fluvio-glaciaire würmien ; cette explication est complémentaire des causes mécaniques et climatiques déjà évoquées. Un phénomène semblable a été décrit sur le piedmont des Andes chiliennes où les rivières héritaient d'une "dynamique d'émissaires" régulée par de grands bassins lacustres[7].

Ces généralités permettent de saisir un des caractères fondamentaux du Haut-Rhône actuel : le profil en long du cours d'eau est directement influencé par les modalités de la déglaciation würmienne ; de Genève à Lyon, cette genèse permet d'individualiser trois tronçons :

— de Genève à Seyssel, les gorges du Rhône entaillées peut-être par un torrent sous-glaciaire, mais surtout au Tardi-glaciaire par le Rhône et l'Arve privés de charge grossière et appelés par le niveau de base très déprimé de l'ombilic du Bourget-val du Rhône ;

— de Seyssel à Sault-Brénaz, le Rhône des ombilics où un alluvionnement caillouto-sableux progresse depuis environ 15 000 ans vers l'aval ;

— de Sault-Brénaz à Lyon, un tronçon complexe où l'incision des terrasses édifiées lors du maximum würmien est relayée à l'aval par un remblaiement holocène.

La dynamique fluviale contemporaine est directement influencée par ce paramètre externe qu'est la pente de la vallée à la fois héritée et en continuelle évolution.

2. Le Rhône encaissé, de Genève à Seyssel

Dès sa sortie du lac Léman, le fleuve s'encaisse vigoureusement jusqu'à la confluence de la vallée des Usses à l'amont de Seyssel. Le défilé de Fort-de-l'Ecluse sépare deux domaines distincts, la cuvette lémanique et les plateaux de la Semine.

a. LE RHONE DANS LA CUVETTE LEMANIQUE

Depuis le retrait des glaces würmiennes, le Rhône a incisé son cours à travers un bas plateau composé de matériaux glaciaires. A. Jayet

7. Laugénie, 1984.

(1966) a présenté une interprétation des observations réalisées par lui-même et ses prédécesseurs ; il distingue trois niveaux superposés reposant sur le substratum molassique :

1. au fond, non visible, la moraine caillouteuse du Riss[8] ;

2. des argiles à lignite bleues comportant des niveaux altérés jaunes, finement stratifiées, dateraient de l'interglaciaire Riss*-Würm[9].

3. la quasi-totalité des versants du Rhône serait entaillée dans le complexe würmien avec, de bas en haut, trois types de faciès :

— la moraine caillouteuse de progression, datée du Würm par la découverte d'''Elephas primegenius'', composée de lames de limon ou d'argile jaune à galets striés ;

— la moraine argileuse à niveaux caillouteux ;

— les moraines caillouteuses de retrait à faciès localement fluvioglaciaire et des masses d'argile varvée glacio-lacustre. « Tous les passages existent entre glacio-lacustre et fluvio-glaciaire, car ces argiles feuilletées se sont déposées dans les bassins latéraux des torrents glaciaires. » (A. Jayet, 1966.)

J. Tricart (1963) estime plus probable l'existence d'une « nappe lacustre du Grand Léman » retenue par un bouchon de glace situé vers le lac du Bourget ou par une entaille insuffisante de la cluse de Bellegarde ; les formations argileuses glacio-lacustres « fossilisent une partie de la cuvette du Léman et viennent s'appuyer, sur les bords, contre les moraines de fond würmiennes arasées en surface par des phénomènes littoraux et par le ruissellement ». L'ouverture d'un exutoire vers l'aval, par démaigrissement de la langue préalpine du lac du Bourget, aurait provoqué une vidange de la cuvette lémanique.

Bien que la question paraisse, à première vue, étrangère à notre propos, il convient d'évoquer, même brièvement, le problème des niveaux lacustres du lac Léman à l'Holocène*. Des reconstitutions successives, appuyées sur la découverte de nouveaux sites archéologiques lacustres et sur des datations absolues, ont permis de construire une courbe de plus en plus précise[10]. A la fin du Tardiglaciaire, vers 11 000 B.P., le lac Léman se trouvait encore à la cote 382 mètres ; après une phase de régression boréale et atlantique mal connue, le lac a ensuite subi une alternance de phases de transgression et régression durant les périodes sub-boréale et sub-atlantique, l'amplitude atteignant jusqu'à neuf mètres (fig. 1). Selon Magny et Olive, « le niveau des lacs transcrit les fluctuations climatiques d'ordre pluriséculaire dont les crues glaciaires marquent à merveille la périodisation ». Sans que la corrélation avec ces avancées, au demeurant limitées à quelques centaines de mètres, soit expliquée, les variations de niveau du lac Léman dépendraient du bilan d'alimentation de la cuvette. Les transgressions du Bronze moyen, de Hallstatt et de l'époque romaine correspondraient au renforcement des influences océaniques et à un fort excédent des précipitations par rapport à l'évapotranspiration ; en revanche, les régressions du

Les cailloutis des gorges du Rhône
Hypothèses émises :

— W. Kilian (1911) interprétait le remplissage comme un faciès de progression du Würm.

— L. Doncieux (1921) vieillit ces alluvions et les date de l'interglaciaire Riss-Würm ; il met sur le même plan des poudingues visibles en différents secteurs du canyon du Rhône. La moraine de fond würmienne aurait ensuite uniformément recouvert le plateau de la Semine.

— M. Gignoux et J. Mathian (1951) reprennent l'interprétation de L. Doncieux en s'efforçant de préciser l'organisation du réseau hydrographique pré-würmien. Les poudingues* leur permettent d'identifier des écoulements d'origine jurassienne ; un écoulement se serait effectué en direction de la vallée fossile du Rhône par Grésin, donc à contresens du cours du Rhône actuel à l'amont de Bellegarde. Des alluvions semblables se rencontrent vers 345 mètres à Génissiat sur les flancs du canyon ; ils matérialiseraient le tracé d'un ancien talweg de la Valserine à 315-320 mètres remblayé et recoupé par les ravins affluents du Rhône actuel.

— Pour sa part, F. Bourdier (1961) reprend l'interprétation de W. Kilian en attribuant les cailloutis de la vallée du Rhône fossile au Würm ; ces alluvions à galets alpins originaires du Valais ne peuvent dater de l'interglaciaire Riss-Würm puisque le Rhône n'avait pas comblé la cuvette du Léman à cette époque ; elles se seraient mises en place en période glaciaire, lors de la progression du Würm. F. Bourdier estime que le canyon du Rhône actuel a pu amorcer son creusement dès le Würm sur le tracé d'un torrent sous-glaciaire.

8. M. Gignoux et J. Mathian (1951) qualifient d'alluvions antérissiennes ces cailloutis rencontrés à l'occasion de sondages.
9. F. Bourdier (1961) ne prend pas parti sur l'âge des argiles glaciaires à blocs et galets striés rencontrés au fond par les sondages car il estime que certains lignites pourraient être antérieurs à l'inter-glaciaire Riss-Würm.
10. Olive, 1972. Bourdier et coll., 1976. Magny et Olive, 1981.

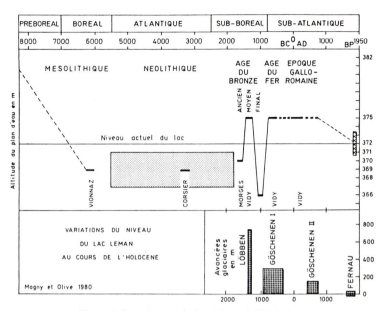

Figure 1. Les niveaux du lac Léman à l'Holocène.

Néolithique, du Bronze ancien et du Bronze final s'expliqueraient par une domination de la composante continentale conduisant à supprimer tout débit à l'exutoire, voire même à abaisser le niveau par rapport à cet exutoire. La même théorie a conduit à attribuer la petite régression médiévale du XIe-XIIe siècle à un petit optimum climatique précédant la glaciation de Fernau[11].

Ces reconstructions pèchent peut-être par simplification et conduisent à admettre des valeurs de précipitations douteuses dont les calculs sont fondés sur des prémices contestables. Sans entrer dans les détails, il semble préférable d'expliquer la variation des niveaux du Léman par un contrôle exercé à l'émissaire ; en l'occurrence c'est le profil en long de l'Arve qui aurait réglé les niveaux du Léman et qui aurait subi des fluctuations sensibles. Un cours d'eau est l'élément d'un système ; son style géomorphologique et son profil en long sont une réponse complexe au jeu de paramètres qui sont les entrées d'eau et de sédiment[12].

L'exhaussement se produit lorsque la rivière a une compétence insuffisante pour évacuer les matériaux injectés dans la vallée et le creusement se produit dans le cas inverse ; une interprétation doit donc combiner la variabilité des précipitations et de l'évapotranspiration avec tous les facteurs susceptibles de faire varier la charge : érodibilité des versants en période de progression ou de retrait glaciaire, protection plus ou moins efficace du couvert végétal, actions humaines de défrichement permettant la mobilisation des matériaux et pouvant favoriser le ruissellement...

L'Arve tirait sa charge d'un bassin-versant complexe à composante montagnarde, les affluents préalpins et jurassiens du Rhône tiraient

11. *Bourdier et coll., 1976.*
12. *Schumm, 1977.*

l'essentiel de leur charge du démantèlement des constructions morainiques würmiennes.

Il est pour l'instant impossible de reconstituer à l'aval de Genève les étapes du creusement et de l'exhaussement du Rhône.

Le Rhône post-glaciaire s'est aisément encaissé dans le complexe würmien. A. Jayet reconnaît trois niveaux de terrasses emboîtées à + 10, + 30 et + 50 mètres ; néanmoins, la discontinuité spatiale et l'étroitesse des niveaux repérables sur les flancs de la gorge imposent une grande prudence dans ces reconstitutions.

Au Pont-Carnot (défilé de Fort-de-l'Ecluse), le Rhône s'engage dans une gorge épigénique ; il aurait profité des conditions tectoniques pour établir son cours à travers l'anticlinal du Credo-Vuache, en particulier un « brusque abaissement axial[13] ». Il existerait au niveau de la cluse, une zone fracturée de direction est-ouest, mise en place par des mouvements tectoniques différentiels d'âge pontien (fin de l'ère tertiaire) et contemporains de l'effondrement du bloc de Bellegarde contre lequel se serait mis en place le pli-faille du Vuache[14].

b. LES GORGES DU RHONE, DE FORT-DE-L'ECLUSE A SEYSSEL

A l'aval de Fort-de-l'Ecluse, le Rhône change brusquement d'orientation et suit la charnière anticlinale du Vuache, puis, au niveau d'Arcine « coupe obliquement le flanc inverse étiré et laminé, voire rompu[15] ».

Le Rhône prend une direction S.E.-N.O. dans le prolongement du cours de la Valserine, son affluent de rive droite, puis prend une direction méridienne à partir du confluent. Dans ce parcours, le Rhône entaille une gorge étroite et profonde dans la dalle de calcaire urgonien du bassin de Bellegarde. Le cours actuel à l'aval de Bellegarde s'est incisé dans l'axe d'une gouttière topographique :

— à l'ouest, le pays de Michaille correspond à la surface substructurale de la dalle urgonienne dont le pendage est ouest-est ;

— à l'est, c'est le plateau de Semine à une altitude voisine de 450-550 mètres ; un épais revêtement morainique masque le substratum molassique sous lequel plonge la dalle urgonienne.

L'extrême jeunesse apparente du canyon du Rhône, la bizarrerie de son tracé, comme le recul accéléré de la Perte de Bellegarde justifient que soit exposée l'hypothèse très probable d'un changement de cours post-glaciaire : depuis H. Schardt (1891), tous les auteurs admettent l'existence d'un talweg* fossile d'axe nord-sud parallèle au Rhône actuel et décalé à l'est, entre Arcine et la vallée des Usses. La continuité de ce talweg aurait été vérifiée après la mise en eau de Génissiat par une certaine augmentation du débit des Usses[16].

Le débat, quelque peu passé de mode, porta sur la nature et l'âge du remplissage. Les alluvions caillouto-sableuses, visibles en rive gauche du Rhône, à l'aval d'Arcine et sur le versant de rive droite des Usses, sont considérées de manière différente par divers auteurs, sans que les arguments soient très probants.

Les gorges du Rhône sous Arlod, en aval de Bellegarde.

Les rapides de Malpertuis entre Bellegarde et Génissiat.

13. H. Vincienne, 1930.
14. Arikan, 1964.
15. H. Vincienne, 1930.
16. Gignoux et Mathian, 1951.

3. Le remplissage des cuvettes de surcreusement glaciaire

a. LES OMBILICS

Au Quaternaire, les glaciations successives ont modelé une série d'ombilics entre Seyssel et le vallum würmien de Grenay-Anthon (fig. 2). Un remplissage sablo-argileux d'origine glacio-lacustre a partiellement comblé ces aires de surcreusement glaciaire localisées dans des couloirs structuraux ou déblayées dans les formations tertiaires tendres de l'avant-pays.

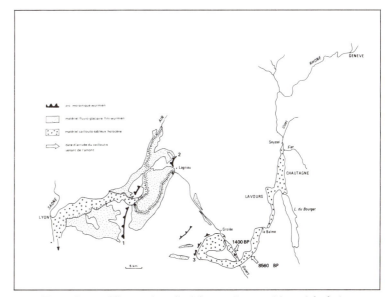

Figure 2. La sédimentation alluviale grossière postérieure à la fusion du glacier würmien.

Du défilé de Fort-l'Ecluse à l'extrémité du Jura méridional, les vals ont canalisé les flux de glace : les vals du Rhône et du Bourget ont été surcreusés et partiellement déblayés de leur remplissage molassique. Le lac du Bourget, isolé du colmatage fluvial ultérieur, conserve une profondeur de cent cinquante mètres.

Les glaces ont surcreusé de façon modérée la molasse tertiaire de l'avant-pays alpin.

— R. Forat (1954) a le premier défini l'ombilic des Basses-Terres au cœur duquel l'île des Avenières est un « véritable verrou en roche tendre ». Au nord, « le glacier a évacué la plus grande partie de la mollasse, moins épaisse, et a atteint le soubassement calcaire dont la résistance et le relèvement structural (vers l'Ile-Crémieu) ont obligé l'érosion à travailler surtout en largeur ». L'imperfection de cette cuvette a également été attribuée à la dispersion des actions de l'érosion glaciaire[17].

— L. François (1928) avait fait passer le Rhône antéglaciaire par la vallée des Vernes, le marais de Bourgoin-Les Avenières et la basse

17. *Bravard, 1963.*

Bourbre. Cette hypothèse a été par la suite abandonnée au profit de l'interprétation glacialiste[18] qui fait du marais un ombilic situé en deçà du vallum würmien de Grenay qui marque l'avancée maximale du glacier.

— Les sondages de la C.N.R. et d'E.D.F. ont rencontré une centaine de mètres de sédiments sableux et argileux dans le petit bassin de Malville-Serrières-de-Briord. On a été tenté de les considérer comme des alluvions anciennes et d'en déduire des rejeux tectoniques remontant au Pliocène et au Quaternaire ancien[19]. Une telle hypothèse est réfutée par J. Pelletier (1982) car le surcreusement est très probablement d'origine glaciaire ; « le secteur en cause y était particulièrement favorable sur le trajet d'une importante masse glaciaire qui suivait la vallée du Rhône vers le nord-ouest et les dispositifs morainiques de Lagnieu et il présente une topographie presque modèle de verrou, d'encoches de verrou et d'ombilic dans les assises calcaires du Jurassique supérieur. » A cet égard, le site de Sault-Brénaz offre un bel exemple de canyons sous-glaciaires ; le Rhône actuel est surimposé dans les alluvions fluvio-glaciaires et scie les barres rocheuses du verrou du Sault à l'aval de Villebois.

Semblable est l'ombilic de la basse vallée de l'Ain mis en évidence par les travaux de la C.N.R. préparatoires au barrage de Loyettes ; des formations glacio-lacustres se sont déposées en amont du barrage morainique würmien de Saint-Maurice-de-Gourdans qui prolonge vers le nord le vallum de Grenay[20].

— A l'aval et jusqu'à Lyon, le substratum molassique s'abaisse de 180 à 140 mètres environ, mais de manière irrégulière, car il est accidenté par des zones de surcreusement ; la plus remarquable est située sous la balme* de Jons et se déprime à plus de 150 mètres[21]. A Lyon même, les sondages profonds de la ligne D du métro ont permis à la S.E.M.A.L.Y. de connaître avec davantage de précision la topographie et la nature du substratum tertiaire : ces données complètent celles qui sont connues par les travaux de P. Russo et A. Avoin (1961).

b. LE REMPLISSAGE DES CUVETTES DU RHONE JURASSIEN

• Le tronçon compris entre le Parc, à la sortie du défilé de Génissiat, et Yenne, à l'amont du défilé de Pierre-Châtel, constitue un premier complexe alluvial.

Les sondages carottés profonds, réalisés par la Compagnie nationale du Rhône à l'emplacement de l'usine de Chautagne et du barrage de retenue de Belley, permettent de préciser les étapes du colmatage du vaste ombilic dont le lac du Bourget n'est qu'un élément résiduel.

A plus de quarante mètres de profondeur, en Chautagne, l'alternance de sables et de lentilles d'argile jaune fait penser au remplissage d'une cuvette fluvio-lacustre dans laquelle les apports d'origine fluviale auraient alterné avec une sédimentation en eau calme. Le toit de l'argile est à des cotes voisines de 217-219 mètres et tous

18. R. Forat, 1954.
19. R. Enay, 1980.
20. Dix-sept à vingt-quatre mètres d'argile plastique ont été rencontrés sur la molasse et sous six à sept mètres d'alluvions grossières.
21. Plangeron, 1982.

les sondages réalisés dans la vallée confirment la présence d'une cuvette lacustre continue à l'emplacement du lac actuel, de la Chautagne, du marais de Lavours et du val du Rhône jusqu'à la cluse de Pierre-Châtel qui devait constituer le niveau de base aux environs de 223 mètres.

La partie nord de l'ombilic a été fossilisée par l'arrivée d'un puissant cône de déjection cailouteux, sans doute dès le Tardi-glaciaire. A l'Holocène, ce cône a progressé vers l'aval sur le colmatage argileux de l'ombilic jusqu'à isoler les cuvettes résiduelles de Chautagne et Lavours où le processus de tourbification s'est développé[22].

Un sondage réalisé peu après la Seconde Guerre mondiale pour le compte des Services de l'industrie des combustibles minéraux a rencontré de sept à neuf mètres de tourbe à Béon, sur la bordure nord du marais. Les analyses de R. Peterschmitt (1948) ont isolé des pollens de pin à la base de la tourbière et lui ont permis de proposer − 6 000 B.P. soit la fin de la période atlantique. Les études récentes réalisées dans les Alpes du Nord montreraient plutôt la disparition du pin devant la chênaie mixte lors de l'optimum atlantique, auquel cas le début de la tourbification serait boréal.

La tourbière de Chautagne a été étudiée par J. Becker (1952) grâce à un sondage réalisé dans le marais de Vars (Chindrieux) ; selon Hannss (1984) la base de la tourbe qui repose ici sur la craie lacustre serait préboréale (10 000 à 9 000 B.P.).

Cette interprétation récente pose la question de la compatibilité des analyses palynologiques et géomorphologiques. Si la craie lacustre de Chautagne s'avère réellement préboréale à une cote de 227 mètres dans le marais de Vars (Chindrieux), le remblaiement fluvial est acquis très précocement puisque le niveau du lac du Bourget n'est que de 225 mètres au Néolithique. Le Boréal et l'Atlantique ont-ils permis une phase de recreusement ou de stabilisation des alluvions fluviatiles ou bien la tourbière est-elle plus récente qu'on ne le suppose ?

— L'arrêt de la sédimentation minérale fine en arrière du lit caillouto-sableux en cours d'exhaussement suggère une modification des conditions hydrodynamiques. Il est possible que le régime du fleuve soit devenu moins contrasté et que la charge en suspension ait diminué ; il est tentant de situer cette phase à l'optimum atlantique d'autant que le développement de la forêt alluviale exerçait sans doute un efficace effet de peignage sur les sédiments de crue.

— La tourbification elle-même suppose une lente élévation du plan d'eau à l'amont de la cuvette du Bourget, tout à fait compatible avec l'effet de barrage que créait le fleuve en voie de lent exhaussement. L'épaisseur maximum de tourbe, 7,80 mètres, a été rencontrée en contrebas de Crozan. Le développement des tourbières de Chautagne et Lavours « semble dû à une élévation du cône alluvial du Rhône, liée probablement à l'accroissement de l'érosion par la déforestation agricole[23] ». S'il est relativement aisé d'inférer l'exhaussement du cône alluvial de l'épaississement des tourbières

Tourbe et craie lacustre : le remplissage du lac de Bart en marge de la plaine alluviale depuis l'époque glaciaire.

22. Bravard, 1981.
23. Bourdier, 1961.

latérales, il est en revanche plus délicat d'utiliser les découvertes de troncs subfossiles effectuées par la Compagnie nationale du Rhône à l'occasion des travaux de l'usine d'Anglefort. Trois troncs ont été extraits à la dragline à une profondeur qui serait voisine de quatorze mètres et datés 2890 ± 150 B.P. (LY 1976), 3550 ± 120 (LY 2187) et 6090 ± 160 (LY 1977) ; « Les différences entre les trois échantillons prouvent que plusieurs dépôts de bois se sont produits dans le même lieu à cause du méandrage du chenal principal dans la plaine[24]. » Il est en fait probable que le Rhône présentait un faciès tressé, et douteux que les chenaux aient pu atteindre cette profondeur relative[25].

Notons, entre parenthèses, qu'il est tout aussi difficile d'utiliser la date de 2880 ± 220 B.P. (LY 135) obtenue sur le fameux chêne de La Balme[26] visible à l'étiage en 1874 et extrait en 1884 par le Service de la navigation[27].

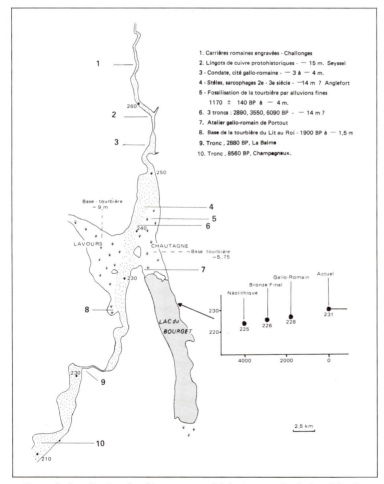

1. Carrières romaines engravées - Challonges
2. Lingots de cuivre protohistoriques - — 15 m. Seyssel
3. Condate, cité gallo-romaine - — 3 à — 4 m.
4 - Stèles, sarcophages 2e - 3e siècle - —14 m ? Anglefort
5 - Fossilisation de la tourbière par alluvions fines
    1170 ± 140 BP à — 4 m.
6. 3 troncs : 2890, 3550, 6090 BP - — 14 m ?
7. Atelier gallo-romain de Portout
8. Base de la tourbière du Lit au Roi - 1900 BP à — 1,5 m
9. Tronc , 2880 BP, La Balme
10. Tronc , 8560 BP, Champagneux.

Figure 3. Localisation des découvertes archéologiques et des bois subfossiles entre Génissiat et le confluent du Guiers.

24. Evin, Maréchal, Marien, 1983.
25. Nous proposons plutôt de mettre en question le mode de prélèvement car la dragline, en travaillant à une profondeur de quatorze mètres, a pu accrocher des troncs situés à des cotes différentes.
26. Evin, Maréchal, Marien, 1983.
27. Récamier, 1954.

D'autres preuves de l'exhaussement holocène du plancher alluvial ont été avancées par P. Dufournet (1968). C'est en premier lieu la découverte de trois lingots de cuivre pur dans la fouille du barrage de Seyssel en 1948 ; situés à une profondeur de quinze mètres, selon des témoignages oraux, ces lingots seraient protohistoriques, du Bronze final ou de la Tène III. En second lieu, c'est la fossilisation du port gallo-romain de Condate, au confluent du Fier, sous trois à quatre mètres d'alluvions.

Plus récemment, en 1979, à l'occasion de la construction de l'usine hydroélectrique d'Anglefort, ont été découverts trois stèles funéraires et un sarcophage épigraphes du II-IIIe siècle ap. J.-C. et des blocs taillés, à une profondeur de quatorze mètres. Ces blocs se seraient enfoncés sur place « sur un rivage ou sur une île » et pourraient signaler un enclos funéraire[28]. Si on ajoute, à titre d'argument complémentaire, le fait que les carrières souterraines de pierre blanche, situées en rive gauche du Rhône à Challonges, témoignent d'un remblaiement alluvial qui a rapproché le plancher des voûtes depuis l'époque gallo-romaine[29], on dispose d'un faisceau de preuves pour démontrer l'exhaussement du profil en long du fleuve mais l'ampleur et la vitesse du processus ne peuvent être évaluées avec précision (fig. 3).

Les résultats des fouilles archéologiques réalisées sur la beine* du lac du Bourget sont compatibles avec cette hypothèse. La station sous-lacustre de Conjux dont le mobilier a été daté 3900 B.P. est à une profondeur de 5,50 mètres sous le niveau du lac actuel ; fait curieux, les coupes du marais[30] montrent qu'à cette profondeur, sous la surface de la plaine chautagnarde, débute la fossilisation de la tourbe par des limons argilo-sableux provenant des crues du Rhône. S'agit-il d'une modification du régime du fleuve et de sa charge ou bien plutôt de l'effet des premiers défrichements d'importance qui ont accompagné l'occupation néolithique ? Quoi qu'il en soit, cette tendance se prolonge au-delà du Moyen Age, puisque environ trois mètres de limons fossilisent la tourbière (fig. 4) ; « la fin

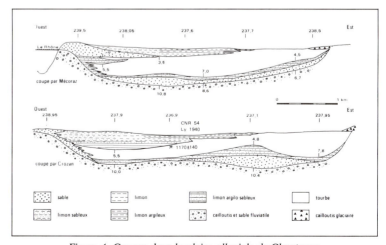

28. Dufournet, Chevallier, 1981.
29. Savry Guerraz (H.), 1985.
30. Bornand, 1979.

Figure 4. Coupes dans la plaine alluviale de Chautagne.

de l'accumulation tourbeuse », dans ce secteur faut-il préciser, car plus à l'est, le recouvrement est postérieur, a été datée 1170 ± 140 B.P.[31].

Au bord du lac du Bourget, le mouvement se poursuit, les stations du Bronze final (2840 ± 300 B.P.) découvertes à une profondeur de trois à quatre mètres sur la beine du lac (Conjux, Grésin I et II) traduisent, par leur position, la montée continue du plan d'eau liée à l'élévation constante du lit du fleuve[32]. Une officine de potiers gallo-romains a été fouillée à Portout sur la berge du canal de Savières. Des couches de défournement et des empierrements horizontaux ont été découverts au fond du canal au moment de la sécheresse de 1976 ; ils se prolongent sous la surface de la plaine à une profondeur de 1,50 mètre sous le sol actuel. Les monnaies trouvées sur le site permettent de faire remonter cet établissement à une époque comprise entre les deux dernières décennies du IIIe siècle et le début du Ve siècle ap. J.-C.[33].

En somme, le lac du Bourget et la Chautagne se sont exhaussés de plus de 5,50 mètres depuis le Néolithique final, de plus de quatre mètres depuis le Bronze final, de près de trois mètres depuis le début de l'ère chrétienne ; ce processus, probablement saccadé, s'est effectué à une vitesse moyenne de quinze centimètres par siècle. Une étude récente[33b] a montré que la hausse continue du niveau moyen du lac s'est accompagné de fluctuations qui seraient corréables avec des reculs et des crues glaciaires holocènes dans les Alpes. Dans des contextes géomorphologiques assez comparables, d'autres grandes vallées alpines ont connu un phénomène analogue d'exhaussement par contrôle-amont ; citons par exemple la découverte près de Sion sur le Rhône valaisan, à seize mètres de profondeur, d'un tronc daté 3650 ± 140[34] ; les dix à quinze mètres d'exhaussement de l'Isère en amont de Grenoble depuis l'Alleröd, soit en 11 à 12 000 ans[35]. Il est vain de chercher à comparer les vitesses du processus car, d'une vallée à l'autre, le volume à combler, la disponibilité en matériaux et l'activité des cours d'eau varient trop fortement.

Le tronçon du Rhône entre le Parc et Yenne se caractérise donc par une constante modification spatiale des dépôts alluviaux elle-même liée à l'exhaussement du profil en long. Le colmatage caillouto-sableux produit par l'érosion de la couverture morainique de l'avant-pays alpin et les apports d'origine intra-montagnarde réalisent un bel exemple de sédimentation progressive dans des cuvettes de déglacement. La protection accrue des versants et des berges du fleuve à l'Atlantique a créé un paysage de « backswamps » ou arrière-marais dans un lit majeur devenu trop large. Cette évolution n'est pas sans rappeler celle qu'ont connu les vallées du Suffolk anglais à l'Holocène[36] ; la sédimentation fluviale s'est réduite mais la déforestation post-mésolithique et post-romaine a provoqué le dépôt d'argile par-dessus les berges. Les Anglo-saxons ont adopté l'expression de ''post-settlement alluvium'' pour caractériser ces dépôts liés aux défrichements. On a qualifié d''''Anthropogène'' cette ère géo-

31. Evin et coll., 1983.
32. Bocquet, comm. orale.
33. Pernon, 1978.
33b. Magny et Richard, 1985.
34. Evin et coll., 1983.
35. Hannss, 1984.
36. Lewin, 1981.

logique nouvelle engendrée par l'agriculture et caractérisée par des érosions et alluvionnements accrus[36b].

• Le tronçon de la plaine alluviale situé entre la Balme et Cordon présente des analogies avec le tronçon précédent dans la mesure où il possède la même logique d'exhaussement mais également une originalité certaine.

De la Balme à Saint-Genix-sur-Guiers, le sommet du remblaiement alluvial récent s'abaisse de 221 à 211 mètres, soit dix mètres sur une distance de 13-14 kilomètres. Les sondages réalisés pour la C.N.R. en 1979 dans le cadre des travaux préparatoires à l'aménagement hydroélectrique de Brégnier-Cordon révélaient la présence d'argile bleue en profondeur, surmontée par une masse homogène de cailloutis à partir de la cote 196. La fouille du barrage de retenue de Champagneux effectuée en rive gauche du fleuve en 1982, fournit des précisions nouvelles sur la mise en place des dépôts postglaciaires.

Des fragments de troncs ont été récoltés au contact de l'argile glaciolacustre et du cailloutis ; un échantillon (LY. 2779) a fourni la date 8560 ± 190 B.P. Il est donc possible d'avancer que la progression vers l'aval de l'alluvionnement caillouteux a atteint l'extrémité méridionale du Bugey à l'époque boréale ; en corollaire, il faut admettre que les apports assurés par les affluents du Rhône, le Furan, l'Oison, n'ont concerné que de faibles volumes alluviaux entre le moment de la déglaciation et le Boréal. Comment était réglé le niveau du lac qui occupait le val du Rhône surcreusé en ombilic, après la phase de déglaciation ? Peut-être par un effet de barrage en arrière d'un cône de déjection du Guiers, plutôt par les grands cônes de déjection de Serrières et Montagnieu ou par le seuil rocheux de Sault-Brénaz.

Blocs de tourbe roulés mis au jour à la base des alluvions caillouteuses du Rhône, à Champagneux.

36b. F. Boursier, 1961.

La partie méridionale de l'excavation de Champagneux a permis l'observation d'une coupe fort intéressante. Ravinant un dépôt sableux de stratification deltaïque épais de deux mètres (202-204 m), un étonnant ensemble de blocs roulés inaugure l'épaisse série caillouto-sableuse sous-jacente. Ces blocs oblongs, d'un volume voisin d'un demi-mètre cube, présentent une structure en sandwich : la partie médiane, tourbeuse, brune, est interstratifiée dans un limon argileux gris de texture plastique. Un échantillon tourbeux (LY. 2778) a été daté 6330 ± 140 B.P. et permet d'avancer quelques hypothèses :

— A l'Atlantique ancien, un marais tourbeux a recouvert une partie de la plaine située entre La Balme et Champagneux, l'état de conservation des blocs argilo-organiques roulés exclut la possibilité d'un long transport.

— Ce marais, fossilisé par des sédiments fins de débordement, a été détruit par l'érosion latérale du fleuve à l'Atlantique.

Comment interpréter cette phase de destruction ?

— Il pourrait s'agir d'une mutation de la dynamique fluviale consécutive aux défrichements néolithiques.

— On peut également envisager cette phase de crise dans l'hypothèse de l'accumulation progressive issue du Rhône amont ; la destruction de la tourbière précéderait alors l'épisode d'exhaussement caillouteux sur une épaisseur voisine de 8-10 mètres.

Une telle reconstitution est schématique et l'évolution dans le sens de l'exhaussement du plancher alluvial n'a peut-être pas toujours été la règle.

Considérons le tronçon de plaine fluviale de Leschaux-Champagneux.

Il est, à première vue, curieux d'observer que le hameau de Leschaux est bâti dans la plaine, dans l'axe du Rhône, coincé entre le Bugey et un chaînon du Petit-Bugey savoyard. En réalité, le village est posé sur un socle de blocs calcaires émergeant de deux mètres environ au-dessus de la plaine alluviale ; le nom de Leschaux vient d'ailleurs du bas latin « calmis » d'origine pré-celtique et dérivé du pré-indo-européen « Kal », pierre, rocher, hauteur dénudée[37]. Le hameau est construit sur une nappe d'éboulis provenant des corniches du mont Tournier. Ce phénomène est connu dans la tradition orale du village. La retombée occidentale du mont Tournier est une voûte anticlinale déversée vers la plaine et faillée ; un pendage aval de vingt à quarante degrés a facilité le glissement suivant les plans de stratification. « Ainsi que de nombreux phénomènes semblables dans les vallées alpines, il peut être consécutif à une décompression des roches après le retrait du glacier ; il semble pourtant plus récent : ce glissement a dû se produire sur un talus d'éboulis de gélifraction* déjà existant... Les mouvements du massif jurassien peuvent aussi être invoqués[38]. »

Les étapes de la mise en place des sédiments dans le val du Rhône :
• Tardi-glaciaire + Préboréal : phase glacio-lacustre, comblement argileux du lac.
• Tardi-glaciaire + Boréal : accumulation graveleuse peu épaisse par des matériaux issus des versants proches et du bassin des affluents locaux.
• Atlantique ancien : stabilisation des versants proches et modification de la charge dans le tronçon situé à l'aval du défilé de Pierre-Châtel. Développement d'un paysage d'arrière-marais sur les marges du fleuve.
• Atlantique - Epoque historique : l'accumulation caillouto-sableuse progresse vers l'aval, détruit le marais, exhausse l'ensemble de la plaine.

37. Dauzat et Rostaing, 1963.
38. Thomas, 1984.

c. LE REMPLISSAGE DES CUVETTES DAUPHINOISES

Le cours du Rhône holocène dans les Basses-Terres

Une des questions classiques posées par la géomorphologie et la géologie du Quaternaire régional est celle de l'ancienneté du tracé du Rhône actuel.

L'opinion dominante admet le principe d'un contournement de la butte des Avenières par un Rhône post-glaciaire qui aurait emprunté la vallée morte de Veyrins et remblayé la plaine du Bouchage. R. Forat n'excluait pas l'existence possible de deux bras à certaines époques et ce, jusqu'à une date indéterminée où l'accumulation des alluvions du Guiers aurait rejeté le Rhône vers le nord, au long du Bugey. La carte géologique La Tour-du-Pin au 1/50 000e a repris cette hypothèse en cartographiant des « méandres abandonnés dans les temps historiques par les divagations du Rhône » ; en effet, ces formes sont repérées dès l'extrémité aval de la vallée morte à l'amont de la plaine du Bouchage.

La confrontation de sondages anciens, d'observations effectuées sur les chantiers de la C.N.R. et en des secteurs clés permet de proposer, à titre d'hypothèse, une interprétation nouvelle. Considérons, pour ce faire, successivement, la vallée abandonnée des Avenières (Le Grand-Marais) et le cours actuel du fleuve dans la plaine de Brégnier[39].

Le fond de l'auge glaciaire n'a pas été reconnu mais il est remblayé par de l'argile dont le toit est compris entre 197 et 202 mètres. Ce matériau plastique, traversé sur onze mètres, est sans doute d'origine glacio-lacustre.

Cet ensemble est raviné par des graviers à matrice sableuse bien lavée, de couleur grise et probablement fluviatiles. Le sommet de ces alluvions est compris entre 205 et 208,5 mètres et se raccorde assez bien avec le prolongement amont de la plaine du Bouchage. Un tronc d'arbre a été découvert en 1965 à l'occasion d'un sondage ; localisé à une profondeur comprise entre 9,70 et 10,45 mètres, il a été daté 5520 ± 270 B.P. (LY. 24). Situé dans la partie inférieure des alluvions grossières, ce tronc conforte l'hypothèse d'une progression vers l'aval des matériaux rhodaniens à l'époque atlantique.

A l'amont du cône de déjection de Veyrins, un niveau argileux, plus sableux sur les marges, est interstratifié entre le cailloutis rhodanien et la tourbe du Grand-Marais. Ce niveau, relativement imperméable, d'une épaisseur pouvant atteindre quatre mètres, a les caractères d'un dépôt de lac temporaire circonscrit aux chenaux fluviatiles abandonnés et barré par un cône de déjection dont la construction serait postérieure au départ du Rhône ; la tourbification est l'étape ultime de la phase de colmatage.

Prouver un abandon historique de la vallée de Veyrins-Les Avenières au profit du tracé actuel par Brégnier nécessitait la preuve d'une tourbification très rapide. Un échantillon prélevé à la tarière au con-

39. Bravard, 1983.

tact de l'argile et de la tourbe a donné 1260 ± 170 B.P. (LY. 2851) soit environ 690 ap. J.-C. dans la partie centrale du Grand-Marais.

La capture du Rhône est donc antérieure à 690 ap. J.-C. et il n'est pas nécessaire de la vieillir beaucoup pour tenir compte de l'accumulation sablo-argileuse de base, car ces matériaux proviennent de la décantation des apports de versants molassiques et morainiques cultivés et des fines entraînées à l'aval des cônes de déjection ; le Grand-Marais recevait les apports considérables de la Bièvre avant qu'elle ne soit détournée vers l'est.

Cette argumentation permet donc de proposer un abandon de la vallée des Avenières que l'on peut situer dans la période 5500-1260 B.P.

Cette chronologie peut être affinée grâce aux observations effectuées dans la plaine du Rhône actuel, à Brégnier.

Les fouilles de l'usine hydroélectrique et de la tranchée du canal de fuite ont confirmé localement la structure du remplissage alluvial suggérée par les sondages préliminaires et permis la collecte d'échantillons de bois subfossiles.

La partie supérieure des « silts » qui se présentent comme des sables fins interstratifiés de minces lits d'argile plastique bleue, est ravinée par les cailloutis fluviatiles rhodaniens à structure entrecroisée. Des fragments et des galets de bois flotté ont été récoltés à la partie supérieure des silts, au contact du cailloutis, à une cote voisine de 196 mètres (profondeur 11,50 mètres) et ont donné deux dates voisines 1420 ± 140 (LY. 2776) et 1660 ± 110 (LY. 2775). Enfin, un tronc en place dans les cailloutis localisé vers 202-203 mètres a été daté 1050 ± 120 (LY. 2777).

L'irruption du Rhône dans la plaine de Brégnier serait postérieure à 1420 B.P. qui est la date du bois le plus récent trouvé au sommet des silts ; la capture, compte tenu de l'âge du tronc, serait donc intervenue entre 530 et 690 ap. J.-C. plutôt entre la fin du VIe siècle et la fin du VIIe siècle.

Cette hypothèse est confortée par la découverte de « tegulae » en place à mi-profondeur dans la masse caillouteuse ; ces tuiles, de type tardif, non remaniées par les eaux, jalonnent l'exhaussement du profil en long, de même que le tronc daté 900 ap. J.-C. (LY. 2777). Par ailleurs, comme l'épaisseur des lits caillouteux entrecroisés et la profondeur habituelle des mouilles du modèle tressé rhodanien excluent un remaniement actuel ou historique des alluvions profondes, on est en droit de penser qu'elles sont bien contemporaines de la capture.

L'ensemble des observations et des reconstitutions doit être intégré dans un schéma d'explication général susceptible de rendre compte de l'ensemble des processus. Il apparaît que ce phénomène local s'inscrit de manière cohérente dans l'évolution post-glaciaire et holocène de l'ombilic situé entre la cluse de Pierre-Châtel et le verrou de Sault-Brénaz.

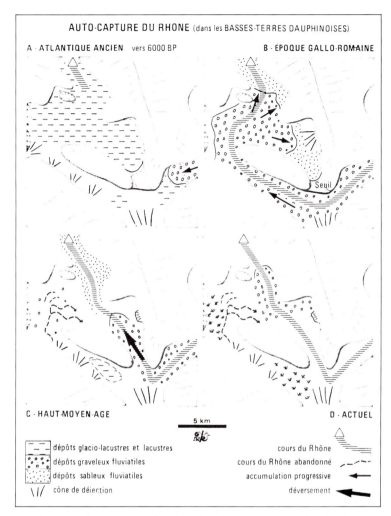

AUTO-CAPTURE DU RHÔNE (dans les BASSES-TERRES DAUPHINOISES)

A · ATLANTIQUE ANCIEN vers 6000 BP   B · ÉPOQUE GALLO-ROMAINE

Seuil

C · HAUT-MOYEN-AGE   5 km   D · ACTUEL

dépôts glacio-lacustres et lacustres	cours du Rhône
dépôts graveleux fluviatiles	cours du Rhône abandonné
dépôts sableux fluviatiles	accumulation progressive
cône de déjection	déversement

Figure 5. L'auto-capture du Rhône dans les Basses Terres dauphinoises.

L'alluvionnement rhodanien a progressé vers l'aval dans le secteur des Basses-Terres à l'époque atlantique (fig. 5a) ; cette descente vers l'aval s'est accompagnée d'un exhaussement du profil en long conformément au concept de « contrôle amont*[40] ». Les matériaux grossiers provenant de l'amont ont progressé comme un coin à la surface du remblaiement lacustre (fig. 5b) et ont basculé par-dessus le seuil du Chaffard une fois que le niveau voisin de 203 à 205 mètres a été atteint à l'époque du haut Moyen Age (fig. 5c). Un épisode hydrologique de caractère exceptionnel tel qu'une crue du Rhône et du Guiers a pu déclencher le processus de déversement mais l'auto-capture est liée à un long processus évolutif. On est donc en présence d'une défluviation* par déversement, « toutes les régions à forte accumulation... sont favorables aux déversements. En dehors des aires affaissées, ce sont surtout les régions de piedmont, engorgées de débris, qui les permettent le mieux[41] ».

40. Mackin, 1948.
41. Tricart, 1977.

51

L'ancien cours du Rhône a subi une évolution autonome après son abandon au VIIe siècle (fig. 6).

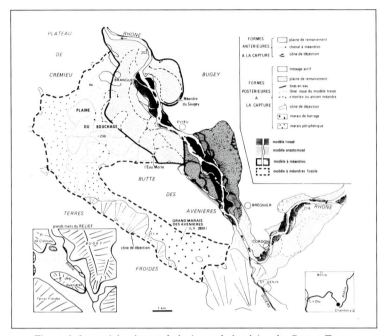

Figure 6. Les unités géomorphologiques de la plaine des Basses Terres.

— A l'amont du cône de déjection caillouteux de Veyrins, dont l'ampleur permet de juger de l'érosion subie par les collines des Terres-Froides en treize siècles, le Grand-Marais des Avenières est une tourbière de barrage.

— Les marais superficiels situés sur les marges de la plaine du Bouchage sont la conséquence, probablement tardive, de difficultés croissantes enregistrées dans l'écoulement des ruisseaux qui ont utilisé les méandres du Rhône abandonné. En effet, un phénomène secondaire de contrôle amont s'est exercé à l'aval de Brégnier par la progression du coin d'alluvions caillouteuses en direction de Brangues. L'exhaussement y est un phénomène contemporain attesté par l'aggravation des niveaux atteints par des crues de débit égal. Le niveau du cours du Rhône a exercé alors un effet de contrôle aval par légère élévation du niveau de base des affluents de rive gauche ; il s'en est suivi un colmatage minéral fin des anciens méandres et une élévation de la nappe phréatique responsable de la tourbification.

Le bassin de Briord

Les travaux que réalise actuellement la C.N.R. permettront sans doute de préciser les connaissances sur ce petit bassin coincé entre les escarpements calcaires du Bugey et de l'Ile-Crémieu, borné à l'amont par le défilé de Saint-Alban et à l'aval par les rapides du Sault ; les remarques qui suivent sont donc proposées à titre d'hypothèses.

Les sondages existants permettent de reconnaître l'existence de deux petites cuvettes glacio-lacustres colmatées par de l'argile bleue et du sable fin.

— La première prolonge à l'aval celle des Basses-Terres par le défilé de Saint-Alban et se termine au pont de Briord. Le sommet du remplissage est compris entre 199 et 201 mètres.

— La seconde s'étend de Villebois à Montalieu et se calait approximativement sur le niveau du seuil rocheux de Sault-Brénaz, soit 194 mètres. Près de La Chapelle-Saint-Léger, sur la commune de Serrières-de-Briord, a été découvert en juillet 1984 un habitat palafittique en tourbière daté du Bronze final IIIb (840-750 B.C. env.)[42].

L'existence même du colmatage argileux laisse supposer l'existence d'un lac temporaire lors de la fusion du glacier würmien ; la présence de cette nappe d'eau est incompatible avec l'édification d'un épandage fluvio-glaciaire contemporain du stade de Morestel :

— Cette hypothèse supposerait une fourniture considérable en matériaux grossiers consécutivement à une longue phase glacio-lacustre caractérisée par une sédimentation fine ; rien n'autorise à l'imaginer, aussi peut-on penser que les niveaux latéraux de Malville (225 mètres) et Montalieu (215 mètres) en rive gauche sont en réalité des terrasses de kame* établies sur les marges d'un culot de glace morte.

— Par ailleurs, le bassin est encombré par trois cônes de déjection, issus des chaînons bugistes :

- le cône du Rhéby à Villebois ;

- le cône de la Perna à Serrières ;

- le cône de la Brive, coalescent avec le précédent, sur les communes de Serrières et Montalieu.

Ces cônes énormes ne sont pas fonctionnels car les ruisseaux actuels les incisent avec vigueur et ils portent un sol rubéfié* ; on peut penser que leur édification remonte au Tardi-glaciaire par vidange des entonnoirs torrentiels qui échancrent le chaînon occidental du Bugey où l'intensité des processus périglaciaires devait assurer la fourniture d'une masse considérable de gélifracts calcaires. Comme la génératrice des deux derniers cônes s'abaisse à moins de 205 mètres environ, soit à une altitude inférieure à celle des terrasses de kame, on peut imaginer une mise en place dans la cuvette glacio-lacustre. Les cônes de déjection de la Brive et de la Perna ont repoussé le Rhône en rive gauche contre la balme morainique et calcaire de Bouvesse-Quirieu ; gélifracts et blocs rocheux forment un pavage qui perturbe le profil en long du Rhône. En effet, malgré une incision de quelques mètres qui a suspendu les cônes de déjection fossiles, le lit du Rhône se cale dans ce tronçon qui constitue un niveau de base local ; ainsi s'explique la faiblesse de la pente et la largeur du fleuve (près de 300 mètres) à l'amont de Briord. Dans ce sec-

42. *H. de Klijn et J.L. Voruz.*

53

teur, cet élargissement serait le résidu de la cuvette glacio-lacustre calée aux environs de 200 mètres par les cônes de déjection tardi-glaciaires.

La pente du fleuve s'accroît progressivement au niveau de ces cônes, le lit se rétrécit à une centaine de mètres avant de s'épanouir à nouveau de Montalieu à Villebois.

4. De la basse plaine de l'Ain à Lyon

La caractéristique principale de ce tronçon est la tendance qu'a eu le Rhône à enfoncer progressivement son lit dans l'épandage fluvio-glaciaire* würmien et à dégager un ensemble de terrasses en aval du vallum de Lagnieu.

P. Mandier (1984) a explicité la chronologie relative des terrasses fluvio-glaciaires de La Valbonne et Blyes-Saint-Vulbas. Au Würm récent, lors du stade de retrait de Charvieu, le glacier stationnait à l'emplacement de l'ombilic de Loyettes en édifiant le vallum terminal jalonné par les arcs morainiques d'Anthon-Charnoz et Chazey. L'Ain empruntait alors le couloir de La Valbonne plus à l'ouest en s'écoulant parallèlement au front du glacier et aurait détruit le cordon morainique, par sapement latéral, au niveau de Charnoz et Chazey. Ainsi, lors de la fusion du lobe de glace rhodanien, « les eaux de l'Ain auraient en quelque sorte suivi le retrait des glaces rhodaniennes vers le sud et auraient été attirées par un niveau de base de plus en plus bas car la fusion libérait, à l'emplacement du lobe principal, une topographie de plus en plus déprimée ».

La terrasse de Blyes correspond à un épandage conjoint du Rhône et de l'Ain « modelé en terrasse par l'encaissement définitif » des deux cours d'eau. Une étude détaillée du terrain et des cartes topographiques à grande échelle permet de distinguer une série de niveaux holocènes emboîtés entre 210 et 184 mètres.

a. LES NIVEAUX TARDI-GLACIAIRES ET HOLOCENES DE LA CONFLUENCE (fig. 7)

Le niveau de Blyes (210-206 m)

La pente d'ensemble est d'orientation N.E.-S.O., celle de l'épandage fluvio-glaciaire issu du vallum fini-würmien de Lagnieu-Ville. Le détail de la topographie suggère un écoulement divergent :

— Une partie des eaux s'écoulait vers le Rhône en suivant une direction N.O.-S.E. dessinant le chenal de Saint-Vulbas.

— Au sud d'une ligne Blyes-Saint-Vulbas, la topographie associe les moraines würmiennes du Bois des Terres (243 m) du mont Bron (231 m) et les alluvions fluvio-glaciaires qui fossilisent leur base. La surface du remblaiement présente des chenaux d'orientation N.E.-S.O. qui peuvent faire penser à des chenaux du Rhône confluant au Tardi-glaciaire avec l'ancêtre de la rivière d'Ain dans le secteur compris entre Loyettes et Port-Galland, à une altitude voi-

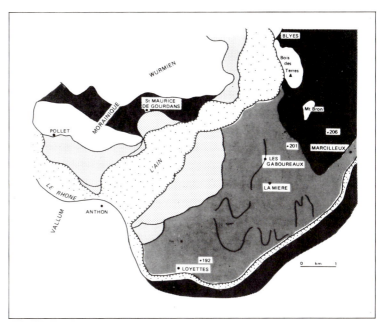

Figure 7. Le déplacement vers l'ouest du confluent de l'Ain depuis le Tardiglaciaire et l'accélération de l'enfoncement de la rivière.

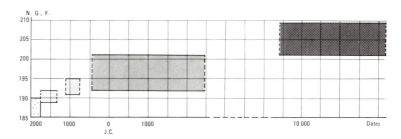

Niveaux	altitude	Couleur du sol	Age présumé	Parcellaire
	210 - 205	rubéfié	post-würmien	grands domaines, petites parcelles
	201 - 192	brun	holocène (?)	grands domaines, petites parcelles
	192 - 190	beige foncé	Moyen-Age	petites parcelles paysannes, grands domaines, communaux divisés
	190 - 189	beige	16e - 17e siècle	communaux affermés en indivis
	191 - 184	beige clair	18e - 20e siècle	communaux indivis

Figure 7 bis.

sine de 201 mètres ; l'écoulement s'évacuait par le chenal fossile de Saint-Maurice et la trouée actuelle d'Anthon.

Le niveau de Loyettes-Les Gaboureaux (201-194 m)

La carte géologique qualifie le matériel de cette terrasse d'« alluvions post-würmiennes ». Une fois fixé à l'ouest de la butte du Bois

55

des Terres, l'Ain a balayé l'espace compris entre le talus qui limite le niveau de Saint-Vulbas et le vallum de Saint-Maurice. Dans le contexte d'un enfoncement continu, plus ou moins rapide, du Rhône et de l'Ain, le retour de la rivière vers l'est dans l'axe Charnoz-Les Gaboureaux N.N.O.-S.S.E. peut expliquer le sapement du niveau de Saint-Vulbas et la formation du talus.

Après ce retour offensif vers l'est, le confluent s'est progressivement déplacé vers le sud-ouest. Après l'épisode d'un écoulement par la Mière (196-197 mètres) se dessine une ligne de partage des eaux très surbaissée qui s'abaisse de 201 mètres (Les Gaboureaux) à 192 mètres (village de Loyettes).

Il est pour l'instant impossible de préciser l'époque d'élaboration de cette terrasse. La partie la plus récente, au sud-ouest, porte le village de Loyettes cité pour la première fois en 1222 sous la forme de ''Loietes[43]'' ; ce toponyme viendrait du germanique *auwja* qui signifie « prairie » et cela n'a rien d'étonnant quand on sait la place qu'occupa au Moyen Age l'élevage du mouton dans ces plaines sèches. Ce site de pont, peut-être de confluence, est dans l'axe de la très vieille « Vie de Loyettes » et de la route d'Ambérieu qui utilisent cette chaussée naturelle. Par extrapolation, le niveau de Saint-Vulbas devait se situer à une altitude voisine de 200 mètres à l'emplacement de Loyettes, soit l'altitude du niveau de Pont-de-Chéruy et Saint-Romain-de-Jalionas en rive gauche du Rhône. L'emboîtement serait donc d'environ huit mètres entre le Tardi-glaciaire et l'abandon du site de Loyettes par l'Ain, qui pourrait remonter au haut Moyen Age en l'absence de traces d'occupation gallo-romaine.

Les niveaux récents de Loyettes
et Saint-Maurice-de-Gourdans

En aval de Gourdans, l'Ain actuel bifurque vers le sud-ouest et longe à distance la balme sinueuse entaillée dans le vallum würmien entre Charnoz et Pollet. Le glissement de la confluence vers l'ouest a été bloqué et a fait place à un balancement du cours qui a rongé alternativement la rive droite et la rive gauche à l'époque historique. Une série de niveaux emboîtés se repère aisément sur les marges des Brotteaux qui forment le lit majeur actuel de la rivière d'Ain. Par le fait que le balancement latéral, de vitesse variable, s'est accompagné d'un enfoncement accéléré à l'époque moderne et contemporaine, il est vain de chercher à corréler les niveaux des deux rives ; tout au plus, serait-il possible de corréler les niveaux amont (Saint-Jean-de-Niost, Gourdans) et aval (Brotteaux de Loyettes).

b. LE DEPLACEMENT GEOGRAPHIQUE DE LA CONFLUENCE
DE L'AIN DEPUIS LE MOYEN AGE

Sur la figure 8 ont été représentés les tracés successifs connus du cours de l'Ain depuis cinq siècles.

— Un très beau « plan géométral de 1781 », dit « Plan de la Mière près Loyettes », fut dressé à l'occasion d'un conflit entre le seigneur de Loyettes et les habitants. Il localise le tracé de la rivière en 1444

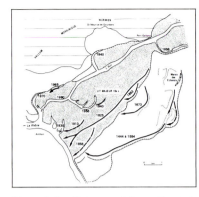

Figure 8. Le déplacement du confluent de l'Ain depuis cinq siècles.

43. Dauzat, 1963.

et 1544, en se fondant sur des plans-terriers médiévaux. Ce cours retaille nettement les niveaux 192-190 mètres en contrebas de la grande terrasse de Loyettes (201-192 mètres). L'actuel marais des Echanots était encore un « lac » à la fin du XVIIIe siècle. Le « Plan de la Mière » figure également un cours de 1673, le dernier passage de la rivière sur les Brotteaux de Loyettes.

— Le cadastre de 1825 (Loyettes) figure le plan d'eau des Echanots et l'affecte en marais. Le cours de la rivière est très rectiligne et se divise en deux bras qui entourent l'île de la Seille dans le secteur de confluence.

— L'Atlas du Rhône établi après la crue de 1856 représente un tracé aux allures de delta intérieur avec des bras divergents et en eau. Il pourrait s'agir d'un effet de la crue dont le flot aurait pu inciser des chenaux multiples et rectilignes. Le dessin des plages de galets montre la tendance au méandrage sur le bras principal suivant un modèle conforme à la situation actuelle. L'existence de deux ou plusieurs bras courants se vérifie à différentes époques du XIXe siècle : sur un secteur de la confluence en 1816, en 1825 et en 1885. En effet, le « Plan de bornage des Brotteaux entre Loyettes et Saint-Maurice », dessiné en mars 1885 à une époque de contentieux entre les deux communes, figure un bras principal décalé vers l'ouest et un « bras aux grandes eaux », existant en 1853, dont l'entaille est repérable sur le talus qui limite le niveau 190-189 m.

La crue de 1856 a recouvert l'ensemble du lit majeur actuel, du moins tel que la carte géologique le définit. Par l'étalement des eaux de la crue, un retour offensif de la rivière à l'est a érodé le talus qui sépare les Brotteaux actuels du niveau 190-189 mètres ; ceci suppose d'admettre un encaissement de l'Ain depuis le XVIe-XVIIe siècle équivalent au commandement du talus, en tenant compte du fait que la dénivellation apparente est exagérée par la présence à son pied du talweg de 1856.

La poursuite de l'encaissement depuis 1856 pose d'ailleurs le problème des limites du lit d'inondation ; l'aspect homogène du lit majeur défini par la carte géologique s'explique en partie par le glissement continu de la rivière en direction de Saint-Maurice, depuis cette date. Dans l'autre sens, il faut tenir compte du fait que l'encaissement affecte surtout le dernier kilomètre de la rivière et du fait que la crue de 1856 sur l'Ain a été plusieurs fois largement dépassée (1918, 1928, 1944, 1957 ont dépassé les 2 000 mètres cubes/seconde). En somme, les limites atteintes de nos jours pour divers niveaux de crue sont mal connues dans le secteur des Brotteaux de Loyettes.

c. LA PLAINE DU RHONE EN AVAL DE LA CONFLUENCE DE L'AIN

La mise en place des alluvions holocènes n'a pas fait l'objet d'étude sur ce tronçon et nous nous contenterons de quelques propositions, faute de pouvoir avancer des éléments suffisamment précis.

La terrasse de La Valbonne se décompose à Balan en un niveau sommital à 194-195 mètres et des couloirs secondaires de creusement à 192 et 190 mètres. Ils seraient contemporains de la terrasse de Blyes et correspondraient au stade E de décrépitude (la terrasse de Chesne). « En aval de la Boisse, tous ces niveaux disparaissent par érosion et seule existe la terrasse de Saint-Maurice-de-Beynost dont l'altitude (188 mètres à plus de neuf kilomètres en aval des couloirs inférieurs de Balan), ainsi que le sol permettent de penser qu'elle est antérieure à la terrasse de Blyes et aux couloirs de Balan[44]. »

La pente de la terrasse de La Valbonne suggère que son prolongement aval, masqué par les alluvions holocènes, devait se situer au voisinage du substratum molassique sous le site de Lyon. Cette constatation laisse supposer qu'au Post-glaciaire et à l'Holocène un basculement du profil en long s'est opéré de part et d'autre d'un point d'inflexion situé aujourd'hui à une vingtaine de kilomètres en amont de La Mulatière. A l'amont, le Rhône a creusé tandis qu'à l'aval, il accumulait de quinze à vingt mètres d'alluvions. Des études ponctuelles en cours devraient permettre d'apporter quelques éléments d'interprétation :

— La carte géologique figure un niveau, voisin de 190 mètres en contrebas du hameau de Pollet (fig. 7). L'Atlas du cours du Rhône localise avec précision les secteurs de plaine épargnés par la crue centennale de 1856 et confirme ce niveau ; il figure également un autre secteur au sud-est de Balan, entre le village et les fermes du Content (vers 186 mètres) où le matériel organique d'un bras mort a livré la date de 5580 ± 140 B.P. (Ly 3820). On peut estimer que l'enfoncement du Rhône et de l'Ain depuis cette date a exagéré le perchement relatif de ces niveaux.

A l'aval de ce court tronçon à terrasses holocènes débute le vaste ensemble de bras et d'îles dits de Miribel-Jonage. Les cartes géologiques au 1/50 000e Montluel et Lyon qualifient le matériel du lit majeur d'alluvions fluviatiles post-würmiennes et considèrent le tronçon comme homogène.

On est en droit de supposer qu'un remblaiement alluvial s'est opéré durant l'Holocène, mais la démonstration nécessite la découverte et la datation de troncs subfossiles à défaut d'autres témoignages de nature archéologique. Nous avons récolté un fragment de tronc au lieudit Les Simondières sur la commune de Meyzieu. L'échantillon provient d'une gravière en activité ; il a été extrait à 167 mètres, soit à une profondeur de huit mètres environ sous la surface topographique actuelle. La datation C.14 a fourni 3600 ± 160 B.P. (LY. 3327) soit l'époque subboréale. La signification de cette date mérite discussion car cette découverte ne démontre pas à elle seule un exhaussement postérieur de la plaine alluviale. En fait, les témoignages des extracteurs signalent la présence fréquente de troncs de chêne à une profondeur voisine de huit mètres sous le lit majeur dans la région de Vaulx et Miribel ; ces troncs reposent sur un niveau de très gros galets et cailloutis, d'une dimension nettement supérieure à celle du cailloutis sous-jacent à matrice très sableuse.

44. *P. Mandier, 1984.*

L'hypothèse d'un exhaussement alluvial d'âge subboréal et subatlantique concorde assez bien avec les interprétations avancées à propos des niveaux du lac Léman et trouve des éléments de confirmation d'ordre archéologique. A l'occasion des prospections réalisées sur le tracé de l'autoroute Lyon-Genève, une station de l'âge du Bronze a été découverte, la nécropole de Vernes (1200-1050 B.C.) située sur la commune de La Boisse. « L'intérêt de cette découverte tient à la rareté des gisements de plaine dans les vallées du Rhône et de l'Ain[45]. » En 1984, sur la commune de Niévroz, au lieudit Les Cancottes, nous avons découvert, dans une tranchée G.D.F., un foyer reposant sur un banc de galets et fossilisé par des limons de crue et quelques fragments d'une céramique sigillée à engobe brune. Une datation C.14 (LY. 3451) permet de l'attribuer à la fin de l'âge du Fer (2100 ± 140 B.P.). Remarquons enfin que les villages de Niévroz et Thil, de création médiévale, se sont installés à la surface de la plaine alluviale, tout comme Vaulx, plus à l'aval, et que ces établissements humains furent épargnés par la crue centennale de 1856 ; la surface caillouteuse des plaines de Vaulx, Thil et Niévroz n'était pas nécessairement à l'abri d'une crue de rang millénal mais a été construite par une dynamique qui suppose une submersion sous un à deux mètres d'eau au minimum en situation de crue moyenne à forte.

Tous ces éléments font supposer que le remblaiement alluvial acquis au Subboréal et au Subatlantique fut suivi d'une phase d'incision ; il est possible que le remblaiement ait été plus précoce dans le secteur de Niévroz que dans les parages de Lyon et que l'incision postérieure, propagée de l'amont par érosion progressive, ait exondé une partie du lit majeur.

Sans vouloir pousser trop loin l'analogie, car rien n'est moins sûr que des tronçons fluviaux dissemblables aient réagi de manière identique, il serait tentant de rechercher les traces d'une reprise de l'exhaussement à l'époque moderne par augmentation de la charge disponible. Peut-être faut-il interpréter de cette façon l'aggravation notable des inondations subies au XIX⁺ siècle par les villages de Niévroz et Thil, au dire des témoignages de l'époque.

Il serait également utile de considérer les variations historiques enregistrées par les modèles géomorphologiques fluviaux. Il est curieux de constater que les grands méandres de Saint-Maurice, Balan et Villette ont été isolés au XVIIIᵉ siècle et au début du XIXᵉ siècle et ont cédé la place à une bande de tressage très active. De même, les méandres colmatés visibles sur les marges de la plaine à Vaulx, Niévroz et Thil semblent peu comparables à ceux du Rhône moderne et contemporain...

d. LE RHONE ET LA SAONE DANS LYON

Dans la traversée de Lyon, les faits sont d'une particulière complexité car la question du profil en long et des modèles géomorphologiques holocènes se double de la question du confluent Rhône-Saône.

---

45. *Poiret et Vicherd, 1982.*

Ph. Rosso et A. Audin (1961) ont tenté une synthèse des données géologiques existantes à l'époque en esquissant la topographie du socle et des alluvions sous-jacentes dans le secteur de la presqu'île, connu grâce à quelques sondages. Ils ont mis en évidence l'existence d'un éperon rocheux, d'axe S.O.-N.E., raccordant Fourvière à La Croix-Rousse par le rapide, aujourd'hui dérocté, de « La Mort qui trompe » au pont du Change, sur la Saône (cote 160 m alors que le sommet du remblai urbain est voisin de 166-167 m dans la presqu'île). Le socle est fossilisé par des sables et graviers de Saône, de couleur rose, dans la partie amont de la presqu'île, si bien que « le confluent Rhône-Saône était situé au voisinage des Terreaux au nord-est de cet éperon ». La présence de cailloutis du Rhône, au sud-est de l'éperon de la rue Saint-Claude conduisit Ph. Rosso et A. Audin à « admettre l'existence d'un chenal du Rhône, et non de la Saône, oblique de nord-est en sud-ouest... creusé jusqu'à 148 mètres tant vers le pont Morand que vers le pont Tilsitt et par suite entre les deux ».

Les sondages nombreux effectués depuis pour le compte de la S.E.M.A.L.Y., à l'occasion des travaux du métro, permettent de préciser les connaissances dans ce domaine. Si des écoulements sont responsables du façonnement de talwegs profonds, ils ont pu se réaliser à différentes reprises au cours du Quaternaire, par exemple au Tardi-glaciaire würmien, lorsque le Rhône était fortement encaissé dans le prolongement de la terrasse de La Valbonne... Le remblaiement post-glaciaire et holocène a masqué ces inégalités sous une épaisse couche d'alluvions.

Les sondages de la S.E.M.A.L.Y. révèlent que la Saône a construit un épandage temporaire de sables et graviers qui a été repéré sous la rive droite de la Saône actuelle et sous l'ensemble de la presqu'île dans l'axe est-ouest de la place Bellecour. Le sommet de cette accumulation se tient à 157-155,5 mètres sous Saint-Jean, 156-155 mètres sous la partie ouest de la presqu'île, 154-153 mètres sous la partie est de la place Bellecour, 152,5 mètres sous le square A.-Poncet en rive droite du Rhône, dessinant ainsi un profil régulier avec une dénivellation de plus de quatre mètres en un kilomètre ; il a dû exister un écoulement de la Saône, d'axe N.O.-S.E. en direction d'un Rhône déprimé et localisé sous la plaine alluviale actuelle de rive gauche ; remarquons d'ailleurs que sous La Guillotière se tient un niveau de gros galets et blocs, profond de dix-huit à vingt-deux mètres, reposant sur la molasse.

L'exhaussement holocène du Rhône, démontré dans le secteur de Miribel-Jonage, s'est donc accompagné d'une dilatation de sa plaine caillouto-sableuse. L'épandage sableux de la Saône a été fossilisé par des bancs de galets dont la surface, inégale, se tient entre 160 et 164 mètres, dans la presqu'île et jusqu'à Saint-Jean (épaisseur six à sept mètres). Un tronc fossile, découvert dans ces alluvions caillouteuses, a été daté de l'âge du Fer. La Saône, sans doute avant l'occupation gallo-romaine du site de plaine, se trouvait donc plaquée contre l'escarpement de Fourvière à l'emplacement de ce que Ph. Rosso et A. Audin ont appelé le « bras Marsaux ».

Ces quelques observations n'ont pas la prétention de fournir un schéma d'évolution définitif, mais révèlent la très grande complexité de la question ainsi que la nécessité de multiplier les analyses précises pour confirmer ou infirmer ces premières hypothèses.

5. Le colmatage imparfait de la cuvette de Bourgoin-La Verpillière

A titre de comparaison avec les milieux fluviatiles, il a paru utile d'esquisser les étapes du colmatage dans l'ombilic de Bourgoin-La Verpillière, drainé par la Bourbre.

Deux secteurs s'individualisent de part et d'autre du môle calcaire de l'Isle-d'Abeau :

— A l'est, converge un ensemble d'anciens chenaux glaciaires : le marais des Vernes N.E.-S.O. borde l'Ile-Crémieu et reçoit à sa gauche les eaux des Terres-Froides septentrionales (vallons de Sermérieu, Saint-Chef et Saint-Savin) ; l'essentiel des apports en eau provient cependant du bassin de la Bourbre qui rejoint les marais à Bourgoin.

— En aval du verrou de L'Isle-d'Abeau le marais s'élargit à nouveau dans le secteur de La Verpillière avant de prendre une direction sud-nord en aval du Chaffard ; coincé entre L'Ile-Crémieu et le vallum würmien, le marais, d'allure filiforme, se confond alors avec la vallée de la Bourbre (fig. 9).

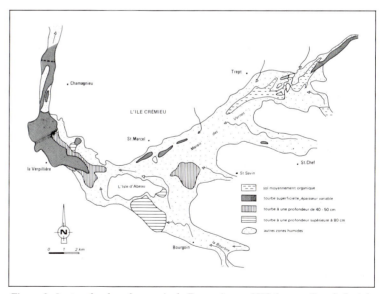

Figure 9. La tourbe dans le marais de Bourgoin, en 1970 (source Benoît-Janin).

L'étude de référence concernant le colmatage du marais reste celle de G. Mazenot et J. Gourc (1939) qui ont étudié le remplissage de l'ombilic en suivant un transect S.O.-N.E. à deux kilomètres au nord de La Verpillière.

Le fond est remblayé par une couche sableuse épaisse ; il est fort probable que ces mêmes sables affleurent dans la vallée des Vernes et forment les buttes de Villieu et de Braille dont la mise en place est sans doute fluvio-glaciaire, contemporaine de la fusion du culot de glace morte.

La tourbification succède à une courte phase glacio-lacustre marquée par le dépôt d'une marne sableuse très fine. La tourbe a une épaisseur maxima de deux mètres et débute par une formation mixte à bouleaux et à pins, puis cette essence prend progressivement le dessus ; l'installation de la tourbière remonterait environ à 9000 B.P., soit à la charnière du Préboréal et du Boréal[46]. Ce résultat ne concorde pas avec la datation obtenue dans le sondage de Chamagnieu IV-Les Cariaux (Ly 92) car la base de la tourbe prélevée à une profondeur de 190 centimètres à peu près sur le transect précédent a donné 4040 ± 400 B.P. Citons pour être complet les trois autres dates obtenues par J. Evin :

— Ly 36, Chamagnieu I, prof. 30-40 cm, 1800 ± 200 B.P.

— Ly 13, Chamagnieu II, prof. 70-80 cm, 2200 ± 100 B.P.

— Ly 91, Chamagnieu III, 150 cm, 2780 ± 160 B.P.

La tourbification s'est donc déroulée de manière régulière jusqu'à la période gallo-romaine, puis s'est très fortement réduite. Il faut probablement en rechercher la cause non seulement dans un assèchement ancien (mais rien ne le prouve avant le XVIIe siècle) mais également dans une reprise des apports alluviaux et colluviaux liée au défrichement des versants et du bassin de la Bourbre. C'est ainsi qu'il conviendrait d'expliquer la répartition spatiale et la profondeur des dépôts tourbeux dans l'ensemble du marais. La fig. 9 a été dessinée d'après les cartes pédologiques dressées par P. Benoît-Janin (1968-1970) :

- à l'ouest, la grande tourbière de La Verpillière partiellement masquée sur ses marges amont par des apports colluviaux ;

- à l'est de L'Isle-d'Abeau, le marais est davantage sableux que tourbeux.

— Dans l'axe de la vallée des Vernes, les tourbières ou les secteurs de sol organique dessinent des ellipses allongées localisées dans l'axe de l'écoulement.

— Au sud et à l'est de L'Isle-d'Abeau, les masses de tourbe sont fossilisées par les alluvions de la Bourbre et du ruisseau de Saint-Savin ; une analyse palynologique montrerait peut-être que les défrichements de l'époque historique, en mobilisant un important volume de matériaux enlevés aux versants escarpés du bassin molassique, ont fait progresser l'alluvionnement aux dépens de la tourbification ; à une croissance verticale du dépôt tourbeux aurait pu succéder un ensemble de petites dépressions peu profondes, isolées en arrière des axes de drainage (ainsi la tourbière de Jallieu aujourd'hui disparue après exploitation).

— Dans ce secteur, les cours d'eau des Terres-Froides ont donc repris le colmatage minéral et interrompu la phase palustre holo-

46. Mazenot et Gourc.

cène alors qu'à l'ouest, la tourbification s'est simplement ralentie. « Le remblaiement... n'est pas encore achevé étant donné la modestie du réseau hydrographique de la Bourbre et la faiblesse de ses apports en alluvions[47]. »

Les marais de Bourgoin devaient donc leur unité beaucoup plus à la présence de l'eau qu'à des caractéristiques pédologiques homogènes : la nappe phréatique de niveau saisonnier variable mais toujours proche de la surface empêchait toute forme d'agriculture. C'est à l'assèchement que l'on doit la connaissance d'aptitudes variées : les marais de Bourgoin sont en effet un ensemble complexe de sable fin bien lavé et de tourbe.

Conclusion

L'étude de la vallée du Haut-Rhône français démontre la grande jeunesse du fleuve à l'amont de Lyon. Les modalités de l'englacement würmien et de la déglaciation permettent d'isoler trois tronçons aux caractéristiques très différentes :

— A l'amont, de Genève à Seyssel, le fleuve a incisé un lit étroit et profond dans la moraine würmienne et son substrat molassique et calcaire. Le torrent sous-glaciaire würmien devait ressembler au Rhône actuel dans la gorge de Génissiat.

— Entre Seyssel et les vallums terminaux würmiens, le glacier a creusé une série d'ombilics à la faveur de dispositions structurales favorables et de la présence de roches tendres. Les cours d'eau du bassin versant situé à l'aval du lac Léman ont fourni dès le Postglaciaire une abondante charge grossière qui a lentement progressé vers l'aval, d'ombilic en ombilic. Cet alluvionnement en cascade réalisa le comblement progressif de ces cuvettes et rend compte d'un exhaussement continu du lit majeur entre Seyssel et Sault-Brénaz ; cette évolution, qui n'est pas terminée au XXe siècle, est riche de conséquences :

- l'exhaussement a isolé les arrière-marais tourbeux de Chautagne et Lavours dès le Boréal et explique l'élévation constante du plan d'eau du lac du Bourget ;

- l'exhaussement est également responsable de l'auto-capture du Rhône par déversement dans les Basses-Terres si bien que la plaine des Avenières-Morestel, Le Bouchage est une vallée morte depuis le VIe siècle ap. J.-C. ;

- parvenu, à l'Atlantique, à la confluence du Guiers, l'alluvionnement grossier n'a pas achevé le colmatage de l'ombilic des Basses-Terres de telle sorte que le profil en long du Rhône s'adoucit à l'aval de Groslée, calé sur le niveau de base que constituent les cônes de déjection tardi-glaciaires de Serrières-Montalieu. Ce caractère inachevé rend compte également d'une modification parallèle de la charge de fond du Rhône qui s'affine à l'aval des Basses-Terres.

— A l'aval de Sault-Brénaz, le Rhône présente une évolution radicalement différente car il s'encaisse depuis la fin du Würm, d'autant

47. Mandier, 1984.

63

plus vigoureusement que le chapelet des ombilics amont piège la totalité de la charge grossière du bassin versant. Cette incision a sculpté une série de terrasses emboîtées et explique l'étroitesse du lit majeur à l'amont du confluent de l'Ain.

Les rapides du Sault jouent un rôle essentiel dans la mesure où ce seuil rocheux a bloqué l'érosion régressive ; en ce sens, l'évolution des plaines du Rhône diffère de celles de l'Isère puisque l'ombilic würmien colmaté de Moirans s'est trouvé modelé en terrasses au Post-glaciaire (C. Hannss, 1984). Le tronçon du Rhône situé entre le Sault et la confluence de l'Ain a donc subi une évolution autonome en abaissant sensiblement sa pente.

A l'aval de la confluence de l'Ain débute un secteur complexe puisque l'incision passe progressivement à un exhaussement de part et d'autre d'un point d'inflexion dont la position a changé depuis le Post-glaciaire ; l'abondante charge caillouteuse de l'Ain modifie profondément les conditions de la dynamique fluviale si bien que la pente et la charge de fond du Rhône retrouvent pour l'essentiel les traits observables à l'amont de Groslée.

En somme, un lit majeur d'épanouissement très variable et un profil en long brisé pour un fleuve saisi dans une étape de son évolution post-glaciaire.

Comparable aux secteurs précédents par sa genèse, l'ombilic de Bourgoin-La Verpillière doit à son isolement une évolution postglaciaire très différente. La faiblesse des apports minéraux a permis l'élaboration d'importants dépôts tourbeux dans les chenaux dessinés à la surface d'épandages sableux. Alors que la dynamique fluviale a donné son unité au chapelet des plaines rhodaniennes, les marais du Bas-Dauphiné ont fossilisé la topographie héritée de la déglaciation würmienne.

Le Rhône à Brangues (cl. C.N.R.S., U.A. 367 et D.R.A.E.).

Le méandre de Saugey (cl. C.N.R.S., U.A. 367 et D.R.A.E.).

II.
La dynamique fluviale du Haut-Rhône au début du XIXᵉ siècle : réalités et perception des faits

Le chapitre précédent a montré quelle est la diversité et la complexité des plaines rhodaniennes. Le fleuve, saisi au XVIIIᵉ-XIXᵉ siècles dans un moment de l'évolution géologique, est un principe unificateur mais les caractères de la dynamique et de la géomorphologie fluviale sont fortement influencés par ces "paramètres externes" que sont la pente du plancher alluvial, héritée, la nature de la charge de fond, la contrainte locale occasionnée par le cadre structural.

Ce chapitre est destiné à esquisser une représentation du paysage fluvial au début du XIXᵉ siècle, époque d'économie rurale traditionnelle, avant que ne débute l'ère des grands travaux d'aménagement.

Il est clair qu'on ne décrira pas un milieu "naturel", primitif en quelque sorte, car la sujétion d'une population nombreuse aux contraintes du milieu n'excluait évidemment pas l'influence certaine des riverains sur le fleuve. Quel impact de l'homme ? Les travaux d'endiguement, protection des terres ou quais, ne modifiaient pas les modèles fluviaux et le fonctionnement du cours d'eau. Les interventions directes sur les affluents, le lac Léman ou le fleuve lui-même n'avaient que fort peu modifié les écoulements, c'est-à-dire le paramètre débit dont on sait l'importance en géomorphologie fluviale ; cependant on ne doit pas sous-estimer l'impact des défrichements anciens sur les bilans d'écoulement dans le bassin versant et sur la mobilisation des matériaux qui constituent la charge alluviale des cours d'eau.

Ce chapitre s'efforce de décrire et d'interpréter la gamme des styles fluviaux que présentait la vallée voici plus d'un siècle. La description s'appuie sur des cartes, des relevés, des photographies anciennes pour les sites remarquables, sur des témoignages écrits et des rapports officiels. La confrontation des styles fluviaux avec les paramètres explicatifs que sont le régime des eaux, la pente de la vallée et du fleuve, le type de charge permettra de formuler, à titre d'hypothèses, une interprétation de la dynamique avant impacts.

L'étude sera conduite de manière régionale en distinguant successivement quatre tronçons caractéristiques :

— le torrent du lac Léman au Parc ;

— la plaine du Rhône et ses arrière-marais de Chautagne-Lavours ;

— les Basses-Terres du Dauphiné ;

— la plaine du confluent de l'Ain à Lyon.

1. Le Rhône, du lac Léman au Parc

A l'exception des fameuses "pertes" de Bellegarde, le cours supérieur du Rhône français était et reste méconnu. Encaissé entre des versants raides et glissants, le fleuve ne faisait tourner que quelques moulins, portait des radeaux ou quelques trains de bois, attirait quelques pêcheurs locaux.

La connaissance que l'on peut avoir de nos jours de l'état naturel des lieux repose sur les observations répétées réalisées par les ingénieurs. En effet, la construction de la voie ferrée Culoz-Genève, puis l'aménagement hydroélectrique des gorges du Rhône ont fait analyser un ensemble de contraintes physiques propres au secteur et passées quasiment inaperçues jusque-là.

a. DES VERSANTS INSTABLES

Alors qu'à l'aval de Bellegarde, le Rhône réutilise depuis la dernière période glaciaire son ancien cours aux allures de canyon entaillé dans les calcaires urgoniens, à l'amont il tranche le complexe des alluvions tardi-glaciaires.

L'instabilité des versants se manifeste de manière remarquable dans trois secteurs :

• A l'amont du pont de Pougny en rive droite, l'ensemble du versant glisse dans le Rhône depuis des siècles. Les archives de la ville de Genève font état de la chute de ponts en 1570 et en 1610 ; le pont reliant les villages de Chancy et Pougny, construit en 1858 au moment de l'ouverture de la voie ferrée P.L.M., s'écroula dans le fleuve en 1875 (fig. 10).

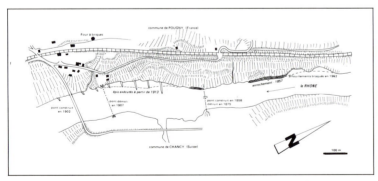

Figure 10. L'instabilité des versants du Rhône dans le secteur de Chancy-Pougny.

Dès 1859, la compagnie P.L.M., alertée par la fissuration de la culée du pont, conclut à l'existence d'un plan de glissement situé sous le niveau du Rhône ; la ride centrale, correspondant au maximum de convexité de la loupe, émergeait dans le fleuve qui l'érodait au fur et à mesure de sa construction[1]. En 1909, la voie ferrée établie à la cote 364, soit vingt-cinq mètres environ au-dessus du fleuve, avait glissé de 5,78 mètres, soit à la vitesse moyenne de 12,8 centimètres par an. La voie servait de révélateur au phénomène car le

1. Archives S.N.C.F., Chambéry.

Le Rhône entre le défilé du Fort-de-l'Ecluse et les gorges de Bellegarde.

fleuve le masquait par un sapement continu de la masse argileuse en mouvement ; de 1862 à 1911, le recul des berges fut de trente et un mètres. Ce secteur a depuis lors obligé le P.L.M. puis la S.N.C.F. à de coûteux travaux d'enrochements, de construction d'épis face au confluent de l'Aire, à la pose de dizaines de milliers de traverses contre les berges.

Un rapport des British Railways (1956) évalua la vitesse du Rhône dans ce secteur à 16 km/h ! En 1858, un géologue attribuait le glissement à la superposition de marnes limoneuses compactes ou stratifiées, de mise en place glacio-lacustre et relativement perméables, sur la moraine de fond würmienne ; le contact est incliné vers le Rhône et assure le drainage profond. Parmi les facteurs de déclenchement, il prenait en considération la stagnation de l'eau, sur le plateau marécageux, la présence de dépressions abandonnées par l'exploitation de terres à tuiles et la déstabilisation aval provoquée par le sapement du Rhône. Ces mouvements continuent, puisque le remblai S.N.C.F. se déplace avec composante horizontale (12-16 cm/an) et verticale (8-10 cm/an). A l'aval du remblai, la surface du sol glisse vers le Rhône à la vitesse de cinquante centimètres par an. Sur une longueur de huit cents mètres entre les P.K. 148 et 149, la S.N.C.F. est obligée de relever la voie de manière continue.

• A l'aval immédiat du Fort-de-l'Ecluse survint le 3 janvier 1883 un éboulement de 250 000 mètres cubes que C. Lentheric (1982) rapporte dans son ouvrage sur le Rhône. La source vauclusienne de la Buna, d'un débit maximum de 400 litres/seconde, jaillissait à la base d'alluvions morainiques masquant le réseau karstique. A la suite d'une brusque fonte des neiges occasionnée par des pluies tièdes, le réseau se mit en charge et provoqua une brutale expulsion du revêtement morainique ; le Rhône, barré sur une hauteur de quinze mètres, cessa de couler entre minuit et six heures du matin et noya plusieurs maisons à l'amont, dans sa retenue temporaire. La vidange s'opéra heureusement de manière progressive, sans provoquer de débâcle mais la liaison ferroviaire Bellegarde-Genève resta coupée pendant vingt-deux mois[2].

La situation est originale par l'interférence d'un processus caractéristique de l'hydrologie karstique, propre à l'anticlinal du Credo, et d'un processus habituel sur versant morainique instable. Lors de l'élaboration du tracé, on tint compte en effet des éboulements historiques de bancs de molasse à Vanchy et Grésin (1780, 1800, 1810, 1840, 1842) ; des encorbellements fragiles se formaient sous l'effet conjugué des hautes eaux du Rhône et du gel[3].

Les exemples présentés font plus qu'illustrer de manière anecdotique et spectaculaire les difficultés rencontrées après l'établissement de la voie ferrée Culoz-Genève. C'est en réalité l'ensemble des versants qui, à des degrés divers, glissent vers le fond de la gorge, raison pour laquelle fut creusé le tunnel de Coupy à Longeray qui évite les dangereux secteurs de Vanchy et Léaz. En 1762, un glissement avait comblé le lit de la Valserine et, dans ces années-là, le château de Vanchy s'était éboulé dans le Rhône[4]. Ces déboires coûteux ont

2. *Archives S.N.C.F., Chambéry.*
3. *A.D. 69, Arch. S.N.R.S. 731.*
4. *A.D. 01, S. 428.*

eu des répercussions lors de la mise en valeur de la ressource hydraulique car les mouvements de pente et le sapement du fleuve ont pris rang de contraintes majeures. En 1913, la compagnie P.L.M. exigea et obtint des travaux de consolidation et de drainage sur les berges de la retenue de Chancy-Pougny[5]. Le rapport de M. Lugeon, préliminaire à la construction du barrage de Génissiat, manifestait une inquiétude réelle à l'égard de ces problèmes : « Les deux rives présentent l'aspect des terrains sujets à glissement. Sur la rive gauche, un peu à l'amont de l'emplacement du barrage, de grands éboulements couvrent le versant. Un peu plus loin, sur des pentes plus douces, on circule sur un sol crevassé dans lequel des dénivellations brusques décèlent des affaissements plus ou moins récents. Les arbres sont inclinés dans tous les sens. » La crainte persistante des glissements, avivée par la fameuse catastrophe de Longarone en Italie, oblige la C.N.R. à une surveillance constante des abords de la retenue de Génissiat. Un mouvement de masse est scruté avec minutie depuis des années ; des coulées et des formes de solifluxion épaisses de trois à cinq mètres sur des pentes de trente à trente-cinq degrés se déplacent à des vitesses pouvant atteindre plus de quatre mètres par mois après des épisodes pluvieux. Des couches d'argile grise varvée, à basse limite de plasticité et fort pouvoir de fissuration, alternent avec des couches de gravier et des varves sableuses de faible résistance au cisaillement ; des zones de stagnation superficielle, des nappes locales, l'incision de talwegs pentus, le marnage de la retenue sont autant de données contraignantes.

Les précautions actuelles visent donc à prévenir l'impact d'un glissement dans le réservoir de Génissiat. Les caractéristiques techniques de la retenue s'expliquent d'ailleurs partiellement par le souci de limiter l'impact du barrage sur ses rives ; à la suite des conclusions rendues par les géologues Jacob et Gignoux (1935), la C.N.R. abaissa de 336 à 331 mètres la cote du plan d'eau, de façon à ne pas noyer les galeries de la Buna, drainage réalisé à la suite de la catastrophe de 1883 ; ce choix de la cote 331 mètres permettait également de ne pas affecter le secteur de Pougny par le remous de la retenue.

Les contraintes d'ordre géotechnique que les archives de la S.N.C.F. permettent de suivre sur près de cent trente ans révèlent donc la fragilité des versants glaciaires que l'entaille des cours d'eau a contribué à déstabiliser. La figure 11 situe les mois d'occurrence des dégâts occasionnés aux ouvrages d'art entre 1883 et 1972 dans une région englobant le Bugey méridional et le piedmont savoyard[6]. S'il n'est pas douteux que le passage des convois constitue un des facteurs du déclenchement, leur inégale répartition mensuelle permet de chercher une autre explication à la concentration des mouvements de masse sur les mois de septembre à avril. La saison d'hiver pluvieuse est évidemment la plus propice au déclenchement des mouvements qui, multipliés à l'infini dans les collines du piedmont savoyard, et singulièrement le long du fleuve, contribuent à alimenter la charge.

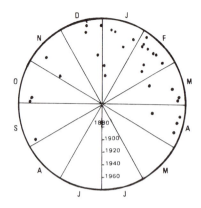

Figure 11. Glissements de terrain et éboulements enregistrés le long de la voie ferrée Culoz-Genève entre 1883 et 1972.

5. *Arch. S.N.R.S., 1594.*
6. *Arch. S.N.C.F., Chambéry.*

Torrent par sa pente et son régime, le Rhône l'est également par les caractères de sa dynamique fluviale.

b. UN TORRENT

Toutes les descriptions anciennes s'accordent pour dire « l'horreur » des lieux, même si les concessions de l'époque au genre littéraire et à la mode de la nature sauvage, grandiose ou sublime, imposent quelque pondération.

D'une visite effectuée en 1782, le négociant parisien J. Chevalier tire l'impression d'un « fleuve en furie, précipitant ses eaux à travers des rochers, des précipices et des abîmes... La nature en ces lieux présente un de ces tableaux effrayants que l'on ne peut considérer sans être saisi d'horreur et elle semble y défier l'art de pouvoir la vaincre[7]. » Le Rhône est d'autant plus redoutable que le Parisien est sûr de pouvoir le doubler par un canal de navigation !

Lors des grandes crues, ce tronçon constituait le prolongement naturel de l'Arve car le débit de l'émissaire du lac Léman avait subi un écrêtement* et un étalement* sensibles. Le 29 mai 1856, l'Arve fournissait 880 des 1 200 mètres cubes/seconde transitant par Bellegarde ; l'eau s'élevait de plus de six mètres dans la gorge, ce qui constitue un record égalé seulement par la crue de 1888. A l'aval les variations de niveau étaient nettement moins violentes car la vallée s'élargit ; ainsi le 29 mai 1856 la montée de l'eau à Seyssel ne dépassait pas quatre mètres pour un débit voisin de 1 450 mètres cubes/seconde. Le temps de transfert des ondes de crue était réduit par la vitesse du courant évaluée à trois mètres/seconde en temps normal sous la passerelle d'Arlod. La pente, supérieure à 1,4 pour mille en amont de Vanchy, s'élevait à 3,9 pour mille à la hauteur de Bellegarde ; en intégrant dans le calcul le secteur des pertes avec ses chutes et rapides, la pente moyenne du tronçon Vanchy-confluent de la Valserine était évaluée à près de cinq mètres par kilomètre (dénivellation de quatorze mètres en moins de trois kilomètres).

La charge transportée par le Rhône a fait l'objet de nombreuses estimations dès la fin du XIXe siècle, car les ingénieurs craignaient un engravement des barrages projetés sur la section comprise entre le confluent de l'Arve et le Parc. Voici une liste non exhaustive recensée à l'occasion de l'étude de Génissiat :

		Charge grossière	Charge fine
Forel	Arve	480 000 m³	1 213 000 m³
Mémoire de la société française des forces hydrauliques du Rhône, 1913.	Rhône	100 000 m³	400 000 m³
Lugeon, 1910.	Arve + Rhône	112 000 m³	200 000 m³
C.N.R., 1942	Rhône	60 000 m³	

7. A.D. 01, S. 415.

Les estimations ont donc été progressivement révisées en baisse, l'essentiel provenant du bassin versant de l'Arve d'une superficie de 1 980 kilomètres carrés. Remarquons pour mémoire que cette diminution des valeurs proposées peut aussi bien correspondre à une contraction réelle de la charge depuis la fin du XIXᵉ siècle qu'à une amélioration des techniques de mesure rendant les chiffres de la C.N.R. plus crédibles.

Ainsi, les caractères hydrologiques, la vitesse et la rapide montée des eaux, le transit d'un volume de matériaux important conféraient au fleuve des caractères morphodynamiques dignes d'un torrent montagnard.

A l'amont de Fort-l'Ecluse, le fond de la vallée s'élargit dans le remous de la retenue de Génissiat et le secteur de l'Etournel ; à l'état naturel, le chenal se balançait d'une rive à l'autre, sapant les berges abruptes ou déposant des bancs de galets mobiles en rive convexe. Sous Collonges, une plage de rive convexe se forma en quinze ans, le Rhône migrant vers la rive gauche de dix mètres par an en moyenne. Ce processus et la vitesse enregistrée n'ont rien d'exceptionnel, mais ils imposaient de lourdes contraintes aux riverains par l'engravement des moulins, le déplacement des bacs, etc.

Le site le plus remarquable de la région était sans conteste la perte du Rhône à Bellegarde que la perte de la Valserine au pont des Oules ne peut faire oublier. En 1760, l'intendant de Bourgogne, Joly de Fleury, examinant sur le terrain un projet de canal, s'inquiétait de la « fameuse cataracte du Rhône où le fleuve se perd, entre le pont de Lucey et le pont de Bellegarde ». Lalande (1778) décrit ainsi la « cataracte » du Rhône au pont de Lucey : « La base des roches dans lesquelles le Rhône est encaissé est de pierre tendre sur la hau-

En 1871, un ingénieur des Ponts et Chaussées visite le site avant d'accorder l'autorisation de barrer le fleuve : « A quelques centaines de mètres de Bellegarde, le Rhône, après avoir coulé entre deux montagnes élevées, se précipite avec force dans une fissure étroite et profonde ouverte dans des roches calcaires où il s'est creusé un lit qui est en grande partie souterrain. Des bancs durs placés entre des bancs tendres ont résisté à son action et l'un d'eux forme avec une certaine longueur un encorbellement qui divise la gorge étroite servant de lit au fleuve en deux parties comme le ferait une cloison horizontale. Le Rhône coule donc en partie au-dessus et en partie au-dessous de cette espèce de cloison et en basses eaux le canal inférieur est seul occupé en sorte que le fleuve paraît être à sec sur une longueur de soixante-cinq mètres environ où les deux côtés de l'encorbellement sont réunis par des blocs détachés. C'est ce que l'on appelle la perte du Rhône. » (Arch. S.N.R.S., 1592.)

Figure 12. Coupe géologique sur le site des Pertes de Bellegarde.

La Perte du Rhône à Bellegarde. Vue prise vers l'amont depuis l'ancien pont de Lucey.

Au fond de la Perte du Rhône, en 1925.

teur d'environ trente pieds ; le frottement des eaux la mine et la ronge en-dessous ; le dessus reste en encorbellement jusqu'à ce que le poids de cette corniche excédant celui de leur cohésion, elles tombent et encombrent le lit du fleuve. » Les pertes de Bellegarde reçurent la visite de de Saussure (1787), puis de T.C. Boissel de Montville (1795) qui fit la première descente en barque arrimé à des cordes ; le « Niagara français » fut évoqué par Malte-Brun (1808) avant d'inspirer V. Hugo dans sa quatorzième ''Lettre sur le Rhin'' (fig. 12).

Au XVIIIe siècle, des travaux militaires avaient fait sauter du rocher, travaux complétés en 1826 par des exploitants forestiers du Chablais[8] pour dégager la pente et faciliter le flottage des sapins[9]. Aux voyageurs succédèrent les géologues. E. Renevier (1852), géologue suisse, reprit les observations de de Saussure peu avant que la quête de l'énergie hydraulique ne suscite un engouement pour le site[10].

Retenons l'essentiel à savoir que le Rhône recoupait à contrependage les couches détritiques tertiaires puis incisait la couche urgonienne formée de bancs de dureté alternée ; le banc supérieur, le plus épais, avait le mieux résisté aux effondrements si bien qu'au début du XIXe siècle, « le débit tout entier passait par-dessous et cessait d'être visible » à l'étiage. La chute elle-même reculait sous l'effet d'une érosion régressive accélérée, partiellement liée à l'action mécanique de la charge grossière[11].

	Recul en mètres	Vitesse moyenne (m/an)
1808-1853	30-40	0,70 à 0,90
1871-1903	30	1,00

Vers 1900, le flot restait visible en tous points et l'on ne pouvait plus sauter d'une rive à l'autre comme le faisaient les voyageurs de la diligence de Bellegarde si bien que la perte ne méritait plus réellement son nom.

2. La plaine du Rhône et les arrière-marais de Chautagne et de Lavours

La détermination des milieux de plaine permet de poser l'intéressante question des définitions terminologiques. La plaine présente dans ce tronçon une gamme complète de milieux géomorphologiques par les combinaisons que réalise le jeu de deux paramètres qui sont les flux hydriques et minéraux.

La géographie oppose de manière classique le lit apparent et le lit majeur des cours d'eau :

— Le lit apparent, encore qualifié d'ordinaire ou de mineur, est le « chenal bien délimité par des berges et parcouru par les débits non

8. R. Perrouse, 1979.
9. De Quinsonnas, 1958, et H. de StD, 1837.
10. On peut également citer les descriptions de J. Vallot (1891), du général Bourdon (1894), puis celles des géologues Douxami (1902), Martel (1910), W. Kilian (1910), Lugeon (1912), pour ne citer que les plus intéressantes.
11. Bull. Soc. géogr., Paris 1894.

débordants[12] ». Il est « occupé par des matériaux roulés par les eaux et peu masqués par la végétation ou l'occupation humaine[13] ».

— Le lit majeur ou « champ d'inondation » est « l'espace occupé par les eaux débordantes[12] ». C'est la zone que le cours d'eau « peut recouvrir des ''alluvions modernes'' des cartes géologiques[13] ».

L'extension spatiale des lits apparent et majeur est donc fondée sur la délimitation des milieux en eau en temps « ordinaire » et lors des fortes crues et d'autre part sur la nature des alluvions. Les définitions fondent implicitement la distinction entre les deux types de lits sur la vitesse du courant qui commande la taille des matériaux, grossiers dans le lit apparent, plus fins dans la plaine de débordement.

Dans le cas présent, la complexité des plaines de Chautagne et Lavours repose sur la variété des flux hydriques et des dépôts alluviaux ou organiques. L'observation du terrain révèle que les cours d'eau principaux ne sont pas les seuls responsables de l'inondation — l'expression de « lit » majeur est alors d'un emploi délicat — et que les dépôts récents de la plaine sont loin d'être tous liés aux flux minéraux issus de ces cours d'eau.

L'examen successif du Rhône et des marais bordiers servira de support à une argumentation de portée plus générale.

a. LE RHÔNE

Le Rhône de 1760 est un remarquable exemple de fleuve au style tressé[14] (fig. 13).

Entre Motz et Serrières, les chenaux s'étalaient sur une largeur voisine de 2 500 mètres, enserrant cent vingt-cinq îles sur l'ensemble du secteur représenté. En 1760, le bras principal longeait la rive sarde tandis qu'en rive droite se dessine une bande de chenaux et d'îles en gravier d'importance secondaire ; ce dernier secteur fonctionnait en crue car la présence de matériaux grossiers non fixés par la végétation témoigne d'un remaniement régulier par les eaux. Un document complémentaire de grand intérêt pour la compréhension du Rhône chautagnard est un plan de 1842[15], lui-même extrait d'un plan de 1741 levé à l'occasion d'un contentieux entre le seigneur d'Anglefort et les habitants du village pour la possession des îles. Ce plan révèle que le « gros du Rhône » longeait la Savoie en 1720, en 1737, puis coulait du côté français en 1741, à l'emplacement des chenaux engravés de 1760. Ainsi, en quarante ans, le Rhône avait changé au moins trois fois le tracé de son chenal principal.

A l'occasion des hautes eaux, les îles graveleuses récentes et les brotteaux boisés ou cultivés étaient submergés car l'eau s'élevait d'environ deux mètres chaque année, au moment de la fonte des neiges et des glaces. L'étalement de la crue freinait la vitesse du courant et semble avoir limité l'efficacité de la dynamique fluviale dans les îles longées par des chenaux secondaires ; en revanche, le remanie

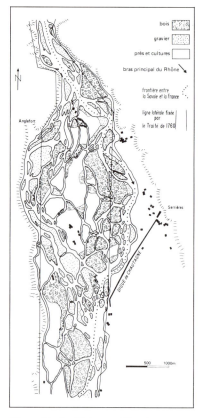

Figure 13. Le Rhône en Chautagne, vers 1760 (source : carte géométrique du cours du Rhône).

12. J. Loup, 1974.
13. M. Derruau, 1965.
14. *La première vision d'ensemble, à grande échelle et dotée d'une bonne précision, est donnée par la* Carte géométrique d'une partie du cours du Rhône depuis Genève jusqu'au confluent du Guyer pour servir à la nouvelle limitation des Etats de France et de Savoie *(A.D. Savoie, C. 625). Cette carte, à l'échelle de trois lignes pour cent toises (1/30 000e environ) fut dressée par le sieur Villaret, « ingénieur cartographe de Sa Majesté ».*
15. *Lamouille, 1975.*

ment présentait une particulière acuité dans l'axe des bras principaux. La démonstration est fournie par l'exploitation des données
de la mappe sarde dressée de 1732 à 1734. La figure 14 représente
de manière schématique les lieux où furent accordées par les autorités des révisions d'imposition parcellaire à la suite des fortes crues
survenues en 1733 et 1734. Le taux de révision fut déterminé par
l'importance des dégâts occasionnés aux terres et aux cultures dans
la partie amont de la Chautagne, protégée en 1760 par la « digue
de Chautagne ». La plaine était soumise à une triple contrainte
physique lors des crues :

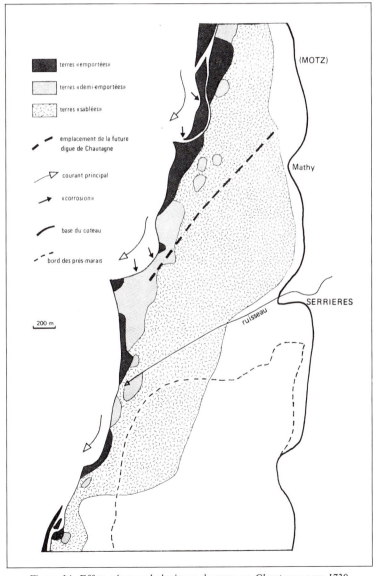

Figure 14. Effets géomorphologiques de crues en Chautagne vers 1730.

— L'ensemble de la rive gauche était soumis à une submersion active plusieurs fois par an, à l'occasion des crues de saison froide et des hautes eaux de l'été ;

— sur le plan morphologique, la corrosion ou érosion latérale du chenal « emportait » les berges graveleuses ; en 1733-1734, la berge recula de trois cents mètres sur certains points ; il faut imaginer les terres « demi-emportées » décapées de leur pellicule sableuse et dégradées par des sillons d'érosion ;

— en marge de la zone d'érosion, les terres « sablées » subissaient un processus d'accumulation fine par chute de la compétence du courant dans la plaine de débordement ; au-delà, et en particulier au cœur du marais, la sédimentation était limitée, voire nulle.

Ces observations, fondées sur des cartes et des textes, confirmées par l'analyse des processus actuels, conduisent à envisager sous un autre angle la notion de lit apparent. M. Derruau (1965) remarque qu'« en temps ordinaire, tout le lit ''ordinaire'' n'est pas toujours occupé puisque des bancs de sable et de gravier y apparaissent » et qu'il convient de prendre garde aux divisions du lit en deux, « là où est enserrée une grande île » (exemple du Danube en aval de Vienne). En fait se pose la question de l'opportunité de cette notion de lit apparent dans le cadre d'un style fluvial tressé. Le changement spatial est une réalité si prégnante — par la migration des chenaux, par le changement de leur importance relative —, les limites de la berge sont si floues — sur des bancs de galets en pente douce où la végétation, plus que le détail des formes, marque le passage au terrestre — que toute carte est caduque dès sa parution. La notion de lit apparent n'est pas contestable dans l'instant de l'observation mais ne semble pas pertinente ; dans le cas présent, plus utile que le fait d'ordre hydrologique, semble être l'ensemble des caractères morphodynamiques en action dans l'espace fluvial, caractères qui permettent de définir une « bande active[16] ». Pour sa part, J. Loup (1974) précise que le lit apparent « se ramifie parfois en plusieurs bras distincts et permanents enserrant des îles fixes (Seine, Danube, etc.). Le corps de ces îles s'appuie sur des affleurements rocheux ou sur des épaves qui ont fixé les atterrissements. » L'explication vaut sans doute pour les cours d'eau actuels dont le tracé des chenaux et la configuration des îles ont été fixés par l'homme ou du moins quasiment stabilisés. L'exemple du Haut-Rhône, dans son ensemble, prouve la réalité de la dynamique ancienne analogue à celle qui est observée dans les pays neufs ou sur les cours d'eau montagnards tressés comme la Durance ou le Drac.

Le Rhône, comme le Rhin et le Danube ont présenté cette physionomie de chenaux « sinueux, faiblement inscrits, parfois ramifiés et limitant des îles, constamment en évolution[17] » avant l'impact des complexes mutations contemporaines.

b. LES MARAIS DE CHAUTAGNE ET DE LAVOURS

Il serait tentant de penser que ces deux vastes marais fluviaux ont toujours connu le même fonctionnement hydrologique et de consi-

16. Traduction de l'active tract des auteurs anglo-saxons.
17. Ibid.

dérer que les seuls changements notables concernent l'affectation de l'espace et les modes de mise en valeur. Plutôt que de tenir pour acquises les données actuelles (types d'alimentation en eau, mouvement des nappes, liens entre le Rhône et le lac) fort bien décrites depuis une dizaine d'années, on s'efforcera de reconstituer sans a priori la situation des marais au XVIIIe siècle et au début du XIXe siècle. C'est au terme de cette démarche préliminaire et indispensable qu'il sera réellement possible de porter un jugement objectif sur les transformations subies par les conditions hydrologiques.

Les flux hydriques

Le fleuve fournissait l'essentiel des apports en eau à l'occasion des hautes eaux de l'été et des crues océaniques d'hiver. L'inondation du marais de Chautagne ne se produit plus de nos jours que tous les trois ans en moyenne, pour un débit supérieur à 1 800 mètres cubes/seconde.

Au XVIIIe siècle, l'eau débordait sur la commune de Serrières et inondait la Chautagne plusieurs fois par an en s'écoulant lentement en direction du lac. De manière symétrique, le Rhône en crue noyait le bourrelet alluvial peu marqué qui le sépare du marais de Lavours entre Culoz et Rochefort[18]. De mai à la fin juillet 1816, Lavours, « Cule » et Cressin furent submergés quatorze fois, et deux cents hectares de terre végétale furent emportés ; il est difficile de concevoir aujourd'hui, alors que la départementale 992 court sur une digue insubmersible, que le marais recevait directement l'eau du marais du Rhône et ce de manière régulière.

L'inondation du marais de Lavours s'accompagnait d'un phénomène naturel qui intriguait fort les riverains ; un mémoire de 1843 sur un projet de dessèchement[19] mérite d'être cité *in extenso* car il décrit avec précision le soulèvement d'un « lac intérieur » d'une superficie de deux hectares ; l'auteur du rapport, un ingénieur des Ponts et Chaussées, compare le lac à une « vaste source ou plutôt un immense puits artésien naturel » d'où l'eau se répandait dans toutes les directions avant d'être évacuée par le fossé des Albergeais au nord. Pour interpréter les causes du phénomène, il faut savoir que la R.N. 92 en bordure du Rhône pouvait être submergée sur une hauteur de deux mètres avant l'endiguement. Sous le marais, la couche d'argile glacio-lacustre constituait le plancher imperméable d'une nappe captive ; il est d'ailleurs remarquable que le sous-préfet de Belley ait pressenti, en 1838, la présence possible d'une « couche glaiseuse » sous la tourbe.

Le même phénomène se produisait de manière ponctuelle sur la bordure orientale du marais de Chautagne. Il existe encore aujourd'hui quelques sources interprétées comme des exsurgences karstiques* ; de fait le dessin des courbes isopièzes* pour un débit d'étiage suggère une alimentation en provenance du chaînon calcaire à la latitude de Ruffieu. Pourtant la situation en nappe haute révèle la mise en charge de la « nappe inférieure des cailloutis et graviers », captive sous la tourbe et alimentée par l'amont[20]. Il est fort possible que des remontées artésiennes aient combiné les apports d'origine

18. A.D. 01, 3. S. 11.
19. A.D. 01, S. 517.
20. Bornand, 1979.

fluviale et karstique à une époque où la ligne d'eau du Rhône était plus élevée ; une carte de 1832[21] localise avec précision cinq « sources très considérables dans le marais même » en contrebas de Crozan et Mécoraz, à la limite des communes de Serrières et Ruffieu.

Au moment des gros travaux de l'été, les faucheurs appréciaient l'eau fraîche de ces sources appelées « pints » qu'ils attribuaient à des venues artésiennes provenant du Rhône. Les pints semblent se localiser au contact du gravier qui forme le réservoir aquifère et des cônes de déjection construits à la base du chaînon et dont le matériel perméable autorise la remontée des eaux en bordure de la tourbière ; dans cette hypothèse la nappe serait de type semi-captif.

Si les apports karstiques sont probables en Chautagne et au flanc oriental du Grand-Colombier, leur importance relative était donc masquée par l'influence fluviale. Il n'en allait pas de même dans les marais de Lavours en contrebas du Colombier. Il existe deux catégories de résurgence au cœur du marais[22] :

— les « résurgences de piedmont » en limite nord ;

— les « émergences de marais » avec des puits naturels observables seulement en terrain tourbeux, fonctionnant toute l'année ou seulement en hiver. Ainsi la zone du pré des Pierres sur Aignot (44 litres/seconde en octobre 1959) ou une résurgence au sud-ouest de Béon drainée par le Margeais (100 litres/seconde).

Ces sources étaient qualifiées de « fontaines » sur un plan de 1836[23], telle la fontaine de Jailloux à Béon.

Il serait intéressant de préciser, au moyen d'analyses physico-chimiques si les émergences proviennent d'une remontée de la nappe du Rhône ou, comme les résurgences du piedmont, de la circulation karstique et d'une remontée dans l'axe de « l'accident » de Cerdon-Culoz. Le dessin des courbes isopièzes en situation de nappe basse peut faire pencher pour cette deuxième éventualité ; l'hypothèse d'une circulation d'eau du Rhône vers le marais est d'autant plus probable que les « émergences de marais » correspondent à l'emplacement du « lac » observé au XIXe siècle et dont tout indique qu'il était en relation avec le fleuve.

L'inondation des marais, provoquée pour l'essentiel par la crue du Rhône, s'alimente également aux écoulements superficiels locaux.

Le fait le plus remarquable mais très rarement décrit dans les textes anciens, est l'effet de barrage que produit le Rhône sur les écoulements issus du lac du Bourget par son émissaire, le canal de Savières. Le lac, grossi par les eaux de ses tributaires, débordait et noyait la plaine du Bourget et la partie aval du marais de Chautagne. L'étude la plus ancienne est celle de M. Parde (1925) qui fait état d'un écoulement ininterrompu de quatre-vingt-sept jours depuis le Rhône vers le lac du Bourget pendant l'été 1916 ; le fleuve trouble alors l'extrémité nord du lac.

Les marais recueillaient enfin les apports des rivières locales grossies par les pluies de saison froide. Modestes sur la marge orientale

---

Les sources artésiennes du marais de Chautagne

« Il sort du marais même et surtout entre Ruffieu et Serrières, plusieurs sources très considérables, véritables puits artésiens et d'autant plus abondants que la sécheresse est plus forte, ce qui fait présumer une infiltration des eaux du Rhône, dans la partie supérieure, sur quelques couches du sol, qui vient se terminer à ces puits et remonte à la surface du terrain, elle est claire, fraîche, limpide, au milieu des mares bourbeuses, dans lesquelles elles forment un petit tertre pour s'épancher. » (Arch. départ. de Savoie. Fonds sarde. Ruffieu, 16.6.1832).

Le débordement du lac du Bourget en Chautagne

« La pente du marais de Ruffieu, au sud, est si peu considérable que dans les grandes crues, les eaux du lac s'étendent jusqu'à la chaussée de Ruffieu, et l'écoulement du lac dans le Rhône des Portos (Portout) à Chanaz a si peu de courant qu'en temps ordinaire une forte averse qui fait enfler le Rhône, c'est celui-ci qui remonte le canal, dans le lac, qu'il trouble quelque fois, jusques à Hautecombe ; cependant il y a une petite pente, et il est facile de l'apprécier, lors des inondations, et que le lac, le Rhône et tous nos marais, ne font qu'une seule nappe d'eau. » (Arch. départ. de Savoie. Fonds sarde. Ruffieu 16.6. 1832.)

---

21. F.S. Ruffieux. Lettre à l'intendant datée du 16 juin.
22. S.O.G.R.E.A.H., 1960.
23. A.D. Ain, S. 2623.

Un mollard calcaire émerge des limons à Lavours.

du marais de Chautagne où il s'agit tout au plus de ruisseaux, ils contribuaient largement à faire de Lavours un marais « marécageux et pestilentiel » car le Séran, le Groin, les ruisseaux d'Ameyzieu et des Ressources collectent les eaux du Valromey. Un document de 1843[24] évaluait le débit de crue du Séran à 42 m³/s et celui des Rousses à 8 m³/s. En fait, les débits bruts maximaux lors des crues cinquantennales ou centennales atteignent 170 m³/s à Artemare[25] avec des risques maxima en novembre, décembre et mars. Lorsque les crues du Séran et du Rhône se conjuguaient, le marais était noyé sous un mètre à un mètre quarante d'eau et la submersion durait plusieurs mois par an.

Les plaines de Chautagne et Lavours constituent donc un assemblage d'unités hydrologiques. A l'occasion des épisodes pluvieux océaniques responsables des grandes crues, ces plaines n'étaient pas seulement le lit majeur du Rhône, mais plutôt un champ d'inondation d'importance régionale. Cette remarque trouve une confirmation dans la géographie des flux d'alluvions fines.

Les apports minéraux d'origine fluviale dans les marais

Il est incontestable que les apports minéraux ont cessé dans les marais de Chautagne et Lavours car le Rhône ne déborde plus que de façon exceptionnelle ; seul le Séran pourrait avoir conservé son comportement naturel, encore que la rectification de son lit limite ses débordements.

Comment évaluer les conditions anciennes ? Il est possible de se faire une opinion sur la question en confrontant les documents du XVIIIe-XIXe siècle et les cartes pédologiques* actuelles des marais.

A l'occasion de ses crues, le Rhône déposait du sable fin dans le marais de Chautagne et sur les terres agricoles situées entre Culoz et Lavours. Pour le céréaliculteur, ce « sable très fin nuit sensiblement à la qualité des récoltes » car la partie inférieure de la tige est enveloppée d'un anneau de limon qui la pourrit ou l'empêche de croître[26]. Il est indéniable que ces sables sont pauvres puisque le taux de matière organique des sols alluviaux bruts du secteur est voisin de 2 à 3 %, la capacité d'échange très réduite, puisque voisine de dix meq. pour cent grammes[27].

Le bienfait des débordements de crue et de la décantation des sédiments a été contesté : « Certes, les limons apportent l'humidité et les éléments fins qui peuvent être utiles au sol, mais ils sont généralement pauvres en matière organique et il faudrait que le bassin supérieur qui les a produits soit d'une composition chimique bien particulière pour qu'ils soient fertilisants[28]. »

Soit. Cependant plusieurs textes insistent sur la nécessité vitale pour les communautés possessionnées en marais, de maintenir l'inondation en s'opposant à l'endiguement car « le fleuve étant chargé de terre qu'il enlève à différents endroits, forme dans les endroits où il se jette un limon gras qui est sans égal pour la production du fourrage[29]. »

24. A.D. Ain, S. 517.
25. M. Lyet, 1981.
26. A.D. Ain, S. 517 et S. 1787.
27. Bornand, 1979.
28. Savey, 1982.
29. A.D. Savoie, série E. Chindrieux, suppl. BB 1.

Pour les habitants, le fleuve compensait les pertes de substances représentées par l'exportation de foin hors des marais par ses apports pluri-annuels. Quand bien même cette perception des processus naturels par les agriculteurs serait mythique, il n'en reste pas moins qu'une manière de confirmation fut procurée tardivement par l'échec des premiers essais de populiculture ; on découvrit une quinzaine d'années après les premières plantations que les inégalités de croissance observées étaient directement liées aux différences d'aptitude des sols. La partie occidentale du marais de Chautagne possède des sols alluviaux calcaires hydromorphes* et semi-organiques alors que la partie orientale est faite de tourbe pure ; le peignage des sédiments fins par la blache et la décantation s'opéraient au bénéfice de la partie proche du fleuve dont la fertilité est prouvée (P. Bornand, 1979). La zonation actuelle des sols de marais rend compte de cette dynamique des flux alluviaux rhodaniens aujourd'hui bloquée par divers impacts.

Le Rhône à l'amont d'Yenne.

Plus favorisé que le marais de Chautagne était cependant le marais de Lavours qui bénéficiait des apports du Séran. La rivière apportait non pas du sable fin, mais du limon à l'aval du secteur en voie d'exhaussement par les graviers que l'on situait dans le tronçon situé à l'aval d'Artemare.

Comme la Chautagne s'opposa aux digues sardes, les gens du marais de Lavours firent opposition aux projets du Second Empire : « Si en endiguant le Séran on préserve les prairies de l'ensablement... on les prive aussi de l'engrais qui les fertilise... Les inondations actuelles s'étendent sur toute la vallée, y séjournent plusieurs jours, y restent comme immobiles et y déposent le limon qui les féconde[30]... » On faisait alors nettement la distinction entre les apports du fleuve et ceux de son affluent.

Pour conclure ce point, remarquons donc que si l'on définit le lit majeur d'un fleuve comme l'espace qu'il peut recouvrir des « alluvions modernes » (M. Derruau), toute la surface des marais ne recevait pas les flux minéraux. Le cœur des marais de Chautagne et de Lavours était le lieu d'une accumulation organique pure de toute influence minérale et liée à la présence d'une nappe phréatique affleurante ; la tourbière fait donc partie de l'espace fluvial par le seul fait qu'elle est partiellement alimentée par les eaux du Rhône. C'est la caractéristique des arrière-marais fluviaux.

3. Les Basses-Terres du Dauphiné

Les Basses-Terres sont une mosaïque de milieux de plaine. L'hypothèse de l'auto-capture du Rhône, en impliquant que les formes sont issues, de façon plus ou moins directe, d'une morphogenèse fluviale, justifie un découpage en deux sous-ensembles.

Après l'analyse du lit majeur postérieur à la capture, on interprétera les formes de la vallée holocène antérieure au VIe siècle ; l'intérêt de cette proposition réside en fait dans la prise en considération

30. A.D. Ain, S. 2115.

d'une dynamique spatiale du lit actuel, capable de modifier les caractères propres du tronçon de vallée abandonnée.

a. LA PLAINE FLUVIALE POSTERIEURE A LA CAPTURE

Attachons-nous donc à comprendre les caractères et la dynamique du tronçon de vallée situé entre le coude de Cordon, au confluent du Guiers, et les parages du port de Groslée, à l'aval du pays des Basses-Terres (fig. 6). Pour la commodité de l'exposé, nous distinguerons le cours du Rhône situé à l'amont du pont d'Evieu et le cours situé plus à l'aval, entre ce pont et Groslée.

Les modèles géomorphologiques entre Cordon
et le pont d'Evieu aux XVIIIᵉ et XIXᵉ siècles (fig. 15)

La fig. 6 distingue la bande de « tressage actif » et la « plaine de remaniement » définie comme l'espace ayant connu une dynamique fluviale active depuis le début du Moyen Age. Les localisations se fondent sur l'état présent des formes fluviales. La détermination de deux types de bras abandonnés dans la plaine de remaniement, les « lônes » et les « mortes », se justifie par référence à deux types de styles géomorphologiques, le style tressé et le style à méandres qu'une étude rétrospective permet d'identifier.

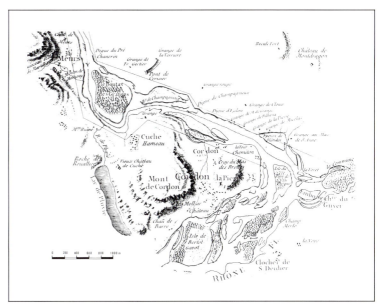

Figure 15. Le cours du Rhône à l'extrémité méridionale du Jura vers 1760.

La première carte à grande échelle est, à notre connaissance, la carte géométrique sarde de 1760 ; encore ne représente-t-elle qu'un court tronçon du Rhône français en aval de la confluence du Guiers, à l'amont d'une ligne passant par le lac de Pluvis (Brégnier-Cordon dans l'Ain) et Saint-Didier (Aoste, dans l'Isère). Cette carte a le mérite de restituer l'état naturel des lieux et représente un modèle tressé épanoui sur une largeur de six cents à mille mètres, soit la totalité du lit majeur ; les chenaux serreraient au plus près le molard calcaire de la Pierre et le mont de Cordon.

Ce même secteur offrait vers 1860 une physionomie très différente. A l'aval de la confluence du Guiers, sur une distance de deux kilomètres, le chenal sautait d'une rive à l'autre en laissant sur son flanc convexe une construction alluviale arquée de forme caractéristique. La dynamique est particulièrement active comme en témoigne le caractère récent des alluvions graveleuses, non colonisées par la végétation, et qui couvraient la quasi-totalité du lit ordinaire sur une largeur comprise entre 250 et 800 mètres. A l'aval, ces formes perdaient leur prépondérance de manière progressive au profit du faciès à chenaux tressés.

Des formes actuelles très voisines ont été décrites[31] à l'amont du pont d'Evieu. Lorsque le débit atteint 500 m³/s, l'altération du lit fluvial commence à s'observer (en moyenne cent vingt jours par an) ; ce « phénomène d'altération se manifeste avant tout par une érosion et un alluvionnement simultanés, c'est-à-dire par la genèse des méandres de plaine alluviale et des îles. [...] Les bancs de graviers et de galets se juxtaposent avec un décalage latéral en direction de la poche érosive et prennent l'aspect de bourrelets arqués, de langues incurvées disposées un peu à la manière d'arcatures. Chaque langue alluviale, appelée ''îlon'' dès qu'elle est colonisée par la végétation, est séparée de la suivante par une dépression, une gouttière appelée ''basse''. La basse marque un interstade du processus ''déplacement du talweg-alluvionnement de crue''. Enfin, à l'aval du complexe d'îlons et de basses constituant le substratum d'une île, se crée un plan d'eau calme où la très faible vitesse du courant fluvial autorise la sédimentation des alluvions fines. »

On propose de réserver le terme de basse proposé par G. Pautou à une dépression isolée du fleuve par la migration du chenal principal, en voie de colmatage (mise en eau à partir de 450 m³/s).

Tel quel, ce style géomorphologique, à notre connaissance unique sur le Haut-Rhône du XIXᵉ siècle, n'est pas sans rappeler le cours inférieur de la rivière d'Ain actuelle. C'est un style à méandres très proche du tressage, très instable, que l'on peut également qualifier de pseudo-torrentiel. La sinuosité rattacherait ce type de forme au faciès à méandre, mais l'importance du remaniement, la nature grossière des matériaux et l'étendue spatiale des accrus méritent de caractériser un faciès original.

Ce modèle était-il naturel ? Certainement pas, car il diffère trop du style tressé cartographié en 1760 et l'on conçoit mal que tressage et méandrage aient pu se succéder ainsi. Les cartes suggèrent les effets d'une correction des lieux entreprise en 1783 et poursuivie à la fin du XVIIIᵉ siècle ou au début du XIXᵉ siècle par un éperon destiné à protéger le ''chemin de la Pierre au Rhône'' conduisant à un bac. Ce modèle fut éphémère car l'endiguement insub-

31. *Pautou et coll., 1972, 1973, 1976.*

mersible réalisé en 1864-65 pour fixer le pont de Cordon canalisa le Rhône dans un chenal rectiligne large d'environ deux cents mètres.

L'Atlas du cours du Rhône (1856-1867) détaille le remarquable tronçon tressé situé entre le futur pont de Cordon (1865) et le pont d'Evieu (fig. 16).

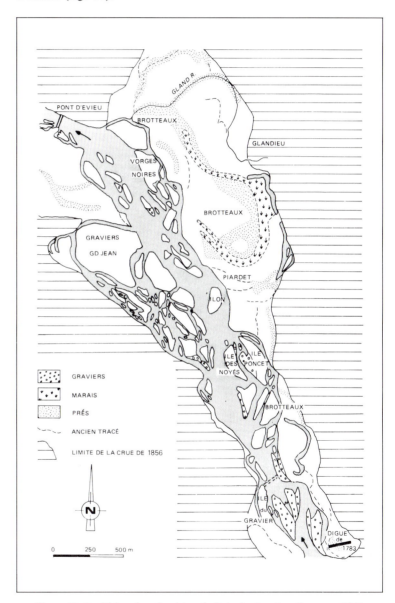

Figure 16. Le Rhône dans la plaine de Brégnier-Les Avenières vers 1860.

Les îles et îlons sont relativement stables, comme en témoigne leur colonisation par la saulaie, grâce à la largeur de la plaine d'inondation qui permet l'étalement des hautes eaux et l'atténuation des processus érosifs. Certains îlons sont engraissés par des accrus de forme variable ou présentent une surface graveleuse récente ; ce sont des îlons actifs.

Lorsque le chenal est rectiligne et d'une largeur régulière, les îlons ont une forme en amande ou effilée avec leur grand axe parallèle au sens du courant ; en aval du pont de Cordon où le chenal triple en largeur, les îlons se disposent de manière oblique car l'écoulement se fait de manière divergente.

Les berges sont découpées en festons par la juxtaposition d'anses de corrosion qui leur donnent un faux air de rives convexes de méandres. Le chenal principal s'individualise nettement par sa largeur et sa continuité alors que les chenaux de deuxième ordre sont plus sinueux, plus étroits, et se relaient vers l'aval.

Ce secteur des Basses-Terres est l'occasion d'aborder une question terminologique, classique en géomorphologie fluviale, à savoir la distinction entre style tressé et style anastomosé. Alors que les deux expressions sont souvent confondues dans la littérature[32], il a été proposé de réserver le terme de tressage aux modèles dont les chenaux ont une faible sinuosité.

Ces modèles sont instables, peu profonds, larges, à sédiments grossiers, se caractérisent par un écoulement rapide à fluctuation journalière en été et par une forte charge de fond[33].

L'anastomose, telle qu'elle est définie[34] en Australie est le fait de modèles fluviaux dont certains chenaux sont fortement sinueux, en pente faible, de localisation stable ; ces chenaux s'exhaussent lentement par l'effet de la charge en suspension.

L'étude de la North Saskatchewan a montré[35] que tressage et anastomose peuvent coexister sur un même cours d'eau dont le profil d'équilibre est en cours d'exhaussement. L'anastomose est complémentaire du tressage dans des étendues marginales à "backwater" colmatées par des apports limoneux ; l'exhaussement est assuré par un effet de contrôle aval du profil d'équilibre assuré par les chenaux principaux, tandis que la stabilité des tracés est contrôlée par la ripisylve* ; les sédiments fins ont une forme en coin amincie vers l'amont.

Un exemple similaire se développe sur les marges de la bande de tressage actif des Basses-Terres :

— au nord-est de la butte des Avenières, la lône Grand-Jean est un chenal méandriforme actif ;

— la plaine de Glandieu présente plusieurs reliques de chenaux anastomosés tels la Morte de Glandieu encore en eau, la Lanche marécageuse (sur le cadastre de 1844, ce chenal colmaté est encore qualifié d'« ancien lit du Rhône », car il est en eau et ouvert à l'aval) ou le cours de plaine de la rivière le Gland. La carte de Cassini (vers 1760-1770) prouve que la Lanche était un bras "vif" au XVIIIe siècle. En 1835, « le bras principal décrit autour de la cascade de Glandieu un immense demi-cercle dont la surface plus élevée est coupée de quelques dérivations naturelles[36] » ;

32. Fairbridge, 1968 ; Leopold et Wolman, 1967 ; J. Tricart, 1977.
33. D.G. Smith, 1973.
34. Schumm, 1968.
35. Smith, op. cit.
36. Archives S.N.R.S. Rapport sur la navigation du navigation du Rhône, département de l'Ain, par Berthier.

La lône Grand-Jean, aux Avenières.

— enfin, la plaine de Cessenoud, en rive gauche, possède des sinuosités prononcées dont les directions d'écoulement permettent sans doute de reconstituer un tracé S.E.-N.O. ; l'Eau Morte serait donc un oxbow-lake résiduel d'âge médiéval.

Peut-on souscrire pour autant à une interprétation par anastomose s'agissant de ces méandres plus ou moins colmatés annexés au modèle tressé des Basses-Terres ? Deux arguments paraissent déterminants. Le premier est la réalité d'un colmatage sablo-limoneux marginal épais de plusieurs mètres dans la partie aval de la plaine de Glandieu ; ce remblaiement repose sur le cailloutis et diminue d'épaisseur vers l'amont.

Le deuxième argument est la preuve d'un exhaussement contemporain du profil d'équilibre des chenaux actifs capable d'isoler ces plaines et de les transformer en déversoir de crue ; les cotes topographiques des plans au 1/5 000e de la C.N.R. confirment la position déprimée du plancher alluvial au voisinage de Glandieu ; des crues de moyenne ampleur se traduisent par l'ennoiement de cette plaine sous une profondeur supérieure à un mètre.

Considérons quelques lignes d'eau relevées par le Service de la navigation entre 1856 et 1947 (fig. 17).

L'élévation de la ligne d'eau du Rhône en crue est bien réelle entre le pont de Cordon et Evieu ; alors qu'en 1856, la forêt et la butte d'Evieu restent rattachées au coteau de Saint-Benoît, en 1944, la crue les a isolés.

Les profils d'étiage sont plus révélateurs : l'exhaussement du lit est net en amont de Groslée ce qui traduit un processus de remblaiement régressif.

Prenons un exemple significatif : au pont de Cordon, la crue de 1950 dépasse de 34 centimètres celle de 1910 tandis qu'à Rix (en

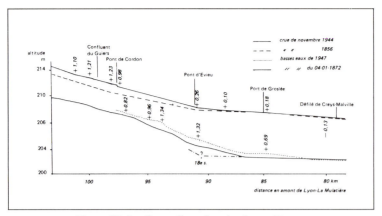

Figure 17. Les lignes d'eau dans les Basses Terres.

amont du défilé de Creys-Malville) elle lui est inférieure de 135 centimètres.

Dans l'étude d'impact de l'aménagement de Brégnier-Cordon, la Compagnie nationale du Rhône présente le graphique chronologique des maxima annuels entre 1845 et 1977. « Les lignes d'eau du fleuve ont eu tendance à s'exhausser régulièrement d'environ un centimètre par an » au pont de Cordon. Un changement s'est produit après 1960, imputé à l'importance des prélèvements de gravier dans le lit même du fleuve.

Ainsi donc, l'élévation continue du profil d'équilibre du Rhône, tout au moins de la bande de tressage, détermine-t-elle la genèse de bras anastomosés marginaux dans les petites plaines annexes. Par un effet de déversement latéral des chenaux sinueux, de pente faible, stables, se sont mis en place et ont été progressivement colmatés par des flux minéraux puis par la matière organique. Il est possible que la fixation de certains chenaux au pied des versants résistants ait modifié leur profil en travers[37] ; conjointement avec l'éloignement des chenaux actifs qui limite les apports minéraux, ce caractère pourrait expliquer la relative permanence de certaines mortes, telle celle de Glandieu[38].

La petite plaine de Glandieu fournit également une belle illustration du phénomène classique de capture des rivières affluentes par d'anciens méandres[39]. Le Gland a progressivement allongé son cours de plaine en se déversant par étapes successives dans des chenaux du fleuve abandonnés et en voie de colmatage ; l'extrémité aval de la Lanche est parcourue par l'exutoire de la Morte de Glandieu, elle-même alimentée par des résurgences d'origine karstique (fig. 18).

La Save et l'Huert, affluents de rive gauche, sont dans une situation analogue ; on peut même estimer que la totalité de leur cours, dans les Basses-Terres, réutilise les anciens chenaux du Rhône antérieurs à la capture du VIe siècle ; les faits de capture de la partie

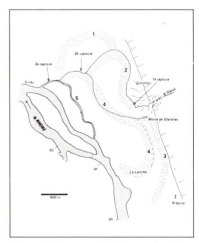

Figure 18. Captures d'affluents du Rhône dans la plaine de Brégnier (source : Ain et al, modifié.

37. Knighton, 1977.
38. J.P. Bravard, 1982.
39. Ain et coll., 1972.

aval de leur cours sont récents et se sont opérés dans la plaine de remaniement libérée par l'auto-capture du Rhône.

Du pont d'Evieu au pont de Groslée :
l'affrontement de deux styles (fig. 19)

A l'aval d'Evieu (commune de Saint-Benoît), le Rhône coule à travers un ensemble complexe de méandres recoupés et laisse à sa droite la remarquable ''Morte du Saugey'', le plus bel exemple rhodanien d'oxbow-lake avec la lône du Grand-Gravier (Saint-Maurice-de-Gourdans, Balan).

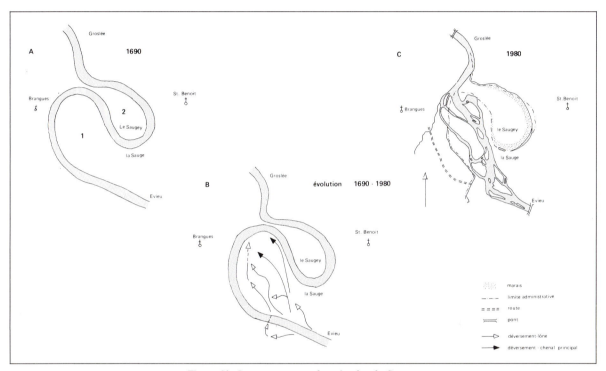

Figure 19. *Le recoupement du méandre du Saugey.*

Il est curieux de constater que le Rhône développe un style tressé jusqu'à hauteur de Brangues au milieu d'une plaine de remaniement à anciens méandres ; d'ailleurs à l'aval subsiste le méandre actif de Groslée.

En 1607[40] et en 1690[41], le Rhône dessinait un double méandre de grande ampleur. Sur une reconstitution du tracé portée à l'échelle du 1/50 000e, l'indice de sinuosité est de 2,4 entre les ponts d'Evieu et de Groslée. C'est le tronçon que les anciens mariniers, à l'époque du halage, appelaient « la plaine », car les barques y perdaient du temps.

La rupture se serait produite entre 1690 et 1766 car la carte de Cassini fait du Saugey une île entre le bras recoupé et le nouveau Rhône.

40. *Carte de Continuation du Rosne et Carte du paysage d'Aoste en Dauphiné. Marches de Savoye, in F. Dainville, 1968.*
41. *La Bresse... par Saint-Jaillot.*

Il est probable que le recoupement date de 1690, car un épisode exceptionnel est relaté dans la Révision des feux de la commune de Brangues[42] où il est dit que le Rhône « a changé de lieu au mois de janvier 1690 se faisant un passage dans un endroit nommé la plaine du Saugey ».

L'interprétation des faits par un phénomène de recoupement peut être reconsidérée dans l'hypothèse d'une progression vers l'aval du modèle tressé. A la fin du Moyen Age, ce secteur de forte pente, au matériel grossier, a envahi le chenal méandriforme développé à l'aval d'Evieu sur le plancher alluvial en pente faible (inférieure à 0,2-0,3 pour mille) ; l'exhaussement du profil d'équilibre a provoqué un déversement de rive droite à travers le pédoncule de la première boucle et le recoupement du pédoncule de la seconde ; la rupture de pente entre le tronçon tressé et le plancher alluvial se situe aujourd'hui nettement en aval du port de Groslée au PK 81, alors qu'il était au PK 87 en 1872, et probablement autour du kilomètre 91 au XVIIIe siècle.

Dans cette hypothèse, on serait en présence d'un processus exceptionnel, la destruction d'un style à méandres par la progression d'un style tressé sous l'effet d'un contrôle amont du profil d'équilibre. Outre l'aggravation contemporaine des effets des fortes crues de rang égal, à l'amont d'Evieu, la destruction du pédoncule* 1 a fait disparaître le terroir de la Sauge (commune de Saint-Benoît). Le hameau est construit sur le rebord nord de la butte d'Evieu à une altitude comprise entre 205 et 206 mètres ; coincé entre le méandre du Saugey et la forêt seigneuriale d'Evieu, il perdit ses terres de plaine et subit un risque d'inondation sans cesse aggravé par suite de l'élévation constante de la ligne d'eau. De 1833 à 1843, une érosion latérale agressive engloutit dix-sept maisons et entraîna plus de cinquante hectares sur la partie restante du pédoncule, à l'ouest du Saugey ; comme le notait un rapport des Ponts et Chaussées, le lit du Rhône aurait tendance à s'élargir[43].

Le même phénomène d'exhaussement des niveaux de crue est perceptible en rive gauche ; en octobre 1944, la crue détruisit plus de cent cinquante maisons en pisé[44] dans les environs du Bouchage, signe probable que les précautions prises lors de leur édification étaient rendues caduques par l'évolution de la géométrie des crues de rang égal.

b. LA PLAINE DE L'ANCIEN COURS DU RHÔNE

Après la capture de Brégnier survenue autour du VIe siècle ap. J.-C., la vallée holocène du Rhône court-circuitée a subi l'évolution autonome d'une vallée morte classique, tout en subissant néanmoins une influence fluviale à ses extrémités.

Barrée à l'aval par le cône de déjection local de Veyrins, la vallée correspondant à l'ancien tracé du Rhône est aujourd'hui occupée par le Grand Marais des Avenières ; à une altitude voisine de 210-211 mètres la nappe phréatique de surface est soutenue par un colmatage argilo-limoneux présent sous la tourbe, mais une alimentation

42. A.D. Isère, IIC, F. 422-433, Brangues, in Forat, 1954.
43. A.D. Ain, S. 848.
44. David, 1948.

souterraine en provenance du Rhône amont, complémentaire des apports locaux, est possible[45]. Le marais alimenté par le ruissellement superficiel en provenance des collines molassiques[46] recevait également les débordements de la Bièvre dont le fond avait été relevé par la construction de quatre biefs usiniers[47].

La plaine du Bouchage se tient à une altitude voisine de 206 mètres et déploie les reliques de méandres divagants hérités du haut Moyen Age. La compilation de cartes anciennes des marais de Morestel[48], de cartes des Ponts et Chaussées et de photographies aériennes a permis de reprendre les esquisses connues[49]. Le dernier train de méandres utilisé par l'ancien Rhône a été réutilisé par l'Huert ; le village du Bouchage est construit sur une levée de berge en rive concave d'un méandre recoupé (fig. 6).

Mesuré sur huit kilomètres, le coefficient de sinuosité du dernier train de méandres est de 1,35, très proche de la valeur de 1,5 qui est le seuil admis, en règle générale, pour qualifier une sinuosité de méandre. L'existence de ce modèle pose un problème d'interprétation si l'on considère qu'à l'amont de la confluence du Guiers le Rhône développait un style tressé à l'époque moderne, et, probablement, à l'époque médiévale. Le style géomorphologique du Rhône a pu se transformer depuis le haut Moyen Age par adaptation du modèle à des conditions de charge et de débit changées.

En premier lieu, il est possible de corréler le méandrage médiéval et l'atténuation de la pente de la vallée dans la plaine des Basses-Terres. La pente moyenne du plancher alluvial est voisine de 0,4 pour mille entre Thuellin et Groslée et s'abaisse à 0,1 pour mille à l'extrémité aval de la cuvette ; le méandrage abaissait la pente moyenne du chenal à 0,3 pour mille en tenant compte du coefficient de sinuosité de 1,35. Le cours d'eau holocène alluvionnait massivement par perte de compétence dans la partie distale de l'accumulation progressive. Dans ce contexte, le méandrage antérieur à la capture refléterait la nécessité de dissiper une énergie excédentaire et disponible à l'époque gallo-romaine. On a émis l'hypothèse d'un changement de nature de la charge pour expliquer le méandrage de certains cours d'eau ; l'affinement de la charge, traduite par une modification du rapport charge de fond sur charge totale, diminuerait l'énergie dispensée dans le transport[50]. Le cours d'eau coulerait donc sur ses alluvions avec une pente excédant celle requise pour le transport d'une charge moins grossière. Dans la région qui nous intéresse, l'hypothèse à tester serait la combinaison d'une raréfaction de la charge grossière disponible après le décapage postglaciaire et holocène et d'une augmentation des fines consécutive aux défrichements des versants molassiques.

Isolée par la capture, la plaine fluviale du Bouchage n'a pas pour autant fossilisé le paysage médiéval, car elle a subi l'influence du Rhône par un effet régressif.

L'exhaussement de la ligne d'eau dans le tronçon compris entre Evieu et Groslée a eu comme conséquence une aggravation des crues

45. Sapey - Triomphe, 1984.
46. Pelletier, 1982.
47. David, 1948.
48. A.D. Isère, VI, S. 6.
49. Forat (1954), carte géologique La Tour-du-Pin 1/50000ᵉ (1972) et Pelletier (1982).
50. Schumm, 1977.

de fréquence égale ; à cet effet induit, de nature occasionnelle, il convient d'ajouter un effet mineur, mais pernicieux, car permanent.

L'élévation de la ligne d'eau du fleuve gêne l'évacuation des eaux de la Save et de l'Huert et provoque une modification du profil d'équilibre de ces rivières par le processus[51] de contrôle aval* ; il s'en suit un colmatage lent des chenaux fluviaux réutilisés par les affluents, une lenteur d'écoulement et une stagnation par élévation de la nappe phréatique influencée en hiver par les hauteurs voisines. C'est ainsi qu'il faut interpréter la tourbification des marges occidentales des Basses-Terres en contrebas de Vézeronce et Morestel. David a montré que, malgré l'assèchement partiel réalisé sous le Premier Empire, la nappe était remontée au niveau du sol pendant une grande partie de l'année vers 1940[52]. L'exhaussement du Rhône, prouvé de la fin du XIXe siècle au milieu du XXe siècle, s'est accompagné d'une lutte constante des hommes pour assurer l'évacuation des eaux de la vallée morte du Bouchage.

Les marais des Basses-Terres entrent donc dans la catégorie des marais de barrage, mais font partie de l'ensemble original des arrière-marais déterminés par un contrôle aval ; en ce sens, l'auto-capture médiévale du Rhône a créé les conditions naturelles propices à la genèse d'un vaste marais qui aurait pu devenir le pendant dauphinois du marais de Lavours.

c. LE RHÔNE DANS LA CUVETTE DE BRIORD

Nous rattacherons par commodité ce court tronçon à celui des Basses-Terres du Dauphiné dans la mesure où il en est le prolongement direct.

Le fleuve présente dans ce secteur une étonnante richesse de modèles relictes et actifs :

— Du défilé de Saint-Alban aux usines de chaux et ciments de Montalieu-Vercieu, le tracé est quasi rectiligne car il est contraint par le cadre structural et l'édifice des cônes de déjection ; nous avons vu précédemment la faiblesse de la pente, voisine de 0,1 pour mille : elle s'explique par l'effet de seuil que procurent ces derniers, même si l'on a enregistré une certaine incision depuis le Post-glaciaire.

— A la hauteur du village de Montalieu, la pente s'accélère fortement, la vitesse du courant est même impressionnante dans les chenaux qui séparent les îles d'un style tressé typique ; le fond du chenal et le substrat des îles est caillouteux. La pente et le taux de tressage s'atténuent ensuite en direction du Sault.

Ce style tressé en miniature est d'autant plus curieux que deux très beaux oxbow lakes* sont conservés dans la plaine de Serrières, au nord du cône de déjection de la Perna. Ces méandres sont certainement très anciens, particulièrement celui de Buffières, et ont probablement été isolés par descente du modèle tressé de Montalieu, reproduisant en quelque sorte le schéma des Basses-Terres ; la charge de fond grossière de la section tressée provient de l'incision partielle de l'extrémité aval des cônes de déjection qui a autorisé un

51. Mackin, 1948.
52. *David fournit la photographie d'une « ferme abandonnée en raison de l'extension du marais jusqu'à ses abords ».*

effet local de contrôle amont. Il s'en est très probablement suivi un exhaussement du fond de la ligne d'eau et de la nappe phréatique ce qui expliquerait le maintien de l'eau dans les marais de Serrières, malgré l'ancienneté supposée de leur isolement.

Le Rhône à l'aval de Lagnieu.

4. Le Rhône entre le confluent de l'Ain et Lyon

La plaine du Rhône a conservé un ensemble remarquable de formes fluviales relictes malgré l'ampleur des aménagements réalisés depuis 1848, date des premiers coups de pelle sur le canal de Miribel. Par commodité, on distinguera deux tronçons :

— le cours du Rhône entre le confluent de l'Ain et Jons était caractérisé par le développement de grands méandres au pied de balmes escarpées (BK 34-26) ;

— entre Jons et les faubourgs de Lyon, le fleuve adoptait un très beau style tressé que les cartes actuelles permettent encore d'imaginer (BK 18-8) (fig. 20).

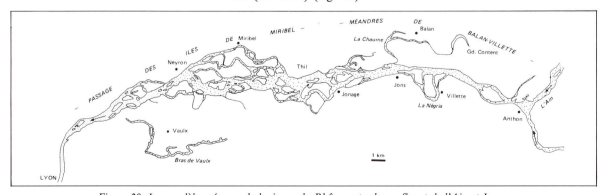

Figure 20. Les modèles géomorphologiques du Rhône entre le confluent de l'Ain et Lyon.

a. LES MÉANDRES DE BALAN-VILLETTE

Les méandres de Balan-Villette-d'Anthon sont réduits à l'état d'oxbow-lakes bien visibles sur la carte topographique de Montluel au 1/50 000e. Le lit majeur, large de 1,5 à 3 kilomètres, s'abaisse de 185 mètres à 180 mètres, ce qui confère une pente de 0,6 ‰ à ce tronçon. Il s'encaisse d'une vingtaine de mètres dans la molasse tertiaire et les sédiments quaternaires ; il recoupe en particulier les constructions morainiques du vallum terminal würmien de Pollet-Anthon puis les niveaux fluvio-glaciaires fini-würmiens qui s'y relient à l'aval et dont l'altitude relative s'abaisse progressivement. La délimitation du lit majeur doit tenir compte d'un niveau holocène intermédiaire d'altitude relative + 3-5 mètres et à l'abri de la crue centennale de 1856.

Les formes fluviales décrites sont situées au niveau du plancher alluvial inondable. Le style géomorphologique se caractérisait par une grande variabilité de tracé avant les travaux d'endiguement réalisés durant la deuxième moitié du XIXe siècle. Y. Dorgelo (1973) a le premier attiré l'attention sur ces changements de tracé à l'époque contemporaine en proposant une représentation diachronique des milieus aquatiques vers 1750, 1830, 1860 et 1970. La fig. 21 nuance la situation vers 1750 et suggère l'évolution subie de la fin du Moyen Age au début du XIXe siècle ; cette reconstitution s'appuie sur une description détaillée des lieux rédigée en 1833 par un habitant de Balan. Cette vision très simple gagnerait sans aucun doute à être précisée par une étude serrée des archives seigneuriales (de Moydieu, de Leusse, Bertholon, Saint-Priest, de Saint-Bonnet...) mais procure une base relativement sûre à l'analyse géomorphologique.

Le style fluvial présente sur ce tronçon des caractères ambigus :

— De prime abord, il s'agit d'un style à méandres déjetés dont les convexités se calent au pied de balmes escarpées taillées dans un matériel caillouto-sableux cohérent, localement consolidé en poudingue, voire dans la molasse (balme de Villette-d'Anthon). Trois sites ont accueilli ces méandres à des époques diverses et pour des durées plus ou moins longues : le Grand Content de 1400 à 1500 (actuellement la lône du Grand Gravier, mais le toponyme a changé de localisation), l'actuelle lône de la Chaume au pied de Balan de 1649 à 1744 et l'actuel étang de la Négria d'une époque indéterminée jusqu'aux années 1810-1820. La *Carte des Etats de Savoye et de Piemont, le Dauphiné, la Bresse...*, dessinée par Hubert Jaillot, géographe à Paris et imprimée en 1706, confirme le tracé du Rhône qui délaissait le Grand Content, empruntait la Négria et l'actuelle lône de la Chaume. La simplicité d'une représentation schématique accentue l'allure méandriforme de ce modèle, mais, lorsque des figurations plus détaillées deviennent disponibles, se dégage une réalité sensiblement plus complexe.

— La situation vers 1830[53] est l'assemblage de plans cadastraux de Saint-Maurice-de-Gourdans, Balan, Anthon, Villette et Jons. Elle révèle que le Rhône tend à couler en ligne droite en recoupant ses méandres ; cette tendance semble confirmée par l'examen des états

---

Les changements de tracé du Rhône entre le confluent de l'Ain et Jons, à l'époque moderne

« [...] Les experts confondant les époques de 1649 avec celles de 14 à 1500, où le Rhône, dit-on passait sous les balmes du Content. [...] » (p. 5)

« [...] En 1649 le Rhône vint se jeter, par une irruption subite, entre le broteau du Grand Gravier et celui des Moilles, coulant d'abord du sud-est au nord-ouest puis après avoir reçu les eaux du Content [...] de l'est à l'ouest. [...] » (p. 6)

« [...] En effet, avant 1649, les lieux se trouvaient à peu près comme aujourd'hui, si ce n'est que le Rhône passait sous les balmes de Villette jusqu'en 1811, et qu'il laissait au Grand Gravier une étendue presque double de ce qu'elle est aujourd'hui. Le fleuve vint donc, à cette époque de 1649, séparer d'abord le broteau du Grand Gravier de celui des Moilles de Balan, il vint couvrir de ses eaux une partie des Moilles et des propriétés des habitants qui les avoisinaient en descendant, en commençant par la terre des Pies, dont il est constaté que moitié fut emportée par le fleuve. Dans les premiers temps de cette irruption du fleuve, les habitants faisaient comme ceux de Villette, de Jons, de Miribel, etc., ils faisaient traverser le Rhône à leurs bestiaux pour les mener dans les champéages dont le Rhône les avait séparés [...]

« [...] Lorsqu'en 1745 le Rhône eut abandonné ce lit et repris celui de 1649, ils s'empressèrent à reprendre leurs anciens pâturages dans les Moilles et en jouirent quelques années ; c'est ce qui est attesté par les anciens d'un village des environs. [...] Ce ne fut donc qu'en 1768, lorsque M. de Moydieu eut obtenu du Roi la concession de l'ancien lit du Rhône, qu'il commença à s'autoriser pour éloigner les habitants et finir par les chasser en entier des lieux qu'il désirait affranchir de la servitude du pâquerage. [...] » (p.7).
(in *Notes explicatives sur la contestation pendante entre les héritiers de M. de Moydieu... et les habitants de la commune de Balan...* (1833). Arch. municipales de Balan.)

---

53. Dorgelo, 1973.

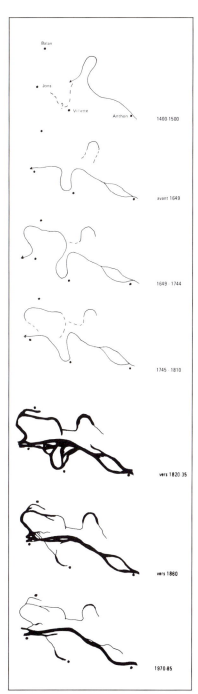

Figure 21. Evolution des méandres de Balan-Villette.

antérieurs. A tout le moins, le fleuve semble hésiter entre un allongement de son cours et un style tressé plus rectiligne.

L'interprétation de ce style géomorphologique peut se faire à deux niveaux, soit en considérant l'intervention probable d'un facteur externe, soit en se référant à la « réponse » du cours d'eau à un complexe de facteurs. Contentons-nous pour l'instant de la première façon de procéder ; par leur genèse, les méandres de ce tronçon fluvial sont a priori étonnants dans le contexte d'une pente relativement forte, puisque celle du lit majeur avoisine les 0,6‰. Ils se rattachent par certains aspects aux méandres de vallée ou méandres inscrits que les théories classiques[54] situent dans un contexte de berges résistantes et de pentes fortes, avec forte charge alluviale. Knighton (1977), analysant les facteurs externes relevant de paramètres sédimentologiques, insiste sur le rôle essentiel que joue le degré de cohésion des berges ; les cours d'eau augmentent leur taux de sinuosité dans les secteurs où le chenal entaille des éléments cohérents. Leur largeur diminue, leur profondeur augmente, si bien que le profil en travers est influencé par la composition des berges. Appliquée à ce tronçon du Rhône, cette hypothèse pourrait expliquer la concentration des eaux en un chenal unique et profond de cinq à sept mètres au pied des balmes.

b. LE PASSAGE DES ILES DE MIRIBEL

Le passage des îles de Miribel, « archipel dans lequel s'égarent et s'échouent journellement des bateaux[55] » était sans conteste l'un des tronçons les plus remarquables du Haut-Rhône naturel ; la relative richesse de la documentation iconographique disponible autorise l'analyse de l'un des faciès tressés rhodaniens et permet de suggérer quelques éléments d'explication.

Le « passage de Miribel » s'étirait de l'amont vers l'aval sur une bonne quinzaine de kilomètres ; il débutait à l'amont dans les environs du port de Jons, prenait son maximum d'extension au droit de Saint-Maurice-de-Beynost, Miribel et Neyron, Vaulx-en-Velin, avant de s'effiler de Crépieux à Caluire. Ce passage, redouté des mariniers et radeliers, nous est heureusement restitué par une série de plans à grande échelle dont les plus anciens remontent au début du XIXe siècle ; nous ferons état de documents extraits de divers fonds d'archives, sans avoir la prétention d'en fournir une liste exhaustive.

En fait, les premiers levés de qualité furent réalisés en 1780 par les Ponts et Chaussées ; de manière paradoxale, ils fournissent un état précis du Rhône alors que leur finalité concerne les communications terrestres. A notre connaissance, les mariniers ne dessinaient pas le fleuve, se contentant de s'adapter à l'évolution progressive des tracés ; en quelque sorte, la carte suppose une certaine stabilité des milieux géographiques que le Rhône ne procurait pas.

L'ancien « passage de Miribel » était un bel exemple de tressage fluvial. Comme Lentheric (1982) pouvait encore l'écrire à la fin du XIXe siècle, avant que les vestiges du Rhône naturel aient été obli-

54. Derruau, 1965.
55. A.D. Isère, VI. S. 6. 11.

térés par les crues et la végétation, « la transition se fait par degrés insensibles du Rhône vif et navigable aux Rhônes morts et atterris, de l'îlot de gravier à la berge submersible, de la terre basse et à demi-noyée à la plaine définitivement émergée. »

Le Rhône vif de Lenthéric collectait l'essentiel des eaux courantes, sorte de « Grand Rhône » dont la profondeur pouvait dépasser quatre mètres, voire cinq mètres en 1848, à la hauteur du port de la Pape. Ce bras principal se déplaçait latéralement à la surface de la plaine, tantôt vers la « balme viennoise » en rive gauche, tantôt vers la Côtière des Dombes. L'actuel canal de Jonage utilise un ancien cours du Rhône porté sur le plan de 1726[56] et devenu marécageux. Une délibération du conseil d'administration des Hospices civils de Lyon, datée du 13 nivôse an 12[57] fournit d'intéressantes précisions sur ces changements de tracé connus des historiens lyonnais[58]. Se fondant sur les anciens titres des terres domaniales de Miribel et de ces Balmes, sur des chartes et diplômes alors déposés aux archives de la Chambre des comptes de Grenoble, le conseil rapportait que des variations de grande ampleur se seraient produites aux Ve et IXe siècles, la dernière au XIIe siècle.

En réalité, il semble que c'est l'ensemble du Rhône tressé qui a basculé du côté de Miribel. Au sein de ce système complexe, le « Rhône vif » se ménageait des déplacements latéraux d'ampleur plus modeste ; le plan de 1726 figure le premier et le deuxième « nouveau cours du Rhône » consécutifs à l'abandon de la Balme viennoise, localise également une « brassière qui a été le grand cours du Rhône ». A cette date, le Grand Rhône longeait la Côtière puis il bascula vers la fin du XVIIIe siècle à l'emplacement du cours qualifié de « Vieux Rhône » par les cartes actuelles. Ces changements de tracé ont évidemment dressé les uns contre les autres les riverains du fleuve — le fait est très classique — et expliquent qu'au XVIIIe siècle encore, les habitants de Miribel revendiquaient les îles et brotteaux jusqu'aux Balmes viennoises en y intégrant même le territoire de Vaux[59].

Le Grand Rhône était donc accompagné par un ensemble changeant de bras vifs secondaires, de plages, de graviers et de brotteaux. L'excellent plan de 1848, éventuellement complété par la *Carte du Rhône* (1857-1866), de même facture, permet de préciser les caractères principaux de la dynamique fluviale.

Si l'on considère en premier lieu le profil en travers de la bande de tressage, on remarque la juxtaposition d'un Grand Rhône, le collecteur principal, de bras secondaires très peu profonds, et de chenaux à sec à l'étiage ; en fait, ceci illustre un principe bien connu selon lequel le tressage caractérise les situations hydrologiques d'étiage, tout au moins de basses eaux, car l'ensemble de la bande est noyé en hautes eaux. Les auteurs de ces profils, dessinés en 1848, ne précisent pas quelle est leur crue de référence ; à cette date et sur un profil, les eaux avaient monté de 3,80 mètres ; c'est nettement plus qu'en 1856, année de la crue centennale (3,30 mètres) mais

— Le *Plan des Brotteaux de Miribel* daté de 1726 (Arch. départ. de l'Ain, E. 471, in *Arrêt du Parlement de Dijon* de 1733).
— Le *Plan du Cours du Rhône à Jonage* daté du 23 février 1787 (Arch. départ. de l'Ain, E. 472.).
— Trois plans de la *route de Miribel à Lyon* et du cours du Rhône datés de 1780. Deux de ces plans furent levés à grande échelle (1,2 cm = 20 toises soit environ 40 mètres) à l'occasion des travaux effectués à la route royale conduisant de Lyon à Ambérieu (Arch. départ. de l'Ain, C. 1048).
— Un *Plan Général du Rhône et des Brotteaux de Miribel à Lyon* levé en 1848 à l'échelle du 1/10000e et figurant le projet de canalisation commencé cette année-là (Arch. départ. de l'Isère, VI. S. 2. 12. Renseignements sur le Rhône).
Les deux premiers plans sont partiels et trop imprécis pour se prêter à une analyse géomorphologique détaillée ; c'est qu'ils ont été dressés par les habitants du pays à l'occasion de maintes chicanes concernant la propriété des îles. La juxtaposition des plans cadastraux à l'échelle du 1/10000e a été tentée mais ce travail s'est révélé décevant ; autant il est aisé d'effectuer le report des parcelles sur l'excellente carte du Rhône des Ponts et Chaussées (1857-1866), autant cet exercice se révèle aléatoire lorsqu'il s'agit des berges et des îles, comme si géomètres et riverains avaient pris leur parti de l'indécision des limites. Ainsi la cartographie du foncier n'apporte que fort peu d'information sur le "passage de Miribel".

56. A.D. Ain, E. 471.
57. A.D. Isère, VI. S. 2. 9.
58. « *Le changement du lit du Rhône et le cours qu'il a déjà eu au pied des Balmes viennoises ne sont pas des suppositions gratuites, on voit encore au-dessous de Jonage, en approchant de Veaux, de gros anneaux de fer pour attacher les bateaux, scellés, plombés dans des rochers placés à moitié de hauteur de ces Balmes. [...] Lorsqu'en 1249 on bâtit le pont de pierre du Rhône (l'actuel pont de la Guillotière) toutes les eaux du Rhône venaient d'être à peine rassemblées sous ce pont, il quittait alors les Balmes viennoises pour se rapprocher de celles de Bresse.* »
59. A.D. Ain, E. 471.

il est vrai que le creusement du canal de Miribel devait améliorer le transit de la crue et abaisser les maxima.

Remarquons enfin qu'à l'étiage, la cote du plan d'eau de chacun des chenaux vifs est identique ; c'est que la perméabilité du substrat graveleux règle leur niveau et celui de la nappe phréatique. En revanche, la lône de Fontanil, abandonnée sur les marges de la bande active, est probablement en voie de colmatage car le niveau du plan d'eau est perché de quelques décimètres par rapport à celui du Grand Rhône distant de cinq cents mètres.

Considérons en second lieu le tracé en plan et la dynamique fluviale :

— Le Grand Rhône et les bras secondaires dessinaient des sinuosités, fait assez inattendu dans un système tressé. Entre les PK 10 et 20, le coefficient de sinuosité dépassait généralement 1,2 sur le cours principal pour atteindre 1,5 (fig. 25) dans les environs des PK 13-15 (Neyron-Miribel), valeur caractéristique des méandres. En se déplaçant, le Grand Rhône abandonnait des trains de méandres dont l'importance relative diminuait progressivement au fil du temps. A l'occasion des crues, une dynamique fluviale active modifiait la géographie des lieux :

— La migration des méandres libres était d'autant plus rapide que le chenal était plus important (fig. 22). Après le recoupement du

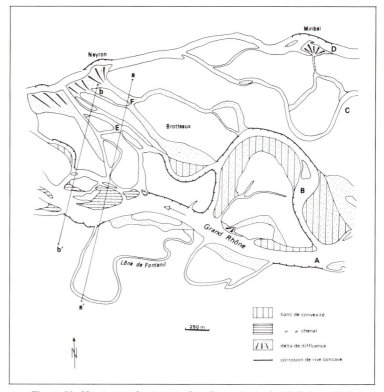

Figure 22. Un secteur de tressage dans les environs de Miribel en 1848.

95

méandre B, le chenal A, profond de 3,30 mètres, tend à retrouver un cours sinueux comme l'atteste le dépôt de bancs de graviers en rive convexe et l'érosion en rive concave ; la violence du courant sur le tronçon raccourci et de pente supérieure à 1‰ accentue l'érosion et explique le curieux banc de chenal enveloppant moulé sur la partie amont d'une île plus ancienne située dans un secteur à flux divergents et de pente plus faible.

Le bras recoupé B, toujours vif, conservait une profondeur de près de trois mètres à l'étiage au point de convexité maximum ; l'intensité des processus de construction et de destruction est en voie d'atténuation mais reste remarquable. Le fait caractéristique est donc la persistance de la dynamique sur un chenal sinueux recoupé dans un style tressé à méandres. Le fait est en revanche moins net sur les anciens bras C et D où la réduction des débits (profondeur de 50 centimètres à l'étiage) et la stabilisation des berges par la végétation assuraient une relative fixité de tracé.

— Le paysage fluvial devait évoluer de manière sensible à l'occasion des crues. A hauteur de Miribel, où le lit majeur s'épanouit, le niveau des hautes eaux dépassait de trois mètres la ligne d'eau à l'étiage ; à l'aval de Neyron où la bande tressée se contracte, le fleuve montait de plus de quatre mètres. Ainsi la totalité des brotteaux étaient noyés lors de fortes crues et balayés par un flot rapide que les vorgines et les pâturages ne freinaient que fort mal. A l'occasion des crues, les chenaux se gonflaient et déversaient dans les bras voisins ; les bras A et B débordaient par un lacis de chenaux permanents (E) ou temporaires (F) vers le bras de Miribel (D). La chasse des alluvions caillouto-sableuses provoque l'édification d'un delta composite, sorte de delta de diffluence qui tend à barrer le bras d'accueil et à le repousser au pied de la Côtière. Un phénomène analogue quoique de moindre ampleur se produit devant Miribel où deux diffluences issues du chenal C confluent et édifient un delta simple en travers du bras D. Ces apports latéraux occasionnels contribuaient à colmater les bras abandonnés et à modifier sans cesse l'importance relative des chenaux.

Ces processus de chasse de matériaux grossiers dans les chenaux à l'occasion des crues se sont prolongés bien après la réalisation des travaux de canalisation. Près d'un siècle plus tard, la crue de 1944 édifiait un « épandage de brèche » caractéristique dans les brotteaux de Miribel[60]. Le Vieux Rhône avait repris du service ; obstrué par la végétation, il perdit une partie de son eau et de sa charge à la sortie d'un méandre. Les matériaux s'étalèrent dans les champs et les vorgines avant de retrouver les vestiges de bras colmatés (on reconnaît le méandre C de la fig. 22).

En somme, le « passage de Miribel » proposait à l'état naturel un type original de style tressé caractérisé par le déplacement d'un bras principal, véritable moteur de la dynamique fluviale. Les chenaux les plus importants, pris isolément, présentaient à des degrés divers les caractères de cours d'eau à méandres libres. Lors des petites

60. Photo I.G.N. 1945. Lyon. Montluel n°388.
61. Cette tentative propose une méthode simple permettant de comparer des tronçons de cours d'eau entre eux ou un même secteur à des intervalles de temps rapprochés. Cette méthode risque d'achopper sur un certain nombre de difficultés qu'il n'est pas inutile d'évoquer :
— En premier lieu, il est nécessaire de disposer de documents iconographiques fiables : plans à grande échelle levés par des géomètres ou photographies aériennes pour les dernières décennies. Les bancs de galets sont aisés à délimiter mais il est souvent difficile de connaître le niveau des eaux lors des levés ou de la prise de vue. Dans la pratique, les anciens plans étaient levés à l'étiage et il importe d'effectuer des comparaisons sur des photographies prises en basses eaux, mais en fait, l'erreur rapportée à la surface du lit fluvial est relativement modeste.
— En second lieu, il convient de définir et donc de délimiter le lit du cours d'eau qui sert de surface de référence. Il est exclu, dans le cas présent, d'utiliser le lit majeur ou lit d'inondation contenu entre les Balmes viennoises et la Côtière des Dombes. On a vu que la partie méridionale de la plaine est soustraite à l'action érosive du Rhône depuis le XIIe siècle ; la bande de morphologie active est décalée dans la partie nord de la plaine et peut être contenue par des éperons défensifs qui réduisent son extension potentielle. On propose une définition souple qui serait l'étendue en cours de remaniement ou remaniée de fraîche date : brotteaux insulaires boisés ou défrichés pour l'agriculture, lambeaux de forêt riveraine en marge de plages d'alluvions évoluées. En règle générale, une limite de corrosion en dent de scie limite les milieux actifs sur le plan morphologique et les terres agricoles souvent viabilisées et bâties.
La méthode de calcul consiste à superposer une grille au document cartographique ou photographique en tenant compte de son échelle d'exécution. Il est possible d'effectuer cet exercice en mesurant la surface en bancs de galets par kilomètre de lit fluvial ou bien en mesurant la surface totale d'un tronçon préalablement délimité.
Cette deuxième façon de procéder a été retenue pour illustrer l'évolution des surfaces en gravier dans les îles de Miribel entre les kilomètres 7 et 18 (fig. 40a).
62. Plan A.D. Isère, VI. S. 2. 12.

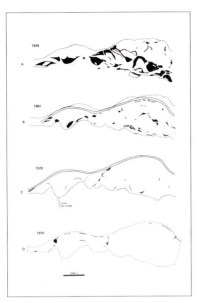

Figure 23. Les surfaces en gravier dans les îles de Miribel en 1848, 1860, 1928, 1975.

crues, ces bras communiquaient entre eux par des chenaux de défluviation issus du chenal principal.

— Le simple examen des plans détaillés de 1848 ou même de 1780 met en évidence l'intensité des processus de régénération morphologique sur un fleuve comme le Rhône. On entend par là un processus fondamental sur les cours d'eau naturels qui est l'aptitude au renouvellement des formes et des matériaux ; les biologistes ont démontré que la variété des milieux conditionne la diversité et la richesse des biocénoses*. Au bord du fleuve, les phénomènes d'érosion sont matérialisés par les surfaces en bancs de galets, étapes initiales de la construction des berges et des îles. Il est possible de tenter une évaluation quantitative de ces processus de régénération fluviale en utilisant le critère de l'importance relative des bancs de gravier dans le lit du cours d'eau[61].

Année	Surface totale concernée (km²)	Surface en bancs de galets	% de la surface en galet : taux brut de renouvellement	Taux de renouvellement annuel (%)
1848	15,348	3,355	21,87	4,5
1860	14,306	0,740	5,17	1
1931	15,270	0,169	1,11	0,2
1975	14,812	0,175	1,18	0,2

Les surfaces en gravier dans les îles de Miribel en 1848, 1860, 1928 et 1975.

En 1848, les bancs alluviaux récents couvraient 21,87 % de la plaine de tressage dont la surface estimée était de 15,348 km²[62]. Cette valeur est considérable, mais il convient de tenir compte de la durée de vie d'un banc de galets récent avant colonisation par le premier stade de végétation arborescente. Les phytosociologues admettent que ce laps de temps est actuellement voisin de quatre à cinq ans après le déplacement latéral du chenal ; dans cette hypothèse, le taux réel de la régénération fluviale annuelle devait être voisin d'environ 5 % (de 22/4 ou 22/5) (fig. 24).

c. ESSAI D'INTERPRÉTATION DE LA DYNAMIQUE FLUVIALE ENTRE LE CONFLUENT DE L'AIN ET LYON

La distinction faite entre deux tronçons, celui des grands méandres de Balan-Villette et celui du « passage de Miribel », a permis de préciser la connaissance de deux styles géomorphologiques quasiment naturels. Le cours du Rhône en aval de la rivière d'Ain possède pourtant une incontestable unité dans la mesure où la tendance de fond reste au tressage ; il n'y a nulle part de chenal unique au milieu du XIXe siècle et, bien au contraire, le fleuve multiplie les îles et les brassières, particulièrement à l'aval de Jons. Sur cette toile de fond, le Rhône développe, superpose, deux types de méandrage :

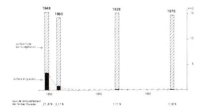

Figure 24. Le taux de renouvellement des formes fluviales dans les îles de Miribel à différentes dates.

— à l'amont, les sinuosités accentuées du Grand Content, de Balan et Villette, éphémères à l'échelle historique, sont trop influencées par la présence des balmes pour qu'on puisse les considérer comme le résultat du jeu de facteurs internes ;

— à l'aval, les méandres libres de Miribel semblent constituer un caractère constant à l'échelle historique. La tendance est si marquée que le tressage - ou plutôt l'anastomose tant la sinuosité est forte — est le fruit de la coalescence de trains de méandres mobiles.

Le problème à résoudre se ramène donc à deux questions complémentaires : comment expliquer le tressage et les deux types de méandrage ?

Le style géomorphologique d'un cours d'eau naturel n'est pas seulement produit par le libre jeu de paramètres que sont le régime de l'écoulement et la charge alluviale[63]. En l'occurrence, le Rhône coule à la surface de la plaine holocène dont la pente et les matériaux sont hérités de phases climatiques postglaciaires dont on ne sait quasiment rien. La charge des cours d'eau tend à s'affiner dans les périodes récentes de l'Holocène par l'effet de modifications de régime et d'une diminution de la disponibilité en matériaux grossiers ; dotés d'une compétence accrue, ces cours d'eau auraient tendance à inciser le plancher alluvial et donc à restaurer leur équilibre par diminution de la pente et reprise de sédiments anciens. Une telle incision semble continue dans le secteur Ain-Jons, mais est improbable dans le passage de Miribel ; on semble passer insensiblement à une zone de remblaiement dans l'agglomération lyonnaise. Dans cette hypothèse, l'incision accentuée du cône de déjection fini-würmien par le Rhône à l'aval du Sault et par la rivière d'Ain aurait provoqué le remblaiement de la région lyonnaise, le point d'inflexion se situant dans la région de Miribel.

Cette modification lente du profil en long se doublerait d'une adaptation du style fluvial au changement des paramètres. Contraints de couler sur une pente forte, les chenaux auraient tendance à réduire la puissance nette en décrivant des sinuosités, c'est-à-dire en réduisant leur propre pente jusqu'à un état d'équilibre temporaire. Dans cette hypothèse, il devrait exister une relation directe entre la pente de la vallée et le coefficient de sinuosité, dans la mesure où une exagération naturelle de la pente de la vallée devrait localement provoquer une réponse du cours d'eau.

Testons cette hypothèse entre les PK 10 et 33 (Crépieux-confluent de l'Ain)[64].

Les sinuosités les plus prononcées se situent entre Crépieux et Thil (BK 10-20), particulièrement entre Crépieux et Saint-Maurice-de-Beynost (BK 10 à 17) où le coefficient est compris entre 1,21 et 1,67. Sur trois kilomètres dans les environs de Neyron les valeurs de S s'élèvent à 1,48 et 1,67.

En remontant vers l'amont, on constate que le chenal principal d'un modèle plus faiblement tressé est quasiment rectiligne (BK 20 à 34, de Thil au confluent). A cette époque, le Rhône avait recoupé les grands méandres de Balan, Villette et coulait en ligne droite dans son lit majeur.

63. Schumm, 1977.

64. *La collecte des données est réalisée sur* L'Atlas du Rhône *(1857-1866).*

Sinuosité S
Les paramètres de calcul sont les suivants :
— *l' est la distance entre deux bornes kilométriques soit 1 km ; ces bornes ont été implantées en 1854 le long du chenal de navigation et n'ont pas changé de place sous l'effet de la dynamique fluviale à la date de confection de la carte ;*
— *L est la distance à vol d'oiseau entre deux bornes successives : $L \leqslant 1\ km \leqslant l'$;*
— *l est la longueur d'un chenal situé entre deux normales à l'axe de la vallée passant par deux bornes ; l est mesuré au curvimètre sur le plan au 1/10000e ; $l \geqslant l$.*
L'adoption du paramètre L est nécessaire pour corriger les distances kilométriques du Service de la navigation ; toutes les valeurs sont calculées en moyennes mobiles par tronçons de deux kilomètres pour réduire les variations artificielles d'un kilomètre à l'autre.
Le coefficient de sinuosité est $S = l/L$ par définition. On distinguera deux types de chenaux :
l^1, le chenal principal
l^2, le chenal secondaire le plus sinueux de la plaine alluviale, que ce soit un bras vif du passage de Miribel ou le chenal reconstitué de la plaine de Balan (l'évaluation est dans ce cas approximative).
L^1 et l^2 permettent de calculer $s^1 = l^1/L$ et $s^2 = l^2/L$. Sur le graphique (fig. 42) les valeurs de S sont portées en ordonnée tandis qu'en abscisse est figuré le kilométrage de référence donné par le Service de la navigation (l').

Pente P
Les données de base sont extraites d'un document édité en 1910 par le Service de la navigation, la Monographie du Rhône de la frontière suisse à la mer. On a utilisé le tableau des pentes moyennes kilométriques p' données au centimètre près. Une correction en moyenne mobile est effectuée par tronçons de deux kilomètres en utilisant les valeurs de L correspondantes : $P = (p' \times L) : 2$.
Comme dans le cas précédent, on calcule les valeurs p^1 et p^2 portées également en ordonnée sur le même graphique. Le choix d'une échelle appropriée permet la comparaison visuelle des courbes de pente et de sinuosité.

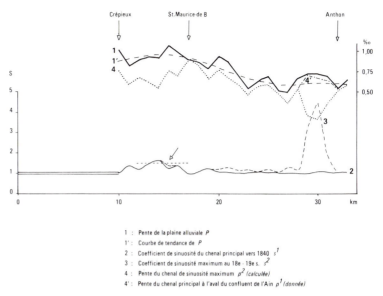

Figure 25. Pentes et sinuosité des chenaux entre le confluent de l'Ain et Lyon.

Quant à la pente de la vallée, elle augmente du confluent de l'Ain vers Miribel, s'élevant de 0,5 à 0,7‰ à des valeurs voisines de 0,9 à 1‰. Il est net que la tendance au méandrage du chenal principal dans le passage de Miribel se développe lorsque la pente de la vallée dépasse 0,75‰. Le Rhône réagit à l'augmentation de la pente par un allongement de son cours.

— La courbe 4 de la fig. 25 visualise la pente p du chenal de sinuosité maximum. Il est clair que le cours d'eau réduit sa pente, puisque toutes les valeurs sont situées entre 0,35‰ et 0,89‰ contre 0,45‰ et 1,05‰ pour la pente de la vallée. Le Rhône tend donc à ramener naturellement sa pente à des valeurs proches du seuil de 0,75‰ qui n'est dépassé qu'en deux points.

— Ce mode de représentation met en évidence la singularité des méandres de Balan-Villette. Lors de leur développement, le coefficient de sinuosité s de ce chenal atteignait localement une valeur supérieure à 4. La correction de la pente par le Rhône faisait chuter la valeur du chenal le plus sinueux à 0,16‰ entre les BK 29 et 31 ; soit une valeur anormalement basse à l'aval du confluent ; il est aussi curieux de constater que la pente du chenal principal vers 1860 est plutôt forte.

Cet exemple met en lumière le rôle que jouent les balmes sur les marges du lit majeur. Le Rhône tend naturellement à développer de faibles sinuosités sur ce tronçon ; lorsque le chenal principal se fixe, par hasard, au pied d'un versant escarpé, il exagère la courbure prévisible. Les recoupements de méandres signifient un retour à l'équilibre mobile du profil en long, puisque le fleuve retrouve alors des pentes comprises entre 0,50 et 0,75‰. L'hypothèse inspirée des théories de Knighton trouverait donc une justification dans cette analyse morphométrique.

La fig. 26 A reprend une partie des données précédentes : le coefficient de sinuosité est fourni pour le chenal principal, pour le bras le plus sinueux du passage de Miribel et pour les anciens méandres de Balan-Villette.

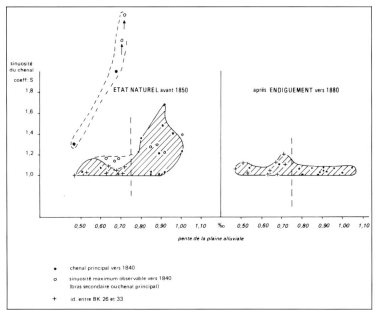

Figure 26. Pente de la plaine et sinuosité des chenaux avant 1850 et vers 1880.

L'analyse du graphique confirme les remarques précédentes :

— La sinuosité des chenaux, quelle que soit leur localisation géographique, est basse pour les valeurs de P (pente de la vallée) inférieures à 0,75‰. L'équilibre est à peu près réalisé, puisque la pente de la rivière p est proche de P.

Dans le secteur de Balan, le recoupement des méandres a restauré un état d'équilibre car la sinuosité est comprise entre 1 et 1,1. La sinuosité maximum reconstituée sur cartes est aberrante pour ces valeurs de P.

— La sinuosité des chenaux manifeste une forte variabilité pour des valeurs de P supérieures à 0,75‰, puisque S est compris entre 1,0 et 1,66‰ avec les deux tiers des valeurs supérieures à 1,2. Ceci confirme l'existence probable d'un seuil de P au-delà duquel le cours d'eau manifeste son instabilité géomorphologique ; à l'échelle séculaire, le cours d'eau nuance le style tressé qui est sa caractéristique propre en développant les sinuosités du chenal principal. Le méandrage du chenal principal peut correspondre aux situations hydrologiques moyennes, tandis que le tressage peut fonctionner lors des crues[65].

65. *P. Savey, communication orale.*

100

5. Remarques d'ordre général sur le tressage du Haut-Rhône

Une représentation schématique des styles géomorphologiques qui prévalaient avant la réalisation des grands travaux de génie civil (fig. 27) met en évidence la prédominance du modèle tressé qui relègue le style à méandres ou le style à chenaux rectilignes dans des tronçons très localisés.

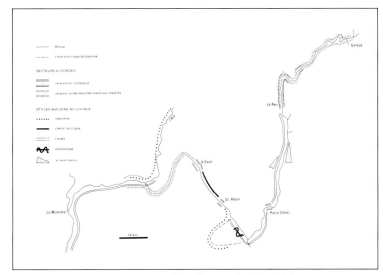

Figure 27. Les modèles fluviaux du Haut-Rhône.

Ce modèle peut être considéré comme le plus représentatif des styles géomorphologiques caractéristiques du Haut-Rhône. A ce titre, il justifie qu'une analyse particulière lui soit dévolue ; cela n'enlève rien à l'intérêt de courts tronçons à dessin en plan rectiligne ou à méandrage. En fait, ces modèles localisés doivent être resitués, pour être compris, dans le contexte varié des bassins alluviaux successifs.

a. LE TRESSAGE

Le style ou modèle géomorphologique d'un cours d'eau est la configuration en plan. Le taux de tressage est la longueur développée des chenaux ou bras en eau courante d'un cours d'eau par kilomètre linéaire (distance en ligne droite)[66].

Le taux de tressage se répartit ainsi sur le Haut-Rhône :

Taux de tressage	Longueur cumulée	% longueur du fleuve (192 km)
⩾ 10	8	4,2
⩾ 5	33	17,2
⩾ 2	87	45,3

Les taux de tressage du Haut-Rhône entre Genève et le confluent de la Saône à La Mulatière.

66. *En fait la technique utilisée ici est quelque peu différente dans la mesure où, par commodité, on a mesuré le kilomètre sur le chenal principal dont le taux de sinuosité est en général compris entre 1 et 1,1 (s = longueur du chenal/distance en ligne droite). Cette façon de procéder a donc pour effet de diminuer légèrement le taux de tressage sur certains tronçons mais n'altère pas la tendance générale.*
Les valeurs ont été mesurées au curvimètre sur des documents de la plus grande échelle possible, en l'occurrence le 1/10000ᵉ. Les sections de un kilomètre sont celles qui ont été définies par le Service de la navigation ; il eut été possible de procéder à une correction locale mais ce travail n'a été fait que pour la section du Rhône comprise entre Lyon et le confluent de l'Ain.

La figure 28 représente le taux de tressage du Haut-Rhône entre Genève et le confluent de la Saône à La Mulatière[67].

Le taux de tressage du Haut-Rhône au XVIIIe siècle était sans doute peu éloigné de 20 sur certains tronçons, soit vingt kilomètres de chenaux actifs par kilomètre à vol d'oiseau. Au milieu du XIXe siècle, trois secteurs présentaient un taux supérieur à 10 :

- les îles d'Anglefort en Chautagne ;

- les îles du Chaffard dans les Basses Terres ;

- les îles de Miribel.

Le Rhône tressait sur quatre-vingt-sept kilomètres, soit près de 75 % de son cours de plaine ; la question de la présence ou de l'absence du tressage ne se pose que dans les plaines alluviales ou les fonds de vallée permettant la division en bras multiples : l'épanouissement du fleuve est quasiment impossible entre Genève et le Parc (quarante et un kilomètres de gorges), dans la cluse de Pierre-Châtel (deux kilomètres), du défilé de Saint-Alban à Serrières (dix kilomètres), aux rapides du Sault (deux kilomètres), puis à l'aval jusqu'à Loyettes (vingt-six kilomètres), soit au total une distance voisine de quatre-vingts kilomètres (36 % du cours de Genève à La Mulatière).

b. LE TRESSAGE DU HAUT-RHÔNE. ESSAI D'EXPLICATION

Le tressage dépendait essentiellement des relations existant entre la pente et le débit[68]. Dans le cas de deux rivières de même débit, les chenaux tressés se développent sur les pentes les plus fortes ; l'expérimentation a révélé que la sinuosité d'un chenal augmente progressivement avec la pente jusqu'au seuil de 1,25 au-delà duquel le cours d'eau se met à tresser.

La mise en relation du taux de tressage et de la pente peut se faire de manière visuelle en utilisant un mode de représentation analogue au précédent. Le graphique des pentes moyennes au kilomètre (fig. 29) fournit une vue de l'évolution longitudinale de la pente bien meilleure qu'un schéma classique de type profil en long qui donne une représentation cumulée du phénomène[69].

Les pentes des tronçons kilométriques du Haut-Rhône sont comprises entre 0,01‰ à l'entrée du défilé de Saint-Alban et 2,36‰ au pont de la Loi en Chautagne.

Trois secteurs de pente forte, supérieure ou égale à 0,5‰ se succèdent de l'amont vers l'aval :

— de la frontière suisse aux Basses-Terres,

— de Briord à Lagnieu,

— du confluent de l'Ain au confluent de la Saône.

La corrélation graphique de la pente et du tressage peut être considérée comme très bonne :

• Le secteur des îles d'Anglefort correspond à des pentes supérieures à 1‰ ; la décroissance progressive du taux de tressage entre la

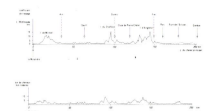

Figure 28. *Le taux de tressage du Haut-Rhône en 1840 et 1931.*

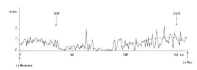

Figure 29. *Les pentes moyennes entre Le Parc et La Mulatière (source : Ponts et Chaussées).*

67. *La difficulté résidait dans le choix d'une source documentaire précise, homogène, c'est-à-dire représentant la totalité du cours à l'époque la plus ancienne possible. Le document de base est la* Carte du cours du Rhône *(1857-1866) entre le Parc et le faubourg de Saint-Clair à Lyon. Une série de plans détaillés a permis une restitution de l'état naturel sur quelques tronçons :*
— de Genève au Parc, des plans au 1/10 000e provenant des Ponts et Chaussées (Arch. départ. de l'Ain, Arch. départ. du Rhône).
— De Miribel à Saint-Clair, la carte du Rhône levée en 1848 avant les travaux du canal de Miribel (Arch. départ. de l'Isère VI, S. 2. 12), à une échelle voisine de 1/14 400e.
— Dans la traversée de Lyon et dans les plaines voisines de Yenne et La Balme, les documents antérieurs aux endiguements et suffisamment précis n'existent pas ; entre Saint-Clair et La Mulatière, on a donc choisi le taux de 1 valable dès le XVIIIe siècle, tandis qu'il faut admettre une légère sous-estimation des valeurs de tressage à l'amont et à l'aval de la cluse de Pierre-Châtel et en Chautagne.
68. *Léopold et Wolman, 1957.*
69. *Les valeurs représentées sont extraites de la* Monographie du Rhône de la frontière suisse à la mer *(1910) ; le kilométrage est celui de la carte topographique, les pentes calculées par référence à la cote de la ligne d'eau. Seule la courbe de tendance présente un intérêt comparatif et a été retenue dans cette démarche.*

Chautagne et le confluent du Guiers est parallèle à celle de la pente qui s'abaisse à 0,5‰.

• Le fort tressage des îles du Chaffard correspond exactement au secteur du déversement du Rhône dans la plaine de Brégnier ; la pente du Rhône se redresse à nouveau pour atteindre 1‰ sur quelques kilomètres.

La restitution des pentes moyennes du tronçon court-circuité par la capture médiévale du Rhône suggère une décroissance continue jusqu'aux méandres de Brangues-Groslée ; le raccourcissement du chenal par le phénomène de capture justifie donc l'accentuation localisée de la pente du fleuve à la recherche d'un nouvel équilibre.

• De Brangues à Loyettes, la pente moyenne est faible et ne s'élève que dans le secteur des rapides du Sault à Lagnieu, le Rhône a une pente soit trop faible pour tresser (0,01‰ en amont de Briord), soit suffisante, mais il s'encaisse dans les niveaux post-glaciaires et ne développe au mieux que deux chenaux.

A l'aval de Loyettes, la pente du Rhône augmente progressivement jusqu'à retrouver des valeurs voisines de 1‰ ; c'est le secteur tressé des îles de Miribel.

En somme, le tressage semblait caractéristique des secteurs où la pente de la ligne d'eau avoisine des valeurs comprises entre 0,5 et 1‰. L'intensité du tressage semble avoir été proportionnelle à la vigueur de la pente puisque le taux de 10 était atteint ou dépassé pour des valeurs de pente supérieures à 1‰[70].

Quelle est l'explication des variations enregistrées sur la pente de la rivière et donc sur celle de la plaine alluviale dans les secteurs de tressage ? Le secteur très particulier des îles du Chaffard s'expliquant par la capture, le problème est circonscrit aux longs tronçons compris entre le Parc et Brangues par Morestel d'une part et Loyettes-Lyon d'autre part.

— L'augmentation de la pente du Rhône à l'aval de Loyettes serait directement liée à l'arrivée de l'Ain. Davis (1902) avait émis l'hypothèse d'une modification du profil en long des cours d'eau à l'aval de confluences à propos d'un arroyo californien et du Danube ; la théorie a été explicitée à propos des confluences de la Saône et de l'Isère qui créent des brisures dans le profil d'équilibre du cours d'eau principal par modification du rapport charge-débit ; l'Isère, affluent très chargé, provoquerait une augmentation de la pente du Rhône de manière à assurer l'évacuation de la charge[71].

— Le secteur amont paraît peu influencé par le Fier, sans doute parce que la pente est constamment forte entre l'exutoire du lac Léman et Seyssel. L'atténuation progressive de la pente observée à l'aval de la Chautagne, comme à l'aval de Miribel, serait éventuellement à corréler avec une diminution de la taille des sédiments grossiers (galets) vers l'aval, ce conformément au schéma classique.

La question pourrait être sensiblement plus complexe, car il n'est pas assuré que la pente reflète l'adaptation du Rhône et de ses affluents au débit et à la charge de l'époque considérée. Remarquons

70. *A titre de comparaison, Lee et Hanson, 1978, ont montré que l'Arkansas tresse pour des valeurs de pente très voisines, comprises entre 0,37 et 0,95 (pente de la rivière).*

71. *Derruau, 1865.*

en premier lieu que les deux longs tronçons tressés correspondent aux plaines de remblaiement caillouteux ; là s'arrête la comparaison, car l'évolution des profils d'équilibre est très dissemblable :

— A l'amont, le Rhône du XIXᵉ-XXᵉ siècle coule sur la surface d'une plaine d'accumulation récente. Dans ce cas, la pente reflète sans doute assez bien les conditions de charge et de débit de l'époque moderne.

— En revanche, le creusement du Rhône et de son affluent dans la basse plaine de l'Ain lié à une déficience de la charge depuis l'époque post-glaciaire ; le Rhône a tendance à diminuer sa pente à l'amont de Thil pour s'adapter mais il subit l'influence apparente de son affluent. En fait, l'accentuation de la pente à l'aval du confluent est moins due aux apports de l'Ain qu'à l'atténuation de la pente du Rhône entre les rapides du Sault et Loyettes.

Ainsi, la pente refléterait des conditions de charge et de débit anciennes, devenant une « variable indépendante » susceptible d'influencer le style géomorphologique moderne. De la même façon, les conditions passées ou récentes justifient le transport d'une charge grossière, caillouto-sableuse, soit par accumulation lente à l'amont, soit par dégradation à l'aval. Quelle qu'ait été l'importance du transit de matériaux aux XVIIIᵉ et XIXᵉ siècles, leur présence sur le fond et les berges a influencé le style géomorphologique en combinant leurs effets avec celui de la pente. Les études expérimentales prouvent qu'une charge grossière augmente le rapport largeur/profondeur par diminution de la profondeur, accroît la tendance au déplacement latéral et contribue au tressage du cours d'eau[72].

La propension d'un cours d'eau à tresser est en partie conditionnée par la fourniture en débris grossiers. Les affluents injectent une quantité abondante de matériaux qui permet l'épanouissement des bancs médians ; vers l'aval, le taux de tressage diminue, les constructions alluviales se réalisent sous la forme de bancs latéraux, des mégaformes normales à l'échelle d'un cours d'eau[73]. Un tel schéma semble à première vue transposable au tronçon situé à l'aval de la confluence des Usses et surtout du Fier qui produisent un effet de cône de déjection ; il est de fait que, vers l'aval, la largeur de la bande active et le taux de tressage diminuent sensiblement.

Il est enfin admis que des rivières, comme le Rhône dont le rapport du débit de crue au débit moyen est fort, ont tendance à tresser. Comme la charge et éventuellement la pente, l'eau est considérée comme une « variable indépendante primaire », susceptible d'influencer la morphologie du chenal[74].

c. LE TRESSAGE, GENERATEUR DE MILIEUX DIVERSIFIES

L'étude régionale des secteurs de tressage fluvial a montré que la Chautagne, les îles de Brégnier ou brotteaux de Miribel ne constituent pas seulement un entrelacs de bras et chenaux enserrant une mosaïque d'îles et de grèves. Un lit fluvial en tresse doit être consi-

72. Lacey, 1930.
73. Church et Jones, 1982.
74. Schumm, 1977.

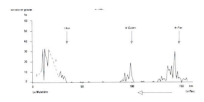

Figure 30. Le taux de renouvellement des formes alluviales avant les travaux d'aménagements.

déré de manière dynamique car le développement de ce modèle est d'un incontestable intérêt écologique.

En premier lieu, le tressage assurait seul le renouvellement des formes fluviales sur le Rhône. Comparons le graphique du taux de tressage (fig. 28) et le graphique du taux de renouvellement (fig. 30)[75]. Les deux représentations se superposent à peu près exactement car le tressage engendrait l'instabilité spatiale des milieux aquatiques et terrestres ; en revanche, les tronçons rectilignes situés à l'aval de Pierre-Châtel ou à l'aval du Sault, les méandres des Basses-Terres, se caractérisaient par la fixité relative du tracé et la rareté corrélative des constructions alluviales.

Le renouvellement était maximum dans les brotteaux de Miribel avec un taux proche de 35, devant la partie amont de la Chautagne avec 30 et les îles du Chaffard avec moins de 20. Sans qu'il soit nécessaire de donner une importance disproportionnée à cette remarque, il est étonnant de constater que le taux de renouvellement maximum caractérise un secteur où le taux de tressage était modeste ; en d'autres termes, la corrélation n'est pas parfaite d'un point de vue quantitatif. Il est possible que cette discordance soit due à l'effet particulier du régime contrasté de la rivière d'Ain et au glissement rapide des méandres libres de Miribel sur une pente voisine de 1‰.

La dynamique fluviale des modèles tressés construisait donc une gamme variée de milieux neufs dans les chenaux du Rhône. En se cantonnant simplement aux bancs alluviaux médians, à l'exclusion des bancs dit « latéraux » car construits sur les rives, il est possible d'esquisser une typologie fondée sur la forme et la position des bancs :

— Les bancs longitudinaux sont développés dans l'axe du chenal ; ils sont étroits et allongés, simples lorsque le Rhône est rétréci dans des défilés (A) ou composites lorsque le chenal a la possibilité de

75. *Celui-ci représente la surface des bancs de galets, exprimée en hectare par kilomètre de fleuve.*

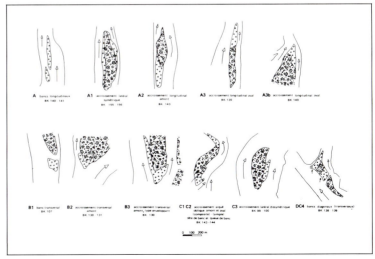

Figure 31. Typologie des bancs alluviaux.

105

s'élargir (A.1 à A.3). Dans ce cas, le banc engraisse une île préexistante, milieu stable et polygénique qui n'est pas remis en cause à chaque crue. L'accroissement peut affecter les côtés de l'île (A.1), la partie amont (A.2) ou aval (A.3) ; dans ce dernier cas, un type particulier se développe à la jonction de deux chenaux faisant entre eux un angle aigu (A.3 bis).

— Les bancs transversaux marquent une tendance prononcée à l'engraissement latéral et semblent propres aux passages peu profonds à courant divergent. Ils peuvent être simples (B.1) ou composites, se développant à l'amont d'une île (B.2). Quelquefois le banc transversal est de type enveloppant (B.3) et « coiffe » l'île préexistante d'un chapeau de gendarme.

— Dans les tronçons de chenaux présentant une sinuosité marquée se développent des bancs arqués, en forme de crochet alluvial. Ces bancs se forment en tête (C.1) ou en queue (C.2) d'une île. Le banc C.3 se met en place dans un chenal secondaire lors d'une phase de renforcement du chenal principal en rive concave.

Les bancs transversaux et diagonaux (C.4) sont un cas particulier rarement observable : ils s'établissent dans les secteurs de diffluence lorsque l'eau d'un chenal principal bascule en crue vers un chenal latéral d'importance secondaire.

Le tressage assurait l'épanouissement spatial des milieux aquatiques lotiques*. Il est admis que la largeur d'un cours d'eau est une fonction de sa pente[76]. Comme le tressage est lui-même étroitement lié aux fortes valeurs de pente du plancher alluvial, il est possible d'établir une relation indirecte entre le tressage et l'extension géographique des eaux courantes (fig. 32[77]).

La largeur totale des chenaux actifs est proportionnelle à la pente de la vallée. Voisine de 130 à 160 mètres lorsque la pente est inférieure à 0,2‰, elle s'approche de 200 mètres pour des pentes de

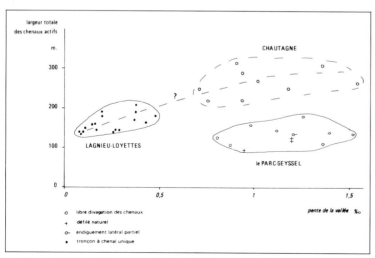

Figure 32. Corrélation pente de la vallée-largeur des chenaux de tressage.

76. Schumm, 1977.
77. l (m) et P (pour mille) sont portées respectivement en ordonnée et en abscisse du graphique, chaque point représentant un tronçon d'un kilomètre. l est la moyenne de deux mesures faites à distance constante entre deux bornes kilométriques, sur les planches de l'Atlas du Rhône au 1/10000e. les mesures ont été effectuées sur trois sections fluviales à titre d'exemples :
— le Parc-Seyssel (BK 159 à 150)
— la Chautagne (BK 146 à 130)
— Lagnieu-Loyettes (BK 57 à 38).

0,4 à 0,5‰, s'élève à plus de 200 mètres voire 300 mètres pour des pentes proches de 1‰. Au-delà, la largeur n'augmente plus (260 mètres pour une valeur de P = 1,5‰). Globalement, l'extension totale des chenaux actifs de Chautagne est près de deux fois plus importante que la surface du fleuve en aval du Sault pour un module à peine moindre. En somme, cela confirme que le tressage multiplie les chenaux rapides, larges et peu profonds ; sur le plan biologique, le tressage est favorable à l'extension spatiale des milieux lotiques et hyperlotiques.

— La section comprise entre le Parc et Seyssel a été retenue pour montrer les limites de cette méthode. Tous les points obtenus situent la largeur totale des chenaux actifs entre 100 et 180 mètres pour des pentes de 0,8 à 1,5‰ et donc comparables à celles de la Chautagne ; la largeur n'est donc pas ce qu'elle devrait être.

Il est évident que dans ce cas, l'épanouissement des chenaux est contraint par le rétrécissement du lit majeur au sein du Val du Rhône. Sa largeur est comprise entre 100 et 500 mètres dont 35 à 100 % sont occupés par le fleuve. Il n'en est pas de même en Chautagne où le Rhône peut divaguer sur une largeur de 900 à 1 000 mètres et dans ce cas n'occupe que 20 à 35 % de l'espace disponible.

Encore convient-il de remarquer que les digues construites après 1760 ont modifié l'état naturel en fixant une partie des eaux à leur pied ; elles ont pu réduire quelque peu les valeurs de l calculées sur cette section.

En revanche, les plaines de tressage sont relativement pauvres en bras morts et milieux d'eau stagnante. L'abandon de bras par un cours d'eau se fait de manière naturelle par déplacement brutal du chenal principal. Deux termes vernaculaires, la « morte » et la « lône » désignent ces chenaux abandonnés.

La « lône » est un vocable typiquement rhodanien défini comme un bras en voie de dessèchement[78]. C'est un « bras du fleuve lorsque l'eau est stagnante[79] », une « brassière que le fleuve a définitivement abandonnée ou qu'il ne parcourt qu'en périodes de hautes eaux[80]. » L'examen des cartes anciennes est déconcertant car le terme recouvre un très large éventail de situations, la lône pouvant être un chenal secondaire à courant vif, un bras partiellement colmaté voire complètement isolé. Il est ainsi curieux que le Grand Gravier (Balan-Saint-Maurice) et la Chaume (Balan) soient qualifiés de lônes alors que des formes voisines, tels les plans d'eau de Glandieu, Cessenoud et le Saugey dans les Basses-Terres sont qualifiés de « mortes » : de même la Négria est qualifié d'étang car les eaux y sont stagnantes. S'agit-il d'acceptions locales ? De la persistance d'un terme devenu inadéquat au fil des siècles après l'achèvement du processus d'isolement ? En réalité, les lônes du Grand Gravier et de la Chaume drainent la nappe phréatique de la terrasse finiwürmienne et écoulent les eaux vers le fleuve. On saisit donc que le terme de lône traduit probablement l'existence d'un courant, alors que la morte est un milieu d'eaux stagnantes.

78. *Lebel, 1956.*
79. *Fournet, 1942.*
80. *Bethermont, 1972.*

Ce point de vue sur la question reste descriptif et la question se pose d'une définition génésique de la lône ou de la morte et des relations existant avec le modèle géomorphologique tressé.

De toute manière, sur le Haut-Rhône, qu'il s'agisse de mortes ou de lônes à alimentation phréatique, les formes relictes en eau correspondent à des unités géomorphologiques bien caractérisées :

— des méandres libres recoupés dans les Basses-Terres ;

— des méandres inscrits à l'aval du confluent de l'Ain ;

— des chenaux d'anastomose (Glandieu).

Les cartes anciennes n'emploient jamais le terme de « lône », a fortiori le terme de « morte » dans les parages d'un « passage » comme Miribel, le Chaffard (Brégnier) ou la Chautagne. Les bras secondaires sont désignés comme « brassières » et ceci s'explique très bien : ils sont de profondeur médiocre, proches du canal principal ou des grands chenaux actifs, ils sont mis en eau lors des crues et colmatés progressivement par des apports grossiers de la classe des galets puis des sables. Ces bras ont une existence éphémère et se fondent rapidement dans la topographie des brotteaux.

En revanche, les mortes et les fausses lônes de type Grand Gravier (cette dernière remonte au XVe siècle) doivent leur pérennité à leur genèse, car elles sont les témoins du chenal unique d'un modèle à méandres. Sur le plan géographique, elles sont bien représentées dans les plaines de pente faible (partie aval des Basses-Terres) et lorsque la présence de versants encaissants taillés dans des matériaux résistants a permis localement l'élaboration de chenaux sinueux et profonds (Basses-Terres, vallum de Pollet-Anthon). Nous proposons alors de définir la lône comme un bras isolé du fleuve de manière artificielle et parcouru en période de hautes eaux.

Cette définition est restrictive et néglige certains bras isolés d'un modèle tressé fonctionnel comme pouvaient l'être les marais de Vaulx-en-Velin à la fin du Moyen Age ; en fait, il devait s'agir de mortes ou plutôt de fausses lônes alimentées par des ruisseaux affluents provenant de la balme viennoise.

Pour revenir à la question de l'intérêt écologique que présente l'analyse de modèles fluviaux, considérons le tronçon de Brégnier - Les Avenières, caractérisé par l'association du tressage et de l'anastomose marginale dans un contexte d'exhaussement[81]. Il montre une des applications écologiques possible de la détermination des modèles géomorphologiques fluviaux anciens.

— La bande de tressage présente la tendance à l'exhaussement par élévation du profil en long ; le remaniement constant des alluvions grossières modifie la géométrie des chenaux et des bancs de galets et limite l'alluvionnement fin à des placages de sable grossier sur ces bancs. Ceux-ci sont colonisés par des saulaies, sans doute à *Salix purpurea* ; en conséquence de ce type de dynamique, la séquence écologique est tronquée car la destruction des bancs empêche que l'évolution se poursuive au-delà de cette formation pionnière[82].

81. Bravard, Amoros, Pautou, sous presse.
82. Amoros et coll., 1983.

— La bande marginale à chenaux de type anastomosé se caracté-rise par une position topographique marginale et déprimée par rap-port à la précédente. Lors des hautes eaux, elle reçoit les flux hydri-ques et minéraux par débordement ; cette bande subit un colma-tage par des éléments minéraux de plus en plus fins vers les marges et par la matière organique. La diversité écologique de la bande d'anastomose supérieure à celle de la bande de tressage, est une con-séquence de deux caractères de sa dynamique :

— La quasi-absence de remaniement géomorphologique permet la stabilité spatiale et le maintien de la plupart des formes fluviales abandonnées, tant que l'exhaussement de la bande tressée ne crée pas les conditions d'un déversement latéral des chenaux et des bancs.

— La vitesse de colmatage par les flux minéraux est rapide en bor-dure de la bande T par effet de peignage sur les bancs et décanta-tion dans les milieux aquatiques, mais se ralentit sur les marges, car le flux hydrique a perdu l'essentiel de sa charge minérale.

Cet essai de reconstitution permet d'évaluer l'impact géomorpho-logique et écologique des travaux de génie civil réalisés depuis la fin du XIXᵉ siècle sur le fleuve, car il constitue en quelque sorte l'état de référence.

Pour conclure ce point, il ressort donc de l'observation des cartes que le faciès tressé assurait un actif renouvellement des formes allu-viales terrestres et multipliait les bras vifs. Il s'accompagnait du creu-sement de chenaux profonds de plusieurs mètres, était propice à la genèse et à la perduration de bras morts.

Conclusion

L'étude de la dynamique fluviale du Haut-Rhône confirme le décou-page proposé par les modalités de la déglaciation. Trois secteurs remarquables ont été particulièrement analysés :

1. Le Rhône torrentiel, à l'amont du Parc, présentait des contrain-tes naturelles insurmontables par les sociétés pré-industrielles : l'ins-tabilité généralisée des versants, une forte charge caillouteuse, des eaux rapides aux variations de niveau brutales se précipitant dans les chutes de Bellegarde, se conjuguaient pour décourager les initiatives.

2. L'espace fluvial rhodanien s'épanouit à la traversée des ombi-lics glaciaires remblayés à l'Holocène. Dans les plaines de Chauta-gne et de Lavours, le fleuve développe un modèle tressé encadré par deux arrière-marais tourbeux mis en eau lors de la fonte des neiges et des crues d'hiver. Dans les Basses-Terres dauphinoises, situées à l'extrémité du cône de déjection linéaire construit par les alluvions grossières holocènes, c'est une mosaïque de modèles géo-morphologiques fossiles et actifs : cours abandonné par Morestel en voie de conquête par les marais, tressage et anastomose de Bré-gnier, méandrage de la partie aval progressivement détruit par la descente du train caillouteux.

3. La confluence de l'Ain rétablit le tressage jusqu'à l'entrée dans Lyon, mais le tronçon possède de très beaux méandres relictes à la traversée du vallum morainique würmien. Plus à l'aval, le difficile « passage de Miribel » possède un style mixte, associant tressage et méandres libres lorsque la pente du plancher alluvial dépasse une valeur voisine de 0,75‰.

Globalement, dans les tronçons non influencés par le cadre structural, le Haut-Rhône est donc à 80 % un fleuve tressé ; ce modèle est remarquable lorsque la pente dépasse 1‰ car le coefficient de tressage atteint alors une valeur supérieure à 10. C'est la pente qui constitue le paramètre explicatif essentiel, mais on ne doit pas sous-estimer la nature caillouteuse du lit et de la charge de fond, ni la nuance torrentielle du régime hydrologique.

Le tressage des îles de la Sauge, dans les Basses-Terres.

Le Rhône à Brangues : les îles de la Sauge.

Le Rhône à Brangues.

Le canal de Sasières à Chanaz lors d'une crue du Rhône.

III.
Le régime des eaux avant l'ère des grands travaux

La thèse de M. Pardé (1925) sur le régime du Rhône demeure la référence "incontournable" pour toute étude hydrologique du fleuve. Respect paradoxal car en soixante ans, les travaux d'équipement hydroélectrique ont profondément modifié les rythmes de l'écoulement naturel sans qu'une mise à jour exhaustive des connaissances ait été tentée ni par les hydrologues ni par les ingénieurs. L'œuvre de M. Pardé n'est certes pas dépassée mais constitue à bien des égards un état des lieux avant impacts, un source de documentation exceptionnelle et irremplaçable.

A notre tour, nous utiliserons le Régime du Rhône en complétant certains points utiles à notre propos par des documents puisés dans les archives du Service de la navigation. Il est clair, cependant, que le régime du fleuve, au début du XXe siècle, n'est déjà plus le régime naturel car l'émissaire du lac Léman est aménagé par la ville de Genève depuis le XVIIIe siècle ; il conviendra de tenir compte de ce caractère dans cette esquisse hydrologique.

1. Un fleuve aux caractères submontagnards

a. UNE FORTE ABONDANCE SPECIFIQUE (fig. 33)

Le Haut-Rhône français prolonge à l'aval du Léman le cours supérieur du Rhône alpestre. De Gampenin, situé à 72 kilomètres du glacier du Rhône, à Lyon, le module spécifique s'abaisse de 34,5 l/s/km² à 27,6 l/s/km² sur une distance de 400 km. Cette lente décroissance est classique à la sortie des montagnes, lorsque le fleuve gagne des régions de plaine moins arrosées et sujettes à une forte

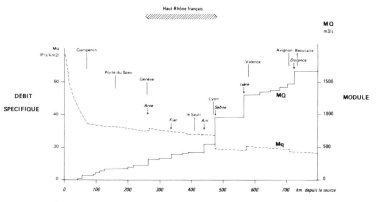

Figure 33. Module et débit spécifique du Rhône, de la source à la mer.

évaporation, mais dans le cas présent, elle est freinée par la contribution des principaux affluents. Ainsi, les rivières issues des Préalpes et du Jura ont des modules spécifiques supérieurs à 35 l/s/km² bien supérieurs à celui de la Saône (13,4 l/s/km²) qui est un cours d'eau de plaine océanique. Il n'est pas étonnant dans ces conditions que le module spécifique du Rhône tombe en-dessous de 20 à l'aval du confluent[1]. Le débit spécifique singularise beaucoup mieux le Haut-Rhône que son module et l'influence montagnarde prolonge jusqu'à Lyon les caractères du Rhône valaisan.

Ce trait submontagnard qu'est la forte abondance spécifique, maintenu tant bien que mal par les affluents de la périphérie alpine, est conféré au fleuve par son origine glaciaire.

b. L'EMISSAIRE DU LAC LEMAN : UN REGIME GLACIAIRE ATTÉNUÉ

Le régime du Rhône à l'aval du lac Léman, avant qu'il ne reçoive les eaux de l'Arve, se caractérise par un maximum de saison chaude avec une pointe au mois d'août et de basses eaux de janvier à avril marquées par un minimum principal en février (fig. 36). En fait, la traversée du lac Léman fait perdre au Rhône une partie de son caractère de cours d'eau glaciaire[2].

A l'état naturel, le lac présentait de fortes variations annuelles de niveau ; l'amplitude moyenne calculée sur soixante-quinze ans par Forel (1892) était de 1,19 mètre avec un minimum voisin de un mètre en février et un maximum moyen supérieur à 2,20 mètres au début du mois d'août. En fait, l'amplitude des variations réelles était supérieure comme en témoignent les cotes extrêmes relevées au XIXe siècle : 0,013 et 2,815 mètres[3].

L'amplitude extrême s'élevait donc à 2,802 mètres au début du XIXe siècle. Encore convient-il d'observer que les vieilles machines hydrauliques construites sur l'émissaire gênaient l'écoulement des eaux et que les travaux réalisés au XIXe siècle avaient sans doute un impact non négligeable ; citons, en particulier, les perfectionnements apportés de 1842 à 1845 au barrage du Pont de la Machine, qui eurent pour effet d'assurer une meilleure rétention de l'eau et donc de relever les étiages ; de fait, celui de 1840 est le dernier que la chronique ait retenu.

Le lac Léman avait néanmoins la capacité naturelle de régulariser le régime du Rhône supérieur français. Après la crue de 1856 et afin de mieux connaître l'effet bénéfique de la nappe d'eau, l'ingénieur E. Vallée reconstruisit la courbe des débits entrants et sortants et la variation des niveaux moyens du lac à partir des données portant sur la période 1841-1856. Pour une amplitude moyenne des niveaux de 1,50 mètre (compris entre 0,50 mètre et 2 mètres) et en tenant compte d'une marge d'erreur due aux mouvements propres à la surface du lac, il dressa la courbe des débits à l'exutoire et en déduisit la courbe des débits entrants (fig. 34). Si l'on ne tient compte que de l'effet de stockage, réalisé dans une période d'ouverture complète du barrage de Genève, le lac montait en moyenne de 1,50 mètre

1. *Loup, 1974.*
2. *Pardé, 1925.*
3. *Arch. S.N.R.S.*

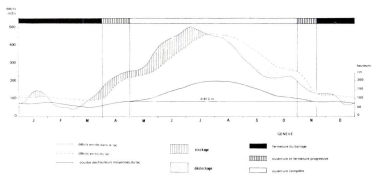

*Figure 34. Le régime moyen du lac Léman, 1841-1856
(source : Service de la navigation).*

entre le 16 mars et le 25 juillet ; le stockage naturel d'un volume de 811 500 000 m³ correspondait à un excédent moyen de 72 m³/s pendant 131 jours[4].

La figure 33 illustre également l'effet retardateur du lac Léman. Les hautes eaux du Rhône valaisan connaissaient leur maximum au début du mois de juillet, mais le maximum à l'émissaire se situait à cheval sur les mois de juillet et août. M. Pardé (1925) avait noté le fait que le lac Léman accentuait le caractère glaciaire du régime du Rhône français. Du 25 juillet au 20 novembre, les trois quarts du volume stocké en période ascendante s'ajoutaient au débit entrant et l'augmentaient en moyenne de 61 m³/s. On fermait alors complètement les vannes du barrage pour freiner la descente des eaux ; si l'on peut reconstituer le régime des eaux moyennes, il est certain que les débits d'étiage étaient très fortement altérés à l'émissaire. E. Vallée les évaluait à 85 m³/s alors que l'étiage moyen du Rhône supérieur à son entrée dans le lac était voisin de 20 m³/s. Quoi qu'il en fut, le lac jouait un rôle appréciable dans l'égalisation des débits et la diminution de l'écart des moyennes mensuelles extrêmes.

Pour les Lyonnais, il est incontestable que l'effet le plus bénéfique résidait dans l'écrêtement des crues du Rhône supérieur ; "grosso modo" le lac Léman réduisait de plus de moitié les plus forts débits :

	Débit entrant (m³/s)	Débit sortant (m³/s)	D.S./D.E.
19.8.1852	1 005	465	0,46
18.9.1852	1 120	450	0,40
29.5.1856	885	325	0,37

Sans l'effet régulateur du lac Léman, le maximum de la crue de 1856 survenu à 15 heures le 31 mai, soit quatorze heures après la rupture de la digue des Brotteaux, aurait été dépassé de 35 cm. La fig. 35 montre qu'au pic de crue du Rhône supérieur (885 m³/s) correspondait un débit de 325 m³/s à l'émissaire le même jour ; le débit sortant maximum ne dépassa pas les 400 m³/s mais l'écoulement des eaux dura jusqu'à la mi-juillet malgré l'ouverture complète du

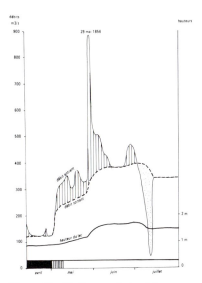

Figure 35. L'influence du lac Léman sur le débit de crue du Rhône en 1856 (source : Service de la navigation).

4. A.D. Rhône. Arch. S.N.R.S. 732.

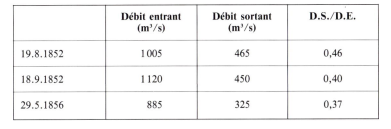

barrage, ce qui illustre au mieux l'effet d'étalement des eaux procuré par le lac.

M. Pardé estime, pour sa part, que « les plus gros débits émis par le lac ont pu atteindre, après 1840, 650 à 700 m³/s, alors que le Rhône alpestre à lui seul, peut jeter dans le lac 1 000 m³/s et plus. »

c. L'ARVE, DERNIER AFFLUENT MONTAGNARD

Même si le bassin de l'Arve est moins élevé que celui du Rhône alpestre à l'amont du lac Léman, l'influence des hautes chaînes demeure prépondérante. Les glaces couvrent 6 % d'un bassin dont la moitié dépasse l'altitude de 1 360 mètres.

L'intensité du ruissellement sur des pentes fortes et bien arrosées justifie un débit spécifique de 40,3 l/s/km, le plus fort des affluents du Rhône français.

Dans son cours supérieur, l'Arve est un torrent glaciaire dont le coefficient d'immodération[5] dépasse 13. Vers l'aval, le régime acquiert des traits de complexité croissante en raison de la diminution d'altitude et d'une influence croissante des précipitations liquides. La fusion nivale se produit dès la fin de l'hiver, accroît son importance au printemps jusqu'au maximum de juin, au fur et à mesure que les parties du bassin sont affectées par le phénomène. La baisse des eaux consécutive à l'épuisement du manteau neigeux est partiellement relayée par la fonte des glaces, puis par les pluies orageuses. Le débit se redresse quelque peu à l'automne avec un deuxième maximum attribuable à des pluies d'origine cyclonique et à la fusion des premières neiges. Enfin l'hiver est caractérisé par un étiage assez prononcé car la partie montagnarde du bassin est affectée par la rétention nivale.

A Genève, le coefficient d'immodération s'est abaissé à 3,2, valeur qui est à peine supérieure à celle du Rhône, 2,8. L'affluent a progressivement acquis un régime nivo-glacio-pluvial, très caractéristique des bassins montagnards dont le taux d'englacement est inférieur à 15 %, car les très faibles débits hivernaux sont renforcés par les apports pluviaux[6]. La contribution du cours d'eau n'est pas négligeable puisque, à la Jonction, l'Arve augmente d'un quart environ le module du Rhône.

2. Des affluents préalpins et jurassiens : un début de compensation

a. LES AFFLUENTS PREALPINS

Le Fier, les Usses, les tributaires du lac du Bourget et le Guiers apportent environ 83-84 m³/s au Rhône soit près de 15 % du débit à Lyon. Ces cours d'eau ont un régime pluvio-nival :

— hautes eaux nivales de printemps ;

— minimum d'août à septembre ;

5. Rapport du débit maximum mensuel au débit minimum mensuel.
6. Loup, 1974.

— alimentation pluviale de saison froide liée à une faible rétention nivale en novembre et décembre ;

— un minimum secondaire au cœur de l'hiver.

b. LES AFFLUENTS JURASSIENS

L'abaissement du relief renforce les débits pluviaux de saison froide. Le maximum se tient toujours en mars-avril, devant décembre ; l'évaporation limite les écoulements automnaux.

Le régime du Rhône est moins affecté par les apports des cours d'eau bugistes (Valserine, Séran, 22-23 m³/s) que par l'Ain dont le module dépasse les 130 m³/s.

— La Valserine subit avec netteté l'influence nivale avec un maximum en avril et un minimum secondaire de janvier.

— L'Ain, en revanche, a un maximum pluvial de mars et des maigres estivaux sans que l'écart entre les mois extrêmes dépasse 3. En effet, la neige fournit au plus 30 % du débit en mars et le coefficient d'écoulement dépasse 35 % en été malgré l'intensité de l'évaporation. « Malgré les neiges du Jura, l'Ain ressemble bien plus à la Saône et à la Seine qu'à l'Isère, au Rhône alpestre ou à l'Arve[7]. » L'intensité des averses automnales et printanières, la richesse de l'alimentation annuelle, le fait que l'écoulement souterrain de ce bassin perméable « participe aux crues et n'atténue point leurs maxima », le rôle secondaire de la rétention nivale faute d'altitudes suffisantes expliquent que « l'écoulement pluvial reste, de beaucoup, le principal facteur du régime ».

	Surface du bassin-versant (km²)	Module (m³/s)	Débit spécifique (l/s/km²)
Arve	1984	83,7	40,3
Valserine	374	15	40
Les Usses	307	6-7	20-25
Fier	1336	50	36,1
Lac du Bourget canal de Savières	629	8	
Séran	271	6-7	25
Guiers	617	18	40
Bourbre	725	7	10
Ain	3791	132	35

Principales caractéristiques des affluents du Haut-Rhône (source. M. Pardé).

Au total, les affluents du Haut-Rhône français contribuent à la compensation de son régime. Ceci se manifeste avec netteté en trois stations :

— Le rapport des débits des mois extrêmes s'abaisse de 2,8 à la Plaine, à 2,3 au Sault ; l'Ain et la Bourbre le font tomber à 1,68.

7. *Pardé, 1931.*

119

— L'influence pluviale se fait sentir par une plus grande irrégularité interannuelle des débits : le rapport débit annuel maximum/débit annuel minimum s'élève de 1,8 à la Plaine à 2,4 à Lyon.

« Le Rhône, à Lyon, avant le confluent de la Saône, est déjà un compromis entre le régime nival et glaciaire et le régime pluvial... Par suite du dosage harmonieux de toutes les variétés du régime montagnard : régimes glaciaires à maximum d'août ou de juillet ; régimes nivaux à maximum de juin ; régimes préalpins à maximum d'avril ou de mai ; régime jurassien à maximum de mars et d'avril ; les débits de mars et d'avril, assez maigres à la Porte du Sex, et depuis lors sans cesse croissants en importance relative, font maintenant très honorable figure à côté du maximum des trois mois d'été[8]. Il n'est pas jusqu'aux maigres d'hiver qui ne soient relativement aussi abondants que ceux de la Saône... »

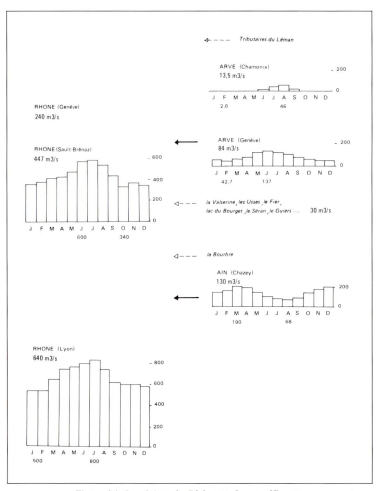

Figure 36. Le régime du Rhône et de ses affluents.   8. Pardé, 1925.

3. Des crues violentes atténuées par les plaines

a. LES CRUES DU HAUT-RHONE : L'INFLUENCE COMPLEXE DES AFFLUENTS[9]

— A la Plaine, le régime des crues du Rhône est conforme à celui de l'Arve car le Léman a produit son effet régularisateur. Les crues d'été l'emportent sur les crues de saison froide, car, se superposant à de forts débits initiaux, les pluies provoquent la fusion du manteau neigeux (cet apport peut constituer 25 à 50 % du volume total). Cette « dernière victoire du climat continental et de ses pluies d'été » n'exclut pas l'occurrence de crues de saison froide comme celle du 3 octobre 1888 ; cinq des douze grandes crues survenues entre 1852 et 1918 se produisirent d'octobre à mars mais aucune n'atteignit le record de la crue d'août 1914, 1 015 m³/s sur l'Arve, soit la crue centennale.

— A Seyssel, le Rhône a reçu la Valserine (débit spécifique maximum 1 000 à 1 200 l/s/km²) et les Usses (700-800 l/s/km²). Le régime des crues a changé car, si les crues moyennes les plus nombreuses se situent encore en saison chaude, les crues exceptionnelles sont dès lors des crues d'hiver qui surviennent le plus souvent entre début octobre et début novembre et du 15 décembre à la fin janvier. La crue d'août 1914 est passée au sixième rang des événements exceptionnels de la période étudiée par M. Pardé.

— Au Sault, le Rhône a reçu ses affluents des Préalpes et du Bugey méridional. Les bassins-versants du Fier (700-800 l/s/km²) et du Guiers (800-1 000 l/s/km²) reçoivent des pluies torrentielles (200-250 mm en quarante-huit heures sont courants), provoquant des crues courtes (douze à vingt-quatre heures) et violentes. A l'inverse de l'Arve, ces crues se produisent d'octobre à janvier, car les précipitations océaniques peuvent se conjuguer avec une fonte des neiges hivernale dans ces montagnes de moyenne altitude.

Au Sault, les crues d'hiver sont donc plus fréquentes et se renforcent alors que la plupart des crues d'été venues de l'amont perdent une partie de leur gravité ; le régime des crues devient mixte, à la fois océanique et continental. La complexité se manifeste également par un allongement de la durée des crues qui, de vingt-quatre à trente-six heures à Seyssel, s'étalent sur plusieurs jours au Sault.

— A Lyon, l'influence océanique a triomphé car l'Ain exerce une influence prépondérante. Les pluies orographiques se produisent en hiver sur le Jura car l'isotherme 0°C est à une altitude supérieure à 1 000-1 200 mètres. 75 % des crues de l'affluent se produisent d'octobre à mars sans exclure de dangereuses crues estivales. M. Pardé qualifiait de remarquable la puissance de ces crues telle celle de 1918 débitant 2 410 m³/s à Chazey soit un débit relatif maximum de 646 l/s/km² : en règle générale, les crues de l'Ain confèrent à l'affluent un débit supérieur à celui du Rhône au Sault. La fig. 37[10] montre qu'à l'exception de la crue générale de 1856, les treize plus grandes crues connues à Lyon doivent leur gravité à l'affluent. Comme le suggère M. Pardé, « on devine quel effet

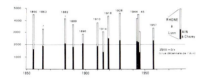

Figure 37. L'influence de l'Ain sur les grandes crues du Rhône à Lyon.

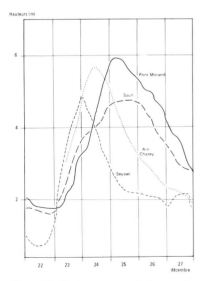

Figure 38. Hydrogrammes de la crue de 1918 sur l'Ain et le Rhône.

9. Nous nous contenterons sur ce point d'emprunter les conclusions de M. Pardé (1925) remises à jour par H. Vivian (1977).
10. Construite d'après les données de Agard (1968).

l'irruption de pareilles masses d'eau produit sur la marche des crues du Rhône. »

Le Rhône à Lyon se caractérise donc curieusement par la rareté des crues pendant la période de hautes eaux estivales et la prédominance des crues de saison froide, d'octobre à janvier principalement. L'Ain confère un caractère torrentiel à des épisodes associant un pic de crue précoce et de hautes eaux décalées en provenance du Sault. L'affluent rajeunit la crue du Rhône puisque le maximum au pont Morand, à l'exemple de la crue de décembre 1918, est plus pointu et plus précoce que le maximum au Sault[11]. Les crues de l'Ain passent en général au confluent six heures avant la crue du Haut-Rhône[12]. C'est que l'Ain se singularise par la rapidité de ses crues ; la crue de 1910 atteignit son maximum en quarante heures avec une vitesse de translation voisine de 6-8 km/h dans la section en gorges en amont de Neuville, de 5 à 5,5 km/h entre Neuville et le Rhône[13], l'exagération de la pente compensant partiellement l'élargissement notable du champ d'inondation ; considérons, à titre d'exemple, le profil de la crue de 1957 à l'aval du confluent : le pic de crue est dû à la rivière d'Ain, puis lui succède un étale de deux à trois heures correspondant à l'arrivée retardée des eaux en provenance des cuvettes rhodaniennes (la crue de février 1957 atteignit la cote 5,22 mètres au pont Morand pour un débit de 3 800 m³/s qui en fait une crue trentennale).

Le coefficient A de Myer[14] permet d'attribuer 31 au Rhône à Lyon, à l'occasion de la crue de 1856 (4 420 m³/s) et 65 à l'Ain à Chazey, pour la plus forte crue enregistrée, celle de 1918 (2 410 m³/s).

	Fréquence de retour (année)				
	1	5	10	100	1000
Pont-de-Chazey	580	1940	2300	3400	4500

Les crues caractéristiques de l'Ain à Pont-de-Chazey (m³/s) (Source : E.D.F.).

En somme, le Rhône à Lyon connaît un régime de crues océanique provoquées par des averses extensives. Un flux tiède et humide d'air tropical maritime s'insère entre l'air arctique de la mer du Nord et l'air froid continental et s'élève aux flancs de reliefs jurassiens et alpins. Des précipitations de 150 à 200 mm, causées par la succession de plusieurs dépressions en chapelet et d'une durée de trois à sept jours, dépassant rarement 15 % du total annuel, provoquent la crue simultanée des cours d'eau péri-alpins du Rhône moyen au Danube supérieur ; ces précipitations sont dangereuses, car leur coefficient d'écoulement est compris entre 0,70 et 0,85, davantage à l'automne et au printemps que durant les mois d'hiver où la rétention nivale protège les plaines des cataclysmes hydrologiques[15].

11. *Pardé, 1931.*
12. *Agard, 1968.*
13. *Pardé, 1931.*
14. $A = Q : \sqrt{S}$ *; S étant la surface du bassin versant en km².*
15. *Vivian, 1977.*

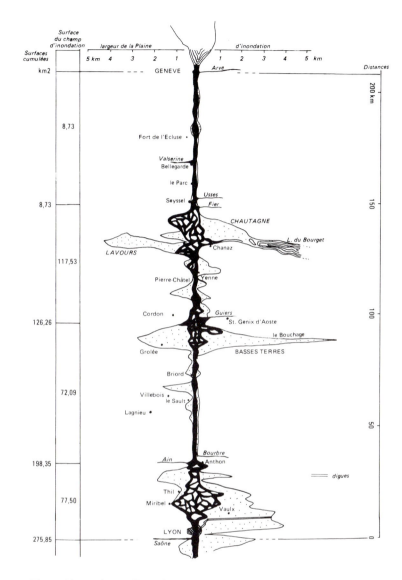

Figure 39. Le champ d'inondation du Rhône entre Genève et Lyon en 1856.

b. L'INFLUENCE BENEFIQUE DES PLAINES D'INONDATION

C'est véritablement après la crue de mai 1856 que le fonctionnement hydrologique des plaines situées à l'amont de Lyon est apparu avec clarté : « Les larges plaines dont le Rhône est bordé fonctionnent comme de petits lacs » écrivait Kleitz en 1859[16]. Une étude réalisée par le Service de la navigation (fig. 39) donne l'extension de la crue de 1856 qui est de 275,85 km². Encore convient-il de remarquer que la crue de 1856 (1 430 m³/s et 4,60 mètres à l'échelle de Seyssel) ne vient qu'au quatrième rang des crues survenues entre 1840 et 1918, loin derrière celle de 1910 (1 800 m³/s et 5 mètres)

16. VI. S. 2. A.D. 38.

123

qui inonda une surface encore plus étendue. Il n'en demeure pas moins que la première est la crue de référence à Lyon, car elle ne prit toute son ampleur qu'après la confluence de l'Ain[17].

Le total des surfaces inondées en 1856 couvrait 2 470,31 km² entre l'exutoire du lac Léman et la mer ; les 275,85 km² du Haut-Rhône français représentaient une surface non négligeable si l'on sait que la crue avait recouvert à cette occasion 1 644 km² à l'aval de Beaucaire, dernière ville importante de la vallée.

A l'état naturel, l'ennoiement des plaines reflétait, dans ses modalités, la diversité des conditions géomorphologiques et topographiques.

— A l'aval de la section rétrécie en gorges qui s'étend de Genève à Seyssel et qui ne constituait que 3 % du champ d'inondation, le principal réservoir s'ouvrait en Chautagne. A l'occasion des hautes eaux estivales, et, a fortiori lors des crues, l'eau débordait dans les marais de Chautagne et Lavours par-dessus un bourrelet de berge mal dessiné. C'est l'ensemble de la plaine, soit 90 km², qui se trouvait noyé sous deux à trois mètres d'eau, reconstituant de Châteaufort au Bourget-du-Lac, l'allure du grand lac post-glaciaire.

Il est une curiosité hydrologique bien connue, c'est le phénomène d'écoulement alterné dans le canal de Savières, la direction du flux dépendant du niveau relatif du lac du Bourget et du Rhône. « En hautes eaux, le fleuve, refoulant son affluent, envahit la vallée, pénètre dans le lac lui-même et le fait monter de plusieurs mètres, ce qui engendre de graves débordements[18]. »

L'effet d'une crue secondaire du Rhône à Chanaz est une curiosité naturelle ; dans les premières heures de la montée des eaux, le fleuve bloque la vidange du lac du Bourget dont le niveau s'élève de quelques décimètres à Portout. Ensuite, pendant plus d'une journée, le Rhône déverse des eaux troubles dans le lac ; le courant normal se rétablit dès que la décrue du Rhône commence, mais la vidange du lac est très longue[19].

En huit ans (1909, 1910, 1915 à 1918, 1921, 1922), le Rhône s'est déversé en moyenne 736 heures par an dans le lac du Bourget, soit un peu plus de trente jours. La courbe mensuelle permet de reconnaître la période des hautes eaux de fonte des neiges et des glaces, l'étiage hivernal et l'effet des crues océaniques de la fin de l'automne[20].

Au fil des années, à mesure que l'équipement hydroélectrique des Alpes modifiait le régime du Rhône, le rythme de l'écoulement dans le sens Rhône-lac du Bourget s'est modifié pendant la saison estivale, mais le fonctionnement est resté le même dans son principe, en particulier lors des crues.

La part relative des tributaires du lac et du Rhône dépend des précipitations et de la fonte des neiges qui se produisent sur le bassin-versant de la Leysse au moment de la montée du fleuve. Pour un même débit du Rhône à Châteaufort, la capacité du champ d'expansion régional dépend donc de ces apports latéraux ; dans une cer-

17. Cette authenticité se trouve confortée par l'Atlas du Rhône qui figure avec précision l'extension spatiale de l'inondation à l'échelle du 1/10000e.
18. M. Pardé, 1925.
19. Cholley, 1925.
20. Cholley, 1925.

taine mesure, la crue du Séran fournit également une partie du remplissage de la cuvette de Lavours.

Au total, l'ensemble Chautagne-lac du Bourget-marais de Lavours joue donc un rôle capital dans l'écrêtement et l'étalement d'une forte crue du Rhône. En revanche, l'extension du champ d'inondation est modeste — environ 10 km² — dans le Val du Rhône entre Chanaz et Yenne, puis au-delà du défilé de Pierre-Châtel, entre la Balme et Cordon. C'est dans les Basses-Terres du Dauphiné qu'on retrouve des conditions quelque peu comparables car, à l'aval de la confluence du Guiers, le champ d'inondation s'épanouit de nouveau à la faveur d'un cadre structural favorable :

— L'eau s'étale dans l'ombilic incomplètement remblayé des Basses-Terres ; l'exhaussement récent du profil en long à l'aval d'Evieu favorise sans doute l'inondation dans la plaine du Bouchage.

C'est la rupture de pente située à l'aval de ce bassin qui explique la puissance de l'inondation par effet de freinage. La pente s'abaisse localement à des valeurs inférieures à 0,1‰ que le fleuve ne retrouvera pas jusqu'au Gardon, le dernier affluent du Rhône aval[21].

— Le défilé de Saint-Alban contribue-t-il à aggraver les crues, la largeur du lit majeur se réduisant à 43 mètres ? En 1856, la hauteur relative de la crue par rapport à l'étiage dépassait 7 mètres à Groslée avec une pente de la ligne d'eau de 0,14‰ ; on enregistre un effet de goulot à l'amont du défilé, mais la pente de la crue ne dépassait pas 0,23‰ entre Groslée et Saint-Alban, 0,27‰ dans le défilé, pour s'abaisser à 0,15‰ à l'aval des gorges. L'ingénieur Kleitz jugeait d'éventuels travaux d'élargissement inutiles, les Roches de Saint-Alban ne provoquant pas de remous. En fait, l'étude des profils en long déduits de l'Atlas du Rhône des Ponts et Chaussées et les observations de terrain révèlent que le véritable goulot d'étranglement est constitué par le tronçon Quirieu-Montalieu où le Rhône se resserre entre l'escarpement de rive gauche et les grands cônes de déjection de la Perna et de la Brive en rive droite.

Quoi qu'il en soit, l'inondation est un événement d'une fréquence assez exceptionnelle dans cette plaine. Le Service de la navigation répertoria 94 crues entre 1826 et 1856, dont 3 extraordinaires (1840, 1852, 1856), 24 ordinaires et 67 petites. 50 d'entre elles s'étaient révélées « dommageables », s'étant produites entre le 1er avril et le 25 octobre.

— A l'aval de Saint-Alban et jusqu'à Loyettes, le lit majeur se resserre à moins d'un kilomètre avant de s'épanouir à nouveau dans la vaste pleine de tressage de Miribel.

A l'état naturel, le champ d'expansion des crues situé entre le confluent de l'Ain et la Mulatière couvrait 77,50 km². Cette superficie, calculée en 1856, ne prend évidemment pas en considération l'endiguement de Villeurbanne et Lyon qui, à deux reprises, venait de faire la preuve de son inefficacité. La crue de 1856 couvrit la totalité de la plaine située entre la Côtière de Dombes et la balme vien-

21. Mériaudeau, 1980.

125

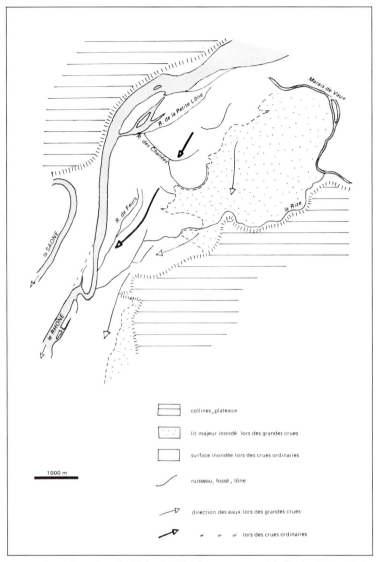

Figure 40. *Le lit majeur du Rhône à Villeurbanne et Lyon à la fin du XVIIIᵉ siècle.*

noise, à l'exception d'une bande de terre comprise entre le fleuve et la Rize et sur les bords de laquelle est bâtie Vaulx-en-Velin (cette portion de la plaine émergeait tout au plus d'une cinquantaine de centimètres)[22]. Dans les îles de Miribel, l'élévation relative des hautes eaux augmentait vers l'aval par l'effet du resserrement progressif du champ d'inondation ; elle passait de 2,84 mètres à Saint-Maurice, à 3,31 mètres à Miribel, 3,90 mètres à Neyron et 4,49 mètres sur Crépieux et près de 6 mètres à l'entrée de Lyon.

Les cotes maxima relevées à l'amont immédiat de Lyon tiennent sans doute compte du rétrécissement opéré par la digue en terre des Brotteaux avant les ruptures de 1840 et de 1856, qui ont sensible-

22. *Le plan des îles de Miribel de 1848 (A.D. 38, VI. S. 2. 12) restitue avec une excellente précision dix-neuf profils topographiques transversaux de Saint-Maurice-de-Beynost à Villeurbanne et figure, pour la totalité d'entre eux, le niveau de l'eau à l'étiage, et, pour dix profils, le niveaux des "hautes eaux".*

ment abaissé les lignes d'eau. A la fin du XVIIIe siècle (fig. 40), l'élévation relative des hautes eaux était probablement moins marquée et donc moins dangereuse dans une plaine faiblement bâtie et non défendue.

L'épanchement naturel des eaux du Haut-Rhône a des répercussions profondes sur la marche des crues[23]. Entre Seyssel et le Sault, « les crues deviennent plus puissantes en raison de l'accroissement du bassin et des averses intenses qui l'arrosent, mais, malgré la puissance des affluents en temps d'inondation, le débit maximum du Rhône ne marque point, après le confluent du Fier, une augmentation correspondante à l'extension du bassin. »

Comme le débit total ne peut qu'augmenter vers l'aval, M. Pardé en déduisait un « aplatissement sensible du profil des crues, moins rapides et plus longues à Culoz qu'à Seyssel, à la Balme qu'à Culoz et ainsi de suite ».

	Fréquence de retour (année)				
	1	**5**	**10**	**100**	**1000**
Seyssel	820	1 510	1 700	2 250	2 800
Châteaufort	920	2 050	2 350	3 250	4 150
La Balme	1 000	1 630	1 800	2 300	2 800
Pont de Cordon			2 000	2 700	3 400
Le Sault	740	1 620	1 800	2 450	3 150
Lyon, pont Morand	1 490	2 900	3 240	4 420	5 550
La Mulatière	2 400	4 200	4 640	6 120	7 500

Les crues caractéristiques du Rhône (m³/s) (Source : C.N.R.).

Les études réalisées par la Compagnie nationale du Rhône ont permis d'actualiser et préciser le phénomène. Les débits maxima instantanés des crues caractéristiques du Rhône aux principales stations de mesure ont été reportés en référence à un profil en long du fleuve (fig. 41). L'écrêtement théorique est maximum entre Châ-

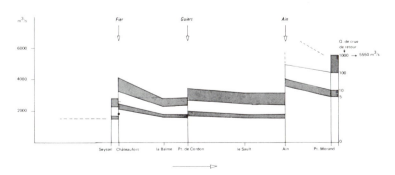

Figure 41. L'écrêtement naturel des maxima instantanés pour des niveaux de crue caractéristiques. (Source : C.N.R.)

23. Pardé, 1925.

teaufort et la Balme (il atteindrait 1 350 m³/s pour une crue millénale, 950 m³/s pour une crue centennale) et s'atténue vers l'aval (250 m³/s entre le pont de Cordon et le Sault pour la crue millénale et la crue centennale). Il est plus conforme à la réalité de prendre en considération les situations réelles qui tiennent compte de l'apport des affluents.

— Calculées sur une période de vingt-cinq ans, les valeurs mensuelles maximales des débits moyens journaliers sont plus fortes à Châteaufort qu'à Sault-Brénaz, huit mois sur douze (1950-1976).

— L'exemple de la crue du 29 juin 1974 est très significatif : « L'onde maximale de crue évacue 1 862 m³/s à Châteaufort le 29 juin, 1 470 m³/s à la Balme le 30 juin et 1 245 m³/s seulement le 30 juin à Sault-Brénaz. L'écrêtement apparent représente environ 400 m³/s entre la première et la deuxième station, 280 m³/s encore entre la Balme et Sault-Brénaz si l'on prend en compte l'apport du Guiers (52 m³/s). L'écrêtement réel, compte tenu du débit estimé des petits affluents du fleuve (Leysse, Séran, Flon, Furan, Gland) est probablement de l'ordre de 550-600 m³/s entre Châteaufort et la Balme, et de 900-950 m³/s entre Châteaufort et Sault-Brénaz. Ce qui équivaut à la Balme à 30 % du débit de pointe de crue à Châteaufort et à 50 % à Sault-Brénaz[24]. »

— Les plaines du Haut-Rhône contribuent également à l'étalement des crues. L'hydrogramme de la crue du 8 au 12 février 1955 montre que le profil de la crue s'aplatit progressivement vers l'aval. Les eaux se sont tenues à plus de 1 000 m³/s quarante-huit heures à Châteaufort, soixante-douze heures à la Balme et plus de cent heures à Sault-Brénaz[25].

Le Haut-Rhône atténue donc la violence de ses crues dans les ombilics glaciaires qui s'échelonnent du Léman aux Basses-Terres. La Leysse, le Séran, la Bourbre tempèrent leurs excès de manière similaire, mais tel n'est pas le cas des affluents encaissés comme la Valserine, le Fier ou même le Guiers. L'exemple le plus remarquable est fourni par l'Ain qui, en incisant l'épandage fluvio-glaciaire de sa vallée extra-jurassienne, a entaillé un lit majeur relativement étroit. Cette opposition d'un système de vallées intraglaciaires à ombilics et d'un cours d'eau de la zone extraglaciaire à épandage est indispensable à la compréhension du déroulement des crues.

En effet, le lit majeur de l'Ain n'écrête que très faiblement les débits de crue. Alors que la crue quinquennale approche la valeur de la crue de même fréquence sur le Rhône à Châteaufort (1940 et 2 050 m³/s), la crue décennale à Chazey est au niveau de la crue centennale du Rhône à la Balme, celle-ci étant au niveau de la crue millénale au pont de Cordon. Ainsi, malgré un débit spécifique de crue qui n'a rien d'exceptionnel, l'Ain transmet au Rhône la quasi-totalité des débits maxima.

24. Mériaudeau, 1980.
25. Le même phénomène apparaît sur l'hydrogramme de décembre 1918, fig. 56.

4. La variabilité naturelle de l'abondance et du régime

Choisir de présenter les caractéristiques hydrologiques générales d'un Rhône très peu influencé par les travaux de génie civil contemporain ne doit pas donner une fallacieuse impression de stabilité. La variabilité climatique de l'époque holocène est trop évidente pour que le régime des eaux n'ait pas été influencé ; de même, les défrichements et le changement subi par les modes de mise en valeur agricole ont certainement influencé les modalités de l'écoulement superficiel.

Une étude paléohydrologique dépasse le cadre de cette étude et requerrait l'emploi de techniques complexes. A titre d'essai, nous proposons de tester la méthode de Dury (1964) qui propose une corrélation entre la longueur d'onde des méandres et le débit moyen annuel Qma dans la formule = 30 Qma. Connaissant la morphométrie et l'âge de trains de méandres abandonnés, par capture ou par avulsion, il est dès lors possible d'en déduire le débit à l'époque de l'abandon. Le seul tronçon du Rhône où l'application de la méthode est envisageable se situe dans la vallée abandonnée des Basses-Terres. Entre les Avenières et Veyrins, la longueur d'onde moyenne est de 1 500 mètres soit 4 950 pieds ; la formule situe le débit moyen annuel à 27 225 pieds cubiques, soit 960 m³/s au VIe siècle ap. J.-C., environ le double du module actuel.

Est-ce possible ? L'époque subatlantique est réputée humide, mais cette valeur paraît forte. J. Tricart estime pour sa part[26] que la méthode de Dury donne des valeurs excessives car elle n'intègre pas la complexité des faits naturels.

Quoi qu'il en soit et si l'on se fie à des séries statistiques sûres depuis un peu plus d'un siècle, la variabilité naturelle du module est une réalité.

L'abondance moyenne annuelle a sensiblement évolué au XXe siècle : elle a diminué dans la première moitié du siècle puis tend à remonter à des valeurs supérieures à 500 m³/s.

M. Pardé (1877-1920)	C.N.R. (1920-1950)	C.N.R. (1951-1980)	C.N.R. (1877-1983)
516 m³	440 m³	453 m³	+ 500 m³

Cette variabilité d'origine climatique caractérise également la durée annuelle de dépassement de certains débits. La C.N.R. (1983) a recherché cette durée pour les débits excédant 1 100 m³/s à Sault-Brénaz, soit le niveau de la crue de fréquence 1,25 an (fig. 42). Sur la période 1920-1980, la moyenne mobile établie sur dix années révèle que ce débit est toujours resté dans des limites comprises entre 75 et 175 h ; après une période sèche de 1960 à 1976, une phase de forte hydraulicité caractérise les dernières années avec un dépasse-

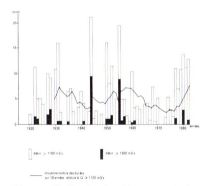

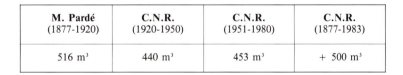

Figure 42. Durée de dépassement des débits 1 000 m³ et 1 500 m³ à Sault-Brénaz (période 1920-1982). (Source : C.N.R.)

26. Communication orale.

ment de 250 h depuis quatre ans. Cette exceptionnelle fréquence de forts débits est pour beaucoup dans la remontée récente du module.

Les distributions saisonnières et mensuelles des fréquences pour les débits caractéristiques sont également bien connues. L'analyse révèle des modifications sensibles mais, sur ce thème, l'effet des interventions humaines ne fait aucun doute ; faute de pouvoir faire le départ entre une évolution naturelle et une évolution induite par les aménagements de cours d'eau, on a choisi de présenter la question dans la troisième partie, en privilégiant, de ce fait, l'effet d'impact.

Pour conclure sur ces variations hydrologiques naturelles, « ces fluctuations expliquent, en partie ou en totalité, bien des phénomènes survenus dans la morphologie du lit et sa dynamique, des transformations dans les groupements végétaux colonisant les zones humides et asséchées[27]. » En ce qui concerne la dynamique fluviale, les variations hydrologiques ne sont pas seules en cause, comme nous le verrons ultérieurement, mais elles ont pu jouer un rôle notable.

Conclusion

Dans son parcours de plaine, le Haut-Rhône français conserve jusqu'à Lyon nombre de caractères d'un puissant cours d'eau montagnard ; par sa vitesse sans doute, mais aussi par son hydrologie :

— Une forte abondance spécifique entretenue par des affluents préalpins et jurassiens qui prolongent jusqu'à Lyon l'influence alpestre (281/s/km²).

— Un régime glaciaire à hautes eaux de saison chaude progressivement tempéré par des affluents aux crues de saison froide (le rapport des moyennes mensuelles extrêmes s'abaisse de 2,8 à 1,7 entre la Plaine et Lyon), mais le lac Léman retarde le moment des hautes eaux estivales si bien que le rythme du fleuve est indirectement sous influence glaciaire.

La grande nappe lacustre modère et diffère les manifestations du Rhône valaisan et inaugure l'un des traits les plus remarquables du Rhône français car les plaines alluviales intramontagnardes altèrent profondément le comportement du fleuve en crue par un double effet d'écrêtement et d'étalement. Cette dénaturation semble matérialiser l'appartenance au piedmont alpin, mais prolonge en réalité jusqu'à notre époque la profonde influence des glaciations quaternaires qui ont déblayé au-delà du Jura des ombilics mal remblayés et soumis aux inondations fluviales. Depuis les grandes crues du XIXe siècle, les ingénieurs connaissent cet effet bénéfique des plaines rhodaniennes sans lesquelles la ville de Lyon n'aurait pu accomplir aussi aisément sa conquête des terres basses.

27. Vivian, 1983.

Conclusion

En somme, voici un fleuve bien peu hospitalier car de fortes contraintes naturelles ont retardé les efforts séculaires de mise en valeur.

Fleuve au tracé changeant dont les chenaux instables érodent terres et brotteaux, abandonnent des bancs de galets infertiles colonisés par les vorgines, défient les mariniers à la recherche d'eaux profondes et sûres.

Fleuve fougueux dont la vitesse empêche l'édification de digues durables, malgré la proximité de versants calcaires pourvoyeurs de matériaux et gêne la navigation au passage des gorges et des rapides.

Fleuve inconstant, sujet à des maigres prononcés ou à des crues soudaines qui sablent les terres riveraines, menacent le bétail au pâturage et arrêtent le commerce.

Pendant des siècles, les sociétés riveraines se sont adaptées au fleuve jusqu'à l'extrême limite de leurs possibilités. Ce n'est qu'au XIXe siècle que le progrès technique a pu les affranchir progressivement des contraintes naturelles.

DEUXIEME PARTIE

Vers la maîtrise des eaux.

Les sociétés humaines dans l'environnement fluvial

Le Rhône à Neyron avant la construction du canal de Miribel
(gravure ancienne, coll. M.L.).

I.
Les sociétés riveraines, contraintes et adaptations aux époques d'économie traditionnelle

Il importe maintenant de préciser les rapports que les sociétés entretenaient avec le fleuve et l'espace semi-naturel de la plaine alluviale. L'agrosystème traditionnel et les usages de l'eau seront saisis à l'aube de l'ère industrielle et des grands bouleversements de l'époque technicienne ; il serait néanmoins simpliste de considérer que la fin du XVIIIᵉ siècle et le début du XIXᵉ siècle sont des périodes d'équilibre, de relations harmonieuses entre l'homme et son environnement. En réalité, la soumission partielle ou totale aux contraintes naturelles n'est pas incompatible avec une vigoureuse pression humaine, volontairement ou involontairement génératrice de déséquilibres.

1. L'occupation agricole des plaines alluviales

a. PRINCIPES D'ORGANISATION DE L'ESPACE RURAL

L'étude physique des plaines du Haut-Rhône autorise un découpage de l'espace en secteurs géographiques dotés d'une personnalité propre. Tantôt ces secteurs sont homogènes, déterminés qu'ils sont par la combinaison simple des processus morphologiques et hydrologiques, tantôt ils sont hétérogènes, associant dans l'espace des unités élaborées par un jeu de processus physiques complexes.

— A la première catégorie appartiennent les plaines étirées dans les vals jurassiens (Val du Rhône du Parc au confluent du Fier, de Rochefort à Yenne, de la Balme à Saint-Genix-sur-Guiers), au contact du Bugey occidental et de l'Ile Crémieu (du défilé de Saint-Alban à Lagnieu) ou dans l'entaille d'érosion ouverte par le Rhône à travers les épandages fluvio-glaciaires de l'avant-pays (de Lagnieu à Balan).

Dans ces plaines, le lit majeur peut être défini au double plan géomorphologique et hydrologique car la bande de géomorphologie active est susceptible de balayer la quasi-totalité de l'espace statistiquement soumis au risque de crue. Ces caractères impliquent une relative homogénéité du paysage et des aptitudes par l'intermédiaire du substrat, de la profondeur de la nappe et du risque de crue.

— A la deuxième catégorie appartiennent des plaines de plus grande dimension formées d'un assemblage d'unités définies par leurs caractères géomorphologiques et hydrologiques ; ce sont les plaines de

Chautagne et Lavours, les Basses Terres du Dauphiné, la plaine entre Niévroz et Lyon.

Dans son étude du marais de Guérande, A. Vigarié (1978) a proposé l'expression de « complexe écologique » pour qualifier un ensemble organique de milieux sensibles et spécifiques. Alors que l'écologue analyse l'écosystème propre à chacune de ces unités, le géographe aurait plutôt vocation à analyser leur combinaison spatiale et l'évolution historique de cette combinaison ; chaque élément du complexe écologique se caractérise par des formes d'utilisation de l'espace et par une évolution dont l'assemblage spatial permet de définir un « complexe de vie ». Il est ainsi proposé une analyse déductive de l'écologie fondée sur l'interrelation des faits d'ordre physique et des faits d'ordre humain à différentes époques.

Dans le cas présent, les complexes écologiques étaient de véritables complexes de contraintes, ce que J. Brunhes (1934), à propos de l'occupation humaine du Valais suisse, appelait des conditions « restrictives » telles que l'inondation et la présence des marais. L'exemple des plaines caillouteuses de Chautagne démontre que la submersion hivernale et estivale, l'érosion ou le sablage des terres — contraintes rebutantes — n'excluaient pas la pratique des labours ; ce caractère permet d'apprécier la souplesse d'adaptation des sociétés anciennes et suggère que les contraintes naturelles jouaient de manière différenciée dans l'espace et dans le temps ; ainsi les crues de 1733 et 1734 furent-elles sans doute exceptionnelles en Chautagne par l'intensité des processus mis en jeu puisque le sablage empiéta sur l'arrière-marais tourbeux.

Chaque unité géomorphologique et hydrologique déterminait un ensemble de contraintes naturelles spécifiques. Ce mode de fonctionnement fonde la notion de « terroir »[1], celle d'une unité physique considérée sous le rapport de l'agriculture. La fig. 43 localise les terroirs de plaines de Chautagne et Lavours ; chacun des types définis se caractérisait par une relative homogénéité des pratiques agraires conditionnées par la soumission à un faisceau de contraintes physiques. Il est clair que chacun de ces terroirs avait une existence autonome, indépendante du cadre physique (encadrement de montagnes, collines ou terrasses) comme de la diversité régionale des conditions socio-économiques ; en somme, les données géomorphologiques, hydrologiques et pédologiques déterminaient des terroirs dotés d'une forte personnalité géographique.

A la différence des plaines du Rhin alsacien ou du Danube hongrois où l'immensité alluviale a permis l'élaboration d'une civilisation du fleuve, les communautés humaines proches du Rhône ont toujours eu la possibilité de s'enraciner à l'écart des eaux. La plaine alluviale n'étant jamais l'unique support des activités, la diversité des finages se fondait sur l'intégration de plusieurs terroirs de la plaine ou des collines, voire des montagnes voisines. De manière systématique, les communautés jouaient de la complémentarité des ressources tirées d'une gamme de milieux la plus variée possible.

1. *Dans l'acception du terme proposée par M. Derruau (1961).*

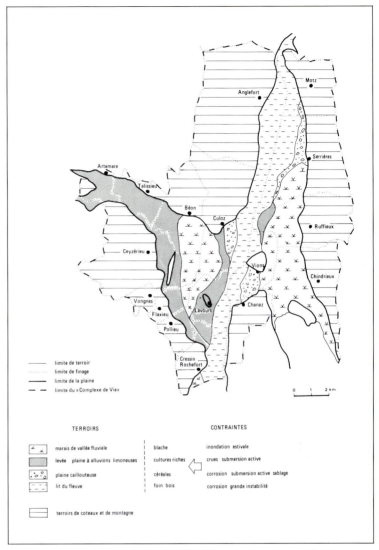

Figure 43. Le complexe de terroirs des plaines de Chautagne et de Lavours.

Les liens économiques tissés entre les terroirs de la plaine d'inondation et les terroirs « externes » étaient si puissants que l'on propose, dans ce milieu intramontagnard, d'élargir l'assise du Complexe de vie à l'ensemble des terroirs mis en valeur ou utilisés par les communautés concernées ; ce faisant, l'étude des terroirs de versants ou de terrasses alluviales n'est abordée que de manière occasionnelle puisqu'on a choisi de privilégier la Chautagne, exemple démonstratif des relations existant entre terroirs de versants et terroirs de vallée.

La réalité humaine du complexe Chautagne-Lavours se fondait avant tout sur une préoccupation commune, la sensibilité au fait hydrologique, car tous ces terroirs, sans exception, présentaient la particularité de subir la contrainte de l'inondation. Quelles que fussent les pratiques agraires, on vivait au rythme des eaux. Les gens du fleuve subissaient l'inondation active et l'enlèvement de leurs terres, les gens du marais subissaient l'inondation passive, inéluctable et longue à refluer.

La diversité des situations nous a conduit à faire le choix de privilégier une approche synthétique des types de terroirs situés dans la plaine alluviale. Les contraintes naturelles et les adaptations humaines seront donc saisies dans ces milieux élémentaires, parties intégrantes des complexes de vie rhodaniens.

b. LES TERROIRS DE PLAINE FLUVIALE, PAYSAGES ET AFFECTATIONS

Iles, grèves, brotteaux

S'il était un thème rhodanien, c'était bien celui de ces « îles flottant sur les eaux comme des radeaux instables, [de] ces alluvions amarrées aux rives du fleuve comme des barques précaires » (D. Faucher, 1968).

Par un effort d'imagination, reportons-nous dans la première moitié du XIXᵉ siècle. Le paysage du Rhône est encore une mosaïque de bancs de gravier, de ces saulaies basses appelées « vorges » ou « vorgines », de maigres peupleraies. D. Faucher fait apparaître le terme de « brotteau » à l'amont de la confluence de l'Ain et désigne de la sorte un paysage fait de nappes de cailloux, de méandres divagants et de faux bras. Sous ses diverses formes, le vocable est rhodanien, « savoyard et lyonnais » précise A. Dauzat (1963) ; c'est le « brotelot » de Cordon, le « bretellot » ou le « bretillod » de Peyrieu... Le plan du Rhône au 1/10000ᵉ (1856-1867) multiplie l'emploi du terme entre Seyssel et Lyon.

Le « brotteau » possède une signification complexe. A. Dauzat désigne ainsi des « broussailles près d'un cours d'eau » ; l'origine du mot serait germanique, « brüts » signifiant « bourgeon ».

De cette définition descriptive et physique, on passe aisément à une acception plus large qui prend en considération la fonction du brotteau ; le terme vient du latin barbare « brustum » qui a donné « brouter », « broutilles[2] ». Ainsi, les brotteaux de la plaine du Rhône peuvent être définis comme des îles et bancs de gravier couverts de maigres saulées broutées par le bétail ; de fait, les riverains en ont alors une vision purement économique.

Le Haut-Rhône est la terre d'élection de ce paysage, car le fleuve a très tard conservé un style géomorphologique tressé plus ou moins complexe, du Parc à Groslée et d'Anthon à Lyon (le quartier des Brotteaux !).

La propriété de ces îles et de ces grèves cailouteuses était tout aussi incertaine que leurs limites exactes, aussi ne peut-il être question

« Tout le monde sait dans ces pays que sous la désignation de broteaux, mot qui n'est pas français, on entend généralement des lieux situés au-delà des eaux et qui renferment des bois, des broussailles et pâturages sur lesquels on envoie ''brouter'', paître les bestiaux. » (Balan, Arch. mun., 1833.)

2. Saint-Olive, 1860.

« de faire le tableau complet de ces conquêtes patientes et de ces convoitises séculaires[3] ».

Dans le voisinage de Seyssel, l'inexistence de titres de propriété sur les îles du Rhône multipliait les causes de chicane ; au XVIIIe siècle, un conseiller au parlement de Dijon, Devoÿe, supplia le roi de lui accorder ces « brossails » et ces pâturages produisant du gros foin, indûment occupés par une foule de riverains au nombre desquels on comptait des propriétaires riverains, des communaux et même... les sœurs bernardines de Seyssel[4]. De manière générale, cet espace se disputait entre la noblesse et les communautés villageoises acharnées à muer leurs droits d'usage ancestraux en titres de propriété définitifs.

La situation est particulièrement intéressante à l'aval du confluent de l'Ain dans la mesure où le droit a évolué au fil des siècles.

Au XIIIe siècle, le Rhône n'était pas une frontière puisque les seigneurs de Montluel, Miribel et Anthon appuyaient leurs possessions sur les deux rives mais les conflits étaient permanents entre ces feudataires*. Désireux de mettre un terme à ces contestations, le légat du pape rendit en 1326 un arbitrage original : « Les îles et brotteaux environnés du Rhône » tels qu'ils étaient alors et qu'ils seraient à l'avenir depuis le port de la Riota (Jons) en descendant vers Lyon, appartiendraient en commun aux seigneurs de Miribel et Montluel. Faute de pouvoir partager la plaine de part et d'autre d'un chenal unique, ce qui est aisé sur d'autres cours d'eau, le légat attribuait l'espace fluvial dans son ensemble aux deux seigneurs de la rive septentrionale ; ce trait révèle une des spécificités propres à ce genre de rivière, réalité géographique que l'homme politique du temps prenait en considération.

Le traité de Paris, signé le 5 janvier 1355, clarifiait la carte politique puisque le dauphin abandonnait toutes ses forteresses de Bresse et du Bugey, telles que Pérouges, Montluel et Miribel, mais récupérait le Viennois que possédait son rival Amédée VI de Savoie. Rompant avec l'arbitrage précédent, le traité fixa la frontière nouvelle sur le Rhône et fit resurgir les difficultés. Face aux communautés dauphinoises, les habitants de Miribel faisaient valoir leurs droits d'usage ; confirmant leurs prétentions, Amédée IX de Savoie leur vendit en 1463, à Pont-d'Ain, tous les bois des îles et brotteaux non albergés, du port de la Riorte (Jons) à Crépieux, privilèges perpétuels confirmés et étendus en 1499 par le duc Philippe le Beau. Comme le note perfidement de Quinsonnas (1858), il est exceptionnel que des biens communaux ne proviennent pas de spoliations et usurpations aux dépens des seigneurs... Ainsi les gens de Bresse prétendaient pousser jusqu'aux Balmes viennoises (sur le tracé de l'actuel canal de Jonage), ce qu'un arrêt de 1733 leur accorda temporairement, tandis que les Dauphinois ne voulaient reconnaître que le cours principal du fleuve. En 1685, un jugement avait même réuni au domaine royal tous les délaissés du Rhône, mais réservé aux communautés leurs droits d'usage[5]. L'histoire a tranché puisque les

3. Faucher, 1968. Les conflits relatés par l'auteur puis par J. Béthemont (1975) sont par nature le lot du Haut-Rhône, mais aucune étude systématique de la question ne semble y avoir été réalisée. Pour notre part, nous n'avons réuni que des éléments de la documentation accessible sans faire remonter l'étude au-delà du XVIIIe siècle, nous contentant de données publiées aux époques antérieures.
4. A.D. Ain, C 2615.
5. Saunier, 1959.

139

limites communales ont finalement été fixées sur le chenal principal, mais la véritable question n'a jamais véritablement été celle de la frontière politique entre deux états, limite créée en 1355 et supprimée au traité de Lyon en 1601, mais bien celle de la propriété et de la jouissance des brotteaux.

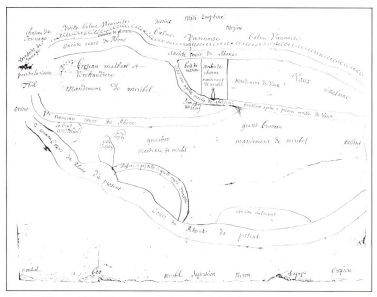

Figure 44. Les brotteaux de Vaux et Miribel en 1726 (A.D. Ain).

Les politiques officielles ont donc hésité pendant des siècles entre une conception linéaire de la frontière, délimitation nette mais génératrice de conflits, et une conception plus floue assimilant la frontière à une sorte de marche pastorale et forestière. Il est frappant de constater que le traité de 1760, signé entre la France et la Savoie pour mettre un terme aux contestations, fit habilement la part de ces deux attitudes : la frontière politique officielle était placée dans l'axe du chenal principal mais les « lignes latérales » établies en retrait ménageaient un espace exploitable dont l'instabilité et le caractère précaire étaient garantis par le droit.

La mainmise des communautés riveraines sur les brotteaux n'a que rarement eu le caractère de précocité qui distingue Miribel et Montluel. En règle générale, la noblesse n'a quasiment rien cédé de ses droits sur les brotteaux, au moins jusqu'à la Révolution. Les relations furent particulièrement tendues avec les communautés dans la plaine qui s'étend du confluent de l'Ain à Jonage. En 1306, le seigneur d'Anthon concéda aux habitants de Balan un droit de « pâquerage » sur ses terres de Bresse proches du fleuve ; en 1541 suivirent d'autres avantages tels que le droit d'aller aux taillis dès la première feuille, de déclore les prés après la première coupe de

Il est rare que des bovins approchent encore le fleuve.

foin pour y mener les bestiaux. Ces concessions furent partiellement reprises en 1686, puisque le seigneur affranchit son domaine du Content de telles servitudes, laissant les droits de champéage* et de bûchillage aux villageois sur les Moilles et le Grand Gravier.

La véritable question géographique qui se pose est de savoir dans quelle mesure le statut de la propriété se reflétait dans les paysages de l'époque[6] :

— A l'aval de Thil, la quasi-totalité des brotteaux et les anciens chenaux ont une végétation réduite à l'état de pâturages ; les bois et taillis ne sont conservés que sur les îles d'accès difficile et sur les terres de l'Hôtel-Dieu de Lyon, à l'emplacement du parc de la Tête d'Or actuel.

— A l'amont de Thil et jusqu'au confluent de l'Ain, les brotteaux sont, pour l'essentiel, restés boisés car ils sont d'appropriation privée ; ce sont les îles des Hospices de Grenoble sur Jonage, les domaines des héritiers du seigneur d'Anthon sur les deux rives du Rhône. Alors que le domaine du Content, récupéré en 1686, est largement défriché et mis en culture, les brotteaux autorisés à la communauté de Balan sont notés boisés. Enfin, les pâturages qui s'étendent en bordure du Rhône et de la rivière d'Ain sur la commune de Saint-Maurice-de-Gourdans sont, quant à eux, de statut communal.

La confrontation des données concernant le statut foncier et l'affectation des terres révèle donc que les grands domaines nobles et religieux ont assuré un contrôle suffisant pour préserver un paysage boisé en bordure du Rhône, tandis que les communautés villageoises, lorsqu'elles possédaient l'intégralité des droits fonciers, ont façonné un paysage ouvert voué au parcours du gros bétail.

6. *D'après la Carte du Dépôt de la Guerre au 1/40 000ᵉ datée de 1841 (Bibl. mun. de Lyon, fonds Coste) qui représente avec précision les prés et les bois.*

Il est en outre probable qu'à l'aval de Thil, les habitants des deux rives hostiles ont d'autant moins ménagé les communaux que leur propriété était contestée. En 1666, les gens de Vaux avaient saisi deux cent cinquante vaches et leurs veaux et mis en prison des habitants de Miribel ; au mois de novembre 1717, six cents hommes et quatre-vingts femmes de Vaulx-en-Velin, pourvus de charrettes, se jetaient sur les bois du Grand Brosselon de Miribel tenu en réserve depuis plus de quarante ans[7]. Leurs vis-à-vis n'étaient pas en reste puisqu'en 1785, soixante-dix habitants de Miribel armés, montés sur quatorze bateaux, allèrent « voler » du bois dans les îles[8].

Les brotteaux de Miribel étaient d'autant plus sollicités que des marchands de bois s'y approvisionnaient pour fournir l'énorme marché lyonnais. En 1869, Neyron demandait un passage à bateau à travers la digue de rive gauche du canal de Miribel de manière à maintenir la liberté d'accès aux îles ; les Ponts et Chaussées signalaient à cette occasion une révolution affouagère de cinq à six ans et le rôle important joué par les marchands de bois de La Pape[9]. Les brotteaux compensaient, pour les paroisses riveraines, la rareté des landes et des bois[10]. Cet espace d'utilisation extensive assurait un volant de sécurité vital pour la fraction de la population la moins bien lotie en terres agricoles puisqu'il garantissait l'approvisionnement en bois de chauffe et la possession d'un cheptel bovin.

Comme dans le secteur de Miribel, le risque pesait d'une excessive pression humaine déséquilibrant le système au détriment des arbres ; il explique sans doute qu'en Chautagne, les adjudicataires des communaux aient dû se plier à des règles très strictes garantissant la préservation des meilleurs sujets : on ne pouvait pratiquer les coupes de jardinage que certains jours de novembre et l'on devait conserver des peupliers marqués par le garde communal ; en revanche, la coupe printanière des saules et des « verges » permettait le déplacement des troupeaux.

Ainsi les secteurs de tressage fluvial, terres de grèves caillouteuses et de brotteaux, ont-ils toujours été des lieux de conflit car l'instabilité géomorphologique défiait toute tentative de cadastration. Non pas conflits entre états, mais entre seigneurs, entre seigneurs et communautés, voire entre communautés elles-mêmes. Terres de prédation où l'excessive pression humaine a fragilisé le milieu et probablement aggravé les tendances naturelles à l'instabilité ; s'il y eut impact des sociétés d'économie traditionnelle, c'est certainement dans la bande de géomorphologie fluviale active qu'il fut le plus intense.

Paysage et affectation des grands domaines
nobles et religieux

Comme on l'a précédemment constaté, le maintien d'un paysage forestier dans les brotteaux situés entre Thil et le confluent de l'Ain semble directement lié au statut foncier de ces espaces. Cette hypo-

7. A.D. Ain, E. 471.
8. A.D. Ain, E. 472.
9. A.D. Ain, S. 850.
10. M.T. Lorcin, 1974.

thèse méritait d'être vérifiée sur l'ensemble de la zone étudiée où les forêts alluviales « primaires »* sont de nos jours quasiment absentes, à la différence d'autres grandes plaines alluviales européennes. L'analyse qui suit est très partielle puisqu'on a volontairement dissocié l'étude de ces boisements de leur contexte économique et social ; les archives des grandes familles seigneuriales ou des maisons religieuses n'ont pas été consultées mais elles recèlent certainement des terriers et des documents essentiels[11].

A l'aval du confluent de l'Ain s'étendait le vaste ensemble forestier des seigneurs d'Anthon, Villette et Saint-Maurice-de-Gourdans. Les divers éléments, dispersés entre plusieurs maisons au début du XIXe siècle, avaient une origine unique dans la puissante baronnie d'Anthon[12]. Une partie de la documentation disponible dans les fonds d'archives publiques permet une première approche de la question dans deux autres petits pays, les Basses-Terres du Dauphiné et la bordure alluviale du marais de Lavours.

Jusqu'au XIXe siècle, les reliques d'un ensemble forestier se maintinrent dans la plaine des Basses-Terres abandonnée au VIe siècle par le Rhône, entre Morestel et Brangues. En 1286, Amédée et Péronnet de Roussillon rendirent hommage au dauphin Humbert pour les terres du Bouchage et de Vézeronce ; un acte de 1326 signale des forêts que la toponymie permet de localiser de manière approximative : les bois des Manches, de Buissin, de Buissinet, des Ripes, de Thuet, de la Botaz. Le domaine des Roussillon s'accrut en 1413 de la terre et seigneurie de Brangues grâce à la générosité du dauphin, mais, en 1464, Louis XI confisqua les biens de cette puissante famille au profit de son écuyer Humbert de Bathernay. Passés ensuite à la famille du Bouchage, ces biens, sans doute largement boisés, furent progressivement défrichés ; ainsi la forêt d'Ambally, sur laquelle la commune du Bouchage avait abandonné ses droits d'usage en 1713, fut-elle défrichée et mise en culture au XVIIIe siècle[13]. La Réformation des eaux et forêts de 1724 attribuait à Monsieur du Bouchage, président à mortier au parlement de Grenoble, les soixante journaux de la forêt de Payerne située dans la convexité d'un ancien méandre du Rhône ; les habitants avaient droit de pâquerage, bûcherage et glandage dans cette « futaie de chênes avec quelques broussailles et épines dessous[14] ».

Sur l'autre rive du fleuve, la belle chênaie à charmes d'Evieu, travaillée en taillis sous futaie, constitue la seule relique des boisements médiévaux. A la Révolution, le seigneur de Saint-Benoît donna son accord pour la céder aux habitants de la commune en échange d'une redevance annuelle en nature, mais seuls les hameaux d'Evieu et La Sauge acceptèrent. Quelques années plus tard, se heurtant à un refus de paiement, le seigneur coupa les arbres et abandonna la redevance ; la forêt d'Evieu est depuis cette époque une forêt sectionnale soumise au régime forestier. Le maintien de cette forêt est exceptionnel dans les Basses-Terres et s'explique sans doute par le caractère rebutant d'un sol argileux, imperméable et très lourd à travail-

11. Chomel, 1981.
12. Bazin, 1959.
13. A.D. Isère, VI. S6.
14. A.D. Isère, IIC. 957.

ler[15]. Sa situation dans la plaine n'en fait pas pour autant une forêt alluviale, car le très bas plateau argileux qui la porte est un dépôt glacio-lacustre tardi-würmien.

En revanche, la forêt de Lavours fournit un bel exemple de forêt alluviale, sans doute la seule relique rappelant ce que fut la ripisylve rhodanienne.

La carte du Rhône au 1/10 000ᵉ situe de manière précise les limites de cette forêt de cinquante-six hectares et suggère, par quelques mentions toponymiques, l'extension ancienne d'une bande forestière entre Culoz et Rochefort (lieuxdits « En la Forêt », « La Forêt », « Les Essarts »). Cette forêt se localisait sur le bourrelet sablo-limoneux qui fait la transition entre la bande de tressage fluvial et le marais tourbeux de Lavours et s'appuie sur le Molard du même nom.

Au XVIIIᵉ siècle, la forêt de Lavours faisait partie du domaine religieux de l'abbaye savoyarde de Hautecombe, située à quelque distance sur la rive occidentale du lac du Bourget. Devenue bien national en vertu d'un décret du 7 novembre 1789, la forêt fut victime d'un manque de surveillance sous la Révolution ; en 1790, « époque d'anarchie », les habitants des communes limitrophes de Savoie et de France « se jetèrent en foule sur la forêt pour la dévaster et ils en coupèrent le bois et le déracinèrent même totalement[16]. L'ordre fut rétabli par les agents forestiers établis à Belley, « la forêt fut gardée et conservée, le bois s'y rétablit. »

De manière très coutumière, le début du XIXᵉ siècle fut une période de conflits aigus entre les gens du pays et les forestiers désireux d'affranchir les bois domaniaux des vieilles servitudes d'usage. Les habitants se fondaient sur deux arrêtés du conseil de préfecture de l'Ain, datés de 1809, reconnaissant que la communauté de Lavours avait des droits de pâturage et d'affouage et qu'Aignoz, hameau de la commune de Ceyzérieu, avait un simple droit d'affouage pour le tiers de la coupe ; au total, plus de cent feux étaient intéressés dans les deux communes. Il était précisé que Lavours pouvait envoyer cinquante bêtes à cornes et chevaux paître dans les taillis d'aunes d'un âge minimum de six à dix ans, en échange d'une redevance de douze deniers viennois par feu ; les aunes fournissaient « sabigots » et perches pour l'armement des hautins, les brins plus menus servant au chauffage. L'article 70 du Code forestier fondait cette restriction qui réservait le parcours en forêt aux bêtes servant au « propre usage » des habitants ; il est indéniable que cette mesure s'imposait, car le marais de Lavours était un important centre d'élevage. La plupart des bêtes étaient destinées « au commerce et à la spéculation », en particulier les chevaux utilisés pour le « tirage » du sel[17].

Sous la monarchie de Juillet, malgré la publication d'une ordonnance réglementaire l'y autorisant, le directeur de l'administration des forêts se trouva dans l'incapacité de cantonner les habitants et d'affranchir le « quart en réserve » des droits d'usage ; le recul était

15. Pautou et Gensac, 1973.
16. A.D. Ain, P. 347.
17. Arch. Ain, C 2616.

donc sensible par rapport à l'Aménagement de 1771 qui élevait en futaie la partie nord de la forêt. Il faut imaginer que les nombreuses tuileries établies sur le bourrelet limoneux du Rhône — en 1860, on recensait six tuileries et une poterie entre Culoz et Cessin — étaient grosses consommatrices de bois ; en 1840, les habitants du pays couvraient encore leurs maisons de bardeaux, mais commençaient à adopter la tuile pour prévenir le risque d'incendie.

De manière assez curieuse, la forêt domaniale de Lavours fut proposée à la vente en exécution d'une loi du 7 août 1850 et d'un décret du 27 mars 1852 ; les cinquante-six hectares furent vendus en 1853 pour la somme de 45 400 francs à quatre gros propriétaires de Lavours, Ceyzérieu et Vongnes, avec faculté de défrichement ! Ce changement de propriétaire ne mit pas un terme aux conflits locaux puisqu'en 1858, la cour impériale de Lyon trancha en faveur des habitants, leur accordant des droits d'usage sur l'ensemble de la forêt. Il est remarquable qu'après tant de vicissitudes, celle-ci ait survécu ; il est vrai qu'allait débuter la période de recul des labours et de déclin démographique.

La documentation disponible permet de brosser à grands traits le tableau de la forêt au milieu du XIXe siècle. L'espace boisé était délimité par un fossé en eau destiné à empêcher les empiétements des propriétaires limitrophes ; la bordure ouest a des limites bien dessinées — courbure des Essarts du marais communal de Culoz, rentrant rectangulaire de l'angle sud-ouest — qui suggèrent un défrichement concerté au profit de la prairie communale ou privée ; ce dernier secteur montre un curieux exemple de chemin communal bordé de fossés et conduisant au grand marais. En revanche, la marge orientale, quoique fixée, révèle les morsures menues des empiétements paysans.

Ainsi, la forêt de Lavours demeure-t-elle la seule relique, bien artificialisée il est vrai, de ce que fut la forêt alluviale rhodanienne. Rien ici de comparable aux belles forêts de Sommerley près d'Erstein, de Rhinau, d'Elisabethenwörth et Russheim en Alsace et dans le pays de Bade, ni aux forêts du Marchland le long du Danube autrichien. Comment expliquer un tel repli des forêts primaires de bois dur dans la vallée du Haut-Rhône ? Sans doute par l'étroitesse de la vallée qui résista mal à la pression des agriculteurs du coteau ; probablement aussi par le fait que le Rhône ne fut pas une frontière militaire lorsqu'il fut frontière politique ; les frontières rhénanes étaient renforcées par le maintien historique de la forêt alluviale qui créait un effet d'« opacification » entre l'Alsace et le pays de Bade[18]. Ce phénomène de protection volontaire des forêts riveraines ne semble pas avoir joué dans la vallée du Haut-Rhône, alors qu'un exemple est connu en Grésivaudan où la forêt de Servette défendit la frontière dauphinoise jusqu'à la construction du fort de Barraux[19]. Une autre raison du déclin tient sans doute à la présence même du fleuve qui sollicitait la descente du bois de chauffe et surtout du bois d'œuvre vers la trop forte consommatrice qu'était

18. *Walter, 1972-1974.*
19. *Richard-Molard, 1955.*

145

la ville de Lyon. En somme, un destin très banal car rien ne distingue les forêts alluviales rhodaniennes des forêts collinéennes dans leur mode d'exploitation ; rien qui rappelle la prolifération rhénane ou cette richesse du Sarkhöz hongrois où les paysans possédaient des lots d'arbres fruitiers greffés, entretenus dans la forêt de bois dur et strictement protégés[20].

En règle générale, les biens nobles et religieux situés dans le lit majeur du fleuve ont donc été dispersés, cédés aux communautés ou vendus à des particuliers. Exception faite de Lavours et d'Evieu, ce mouvement s'est donc accompagné d'un défrichement des forêts. Le cas le plus évident semble celui de la forêt de Payerne, disparue vers 1860, suite au drainage des marais de Morestel et à l'emplacement de laquelle figurent une ferme et des labours quelques années plus tard[21].

Une étude historique des familles nobles possessionnées dans la plaine du Rhône située à l'aval du confluent de l'Ain expliquerait sans doute leur étonnante résistance foncière dans le courant du XIXe siècle. Les grands propriétaires ont certes cédé des terres au paysannat local — le cadastre napoléonien en fait foi — mais ont fait preuve d'un dynamisme propre exceptionnel à l'amont de Lyon. Le paysage actuel porte la marque de politiques indépendantes et juxtaposées dans l'espace (fig. 45). Chaque château, ancré sur le rebord des balmes dominant le lit majeur, a projeté en contrebas, dans la plaine, des axes d'occupation et quelques grosses fermes appelées « mas » ; quelques exemples méritent d'être cités :

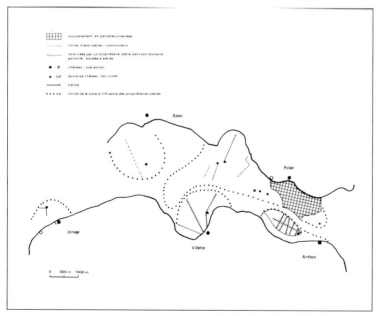

Figure 45. Les interventions nobles dans le lit majeur à l'aval du confluent de l'Ain.

20. Andrasfalvy, 1973.
21. Carte du Rhône, 1856-1867.

— Trois chemins rectilignes rayonnants sont tracés en contrebas du château de Villette-d'Anthon, à travers les grèves et les bras colmatés depuis 1810.

— Sur l'autre rive, M. de Moydieu a morcelé ses terres de la terrasse de Pollet en étroites lanières parallèles dont l'orientation N.N.O.-S.S.E. est exactement celle de l'allée conduisant à son château de Pollet.

— M. de Leusse a entrepris de défricher l'île du Méant en s'appuyant sur un quadrillage d'allées dont la principale, parallèle au Rhône, est dans l'axe de vision de son château d'Anthon. Cette île appartint à la maison de Chaponnay jusqu'à la Révolution ; M. de Leusse s'installa au début du XIXe siècle et fonda une ferme modèle spécialisée dans l'élevage laitier ; elle produisait des fromages de type Mont d'Or vendus sur le marché lyonnais. Ce travail de mise en valeur, bien engagé en 1812 par le dégagement des allées, était presque achevé vers 1860, malgré un remodelage permanent des marges de l'île dû au travail du Rhône (fig. 46).

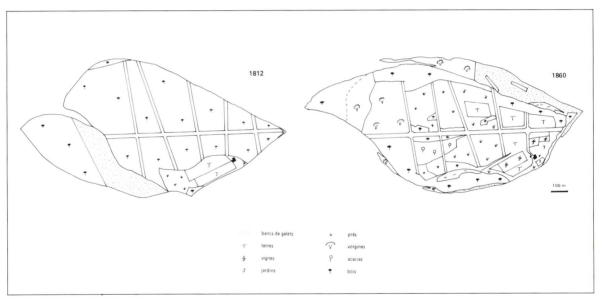

Figure 46. La mise en valeur de l'île du Méant.

Cette influence de la noblesse locale entrait en concurrence avec l'implantation foncière des Lyonnais dans les campagnes périphériques. Il semble que, dès la fin du Moyen Age, la plaine alluviale du Rhône ait été particulièrement attractive[22]. Dans le premier tiers du XIVe siècle, les seigneurs laïcs et ecclésiastiques comme le chapitre de Saint-Just, l'abbaye d'Ainay possédaient des granges dans le pays de Velin, sur les paroisses de Vaux et Béchevelin ; le chapitre de Saint-Paul possédait des prés en réserve au pied de la Côtière dans les obéances* de Montluel et Beynost. Quant aux familles de la bourgeoisie, elles ont débuté leurs placements au début du XIVe

22. Lorcin, 1974.

siècle, mais se sont contentées de parcelles dispersées, sans posséder d'exploitations agricoles complètes.

Les prés étaient très recherchés à la périphérie de Lyon et des bourgs de la région[22]. Autour d'Anse, sur la Saône, « les ecclésiastiques et les bourgeois de Lyon acquièrent au XVe siècle un nombre important de prés, et dans la petite ville elle-même, le métier de la boucherie s'est développé plus que ne l'impose l'importance de l'agglomération ». De manière générale, il est probable que la ville a imposé des pratiques et un paysage de l'élevage dans son voisinage. L'élevage bovin était la spéculation principale près de Lyon et secrétait apparemment un paysage bocager puisque la clôture des prés était imposée par les bailleurs ; ce fait, rapporté par M.T. Lorcin à propos de Dagneux en 1457 caractérisait également les contrats passés par les chartreux de Pierre-Châtel au XVIIIe siècle[23]. L'élevage des moutons, fort répandu également, ne nécessitait pas de telles pratiques car la divagation des bêtes était autorisée après les moissons ; en 1784, les gens de La Boisse déploraient l'attitude des bouchers de Montluel accusés de les envahir : « Les champs sont journellement couverts de plus de trois mille moutons appartenant aux propriétaires du voisinage et aux bouchers. Ceux-ci ne peuvent conduire leur bétail dans les pâturages communs », interdiction leur en étant faite[24].

Un paysage caractéristique était celui des grandes propriétés de la rive gauche du Rhône à Lyon ; la plaine était parsemée de beaux domaines de rapport (fig. 47). Les deux plus importants étaient ceux de Bellecombe et de la Tête d'Or.

— Le domaine de Bellecombe, cité comme Grange noble, appartint au XVIIe siècle à un conseiller et procureur du roi et fut vendu

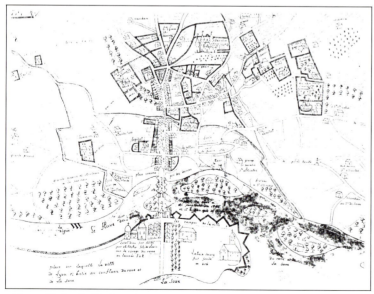

Figure 47. La Guillotière : le paysage rural à la fin du Moyen Age (extrait de "La Guillotière et le mandement de Béchevelin", arch. mun. de Lyon).

22. Lorcin, 1974.
23. Durand, 1974.
24. A.D. Ain, C 471.

en 1796 à un négociant lyonnais. La ferme était un quadrilatère clos de 120 X 85 mètres, au cœur d'une exploitation comptant des plantations de saules et de peupliers, des mûriers, 7,75 hectares de prés, 3,50 hectares de luzerne, 0,39 hectares de vigne, le reste en céréales sur une vingtaine d'hectares[25].

— Le domaine de la Tête d'Or, une des soixante-dix exploitations possédées par l'Hôtel-Dieu de Lyon, à la veille de la Révolution, est le mieux connu des Lyonnais. Au XVIᵉ siècle, il était possédé par les Lambert, famille de marchands lyonnais ; une partie fut cédée aux frères jésuites en 1574, le reste à Notre-Dame-de-Pitié du Pont-du-Rhône, c'est-à-dire à l'Hôtel-Dieu, en 1637. En 1735, la ville de Lyon achetait la part des jésuites pour la rétrocéder ensuite à l'Hôtel-Dieu, « grande étendue de brotteaux et champéages garnis, un peu plus des deux tiers, d'arbres, saules et peupliers, plantés fort épais.[26] » En 1787, les 210 hectares du domaine comptaient 45 % d'îles et brotteaux, des prés d'embouche et des champs de céréales produisant treize quintaux à l'hectare[27].

Ces domaines agricoles n'étaient pas seulement des placements de rapport. A l'aube de la poussée urbaine du XIXᵉ siècle, que l'Hôtel-Dieu a freinée sur la rive gauche, la campagne était parsemée de petites propriétés d'agrément, closes de murs, dans un environnement bocager : « Toutes les routes que je traversais étaient autant d'allées plantées au milieu de vastes prairies, bordées de tous côtés de haies et de peupliers de toute espèce, qu'arrosait la rivière de la Mouche, qui se divise en plusieurs canaux[28]. »

Il se confirme ainsi que les grands domaines nobles et religieux ont maintenu jusqu'au XIXᵉ siècle les seules reliques de la forêt alluviale rhodanienne à l'amont de Lyon. Comme le long des autres grands fleuves européens, la forêt de bois dur a souffert d'être située sur les meilleures terres alluviales exhaussées par les dépôts de crue ; la petite forêt de Lavours en est le seul témoin qui nous soit parvenu. La pression sur les terres arables était en effet trop aiguë dans l'étroite plaine alluviale intramontagnarde comme dans le voisinage de Lyon où l'élevage requérait les meilleures terres humides.

Les terres paysannes, une agriculture risquée

Les terres cadastrées et d'appropriation paysanne étaient en général mises en labours. Ce parcellaire couvrait une part de la plaine alluviale selon les tronçons et suivant le besoin en céréales ressenti par les communautés de coteau. Les agriculteurs admettaient l'inondation de leurs champs ; dans les tronçons à forte pente, ils prenaient sciemment le risque de subir une submersion active par les hautes eaux estivales, le sablage et une destruction complète de la récolte céréalière. En outre, il arrivait fréquemment que la corrosion des bras de tressage vienne enlever les terres riveraines les plus exposées.

La recherche de nouvelles terres de labour semble avoir été l'obsession du paysannat rhodanien au XVIIIᵉ siècle et au début du XIXᵉ siècle. Nombre de communautés rurales prirent la décision de défri-

25. *Bazin, 1969.*
26. *Vieux, 1979.*
27. *Durand, 1974.*
28. *Mazade d'Avèze, 1810, in Saint-Olive, 1875.*

cher leurs brotteaux, ainsi Anglefort et Culoz ; ce choix tient probablement au fait que les villages et hameaux situés sur le versant oriental de la montagne du Grand-Colombier (Boursin, Châtel, Landaise) n'avaient que fort peu de terres à leur disposition. On connaît l'état du défrichement des brotteaux en Chautagne en 1760 ; les terres étaient affectées en prairies et labours comme le suggère la présence de bâtiments d'exploitation (fig. 13).

Ces brotteaux constituaient une réserve de terres arables en période de crise ou de surpopulation. A Culoz, un édit de 1774 avait autorisé quelques défrichements ; en 1783, l'administration refusait l'extension des labours sur les îles de Bertrand, Vion, la Malourdie et Martin « couvertes d'épine blanche et d'autre mort bois propre seulement au chauffage et à la bouchure* » sous le prétexte que « cette nature de bien est précieuse et le sol favorable à ce genre de production qui d'ailleurs sert lui-même à consolider le fond ». Néanmoins, quatre ans plus tard, ces trois cent quatre-vingt-dix « journaux » (environ 120 hectares) étaient partagés entre les habitants et défrichés ; la priorité avait été donnée aux familles installées de plus longue date[29]. Des exemples analogues se rencontrent à l'aval comme aux Avenières où l'île des Graviers Grand-Jean fut défrichée et mise en labours, ou dans les brotteaux de Miribel au milieu du XIXe siècle.

Ces exemples de résistance à une mise en culture démontrent que les contraintes naturelles n'étaient pas les seuls obstacles opposés au progrès des défrichements ; même dans un pays intra-montagnard, au pied du Grand-Colombier, les brotteaux étaient considérés comme une réserve de bois. L'administration semblait vouloir pérenniser la diversité et la complémentarité traditionnelle des terroirs en limitant un déséquilibre favorable aux labours ; il est vrai que son argumentation était double, puisque les taillis assuraient la défense des terres. Semblable attitude se retrouve dans une délibération du conseil d'administration des Hospices civils de Lyon, datée du 13 nivôse an 12, qui déplorait l'affermage des communaux de Villeurbanne et leur mise en culture ; par ailleurs, les habituels fossés de délimitation risquaient d'attirer les eaux de débordement dans la plaine. Les Hospices prônaient pour leur part le maintien d'une « pelouse épaisse » capable de défendre les terres graveleuses des attaques du fleuve[30].

Ainsi, face au paysannat poussant toujours plus avant des labours risqués, un courant d'opinion dénonçait le risque d'une aggravation des dégâts causés par le Rhône. Comme si une occupation intensive des brotteaux, par surexploitation des taillis, pâturage et mise en labours, avait modifié dans un sens défavorable la tendance naturelle du fleuve à adopter un style en tresse. Il s'agissait sans doute plus de craintes que de constats objectifs mais le paysage fluvial du temps portait sans doute l'empreinte de cette agriculture traditionnelle.

Ces remarques posent la question de la nature du paysage fluvial originel, dans les fonds de vallée. Les séquences* de végétation rive-

29. A.D. Ain, C. 270.
30. A.D. Isère, VI. S. 2. 9.
31. *Afin de démêler quelque peu cet écheveau, on a procédé au relevé systématique des cadastres napoléoniens entre Loyettes à l'amont et Meyzieu pour l'ensemble du lit majeur ; les planches, d'échelles variées, ont été reportées sur le fond au 1/10000e de l'Atlas du Rhône des Ponts et Chaussées ; l'analyse du document obtenu, dont quelques extraits sont présentés, fournit quelques exemples remarquables, mais l'extrême diversité des situations a découragé toute tentative de généralisation et d'étude métrologique.*

A Loyettes, la conquête agricole des brotteaux de l'Ain s'est opérée sur plusieurs siècles à la faveur du déplacement et de l'enfoncement de la rivière.

Au sud des Gaboureaux, un parcellaire laniéré souligne la forme sinueuse d'un chenal médiéval abandonné par l'Ain au XVe siècle. Les terres du Brottet sont également médiévales ; le laniérage des champs possédés par de petits propriétaires s'appuie sur des chemins et des limites incurvées qui restituent les étapes du déplacement de la rivière.

Le micro-parcellaire du Recarre est d'un type curieux et suggère un partage systématique basé sur des chemins d'appui à disposition rayonnante ; ce parcellaire, porté sur le cadastre de 1829, n'existait pas sur le très beau *Plan de la Mière près Loyettes* ou *Plan Géométral de 1781*, dressé à l'occasion d'un conflit entre le seigneur de Loyettes et les habitants de la paroisse (Arch. mun. de Loyettes). Le terrier Durand de 1477, selon le précédent document, en faisait des pâturages portant quelques peupliers ; ils furent albergés sous la dénomination des Brotteaux de Récarroz — sans doute un lieu "pierreux" — par le seigneur de Loyettes à un nommé Jean Batz en 1655, puis passèrent à la communauté des habitants qui les possédait en 1781. Le partage entre les habitants s'est donc probablement effectué aux alentours de la période révolutionnaire ; l'étonnant morcellement de ces anciens brotteaux peut s'expliquer par un enrichissement de leur sol à une époque où le phénomène de confluence autorisait encore le dépôt d'un sable limoneux bien visible sur le terrain et sur des photographies en infrarouge couleurs. Las, la crue de 1856 acheva ce qu'avait esquissé la rivière d'Ain en 1825 ; le retour temporaire du cours d'eau entailla le niveau des Brotteaux et emporta les deux tiers du fertile terroir du Récarre. En 1673, à l'occasion d'un déplacement du cours de la rivière, les habitants avaient reconnu la juridiction et la directe du seigneur de Gourdan sur les brotteaux. Devenues communales, ces étendues désolées, caillouteuses et sèches, restèrent à l'état de pâtures à moutons jusqu'à la fin du XIXe siècle ; un plan de Loyettes daté de 1880 délimite la portion de communaux acensés et mis en culture en vastes parcelles géométriques.

Ce relatif désintérêt était contemporain d'une crise agricole et reflète une diminution de la pression exercée sur les terres fluviales neuves.

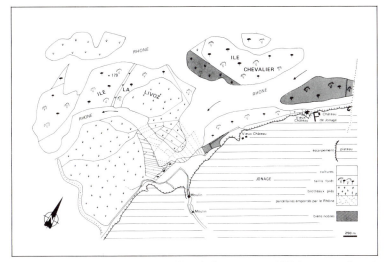

Figure 48. L'occupation de la plaine alluviale de Jonage vers 1830 (source : cadastre).

raine, dans leurs divers stades, assuraient-elles une protection des berges capable de freiner les divagations, de réduire la régénération des formes, voire le nombre des chenaux ? Il n'est pas possible de répondre de manière ferme à cette question en opérant des comparaisons diachroniques sur le Haut-Rhône car certains paramètres comme la charge ont évolué et car la restauration forestière sur les berges au XXe siècle s'est effectuée dans un contexte radicalement nouveau à la suite des endiguements ; une telle démarche est peut-être concevable sur le cours inférieur de l'Ain qui demeure le seul secteur intact de la vallée. Tous les documents du XVIIIe siècle décrivent ou cartographient un cours formé de deux ou plusieurs bras assez rectilignes enserrant des plages de galets très dégarnies, alors que le chenal actuel est unique, sinueux et profond au cœur des brotteaux reboisés ; le fonctionnement géomorphologique était probablement influencé par les pratiques rurales. Ces remarques ne permettent pas de conclure mais peuvent orienter des recherches de géomorphologie fluviale historique.

Il se confirme donc que la plaine alluviale fut le théâtre d'une lutte séculaire entre la noblesse, accessoirement le clergé, et les communautés villageoises. Lutte de groupes organisés ou d'individus avides de s'approprier une portion d'espace. Le jeu était d'autant plus ouvert que le fleuve se chargeait de redistribuer les terres de la manière la plus aléatoire, grignotant ici, proposant là des brotteaux neufs vite appropriés.

En ce sens, le parcellaire du XIXe siècle inscrit dans l'espace fluvial la complexité des conflits fonciers comme l'histoire du fleuve lui-même[31].

De manière générale, les parcelles des brotteaux avaient de très grandes dimensions et une forme ovoïde ou sinueuse, car les limites s'appuyaient sur les chenaux vifs ou des bras à divers stades de colmatage. Dans tous les cas, ces parcelles étaient de statut seigneurial ou communal et affectées en broussailles, prairies ou marécages ; elles tranchaient nettement avec les labours assis sur des unités menues et géométriques.

Au total, il convient de distinguer la forme des quartiers qui dépend des caractéristiques géomorphologiques des cours d'eau et le parcellaire proprement dit qui traduit le statut foncier des terres. Le style à méandres de l'Ain et du Rhône à l'aval du confluent a produit des limites courbes bien différentes des quartiers ovoïdes dérivés du style tressé. De manière générale, le parcellaire laniéré et très morcelé du lit majeur marque l'appropriation progressive des anciens brotteaux par le paysannat riverain, du Moyen Age au début du XIXᵉ siècle ; toutes les grandes parcelles ont, de façon plus ou moins lointaine, une origine seigneuriale, même si le hasard des ventes ou des transferts aux communautés a changé leur statut.

Enfin, ces parcellaires neufs établis sur des brotteaux ou des berges exposés étaient soumis à l'éventualité d'un retour offensif du fleuve et jouissaient parfois d'une vie éphémère.

L'analyse des documents du XVIIIᵉ siècle nous a donc montré que les terres situées dans la « bande active », les plus menacées par l'érosion des eaux, sinon par les inondations, étaient largement laissées à l'état de brotteaux, d'appropriation collective ou seigneuriale. Sur les marges, la relative stabilité des lieux permettait une appropriation, un morcellement en parcelles agricoles dûment cadastrées, mais la soumission aux contraintes naturelles engendrées par la dynamique fluviale conférait à l'exploitation des terres un caractère bien particulier.

Ainsi, dans les secteurs de plaine caillouto-sableuse où la pression humaine était particulièrement forte, les modes de mise en valeur du XVIIIᵉ siècle révèlent un déterminisme parfait, une adaptation étroite des modes d'exploitation aux contraintes du milieu. Les rendements en foin et en céréales, fournis de manière très précise par la mappe sarde en Savoie, permettent d'évaluer la productivité réelle et donc la richesse relative des milieux semi-aquatiques et terrestres.

— Les anciens bras ou lônes étaient affectés par la montée des eaux fluviales et par le balancement de la nappe phréatique. L'inondation durable de saison chaude, période des hautes eaux du Rhône, réglait la nature et le rendement de la récolte qui pouvait varier dans la proportion de un à huit suivant les lieux.

— La fertilité des bancs alluviaux était commandée par leur richesse relative en sable superficiel ou par l'abondance de la matrice. Les bancs exhaussés, aux sols déjà évolués, portaient des cultures de froment et fournissaient un rendement honorable pour l'époque ; les bancs peu évolués n'autorisaient que de faibles rendements, mais présentaient un intérêt supérieur aux bancs récents tout juste bons pour les broussailles, ou aux îlons en cours de formation voués aux premiers stades de la colonisation végétale et donc au pâturage.

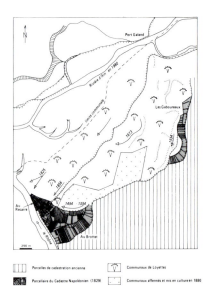

Parcelles de cadastration ancienne
Parcellaire du Cadastre Napoléonien (1829)
Communaux de Loyettes
Communaux affermés et mis en culture en 1880

Figure 49. La création du parcellaire de Loyettes au XIXᵉ siècle.

Les habitants de Jonage avaient établi un curieux parcellaire en éventail au débouché d'un vallon permettant l'accès au lit majeur depuis le village perché sur sa butte morainique. Cet établissement a probablement suivi la période révolutionnaire car ces parcelles ne figurent pas sur un très bon « Plan du Cours du Rhône à Jonage » daté du 23 février 1787 (A.D. Ain, E. 472). Lors du levé cadastral, ces champs étaient déjà amputés du tiers de leur superficie par l'irruption d'un bras du Rhône et les terres situées dans l'île étaient retournées à l'état de brotteaux pâturés.

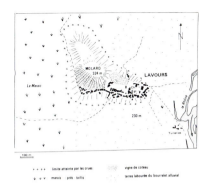

Figure 50. La protection du village de Lavours contre les crues, vers 1860 (source : Atlas du cours du Rhône).

Le château de Lavours.

Une maison de pisé à soubassement de pierre.

32. Pautou, 1975.
33. *Nous n'avons pas abordé la question démographique ; c'est que tous les villages, sans exception, sont situés hors du lit majeur et donc à l'abri des inondations ; la question des densités de population s'inscrit dans un espace beaucoup plus large qui englobe les terroirs de coteau et de montagne.*
34. *Delvert, 1961.*
35. *Dion, 1961.*

Soumission aux contraintes fluviales, certes, mais sans doute également action involontaire sur le milieu pédologique car ces pratiques ne pouvaient manquer d'exercer une forme de rétroaction. La destruction organisée du couvert végétal, la mise en labour assez généralisée d'un espace exposé au balayage fréquent des courants de crue ont sans doute perturbé les processus naturels de construction alluviale. Une île du Rhône boisée est susceptible de s'exhausser de un mètre en vingt à trente ans par dépôt de sable et limons piégés par la végétation[32] ; l'état des anciens bancs de la plaine de Vions, demeurés par endroits incultivables, suggère un blocage de la dynamique d'exhaussement, une pérennisation des sols alluviaux bruts, perméables, secs et pauvres en matière organique.

Les premières tentatives de défense

La mise en valeur du lit majeur et en particulier l'extension des terres labourables aux dépens des brotteaux ont augmenté les risques et rendu nécessaire une politique de défense.

Il convient en premier lieu de distinguer la protection des bâtiments de celle des terres[33].

— Dans les secteurs où la plaine alluviale s'épanouit, l'habitat villageois s'est fixé sur les « molards » à la limite exacte des plus hautes crues connues ; ces sites de butte naturelle rendent parfaitement compte de l'attitude de la population lorsque l'essentiel de son espace vital était inondable et qu'elle pouvait bénéficier d'un tertre naturel. Le plus bel exemple est sans doute le site de Lavours (fig. 50) où le village linéaire se serre en exposition sud, au pied de ses vignes et au-dessus des terres inondables ; pas une maison à l'ouest, au-dessus du marais communal, ni en exposition nord. Seules les tuileries, qui ne peuvent s'éloigner des fosses de limon creusées dans la levée, sont soumises au passage fréquent des crues.

Ces molards, Châtillon, Lavours, Vions, Le Bouchage dans les Basses-Terres, Brangues dans une certaine mesure, font irrésistiblement penser aux « phnom » de la plaine cambodgienne du Mékong[34] ; ces collines rocheuses fixent l'habitat à leur pied, procurent un terrain de parcours aux troupeaux, du bois de chauffage et de la pierre aux carriers.

En revanche, la proximité des versants agricoles a sans doute dissuadé les habitants de construire leur habitat sur des tertres comme dans le Val de Loire où ces buttes artificielles sont construites entre 4 et 5,5 mètres au-dessus de l'étiage, soit au niveau des plus hautes crues[35]. Les rares bâtisses risquées dans la plaine d'inondation du Rhône possédaient un soubassement de pierre maçonnée, supportant, en Bas-Dauphiné, le mur de pisé traditionnel.

— En ce qui concerne la défense des terres labourables, et plus généralement de l'espace agricole, l'ennemi principal n'était pas l'inondation mais la corrosion des terres par le déplacement latéral des chenaux fluviaux. La question se posait dans les mêmes termes le long de la Loire où les agriculteurs reconnaissaient la valeur fertilisante de la crue hivernale ou printanière qui ne nuisait pas pour autant à la récolte des céréales. C'est la raison pour laquelle les travaux de protection n'ont jamais spontanément cherché un rempart contre les eaux, mais, au contraire, cherché à dévier le cours des chenaux menaçants.

La question pouvait se poser dans les trois grands ensembles de plaines caractérisés par une morphologie fluviale de tressage-anastomose. Il est pourtant remarquable que la réponse des populations riveraines au déplacement de leurs espaces agricoles, l'érosion étant toujours compensée par le processus de construction de bancs nouveaux, manifeste une variété a priori déconcertante.

Sans que la corrosion y ait été plus active qu'ailleurs, semble-t-il, les deux rives du Rhône ont multiplié les éperons entre le Parc et Saint-Genix-sur-Guiers[36]. Ces ouvrages étaient établis de manière oblique dans le sens du courant et ancrés à des berges rocheuses ; édifices de pierre sèche ou assemblage de madriers, fascines et blocs calcaires semblables aux turcies ligériennes, ils avaient comme fonction de barrer des bras secondaires ou de dévier le flot principal en direction de la rive opposée, cette opération permettant l'arrêt des corrosions sur la rive équipée et, de surcroît, un alluvionnement rapide par les fines de crues. Sur la rive savoyarde, les éperons s'appuyaient au rocher molassique de Picollet (Motz), à la levée limoneuse mais résistante du hameau de la Loi (Ruffieux) et au molard de Vions calcaire ; sur la rive française, la digue de La Mora s'enracinait au coteau molassique de Boursin (Anglefort) et l'éperon de Landaise à l'extrémité du chaînon calcaire du Grand Colombier (Culoz).

En 1722, une crue de cinq à six pieds avait noyé les terres de Culoz et Lavours, engloutissant plus de quatre mille journaux par de nouvelles « branches ». L'intendant de Bourgogne, alerté, ne se serait peut-être pas dérangé si les administrés n'avaient dénoncé les travaux exécutés sur la rive opposée par des ouvriers piémontais[37].

L'histoire très complexe de ces éperons est celle de conflits permanents dont se mêla le pouvoir politique[38]. L'intendant obtint la destruction des éperons savoyards en 1726 en arguant du fait que le traité de Lyon de 1601 avait donné le cours du Rhône à la France. Il s'agissait en fait des droits de pêche et de navigation sans que l'interdiction de construire des digues ait été spécifiée. Dans une situation aussi imprécise, il n'est pas étonnant que les travaux se soient multipliés. Sur la rive opposée, on guettait avec anxiété les moindres signes d'activité, on supputait l'orientation et la longueur de la digue « offensive », avant d'en venir aux mains. Un voyage des intendants de Savoie et de Bourgogne permit d'engager de longues tractations diplomatiques et de signer enfin l'important traité du 24 mars 1760.

La frontière entre les deux royaumes était dorénavant fixée au milieu du « plus grand cours » du fleuve en divisant les îles qui se trouveraient sur cette direction ; c'était donc un recul de la France qui possédait depuis 1601 la totalité du cours jusqu'à la berge sarde[39].

Une tuilerie sur les bords du Rhône.

36. On n'est pas remonté au-delà de 1701 où la situation de la rive française est connue par une « Reconnaissance de l'état présent du fleuve, digues et réparations pour empêcher les inondations » (A.D. Ain, C. 2616).

37. Les Archives départementales conservent le « Mémoire qui explique le dégât extraordinaire que les débordements du Rhône causent aux terres de labour, prairies et jardinages... » entre Boursin et Rochefort (C. 1092).

38. Compte rendu d'une visite que fit en 1724 au bord du fleuve l'intendant de Bourgogne : « Par l'examen qui a été fait conjointement de l'état de ces différentes digues, on a reconnu que toutes avancent dans le Rhône, les unes plus en saillie et les autres moins, et que par leur position, elles gehenoient beaucoup le cours de ce fleuve, et le renvoyaient tellement du côté du Bugey que si on n'y remédie promptement, les terres des habitants de ce pays achèveront dans peu d'être emportées par la rapidité de ce fleuve puisque actuellement il se forme dans plusieurs endroits du côté de France des branches nouvelles qui les ont inondé. » (A.D. C. 517, cité in J. Masse, 1908.)

39. La très belle Carte géométrique du cours du Rhône depuis Genève au confluent du Guyers (A.D. Savoie, C. 625).

Le fait le plus intéressant est la prise en considération par le droit de l'époque de l'instabilité du cours ; en effet, la carte dressée en 1760 définit de manière intangible le tracé de deux lignes latérales servant à déterminer « l'alignement des ouvrages défensifs qu'on pourra opposer de part et d'autre aux débordements de la rivière ».

Du confluent du Fier à Cressin-Rochefort, la carte du Rhône espace les lignes de un à deux kilomètres, le maximum de largeur étant atteint dans la partie amont où une conquête de terres nouvelles était admise sur les deux rives. Pour comprendre l'âpreté des conflits peut-être faut-il prendre en considération la géographie particulière des lieux qui associe l'arrière-marais au lit ordinaire, l'inquiétude permanente étant un possible changement de cours du fleuve. Quoi qu'il en soit, malgré l'agressivité des populations et les facilités d'approvisionnement en blocs calcaires, l'impact des travaux humains était resté très faible car le fleuve bousculait régulièrement ces ouvrages.

La situation change radicalement dans le tronçon compris entre Rives et Murs. Un tracé très simple, à peine tressé, se balance d'un chaînon à l'autre ; les lignes latérales se rapprochent, délimitant une bande dont la largeur ne dépasse pas cinq cents mètres.

— D'Etain à Yenne, le Rhône était repoussé sur la rive française par une série de digues ; la grande digue et la digue de Reveron barraient à l'amont l'ancien bras principal qui, autrefois, coulait devant Yenne, et amorçaient le rattachement des brotteaux des chartreux de Pierre-Châtel. En arrière, une série d'éperons protégeait les terres de conquête plus ancienne.

— La plaine de Peyrieu présente également un intéressant exemple de conquête agricole par endiguement ; en aval du hameau de Chantemerle, les « Isles des Chartreux » étaient mises en valeur à l'abri d'une série d'éperons repoussant le Rhône sur la rive savoyarde. Un ancien faciès fluvial tressé est très nettement ramené à un tracé très simplifié.

A proximité du bourg de Saint-Genix, l'installation de granges s'est effectuée en arrière d'une ligne de digues et éperons qui repoussent le Rhône au flanc de l'extrême pointe du Bugey méridional.

Ainsi, la carte de 1760 est un document capital pour comprendre la logique des interventions humaines dans les plaines du Haut-Rhône. Le traité ordonnait la démolition des éperons existant au-delà de la limite autorisée et interdisait toute nouvelle intervention dans cet espace. Il a donc permis d'affirmer la conquête des marges du lit majeur tout en maintenant un paysage fluvial « naturel » entre les lignes latérales ; par ailleurs, la répartition géographique des travaux de protection à l'amont de la confluence du Guiers suggère quelques hypothèses :

— A cette échelle, il semble nécessaire de minimiser le rôle du cadre physique dans ces interventions : les carrières de pierre n'étaient jamais loin et le matériau pouvait descendre le fleuve sur des barques ou traverser des marais sur des traîneaux. L'ancrage des éperons était un avantage apprécié, mais ne constituait pas une condition indispensable comme en témoigne la protection des petites plaines situées à l'aval du défilé de Pierre-Châtel.

— Il est probable que la capacité de résistance des éperons et des digues aux fortes eaux était plus grande à l'aval qu'en Chautagne car la vitesse de l'eau était plus faible et le régime quelque peu régularisé après la traversée des grands marais ; les travaux continus réalisés à Landaise au XVIIIᵉ siècle et au début du XIXᵉ siècle témoignent largement de leur inefficacité.

— L'explication la plus vraisemblable est sans doute d'ordre économique. Alors que les communautés des plaines de Chautagne et Lavours pouvaient compter sur les ressources complémentaires et relativement abondantes du lit majeur et possédaient un bon coteau viticole, en revanche les villages du tronçon aval manquaient de terres agricoles. L'histoire de la protection est tout autant l'histoire d'une conquête de ressources nouvelles aux dépens des riverains d'en face ; ainsi, c'est l'étroitesse même du val emprunté par le Rhône qui a motivé son contrôle.

De façon complémentaire, le grand intérêt stratégique et économique du site de cluse a fixé des établissements humains. La colonisation des plaines par les chartreux de Pierre-Châtel, les besoins alimentaires des petits bourgs de Yenne et Saint-Genix ont très tôt fait sentir leurs effets. En somme, le tracé anguleux du Rhône à l'amont et à l'aval de la cluse de Pierre-Châtel reflète plus l'inégale pression humaine des deux rives, la Savoie étant avantagée, que des contraintes d'ordre physique. Il est permis de supposer qu'à l'état naturel, le fleuve y présentait des caractères morphologiques assez comparables à ceux du secteur amont.

Le traité de 1760 fut précisé par une convention passée en 1825. Dans le souci d'éviter que ne dégénèrent des affrontements locaux constants, il était même prévu que les autorités sarde et française pourraient se demander réciproquement des explications et prendre des arrangements en cas de petites infractions à l'établissement des latérales. Un commissariat général des limites était chargé de la surveillance des accords et devait s'effacer derrière les services diplomatiques centraux en cas d'infraction sérieuse. Ces précautions étaient motivées par l'attitude belliqueuse des riverains ; des éperons « offensifs », car construits au-delà des latérales, sont encore signalés à Boursin en 1815-1816, en 1818, 1846 et 1851, à Landaise en 1818-1819, en 1827-1830. La perte de la Savoie en 1815, en recréant la frontière du Rhône, semblait donner une énergie nouvelle aux riverains.

La rareté des digues sur le tronçon compris entre Saint-Genix-sur-Guiers et Lyon mérite d'être signalée. Tout se passe comme si les communautés riveraines ou les propriétaires audacieux isolés au bord du fleuve avaient admis les caprices du fleuve. Le déplacement des chenaux, la corrosion et la perte des terres étaient faits naturels et ne relevaient pas de la malice des gens d'en face. Il faut invoquer également l'absence d'établissements religieux et la rareté des bourgs ; en somme, sauf exceptions, les riverains ne semblent pas avoir véritablement éprouvé le besoin de conquérir des terres nouvelles. Dans les Basses-Terres, l'attitude la plus fréquente consistait à se défendre, à protéger les berges par des enrochements en cordons de faible efficacité. Ainsi, de 1825 à 1844, la berge de rive droite en aval de la Sauge recula-t-elle de cent à deux cents mètres[40] ; le statut des terres, le plus souvent communal, expliquait l'attitude fataliste des populations. Somme toute, les superficies en brotteaux restaient les mêmes quelles que fussent les divagations du fleuve ; aussi les agriculteurs des Avenières admettaient d'avoir à changer de rive pour faire paître leurs bêtes en rive droite sur leurs communaux des Sables. La situation était exactement la même dans les îles de Miribel où l'ampleur des divagations, l'éloignement des balmes et surtout le manque d'enrochement défiaient toute tentative de protection. La seule exception à ce laisser-faire concerne le secteur situé à l'aval du confluent de l'Ain ; là, deux latifondiaires nobles s'affrontaient par fleuve interposé. De 1809 à 1813, le nouveau propriétaire de l'île du Méant, Auguste de Leusse, cherchait à rattacher son bien à ses terres d'Anthon, situées en rive gauche ; il fit établir sept batardeaux en fascines vives de peupliers soutenues par des piquets, de manière à rétrécir le « petit Rhône ». Très vite, il gagnait trois hectares. En 1816, son voisin de l'autre rive, M. de Moydieu, faisait enregistrer les dégâts commis par le bras principal sur ses terres de rive droite, le Rhône menaçant de retrouver son ancien lit au pied des balmes de l'Ain. En réplique aux « réparations rebelles » d'Auguste de Leusse, de Moydieu procédait à des réparations qualifiées de « conservatrices » suivant les usages du temps.

Comme si ces deux grands propriétaires fonciers considéraient le Rhône comme une frontière, non entre deux états mais entre leurs deux domaines[41]. La protection des terres agricoles du lit majeur est donc restée modeste jusqu'au début du XIXe siècle et cantonnée aux plaines de tressage fluvial. Les résultats appréciables ont été obtenus dans le secteur de La Balme-Saint-Genix où les facteurs les plus favorables se trouvaient réunis : moindre violence des eaux, proximité des versants calcaires, rareté des terres de coteau et politique active de puissants établissements religieux.

A l'amont, les hommes n'ont pu vaincre la violence du fleuve malgré la présence des matériaux tandis qu'à l'aval du confluent de l'Ain, c'est l'absence même de la pierre qui dissuadait de toute intervention.

c. LES GRANDS MARAIS

Même si le procédé pourra paraître quelque peu arbitraire de dissocier les terroirs riverains du Rhône et les grands marais de Chautagne et Lavours qui participent de la même genèse fluviale, il n'est pas moins justifié de tenter des rapprochements avec les autres grands marais du Bas-Dauphiné, ceux des Basses-Terres et de Bourgoin-La Verpillière. C'est que l'homogénéité paysagère des

40. A.D. 69, 756.
41. A.D. 01, S. 442.

157

zones palustres, la similitude étonnante des pratiques rurales justifient la recherche de leurs principes d'identité.

Le statut foncier des terres de marais

Les grands marais n'ont jamais constitué un espace d'appropriation paysanne dans les plaines du Haut-Rhône. Par définition, les
marais étaient distingués des « sétives », prairies humides établies
sur leurs bordures et dont la valeur justifiait la précision des limites. Une carte de la propriété établie au début du XIXᵉ siècle permettait d'opposer un ensemble savoyard et bugiste de statut communal aux marais du Bas-Dauphiné de statut seigneurial et
domanial.

Les marais de Lavours et de Chautagne ont affirmé leur statut communal au moment de la Révolution.

Lavours semble être devenu un bien national à la Révolution mais
il est également possible que Charles-Emmanuel de Savoie se soit
dessaisi de ses possessions bugistes dès les années 1770-1780 pour
financer la restauration de l'abbaye de Hautecombe[42]. Une étude
historique permettrait peut-être de délimiter et mieux connaître le
secteur du marais où les moines cisterciens faisaient pâturer leurs
troupeaux de chevaux.

Le marais de Lavours était également l'un des pâturages à moutons de la chartreuse d'Arvière établie en 1132 au flanc occidental
de la montagne du Grand-Colombier par les chartreux de Portes,
en Bugey. Le comte Amédée III de Savoie fit don de ces pâturages
de plaine pour assurer aux moines l'hivernage de leurs bêtes ; les
chartreux pouvaient pousser jusqu'aux montagnes de Vongnes et
Flaxieu, au confluent du Séran, à Lavours et Culoz[43]. Les communautés rurales établies en lisière du marais et qui possédaient sans
doute des droits d'usage n'ont pas eu de peine à obtenir la possession de ces terres ecclésiastiques ; leurs droits sur le marais étaient
incontestés au début du XIXᵉ siècle.

— Sous l'Ancien Régime, les communiers de Chautagne jouissaient
du marais de manière indivise, quelle que fût leur paroisse d'origine, car la totalité de l'espace appartenait au seigneur de Châtillon. Celui-ci, établi sur un molard qui domine au nord le lac du
Bourget, ne conservait en pratique que le privilège contesté de faire
faucher le marais par ses gens pendant les trois jours qui précédaient
« l'ouverture » officielle ; cette unique prérogative cessa à la
Révolution.

— Dans les marais de Morestel et de Bourgoin, le statut de la propriété est demeuré une pomme de discorde jusqu'au milieu du XIXᵉ
siècle. Les relations entre les seigneurs et les paroisses auraient évolué avec souplesse comme dans les marais de Chautagne et Lavours
si la royauté ne s'en était mêlée.

La propriété d'une partie des terres située au cœur des marais ne
souffrait d'aucune contestation ; un arrêt du parlement de Grenoble de 1603 avait confirmé la possession de leurs biens aux descen-

42. *Blanchard, 1875.*
43. *Guigue, 1868.*

dants des seigneurs haut-justiciers[44]. Ainsi, les communes de Curtin, Vézeronce et Le Bouchage, dans les Basses-Terres, reconnurent-elles les droits de la famille du Bouchage lors d'une transaction passée en l'an 12 ; de même le comte de Menon possédait-il, dans les marais de Bourgoin, les fermes de Braille, Flosaille et Villieu qui étaient des éléments de la seigneurie d'Emptesieu et Saint-Savin autrefois possédée par les sieurs de Vienne et Clermont[45].

Les juristes royaux estimaient que les terres incultes dites « hermes » appartenaient au dauphin et ils rangeaient dans cette catégorie le reste des marais de Bourgoin et Morestel. La définition juridique des marais, fondée sur un abandon apparent, fut réaffirmée pour justifier la concession de ces marais faite en 1668 par Louis XIV en faveur du maréchal de Turenne et confirmée en 1675 au duc de Bouillon son héritier. On devine aisément la fureur des communautés qui, dépourvues de titres, ne tiraient pas moins un complément de ressources de ces marais et payaient même un impôt. Voici le contenu d'une délibération de la communauté de Saint-Savin, datée de 1765 : « Il importe essentiellement à la dite communauté d'estre maintenue en ses droits et propriété des dits marais qui luy sont patrimoniaux, sans lesquels il serait impossible de cultiver et encore moins d'améliorer leurs fonds, ce qui exciterait presque tous les habitants à déserter le pays[46]. » Soutenues par le parlement de Grenoble, les paroisses riveraines des marais tinrent bon jusqu'au premier Empire.

Les grands marais : un espace vital

Les marais des plaines du Haut-Rhône présentent d'étonnantes analogies car leur affectation était identique sur l'ensemble de la zone d'étude. Des relations si étroites s'étaient créées entre les coteaux cultivés et les marais que ces derniers faisaient partie intégrante des systèmes d'exploitation.

— La fonction essentielle des marais était la fourniture de la « blache », terme désignant diverses qualités de fourrage. Par ordre de qualité décroissante, on distinguait le foin de bœuf, le foin de cheval et, dans le plus mauvais cas, la blache de roseaux et carex. Le bon fourrage servait à alimenter le bétail à la mauvaise saison ; la mauvaise blache était une litière ; « passée sous les bêtes », elle pouvait être utilisée comme engrais vert, dans les vignes des coteaux voisins.

Les communautés clôturaient les prés et les blachères pour assurer la venue du foin. La Chautagne fermait ses prés de coteau dès le mois d'avril et le grand marais un mois plus tard car le démarrage de la végétation y était plus tardif. Jusqu'au début du mois d'août, le bétail migrait vers les pâturages d'altitude situés à faible distance (fig. 51). La situation du marais de Lavours était sensiblement différente ; en 1810, on mettait les bonnes prairies en réserve début mai, mais on autorisait la pâture en toutes saisons dans les grands marais publics de manière à épargner les terres de culture[47]. Il convient probablement d'interpréter cette différence par l'absence d'estives communales à la périphérie du marais de Lavours et peut-être

44. Champier, 1949.
45. A.D. Isère, VI. S. 6.
46. Mancipoz, 1948.
47. A.D. Ain, P. 347.

159

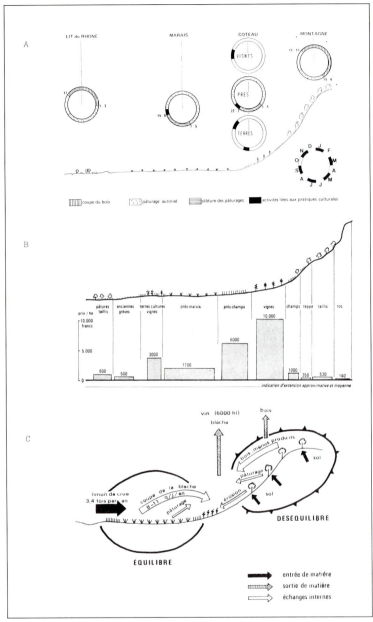

Figure 51. Le modèle de fonctionnement d'un complexe de vie en Chautagne.

la perpétuation de l'usage très ancien et d'origine monastique d'accueillir les bêtes étrangères à la commune.

Le jour de l'ouverture du marais, en Chautagne, chaque famille délimitait une portion de blachère mais les contestations étaient fréquentes et violentes. Les puissants se coalisaient aux dépens des pauvres et des faibles, des coups de faux étaient portés, le brigandage sévissait : « Chacun allait faucher çà et là, à travers mille querelles

160

La blache des marais : une des espèces de Carex fauchées.

et batailles, les brins de blache qui avaient été épargnés. » Après l'enlèvement de la récolte, au bout d'une quinzaine de jours, on posait des plateaux de sapin en travers des fossés-limites pour permettre au bétail de gagner son pâturage ; cette vaine pâture durait toute la mauvaise saison, jusqu'au printemps suivant, et s'effectuait dans des conditions déplorables car le gros bétail s'enfonçait dans la tourbière ou périssait lors des crues soudaines.

C'était pourtant la chance des communautés périphériques que de pouvoir disposer d'un espace inculte assez vaste pour les dispenser de nourrir un bétail abondant en dehors de la période végétative. Des villages et hameaux du marais de Bourgoin, les « bouvaresses », chemins fangeux, conduisaient les bêtes au cœur du grand pâturage indivis ou vers les sétives ; les effectifs étaient considérables comme en témoigne un état de 1806 des bestiaux recensés dans ce marais : 4 387 vaches ; 1 255 veaux ; 1 988 chevaux ; 424 poulains[48].

Ou une estimation concernant le marais de Lavours au début du XIXe siècle : 5 000 têtes environ sur 2 000 hectares[49].

Les marais étaient donc essentiels à l'équilibre économique des communautés rurales. En Chautagne, les prés-marais valaient 1 700 francs l'hectare dans la deuxième moitié du XIXe siècle ; presque autant que les bonnes prairies des marais de Lavours[50] ; la moindre utilisation de la blache dans ce dernier secteur explique peut-être une valeur vénale relativement faible, voisine de 600 à 1 200 francs l'hectare[51]. A cette époque, le prix d'un hectare de blache était le sixième de celui d'un hectare de vignes. Lorsqu'en 1853, un avoué de Belley choisit d'opérer un dessèchement du marais de Virignin, situé au sud du bourg, il prit soin de préciser qu'il s'agissait simplement d'abaisser la nappe en été de manière à améliorer la récolte de blache. Faute d'un nombre suffisant de bestiaux, la région produisait peu de fourrage, expliquait-il, et donc fournissait peu d'engrais ; dans l'attente d'un essor des plantes fourragères, il paraissait judicieux de « conserver la nature de la récolte, la blache, herbe marécageuse, récolte peu précieuse mais d'autant plus recherchée qu'elle n'exige aucune main-d'œuvre et aucune dépense pour la produire[52] ». Citant une enquête officielle de 1805, Vion a montré que la présence d'un marais a permis une disparition précoce de la jachère sur la commune de Chindrieux tandis que les communes d'Anglefort et Motz, privées de blache, devaient laisser reposer leurs terres céréalières de coteau. Au fil des siècles, il s'était donc instauré un équilibre fait de complémentarités entre les coteaux céréaliers et viticoles et leurs marais considérés comme un pilier de l'économie de pente. Observée de l'extérieur, cette utilisation extensive de l'espace choquait l'observateur ; R. Blanchard critiquait cette « tyrannie de la blache », comme « le préjugé de la blache » et ses « adorateurs[53] » lorsque les communes situées à l'aval de Montmélian s'opposaient à l'assèchement de leurs marais en 1839. Pour sa part, F. Cholley (1925) a souligné le fait que la persistance des marécages était le reflet d'une certaine « conception agricole » et d'une

48. A.D. Isère, 6 S 6.6.
49. A.D. Ain, S. 1787.
50. A.D. Ain, S. 2115.
51. A.D. Ain, S. 1787.
52. A.D. Ain, S. 2623.
53. Gex, 1940.

crainte réelle que les dessèchements ne stérilisent les espaces. Si l'on veut bien prendre en considération l'argumentaire des communautés rurales, il est clair que la fertilité passait pour être directement liée à la crue bienfaisante du fleuve, dispensatrice de sable fin et de limon. Les agriculteurs refusaient les digues, car ils estimaient que la tourbe était un support infertile sans des apports réguliers ; en 1782, le consul de Chindrieux s'exprimait ainsi : « Les digues que Sa Majesté fait construire dans la Chautagne causent la perte totale de ces marais… le foin nourrit quatre fois moins de bétail qu'avant. La communauté avait souhaité « qu'on ait fait d'espace en espace des aqueducs à la digue pour laisser au Rhône dans les abondances d'eau un libre cours à ses irruptions, parce qu'alors ce fleuve étant chargé de terre qu'il enlève à différents endroits forme dans les endroits où il se jette un limon gras qui est sans égal pour la production du fourrage[54]. » Un autre texte précise que la récolte de fourrage double l'année qui suit une crue du Rhône et que les habitants n'ont pas intérêt à ces travaux[55]. Les réactions de Chindrieux et Ruffieux, communes du marais, tranchaient totalement avec celles de Motz et Serrières, communes possédant un terroir de plaine au sol gravelo-sableux et productrices de céréales, pour lesquelles la récolte coïncidait avec la montée estivale des eaux. De manière analogue, les riverains du marais de Lavours ont accepté sans protestations la route royale de Rochefort à Culoz parce qu'ils disposaient des crues limoneuses du Séran ; en revanche, toute atteinte portée à l'extension de ces dernières a déclenché une violente opposition locale. Même s'il peut paraître douteux que les alluvions du Rhône aient pu restaurer chaque année la fertilité des terroirs submergés[56], il n'en reste pas moins que les agriculteurs de l'époque établissaient clairement ce lien de cause à effet. Une étude plus approfondie permettrait peut-être de dissocier le cas des grands marais septentrionaux à submersion estivale par le Rhône de celui des marais coupés des apports minéraux.

Les seuls travaux qui aient été souhaités et réalisés dans les grands marais concernaient le drainage par un réseau de fossés destinés à évacuer les eaux stagnantes.

A l'exception des bonifications encouragées de l'extérieur dès la fin du XVIIe siècle, le marais de Bourgoin n'a jamais connu de travaux spontanés ; il faut sans doute interpréter cette carence par l'incertitude pesant sur le statut foncier de la terre.

En revanche, les deux grands marais intramontagnards ont connu plusieurs phases de travaux, en particulier le creusement d'un réseau de fossés.

— Un premier type de drains servait d'exutoire aux eaux phréatiques provenant des chaînons ou du fleuve. En Chautagne, on avait calibré des cheminements naturels sur les marges du marais[57] ; dans le marais de Lavours, on avait doublé le ruisseau des Albergeais pour évacuer les apports de la fontaine de Jailloux et des sources situées au pied du Grand-Colombier.

— La majorité des drains n'étaient en réalité que des fossés de clôture dont l'utilité résidait dans la délimitation des propriétés. Les

54. *Chindrieux, A.D.E. Suppl. BBI.*
55. *Ruffieux F.S. 2424-1819. A.D. Savoie.*
56. *P. Savey, 1982.*
57. *Bravard, 1981.*

162

premiers fossés furent creusés pour séparer les marais communaux des parcelles privées de manière à éviter les empiétements et les contestations ; en Chautagne ce réseau, esquissé dès le XVIIIᵉ siècle fut complété à l'occasion du partage des marais négocié entre les trois communes de Ruffieux, Chindrieux et Vions. Le dessin du réseau présentait alors une allure géométrique dont la logique était essentiellement juridique. Les fossés de clôture du marais de Lavours en 1836 étaient le seul moyen de fixer les limites communales dans cet espace dépourvu de points de repère (fig. 76). Le paradoxe était donc que, malgré la multiplication des fossés au début du XIXᵉ siècle, les grands marais conservaient leur eau. Cette remarque conduit à s'interroger sur la signification profonde de ces espaces.

A notre connaissance, l'attitude la plus compréhensive à l'égard des agriculteurs soucieux de préserver leurs marais est bien celle de F. Cholley. La « conception agricole » renvoie à un modèle culturel propre aux sociétés des marais. En ce sens, l'étude hongroise déjà citée[58] fournit un pôle de référence capital puisqu'il s'agit d'une civilisation de l'eau et des marécages saisie à l'état brut.

— L'élevage était la ressource la plus importante des marécages danubiens, singulièrement l'élevage des chevaux à demi-sauvages ; en 1238, le prieuré de Bata possédait sept cents chevaux sans compter les poulains. Les marais étaient clôturés par des fossés, mode de séparation remontant au néolithique dans une commune origine méditerranéenne et deltaïque[59]. Cette brève esquisse pose l'hypothèse d'une possible parenté entre le mode d'élevage des marais intra-alpins et celui des civilisations d'éleveurs d'Europe centrale partis d'Asie centrale vers les plaines marécageuses d'accueil. Il est indéniable que les serfs des marais danubiens vivaient mieux que les villageois situés hors du champ d'inondation, supportaient mieux les impositions et se sont violemment heurtés aux compagnies chargées de les défendre des inondations en utilisant des arguments étonnamment semblables à ceux que nous rencontrons dans nos marais.

— En revanche, on ne retrouve pas dans les marais intra-alpins français l'extraordinaire civilisation de la pêche qui caractérisait les marais danubiens ; rien qui puisse rappeler les « fok », ces canaux chargés d'assurer la mise en eau des cuvettes périfluviales, d'amener le poisson et d'assurer sa capture. En quelque sorte, l'alpin accepte la contrainte naturelle mais ne la favorise pas ; il est avant tout agriculteur de coteau, producteur de vin et de céréales, éleveur. En ce sens, le marais est un terroir d'appoint, un « saltus* » humide et n'a pas fondé une culture originale.

Curiose symbiose entre une civilisation des pentes et une civilisation des marais dans ces très vieux axes de passage que constituent les vallées des Alpes et leur piedmont. Au double plan paysager et écologique, les modes d'utilisation extensive des marais ont imposé des formations végétales herbacées et empêché l'évolution vers la forêt ; l'homme a probablement ralenti les processus de tourbification en prélevant un maximum de matière végétale et a contribué à la création d'une mosaïque de communautés. De même, l'intérêt ornithologique de ces espaces semi-aquatiques lui est partiellement imputable.

58. *Andrasfalvy.*
59. *X. de Planhol, 1976.*

163

L'échec des premières tentatives
dans les marais intramontagnards

Marais fluvial régulièrement soumis au passage des crues, le marais de Chautagne a suscité de rares projets qui l'apparentent à certaines vallées intra-alpines comme la combe de Savoie et le Grésivaudan. Le principe en était de favoriser le colmatage alluvial afin de mettre hors d'eau ces terres basses et tourbeuses.

En 1832, le sieur Garcia, au nom du conseil de Ruffieux, qu'il semblait avoir convaincu, proposait de favoriser l'alluvionnement du Rhône dans le marais par « dépôts successifs des sédiments » ; ce type de bonification se référait explicitement aux méthodes utilisées avec succès en Hollande et en Lombardie. Ce projet suivait de trois ans seulement le début des travaux engagés par les ingénieurs sardes dans la combe de Savoie, en amont de Saint-Pierre-d'Albigny. Il se voulait économique en excluant tout endiguement et devait nécessiter une dépense de deux à trois francs par journal (soit sept à huit francs l'hectare, alors que la valeur vénale des terres de marais s'élevait à mille sept cents francs) ; l'originalité de ce projet savoyard, conçu par un ingénieur sarde, était donc de dissocier l'endiguement — refusé de toute façon par la population locale — de l'irrigation fertilisante des terres. « Pourvu que le Génie qui ne veut que du grandiose et des constructions solides, suivant les règles de l'art, ne vienne pas s'en mêler[60]. » Quelles étaient les motivations réelles de Garcia ? Les véritables latifundia furent constitués dans la combe de Savoie par les entrepreneurs des travaux financés par les provinces et les communes, plus que par l'Etat sarde[61].

Ce projet fut repris en 1863 par l'administration française des Ponts et Chaussées, suite à un vœu du conseil de Ruffieux ; tel qu'il fut présenté, il dénotait une certaine évolution des conceptions, la solution proposée étant moins soumise à l'opération de colmatage qu'à la réalisation d'un demi-polder de vallée. Les Ponts et Chaussées proposaient un drainage et une irrigation conjointe dans le même réseau de canaux alimentés par le Rhône à l'amont et les ruisseaux du chaînon sur les marges. Une digue d'une hauteur de trois mètres devait empêcher l'inondation de la partie aval du marais par le lac du Bourget, tout en permettant l'évacuation des débordements du fleuve en crue. Le fonctionnement hydraulique de la plaine était assimilé à celui d'un polder maritime avec la réalisation d'un jeu d'éclusage. Les terres drainées, fertilisées par les troubles du Rhône devaient également bénéficier d'un amendement par marnage.

Ce projet ne fut pas adopté car les communes et les propriétaires refusèrent de créer un syndicat et de financer leur part des travaux ; ils ne se laissèrent pas tenter par l'espoir d'une plus-value des terres. Ce plan fut repris en 1870 mais la guerre repoussa « sine die » sa réalisation.

Ainsi, la Chautagne est restée jusqu'aux années 1930 l'un des rares marais de plaine alluviale intramontagnarde à ne connaître ni endiguement ni bonification. Outre la répugnance manifestée par les populations à l'égard de toute modification de leur mode de mise

60. *A.D. Savoie, 01, Ruffieux.*
61. *Gex, 1940.*

164

en valeur — mais les autorités ont passé outre partout où cela leur semblait nécessaire — il est nécessaire de prendre en considération l'absence d'un véritable intérêt général susceptible de plaider en faveur de ces travaux. A la différence d'un cours d'eau comme le Pô ou l'Isère, le Rhône est longtemps resté un fleuve-frontière, un fleuve marginal qui ne menaçait aucune ville. Par ailleurs, la plaine de Chautagne ne portait aucun axe de communication vital pour les Sardes ; la route du coteau reliant Aix et Seyssel satisfaisait fort bien à des besoins régionaux ou locaux.

— A la différence de son voisin savoyard, le marais de Lavours en Bugey a été l'objet de visées très pressantes et a connu quelques aménagements au milieu du XIXe siècle. Deux types d'influences ont fait sentir leurs effets de manière conjointe ou dissociée, les tentatives de bonification agricole et les tentatives d'intégration à l'économie des transports.

Le premier projet de dessèchement fut celui d'un ingénieur civil parisien, Sinot, alors occupé à la bonification du marais d'Arcins en Gironde. Associé à M. Thuret, consul général de Hollande, il demanda la concession des marais en 1836, aux termes de la loi de 1807 et resta seul après le désistement de la Compagnie générale de dessèchement, montée à l'aide de capitaux parisiens.

Sinot avait conçu le projet d'aménager 1 802 hectares sur les cinq communes de la partie centrale du marais, Ceyzérieu, Béon-Leyrieu, Culoz, Lavours et Flaxieu, dont 1 641 hectares de marais et 161 hectares de prés inondables situés sur les marges. La route royale n°92, projetée sur le bourrelet limoneux du Rhône de Culoz à Rochefort, lui assurerait la protection contre les crues du fleuve et un système de canaux réaliserait le drainage du marais : au nord-ouest le Séran, les ruisseaux des Rousses et des Albergeais seraient recalibrés ; le Séran, équipé d'écluses, serait aménagé en biefs navigables et se trouverait doublé à l'est par un canal de drainage rectiligne conduisant l'excès d'eau à Rochefort ; à l'amont du pont, ce drain recevrait sur sa gauche les eaux de la partie orientale du marais drainées depuis Culoz. Comme dédommagement, Sinot exigeait les 4/5e de la plus-value des terrains compris dans le périmètre de dessèchement, l'abandon de 253 hectares de communaux, la jouissance des canaux et francs-bords, le droit de péage de la navigation sur le Séran et les Rousses, le droit de pêche dans les marais et la concession de la forêt de Lavours ! L'échec fut moins dû à un apparent excès de prétentions qu'à l'hostilité des communes concernées par le projet (Flaxieu, Pollieu, Rochefort au sud, et Talissieu au nord) et à l'intégration de très bons prés non marécageux dans le périmètre, prés dont Sinot espérait tirer une plue-value abusive[62]. L'entrepreneur revint à la charge en 1848, mais sans plus de succès car le ministre des Travaux publics bloqua son projet.

Ainsi, les tentatives de Sinot dans le marais de Lavours avaient la particularité d'associer une bonification agricole et l'amélioration du Séran, cours d'eau de statut domanial. Déjà, en 1818, peu d'années après le retour de la Savoie dans le royaume de Piémont-

62. A.D. Ain, S. 1787. 2.

Sardaigne, l'armée avait conçu le projet de canaliser le Séran en aval d'Artemare et de repousser la confluence avec le Rhône jusqu'à la cluse de Pierre-Châtel ; alimentée par le Séran et une dérivation du Rhône, cette voie d'eau, utile à la desserte des forêts bugistes, aurait échappé à un éventuel contrôle savoyard sur le fleuve.

Même si les canaux de navigation et de drainage agricole ne se sont pas réalisés au XIXe siècle, il n'en reste pas moins que les mutations subies par le marais de Lavours furent induites par la révolution des transports. La route royale Rochefort-Culoz (1841-1845) eut pour effet de réduire la fréquence et la hauteur des inondations en empêchant le déversement direct des crues par-dessus les terres limoneuses de la rive droite du Rhône ; un rapport des Ponts et Chaussées de 1854 fait état d'une nette hausse de la valeur vénale des terres sans que, toutefois, les pratiques agraires aient changé.

La même année débuta l'extraction de la tourbe. La Société des tourbières de France s'entendit avec la commune de Ceyzérieu pour exploiter une bande de marais et réalisa un réseau de fossés ; un canal creusé en limite du communal de Ceyzérieu et des portions du marais d'Aignoz collectait par barques la tourbe extraite de fosses géométriques et, par une branche perpendiculaire, la conduisait sur le bourrelet limoneux du Séran (fig. 52) ; la tourbe était ensuite exportée par la rivière[62]. Cette année 1854, on reparla d'endiguer le Séran pour régénérer la navigation (les quatorze scieries d'Artemare envoyaient leurs planches au port de Culoz par la route), pour irriguer les blachères et colmater le marais[63] ; l'étude fut reprise de 1860 à 1866 par un syndicat dont le président était un notable du pays, le comte d'Arloz. L'objectif premier était l'exploitation de la tourbe, la liaison par canaux avec la zone de Culoz pour en assurer l'exportation hors du marais dans une période de pénurie de combustible. Une partie des membres du syndicat en escomptait un assèchement et donc la possibilité de développer la céréaliculture ; cet aménagement à but multiple échoua faute de pouvoir concilier tous les intérêts en présence : les communes non concernées par le projet (Lavours, Flaxieu, Pollieu, Rochefort) s'y opposèrent de crainte d'une diminution de la production des blachères, tandis que les agriculteurs directement concernés contestaient la technique des écluses qui auraient supprimé la fertilisation du marais par les limons du Séran[64].

Les seuls travaux du siècle dans le marais furent réalisés de 1887 à 1893 pour protéger soixante-treize hectares de prés entre le pont d'Artemare et le viaduc de Marlieu où le cours du Séran fut rectifié et endigué sur 1 850 mètres pour limiter les dégâts des eaux. Il ne s'agissait pas d'une bonification, d'initiative extérieure à la région comme cela avait été le cas avec Sinot, mais de travaux destinés à compenser en plaine le désastre de l'économie viticole occasionné par le phylloxéra. Il est très original qu'une partie des riverains de ce marais aient amorcé une descente dans la plaine à la fin du XIXe siècle pour réagir à une crise de l'économie de coteau. A notre connaissance, une telle réaction ne s'est pas produite en Chautagne dans

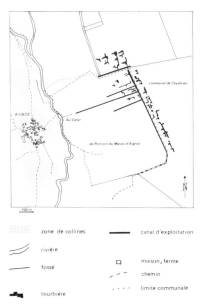

Figure 52. *L'extraction de la tourbe dans le marais de Lavours vers 1860 (source : Atlas du cours du Rhône).*

62. A.D. Ain, S. 1787. 2.
63. A.D. Ain, S. 1424.
64. A.D. Ain, S. 2115.

un contexte analogue. Cette attitude de l'époque n'est pas sans évoquer les revendications actuelles de l'agriculture sur la marge des grands marais.

En somme, alors que le marais de Chautagne n'a suscité qu'un nombre limité de projets de bonification agricole dans le courant du XIXᵉ siècle, le marais de Lavours a subi la pression complexe d'intérêts divergents. En complément aux velléités d'amélioration agraire — traits communs à tous les marais du Haut-Rhône — se sont adjoints les effets induits du progrès des transports et l'effet de frontière. Le marais de Lavours a connu une longue agitation et l'exploitation de la tourbe par la sollicitation de contraintes économiques et militaires extérieures ; l'avènement de l'ère industrielle semble donc séparer les deux marais jumeaux : la Chautagne demeure un marais marginal ou périphérique, le marais de Lavours est un marais sinon intégré, du moins sollicité par l'économie moderne.

L'œuvre de bonification :
près de cent cinquante ans d'efforts (1668-1814)

Le dessèchement des marais bas-dauphinois, précoce puisqu'il débuta au XVIIᵉ siècle, apparente ces espaces d'économie extensive aux grands marais du Languedoc et de l'Ouest français.

Par lettres patentes de novembre 1668, Louis XIV inféoda l'ensemble des marais de Bourgoin-Jallieu, La Verpillière et Brangues à Henri de La Tour d'Auvergne, maréchal de Turenne et seigneur de la Neufville pour son nouveau domaine. En octobre 1676, un an après la mort de Turenne, Louis XIV confirma la concession en faveur de son neveu Godefroy Maurice de La Tour d'Auvergne, duc de Bouillon[65] ; le 17 octobre, le duc signait un traité avec deux Hollandais, les Coorte ou Koort, à charge pour eux de réaliser le dessèchement dans un délai de quatre ans. La contestation se déchaîna alors car la donation du roi réservait les droits antérieurement acquis par « des particuliers qui en justifieraient par titres bons et valables ». Cette clause concernait aussi bien les propriétaires en titre que les communautés voisines.

— La famille du Bouchage était réellement propriétaire des marais de Brangues, Le Bouchage et Vézeronce (235 hectares) et fut exemptée de la concession faite à La Tour d'Auvergne par l'arrêt du 24 février 1685 ; les familles de Demptézieu et de Menon en furent également exemptées pour leurs terres des marais de Demptézieu et Saint-Savin au nord de Bourgoin.

— En revanche, les communautés ne purent exciper que de droits d'usage fondés sur la prescription, bien antérieurs au rattachement du Dauphiné à la France ; en fait, ces marais n'étaient pas « patrimoniaux » malgré les assertions locales[66].

Ces statuts du marais, quoique objets de contestations, fondèrent les traités passés en 1681 et 1683 par les Coorte ; le duc de Bouillon recevrait mille hectares, les particuliers possédant des titres reconnus conserveraient les 4/10ᵉ et les communes les 3/10ᵉ des terres

65. *A.D. Isère, VI. S. 6. et Ass. synd. 1960.*
66. *Mancipoz, 1948, qui cite une délibération du conseil de Saint-Savin datée de 1765.*

restantes. Enfin, les dessécheurs se rembourseraient de leurs débours en s'appropriant le reliquat des terres. Cet accord fut homologué par un accord du parlement de Grenoble du 16 mai 1686[67].

Jusqu'au Premier Empire, soit en cent vingt ans environ, toutes les tentatives se soldèrent par de coûteux échecs :

— Les frères Coorte drainèrent, plantèrent des arbres et firent même des labours mais leur succès fut de courte durée ; on prétend qu'ils furent assassinés par des gens du pays[68] ; le duc de Bouillon accorda à leurs veuves résiliation du contrat, fit dessécher quelques portions par un sieur Lelièvre en 1698-1699 et accorda des baux à fermes et actes d'albergement en 1703[69].

— Soixante ans plus tard, un héritier du duc de Bouillon, Charles-Godefroy, obtenait confirmation de la concession et faisait réaliser de nouveaux travaux par deux entrepreneurs Chantereine et Moutier. Passant outre à l'opposition du parlement de Grenoble, le gouvernement ordonna le dessèchement et garantit la protection des nouveaux entrepreneurs en 1775. Peu de temps après, une compagnie se forma à Lyon et chargea du travail un sieur Lorchet associé à un ingénieur militaire, de Saint-Victor, le dessécheur des Moëres, en Flandre maritime. En 1779-1780, celui-ci fit lever en trente-deux feuilles les plans de 22 212 journaux de marais, soit environ sept cent vingt hectares ; il fit également lever des profils, dressa des mémoires et devis estimatifs avec l'aide de quatorze « géographes ». Le nivellement révélait une pente très convenable de quatre pouces pour cent toises, quatre fois plus forte que celle des Moëres. Un canal navigable « faciliterait le transport des bois, foins et denrées que la partie septentrionale du département de l'Isère fournit à Lyon » ; on projetait également la plantation de 300 000 arbres et un coût global de 500 000 francs de 1778. La réalisation fut différée moins par l'opposition des notables du pays — en 1782, le conseil général de Bourgoin prenait position en faveur du projet, signe certain d'une évolution des mentalités — qu'en raison du « peu d'intelligence des membres composant la société lyonnaise ».

— La bonification fut très près de réussir sous la Révolution. Prenant acte des rapports favorables de la Société de médecine et de la Société d'agriculture (mai 1790), s'appuyant sur la loi du 1er janvier 1791 qui procurait l'assèchement de tous les marais par des concessionnaires si les propriétaires n'excipaient pas de leurs titres dans un délai de six mois et ne réalisaient pas les travaux, l'administration du département prit l'arrêté du 12 novembre 1793. Le ministère de l'Intérieur promettait 800 000 francs de subventions remboursables par la vente de terres desséchées ; c'est que la hausse des productions agricoles était un impératif national que la Convention nationale se devait de prendre en considération. Par ailleurs, les travaux devaient utilement occuper trente mille chômeurs de la Manufacture de Lyon dans l'« atelier » de Bourgoin[70].

Ainsi — peu importent les circonstances d'un report des opérations, sans doute motivé par le manque de moyens financiers — les marais du Bas-Dauphiné confirmaient l'importance nationale qui était la

67. A.D. Isère, VI. S. 6. 2.
68. Association syndicale, 1960.
69. A.D. Isère, VI. S. 6. 3.
70. A.D. Isère, L. 504.

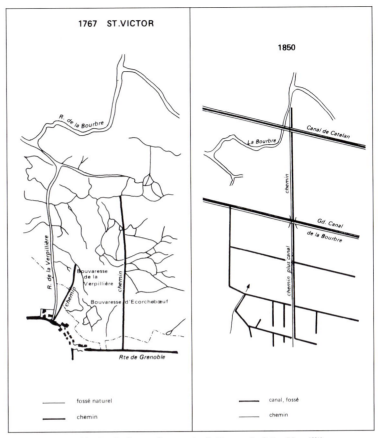

Figure 53. Le drainage du marais de Bourgoin à La Verpillière.

leur depuis plus d'un siècle. Considérés par la famille de La Tour
d'Auvergne comme un objet de spéculation, ils reprenaient leur statut de biens domaniaux soumis aux impératifs de la nation ; entre-
temps, le mouvement physiocratique ayant sans doute porté ses
fruits, les mentalités semblaient s'être préparées au changement.

Le 16 messidor an XIII, Napoléon Ier, en application de sa politique de restauration des droits des émigrés, renouvela les concessions en faveur des La Tour d'Auvergne. Par un fait curieux et
comme si l'histoire s'était arrêtée sous Louis XIV, ceux-ci, le 28
décembre 1805, signèrent un traité avec une compagnie pour réaliser le dessèchement ; La Tour d'Auvergne se réservait 1 021 hectares (vendus d'avance à des particuliers !) et, fort de l'avis émis par
des jurisconsultes, prévoyait l'exécution des traités de 1681 et 1683.
La compagnie Bimar était une société par actions dont le siège était
à Montpellier ; après le lever de nouveaux plans, réalisés en 1808,
les travaux furent réalisés de 1809 à 1814 ; ils furent ralentis par
le manque d'hommes dans les « ateliers de dessèchement » à la fin
de l'Empire. A la réception des ouvrages, le montant des dépenses
atteignait la somme considérable de un million et demi de francs.

169

Le bilan de la bonification napoléonienne

— Les travaux de drainage imposèrent au paysage semi-aquatique la géométrie implacable des fossés. La fig. 53 permet d'opposer au lacis de chenaux du marais de La Verpillière, desservis par de fangeuses « bouvaresses » au temps de Saint-Victor, les fossés et chemins dont le tracé n'a pas changé depuis 1814. A plus petite échelle, les dessicateurs ont combiné une rectification du réseau naturel et un réseau artificiel en « gril » ou « grille[71] ».

Dans le marais de Bourgoin, deux axes principaux furent réalisés :

— Le réseau de Catelan collecte les eaux du marais des Vernes au pied du plateau de Crémieu et celles des marais affluents de Salagnon, Saint-Chef et Saint-Savin ; à la hauteur de L'Isle-d'Abeau, il reprend le tracé de l'ancienne Bourbre qui contournait la butte calcaire par le nord.

— La Bourbre et son canal Mouturier sont canalisés dès la sortie de Bourgoin et longent le plateau molassique et glaciaire des Terres-Froides.

Ces deux grands collecteurs sont tracés de façon parallèle sur la commune de La Verpillière puis confluent en un organisme unique à partir du Chaffard, commune de Satolas.

— Les petits marais des Basses-Terres posaient des problèmes particuliers en raison de la faiblesse de leurs exutoires naturels qui sont les deux ruisseaux de la Save et de l'Huert ; pour chacun des sous-bassins furent creusés deux canaux fourchus sur lesquels on brancha des réseaux de canaux secondaires en « arête de poisson » (fig. 54).

En 1860, le résultat se révéla inégal. Les marais de la Save, au nord, avaient quasiment disparu grâce à un perfectionnement du réseau, mais les marais de l'Huert et des Avenières étaient convertis en tourbières ; il apparaît que même les sétives avaient subi cette régression[72].

Il est possible d'esquisser en premier lieu une évaluation globale du bilan foncier consécutif aux opérations de dessèchement. L'ingénieur Montluisant avait dressé le bilan des opérations de drainage à l'issue des travaux, en distinguant la première section de Bourgoin et la deuxième section regroupant les marais des Basses-Terres :

	Marais de la concession	Marais des particuliers hors concession	Total
1ʳᵉ section	3836,64	1128,92	4 965,56
2ᵉ section	1337,37	869,97	2 207,34
	5214,01	1998,89	7 172,90

(Ass. Synd. 1960.)

Une autre estimation fait état de 4 080,25 hectares de terres asséchées, non compris 326,26 hectares de francs-bords et 73,32 hecta-

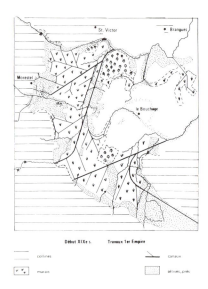

Début XIXe s.   Travaux 1er Empire

_____ collines   ┼┼┼ canaux

marais   sétives, prés

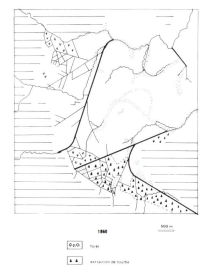

1860   500 m

forêt

extraction de tourbe

Figure 54. Le drainage des marais des Basses-Terres et ses conséquences.

71. *Typologie des réseaux de drainage proposée par R. Chorley, 1969.*
72. *Ce constat graphique n'a pas été possible dans le marais de Bourgoin où, à notre connaissance, manque la documentation iconographique indispensable. En revanche, l'analyse des textes permet de fournir une explication aux observations réalisées dans les Basses Terres.*

res de chemins, à partager entre les communes et les concessionnaires[73]. Sur la part de la compagnie Bimar, le duc de La Tour d'Auvergne aurait dû recevoir un total de 988,92 hectares ; en réalité, par une série de donations et de ventes, il avait anticipé sur le partage des terres en cédant 1 404 hectares entre 1806 et 1809, soit nettement plus que la part qui lui était dévolue. Au surplus, il s'agissait des meilleurs terrains choisis « aux endroits non submergés en aucun temps de l'année ». Comme, par ailleurs, une délibération du Conseil d'Etat de 1814 dispensait les propriétaires du marais ayant bénéficié de l'assèchement de céder au concessionnaire les 6/10e de leur sol, la compagnie Bimar s'effondra. Sa part foncière était amputée par le fait des prodigalités du duc et les propriétaires ne versèrent pas le montant financier de la plus-value acquise sur leurs biens.

En 1828, la compagnie vendit l'ensemble de son domaine à M. Sillac-Lapierre pour la somme de 900 000 francs. En 1836, les huit cents hectares de terres et les quatre-vingt-seize hectares de canaux et francs-bords de la deuxième section furent morcelés en un nombre infini de petits propriétaires ; puis Sillac-Lapierre vendit 1 350 000 francs près de sept cents hectares de ses terres du marais de Bourgoin et les francs-bords garnis de quatre-vingt mille arbres.

Afin de concrétiser ce processus de morcellement progressif du vieux marais indivis, on a choisi d'étudier un exemple localisé au nord de Bourgoin, le marais de Saint-Savin, dont le cadastre fut établi en 1832. Avant 1814, année de la fin des travaux, les seuls propriétaires privés devaient être quelques nobles avec leurs grands domaines de Flosaille, appartenant au comte de Menon, et de Braille, appartenant à la famille de Demptézieu, isolés au milieu d'immenses communaux marécageux. La petite propriété se cantonnait sur les marges colluviales, au pied des coteaux. En 1832, il apparaît que la noblesse n'a pas modifié son emprise car les mutations affectent exclusivement les terrains de parcours communaux ; l'espace est partagé entre la commune de Saint-Savin, M. de Sillac-Lapierre et les habitants du village qui se répartissent les terres des Marques ; chaque attributaire possède une parcelle de 900 mètres × 10 soit quatre-vingt-dix ares. Le processus de partage des terres du marais a donc créé un parcellaire laniéré très original.

— Les premiers essais de mise en valeur agricole furent tentés dès la première phase des travaux d'assèchement. Des arbres étaient plantés le long du grand canal dès 1809, il s'agissait d'arbres d'essences variées, telles que peupliers, saules, frênes, platanes et sycomores[74]. Deux rangées d'arbres espacées de deux mètres furent plantées sur les rives du canal de la Bourbre en amont de Vaulx-Milieu, deux rangées le long du canal de Catelan à l'amont du Lichoud, trois à l'aval. La bande plantée s'élargissait à quatorze rangées d'arbres entre les ponts de La Verpillière et de Jameyzieu sur près de vingt-deux kilomètres. Il fut donc créé un nouveau paysage boisé, d'allure très linéaire, enserrant les parcelles vouées à l'agriculture.

73. A.D. Isère, VI. S. 6. 4.
74. Un rapport des Ponts et Chaussées daté de 1851 (A.D. Isère, VI. 3. 6. 15.

Une fois le partage des terres opéré, dans les années 1815-1820, la valeur du marais grimpa de 250 francs l'arpent, soit environ 660 francs l'hectare[75] à 2 500, voire 3 600 francs dans les marais de Morestel. « Ces terrains neufs, qui comportaient une surabondance d'engrais naturels, donnèrent, pendant les premières années, une suite ininterrompue de récoltes magnifiques[76] » ; on abusa malheureusement de la monoculture d'une céréale, l'avoine, semée sur les déblais tirés des fossés de drainage.

Cet échec rapide n'est pas sans rappeler les déboires des Coorte tels que les relate Varenne-Fenille, propriétaire bressan en visite dans le Bas-Dauphiné à la fin du XVIIIᵉ siècle ; dans les secteurs desséchés, il ne vit que du « thétymale et une petite marguerite, disséminés çà et là sur un terrain presque nu, aussi aride que du sable pur et d'une excessive légèreté[77] ». Ce physiocrate proposait à Saint-Victor de développer le fourrage et des arbres tels qu'aunes, pins des marais et cyprès de Louisiane plutôt que des cultures de chanvre, lin et céréales. En somme, les tentatives agricoles de la Restauration, destinées à rentabiliser rapidement une opération ruineuse, butèrent sur les mêmes difficultés qu'au XVIIIᵉ siècle ; le drainage révélait la médiocrité d'ensemble des terres.

Encore convient-il de noter que la mise en valeur fut sans doute loin d'être générale. En 1832, les seules terres du marais de Saint-Savin mises en valeur étaient les parcelles du concessionnaire passées à M. Sillac-Lapierre ; les communaux et les petites parcelles paysannes des Marques restaient en prés-marais.

Pourquoi cet immobilisme local ? Il semble que le poids de la tradition ait, ici comme ailleurs, pesé d'un poids très lourd ; les gens du pays étaient des agriculteurs de coteau et ne concevaient le marais qu'au service de la vigne et des bonnes terres de bas de pente. En 1846, « de nombreux défrichements s'opérèrent de toutes parts sur les coteaux », à la suite de l'assèchement du marais[78]. Ce fait est confirmé par un rapport des Ponts et Chaussées de 1847 : « Des défrichements assez nombreux ont été opérés depuis trente à quarante ans dans les versants du bassin de la Bourbre. » Cette affirmation, si elle s'avérait exacte, pourrait s'expliquer de manière logique bien que l'attitude des agriculteurs locaux paraisse à première vue assez paradoxale ; la destruction des taillis localisés pour la plupart sur les versants nord des coteaux molassiques signifiait le sacrifice d'une ressource qui n'était plus indispensable : le bois, rare dans ces pays, pouvait être remplacé par la tourbe du marais asséché. On voit donc que la bonification des marais semble avoir eu, entre autres effets, de renforcer l'importance relative des coteaux.

*

L'étude de l'occupation humaine des plaines fluviales aux époques d'économie traditionnelle met en lumière l'extrême complexité des rapports qu'entretenaient les riverains avec leur environnement.

En apparence, tout est soumission aux contraintes multiples qu'impose la présence de l'eau, dans les terroirs de prédation que

75. VI. S. 6. 4.
76. Nadault de Buffon, 1850.
77. Champier, 1949.
78. Pinondel, 1846.

sont les brotteaux et les marais, comme dans les terroirs de conquête agricole. Soumission complète dans les brotteaux où des stades de végétation pionniers et juvéniles assurent une forte productivité en bois de chauffage et permettent une certaine élasticité de ressources à la communauté villageoise ; espaces précaires, instables, qui défient revendications et appropriations. Soumission acceptée et même revendiquée dans les grands marais où l'eau, et si possible le flux minéral en provenance du cours d'eau, garantissent un ordre stable au profit des coteaux viticoles ; non pas routine mais symbiose séculaire entre deux civilisations, celle des pentes et celle des marais. Pas exactement soumission passive mais plutôt acceptation du risque dans les terroirs de conquête où le paysannat en mal de céréales cherchait à imposer dans le lit majeur le modèle rural des terres céréalières ; acceptation et combat constant pour repousser le fleuve à défaut de contrôler ses débordements.

Ces relations entre les riverains et leur environnement n'étaient pas univoques malgré l'apparence d'un fort déterminisme, car cette société modifiait les équilibres naturels de manière sensible. Malgré la faiblesse de ses moyens d'intervention, l'agriculture exerçait une action en retour sur les milieux humides :

— La destruction systématique des forêts alluviales à bois dur diminuait le stock d'espèces spécifiques et appauvrissait la composition floristique, favorisait les stades pionniers et juvéniles, en particulier les saulaies. Dans les marais, la mosaïque des phytocénoses, la richesse de l'avifaune tenaient à cette pression discrète mais efficace.

— Sur les berges du Rhône, l'instabilité géomorphologique était sans doute accrue par augmentation du flux de matériaux en transit, par une moindre protection des berges aggravant l'intensité des déplacements latéraux. Les défrichements bloquaient l'exhaussement des bancs alluviaux et renforçaient le balayage des crues. Au total, les pratiques anciennes avaient certainement pour effet d'accentuer le tressage naturel du fleuve dans les cuvettes de remblaiement.

En somme, la plaine alluviale et les grands marais conservaient un fonctionnement naturel, mais le paysage et la dynamique étaient sensiblement perturbés par l'action de l'homme.

Le principal enseignement qui se dégage de l'étude des quatre principaux marécages de la région est une opposition obstinée de la part des populations concernées ; on aurait pu arriver à la même constatation en présentant l'opposition rencontrée à Virignin, à Briord ou Serrières... Les agriculteurs de coteau refusent de sacrifier les « blachères » dont l'économie extensive est indispensable à l'équilibre des communautés. On s'est attaché à présenter en détail les conflits qui ont eu pour enjeu l'affectation des terres humides malgré leur manque d'originalité évident ; c'est qu'avec des variantes inévitables, le destin de ces marais rappelle étrangement celui d'autres marais européens. Prenons trois exemples :

— Le dessèchement des marais du Languedoc fut entrepris au début du XVIIe siècle par une association fondée par le Hollandais Bradley ; il fut arrêté en 1645 en raison de l'hostilité de la population, du parlement de Toulouse, des Etats du Languedoc[79].

79. Béthemont, 1972.

173

— La première « réclamation » des Fens fut entreprise entre 1631 et 1634 par sir Anthony Thomas et des particuliers qui « aventurèrent » leur capital dans cette entreprise mais les « hommes des Fens » détruisirent la plupart de ces améliorations.

— Même opposition dans les marais danubiens de Hongrie où les comitats furent relayés à partir de 1810 par une compagnie concessionnaire de la canalisation du fleuve et comment ne pas évoquer la Grande Brière où Alphonse de Châteaubriand (1923) a immortalisé l'attachement des gens du marais aux privilèges concédés en 1538 par le duc de Bretagne ?

Le sort de ces vastes espaces inhabités et en apparence inaffectés s'est très souvent joué de l'extérieur : marais du Languedoc soustraits à la juridiction commune par l'édit d'Henri IV en 1599, terres du Sarkoz hongrois données aux fidèles des Habsbourg pour les remercier d'avoir maté les partisans de Rakoczi au début du XVIIIᵉ siècle, marais dauphinois donnés à un maréchal comme prix de ses services... Les pouvoirs centraux ont bien vite disposé des lieux.

Très vite, les investisseurs se chargèrent de valoriser les marais, de drainer afin de produire les céréales qui faisaient défaut ; au début du XIXᵉ siècle, la cause était entendue car la technique, l'arsenal juridique et le retournement des pouvoirs locaux avaient eu progressivement raison des résistances paysannes. Le renouvellement des concessions par Napoléon Iᵉʳ en Bas-Dauphiné a son équivalent dans les actes de drainage (1801) des Fens, dans les ordonnances de la cour hongroise sur lesquelles s'appuyèrent les comitats.

Ces indéniables ressemblances entre les grands marais que nous avons choisis comme éléments de comparaison ne font que mieux ressortir l'originalité des marais intramontagnards de Chautagne et Lavours. L'opposition de la population à toute bonification proposée par des initiatives extérieures ne s'est pas trouvée confrontée à la volonté des pouvoirs centraux. Ces deux marais ont conservé jusqu'au début du XXᵉ siècle leur mode traditionnel de mise en valeur, exception faite de quelques fossés qui ne remettaient pas en question la contrainte hydrique, et ont donc très tardivement préservé leur spécificité et leur paysage.

2. Les usages traditionnels des eaux fluviales

Les communautés riveraines du fleuve n'en tiraient qu'un très faible parti économique. La pêche ne fournissait qu'une ressource d'appoint, l'énergie considérable des eaux était sous-utilisée et la navigation constituait la seule activité appréciable.

a. LA PECHE[80]

Les poissons

La documentation concernant le Rhône est très rare. La statistique du préfet M. Bossi (1808) qualifie le Rhône de « très poissonneux » ;

80. *Les éléments rassemblés ne concernent qu'une partie de la question car l'enquête n'a porté que sur la documentation archivée par les Administrations. A ce titre, la rivière d'Ain, le Rhône, le Séran et le Furan sont les seuls cours d'eau pris en compte au titre des rivières flottables et navigables. Le fonds le plus riche est celui des Archives départementales de l'Ain (série S. 430. 475. 575. 576. 577. 692. 850. 872. 873. 934. 2561), mais la majeure partie des données n'a malheureusement pas été conservée. L'approche ethnographique a été volontairement omise car elle relève d'autres méthodes et d'autres finalités mais elle mériterait une étude d'urgence. La présente analyse cherche avant tout des éléments permettant une comparaison des peuplements anciens et actuels ; la quête fut quelque peu décevante car la perception des faits était essentiellement d'ordre économique et financier. Pourtant la question perce çà et là, au hasard des plaintes ou des changements de réglementation.*

	Rhône	Ain
Truite	250	900
Ombre	35	700
Anguille	80	90
Barbeau	300	1 500
Brochet	380	200
Chevaine	600	700
Brème	70	
Hotu	550	16 000
Lotte	25	
Vaudoise	60	800
Lamproie	30	
Perche	160	
Tanche	60	
Carpe	80	
Goujon	30	20
Alose	50	5
Ablette	700	
Gardon		

La production piscicole du Rhône et de l'Ain en kilogramme (1897-1901).

les truites y sont abondantes, on y trouve le brochet, le barbeau, la lotte, l'alose, la carpe, la perche. Au Regonfle, au confluent des Usses et du Rhône, on pêchait à la main des truites de trente livres : « On observe que, sorties du lac de Genève aux premiers froids de l'automne, elles suivent le courant du fleuve, et, soit de vieillesse, soit qu'elles aient été meurtries, froissées dans les mystérieux abîmes de la perte du Rhône, elles ont à peine la force de venir respirer auprès du bord[81]. »

L'Ain était jugé « assez abondant en poissons, surtout en truites, barbeaux et ombres » ; les truites saumonées étaient fort estimées[82]. On pêchait également le brochet, la perche, la carpe, l'alose, l'anguille et la lamproie ; les fermiers de la pêche reconnaissaient que l'ombre, « poisson délicat qui abonde dans l'Ain », était le principal produit de la rivière en 1813. En 1849, l'inspecteur des forêts confirmait l'importance des deux salmonidés : « La truite, l'ombre et le barbeau sont les seuls poissons des rivières d'Ain et de la Bienne qui ont de la valeur et dont la vente peut indemniser les adjudicataires » des baux de pêche.

La première enquête statistique officielle que nous ayions rencontrée évalue la production piscicole du Rhône, de l'Ain et des lacs de Sylans et de Nantua sur la période 1897-1901, en procédant par enquêtes auprès des pêcheurs professionnels[83]. Il est possible que les espèces nobles soient sous-représentées dans la statistique au profit du hotu qui avait fait son apparition quelques années auparavant et dont les pêcheurs dénonçaient la prolifération excessive.

81. *Comte de Quinsonnas, 1858.*
82. *Bossi, 1808.*
83. *Tripier, 1903. L'auteur de ce travail reconnaît lui-même que les valeurs avancées sont « très sous-estimées » par défaut de déclaration.*

Au total, les pêcheurs capturaient donc 3 460 kilos par an dans le Rhône et 20 915 kilos dans la rivière d'Ain à la fin du XIXᵉ siècle.

Les domaines de pêche

Au début du XIXᵉ siècle, le domaine public s'étendait sur le cours des rivières flottables et navigables. Ces cours d'eau divisés en cantonnements étaient affermés par baux de six ans[84]. La désignation des fermiers de la pêche se conformait à la méthode de la « folle enchère ». L'adjudication s'effectuait sur chaque lot séparément, puis l'administration proposait un regroupement des lots en démarrant le deuxième feu à une valeur égale à la somme des valeurs obtenues sur chaque lot. Ainsi, en 1807, P. Petit de Bourg-en-Bresse et J. Genot de Priay l'emportaient au premier feu sur les cantonnements 4 et 5 de la rivière d'Ain (Varambon-port de Gévrieux et Gévrieux-Chazey-d'Ain). Au deuxième feu, A. Morel de Bourg obtenait l'ensemble pour 1 300 francs, mais se voyait dépassé par le baron Bertholon qui regroupait pour 2 800 francs les lots 4 et 5 et le lot 7 (Blyes-Anthon) adjugé 1 000 francs au feu précédent. Le nouveau fermier avait agi pour lui-même, le maire de Chazey, un maître de postes à Pont-d'Ain et deux autres personnes de Charnoz et Anthon ; en règle générale, le droit de pêche était concédé par les fermiers à des pêcheurs professionnels.

L'examen des prix atteints par les cantonnements lors de ces enchères explique que l'Ain ait fait l'objet de convoitises tandis que l'amodiation du Rhône ne suscitait pas de compétition. Le montant des baux de six ans a été ramené à une valeur moyenne au kilomètre de manière à autoriser une comparaison valable ; la collecte des données permet de dessiner trois cartes partielles à trois époques, 1807, 1830 et 1869 (fig. 55).

— En 1807, l'Ain et le Furan, devant le Rhône à l'aval de Lagnieu, et le Séran sont jugés les plus rémunérateurs. Cette hiérarchie est confirmée en 1830, date à laquelle l'Ain est jugée aussi attractive que la Saône, loin devant le Rhône. Les données manquent pour donner une image complète de la situation en 1869 et les années suivantes.

— Le fait le plus remarquable est bien la faiblesse de la pêche sur le Rhône au début du XIXᵉ siècle ; le cours situé à l'amont du Sault est quasiment délaissé par les pêcheurs professionnels et ce fait mérite une explication. L'abondance du poisson ne semble pas en cause mais plutôt les conditions commerciales et techniques ; en premier lieu la proximité du marché lyonnais explique le haut niveau de prélèvement réalisé sur la Saône, l'Ain et dans une moindre mesure, le tronçon aval du Rhône ; en revanche, le Haut-Rhône était trop éloigné pour adresser du poisson frais à Lyon avant l'amélioration des conditions de navigation et la consommation locale devait être modeste. Par exemple, à la fin des années 1840, deux cent cinquante à trois cents « bascules à poissons » de deux mètres cubes chacune descendaient chaque année la rivière d'Ain mais aucune ne descendait le Rhône à l'amont de sa confluence avec l'Ain.

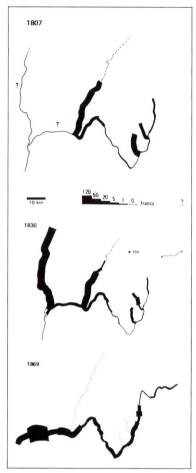

Figure 55. Prix des lots de pêche au XIXᵉ siècle (source : Arch. dép. de l'Ain).

84. • Le Rhône était divisé en douze cantonnements entre la frontière suisse et Lyon ; chacun des tronçons avait une longueur comprise entre six et dix-huit kilomètres.
• La rivière d'Ain, du confluent de la Valouze au Rhône, était divisée en sept cantonnements de sept à dix-huit kilomètres, cumulant une longueur de soixante-quinze kilomètres.
• Le Séran comptait trois cantonnements entre Artemare et le Rhône sur une distance de treize kilomètres ; et le Furan quatre, du moulin de Mortillet (commune de Bons) jusqu'au Rhône.
L'usage confirmé par la loi du 5 avril 1829 voulait que les lônes soient distraites du domaine fluvial lorsque les barques de pêche ne pouvaient plus y pénétrer librement en tout temps : elles entraient alors dans le domaine privé ou communal.

Faut-il invoquer l'existence d'une tradition de la pêche le long de la rivière d'Ain ? Il est possible que les villages qui jalonnent la rivière, haltes de mariniers, chantiers de bateaux, sites de bacs, aient fait de la pêche une ressource d'appoint délaissée par les gens du Rhône amont.

Il est probable également que les conditions naturelles ont eu une influence non négligeable. En 1830, l'administration n'offrait plus à l'enchère les cantonnements du Rhône situés à l'amont du Parc car la pêche y était jugée impossible depuis longtemps ; à l'aval, le fleuve, rapide et profond, se prêtait mal à l'utilisation des filets de « grande pêche » assemblés pour occuper la largeur du fleuve ; on en faisait « mouvoir deux ensemble, parallèles jusqu'à ce qu'ils se rencontrent[85] ». En revanche, il était aisé de barrer la rivière d'Ain et de repousser le poisson vers les filets ; en 1856, un habitant d'Anthon, indigné, dénonça un fermier de la pêche qui barra la rivière en deux points et, avec cinq hommes, captura huit à neuf cents livres de poissons dans la journée ! Quand on pense que le kilo de truites valait un franc, la location d'un cantonnement était une affaire rentable.

— En 1869, la pression de pêche augmentait sur le Rhône, touchant particulièrement le cantonnement situé entre Thil et Miribel. Il est fort possible que la construction du canal de Miribel ait conféré au Vieux Rhône une très bonne aptitude à la pêche au filet, puisque chacun des nombreux bras offrait alors des caractéristiques semblables à celles de la rivière d'Ain. A l'amont, la proximité de Seyssel et Culoz se traduisait par une hausse localisée de la valeur des baux.

La réglementation de la pêche

Au XIXe siècle, la réglementation était directement issue des mesures prises par Colbert en 1669. Sur la rivière d'Ain, son application s'était en quelque sorte assouplie, sous la vive pression des intérêts locaux.

— La fermeture hivernale de la pêche destinée à assurer la reproduction des salmonidés était limitée à une courte période comprise entre le 15 novembre et le 31 décembre ; la fermeture du 1er février à la mi-mars, habituelle sur les rivières à truites, n'était pas appliquée. En 1849, l'inspecteur des forêts suggérait en vain d'avancer la fermeture au 1er novembre car les truites commençaient à frayer fin octobre.

La fermeture printanière ne s'appliquait pas du 1er avril au 1er juin mais du 15 avril au 1er juin ; comme l'on pêchait toute l'année les migrateurs, saumons, aloses et lamproies, le contrôle était très difficile à exercer de la part des gardes.

— Le Rhône était une rivière à truites mais ne connaissait que la fermeture printanière du 1er avril au 31 mai ; il n'est pas impossible que la population des salmonidés ait souffert d'une pêche pratiquée durant les basses eaux d'hiver, les plus favorables aux dires des textes d'époque.

85. *Bossi, 1808.*

177

Les fermiers de la pêche avaient également obtenu que l'administration déroge en leur faveur à l'ordonnance de 1669 qui autorisait la « pêche à la mouchette » (cette technique était celle de la ligne flottante et de l'appât artificiel, traditionnellement accordée aux riverains pour leur consommation familiale). Les fermiers les accusaient également de détruire les grosses truites en appâtant aux poissons morts et vivants. Ces adjudicataires, pour leur part, pêchaient au filet avec des mailles inférieures à la dimension légale. De toute façon, la taille réglementaire des prises était plus basse que celle qui est en usage de nos jours. En 1834, les poissons étaient répartis en deux catégories dont la taille minima était respectivement de 16 et 13 centimètres après avoir été de 18 et 15 centimètres sous le Premier Empire :

16 centimètres : truites, ombres, barbeaux, carpes, brochets, lottes, saumons ;

13 centimètres : chevaines, gardons, brèmes, tanches, perches, aloses.

Au XIXe siècle, la rivière d'Ain ne semble pas avoir disposé de réserves de pêche et frayères naturelles protégées. Sur le Rhône, la lône de Cordon, retranchée du Rhône par la construction des digues destinées à protéger le pont, fut classée comme frayère de 1869 à 1875 ; à la fin du siècle, le Rhône comptait six réserves[86] ; l'Ain possédait deux réserves au confluent de la Valouze et de l'Albarine. Cette protection était fort peu de choses face à l'intensité des prélèvements légaux et du braconnage ; de plus, certaines pratiques agricoles avaient des effets désastreux.

La destruction du poisson

L'utilisation des filets sur les seuils de l'Ain découverts à l'étiage était dénoncée[87] ; la pêche à la senne n'était en effet permise que dans les mouilles de la rivière.

Les cours d'eau étaient empoisonnés à la chaux : « Les usines qui emploient des produits chimiques sont moins nuisibles par leurs eaux résiduaires que par leurs ouvriers qui, ayant à leur disposition la chaux, le chlore, etc... en dérobent une certaine quantité et s'en servent pour pêcher par empoisonnement. » En somme, usiniers, meuniers et fermiers de la pêche « traitent la rivière en pays conquis et en abusent ». Après 1790, on empoisonne le Rhône à la Coque du Levant dans le secteur de Collonges, à l'aval de la frontière suisse. Ces pratiques étaient la règle la veille du 14 Juillet et des fêtes patronales locales, car il était coutume de consommer du poisson.

Les pires ravages étaient commis par les « pirates du Rhône » sur quarante kilomètres, à l'amont de Lyon.

Tandis que le braconnage sévissait dans les eaux rapides et peu profondes, certaines pratiques agricoles, de manière involontaire, affectaient gravement les eaux profondes, calmes ou stagnantes. Le rouissage du chanvre causait, semble-t-il, de gros préjudices aux fermiers des baux de pêche. Une intéressante description expose la situation de la Saône en 1822.

Pêche au filet dans les gorges du Rhône, à l'aval de Genève, au début du siècle.

« Recrutés dans la lie de la population (les braconniers) exercent leur industrie en sociétés organisées. Les mariniers presque toujours leurs complices, soit de bonne volonté, soit par crainte, se chargent de remonter leurs légers bateaux de pêche, amarrés à la suite de guimbardes de commerce. Le soir, les braconniers partent de Lyon par chemin de fer, en bandes de six à dix individus. Ils emportent leurs filets dans des sacs, descendent à une station de banlieue et retrouvent leurs bateaux en un endroit convenu. Ils sont alors les maîtres du fleuve. » (Tripier, 1903.)

« Le lit de la Saône a été encombré jusqu'à ce jour d'une immense quantité de chanvre qu'y apportent les communes littorales ; les dépôts ayant eu lieu dans les parties dites mortes et lônes qui sont les pêcheries où l'eau est dormante et où se tendent les filets. Afin que les dépôts fussent stables on les chargeait de grosses mottes de terre ou de sable et on les retenait par des piquets qui sont restés dans l'eau. Une quantité de chanvre était remplacée de suite par une autre qui attendait... le poisson à qui cette plante est extrêmement nuisible est obligé d'abandonner ses retraites ordinaires et tranquilles pour se réfugier dans les courants où il est moins incommodé. Malgré cela il en meurt beaucoup et le reste contracte une maladie et un goût désagréable qui fait qu'on le répugne à Lyon et on lui préfère contre l'ordinaire les poissons d'étangs. »

86. Lônes d'Anglefort, de la Ricard au viaduc de Culoz, du barrage de Saint-Genix, de la Sauge (Saint-Benoît) ; le lit du fleuve entre les kilomètres 65 et 66 sur Montalieu et les kilomètres 33,5 et 34 à la confluence de l'Ain.
87. Tripier, 1903.

Un pêcheur aux Avenières.

Sans en avoir de preuve certaine, il est cependant probable que la pollution organique affectait également les lônes et les « mortes » du Rhône, les « mollies » de l'Ain ; on sait en effet que la culture du chanvre pour la marine était très répandue au bord de ces rivières. Les berges de l'Ain livraient les plus belles plantes, hautes de deux mètres avec des tiges d'un diamètre atteignant cinq à six centimètres[88] ; il subsiste un toponyme évocateur sur la rive droite, à hauteur de Chazey : les « Chénevières de Giron ».

Ces pratiques étaient d'autant plus gênantes pour les pêcheurs que la récolte du chanvre avait lieu au moment où l'étiage de la fin de l'été rend la pêche la plus productive[89].

En 1823, le préfet de l'Ain autorisait encore le rouissage dans les rivières. La réglementation de 1824 édictée par le ministère des Finances fut-elle suivie d'effets ? Les textes sont muets sur cette question et l'on ne sait si l'obligation de pratiquer le rouissage dans des fosses creusées en terre, les routoirs, fut effective.

Au XIXᵉ siècle, le Rhône et ses affluents semblent donc avoir possédé des peuplements piscaires plus proches de l'état naturel que de nos jours, mais déjà fortement perturbés par une longue et intense pression humaine. Les excès de la pêche réglementée, le braconnage aux filets ou les destructions chimiques dans les sections peu profondes du Rhône, dans l'Ain et les petits cours d'eau, le rouissage en eau calme des textiles comme le chanvre ou le lin ne pouvaient manquer d'affecter les peuplements. Très probable sur le plan quantitatif, l'impact de ces pratiques ne peut être évalué sur l'importance relative des diverses espèces ; il serait nécessaire de disposer de documents complémentaires sur la question.

b. LES MOULINS : UNE ENERGIE MAL UTILISEE

La localisation et les caractéristiques techniques des moulins recensés dans les plaines du Haut-Rhône étaient régies par de multiples contraintes relevant du domaine naturel et d'une situation conflictuelle résolue au profit d'intérêts concurrents.

L'installation de moulins se heurtait à de très lourds handicaps tels que la violence et le fort marnage des crues dans les tronçons rétrécis. Les plaines où l'étalement de l'inondation compensait l'élévation des eaux présentaient une contrainte géomorphologique insurmontable, celle des changements constants du tracé des chenaux. En réalité, l'obstacle essentiel à une utilisation éparpillée et menue de la force considérable du Rhône était d'ordre réglementaire. Classé flottable en amont du Parc et navigable du Parc à Lyon, le Rhône était dévolu en priorité à la navigation, usage que les autorités auraient même souhaité exclusif de la production d'énergie.

Les moulins s'étaient néanmoins imposés et se répartissaient en quatre ensembles géographiques.

88. *Bossi, 1808.*
89. *Dans le ried alsacien, Kapp et Schaeffer (1965) qualifient d'hécatombes les mortalités de poissons dues à cette pollution organique ; le ciment intercellulaire qu'est la pectine est dégradé par des germes aérobies et anaérobies qui libèrent les fibres cellulosiques en dix à quinze jours et produisent des acides nocifs.*

Les moulins du Rhône flottable, entre Genève et Bellegarde

Ce type de moulins était apparenté aux « roues pendantes en rivière ». Ils étaient installés en bordure du lit majeur et à la base des grands versants entaillés par le fleuve. Une digue en pierre maçonnée ou des lignes de pieux, de direction oblique, conduisaient l'eau à un bâtiment robuste, capable de résister aux plus fortes crues. Cette technique présentait un double inconvénient qui réduisait le rendement des installations :

— Le chenal d'accès à la roue s'engravait et nécessitait un curage périodique ; un changement de cours provoquait souvent l'abandon du moulin pendant des années, voire des décennies.

— Le niveau de l'eau réglait le fonctionnement de la roue. A l'étiage, la hauteur d'eau imposait l'arrêt des installations ; durant l'hiver 1863, le moulin « Julliard » à Collonges, chôma sept mois d'affilée. En fait, ce type de moulin fonctionnait au moment des hautes eaux d'été qui coïncidaient avec la récolte des céréales ; la vitesse de l'eau, évaluée à 3,30 m/s, permettait un travail actif lors du débit optimum. Ces moulins étaient en principe interdits par les autorités et avaient donc une existence illégale car ils occasionnaient une gêne à la descente des radeaux de bois conduits de l'Arve à Lyon. Les meuniers jouirent de dix ans de tranquillité de 1860 à 1870 lorsque le chemin de fer eut supplanté le flottage, mais cette vieille activité cessa au début des années 1870 : l'usine de phosphate de chaux de Bellegarde convertit une douzaine de moulins en broyeurs à minerais sur les communes de Collonges, Pougny, Léaz et Musinens, si bien que les habitants du pays étaient contraints de faire moudre leur blé à Nantua ! En fait, l'usine de Bellegarde avait repris les moulins installés sur les ravins affluents, car le Service de la navigation, persuadé que le nouveau centre industriel de Bellegarde susciterait une relance du flottage du bois, menait une sévère politique d'interdiction des moulins à roues pendantes. Ainsi, l'abandon de la meunerie sur ce tronçon du Haut-Rhône est l'effet indirect de l'essor industriel de la petite cité de Bellegarde. Vers 1900, trois moulins seulement tournaient encore :

— l'usine Lapalud à Challex dont les 30 CV actionnaient un moulin à grain et à huile et une batteuse à blé ;

— le moulin Brunet à Challex, 20 CV ;

— le moulin Mossière à Chevrier, de 15 CV, travaillant le grain et l'huile.

Dans ce secteur, la Valserine constituait un cas particulier avec ses moulins à barrage en rivière permettant de dériver l'eau dans un bief d'amenée. Cette technologie, propre aux rivières moyennes, caractérisait également des cours d'eau comme le Furan et l'Ain ; les barrages de cette rivière étaient bâtis pour permettre le transit des radeaux de bois, mais il ne semble pas que cette solution ait été envisagée sur le Haut-Rhône de caractère sans doute trop torrentiel et trop instable.

Aqueduc du moulin du château de Culoz, XVIIIe siècle.

Une scierie à Culoz a conservé des grues en bois.

90. A.D. Ain, 3. S. 10.

Les moulins du Haut-Rhône navigable jurassien

Les communes riveraines du Rhône intramontagnard disposaient en règle générale, d'une énergie suffisante en équipant les torrents et rivières issus des chaînons du Bugey ou de Savoie. La trop grande ampleur des divagations du Rhône interdisait l'emploi des roues pendantes à l'aval du Parc ; étonnant paradoxe qu'un Rhône inutilisé recevant le tribut de petits cours d'eau torrentiels équipés jusqu'au dernier site. Dans la plupart des cas, les ruisseaux tels ceux qui descendent du mont Clergeon par les villages de Chautagne, ne fixaient que moulins à blé, battoirs à chanvre… Quelques concentrations remarquables méritent cependant une description.

— Le Jourdan est une petite rivière d'origine karstique qui prend sa source sur le flanc méridional du Grand-Colombier et traversait le village de Culoz. « Littéralement couvert d'usines » au XIXe siècle, il faisait de Culoz un centre actif et aux activités variées[90]. Le Jourdan actionnait des moulins à blé (1820), des battoirs à chanvre (1836), un moulin à plâtre (1832), un soufflet hydraulique pour forge (1831)… En 1826, un sieur Didon établit un « moulin à scie » (fig. 56) alimenté par une coursière de bois à l'étiage et directement par le Jourdan aux eaux moyennes ; ce Didon, chassé du village d'Yon par l'interdiction qui était faite d'utiliser le bois des forêts royales, s'engageait à scier des bois de sapin d'origine savoyarde. Il dut obtenir l'accord des Eaux et Forêts pour s'installer à Culoz ; la forêt royale Arvières n'était pas menacée, quant à la forêt de Lavours, elle n'était « peuplée que de vernes » et ne possédait pas de futaie.

L'exemple le plus curieux est celui des usines Berthet ; cet entrepreneur créa une scierie en 1826, puis un moulin à blé équipé de cylindres en 1831, ainsi qu'un pressoir à huile et un battoir. L'eau était dérivée dans une coursière en bois par le truchement d'un barrage et rejoignait le Jourdan pour alimenter le canal d'amenée de l'usine du comte de la Fléchère… (fig. 56).

Le cas du Jourdan dans sa traversée de Culoz révèle donc une petite poussée industrielle dans les années 1820-1840 ; par la suite, il semble que l'énergie disponible ait manqué par épuisement des sites équipables. En 1859, les Ponts et Chaussées accordèrent une fin de non-recevoir à la demande d'établissement d'un moulin à plâtre sur une lône isolée du Rhône par la digue du chemin de fer ; l'usine aurait reçu le Jourdan et des eaux d'infiltration !

— En rive gauche, à l'amont du défilé de la Balme, le bourg médiéval de Yenne était bâti sur un réseau de biefs dérivés d'une rivière, le Flon, et d'un ruisseau de la Moline au nom évocateur. Le site de plaine avait imposé de longues dérivations pour créer de petites chutes d'eau actionnant des moulins à blé.

— Autre site remarquable dominant le fleuve, la cascade de Glandieu (Brégnier-Cordon et Saint-Benoît). Deux biefs dérivaient l'eau à l'amont de la chute du Gland vers une double série d'ateliers établis en contrebas sur la pente du cône de déjection construit au pied de la cascade.

Les villages proches du Rhône étaient donc condamnés à n'équiper que les ruisseaux affluents. Les deux rivières les plus intéressantes, le Séran et le Furan, étaient classées dans la catégorie des cours d'eau flottables, si bien que le transport excluait toute utilisation de l'énergie hydraulique à des fins industrielles ou artisanales. En somme les impératifs de la navigation fluviale ont contribué à limiter l'activité des bourgs du Haut-Rhône dans le domaine de la petite industrie. Les cours d'eau des vals affluents étaient bien alimentés et donc portaient bateau tandis que les collines et montagnes à dominante karstique manquaient de ressources hydrauliques. La pierre et le bois étaient emportés à l'état brut, car manquaient les moyens énergétiques de valorisation ; faisaient exception les sites de cascade tels Artemare, Culoz et Glandieu.

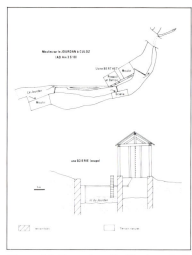

Figure 56. Exemples d'utilisation de la force hydraulique sur le Jourdan à Culoz (source : Arch. dép. Ain).

Les moulins du Rhône extra-jurassien

La question énergétique a sans doute été un des problèmes majeurs rencontrés par les communautés agricoles sur les marges septentrionales du Bas-Dauphiné. Ces régions à vocation céréalière ont manqué de la force hydraulique nécessaire à la mouture des grains dans un environnement énergétique relativement défavorable ; ce n'est pas que les précipitations fassent défaut, avec des totaux annuels de huit cents à mille millimètres, mais la nature géologique du substrat facilite l'infiltration ; les plateaux karstiques de l'Ile Crémieu manquent de cours d'eau malgré l'imperméabilisation que procure le feutrage morainique ; surtout, la grande extension des plaines d'épandage fluvio-glaciaire restreint l'écoulement aux seuls secteurs des collines molassiques et morainiques.

L'utilisation de l'énergie hydraulique, tout aussi systématique qu'au flanc des chaînons jurassiens dominant le Rhône, revêtait ici des formes originales adaptées aux conditions naturelles des lieux :

— Les collines du pays situé entre Creys et Brangues, à l'angle sud-est de l'Ile Crémieu, adoptèrent la technique des « serves », petits bassins artificiels implantés à l'amont des ateliers. Cette solution, adaptée à un substrat imperméable, permettait de réguler le débit du ruisseau en concentrant la lâchure sur les heures d'utilisation ; ce type d'aménagement, qui ne fait que systématiser et adapter aux besoins humains les cuvettes d'origine glaciaire au drainage incertain, semble propre aux collines du Bas-Dauphiné. Il se rattache au Massif central par le bassin de retenue destiné à compenser la médiocrité des débits et la sévérité des étiages et à la Dombes par l'affectation piscicole qui était également la sienne. L'initiative des moines de Bonnevaux est probable au cœur du Bas-Dauphiné[91] ; les plateaux voisins de la ville nouvelle de L'Isle-d'Abeau[92], les plateaux de Creys-Malville montrent des formes analogues, de possession seigneuriale ; les bassins portent en général le toponyme de « serve », tel le village de « Servenoble » près de La Verpillière. Le domaine de Mérieu situé sur la commune de Creys contrôlait terres, bois et étangs et un petit escalier hydraulique équipé de battoirs à chanvre ; une digue-chemin retenait l'eau nécessaire à leur fonctionnement.

91. Pellet, 1974.
92. Clerc, 1982.

— A l'aval de Lagnieu, le Rhône est encaissé de quelques mètres dans le remblaiement alluvial fini-glaciaire ou le substratum molassique voilé de moraine. Des ruisseaux très courts mais assez bien alimentés par des venues phréatiques apportaient leur contribution énergétique. Les ruisseaux de Proulieu et Saint-Vulbas portaient moulins à blé et battoirs ; les moulins de La Balme sur la rive dauphinoise étaient localisés près du Rhône (les moulins du Violet, les moulins d'Aroux) mais n'utilisaient pas son courant. Ainsi le fleuve a contribué à localiser des moulins sur ses berges, « moulins de balme » et non moulins du Rhône. A l'aval, si l'on excepte la concentration d'activités localisées sur la Bourbre dans le voisinage de Pont-de-Chéruy, on trouvait bien peu de cours d'eau : le Béal du Moulin drainait la butte morainique de Jonage et sur la rive dombiste, la Sereine actionnait les moulins de Montluel.

— Un troisième type de localisation, les moulins de lônes, utilisaient l'écoulement d'origine phréatique de certaines lônes de la plaine alluviale. Ainsi, sur Meyzieu, à l'emplacement de l'actuel canal de Jonage, le ruisseau de Platacul était un ancien bras du Rhône, abandonné de longue date ; le drainage des alluvions fluviatiles et de la terrasse fluvio-glaciaire lui procurait un débit suffisant pour actionner un moulin, puis se parer du titre de rivière de l'Albenne. La balme située immédiatement à l'aval alimentait, quant à elle, la « Grande Mère du Moulin de Chessin » qui confluait avec l'Albenne avant de rejoindre le Rhône. L'écoulement phréatique de la lône du Grand Content ou Grand Gravier alimentait le moulin Sibiliat après 1863.

Ainsi chaque village ou hameau s'adaptait aux contraintes locales et utilisait au mieux la ressource hydraulique. Dans certains cas cependant, soit que le village fût trop important, soit que la ressource fût absente, il était nécessaire de braver la réglementation et de s'approprier la force du fleuve. Le moulin à nef, arrimé à la berge, était constitué de deux barques, l'une soutenait l'axe et portait le nom de « forain », l'autre était équipée d'une roue pendante. La statistique de Bossi (1808) n'inventoriait que quatre moulins à nef sur la rive droite du Rhône à Virignin, La Serre, Saint-Vulbas et Neyron. Le moulin de la Serre était plus probablement un vieux moulin bâti en 1537 sur le site du Grand Sault par Humbert de la Papia qui le céda ensuite au comte de Jonage.

En 1820, un « moulin sur bateaux » fut installé au droit de la tuilerie de Loyettes, peu en aval du port au bac, et supprimé sur ordre des Ponts et Chaussées ; les moulins de ce type étaient l'objet d'une double mise en cause :

— Trop avancés dans le lit, ils étaient exposés au choc des bateaux à la descente.

— A la remonte, les trains de bateaux étaient obligés de s'arrêter et de « reporter la maille ». En 1831, la pression locale semble avoir été si forte qu'un moulin fut autorisé à Loyettes, à charge pour les mariniers d'admettre une manœuvre supplémentaire : « Pour la remonte des bateaux, les mariniers perdront toujours quelques minu-

Le moulin de la Serre et la digue divisoire qui conduit l'eau à la roue. A droite, un saut du Rhône.

Figure 57. Moulins à nef de Lyon. Extrait du Grand Plan de Simon Maupin, 1635 (cl. musée de Gadagne).

tes pour faire glisser les mailles au-dessus du bâtiment du moulin, le long d'une pièce de bois transversale qui le surmonte, mais qui présente une déclivité favorable à la manœuvre. » La manœuvre était particulièrement délicate en période de basses eaux car le meunier allongeait les chaînes d'amarre[93]. Au milieu du XIXe siècle, le nombre de moulins à nef a été plus élevé sur la rive gauche du Rhône car les contrôles y étaient moins stricts que sur la rive droite où courait le chemin de halage. Les Ponts et Chaussées assouplirent leur position vers 1830, mais limitèrent à dix mètres la largeur des bateaux réunis. Le moulin sur bateaux de Loyettes était constitué de deux barques d'une longueur de 13,80 mètres, larges l'une de 3 mètres, l'autre de 4,80 mètres ; la roue actionnait une meule à blé et un battoir à chanvre.

A l'aval, le plan d'assemblage du cadastre de Saint-Maurice-de-Gourdans localise deux moulins à nef ancrés sur la berge des communaux. Ces deux dernières communes dont le terroir était assis sur le rebord des niveaux fluvio-glaciaires n'avaient que le fleuve pour subvenir à leur modeste demande d'énergie et amenèrent le service des Ponts et Chaussées à transiger.

Les moulins à nef faisaient également partie du paysage fluvial lyonnais au début du XIXe siècle. Un plan de 1836 figurant l'état du fleuve en 1817[94] localise dix-neuf moulins équipés de deux à trois roues à aubes, d'un plancher reposant sur deux barques et protégés par un toit ; ils sont larges de quinze à vingt-cinq mètres. Les modèles les plus variés se côtoyaient dans le voisinage de la place de la Boucle et le long du quai d'Herbouville et témoignaient de certains perfectionnements en comparaison des petits moulins paysans. Leur nombre total est évalué à trente et un sur le Rhône lyonnais au XVIe siècle, à vingt-sept au début du XIXe siècle, « délabrés, branlants,

Figure 58. Moulins à nef du quai Saint-Clair à Lyon, en 1817 (source : Service de la navigation).

93. A.D. Ain, 3. S. 11.
94. A.D. Rhône, Arch. S.N.R.S. 771.

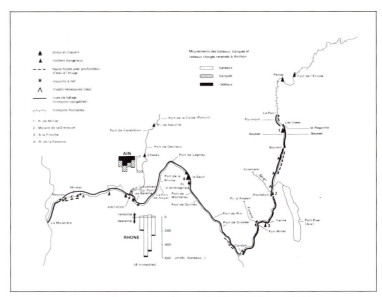

Figure 59. La navigation sur le Haut-Rhône en 1835.

croulants, crevassés, étayés, rapiécés, depuis les roues moussues jusqu'aux tavelles gondolées de la toiture[95] ».

Faute de pouvoir supprimer ces moulins, l'administration bloque les créations nouvelles au XIXᵉ siècle ; une lettre de l'ingénieur Girardon[96] datée de 1898 fait état de la suppression en cours des roues pendantes sur bateau, « dangereuses et de faible rendement » ; ce fait, valable sur le plan européen selon ses assertions, est en fait consécutif à l'utilisation des nouvelles sources d'énergie.

Les quais du Rhône, comme ceux de la Saône, fixaient également les bateaux-lavoirs appelés « plattes ». La première aurait été construite en 1810 pour les Hospices[97]. Certaines étaient utilisées pour le rinçage des flottes de soie après teinture[98] ; l'une servit même de morgue à partir de 1841[99]. Les « plattes chaudes » étaient des lavoirs disposant de la vapeur à partir de 1845 ; la quasi-totalité en fut construite au début du Second Empire jusqu'à atteindre le nombre de quatre-vingt-cinq en 1858. Le déclin des plattes fut plus tardif que celui des moulins à nef puisque plusieurs d'entre elles demeuraient en activité au début des années 1930[100].

Ainsi, au milieu du XIXᵉ siècle, les eaux du Haut-Rhône souffraient-elles d'une sous-utilisation dans le domaine énergétique ; seules les annexes telles que lônes « vives » et ruisseaux affluents contribuaient véritablement à produire la force motrice nécessaire au village et aux bourgs car les moulins à nef étaient d'un faible secours. C'est que les Ponts et Chaussées avaient arbitré en faveur de la navigation, activité concurrente de la précédente ; les pays du Haut-Rhône n'étaient plus maîtres du fleuve.

95. *Brochier, 1982.*
96. *A.D. Rhône, Fonds S.N.R.S.*
97. *Sambardier, 1932.*
98. *Laferrere, 1960.*
99. *Brochier, 1982.*
100. *A.D. Rhône, S.N.R.S. 2124.*

c. LA NAVIGATION

Sur le Rhône,
des conditions naturelles très contraignantes

Le Haut-Rhône était formé de deux tronçons d'aptitudes très différentes au plan de la navigabilité :

— A l'amont, de la frontière suisse jusqu'au Parc, le Rhône était « flottable et presque navigable[101] » ; dans la réalité, le fleuve était classé flottable et portait des trains de bois provenant des Alpes par le cours de l'Arve. Dans cette section, le Rhône était donc un torrent alpin et considéré comme tel. La perte du Rhône était pour les barques un obstacle insurmontable et pour le flottage une contrainte sérieuse, car les troncs restaient coincés dans le gouffre ou étaient déchiquetés sur les rochers, malgré l'exécution de quelques travaux à la fin du XVIIIᵉ siècle. H. Tournier (1952) a relaté la belle équipée de Boitel qui réussit à passer en barque les pertes du Rhône sous la Révolution.

— La navigation commençait au château du Parc, 159 kilomètres à l'amont du confluent du Rhône et de la Saône, mais officiellement, le Haut-Rhône navigable s'interrompait au pont Morand à Lyon[102].

L'obstacle le plus sérieux tenait à l'irrégularité du régime responsable d'interruptions de la navigation. Les crues supérieures à trois mètres au pont Morand et correspondant à un débit minimum de 1 460 m³ se produisaient en moyenne onze jours par an de 1851 à 1858 ; la remonte était impossible car les chemins de halage étaient noyés sous plus d'un mètre d'eau, mais on acceptait de travailler avec des courants de 4 à 5 m/s : « L'important pour un maître d'équipage est de gagner du temps parce que chaque jour de repos est pour lui une perte très considérable. »

La « navigation complète » s'effectuait entre 500 et 1 450 m³ environ lorsque les eaux étaient « marchandes[103] ». Pour des débits inférieurs à 400 m³/s, la navigation se faisait peu rémunératrice et s'interrompait quarante jours par an, en moyenne, pour les débits d'étiage inférieurs à 225 m³/s.

Le graphique des états de navigabilité en 1854 (fig. 60), année de faible hydraulicité, suggère les difficultés de prévision que rencontraient les mariniers. Cette année-là, le chômage dura de janvier à mai et seuls les mois de juillet et août permirent un travail régulier ; la fin de l'été et l'automne alternèrent les périodes d'étiage

101. A.D. Ain, S. 423.
102. Le rapport sur la navigation du Rhône dans le département de l'Ain est un bilan très clair donné en 1835 par l'ingénieur des Ponts et Chaussées Berthier (Arch. S.N.R.S. Régularisation du Rhône). Il a fourni l'essentiel de la documentation utilisée (fig. 88).
103. Le débit de 500 m³ correspond exactement au débit semi-permanent actuel au pont Morand.

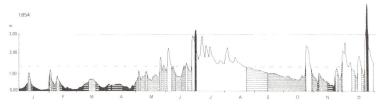

Figure 60. La navigabilité du Rhône en 1854 (source : Arch. dép. Rhône).

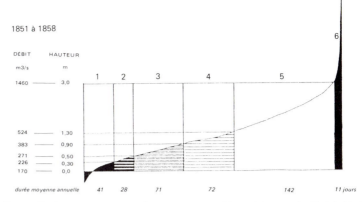

*Figure 61. La tenue moyenne des eaux au pont Morand (Lyon) de 1851 à 1858
(source : Arch. dép. Rhône).*

et les montées brutales qui immobilisaient les bateaux sur le trajet ou les obligeaient à prendre des risques dangereux.

L'étiage révélait la faiblesse de tirant d'eau de ce fleuve rapide. Les hauts-fonds se groupaient en cinq secteurs difficiles.

	Vitesse de l'eau (m/s)	Profondeur à l'étiage (m)
Le Parc	2,55	0,49
Iles d'Anglefort		0,54
Furan		0,41
Iles du Chaffard	1,71	0,89
Iles de Miribel	1,86	0,49

Les tronçons les plus délicats correspondaient, sur le plan géomorphologique, aux secteurs de tressage. Le Rhône faisait des « mains d'eau », expression de marinier signifiant qu'il se divisait en plusieurs bras ; le tronçon compris entre Lyon et le cours de l'Ain était réputé pour l'instabilité de son tracé et nécessitait une reconnaissance préalable : « Le cours du Rhône perd tout à fait sa régularité. Il forme très fréquemment des îles, il se divise en plusieurs bras partiels qui versent en fort peu de temps et peuvent devenir bras principaux. » Le plus mauvais endroit entre Seyssel et Lyon était l'embouchure du Furan avec une quarantaine de centimètres de profondeur à l'étiage, profondeur insuffisante car la remonte requérait cinquante à soixante centimètres de fond. En cas de difficulté, quelque bateau vide ou un bateau d'allège loué au village voisin permettait de répartir l'excès de charge ; lorsqu'il manquait quelques centimètres sur une faible longueur, il était plus simple de désunir le convoi : « On passe les bateaux isolés ou deux à deux en les faisant rouler sur la couche de gravier du fond qu'ils déplacent. »

Le handicap d'un faible tirant d'eau susceptible d'arrêter la navigation pendant de longs mois était aggravé par la présence d'obstacles naturels dont le franchissement s'avérait long et donc coûteux pour les équipages :

— Les bateaux devaient éviter des rochers à fleur d'eau dans le tronçon jurassien ou les blocs de poudingue éboulés au pied de la balme dauphinoise de Jons.

Le passage du Méant, en aval d'Anthon, était réputé pour ses « clapiers », comme l'était le « passage du Bouché à l'aval de Loyettes[104] ». A cet endroit, le Rhône, en s'encaissant, avait mis à jour des blocs morainiques qui saillaient en basses eaux et agitaient la surface du fleuve. De 1847 à 1853, les Ponts et Chaussées enregistrèrent cinq accidents dont trois avec perte de bateaux au passage du Méant ; le faible taux des sinistres, cinq sur douze mille passages, fournissait des arguments pour laisser le secteur en l'état, mais les mariniers estimaient que les grandes crues faisaient surgir les écueils. Ainsi le creusement du Rhône était perçu de manière indirecte par les usagers du fleuve.

Les rapides du Sault, redoutés des mariniers, étaient le secteur le plus remarquable. Le village de Sault-Brénaz est d'un type original ; davantage qu'un site de pont ou de bac, c'était un point de rupture de charge obligé. Une population active s'affairait dans les entrepôts du port de la Meuille, dans les chantiers de construction de bateaux ; lieu d'étape, relais de chevaux, Sault-Brénaz rassemblait également la pierre de taille extraite dans les carrières ouvertes au flanc des corniches jurassiques qui font escorte au fleuve. Les rapides, redoutés des bateliers, se décomposaient en trois mauvais passages : le Petit Sault à huit cents mètres en amont du pont, le Grand Sault à quatre cents mètres à l'amont, la Pérollière, à l'aval, rendu plus difficile à la suite des travaux effectués au Grand Sault en 1841 (fig. 70).

	Longueur (m)	Dénivellation (m)	Vitesse (m/s)
Petit-Sault	123	0,257	3,2
Grand-Sault	344	1,175	4,0
La Pérollière	185	0,638	—

A la descente, les bateaux devaient se maintenir en ligne dans la « paillasse » du port de la Meuille, résister aux « coups d'eau » des rapides et glisser sur les grandes dalles de calcaire polies par le courant. « Les bateaux de dérive ont bien de la peine, à l'époque des eaux ordinaires, à se maintenir dans le passage et reçoivent en traversant sur la chute une secousse qui doit en altérer prodigieusement la solidité[105]. » Les bateaux de pierre étaient trop chargés avec une bande dépassant de moins de dix centimètres et embarquaient de l'eau au passage des rapides.

A la remonte, il fallait une journée de manœuvre pour passer quatre bateaux en convoi et l'on bloquait la dérive. Après avoir « décalomé », on passait séparément chaque bateau ; on utilisait respectivement, trois, quinze ou vingt-cinq chevaux de halage pour des

104. A.D. Ain, S. 872.
105. Rapport Berthier, 1835.

Vocabulaire des mariniers

Gaffer : Faire tirer les chevaux en les mettant dans l'eau jusqu'au poitrail et même jusqu'aux épaules.

Faire le trajet : Embarquer les chevaux pour changer de rive.

Faire roder les chevaux : Envoyer les chevaux au loin pour leur faire traverser un bras ou un affluent en lieu sûr. La corde traverse dans une barque.

Laisser filer la maille : Les chevaux traversent à la nage avec la maille ou corde de halage.

Traite : On fait tirer les chevaux dans les terres loin du chemin de halage pour conserver à la maille une direction qui lui est nécessaire afin de maintenir les bateaux dans le chenal navigable lorsque celui-ci change brusquement de direction.

Prise de terre : Arrêt de l'équipage le soir.

Décalomer : Désunir les bateaux du convoi pour les faire passer un à un.

Paillasse : Tourbillon caractéristique de l'écoulement dans les anses concaves.

Quiome : Barque pour le transport du sel.

Patron de ville : Pilote conduisant les bateaux de la digue de la Tête d'Or au pont Lafayette.

Moder : Deuxième pilote aux rapides du Sault.

Peleau : Cordage pour amarrer les bateaux.

Maille : Cordage de traction.

Piquon : Rame d'avant.

Empinte : Rame d'arrière.

Raquet : Gouvernail.

106. A.D. Isère, VI. S. 2.
107. S.N.R.S. 1591.

Le rapide du Grand-Sault.

bateaux vides, un chargement ordinaire ou un vapeur. A partir de
1842, on put diminuer le travail de halage grâce à l'installation d'une
poulie. Le franchissement de ces trois rapides était facturé au marinier cinquante-quatre francs par bateau, soit le coût d'une journée
supplémentaire de travail.

— Lorsque le chemin de halage changeait de rive (fig. 88), lorsqu'il
fallait franchir une rivière, une lône, un bras d'île, le convoi perdait un temps précieux à « gaffer » ou à « faire le trajet » ou à faire
« roder » les chevaux. On craignait particulièrement les montées
de la rivière d'Ain. Son franchissement était si aléatoire que le déplacement du chemin de halage sur la rive iséroise fut envisagé[106] ; la
réalisation achoppa sur un obstacle juridique dans la mesure où il
n'existait, sur la rive gauche, qu'une servitude de passage de dix
pieds conforme à l'ordonnance de 1669, et où il eût fallu acheter
les terrains complémentaires.

En somme, le Haut-Rhône fournit un exemple intéressant de l'adaptation des pratiques de navigation aux caractères géomorphologiques et hydrologiques du fleuve. Il existait des contraintes propres
au tressage et à l'instabilité des chenaux, au franchissement d'un
affluent capricieux et des rapides du Sault. Le Rhône doit à ces contraintes d'avoir été un cours d'eau de décize, plus que de remonte,
même si des facteurs économiques ont renforcé ce caractère.

La navigation sur l'Ain, le Furan et le Séran

L'Ain présente des caractéristiques assez semblables à celles qui prévalaient sur le tronçon flottable du Rhône. La rivière était navigable de Dortan au confluent, mais, en fait, elle portait des radeaux,
des barques et de rares bateaux lorsque le débit dépassait 128 m³/s
avec une ligne d'eau dépassant de trente centimètres le niveau
d'étiage[107]. La rivière était jugée « bonne », particulièrement aux

équinoxes et aux solstices, lors des pluies abondantes ou de la fonte des neiges.

Un état de la navigation de la fin du XIXᵉ siècle précise les conditions de navigabilité.

— Une série de neuf années, trop courte pour que les moyennes obtenues soient significatives sur le plan hydrologique, permet de connaître de manière approximative dans quelle fourchette de débits se situait la navigabilité de la rivière d'Ain. Portées sur la courbe des débits classés établie par la C.N.R. sur la période 1960-1978, l'Ain aurait été naviguée entre 95 et 500 m³/s[108].

Alors que la remonte des bateaux était rendue impossible par l'absence de tout chemin de halage, faute d'une stabilité suffisante de la rive, la descente réservait nombre d'embûches connues des mariniers :

— Certaines digues de moulins — ils étaient autorisés sur l'Ain — étaient trop hautes ou barraient la rivière. A Neuville, les barques et radeaux s'engageaient dans une ouverture disposée en plan incliné fait de madriers.

— Il fallait éviter des blocs de rochers à fleur d'eau et les « corniches de rochers trop saillantes des rivages », les petits barrages de pêcheurs et tenir compte de l'incessant déplacement du lit : « Cette rivière dans le temps des crues charrie beaucoup de graviers. Elle forme des bancs ou seuils de gravier qui changent le chemin de la navigation, ce qui la rend incertaine et laborieuse[109]. »

Comme à Seyssel, où le 10 août 1835, trois radeaux de bois formés de cent cinquante troncs emportèrent un pont presque neuf[110], il fallait respecter les ouvrages d'art. Ainsi, l'ordonnance de 1761, confirmée en 1781, dénonçait les trop grandes dimensions de radeaux qui dépassaient les dix-huit pieds de largeur. Le radelier devait « prendre terre » en amont du pont de Chazey, « descendre en rendue » et en filant la maille sauf à verser cinquante livres à son dénonciateur et cinquante autres à l'hôpital le plus proche[111] ! Aux eaux moyennes, les barques chargées, groupées en convois de cinq à six unités, descendaient de Thoirette au confluent du Rhône en cinq heures tandis que les radeaux accomplissaient le trajet en huit heures.

En somme, presque un torrent, flottable pendant les cinq mois d'hiver.

— Le Séran était considéré comme flottable à partir d'Artemare, « lieu de dépôt de tous les bois sapins qui viennent des montagnes du Valromey[112] ». Deux mois par an, lors des grandes crues, il portait quelques bateaux de la taille des sapines avec un tirant d'eau de soixante-dix centimètres ou des barques d'un tirant d'eau de vingt-huit centimètres.

— Le Furan avait été déclaré navigable en 1767, du pont d'Andert (au nord-ouest de Belley) jusqu'au confluent avec le Rhône, car le tablier de pierre du pont d'Andert, construit en 1755, était trop bas pour laisser passer les bateaux. Cette rivière de plaine, quoique peu alimentée, possédait deux pieds de profondeur aux basses eaux et

108. En fait, il semble opportun de relever le seuil inférieur à plus de 100 m³/s compte tenu d'une baisse de 10 m³/s du débit moyen annuel observable de nos jours par rapport à la moyenne établie par M. Pardé sur une série 1877-1936 (Vivian, 1982).
109. A.D. Ain, S. 423. Date : 1796. Un rapport officiel de l'an 7 fait état de ces passages difficiles.
110. Burdeyron, 1965.
111. A.D. Ain, C. 1076.
112. Un rapport de 1796 (A.D. O1, 5423) le qualifie de « flottable pour les navettes et radeaux ».

	Distance (km)	Bateaux	Radeaux
Thoirette-Neuville	33	2 h 30	4 h
Neuville-Rhône	46	2 h 30	4 h
Vitesse moyenne (km/h)		15.8	9,9

Vitesse de navigation sur l'Ain vers 1890 (A.D. Ain, S. 2310).

Confluent-Lyon	30	1 h 30 - 2 h	2 h 30 - 3 h
Vitesse (km/h)		15-20	10-12

Vitesse de navigation sur le Rhône vers 1890.

portait de grosses barques de neuf à dix mètres de longueur et deux mètres de largeur. Elle était en fait très peu utilisée à cause des sinuosités de son tracé et de la gêne occasionnée par les moulins de Thuy.

— Le canal de Savières et le lac du Bourget avaient une batellerie différente de celle du Rhône, incapable de passer les hauts-fonds des îles de Miribel et de résister au tirage de la maille[113]. Chanaz fut donc un point de rupture de charge jusqu'à l'arrivée des bateaux à vapeur.

Ainsi le Rhône et ses affluents faisant l'objet d'une navigation avaient pour fonction essentielle de collecter et de drainer des marchandises à destination de Lyon. Les flux de descente l'emportaient de très loin sur les flux de remonte.

*Le trafic des voies navigables
dans la première moitié du XIXe siècle*

— Les tonnages transportés étaient modestes si on les compare à ceux de la Saône (de 500 000 à 780 000 tonnes entre Saint-Jean-de-Losne et Lyon en 1850) et du Rhône aval (de 300 000 à 540 000 tonnes entre Beaucaire et Lyon) ; en effet, le tonnage débarqué à Lyon en provenance de l'amont a oscillé entre 100 000 et 250 000 tonnes suivant les années (fig. 93), la moyenne s'établissant vers 200 000 tonnes si l'on excepte la dépression des années 1848-1853. En réalité, 90 % du tonnage concernait la section du Rhône comprise entre les rapides de Sault-Brénaz et Lyon, car l'Ain et le Rhône, dans le tronçon le Parc-le Sault, portaient chacun moins de 10 000 tonnes. En cela, le Rhône supérieur français et l'Ain s'apparentaient à d'autres rivières montagnardes comme l'Isère tandis que le Rhône à l'aval de Sault apportait à l'axe fluvial Rhône-Saône un trafic analogue à celui des canaux de Bourgogne et du Centre.

— Le trafic du Rhône portait essentiellement sur la pierre à bâtir et la chaux chargées dans la région de Sault-Brénaz. Les dépôts de pierre étaient nombreux de Villebois à Lagnieu en provenance des carrières ouvertes à flanc de coteau (fig. 100) ; à l'aval, le port de la Bruine exportait la pierre d'Hières-sur-Amby extraite sur le rebord

113. A.D. Savoie, L. 1539.

Carrière de pierre à Vions en Chautagne.
Les extracteurs ont utilisé le pendage des couches de calcaire urgonien.

du plateau de Crémieu et conduite au Rhône par de courts chemins transversaux.

De Lyon à Valence, on utilisait la pierre de taille, les moellons de maçonnerie, les moellons pour fours à chaux comme à La Guillotière. Depuis le XVIIIe siècle, Lyon avait retrouvé l'usage de la pierre blanche de Seyssel dont l'extraction se déplaça de Franclens sur la rive savoyarde à Surjoux sur la rive française en 1858[114]. Le Haut-Rhône présentait l'activité des cours d'eau nordiques avec le flottage du bois, encore que certaines vallées autrichiennes aient conservé cette pratique. En été, lorsque les eaux étaient hautes, on jetait les troncs dans l'Arve et le Rhône pour un transport à « bûches perdues ». Lors de l'assèchement accidentel des pertes de Bellegarde, en 1883, les riverains purent apercevoir un étonnant embâcle de troncs déchiquetés au fond du gouffre. A. Jouve (1838) relate le déblocage du bois coincé en travers de la « gorge affreuse » de Bellegarde et le travail des mariniers qui formaient les trains à partir de Pyrimont[115]. En 1874, le flottage n'existait plus que sur l'Arve pour alimenter la consommation genevoise, mais restait encore actif à l'aval de Culoz.

Lyon recevait donc par le Rhône du bois flotté, le bois scié d'Artemare et Culoz, des chênes de « service », des « moules » et fagots descendus du Furan... De Pyrimont descendaient mille huit cents à deux mille quintaux d'un asphalte découvert en 1795 et concédé en 1806[116] ; du lac du Bourget, quelques barques chargées de produits agricoles comme les fruits, le riz piémontais...

Les radeaux et les savoyardes neuves étaient fabriqués à Artemare et Seyssel dont la gare d'eau bordée de chantiers à bateaux occupait une surface presque égale à celle du bourg ; en 1855, quatre ans avant que la voie ferrée ne les ait ruinés, les chantiers livraient

Ruines d'un four à chaux au bord du fleuve, à Lavours.

114. Burdeyron, 1965.
115. A.D. Ain, S. 849.
116. Bossi, 1808, et H. de StD, 1837.

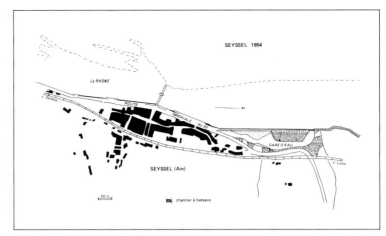

Figure 62. Seyssel en 1834.

encore quinze grands bateaux et cinquante batelets, sapines et canots[117].

A la remonte, très peu de choses : quelques barques de sel à destination de l'entrepôt du Regonfle fondé par la cour de Turin et de celui du Parc construit en 1744 par la Ferme Générale ; ce trafic s'évadait d'ailleurs vers la route car le transport terrestre bénéficiait d'améliorations significatives au début du XIXe siècle. Pour le reste, un peu de fer et de houille à destination du duché de Savoie...

— Le trafic de l'Ain, comme celui du Séran et du Furan, portait sur le bois descendu par « traîne » ou à « tâches perdues ». Le « bois de longueur », le sapin, était expédié par les petits ports de Molinges, Jeurre, Dortan, Thoirette avec du bois de chauffage et du charbon de bois. Les batelets descendaient des caisses vides, du poisson et de la mousse... Les habitants de Saint-Claude conduisaient à Lyon des lots de bimbeloterie ; pour prix de son transport,

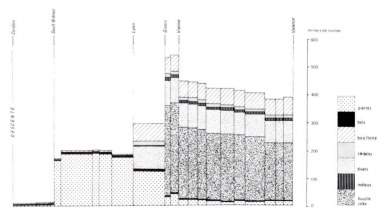

117. A.D. Ain, S. 847.

Figure 63. Le "mouvement" de la navigation du Rhône en 1853.

« l'ouvrier-propriétaire » s'engageait comme marinier, ce qui, au dire des mauvaises langues, justifiait la réputation de maladresse des mariniers de l'Ain[118] !

Ainsi, au début du XIXᵉ siècle, le Haut-Rhône était-il un fleuve de décize. L'essentiel du trafic approvisionnait Lyon en matériaux de construction et en bois de chauffage provenant des chaînons jurassiens et de l'Ile Crémieu. Très peu de marchandises remontaient le fleuve aux eaux rapides, inconstantes et semées d'embûches comme les fameux rapides de Sault. En fait, Lyon avait fort peu de choses à proposer et imposait à l'amont une forme d'économie de traite.

3. La défense des plaines et des villes par les endiguements

Nous avons choisi de faire figurer les premiers travaux de contrôle des eaux dans le chapitre consacré à l'époque d'économie traditionnelle en raison de la modestie des moyens financiers et techniques engagés, du caractère local des interventions, sinon des initiatives et de leur absence de coordination.

Nous distinguerons successivement les travaux réalisés sur le fleuve à l'amont de Lyon et la fixation du cours du fleuve dans la ville, préliminaire à une politique de défense contre les crues.

a. LES PREMIERS GRANDS TRAVAUX DE GENIE CIVIL A L'AMONT DE LYON

Avant le Second Empire, l'intervention des pouvoirs publics n'a porté que sur deux tronçons du Haut-Rhône ; les trois secteurs aménagés ont été le confluent du Guiers, les plaines de Chautagne-Lavours et la ville de Seyssel.

La fixation du confluent Rhône-Guiers
à la fin du XVIIIᵉ siècle

L'aménagement du secteur de confluence par la France est la conséquence directe du traité de Turin signé en 1760. Jusqu'à cette date, les voituriers venant du Midi, particulièrement de Provence, longeaient la rive gauche du fleuve de Saint-Genix à Genève et semblaient avoir bénéficié d'exemptions de droits de péage[119].

Après 1760, le pouvoir central se préoccupa de récupérer ce trafic de quatre mille routiers qui laissaient 400 000 livres à la Savoie chaque année[120]. Une route fut ouverte de Belley à Cordon en 1763 ; le problème était donc le franchissement du Rhône à ce niveau. Les motivations de Versailles, en réalité, étaient d'ordre plus militaire qu'économique. En 1753-1754, des arrêts du Conseil d'Etat avaient ordonné l'ouverture d'une route directe entre Besançon et Grenoble ; faute d'un pont — le pont du Sault en bois était alors détruit — les troupes et les munitions passaient à la rame ou faisaient un long détour par Lyon pour rallier La Côte-Saint-André depuis Mexi-

118. A.D. Ain, S. 2310.
119. A.D. Ain, S. 420.
120. A.D. Ain, S. 473.

mieux. De Besançon à Grenoble, le parcours nécessitait six à sept jours de marche, huit à dix jours pour les voitures.

Le passage direct par Cordon prit toute son importance lorsque Choiseul eut décidé de faire de Versoix un port fortifié qui serait le rival de Genève, quelques kilomètres plus au nord sur les rives du lac Léman ; cette politique, inaugurée en 1767, fut abandonnée dès 1770, mais l'impulsion fut vigoureuse car il était nécessaire d'assurer des communications rapides avec Grenoble, en contournant les possessions savoyardes.

Choiseul choisit d'établir un bac à la confluence même du Guiers et confia pour cette mission des fonds de l'Extraordinaire des guerres au directeur des fortifications du Dauphiné. En 1770-72, l'intendant du Dauphiné, Pajot de Marcheval, améliora le bac à l'aide d'une traille ; on évitait le péage de Saint-Genix, terre savoyarde, en traversant le Guiers à l'aval du bourg pour gagner ensuite le Dauphiné, mais cette traille fut supprimée sur les protestations de la cour de Turin. Cette solution peu élégante était le fruit de l'obstination de Choiseul, Trudaine parlait même d'entêtement dans une lettre[120] ; en ce qui le concerne, Pajot de Marcheval était partisan de la reconstruction du pont du Sault, passage très ancien et relativement aisé à équiper. Choiseul, sans connaissance des lieux, imposait le franchissement du fleuve dans le secteur le plus difficile qui soit. La traille de Pajot de Marcheval une fois supprimée, il fallut envisager le franchissement à l'aval du confluent, ce qui fut réalisé au XIXe siècle[121].

L'endiguement des plaines de Chautagne-Lavours (1773-1857)

Il convient de distinguer les travaux de protection contre les crues sur la rive gauche du Rhône, à l'initiative de la Savoie, des travaux français effectués en rive droite dans le but d'améliorer les communications entre le Dauphiné et Genève.

En Chautagne, l'axe de communication Chambéry-Seyssel est fixé au flanc des chaînons bordiers, à l'abri des inondations ; les motivations du gouvernement piémontais furent sans doute d'ordre humanitaire et économique, la défense des terres agricoles pouvant se justifier ; elle fut probablement d'ordre politique dans la Combe de Savoie, où il importait à Victor-Emmanuel III de rallier les populations au régime[122]. La concordance dans le temps est curieuse, puisque le projet de Garella sur l'Isère date de 1773-74 et que le projet du major général Pinto sur le Rhône connut un début de réalisation en 1774 par la digue de Picollet. Alors que la Combe de Savoie présente un endiguement continu réalisé de 1829 à 1853, la Chautagne ne possède que des tronçons de digues « insubmersibles » réalisés à des dates et avec des techniques différentes :

— La digue de Picollet, construite de 1774 à 1783 et prolongée par les Français en 1792 (fig. 64) ;

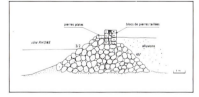

Figure 64. La digue de Picollet en Chautagne.

120. A.D. Ain, S. 473.
121. Un devis est fourni en 1793 (A.D. Ain, S. 493).
122. Gex, 1940.

195

— La partie aval de la digue de Serrières, la plus ancienne, appelée
« digue de Chautagne » au début du XVIIIᵉ siècle ;
— La digue de Palliod, prolongée de 1844 à 1848.

Conformément au traité de Turin, ces travaux ont été réalisés dans
l'alignement de la ligne latérale de rive gauche. L'endiguement de
rive droite fut réalisé de 1841 à 1856, non dans le but de protéger
les terres agricoles de l'inondation, mais pour répondre aux besoins
croissants des transports.

De 1841 à 1845, la route royale Valence-Genève fut améliorée par
la construction d'une chaussée insubmersible entre Rochefort et
Culoz ; cette voie rectiligne, permettant d'éviter le contournement
du marais de Lavours, prenait appui sur le rocher de Lavours et
l'éperon de Landaise en respectant la ligne latérale.

En revanche, la voie ferrée Culoz-Bellegarde, élément de l'axe Lyon-
Genève, fut construite de 1853 à 1857 en remblai dans le lit majeur
du Rhône. La commune céda gratuitement les terrains à la compagnie du chemin de fer car la voie ferrée faisait office de digue pro-
tectrice ; le tracé retenu avait nécessité l'accord international de 1850
qui déplaçait vers l'axe du fleuve la ligne latérale de 1760.

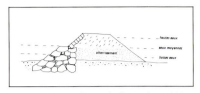

Figure 65. La digue de Seyssel en 1847.

La protection de Seyssel

Le quai de Seyssel, large de 5,45 mètres, et la digue de protection
du bourg de rive droite furent réalisés en 1844 et nécessitèrent la
destruction des maisons bâties au bord du Rhône ; les quais étaient
munis de vannes prévues pour l'évacuation des eaux du coteau et
devant être fermées lors de la montée des eaux du Rhône[123].

Sur la rive savoyarde, à l'aval du bourg, on projeta dès 1847 une
digue longue de 1 030 mètres (fig. 65) ; elle fut commencée entre
1853 et 1855 par le chevalier Mosca ; un enrochement « à fonds
perdu » fut réalisé jusqu'à hauteur des eaux moyennes, mais la crue
de 1855 provoqua l'abandon des travaux. La solution retenue n'était
pas sans intérêt : l'ingénieur aurait attendu que les eaux aient comblé l'espace compris entre l'enrochement et la berge puis aurait élevé
un remblai perreyé jusqu'à cinquante centimètres au-dessus des grandes crues[124].

Sur les deux rives, les travaux, projetés et partiellement réalisés, présentaient l'intérêt de faciliter les transports terrestres dans un secteur où la vallée, rétrécie, obligeait les routes à s'élever ou à longer
un fleuve dangereux. En témoigne l'attitude des habitants de Seyssel-
Savoie dont l'hostilité aux travaux s'explique par la crainte que leurs
vins ne soient concurrencés par ceux de Chautagne, réputés de meilleure qualité[124].

b. LA FIXATION DU COURS DU RHONE A LYON

Au XVIIIᵉ siècle, il n'était pas encore question de trouver une quelconque parade à la montée des eaux ; la crue était une contrainte
acceptée, car elle semblait inéluctable, les moyens techniques de
l'époque ne permettant pas d'envisager une protection de l'habitat

123. A.D. Ain, S. 849.
124. A.D. Savoie, FS 2425.

et de la plaine agricole de rive gauche. Les Lyonnais étaient bien davantage préoccupés d'une menace qui leur paraissait inscrite dans la géographie des lieux, celle d'un déplacement du cours du Rhône vers la balme dauphinoise.

La situation au milieu du XVIIIᵉ siècle

Le fait que, jusqu'au XIIᵉ siècle, le Rhône ait coulé au pied des balmes dauphinoises semble avoir toujours hanté, peut-être à juste titre, l'imaginaire des Lyonnais. Les débordements en rive gauche s'accompagnaient de forts courants canalisés par les anciens chenaux du fleuve qui semblaient préfigurer un changement de cours prochain ; une semblable crainte s'exprimait de la même manière en Chautagne où l'on prédisait un déversement du fleuve dans le lac du Bourget par la dépression naturelle des marais.

Cette inquiétude propre aux gens du Rhône, agriculteurs menacés dans leurs biens, était avant tout celle des Hospices de Lyon. En 1754, le domaine de la Tête d'Or « allait être emporté, le Rhône se jetait sur La Guillotière et allait couler par Béchevelin » ; l'initiative première est donc motivée par une défense active des vastes domaines rassemblés au cours des siècles par les Hospices. Une crue récente avait donné l'alerte ; le Rhône avait quitté les murs de Lyon et déposé des « étendues immenses de gravier » en rive droite, le long de la chaussée Perrache et du quai Monsieur, vis-à-vis de l'hôpital, au-dessus du pont Morand, à la Boucle, et jusqu'au château de La Pape.

Lyon, ville du Rhône autant que de la Saône, craignait le déplacement d'un fleuve qui avait fixé l'activité portuaire : garage pour bois à brûler et charbons du port Saint-Clair, port à bois variés des Jésuites (devant le lycée Ampère actuel), port de la pierre de taille et du charbon aux Cordeliers, enfin abreuvoir du port de l'hôpital au nord de l'Hôtel-Dieu. D'innombrables bateaux et usines flottantes, tels que moulins, teintureries, fabriques de boutons... s'appuyaient au quai de Retz, construit de 1737 à 1745 du port Saint-Clair au pont du Rhône[125].

En corollaire, la municipalité lyonnaise craignait que, par suite d'un contournement du faubourg de La Guillotière, l'unique pont permettant le franchissement du Rhône ne devînt inutile[126]. Il était donc essentiel de fixer de manière définitive le cours du Rhône au flanc de la ville.

La digue de la Tête d'Or (1756-1769)

A la suite de la crue de 1754, l'administration du Grand Hospice s'unit au corps municipal de Lyon, sollicita et obtint du roi un arrêt de son conseil du 3 octobre 1756. Monsieur de la Michodière, intendant de la généralité de Lyon, était nommé commissaire extraordinaire du roi avec pouvoir de faire les plans et devis. Le travail fut confié au sieur Deville, « ingénieur du cours du Rhône », qui fit les plans, accorda l'adjudication en 1757 et fit débuter les travaux en 1759.

125. *Lerondier, 1910.*
126. *A.D. Isère, IIC. 781.*

197

— Le premier ouvrage réalisé fut, cette année-là, une digue en éperon « à la pointe de Neyron sur Vaux, en Dauphiné » pour repousser le Rhône sous le château de La Pape. L'intendant du Dauphiné laissa la direction des opérations à son collègue lyonnais qui se chargeait des dépenses.

— Construire la première digue de la Tête d'Or fut un travail autrement difficile. Il fallut creuser des tranchées dans la grève caillouteuse de rive droite pour y attirer le fleuve et « pour se rendre maître du Rhône qui était très profond et dont le courant était très rapide, on fit couler à fond plus de cent penelles pleines de pierres prises au Saut du Rhône et ce ne fut qu'en 1760 que l'on put commencer à piloter et successivement jusqu'en 1768, on confectionna la digue[127]. » Il était exceptionnel, à l'époque, de ne pas ancrer la digue sur un versant stable et de travailler sur un « terrain mouvant et sur sables » ; la digue fut d'ailleurs endommagée en 1769 par une crue.

— Cette œuvre de fixation du Rhône lyonnais fut complétée par la digue dite des Brotteaux à l'aval du pont Morand (1772-1774) et par une digue ancrée au pont de La Guillotière pour protéger Béchevelin.

Ainsi, tant que le quartier des Brotteaux resta peu peuplé, les travaux réalisés au XVIIIe siècle semblèrent de nature à contenir le fleuve, mais les épisodes de crues dévastaient la rive gauche et renouvelaient l'inquiétude ancestrale d'un changement de cours.

Conclusion

De même que les caractères originaux du fonctionnement fluvial conféraient une originalité certaine aux pratiques agricoles riveraines, de même les usages traditionnels de l'eau sont remarquablement subordonnés aux contraintes naturelles.

La pêche rhodanienne était adaptée au style géomorphologique ; pêche de torrent, fructueuse dans les chenaux vifs, à fond caillouteux et peu profonds, facilement barrés au filet.

L'énergie n'était pas valorisée dans une époque qui n'était pas encore celle de la houille blanche car les techniques traditionnelles se révélaient inadaptées. La vitesse des eaux en crue, la forte variabilité verticale de la ligne d'eau dans les secteurs de gorge, la grande instabilité géographique des chenaux dans les secteurs de tressage étaient autant de handicaps. Les moulins à nefs, ici comme sur d'autres cours d'eau, étaient la meilleure réponse et utilisaient une très faible fraction de la seule énergie cinétique. Paradoxalement, les sociétés riveraines souffraient d'un grave manque d'énergie, facteur limitant pour une valorisation des ressources locales, et utilisaient la totalité du potentiel disponible sur les affluents.

Ce caractère propre renforce certainement cette image d'un fleuve au service d'une économie de traite à usage lyonnais. La cité a renforcé l'unité du Haut-Rhône en suscitant la descente du bois et de

127. L. de Broal, 1817. Mémoire sur les dégâts. A.D. Isère, VI. S. 2. 9.

198

la pierre et, comme Venise sur le Piave, a imposé le flottage au détriment d'autres usages (Moretti, 1984).

De façon semblable, les seules tentatives de correction fluviale concernent des initiatives extérieures, soit citadines, soit administratives, alors que la société rurale acceptait le fleuve, s'accommodant tant bien que mal aux contraintes naturelles.

Le Furan à Rothonod.

L'Ain à Bolozon avant l'aménagement hydroélectrique.

Seyssel.

II.
Le contrôle des eaux fluviales
(fin XIXᵉ-XXᵉ siècle)

Au milieu du XIXᵉ siècle, plus précisément à partir de la monarchie de Juillet, le Haut-Rhône a connu certaines manifestations de la révolution industrielle et urbaine qui caractérisent l'économie occidentale.

C'est en premier lieu un effort considérable d'endiguement destiné à assurer la croissance urbaine de l'agglomération lyonnaise dans la plaine alluviale de la rive gauche. La préoccupation n'est certes pas nouvelle, mais les moyens techniques et financiers permettent enfin de lutter efficacement contre les crues.

Nous envisagerons surtout les grands thèmes d'aménagement fluvial qui ont mobilisé les initiatives jusqu'à nos jours : l'amélioration de la voie d'eau, pour l'adapter aux exigences de la navigation à vapeur, le contrôle des eaux du Léman à Genève, auxquels succède à la fin du siècle l'ère de la houille blanche. Un foisonnement de projets et de réalisations matérialise certains aspects des influences lyonnaises et genevoises sur l'espace rhodanien, avant que l'Etat n'impose des conceptions plus centralisées.

1. La défense de Lyon contre les inondations

Le développement des constructions nouvelles dans la plaine inondable de rive gauche, à La Guillotière, et surtout aux Brotteaux à l'époque de la Restauration, changea l'attitude des pouvoirs publics ; il ne s'agissait plus seulement de fixer le Rhône en acceptant l'inondation, mais de protéger efficacement la nouvelle ville et de permettre l'extension du bâti à l'intérieur de l'enceinte fortifiée. L'actuel boulevard Bonnevay emprunte la digue insubmersible des Brotteaux édifiée après le désastre occasionné par la crue de 1856.

a. 1825-1840 : LES PREMIERES REALISATIONS

En 1825, l'académie de Lyon lança un concours public sur le thème de la défense contre les crues, signe que le développement urbain amorcé sur la rive gauche préoccupait manifestement les édiles. Deux conceptions coexistaient à cette époque :

— Henri Vitton, le maire de La Guillotière, demanda à ses administrés d'aider au financement d'une route insubmersible qui aurait fait l'office d'une digue capable de protéger son bourg d'une crue semblable à celle de 1812. Le travail fut réalisé l'année suivante depuis le pont Charles X (actuel pont Lafayette) jusqu'à Villeurbanne, en empruntant, semble-t-il, le tracé du cours Lafayette. Il est difficile de connaître l'efficacité réelle de cette route insubmersible. Les plans de la ville figurant l'extension de la crue de 1856 représentent cette route sous les eaux mais il semble probable que l'effet s'en fit sentir quelque peu dans la partie villeurbannaise de la plaine. En particulier, le préfet de l'Isère estima que cette route élevait le niveau des grandes crues se déversant vers la Doua, à l'amont du domaine des Hospices ; peut-être se faisait-il l'écho des protestations véhémentes du maire Monaron : « Villeurbanne est-il donc destiné à devenir une grenouillère et un marais ? Et plus de 1 100 arpents de terre labourable, un beau hameau bien agglo-méré et un grand nombre de maisons rurales sont-elles condamnées à disparaître, afin de donner naissance à une ville nouvelle, de laquelle elles devraient recevoir une nouvelle vie ? » C'était l'épo-que où le hameau des Charpennes recevait les ateliers de tissage de la Croix-Rousse, où le maire Monaron, négociant lyonnais, envi-sageait la création d'un nouveau centre à l'emplacement des Gratte-Ciel actuels pour restructurer la commune et résister à l'attraction lyonnaise[1].

— Quoi qu'il en fût, en cette même année 1826, le conseil général du Rhône envisageait une opération de grande envergure, capable de protéger l'ensemble de la plaine inondable de Vaulx-en-Velin à La Guillotière. L'ingénieur de Prony proposa un endiguement géné-ral de Jonage à Lyon et constitua à Paris, en 1827, la Compagnie des dessèchements ; les études préalables le convainquirent de renon-cer à ses projets mais l'idée était dans l'air.

En 1830, une nouvelle décision du conseil général prescrivait des travaux partiels et priait le préfet de provoquer la création d'une compagnie. Fut constitué un syndicat chargé de construire une levée en terre de vingt-quatre pieds de large et quatre à cinq pieds de haut ; les habitants de Vaulx, arguant du fait que cela ne leur rapportait rien, et surtout désireux de ne rien débourser, firent échouer ce projet.

A la même époque, l'administration des Ponts et Chaussées avança également des propositions moins coûteuses car plus modestes :

— Soit une digue de l'allée des Charpennes au chemin de la Fer-randière (1 600 mètres) ;

— Soit une digue depuis la digue de la Tête d'Or jusqu'au carre-four de la route de Vaulx et de la route de la vieille église de Vil-leurbanne aux communaux des bords du Rhône, prolongée vers les Balmes par un exhaussement de un mètre cinquante du chemin des Buers.

Faute d'un accord des parties en cause, rien ne fut réalisé... Le der-nier projet des Ponts et Chaussées réapparut brusquement en 1836 à l'initiative du préfet du Rhône désireux d'occuper les ouvriers de la fabrique de Lyon mis au chômage par la « crise d'Amérique ». Des ateliers de charité placés sous le contrôle de l'armée édifièrent pour 202 000 francs de l'époque une digue haute de quatre mètres cinquante ; elle était bâtie en terre sablonneuse pilonnée et recou-verte de cinquante à soixante centimètres de terre végétale gazon-née. Son couronnement était arasé à soixante centimètres au-dessus

1. Meuret, 1980.

204

des repères de la grande crue de 1812 et placé en avant des emprunts larges et profonds qui avaient servi à son édification. Son tracé englobait la plaine villeurbannaise en s'adaptant aux contours d'anciens chenaux du fleuve : à l'est, elle s'accrochait à la balme de Cusset, épousait le tracé des marais de Vaulx (actuel canal de Jonage) en défendant ce qui s'appellera le quartier Saint-Jean, rejoignait le cours du Rhône et s'ancrait à la partie amont de la digue de la Tête d'Or ; le tracé bifurquait au sud-ouest le long du ruisseau de la Petite Lône en laissant à l'extérieur l'ensemble du bois de la Tête d'Or.

L'opération semble avoir manqué de coordination, puisque l'armée, locataire des communaux de Villeurbanne et de terres des Hospices de Lyon, découvrit très vite que le « Grand Camp » était coupé en deux par la digue. Il semble que le préfet accorda l'autorisation de reculement, d'autant plus facilement que c'était le moyen d'occuper à nouveau des ouvriers au chômage[2] ; la commission de prévoyance de la ville de Lyon fournit la main-d'œuvre au service du Génie qui, malgré les vives réticences des Ponts et Chaussées, fit déplacer la digue de telle manière que son tracé de 1839 épousait le tracé des parcelles cadastrales. Comme on pouvait s'y attendre, la digue en terre des Brotteaux, réputée insubmersible, ne résista pas à la grande crue du 31 octobre 1840 ; à deux heures du matin, elle céda entre le corps de Garde et le pont des Frères, c'est-à-dire sur le tronçon déplacé qui se trouvait face au courant[3]... On se retourna alors contre des habitants de Vaulx suspectés d'avoir ouvert une brèche pour abaisser le niveau de la crue à l'amont !

b. 1840-1856 : PRIORITE A L'URBANISME

Il est étonnant de constater que Lyon ne tira pas la leçon de l'inondation de 1840 ; il était patent que le rétrécissement récent du champ d'expansion des crues aggravait les risques en élevant la ligne d'eau pour une crue d'importance égale à celle de 1812 et que, d'autre part, une digue faite en terre sablonneuse ne pouvait tenir plus de quelques heures. On se contenta pourtant de colmater les brèches et, de manière très militaire, on choisit de s'appuyer sur une seconde ligne de défense. En effet, les forts qui ceinturaient les quartiers des Brotteaux et de La Guillotière[4] avaient été reliés entre eux par un canal (1835-1840) puis par un chemin de ronde intérieur entre 1841 et 1844. Dans la pratique, ce chemin, dont la destination était surtout militaire, fut conçu comme une digue d'inondation arasée à cinquante centimètres au-dessus de la crue de 1840 et comme une promenade sur une longueur de trois mille deux cents mètres ; cet ouvrage à buts multiples reprenait en quelque sorte le projet des Ponts et Chaussées de 1830. Ainsi la rive gauche de Lyon, de manière originale, se trouvait protégée par une double digue en terre ; les Brotteaux et La Guillotière pouvaient s'estimer plus favorisés que Villeurbanne, elle-même mieux lotie que Vaulx-en-Velin. L'armée se trouvait curieusement investie d'une double mission de défense après l'erreur commise en 1839[5].

2. S.N.R.S. 772.
3. De Lamerlière, 1840.
4. Lunette du Haut-Rhône au bord du fleuve, fort de la Tête-d'Or, lunette des Charpennes, forts des Brotteaux, de la Part-Dieu et de Villeurbanne, construits entre 1831 et 1840 à l'initiative de Louis-Philippe.
5. Laferrere, 1960.

En réalité, cette adaptation lyonnaise à l'inondation révèle que les édiles n'étaient pas prêts à payer le prix d'une grande digue insubmersible. Mille cinq cents maisons avaient été détruites par la Saône et le Rhône dont deux cent trente et une à La Guillotière[6], mais la crue n'avait pas fait de victimes humaines. Le montant des pertes matérielles s'élevait pourtant à 2 792 862 francs pour la seule ville de Lyon, selon les estimations officielles[7].

Les initiatives se portaient essentiellement sur les berges du fleuve :

— De 1837 à 1839, la vieille digue de la Tête d'Or avait été prolongée à l'amont par la digue du Grand-Camp, simple revêtement de berge destiné à protéger les terrains militaires de l'érosion du fleuve.

— L'initiative la plus riche d'avenir revint aux Hospices désireux de valoriser leurs bois marécageux de la Tête d'Or ; déjà, en 1825, ils avaient projeté une digue à l'amont du quai d'Albret, l'actuel quai de Grande-Bretagne : « Cette construction est une spéculation lucrative en terrains à bâtir, qui ne sont propres aujourd'hui qu'à la culture et dont elle augmentera considérablement la valeur... Elle sera le commencement du système de défense qu'on projette depuis longtemps contre les inondations. » En arrière de la digue, l'espace occupé par ce qui serait le parc de la Tête d'Or aurait accueilli le port du Haut-Rhône susceptible d'abriter cinq cent soixante bateaux ou deux cents radeaux[8].

Mis en veilleuse pour des raisons obscures, ce projet fut repris en 1838. Les Hospices et les services lyonnais des Ponts et Chaussées n'eurent pas gain de cause ; comme l'armée, alors désireuse de raser la digue en terre du Grand-Camp, ils souhaitaient une digue insubmersible en pierre ; curieusement d'accord avec la municipalité lyonnaise, peut-être inquiète d'avoir à financer le prolongement des travaux vers l'amont, la direction générale des Ponts et Chaussées imposa pour des raisons techniques la construction d'une digue submersible, la digue basse de la Tête d'Or. L'affaire était déjà considérable puisqu'il s'agissait de déplacer le talweg du fleuve en le repoussant contre le faubourg de Bresse ; il fallut quatre ans à l'ingénieur Jordan pour barrer le fleuve et lui faire creuser un nouveau lit ; de la fin octobre 1842 à la fin février 1843, l'incision fut évaluée à soixante-quinze centimètres.

— Le premier projet de mise en valeur de ces terres soustraites non pas à l'inondation mais à un déplacement du talweg semble avoir été l'œuvre de Ch. Crépet en 1845 ; dans son plan d'embellissement de la ville de La Guillotière, il proposa de transformer les bas-fonds en naumachie[9]. La périphérie campagnarde des Brotteaux était un espace de promenade et même de loisirs organisés ; à l'imitation de Paris du début de la Restauration, on avait pu se distraire aux Montagnes russes devenues l'Elysée lyonnais (1820-1830) et aux Montagnes françaises (1820-1839) dans un pré du domaine de la Tête d'Or[10].

L'intention des Hospices était plutôt d'exhausser les terres gagnées sur le fleuve (quarante-sept hectares) et le bois de la Tête d'Or (soixante-quinze hectares) pour urbaniser cet espace neuf compris

6. De Lamerlière, 1840.
7. Terme, 1840.
8. S.N.R.S. 771.
9. Vieux, 1979.
10. Vieux, 1970.

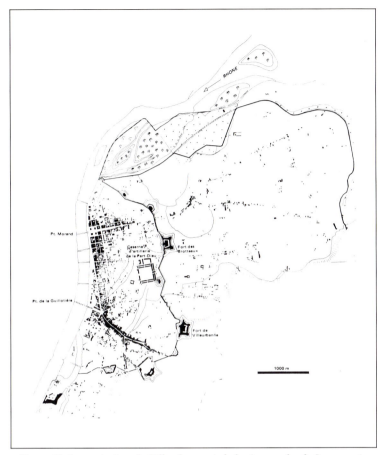

Figure 66. La protection de Villeurbanne et de la rive gauche de Lyon contre les inondations.

11. *1/100ᵉ à 1/230ᵉ de limon, en crue, contre 1/7000ᵉ en eaux basses.*

12. *En 1856, C. Vaïsse, sénateur chargé de l'administration du département, présentait les résultats d'une étude officielle : « A mesure que la ville s'étend et que les habitations empiètent sur la campagne, la population voit disparaître ou s'éloigner les lieux où elle pouvait, dans un moment de loisir, se procurer le plaisir de la promenade, si cher et si indispensable à une population active et occupée. [...] L'emplacement se trouve dans des conditions d'isolement, de calme, d'air, de fraîcheur et d'horizon les plus souhaitables. Facilement accessible aux promeneurs à pied, il deviendra [...] la campagne de ceux qui n'en ont pas. » (In Vieux, 1979.)*

entre les Brotteaux et les terrains du Grand-Camp expropriés par l'armée en 1843. Ces terres leur appartenaient puisqu'en compensation d'une participation au tiers des dépenses engagées dans les années 1760, les arrêts du Conseil d'Etat de 1754, 1756 et 1757 leur avaient concédé l'ancien lit asséché ; l'endiguement terminé en 1843 servait donc leurs intérêts.

Informés du succès qu'aurait connu l'engraissement contrôlé de plages de graviers le long de la Drôme et de la Durance, les Hospices eurent l'idée d'ouvrir une prise d'eau dans la nouvelle digue (1850-1853). Ils avaient certes évalué la charge en suspension[11], mais n'avaient pas tenu compte de la grande vitesse du courant débordant, capable d'empêcher le dépôt.

Ainsi, le choix d'une digue submersible bloqua l'urbanisation au nord des Brotteaux ; la ville de Lyon jeta son dévolu sur ces terres et choisit d'y installer un grand parc urbain au début du Second Empire[12].

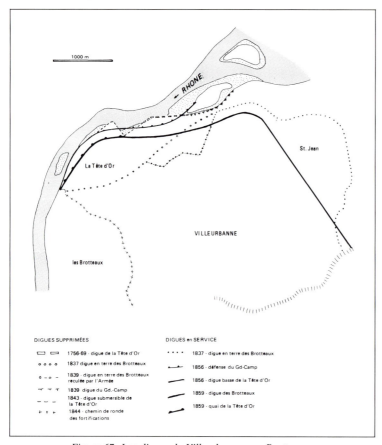

Figure 67. Les digues de Villeurbanne aux Brotteaux.

Cette année 1856, la ville de Lyon acheta 117,11 hectares aux Hospices et confia la direction des travaux aux frères Bulher, des paysagistes badois qui avaient créé le parc du Thabor à Rennes et le parc des Touches près de Tours. Les frères Bulher choisirent de jouer avec la topographie des lieux puisque le lac actuel est issu du remodelage des lônes originelles.

Ouvert en 1857 au public, le parc fut très vite délimité le long du Rhône par la grande digue des Brotteaux et à l'est par la voie ferrée Lyon-Genève.

c. DU DESASTRE DE 1856 A LA PROTECTION DEFINITIVE

La plus forte crue du Rhône connue à Lyon serait celle de mai 1856. M. Pardé (1925) a ramené à 4 140 m³/s l'estimation du débit maximum que l'ingénieur Kleitz estimait proche de 5 400 m³/s ; quoi qu'il en soit, la crue atteignit six mètres soixante au-dessus de l'étiage conventionnel au pont Morand.

A une heure du matin, après la rupture de la digue en terre dans le secteur du parc de la Tête d'Or, le flot envahit l'espace situé en

208

amont du chemin de ronde militaire sans trouver d'exutoire vers l'aval ; le remplissage tendit à se faire à un niveau égal à celui atteint par les eaux au niveau de la première digue. Alors qu'on avait construit cette digue-promenade à cinquante centimètres au-dessus du niveau des eaux atteintes en 1840, elle fut submergée de trente centimètres en 1856 ; des filtrations avaient commencé le 31 à huit heures dans le bourrelet élevé sur la banquette, avant la rupture survenue à douze heures.

Les dégâts de la crue de 1856 furent nettement plus considérables qu'en 1840, car, entre-temps, la plaine de la rive gauche s'était construite. A l'inondation passive provoquée par la submersion des quais de rive gauche s'ajoutèrent les effets de la rupture des digues. L'essentiel des dommages fut causé par l'effondrement des maisons construites en pisé.

Les dégâts matériels furent estimés à 3 500 000 francs. Des villes de la vallée du Rhône, c'est Lyon, partiellement construite dans le lit majeur, qui avait le plus souffert[13].

Indépendamment des solutions applicables au Haut-Rhône, deux solutions furent étudiées et comparées pour assurer une protection de Lyon supposée enfin définitive.

— La solution d'un canal de dérivation, déjà évoquée après l'inondation de 1840, retint l'attention de Napoléon III à l'occasion d'une visite sur place. Large de cinquante mètres, il aurait débité 900 m³/s pendant la crue de 1856 et aurait abaissé son niveau de quatre-vingts à quatre-vingt-dix centimètres ; deux tracés furent étudiés, l'un en limite des forts, l'autre plus au large. Cette hypothèse, d'un intérêt militaire certain, fut repoussée par le service des Ponts et Chaussées comme trop coûteuse (20 000 000 francs).

— Nettement moins coûteuse, puisqu'évaluée à 12 600 000 francs, la solution de l'endiguement fut retenue, financée à 50 % par la ville et à 50 % par l'Etat, conformément à la loi de 1858. Cette digue longue de 4 751 mètres, élevée à 8,24 mètres au-dessus de l'étiage, était censée assurer une revanche d'un mètre sur une crue de type 1856[14].

La « digue insubmersible des Brotteaux » fut construite entre 1857 et 1859 par compactage du gravier extrait de la balme de Cusset et du lit du Rhône. Son tracé était semblable à celui de la digue en terre de 1837, mais laissait de côté le quartier Saint-Jean à Villeurbanne. Inscrit à l'intérieur du précédent tracé, il amputait le terrain militaire du Grand-Camp de trente-neuf hectares ; en compensation, le domaine de la Doua fut exproprié et les bâtiments agricoles furent transformés en casernes.

La « digue insubmersible des Brotteaux » était relayée, au-delà de la ligne de chemin de fer Lyon-Genève, par le quai de la Tête d'Or terminé comme elle en 1859. Vers l'aval et dans leur prolongement, les quais de la rive gauche bénéficiaient d'un exhaussement capable de rendre la défense homogène. En avant de cette longue digue

13. *Avignon enregistrait 800 000 F de pertes, Aramon 195 000 F, Vallabrègues 120 000 F.*
14. *En réalité, la rupture de la digue des Brotteaux avait provoqué une baisse de la ligne d'eau de seize centimètres entre Saint-Clair et La Guillotière : la revanche réelle était donc de quatre-vingt-quatre centimètres.*

d'inondation fut perfectionnée une défense basse destinée à bloquer l'érosion latérale :

— En avant du quai de la Tête d'Or, la digue submersible de 1843 fut rectifiée et prit le nom de « digue basse de la Tête d'Or » ;

— A l'amont du viaduc de chemin de fer, elle fut prolongée par la « Défense du Grand-Camp », revêtue d'un perré qui rendait caduque la vieille digue de la Tête d'Or.

Depuis plus de cent vingt ans, la défense de Lyon est fondée sur cette double protection. Ces digues supportent des voies de communication qui masquent leur fonction primitive :

— La digue des Brotteaux et le quai de la Tête d'Or sont utilisés par le boulevard Laurent-Bonnevay et par le quai Achille-Lignon ;

— La digue basse de la Tête d'Or a permis la création de la voie express rive gauche entre le pont Poincaré et le pont De-Lattre-de-Tassigny ; les bâtiments de la foire occupent l'ancien bas-port situé entre les digues.

Si l'on considère l'efficacité de ces digues dans la protection contre les inondations, seuls le boulevard Laurent-Bonnevay et le quai Achille-Lignon, prolongé à l'aval par les quais de rive gauche, assurent une défense réelle. Ils enserrent les terres dites « intra-muros » à l'abri de la crue millénale.

Le quartier Saint-Jean à Villeurbanne est toujours protégé par la vieille digue en terre de 1840 et serait submergé par une crue de 5 000 m³/s. En revanche, le système de digues basses ne protège pas les terres « extra-muros » de Villeurbanne et Vaulx-en-Velin pour des crues de fréquence moyenne[15].

2. Le Rhône navigable, des projets aux réalisations

Dresser un tableau actuel des ouvrages de correction fluviale réalisés sur le cours navigable du Haut-Rhône livrerait sans doute des résultats fragmentaires si l'on se contentait d'un repérage de terrain. Passées les digues puissantes du canal de Miribel, à l'amont du pont de Jons, il est difficile de distinguer les enrochements effectués au XIXᵉ siècle car ils sont masqués par la végétation riveraine ou les alluvions fines et, n'était sa largeur quasiment constante et comme calibrée, on pourrait se laisser prendre à l'aspect « naturel » de l'unique chenal du fleuve.

Quant à l'ancien tronçon flottable, il est sous les eaux des retenues successives de Verbois, Chancy-Pougny, Génissiat et Seyssel et se dérobe à toute investigation.

Les premiers efforts se sont portés sur le Rhône « flottable », entre Genève et le Parc, tronçon où les rapides et la perte de Bellegarde imposaient un relais de la navigation par la voie de terre.

15. Ravier, 1982.

a. LES PIONNIERS

— La deuxième moitié du XVIIIe siècle fut marquée par des initiatives hardies conçues sur le modèle des grandes canalisations des pays de plaine. Ces projets évitaient la gorge fluviale au profit de gigantesques escaliers de biefs ; ainsi, le fameux projet des ingénieurs Aubry et Céard (1774), repris par le seul Céard en 1884. Lorsqu'en l'an XIII, de la Corbière proposa un canal reliant Genève à Seyssel par la vallée des Usses, il fit explicitement référence au modèle languedocien du canal des Deux Mers : « Dans l'espérance qu'elle (son idée) trouvera un second Riquet qui l'embellira de son savoir, aura la patience d'examiner la possibilité de son exécution, le résultat devant être aussi important que le canal du Languedoc qui présentait des difficultés immenses, que sa patience, son courage et son habileté ont vaincues. »

Malgré l'existence d'une liaison fluviale par flottage entre le lac Léman et le Rhône navigué, la difficulté était assimilée au franchissement d'un seuil géographique séparant deux bassins hydrographiques. A l'aval de Fort-l'Ecluse et jusqu'au Parc, la gorge devait être soit doublée par un canal[16], soit barrée au niveau de Génissiat[17]. Ainsi l'idée de créer un bief à l'amont d'un barrage situé à Génissiat est apparue en 1774 ; l'idée de racheter la dénivellation par deux écluses à siphons sur le site de Génissiat a toujours été considérée comme la plus intéressante par la Compagnie nationale du Rhône.

— Au XVIIIe siècle, l'initiative des projets était partagée entre des ingénieurs de l'administration française des Ponts et Chaussées et des négociants parisiens (Chevalier) ou suisses (les frères Perroud) ; à cette époque, l'initiative lyonnaise semble dénuée de prétentions sur cette section du Rhône. La liaison Léman-Méditerranée était bien une question d'intérêt national comme en témoigne l'article VI du traité de paix et d'alliance conclu en septembre 1798 (fructidor an VI) entre la République française et la République helvétique : « Il est convenu que pour donner à la navigation intérieure des deux Républiques le développement avantageux dont elle est susceptible, chacune d'elles fera respectivement sur son territoire les ouvrages qui seront nécessaires pour l'établissement d'une communication par eau depuis le lac de Genève jusqu'au Rhin et depuis Genève jusqu'à la partie du Rhône qui est navigable[18]. » Confirmé par un acte commun du 18 février 1803, cet engagement témoigne de l'intérêt que portait la France au bois de marine tiré des Alpes valaisannes et destiné à la flotte de Méditerranée.

Ce grand dessein, mis en veilleuse à la fin de l'Empire et sous la Restauration, connut un regain d'actualité dans la période d'expansion économique des dernières années de la monarchie de Juillet, mais les réalisations du XIXe siècle n'ont concerné que le Rhône déjà « navigable ».

16. *Perroud, 1760, Chevalier, 1782.*
17. *Aubry et Céard, 1774, puis O'Brien, 1840, et Vallée, 1843.*
18. *Cité par Aubert, 1939.*

b. PRISES DE DECISION ET AMENAGEMENT : UN EFFORT NATIONAL DECEVANT

Les efforts financiers consentis sur le Haut-Rhône et destinés à améliorer les conditions de navigabilité ont débuté en 1840 et ont cessé en 1904. Encore convient-il de noter que les sommes dévolues à cette question sont tombées à des niveaux insignifiants après 1890. Comment situer cette période 1840-1890 dans l'histoire de la navigation et des transports ? L'effort d'investissement public répond exactement aux besoins de la navigation à vapeur puisque la première ligne fut inaugurée en 1839 et les derniers bateaux de service régulier cessèrent la remonte au début des années 1890 ; le trafic fut épisodique au début de ce siècle avant de cesser définitivement en 1926.

La première tentative de navigation à vapeur sur le Haut-Rhône fut celle de l'industriel Cl. Perret qui profita des eaux moyennes de la mi-octobre 1838. « L'Abeille », petit vapeur de 24 CV, au tirant d'eau de 0,55 mètre, remonta de Lyon à Seyssel en trois étapes d'une journée (arrêts au Sault et à La Balme) avant de s'envaser dans le canal de Savières pour avoir tenté d'accéder au lac du Bourget, sur la route du retour[19]. Dix ans après les débuts de la vapeur sur la Saône (1827) et sur le Rhône à l'aval de Lyon (1829), de véritables pionniers s'aventurent sur l'Isère et le Haut-Rhône pour tenter d'ouvrir l'axe fluvial sur un arrière-pays prometteur[20]. Pour les Lyonnais invités à bord de « L'Abeille », tel le publiciste A. Jouve, le fleuve est un pays neuf : « Ici, tout est sauvage, désordonné, et pour ainsi dire primitif. » Les mariniers traditionnels ne laissaient ni croquis ni impressions de voyage et possédaient seuls la science empirique des eaux. Le Haut-Rhône est ainsi l'objet d'une redécouverte, à la fois sensible et intéressée ; la relation littéraire — « Nous entrons tout à fait dans le domaine des belles horreurs. Les Alpes commencent à nous exposer leurs scènes sauvages et leurs aspects heurtés et grandioses » s'exclame Jouve avant même d'arriver à Lagnieu — masque une discrète mais puissante motivation d'ordre commercial.

Dès 1839, un service régulier fut créé sur le Haut-Rhône sans que les bateaux du Rhône aval puissent y avoir un accès direct : « Le vieux pont (Morand), entièrement construit en bois, ne laisse entre aucune de ses palées un débouché parfaitement libre de douze mètres de large et brise ainsi, de manière presque absolue, toutes les relations fluviales possibles entre les parties de la vallée situées à l'amont et à l'aval de Lyon. » Ainsi s'exprimait une commission réunie en 1844 sur le thème de la navigation rhodanienne et qui avait choisi de traiter du Haut-Rhône sans avoir été sollicitée sur ce sujet[20]. Les autres points difficiles étaient le passage des îles de Miribel, le Sault du Rhône, le passage des îles de Chaffard, de Lavours et de la Chautagne, sans compter avec le faible tirant d'air des ponts de Lagnieu et Cordon. La commission réclamait également une dotation annuelle pour le Haut-Rhône, permettant d'assurer une liaison directe avec Genève, par la terre ou par le fleuve. Ces revendications mettent en lumière deux leitmotivs du XIXᵉ siècle : le négoce lyonnais a toujours déploré la faiblesse des dotations publiques consacrées au fleuve et essayé de jouer des nécessaires relations avec Genève.

19. Jouve, 1838.
20. Breittmayer, 1880.

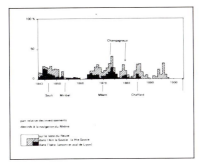

Figure 68. Les investissements destinés à la navigation du Rhône entre 1843 et 1904.

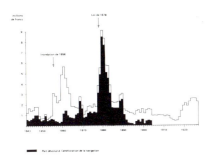

Figure 69. Dépenses effectuées sur le Haut-Rhône entre 1843 et 1926 (source : Service de navigation).

A cette époque, les Genevois s'inquiétaient du développement du commerce suisse vers le Rhin et Gênes et, s'estimant victimes de l'hostilité des cantons voisins depuis leur retour dans le giron de la Confédération helvétique en 1815, cherchaient une ouverture vers le Rhône[21]. Les vœux lyonnais de correction fluviale reprenaient de manière modeste les grands projets d'initiative française et suisse du XVIIIe siècle, mais ils visaient moins le franchissement des défilés à l'amont du Parc que l'amélioration du tronçon considéré comme navigable.

Fleuve dédaigné des pouvoirs publics, le Rhône ne recevait que la portion congrue des subventions gouvernementales (fig. 98 et 99). Rien sur les soixante-dix-huit millions de francs dépensés en investissement exceptionnel de 1839 à 1845, rien sur les quatre-vingts millions de francs demandés à la Chambre des députés par le ministre des Travaux publics en 1845. Le Haut-Rhône était lui-même d'autant moins d'actualité que l'achèvement en 1833 du canal Monsieur ou canal du Rhône au Rhin rendait inutile une liaison des deux fleuves par la Suisse. Breittmayer, directeur de la Compagnie générale de navigation, a dénoncé les intrigues des compagnies de chemin de fer dont les intentions se manifestèrent à partir de 1836 dans la vallée du Rhône. 1845 est l'année où fut accordée la concession de la voie Lyon-Avignon à une compagnie rapidement dissoute... Dans ce contexte défavorable, le Service spécial du Rhône créé à la suite des graves inondations de 1840 ne pouvait grand-chose et subissait la critique locale : « Une armée d'ingénieurs a été spécialement organisée avec l'apparente mission d'étudier et d'exécuter les améliorations nécessaires à la navigation du Rhône » ironisait le « Courrier de Lyon » du 18 mars 1845[22].

Les études techniques débutèrent dès 1840 mais les premiers travaux ne furent entrepris qu'en 1847 ; c'est la révolution de 1848 qui motiva le démarrage réel des travaux sur la section Thil-Lyon ; le 23 mars 1848, Arago signait le texte qui réglementait l'organisation des Ateliers nationaux ; le même jour, le préfet de Lyon demandait si quelques travaux de terrassement ou d'enrochements ne pourraient pas être faits près de la ville pour occuper la population ouvrière. En juillet 1848, le ministre débloqua 100 000 francs sur les fonds de la Navigation du Rhône, dont 50 000 francs pour le canal de Miribel, sur le coût total des travaux estimé à 1 185 000 francs sur le tronçon Lyon-confluent de l'Ain. Les travaux avaient commencé dès le mois d'avril à l'initiative de la mairie de Miribel désireuse d'occuper une centaine d'ouvriers de la soie au chômage ; c'est au total plus de cinq cents personnes qui furent alors occupées, dont nombre de carriers et mariniers désœuvrés.

A la fin des années 1850, la concurrence du P.L.M. provoqua une sévère crise de la Navigation. Les investissements avaient d'autant plus chuté qu'un effort exceptionnel était consenti en faveur de la lutte contre les inondations. Le retournement s'opéra en 1860, date essentielle dans l'histoire de l'aménagement du fleuve, car, pour la première fois, l'Etat prit en considération la navigation rhoda-

21. Rivet, 1962.
22. De 1840 à 1859, sur le budget du Service spécial du Rhône, le Haut-Rhône fit l'objet de 3 273 550 F de dépenses dont seulement 934 750 F furent affectés à la régularisation sur une somme totale de 49 353 550 F destinée à l'ensemble du fleuve (Archives S.N.R.S. "Régularisation du Rhône"). Digue du Sault (1847-1849) : 26 050 F ; digue du Sault (1855-1859) : 63 000 F ; canal de Miribel (1847-1857) : 845 700 F : total : 934 750 F.

Le canal de Miribel. A gauche, le chemin de halage.

nienne ; l'année du traité de libre-échange avec la Grande-Bretagne, Napoléon III choisit de rééquilibrer les investissements en faveur de la voie d'eau, dans le cadre d'une « juste concurrence entre les canaux et le chemin de fer[23] ».

Le premier programme de travaux de régularisation fut présenté le 10 août 1860 suite aux lois des 2 et 14 juillet 1860 qui portaient inscription d'un chapitre spécial au budget extraordinaire ; le deuxième programme fut à nouveau présenté en 1865 par l'ingénieur en chef Tavernier mais toujours en vain, faute d'argent. La situation se débloqua réellement dans les premières années de la IIIe République : en 1872 et 1873, l'ingénieur en chef Krantz exposa l'état du Rhône devant l'Assemblée nationale.

	Dépenses faites	Dépenses à faire
Haut-Rhône	170 000 F	7 380 000 F
Bas-Rhône	11 616 823 F	26 180 698 F
Rhône maritime	2 320 000 F	3 165 000 F

(Cité par P. Frécon, 1907.)

Il proposait une amélioration de l'ensemble du cours entre le Parc et la mer, mais voulait rattraper le retard enregistré sur le cours amont puisque sa dotation serait passée de 1 % à 20 % environ des sommes consacrées au Rhône.

Un avant-projet général fut présenté en 1876 par son successeur l'ingénieur en chef Jacquet et repris en 1877, suite à la circulaire du 27 septembre 1877 ; la loi du 13 mai 1878 l'approuvait : elle décidait des travaux en aval de Lyon[24]. Le Haut-Rhône n'était pas explicitement concerné mais profita d'une partie des crédits sous

23. *Lettre de l'empereur aux ministres de l'Agriculture, du Commerce et des Travaux publics, 5 janvier 1860, citée par P. Frécon, 1907.*
24. *Cette loi est donc antérieure à celle du 5 août 1879, dite loi Freycinet, sur le classement et l'amélioration des rivières navigables.*

l'impulsion de Jacquet (1878-1880) puis de son successeur H. Girardon (1884-1890). La construction de l'écluse du Sault coïncida à peu près avec l'abandon du Haut-Rhône, tout au moins avec la fin des velléités d'amélioration.

Ainsi, la part des crédits consentis aux travaux d'équipement a-t-elle toujours été dérisoire sur le Haut-Rhône. Fait curieux, la volonté de l'administration, efficacement relayée par les ingénieurs lyonnais, ne s'est pas manifestée au moment le plus opportun. L'effort consenti de 1860 à 1890 par la collectivité ne fut pas appuyé par les intérêts privés régionaux ou genevois car le rail prit définitivement le dessus sur la voie d'eau après l'ouverture de la ligne ferroviaire Lyon-Genève en 1858.

c. L'ŒUVRE DU SERVICE DE LA NAVIGATION DES PONTS ET CHAUSSEES[25]

Une telle étude a valeur générale dans la mesure où elle met en évidence, de façon concrète, l'évolution des conceptions en matière d'aménagement fluvial ; très dépendantes de la personnalité des grands ingénieurs du temps, elles ont été mises à l'épreuve des faits, corrigées jusqu'à leur achèvement dans le système Girardon. Suivre ces conceptions, ces tâtonnements de départ, c'est découvrir l'approche pragmatique de la dynamique fluviale appliquée ; c'est, en quelque sorte, remonter aux origines de la discipline.

Les travaux du Service de la navigation ont progressivement corrigé les trois handicaps de cette voie d'eau : le pont Morand, les rapides du Sault et les divagations en bras multiples.

— Le vieux pont Morand, en bois, n'offrait qu'un passage étroit entre ses dix-sept travées ; la plus large ne mesurait que 13,65 mètres et causait de nombreux accidents. L'importance du trafic — 1 460 mouvements en 1865 — motiva une reconstruction partielle pour l'ouverture de deux « arches marinières[26] ». Ces travaux modestes permirent une amélioration sensible des relations entre le Rhône amont et La Mulatière.

— Le passage du Sault était le secteur-clef du Haut-Rhône. Les premiers travaux ont concerné le franchissement du Rhône et le pont de Sault fut très longtemps le seul passage à l'amont de Lyon. En 1778, le pont fut reconstruit pour faciliter les communications de l'armée sur la route Bourg-en-Bresse - Toulon ; malheureusement, les fonds de la guerre ne permirent pas d'assurer l'amélioration des routes d'accès si bien que l'ouvrage eut peu d'utilité.

Dans le même temps, l'intendant Pajot de Marcheval projetait de supprimer le Sault par un canal passant derrière le moulin de la Serra ; large de soixante pieds en haut et de trente pieds au fond, il aurait racheté la « cataracte du Rhône » par deux écluses permettant une dénivellation de trois à quatre pieds[27]. C'est à notre connaissance le premier projet destiné à faciliter le passage des rapides ; cette solution fut de nouveau proposée en 1840 par l'ingénieur en chef O'Brien, l'année même de la création du Service de la navi-

25. *L'intérêt d'une étude systématique des conceptions successives en matière de correction fluviale et des ouvrages effectivement réalisés sur le Haut-Rhône dépasse celui d'une simple mise au point. Cette compilation a été rendue nécessaire car les premières approches de la question ont révélé que le milieu naturel, tout au moins ce qu'il en restait au début du XIXᵉ siècle, avait été perturbé de manière systématique dans les grandes plaines de tressage. Une compréhension exhaustive des dérives subies par l'environnement géomorphologique a nécessité le repérage de tous les travaux réalisés, ou de la quasi-totalité, compte tenu de la documentation disponible. (Du Pouget, 1982.)*
26. *S.N.R.S. 786.*
27. *A.D. Ain, C. 1091.*

Le pont Morand ou pont Saint-Clair, dessiné par J.B. Lallemand (1716-1803) (in publ. C.R.D.P., Lyon).

gation, ce qui témoigne de l'intérêt que l'administration portait à cette question.

Faute de crédits, l'ingénieur Goux proposa en 1842 une technique très originale. Craignant que le dérasement des seuils rocheux n'accidente les bateaux, il choisit de relever le plan d'eau sur toute la section Lagnieu-Le Petit-Sault ; des ouvrages de fond en forme de seuils, espacés de deux cent cinquante mètres, auraient assuré une pente régulière, conservé au fleuve sa largeur et procuré une vitesse de 2,35 m/s en eau moyenne. Pour la première fois sur le Rhône, une étude scientifique était conduite sur les conditions naturelles de l'écoulement et sur les moyens d'augmenter le tirant d'eau sans provoquer d'effets négatifs ; la technique prussienne des « Grundschwellen », mise au point en 1848 sur l'Elbe et le Rhin, étudiée sur le Danube hongrois par Jacquet en 1880, puis adoptée après modification sur le Rhône aval, aurait donc été conçue en France puis écartée à la suite d'un refus du ministère. En 1883, Girardon découvrit l'étude de Goux dans les archives de son service : « Il n'en reste pas moins acquis, écrit-il, que c'est à un ingénieur français que revient le mérite d'avoir préconisé l'emploi des barrages noyés pour la fixation du fond du lit et le relèvement de la pente d'une rivière[28]. »

En fait, la solution adoptée fut celle d'un resserrement du fleuve à l'endroit des rapides :

— Une digue construite en rive gauche à l'aval du pont du Sault ferma un bras de trois à quatre mètres de profondeur ; le remous ainsi créé atténua le « coup d'eau » du Grand-Sault mais aggrava celui de La Pérollière où les bateaux chargés devaient atteler quatre chevaux supplémentaires à la remonte[29] ; cet effet imprévu nécessita l'endiguement de rive droite réalisé de 1855 à 1859 (fig. 70).

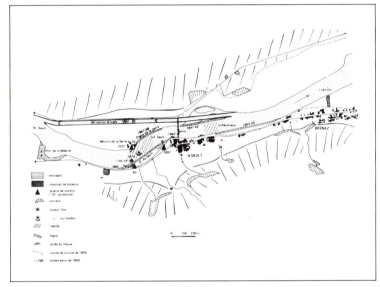

Figure 70. Le "passage" du Sault. Son aménagement dans la deuxième moitié du XIXe siècle.

— En 1865, une pétition de maîtres de forges, fabricants de chaux, entrepreneurs et « voituriers par eau », membres de la chambre de commerce de Lyon, réclama une amélioration du passage ; le service prolongea les digues précédentes à l'amont du pont en 1866-68, de manière à augmenter la profondeur au Grand-Sault[30].

La question n'était pas réglée pour autant car le resserrement des eaux augmentait la vitesse du courant. Les vapeurs recouraient au halage pour franchir les rapides ; « Le bateau à vapeur qui fait le service d'Aix-les-Bains à Lyon s'est pendant longtemps fait remorquer au Grand-Sault par des bœufs et des chevaux ; depuis deux ans, la compagnie a augmenté la force des machines, le bateau franchit ordinairement seul le passage, mais quelquefois, il est obligé d'y renoncer[31]. » Dans les années 1860, fut installé un bateau-toueur fixe, dont les roues pendantes mises en mouvement par le courant enroulaient un câble de remorque ; il semble qu'un manège de chevaux ait également rempli la même fonction. En 1879 fut mis

28. Arch. S.N.R.S. ''Régularisation...''
29. S.N.R.S. 757.
30. A.D. Ain, S. 873.
31. Rapport Petit, 1979. S.N.R.S. Amélioration...

La digue de la Serre (1867-1868).

DÉRIVATION DU SAULT

La dérivation éclusée du Sault (1884-1890) photographiée en 1981.

La maison de l'éclusier à Sault-Brénaz.

Détail de l'écluse amont envahie par la végétation.

en service un toueur hydraulique actionné par un courant dérivé à travers la digue du Sault[32]. La technique du touage fut donc utilisée pendant une vingtaine d'années (1870-1890), assurant la transition entre l'époque du halage et l'ouverture de l'écluse.

La dérivation éclusée proposée par Pajot de Marcheval fut réalisée par l'ingénieur Girardon. Déclarée d'utilité publique et approuvée en 1881, elle fut construite entre 1884 et 1890[33]. Le principal intérêt de cette dérivation était d'assurer un tirant d'eau de 2,10 mètres à l'étiage de 110 m³/s alors que la profondeur du Rhône au Grand-Sault n'excédait pas 0.75 mètre pour ce débit. Cet ouvrage, très bien conservé, n'a pratiquement pas servi car son achèvement a coïncidé avec le déclin de la navigation à vapeur ; quinze ans après son inauguration, H. Girardon déplorait l'envasement du sas déjà réalisé, sur une profondeur de un mètre cinquante à deux mètres[34]. Les « rigues » qui descendaient alors le Rhône n'utilisaient pas l'écluse, mais passaient les rapides, l'écluse n'était plus utilisée que par des bateaux vides à la remonte[35]...

On pourra juger dispendieux, superflu, un tel équipement conçu et réalisé dans une période où le déclin de la voie navigable au profit de la voie ferrée était patent. Foi dans la voie d'eau ? Entêtement administratif désuet face à l'essor de compagnies privées ? Ou plutôt fidélité à l'idée traditionnelle que le négoce lyonnais se faisait du fleuve ? Il est difficile de porter un jugement objectif avec un siècle de recul.

Conjointement, le Service de la navigation s'efforça d'améliorer la navigation aux « passages » de Miribel, du Chaffard et de Chautagne où les bateaux redoutaient les faibles tirants d'eau de l'étiage.

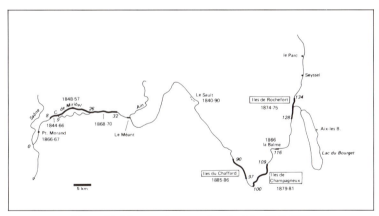

Figure 71. L'œuvre de correction fluviale, 1840-1890.

— L'essentiel des moyens et des efforts fut concentré sur la chenalisation des secteurs de tressage fluvial. Dès 1840, l'ingénieur en chef O'Brien préconisait la construction de digues délimitant des courbes sinusoïdales car on savait d'expérience qu'entre des digues rectilignes le chenal divaguait dans le lit mineur et multipliait les hauts-

32. S.N.R.S. 1595.
33. Cette dérivation était longue de 1725 mètres ; le sas était long de 90 mètres, large de douze mètres et permettait l'entrée des vapeurs de 11 × 72 mètres. L'écluse fut réalisée par la Société anonyme des forges de Franche-Comté sur le modèle de celle de La Mulatière. (A.D. Isère, VI. S. 6. 17. et S.N.R.S. 1632.)
34. S.N.R.S. 1632.
35. S.N.R.S. 759.

fonds mobiles. Goux étudia la section comprise entre le confluent de l'Ain et Lyon en se conformant à ce principe ; cette technique avait pour principaux mérites de stabiliser les mouilles et donc les hauts-fonds sans pour autant coûter très cher, car elle n'exigeait des travaux défensifs que sur l'une des rives, dans la partie concave[36].

Jugeant les digues insubmersibles trop coûteuses, on équipa le tronçon Thil-Neyron (le canal de Miribel) de digues submersibles délimitant un lit mineur de cent mètres et un lit « complémentaire » large de trois cents mètres, courant à distance du canal, dans l'axe de l'ancien chenal principal[37]. Ce chenal complémentaire devait favoriser l'écoulement des crues à l'amont de Lyon.

Ce système fut formalisé par le Service de la navigation et servit de référence jusqu'en 1876. Kleitz explicita ce choix en 1858, Tavernier le confirma à l'occasion des projets de 1860 et 1865 : « Les digues concaves à grands rayons fixent en général le chenal à leur pied, sans que la rive opposée ait besoin d'être endiguée, si ce n'est pour barrer des bras parasites et empêcher que l'appel des eaux dans le bras barré, par suite de dénivellations transversales, ne détermine l'ouverture de nouveaux bras. » Escomptant alors des crédits d'équipement, Tavernier fixa des normes techniques généreuses pour le Haut-Rhône[38]. Les digues devaient dépasser la hauteur moyenne des eaux pour continuer à diriger les courants lors des petites crues et donc autoriser la navigation.

En somme, la technique de l'endiguement en courbes sinusoïdales adoptée par O'Brien servit de référence sur le Rhône entre 1840 et 1876. Les dimensions d'ouvrages variaient de l'amont à l'aval et au gré des attributions de crédit. Leur mérite principal était d'améliorer le tirant d'eau et de fixer la topographie inégale du chenal.

C'est à l'ingénieur Jacquet, prédécesseur de H. Girardon, que revient le mérite d'avoir pris en considération la question des hauts-fonds. En 1876, sans pour autant renier l'œuvre de ses prédécesseurs, il proposa de resserrer le lit déjà endigué par des épis construits en rive convexe et de couper longitudinalement les mouilles par des digues basses de manière à les résorber. En 1880, Jacquet étudia sur place les épis noyés du Danube et commença l'application sur le Rhône à l'aval de Lyon entre 1880 et 1884 ; ces tâtonnements sont à l'origine du « système Girardon » présenté par l'auteur au congrès de La Haye en 1896 et appliqué avec succès sur le Rhône aval[39]. Nous n'en ferons pas état car la technique des épis plongeants et noyés, des seuils de fond, tenons et traverses n'a pas été expérimentée à l'amont de Lyon. En effet, l'endiguement des passages de Champagneux (1879-1881) et du Chaffard (1885-1890) a été réalisé avec peu de moyens financiers et dans le respect des projets de Jacquet. Pour les travaux neufs, celui-ci proposait de créer un lit mineur de basses eaux à l'aide de digues basses ou « submersibles » inférieures au niveau des eaux « régulatrices » de la forme du fond ; dès que le débordement de crue s'opérait, l'étalement de l'eau devait bloquer la vitesse du courant dans le lit mineur au-

36. De manière empirique, Goux préconisa la mise au gabarit suivante : largeur : 100 m ; tirant d'eau : 1,60 m ; rayon de courbure : 3 000 m (le plus grand possible).
37. S.N.R.S. 775.
38. Largeur : 100-200 m. Tirant d'eau : Le Sault-Lyon : 1,60 m ; Le Sault-Le Parc : 1,20 m. Rayon de courbure : 1 000 à 3 000 m. Elévation des digues : + 1,50 m au-dessus de l'étiage. Sur ces modèles furent réalisés deux tronçons : Jons-île du Méant, 1868-1870 (largeur : 150 m, profondeur : 1,60 m) ; îles de Rochefort, 1872-1874 (largeur : 110 m, profondeur : 1,20 m).
39. Armand, 1980, et Béthemont, 1972.

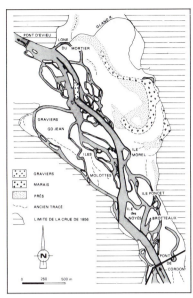

Figure 72. L'endiguement du Rhône au passage du Chaffard.

dessous d'un « certain seuil » empêchant le creusement. H. Girardon montra par la suite que cette technique n'empêchait pas le creusement de mouilles. Afin d'illustrer cette méthode de correction, retenons l'amélioration du passage du Chaffard (fig. 72). Le Rhône offrait aux vapeurs un chenal large de 120 à 250 mètres ; la crête des digues dépassait de cinquante centimètres le niveau d'étiage (300 m³/s) mais se tenait à soixante-dix centimètres au-dessous des eaux ordinaires d'été (600 m³/s). Trois types d'ouvrages calibraient le lit mineur :

— Les « digues » proprement dites en bordure des îles ;

— Les « défenses de berge » aux points les plus exposés à la corrosion ;

— Les « barrages » à l'amont des petits bras laissaient filtrer l'eau entre les blocs et permettaient le franchissement par les barques des riverains[40].

A la fin des années 1880, le Service de la navigation avait donc créé un axe de transport convenable entre Quirieu (le port des carrières à l'amont du Sault) et Lyon ; seul le confluent de l'Ain posait encore quelques problèmes que le barrage du bras du Méant réalisé vers 1905 devait corriger. A l'amont, les conditions étaient encore médiocres mais homogènes car les passages les plus délicats avaient été rectifiés.

En fait, la question véritable n'est pas de juger « a posteriori » de l'efficacité de ces travaux, mais plutôt de leur opportunité dans la conjoncture économique de l'époque. L'évolution relative de la navigation à vapeur et du transport traditionnel de 1840 à la fin du XIXᵉ siècle fait douter de l'utilité pratique des investissements réalisés.

d. L'ÉVOLUTION DU TRAFIC FLUVIAL A L'ÉPOQUE DE LA VAPEUR : UNE CORRECTION FLUVIALE INUTILE ?

Il serait fastidieux d'analyser en détail l'évolution des techniques de la navigation à vapeur entre 1838, date du premier voyage, et l'abandon du fleuve. Pour juger des progrès du matériel et des possibilités offertes par la correction fluviale du Haut-Rhône, on se contentera de comparer la situation du début des années 1840 avec celle de la fin des années 1880, telle que la décrivent les « états de surveillance des bateaux à vapeur » dressés chaque année par le Service de la navigation à vapeur[41].

Il semble qu'à la Compagnie savoyarde autorisée par lettres patentes du roi Charles-Albert (3 novembre 1838) ait succédé la Compagnie du Haut-Rhône en 1839 ; jusqu'en 1845, elle posséda le « Triton », le « Dauphin » et le « Bourget », petits bateaux en fer de 48 et 20 CV mûs par des roues à aubes[42] ; ils remontaient à la vitesse de 3 m/s et descendaient à 9 m/s, s'arrêtant à Lagnieu, au Sault, à Cordon, La Balme entre Lyon et Aix, leur terminus. En 1842, ces bateaux poussaient des pointes jusqu'à Seyssel (1,55 m/s), encore plus péniblement jusqu'au Parc (1,06 m/s) ; leur calaison, très modeste, était voisine de soixante à soixante-dix centimètres.

40. Arch. S.N.R.S. *Défense des rives, 1901.*
41. Arch. S.N.R.S. *2124. A.D. Ain, S. 755.*
42. Huart, 1939.

221

L'endiguement au passage du Chaffard.
▲ *Un ''barrage'' à l'aval du pont de Cordon.* ▼ *Un ''barrage'' en tête de la lône Grand-Jean.*

Une hirondelle de la Compagnie des Parisiens débarque les passagers au Grand Port d'Aix-les-Bains à la fin du XIXe siècle.

La compagnie transporta quinze mille passagers en 1845 et quatre cent cinquante tonnes de fret exclusivement composé de sel destiné aux entrepôts savoyards et pour lequel elle jouissait d'un monopole de trafic. La corrosion de la coque, occasionnée par ce transport, dégradait ces bateaux dont « la forme et l'aménagement laissaient beaucoup à désirer[43] ». En 1846, la compagnie déposa son bilan et le Haut-Rhône ne porta plus de vapeur jusqu'au début du Second Empire ; le matériel fut repris par la Compagnie générale de navigation pour la desserte du Rhône à l'aval de Lyon.

Le début du Premier Empire fut l'époque d'une certaine concurrence sur la ligne Lyon-Aix, spécialisée dans le trafic des voyageurs à la remonte, puisque sept compagnies se partageaient le marché aux alentours de 1860. « L'Hirondelle » est le type même des vapeurs du Haut-Rhône ; maintenue en service jusqu'à la fin des années 1880, elle est assez représentative de la flotte de l'époque.

	Caractéristiques générales des bateaux en service	L'Hirondelle n°6 de la compagnie Galline
Tonnage	180-300 t	213 t
Longueur	70-90 m	
Largeur	4,40-6,70 m	
Tirant d'eau en charge	1,43-1,50 m	1,43 m
Tirant d'eau à vide		0,43 m
Puissance		80 CV
Voyageurs	500 à 800	600
Vitesse de remonte	13 km/h	13 km/h
Vitesse de descente		21 km/h

Les vapeurs du Haut-Rhône sous le Second Empire.

Compagnie générale de navigation : *le Papin, la Coquette, le Léopard, le Furet, le Griffon, la Favorite, le Bellot, l'Isly, le Tigre.*
Compagnie Vial (puis Darbon) : *le Parisien.*
Compagnie Galline : *l'Hirondelle.*
Compagnie Magnard : *le Ville d'Annonay.*
Compagnie Clair et Rebatet : *le Petit Poucet* (20 t).
Compagnie Plasson : *le Victor-Emmanuel.*

Les bateaux à vapeur du Haut-Rhône.

	Rigue	Sapine	Savoyardeau
Longueur (m)	20 à 30	10 à 20	6 à 12
Largeur (m)	4,30 à 7,70	3 à 5	2 à 4
Tirant d'eau en charge (m)	0,85 à 1,40	0,50 à 0,75	0,40 à 0,70
Tonnage (t)	75 à 246	10 à 58	2 à 15

Les bateaux du Haut-Rhône en 1911.

43. *Rapport officiel 1845. S.N.R.S. 2124.*

	Penelle	**Savoyardeau**
Longueur (m)	24-29 ou 21-23	21-23 et +14 11-13, 9-10
Largeur (m)	5	4
Tonnage (t)	7,5 à 10	3 à 5

*Les bateaux du Haut-Rhône au début du XIXᵉ siècle :
des tailles très variées.*

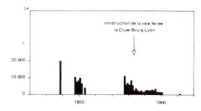

Figure 73. Le trafic du bois sur la rivière d'Ain.

En somme, la navigation du Haut-Rhône pouvait se faire dans des conditions techniques assez semblables à celles du Rhône en aval de Lyon, à ceci près que la régularité des lignes de voyageurs était à la merci des étiages. Les bateaux de voyageurs et les messageries avaient cependant l'avantage de travailler du 1ᵉʳ mai au 1ᵉʳ octobre, période qui bénéficiait des hautes eaux du fleuve.

Pour clarifier la question du déclin de la navigation, il convient de distinguer trois trafics de nature très différente[44] :

Le flottage du bois sur l'Ain (fig. 73)

Ce trafic très secondaire a porté sur vingt mille tonnes en 1838 et sur une moyenne de cinq à dix mille tonnes vers 1850. Le manque de données ne permet pas de dégager le sens d'une évolution (éventuelle concurrence du charbon de terre sur le bois de chauffe, concurrence d'autres bois d'œuvre) ; néanmoins, il est clair que ce trafic chuta à partir de 1883, année d'ouverture de la ligne La Cluse (Nantua)-Bourg vers Lyon, car la voie ferrée récupéra une partie du trafic des « bois de longueur ». Le phénomène fut accentué pour deux raisons conjoncturelles :

— La crise de la construction lyonnaise incita les Jurassiens à scier le bois pour maintenir leurs revenus et à l'expédier par la voie ferrée ;

— Pour inciter les compagnies à prolonger les lignes de chemin de fer au cœur du Jura, les communes avaient voté de fortes subventions payées au moyen de coupes extraordinaires ; la baisse des ventes se fit ensuite sentir à partir de 1882.

Cependant, cet effet de la concurrence ferroviaire est à considérer avec prudence. De l'avis du Service de la navigation, le chemin de fer était un moyen de transport coûteux, vers 1890, pour des produits de faible valeur ajoutée (98 % du trafic de la rivière soit deux mille trois cents tonnes restait constitué de radeaux de sapin) ; en fait, le bois d'œuvre du Jura subissait davantage, semble-t-il, la concurrence des « bois étrangers à Lyon[45] ». Ce trafic des bois s'éteignit progressivement dans les premières années du XXᵉ siècle.

Le transport des voyageurs de Lyon à Aix-les-Bains (fig. 74)

Le flottage sur la rivière d'Ain n'avait pas motivé d'investissements particuliers de la part de la collectivité nationale, si ce n'est quelques rectifications de chenal entre Pont-d'Ain et Port-Galand. En revanche, le coût des travaux d'endiguement engagés sur le Haut-

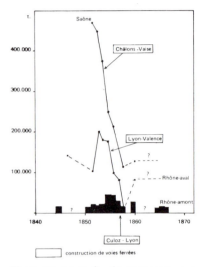

Figure 74. Le trafic des voyageurs par bateaux à vapeur sur la ligne Lyon-Aix-les-Bains.

44. Il a été possible de procéder à une reconstitution partielle de l'évolution annuelle des trafics sur le Rhône amont et la rivière d'Ain de 1835 à 1915 en opérant le dépouillement des statistiques du Service de la navigation.
45. A.D. Ain, S. 2310.

Rhône pose la question de leur opportunité, moins en aval des rapides du Sault — car le Rhône a supporté un trafic de pierre respectable jusqu'à la Première Guerre mondiale — que sur la section Le Sault-Aix-les-Bains.

Le trafic de voyageurs est resté relativement stable jusqu'en 1854, avec vingt à vingt-cinq mille clients par an. La pointe enregistrée en 1855-56 est probablement un effet de la dégringolade du trafic voyageurs enregistrée sur la Saône et le Rhône à l'aval de Lyon, consécutive à la mise en service de la voie ferrée du P.L.M. Une très forte concurrence entre les compagnies de navigation imposa des regroupements et un report des espérances sur le Haut-Rhône.

Las, la voie ferrée Lyon-Culoz entrait en service en 1857 et se prolongeait vers Aix-les-Bains ; en 1860, il ne restait plus qu'un vapeur sur le fleuve, une « Hirondelle », et le trafic se stabilisait autour de dix mille voyageurs par an avant de mourir de langueur en 1886[46]. Quand on sait les efforts déployés par les ingénieurs du Service de la navigation pour améliorer le Haut-Rhône, après 1880, il est piquant de constater qu'ils furent étroitement impliqués dans le choix du tracé de la voie ferrée Lyon-Genève. Ils étudièrent trois variantes par Nantua, Saint-Rambert-en-Bugey et le département de l'Isère ; à l'issue d'une conférence tenue avec les ingénieurs militaires de la place de Lyon, c'est la seconde variante qui fut retenue comme la plus conforme aux préoccupations stratégiques de l'état-major dans l'hypothèse d'une offensive sarde[47]. A l'origine, la gare actuelle des Brotteaux devait être située quai Bourbon sur le Rhône, entre le pont de l'Hôpital (pont Wilson) et le pont Lafayette ; et côté fleuve, servir de gare de voyageurs pour la navigation. Qu'on ait pu concevoir un essor conjoint du rail et de la voie d'eau au début des années 1850 peut s'expliquer, mais il est étonnant que la collectivité ait financé l'investissement fluvial lorsqu'il fut avéré que les gares de Seyssel, Culoz, Aix-les-Bains drainaient la quasi-totalité du trafic marchandises et voyageurs à la fin du Second Empire. Les statistiques du trafic du Rhône à Cordon en témoignent.

1854-1856	25 000 t	
1857	17 000 t	
1858-1859	9 000 t	+ 6-7 000 m³ bois (radeaux)
1865	5 000 t	
1867-1871	6 500 t	

La descente de la pierre du Sault à Lyon

Ce trafic, de loin le plus important sur le Haut-Rhône, concernait des pondéreux et pouvait donc se satisfaire d'une certaine irrégularité. Par ailleurs, la descente se faisait à un coût réduit si bien que, tout compte fait, le transport de la pierre sur le fleuve supporta relativement bien la concurrence de la voie ferrée. Deux lignes furent en effet construites : Villebois-Ambérieu en 1875, reliant les car-

46. S.N.R.S. 2113.
47. S.N.R.S. 732.

rières de la rive droite du fleuve à la ligne Lyon-Genève, et le chemin de fer de l'est de Lyon qui captait une partie de la production de l'Ile-Crémieu[48].

Le fleuve connut enfin de petites pointes de trafic en 1919 et 1932 en liaison avec l'aménagement urbain de Villeurbanne ; en 1940-41, en prévision du percement du tunnel de la Croix-Rousse, les Compagnons de France et les équipes de Jeunesse Nouvelle dégagèrent le taillis qui obstruait le chemin de halage ; le Service de la navigation apporta son concours dans l'espoir que des sociétés civiles prendraient ultérieurement la relève[49] ; cette politique volontariste, initiée par l'Organisation des produits de carrière, n'eut pas de suite car les bateaux n'existaient plus.

Au XVIIIe siècle, le Haut-Rhône français a donc fait l'objet des mêmes sollicitations que les autres fleuves du territoire national. Le cul-de-sac intramontagnard devait s'ouvrir au commerce de transit entre la Suisse et la Méditerranée ; à cette fin, la section du Rhône flottable entre le Léman et le Parc fut explorée et étudiée par des savants, des ingénieurs militaires et civils, par des négociants, mais la difficulté exceptionnelle des lieux et la barrière frontalière — plus ou moins entrebaillée suivant l'époque — ont fait obstacle à tout investissement. Repris sous la monarchie de Juillet à l'initiative des négociants genevois et lyonnais, l'intérêt de ce coûteux projet fut contesté par la route, enfin améliorée, avant que de l'être par les liaisons ferroviaires du Second Empire.

L'effort national s'est porté sur le tronçon navigable du Haut-Rhône, plus précisément sur la section Lyon-Chanaz prolongée par le canal de Savières et le lac du Bourget, vers Aix-les-Bains, porte de la Savoie. De 1848 à 1890, l'administration des Ponts et Chaussées, malgré le manque de moyens financiers, a progressivement corrigé les deux handicaps du Rhône qu'étaient les rapides du Sault et le manque de tirant d'eau à la traversée des plaines de tressage. Œuvre curieuse marquée par les efforts redoublés en faveur d'une voie d'eau condamnée dès la fin des années 1850 par l'essor du trafic ferroviaire ; investissements détournés du Rhône aval au profit d'un trafic moribond... Le Haut-Rhône a coûté fort cher pour un simple trafic de pierre de taille et de chaux.

3. Le contrôle des eaux du lac Léman et des Alpes suisses

Cette question a toujours fait l'objet d'un contentieux franco-suisse. Le contrôle des niveaux du lac réalisé pour les besoins de la production énergétique genevoise puis strictement réglementé dans le cadre d'une convention intercantonale a toujours été une affaire exclusivement suisse. Jamais le Service de la navigation ne fut réel-

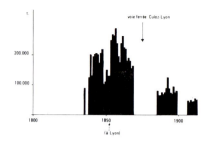

Figure 75. Le trafic des marchandises à la descente sur le trajet Le Sault-Lyon.

Une borne kilométrique du chemin de halage.

48. Aubert, 1939.
49. S.N.R.S. 1061.

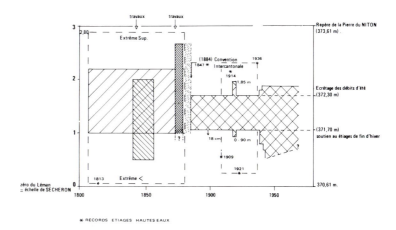

Figure 76. Les réglementation concernant les niveaux du lac Léman aux XIXᵉ-XIXᵉ siècles

lement en mesure d'infléchir une réglementation défavorable aux intérêts de la batellerie rhodanienne.

a. LES BARRAGES ET LA MACHINERIE HYDRAULIQUE DE GENEVE

Une machine hydraulique fonctionna de 1708 à 1842 sur le site de Coulouvrenière. De 1842 à 1845, un barrage mobile plus efficace fut reconstruit au pont de la Machine de manière à assurer une chute de un mètre à la machine de distribution des eaux de la ville ; ce barrage, fermé graduellement au mois de novembre lorsque la cote du lac descendait à 0,80 m, avait pour effet de ralentir la baisse des eaux. L'ouvrage n'était cependant pas étanche et laissait passer un débit supérieur à l'apport des tributaires ; E. Vallée[50] estimait la vidange à 189 350 000 m³, du 20 novembre au 16 mars, soit un abaissement de trente-cinq centimètres en cent seize jours correspondant à un excédent de débit sortant fort de 19 m³/s.

Hauteur au limnimètre	Débit m³/s Barrage ouvert	Débit m³/s Barrage fermé
0	70	50
0,80	212	113
2,80	650	193

Débits estimés à la sortie du lac en fonction des hauteurs au limnimètre du Grand-Quai.

En 1872, une turbine fut installée puis un alternateur destiné à assurer l'éclairage électrique de Genève. Il est fort probable que ces deux améliorations successives apportées à la machine ont contribué à modifier les niveaux du lac.

— En premier lieu, les travaux ont élevé le niveau moyen annuel des eaux. Forel (1892) confirme l'hypothèse d'une meilleure réten-

50. *A.D. Rhône. Arch. S.N.R.S. 732.*

227

tion de l'eau à partir des années 1840 ; « Selon toutes probabilités, depuis que les débits de l'émissaire obéissent à des causes artificielles et jusqu'en 1883, chaque année, le Rhône à Genève a écoulé un peu moins d'eau que le lac n'en a reçu. Les gains ainsi emmagasinés peu à peu ont exhaussé le lac depuis 1713, date de l'établissement du premier barrage sommaire et surtout depuis 1840[51]. »

Le barrage de la Coulouvrenière à Genève.

— Les barrages ont également modifié la cote des minima absolus. « Au XVIIIᵉ siècle, le niveau serait tombé au-dessous du 0 des limnimètres. En 1830, date d'un étiage très sérieux, il s'est abaissé à 0,22 mètre, en 1858 à 0,59 mètre et depuis on n'a pas observé de hauteur inférieure à 0,80 mètre[51]. »

Enfin, les travaux réalisés en 1872 précèdent une période continue de hautes eaux du lac. Alors que le niveau moyen des hautes eaux d'été, calculé sur la période 1806-1879, était voisin de 2,20 mètres (fig. 76), les hautes eaux de la période 1873-1879 se tinrent entre 2,44 mètres et 2,79 mètres.

Au total, ces travaux eurent donc pour effet d'élever les niveaux du lac et de réduire légèrement l'amplitude des variations saisonnières de 1,50 mètre à 1,20 mètre environ.

b. LA REGLEMENTATION DE BARRAGE DU LEMAN

Il est probable que l'élévation des hautes eaux qui vient d'être décrite envenima le vieux conflit entre Genevois et Vaudois. Alors que Genève avait pour objectif premier de retenir la tranche d'eau la plus importante possible pour assurer le fonctionnement de la machine hydraulique, le canton de Vaud s'inquiétait des risques d'inondation que cela occasionnait lors des crues. L'assainissement des villes riveraines était particulièrement gêné par le haut niveau des eaux.

La façade du barrage de la Coulouvrenière.

En 1883, lors de la construction du barrage de la Coulouvrenière, l'Etat de Vaud chercha devant le tribunal fédéral à rendre le canton de Genève responsable des dommages causés par les crues du lac[52]. Le contentieux fut réglé en 1884 dans le cadre de la convention intercantonale du 17 décembre ; l'accord servit de référence pour les travaux de la Coulouvrenière et fut précisé par la convention du 23 janvier 1886.

Le nouveau règlement déterminait le régime artificiel du lac Léman par référence au repère de la Pierre-de-Niton située dans la partie sud-est de la rade de Genève (cote 373,60 mètres).

— Niveau maximum 372,31 mètres = − 1,30 mètre par rapport RPN

— Niveau minimum 371,71 mètres = − 1,90 mètre par rapport RPN

L'amplitude des variations annuelles de niveau était donc ramenée à soixante centimètres ce qui réduisait la tranche utile à 350 000 000 m³ (lors des années bissextiles le niveau minimum pourrait être abaissé de vingt centimètres supplémentaires pour effectuer d'éventuels travaux de réparation).

51. *Pardé, 1925.*
52. *Chavaz, Gygax, 1960.*

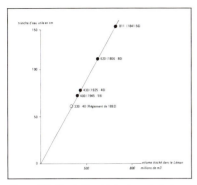

Figure 78. Evolution historique de la tranche utile du lac Léman et du volume d'eau correspondant.

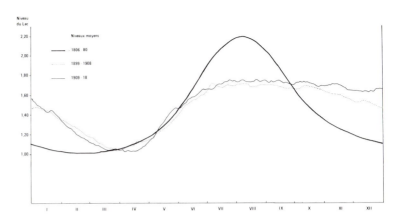

Figure 77. Les niveaux saisonniers du lac Léman. Evolution au XIXe siècle-début du XXe siècle.

Le nouveau régime du lac fixait donc le maximum réglementaire à + 1,70 mètre de la mi-juillet à la fin octobre[53] ; le niveau baisserait lentement jusqu'en décembre puis de manière plus rapide jusqu'à 1,10 mètre-1,05 mètre atteints à la fin mars ; le relèvement accompagnerait ensuite la montée normale des eaux (fig. 77). Ce règlement fut approuvé en 1892 par le Conseil fédéral et réservait un débit hivernal d'étiage de 120 m³/s à l'émissaire pour assurer le fonctionnement optimum de Coulouvrenière et de la nouvelle usine de Chèvres-Verbois.

Cette réglementation était donc le compromis réalisé entre les trois cantons de Genève, de Vaud et du Valais, à l'exclusion de la France qui n'avait pas été invitée aux débats :

— Le niveau des hautes eaux était très fortement réduit (cinquante centimètres) par rapport à la situation en vigueur au XIXe siècle. Cet abaissement fut particulièrement sensible sur la rive française[54].

— Le niveau des basses eaux était relevé pour des raisons esthétiques afin d'éviter que la vase ne soit découverte aux basses eaux.

— Résultat de ces négociations riveraines, la ville de Genève y perdait sur le plan de la production énergétique hivernale, car le volume d'eau utilisable diminuait de plus de 450 Mm³ par rapport à la période 1841-1856 (fig. 78).

Cette réglementation, conçue par des Suisses pour des Suisses, semblait desservir particulièrement les intérêts français en réduisant la capacité d'écrêtement des crues du Rhône. En réalité, le règlement de 1892, en précisant les conditions de manœuvre des barrages suisses du Rhône aval, prévoyait implicitement la rétention partielle des plus fortes crues. Dans le cas d'une crue de l'Arve, les « rideaux » du barrage de Coulouvrenière pourraient être fermés si la chute disponible à l'usine tombait au-dessous de 1,80 mètre ; le lac pourrait alors s'élever au-dessus du niveau conventionnel des eaux fixé à 1,70 mètre. Dans la pratique, la France obtint que le débit maximum

53. *Le niveau zéro du lac était fixé de manière traditionnelle à trois mètres en contrebas de la cote du repère de la Pierre-de-Niton.*
54. *La cote zéro de l'échelle française du limnigraphe de Thonon restait fixée à 371,76 mètres ; un avis du Conseil d'Etat daté du 7 juillet 1870 fixait la limite du domaine public à la cote 373,06 mètres (la laisse des hautes eaux anciennes) soit près de 2,50 mètres au repère de la Pierre-de-Niton.*

de l'émissaire fut fixé à 1 100 m³/s de façon à ne pas aggraver la situation à l'aval[55].

c. LES DIFFICILES RELATIONS FRANCO-SUISSES

Les faits précédents expliquent que la France n'ait jamais remis en cause les pratiques genevoises à l'occasion des crues car la fonction d'écrêtement a toujours continué de jouer. En réalité, le contentieux franco-suisse portait sur l'aggravation des débits d'étiage à l'aval de Lyon aux mois de septembre-octobre.

De manière à ce que ces débits soient mieux soutenus, la France demanda en 1919 que la tranche utilisable soit portée de soixante à cent cinquante centimètres par le relèvement des hautes eaux à la cote 210-220 mètres (+ 40-50 centimètres) et par l'abaissement de 60-70 centimètres des basses eaux d'hiver. Le Service de la navigation tirait argument du fait que le Conseil fédéral avait accordé une dérogation au règlement de 1892 pendant l'hiver 1917-1918 ; à cause de la pénurie de charbon, la tranche utile avait été portée à quatre-vingt-quinze centimètres (0,90 mètre-1,85 mètre).

La Suisse ne pouvait accepter, car le remplissage du lac, au début de l'automne, correspond précisément à la période où la fonte des premières neiges et de fortes pluies grossissent les tributaires. « Toute surélévation de niveau en automne appelle donc, comme corollaire, une très grande correction de l'émissaire, car il faut pouvoir évacuer immédiatement tous les apports ou presque, puisqu'il faut empêcher que les lacs ne montent encore d'une manière appréciable. Ce n'est en effet qu'à cette condition seulement qu'il est possible de réduire le volume de rétention d'un lac destiné à la protection contre les crues au profit du volume d'accumulation, disponible, lui, pour améliorer le régime de l'émissaire et par conséquent la production d'énergie[56]. » En 1923, la Suisse acceptait néanmoins de porter l'amplitude annuelle à cent centimètres (0,90 mètre-1,90 mètre) à la condition que soit réalisé un tunnel complémentaire de l'émissaire permettant l'évacuation des crues extraordinaires.

Par ailleurs, les cotes proposées par la France étaient jugées excessives :

— L'exhaussement à plus de deux mètres pendant les mois d'été menacerait les six cent cinquante hectares de la « plaine du Rhône » conquis sur le delta du fleuve à l'amont du lac et transformés en riches terres agricoles ; en quelques années, une descente des équipements, du bâti et de l'agriculture s'étaient opérées à la faveur de la baisse du niveau réglementaire.

— L'abaissement à + 0,60 mètre risquerait de provoquer des tassements de quai et des glissements de deltas affluents, en somme nuirait à l'esthétique des villes du lac.

La France n'accepta pas une proposition qui améliorait fort peu les étiages et risquait bien davantage de supprimer l'effet régulateur du lac.

55. *De fait, ce maximum de 1,70 mètre ménagea une marge de sécurité appréciable lors des crues excédant les capacités de l'émissaire, comme le montrent quelques cotes atteintes par la suite : 8.8.1914 : 2,15 m ; 14.7.1897 : 2,277 m ; 1936 : 2,31 m ; 1937 : 2,30 m. Ces deux dernières valeurs sont la limite tolérable pour les bâtiments construits sur la rive suisse du lac.*
56. *Chavaz et Gigax, 1960.*

Ces tractations complexes se déroulaient dans le contexte indissociable de la négociation sur la liaison navigable entre Genève et Lyon.

La France espérait obtenir cette modification du règlement en échange de l'amélioration du Rhône souhaitée par la Suisse, mais il est clair que la France souhaitait elle-même l'amélioration des relations commerciales. Dans son rapport de 1917, sur le projet d'aménagement du Haut-Rhône, Louis Armand jugeait cette réalisation essentielle au maintien de l'influence française sur la République helvétique ; cette position, compréhensible en temps de guerre, est confirmée par une correspondance entre le ministre des Travaux publics et son homologue des Affaires étrangères ; une lettre du 7 février 1918[57] fait explicitement référence à des préoccupations d'ordre stratégique et économique : « L'ouverture (d'une voie navigable entre Marseille, Lyon et Genève) constituera le moyen le plus sûr d'empêcher les cantons romans de tomber dans l'orbite économique de nos ennemis... Plus que jamais, je suis décidé à adopter la solution qui conciliera nos besoins en force motrice avec la nécessité d'assurer dans cette région la navigation internationale. »

Le projet de convention établi en 1919 par la Commission internationale franco-suisse pour l'aménagement du Rhône dispensait la Suisse de réaliser la voie d'eau « lac Léman-Rhin » ; les négociations de 1923, reprises dans les mêmes termes en 1932, montrent à l'évidence que la Suisse romande ne faisait pas de la liaison avec Lyon une priorité car la compensation proposée à la France était bien mince.

En 1937, la France estima la situation internationale plus favorable car les Allemands, en répudiant les clauses du traité de Versailles, privaient la Suisse germanique de certaines garanties pour la circulation sur le Rhin ; l'accès à la Méditerranée pouvant se monnayer, le ministère des Travaux publics suggéra aux Lyonnais de créer une zone franche dans leur port fluvial de manière à attirer une partie du trafic suisse ; en attendant le canal, cette zone aurait été reliée à Genève par la voie ferrée. En 1939, la session de Berne débouchait pourtant sur une impasse car la Suisse soumettait l'augmentation de l'amplitude de variation des eaux (60 cm-190 cm, soit 130 cm) à la fixation préalable d'un calendrier du régime. La France trouva cette exigence d'autant plus rigide que la Suisse ne respectait pas le règlement de 1892. De 1925 à 1940, la tranche d'eau moyenne réellement utilisée fut de soixante-dix-sept centimètres ; progressivement, de 1940 à 1942, l'amplitude autorisée par des ordonnances spéciales fut portée à cent trente-cinq centimètres (0,55-1,90 mètre) sans doute pour mieux valoriser l'usine de Verbois et ce régime fut prolongé jusqu'en 1949. M. Kirchner au nom du Service de la navigation, pouvait faire valoir en 1947 que la Suisse n'avait pas tenu compte de l'intérêt des riverains et ne pouvait valablement refuser à la France des modifications de régime ; quoi qu'il en soit, la question en suspens restait, après la guerre, celle de l'étiage artificiel imposé par la Suisse pendant les mois de septembre et octobre.

57. Arch. S.N.R.S.

d. LE CONTROLE DES EAUX ALPESTRES

Par ailleurs, comme nous le verrons en abordant l'impact hydrologique de cette régulation artificielle du niveau des eaux, le lac Léman n'est plus la seule nappe d'eau susceptible de modifier le régime du Rhône. Les conditions de stockage des eaux ont été radicalement transformées par la construction de réservoirs d'altitude sur les affluents alpestres.

On connaît avec précision les ouvrages réalisés dans le Valais entre 1902 et 1961 ; à cette date, ils pouvaient retenir 971 Mm³, volume dont on estimait la tranche utilisable à 90 %. A la fin des années 1960, la capacité des réservoirs alpestres approchait les 1 400 Mm³, soit plus de trois fois la tranche utile du lac Léman. Le problème a donc changé de nature, puisque l'impact hydrologique essentiel est devenu celui des réservoirs alpestres.

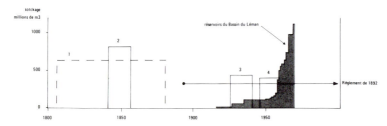

Figure 79. Le stockage artificiel des eaux dans le lac Léman et dans les réservoirs alpestres suisses. 1, 2, 3, 4, : volume annuel moyen utilisé par variation de la cote du Léman ; 1. 1806-1888 (Forel) ; 2. 1841-1865 (Vallée) ; 3. 1925-1940 (Service fédéral des eaux) ; 4. 1945-1959 (Service fédéral des eaux).

Le régime hydrologique du Rhône français n'est donc pas naturel, car il subit les répercussions du contrôle que les Suisses ont imposé au fleuve sur leur propre territoire. Ce contrôle concerne le lac Léman depuis le début du XVIIIᵉ siècle et la création de réservoirs artificiels sur les affluents alpestres depuis le début du XXᵉ siècle.

Les niveaux du lac Léman sont commandés par les aménagements réalisés sur l'émissaire à Genève ; un barrage, sans cesse perfectionné, assurait la chute d'eau nécessaire au fonctionnement d'une machine hydraulique. Ces travaux genevois eurent pour effet d'élever les niveaux du lac et de réduire l'amplitude des variations saisonnières.

En 1884, les cantons de Vaud et du Valais imposèrent une réglementation à la ville de Genève. Ils obtinrent un sensible abaissement des maxima, une élévation des minima et donc une nouvelle et très sensible diminution de la tranche utilisable. En échange, Genève obtenait la garantie d'un débit minimum à l'émissaire, destiné à assurer le fonctionnement hivernal d'une usine hydroélectrique construite à l'aval.

A la fin des années 1930, Genève obtint un certain assouplissement de ces conditions mais la fourniture d'énergie s'est déplacée dans le même temps vers le cœur des Alpes où les réservoirs d'altitude stockent pour la production hivernale un volume triple de celui qui est utilisé sur le Léman.

4. L'ère de la « houille blanche »

La réalisation des barrages de Bellegarde (1872-74), Coulouvrenière (1883-1886), Jonage (1892-99), Chèvres (1892-1894) et Chancy-Pougny (1920-24), relayée à la fin des années 30 par l'entreprise gigantesque que fut Génissiat, s'intègre dans le vaste mouvement de conquête énergétique amorcé dans les Alpes voisines. L'étude systématique des demandes de concessions déposées auprès de l'administration apporte des compléments à la géographie des initiatives et à l'histoire de la maîtrise de l'énergie[58].

a. UN CARREFOUR D'INITIATIVES

La première manifestation d'intérêt pour l'exploitation de la force hydraulique du Haut-Rhône remonte à 1871. Le 31 mai, un décret du pouvoir exécutif versaillais autorisait la construction d'une usine à Coupy, au confluent de la Valserine et du Rhône. Les entrepreneurs étaient deux industriels réputés, canadiens, Lomer et Ellershausen, domiciliés en Suisse à Vevey ; il s'agissait sans doute de Suisses allemands cherchant à attirer des capitaux industriels alsaciens après la défaite de 1871. Il existait à l'époque une petite activité d'extraction du phosphate de chaux fossile contenu dans les couches aptiennes et albiennes de la gorge du Rhône ; la roche était lavée, pulvérisée et apprêtée dans des moulins possédés par la Compagnie des phosphates de Bellegarde. Cette entreprise fusionna avec

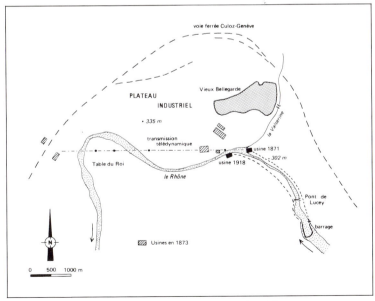

Figure 80. Bellegarde, le site industriel.

58. Veyret, 1970.

Les barrages vus depuis la perte du Rhône.

Les barrages du Rhône à Bellegarde : à gauche, le barrage alimentant la vieille usine du confluent ; il est prolongé à droite par le barrage alimentant l'usine de la société des Forces hydrauliques du Rhône (1918).

Les barrages submergés par une crue du Rhône.

Les piliers de Bellegarde, ancien mode de transport de l'énergie dit ''télédynamique'', en provenance de l'usine située au confluent de la Valserine (1871-1899). Des volants de 5,75 mètres de diamètre étaient fixés sur les piliers (vitesse du câble : 20 m/s).

Un pilier de Bellegarde.

59. Desmaris, 1937.
60. Tardy, 1970.

la nouvelle « Rhône Hydraulic Company Limited » pour former la Compagnie générale de Bellegarde en 1872. Sur le « plateau industriel » dominant le confluent de la Valserine et du Rhône, la compagnie, productrice de force mécanique, chercha à créer un petit complexe industriel ; en 1886, outre l'activité de blutage et trituration des phosphates, on comptait un atelier de rabotage du bois (630 CV), une scierie (80 CV), des ateliers pour la fabrication de la pâte à papier (40 CV), l'affinage du cuivre (10 CV). L'exemple de Bellegarde est remarquable, car il constituait une « zone industrielle » avant la lettre ; les deux « capitalistes » suisses proposaient l'énergie mécanique et les terrains du « plateau industriel » de Bellegarde aux futurs clients. Il est difficile de formuler une appréciation sur le succès de l'entreprise ; dix ans après la création de l'usine de Coupy, les activités locales ne consommaient encore que 8 000 CV, soit 10 % de l'énergie potentielle du site. L'essor de Bellegarde se produisit en fait au tournant du siècle et fut alors considéré comme exceptionnel, puisque la population passa de huit cents habitants en 1871 à plus de cinq mille habitants à la fin des années 1920. Il convient d'invoquer le passage à l'énergie électrique (l'usine Chanteau sur la Valserine dès 1884, l'usine du Rhône en 1899, améliorée par la construction d'un barrage en travers du fleuve), mais aussi le fait qu'après le renouvellement du traité de commerce franco-suisse précisant le statut de la zone franche, les industriels helvétiques aient cherché à fabriquer sur le territoire français pour éviter les droits de douane[59]. Genève n'a pas été un « stimulant industriel » pour le pays de Gex[60], mais semble avoir reporté une partie de ses investissements sur le fleuve et hors de la zone franche. Ce caractère frontalier justifie que Bellegarde ait été, « en Europe une des premières ruches industrielles groupées autour de turbines ».

Le Rhône suisse, à l'aval du Léman, fut ensuite équipé par la ville de Genève dans le but de produire l'électricité nécessaire à l'éclairage et à la traction des tramways. En 1886, la machine hydraulique de Coulouvrenière fut remplacée par un barrage à l'exutoire du lac et complétée par l'usine de Chèvres-Verbois mise en service en 1896 et elle-même noyée par la retenue de Verbois en 1943.

Ces réalisations suisses matérialisent un des aspects de la zone d'influence économique genevoise à la fin du XIXe siècle. Il semble que plusieurs projets réputés « français » aient masqué des intérêts genevois ; en 1897, H. Girardon refusait le projet Perrelet (1896) sous prétexte que l'énergie passerait en Suisse et faisait état de vives critiques à l'égard de la Rhone and Land Water Power Company, nouveau propriétaire anglais de la chute de Bellegarde. Lorsque l'intérêt régional, essentiellement lyonnais, s'est manifesté sur cette section du Rhône, il s'agissait de faire pièce à la finance étrangère ; Bonnefond (1898), industriel local soutenu par de puissants intérêts lyonnais, défendait une production d'énergie française capable de fixer les investissements français tentés d'investir sur le Rhône suisse. Ce point de vue recueillait l'appui des élus locaux : « Il s'agit de permettre à la finance française de prendre pied sur sol français dans des conditions au moins égales à celles accordées aux capitaux genevois ou aux capitaux anglais qui se sont installés à Bellegarde sous la protection et la direction de Genève[61]. »

Les premiers projets lyonnais dans les gorges du Rhône remontent à 1887 ce qui est relativement précoce si l'on considère que les premières expériences de transport d'énergie ont été réalisées par M. Deprez en 1882-83 (on admettait une perte de 50 % entre Malpertuis et Lyon). Cette idée d'une exportation de l'énergie vers des centres consommateurs fut reprise en 1902 par les ingénieurs parisiens Harlé, Blondel et Mahl, dans le cadre du projet de Génissiat. Il est remarquable que, dans la période 1890-1920, considérée comme celle du « monopole montagnard de l'électricité[62] », on ait envisagé le transport de l'énergie sur des centaines de kilomètres ; la demande de concession de Génissiat formulée en 1909 prévoyait un transport à haute tension sous 120 000 volts sur le modèle de réalisations américaines. Cet intérêt parisien pour l'électricité rhodanienne ne suit que de trois ans les premières velléités d'investissement en provenance de la capitale, car dès 1889, une société s'était fondée dans le but d'utiliser sur place l'énergie produite dans les gorges.

En revanche, les projets de mise en valeur des forces motrices du Haut-Rhône en aval des gorges ont toujours relevé de l'initiative quasi exclusive de Lyon. Dès 1881, fut visé l'équipement du secteur de Vaulx-en-Velin dans le but de procurer une force mécanique mais la grande affaire fut l'aménagement du canal de Jonage et de l'usine hydroélectrique de Cusset sur la commune de Villeurbanne. Le projet de l'ingénieur Victor Raclet (1888) fut repris l'année suivante par le Syndicat des forces motrices du Rhône, qui regroupait les intérêts de la banque et de la soierie lyonnaise. La concession était accordée en 1890, les travaux réalisés de 1892 à 1899. Ainsi, aux deux extrémités du Haut-Rhône, les deux agglomérations de Lyon et Genève domestiquaient la force hydraulique dans les mêmes années 1890-1895.

C'est encore l'initiative lyonnaise qui a formulé les premiers projets d'équipement hydroélectrique entre Seyssel et Le Sault[63]. Ce décalage de quelques années au détriment du tronçon médian s'explique par le rôle prépondérant que constituait la satisfaction des besoins urbains en matière d'éclairage, de transport à traction électrique et d'énergie à usage industriel. Genève et Lyon ont en quelque sorte joué ici le rôle qu'a eu Grenoble au cœur des Alpes. La précocité de l'équipement alpestre « ne se mesure pas uniquement aux apports financiers initiaux mais plus encore au dynamisme et à l'esprit d'entreprise d'un groupe d'hommes animés de la même foi dans l'avenir de la houille blanche[64] ».

Pourtant, à y regarder de plus près, les deux modes de développement de la force hydraulique ne présentent pas que des analogies et la question mérite d'être approfondie.

Il convient en premier lieu de ne pas se cantonner à une géographie des initiatives. S'il est clair que les ingénieurs et les investisseurs potentiels ont été d'origine lyonnaise, genevoise et parisienne — les

61. *Lettre du député David, 1899.*
62. *Veyret, 1970.*
63. *Diederichs, industriel lyonnais, à Cordon en 1898, puis Broussas et Clet dans le secteur du lac du Bourget en 1899, et enfin Mouin et Granon au Sault en 1900.*
64. *Armand, 1974.*

Grenoblois sont curieusement absents du Rhône alors même qu'ils ont investi dans d'autres montagnes comme les Pyrénées, les Cévennes — les finalités des aménagements présentent des analogies et des différences avec le modèle alpin.

— Au rang des analogies, remarquons que de nombreux projets et réalisations rhodaniens ont concerné une valorisation locale de l'énergie, ce jusqu'à la fin de la Première Guerre mondiale. A l'exemple classique du versant de Belledonne recherché par les papetiers tels Matussière à Domène en 1866 et A. Bergès à Lancey en 1869[65] répond celui de Bellegarde en 1871. Il s'agit bien de « se rapprocher des forêts et de la force motrice de la montagne[66] » pour créer un nouveau centre papetier. Bellegarde utilise une eau dérivée sur des turbines et compense la faiblesse de la chute par l'importance du débit ; à cette époque, le flottage vers Lyon avait cessé et ne subsistait qu'un faible trafic sur l'Arve à destination de Genève. En 1873, la Compagnie générale de Bellegarde essaya de réorganiser le flottage en provenance de l'Arve ; un barrage flottant devait arrêter les troncs et le tirage se faire sur des plans inclinés en direction du plateau. L'intention était clairement exprimée d'établir un « grand centre de consommation et de travail » du bois[67].

— Le Haut-Rhône a également connu la « phase électro-chimique » mais les deux seules réalisations sont tardives puisqu'elles concernent l'usine de la Société française des forces hydrauliques du Rhône qui obtint en 1918 la concession d'une nouvelle dérivation à Bellegarde pour produire 8 à 10 000 CV et sept mille tonnes de carbure de calcium, et l'usine d'Anglefort. Rien de comparable avec les Alpes où Héroult réussit la première coulée de l'aluminium en 1889 à Froges et où la première usine, celle de Calypso, fonctionne dès 1890 près de Saint-Michel-de-Maurienne[68]. Pourtant, le Haut-Rhône a suscité des projets aussi précoces que ceux de la montagne voisine : dès 1896, Janin et Jeantet projetaient l'aménagement hydroélectrique du Pas-de-Malpertuis dans le but d'attirer une usine de carbure de calcium et de ferro-alliages ; on ignore l'état de leurs tractations mais 1896 est l'année même où fut construite à Notre-Dame-de-Briançon la première unité industrielle spécialisée dans ces productions et où furent mis au point des fours électriques à La Praz, Venthon et Ugine.

Si l'on ajoute à cela le fait que Bellegarde fut en 1884 la première ville française à disposer de l'éclairage électrique (usine créée par Dumont sur la Valserine), un an après l'expérience de transport du courant entre Vizille et Grenoble, il est clair que le modèle de développement rhodanien de la force hydraulique aurait pu être très semblable à celui de la région grenobloise et à peine décalé dans le temps. Il présente en outre la particularité d'être davantage subordonné aux demandes urbaines ; Genève et Lyon étaient des villes industrielles suffisamment développées à l'époque des années 1880 pour justifier l'équipement du Rhône et tel n'était pas le cas de Grenoble. La métropole alpine a sécrété des initiatives, rassemblé des capi-

65. Veyret-Verner, 1948.
66. Léon, 1954.
67. A.D. Ain, S. 849.
68. Chabert, 1977.

taux, investi dans les vallées voisines mais n'a pas valorisé l'énergie des cours d'eau de plaine que sont l'Isère et le Drac à l'époque de la « houille blanche ».

Il convient alors de donner une explication au sous-équipement relatif du Haut-Rhône dont H. Girardon disait qu'il avait, près de Bellegarde, les plus belles chutes de France.

b. UN FLEUVE EN RESERVE

Le fait que le Haut-Rhône français ait été géré par le Service de la navigation a imposé à l'administration un arbitrage entre les visées des mariniers et celles des pionniers de la houille blanche. A cet égard, la situation se présentait de manière très différente sur le tronçon situé à l'amont du Parc, considéré comme flottable, et sur le tronçon le Parc-Lyon, réputé « navigable ».

Sur le Haut-Rhône flottable, l'argumentation du Service de la navigation pouvait difficilement se fonder sur un maintien des conditions naturelles dans la mesure où le barrage de Bellegarde créait un précédent fâcheux. C'est pourtant l'argument qui fut utilisé pour refuser le projet Jonery de 1887 sur le site du Pas-de-Malpertuis ; en réalité, H. Girardon s'appuyait sur la validité d'un décret de 1865 confirmant le classement du cours d'eau, mais se réservait le droit de juger de la crédibilité des projets présentés. A la fin des années 1880, et durant les années 1890, il refusa l'utilisation de la seule énergie cinétique (Jonery, 1887), la construction de barrages de moyenne chute jugés dangereux (Claret, 1893) et l'exportation de l'énergie jugée dispendieuse. La position de l'administration changea dans les dernières années du XIXᵉ siècle ; l'amélioration de la productivité à l'usine de Bellegarde faisait plus que subvenir à la satisfaction des besoins locaux mais H. Girardon était favorable à l'équipement des quatre-vingt-sept mètres de chute susceptibles de produire 116 000 CV. « C'est là une réserve considérable et qui trouvera sans doute son emploi dans un avenir prochain si, comme tout le fait prévoir, les applications de l'électricité à l'industrie chimique deviennent de plus en plus nombreuses. » En fait, il suspectait des intentions spéculatives sur les 95 % d'énergie inutilisée : « La seule précaution à prendre est de n'admettre que des entreprises sérieuses qui ont le placement de leur énergie raisonnablement assuré d'avance. » Tout accord de concession serait soumis à l'engagement immédiat des travaux.

Après 1902, le dossier semble être devenu une affaire nationale. Harlé, Blondel et Mahl proposèrent le site de Génissiat pour produire l'énergie nécessaire à l'alimentation de l'agglomération parisienne. Le projet était en compétition directe avec celui de la Société française des forces hydrauliques du Rhône qui proposait un aménagement en deux paliers successifs. De querelles de géologues en batailles d'experts, la décision fut repoussée jusqu'en 1914, date à laquelle un rapport officiel rendit arbitrage en faveur de Génissiat. Les premières années du XXᵉ siècle révèlent donc l'importance nationale des gorges du Haut-Rhône. Par son extrême prudence,

Il y a lieu de ne pas négliger, en faveur du projet des deux biefs, un argument d'ordre bien secondaire assurément pour les savants, les industriels et les capitalistes : c'est celui de la destruction, par submersion totale, sous vingt à quarante mètres d'eau, d'une des merveilles naturelles de la France, dans le cas où le projet de Génissiat finirait quand même par être exécuté.

Le canyon du Rhône, en effet, de la Perte du Rhône à Génissiat, est une suite de sites incomparablement curieux, jusqu'à présent non visités et surtout non décrits à cause de leurs difficultés d'accès.

Les touristes ne connaissent en réalité que la Perte, et la traversée du Rhône à Arlod.

Il sera facile de provoquer un mouvement d'opinion publique pour leur conserver des beautés qu'ils ignorent : par les revues, les sociétés de tourisme et d'alpinisme, et par l'Office national du tourisme récemment créé au ministère des Travaux publics.

Comme pour les polders du Mont-Saint-Michel, il va s'ouvrir à ce propos un conflit entre l'utilisation économique d'une force naturelle toute puissante et la conservation d'une magnificence, naturelle aussi, du sol français.

Or, le projet de deux biefs, non seulement assurerait cette conservation, mais faciliterait merveilleusement l'accès du canyon. C'est précisément de la Perte du Rhône à Malpertuis que le parcours du fleuve est impossible. Comme le barrage de Malpertuis fera un lac jusque vers le confluent de la Valserine, sans submerger aucune des belles portions du canyon, ce lac créera une promenade en bateau beaucoup plus longue, et plus grandiose que celle du fameux lac de Chaillexon au saut du Doubs. Et Bellegarde arrêtera alors au passage tous les visiteurs de Chamonix et de la Suisse. [...]

E.A. Martel, 1911.
(In "Etude hydrologique et géologique de l'emplacement des barrages projetés sur le Haut-Rhône". *Conférence faite dans la Séance du 8 novembre 1911 de la Société d'Agr. Sciences et ind. de Lyon.* Imp. A. Rey, Lyon, pp. 31-66.)

Le barrage de Jons.

H. Girardon a donc ménagé l'avenir et conservé au Rhône flottable son caractère quasi naturel. Il fait peu de doutes que la logique du développement industriel aurait conféré à cette vallée les traits de la Maurienne ou de la Tarentaise sans l'interventionnisme du Service de la navigation.

Sur le Rhône navigable, il était impératif de concilier les intérêts de la batellerie et ceux de la production hydroélectrique. Une dérivation usinière ayant par trop modifié le débit du chenal de navigation, il était impossible de concilier les deux fonctions. « Si l'on ne veut pas sacrifier la navigation, il faut ne laisser travailler l'usine qu'en très bonnes eaux… La seule manière de tourner la difficulté est d'imposer au concessionnaire de la force motrice l'obligation de créer et d'entretenir un canal navigable[69]. »

L'usine de Jonage, concédée en 1892 à la Société des forces motrices du Rhône et terminée en 1899, fut conçue selon ce principe. Œuvre exceptionnelle pour l'époque, elle préfigure les grands ouvrages contemporains avec ses digues de terre longues de plusieurs kilomètres ; la réalisation bénéficia de l'expérience acquise dans le creusement du canal de Suez et du canal de Panama par certains ingénieurs responsables du projet[70]. L'usine de Cusset assurait une production de 12 000 à 20 000 CV pour un débit de 150 m³/s et ménageait les intérêts futurs de la navigation grâce à deux écluses de 105 × 16 mètres.

Ces écluses ne servirent pas, car, jusqu'à la réalisation du barrage de retenue de Jons (1937), destiné à relever le plan d'eau du Rhône et à porter le débit turbiné à un maximum de 600 m³/s, la navigation continua d'emprunter le canal de Miribel. Il était, en effet, bien plus économique pour un trafic de descente d'utiliser la vieille voie qui restait praticable. Jusqu'en 1937, la séparation des eaux entre le canal de Miribel et le canal de Jonage se faisait grâce à une « digue divisoire » mais l'incision du premier par effet d'impact lui assurait l'essentiel du débit et donc les meilleures conditions de navigabilité. A ce détail près, l'aménagement préfigure l'œuvre réalisée cinquante ans plus tard par la Compagnie nationale du Rhône.

« L'exploitation hydroélectrique est la fraction rentable qui permet de financer la fraction d'intérêt général non immédiatement et directement rentable » qu'est la navigation. En ce sens, l'aménagement de Jonage est essentiel à la compréhension de la politique suivie sur l'ensemble du fleuve en matière d'aménagement même si les réalisations suivantes furent retardées par des données conjoncturelles telles qu'un dépassement des coûts, le scepticisme des pouvoirs publics quant à la croissance de la demande énergétique dans la région lyonnaise et la méfiance du Service de la navigation à l'égard de toute perturbation que le fonctionnement des usines aurait apportée au régime des eaux.

Au début du XXe siècle, la politique du Service de la navigation était sans équivoque : « Nous estimons que l'administration a le devoir de ne pas permettre de modifier en mal les conditions actuelles de la navigabilité sur le fleuve. Les cours d'eau navigables doivent

69. Girardon, 1898.
70. M. Laferrere, témoignage oral.

servir à la navigation, les autres usages ne viennent qu'après. » La position officielle du Service de la navigation ne pouvait que conforter les intérêts économiques régionaux dans leur recherche d'une solution globale et définitive aux difficultés de la batellerie. Dès 1899, les chambres de commerce émettaient le vœu que « le gouvernement fasse mettre le plus promptement à l'étude l'aménagement agricole et industriel du Rhône permettant l'irrigation, une navigation constante et l'utilisation des forces motrices du fleuve. »

Hélas, la commission interministérielle, dont la création avait été obtenue en 1900 par les élus régionaux, rendit un avis défavorable au « triple point de vue » d'aménagement. En proposant de concéder la force motrice aux initiatives privées, elle faisait objectivement le jeu du groupe Harlé-Blondel-Mahl intéressé par la mise en valeur du seul site de Génissiat. Que les bénéfices escomptés soient partagés entre l'industrie privée et la capitale, au lieu de profiter à une communauté d'intérêts rhodaniens, fait alors figure de déni de justice[71].

La construction d'un barrage à Génissiat ou la réalisation de l'aménagement conjoint Bellegarde-Malpertuis par la Société française des forces hydrauliques du Rhône n'étaient pas incompatibles avec la préservation des intérêts futurs de la batellerie. En 1908, naissait l'Association suisse pour la navigation du Rhône au Rhin à l'instigation des intérêts économiques de la Suisse romande, inquiets du développement de la navigation rhénane et de l'emprise économique allemande[72]. Elle proposait un port fluvial sur la « queue de l'Arve » et une communication avec le lac Léman par un canal souterrain accessible aux chalands de six cents tonnes. En 1911, le Comité franco-suisse du Haut-Rhône se constituait dans le but de réaliser la liaison fluviale. En 1917, l'ingénieur en chef du Service de la navigation, L. Armand, proposait au ministère des Travaux publics un projet d'aménagement intégral du Haut-Rhône navigable au moyen de cinq dérivations éclusées ; la section flottable serait équipée de deux barrages à ascenseurs car la solution du barrage unique était jugée trop coûteuse par le ministère des Travaux publics. Quelle que fut la solution technique retenue — le groupe Harlé venait de se désister — la position officielle était clairement exprimée par le ministre : « Je ne saurais approuver une solution qui empêcherait de joindre Marseille à Genève par une voie navigable aménagée dans la partie haute du fleuve[73]. » Dans cette hypothèse, L. Armand concevait des aménagements capables d'assurer le passage de bateaux de six cent vingt-cinq tonnes, d'un port en lourd voisin de celui qu'adoptaient les Suisses sur l'Aar. Le retour en force des intérêts de la batellerie était si marqué que L. Armand dut s'opposer aux vues du Comité franco-suisse et défendre le double point de vue énergie-navigation entre le Parc et Lyon ; soucieuses de déboucher au plus vite, les chambres de commerce se seraient contentées d'un prolongement du canal de Miribel.

La situation se débloqua en 1918 grâce au changement d'attitude du Conseil supérieur des travaux publics qui constituait un comité

71. *Béthemont, 1972.*
72. *Balleydier, 1939.*
73. *S.N.R.S., 729.*

240

Le barrage de Génissiat au début des années 1950.

Le barrage de Seyssel au début des années 1950.

74. Tournier, 1952.
75. Grandjean, 1983.

d'études pour l'aménagement du Rhône ; l'année suivante, un projet de loi était proposé aux députés. Il est vrai que depuis le début du siècle, l'énergie hydroélectrique s'était imposée et justifiait des investissements systématiques ; par ailleurs, depuis la reconquête de l'Alsace, l'axe Rhône-Rhin devenait une priorité nationale en matière de transports. Le Haut-Rhône s'en trouvait certes quelque peu marginalisé et le transit par le territoire helvétique n'était plus la priorité ; néanmoins, le site de Génissiat devait garantir la rentabilité du projet rhodanien.

La loi du Rhône, votée le 27 mai 1921, découragea les investisseurs jusqu'à la concession du 5 juin 1934 en faveur de la Compagnie nationale du Rhône. L'aménagement hydroélectrique le plus rentable, Génissiat, fut autorisé en 1937, et aussitôt mis en chantier.

c. LES AMENAGEMENTS DE LA COMPAGNIE NATIONALE DU RHÔNE

Les ouvrages de Génissiat et Seyssel ont inauguré l'aménagement hydroélectrique du Haut-Rhône par la C.N.R.[74]

Le barrage de Génissiat a été construit de 1937 à 1948 ; l'ouvrage est un barrage-poids haut de cent quatre mètres, large de cent mètres à la base et de cent quarante mètres au couronnement. La retenue est longue de vingt-trois kilomètres et autorise l'utilisation d'une capacité de 12 Mm³ grâce à une variation de plan d'eau de cinq mètres. Six turbines fonctionnent sous une chute brute maximale de soixante-neuf mètres, absorbent un débit de 700 m³/s et permettent une productibilité de 1 660 GWh.

Le fonctionnement en éclusées de l'usine de Génissiat a conduit la C.N.R. à doubler l'ouvrage par le barrage mobile de compensation de Seyssel (1946-1951). Celui-ci peut retenir 6 Mm³ et donc contribue à atténuer les variations artificielles du débit ; sous une chute modeste de six à neuf mètres, il fournit également 160 GWh.

Après une longue interruption consacrée à l'aménagement du fleuve à l'aval de Lyon, la C.N.R. a remis à l'ordre du jour l'équipement des cinq dernières chutes du Haut-Rhône. Dans les années 1974-75, l'argument énergétique va se révéler déterminant ; la C.N.R. fit valoir que la stabilité des plans d'eau apportée par les aménagements du Rhône faciliterait le refroidissement des centrales nucléaires ; cette complémentarité du nucléaire et de l'hydraulique fut jugée d'autant plus rentable que la réalisation d'une chaîne de barrages permettrait une gestion en éclusées et la production d'une énergie de pointe[75].

De même que les ingénieurs du XIXᵉ siècle opposaient le Rhône flottable au Rhône navigable, de même la géographie fonde une distinction essentielle entre un Rhône des barrages en sites de gorges et un Rhône de plaines où les choix techniques étaient nécessairement différents.

La chute de Chautagne est le premier des aménagements au fil de l'eau avec dérivation réalisé sur le Haut-Rhône. La retenue située à l'amont du barrage de Motz relève le plan d'eau jusqu'au pied du barrage de Seyssel et noie le cône de déjection du Fier. Le Rhône est dérivé dans un canal d'amenée large de quatre-vingt-dix mètres jusqu'à l'usine d'Anglefort équipée de deux goupes de 45 Mw pour un débit maximum de 700 m³/s. Le canal de fuite rejoint le Rhône court-circuité au pont de la Loi, en tête de la retenue de Belley[76].

Aména-gement	Débit d'équipement (m/s)	Productibilité (GWh/an)	Hauteur de chute (m)	Puissance (MW)
Chautagne	700	435	15	90
Belley	700	440	15,05	90
Brégnier-Cordon	700	360	11,40	75
Sault-Brénaz	700	250	7,60	40
Loyettes		275	8	47
Total		1 760	57,05	342

Longueur de l'Aménagement				Début des travaux	Mise en service
Retenue	Canal d'amenée	Canal fuite	Total		
5,7	5,4	3,3	14,4	1978	1981
5,0	13	1,7	19,7	1979	1982
11,5	5	2,7	19,2	1981	1984
28	1,6	0,4	30	1983	
20,2	5,7	2,3	28,2		

L'aménagement de Belley est comparable au précédent par sa hauteur de chute, la puissance installée et la production énergétique qu'il assure mais son implantation est très différente. Le secteur amont de la retenue de Belley est en effet situé dans la plaine de Chautagne-Lavours ; la surélévation du plan d'eau devait ménager au mieux les équilibres hydrologiques et a nécessité de coûteux travaux de génie civil. Ainsi, en rive droite, le Séran passe en siphon sous le canal d'amenée de telle façon que l'inondation du marais de Lavours par les eaux du Vieux Rhône reste possible. Le barrage de Chanaz relevant le plan d'eau à l'amont de la confluence du canal de Savières, il a été nécessaire de construire un seuil dans le but de stabiliser à une cote optimale le niveau du canal de Savières de façon à éviter la vidange du lac du Bourget ; lors des crues, ce seuil permet néanmoins d'assurer l'écoulement du flot dans le sens Rhône-lac. Enfin, une petite écluse autorise l'accès de la retenue aux bateaux de plaisance du lac.

Le caractère le plus remarquable de l'aménagement tient sans doute au fait que le canal quitte le lit majeur du Rhône entre l'embou-

76. Savey et coll., 1982.

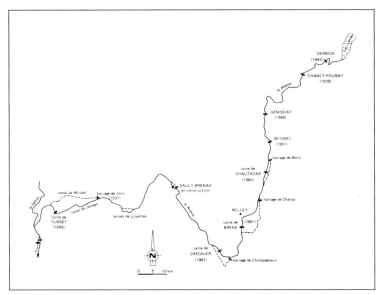

Figure 81. Les aménagements hydroélectriques de la Compagnie nationale du Rhône.

chure du Séran et La Balme pour emprunter une vallée morte d'origine glaciaire jalonnée par le marais de Cressin (l'actuel lac du Lit au Roi), un verrou rocheux, le lac de Bart et des marais. A l'aval de l'usine de Brens, équipée pour un débit de 700 m³/s, la restitution se fait au confluent du Furan, face à la cluse de Pierre-Châtel d'où parvient le débit réservé du Vieux Rhône.

— L'aménagement de Brégnier-Cordon s'allonge sur près de vingt kilomètres entre La Balme et Evieu. Construite en surélévation dans le val du Rhône, la retenue est prolongée par le canal d'amenée qui se glisse, par le lac de Pluvis, entre la montagne d'Izieu et le Molard de Cordon. Le barrage de retenue de Champagneux a été complété par une usine dite de « récupération » qui permet le turbinage de 80 m³/s, soit l'essentiel d'un important débit réservé. A l'aval du confluent du Guiers, un seuil en rivière relève le plan d'eau du Vieux Rhône et permet l'alimentation des lônes de l'exceptionnel ensemble des Avenières destiné à devenir une réserve naturelle, du moins faut-il le souhaiter.

— L'aménagement de Sault-Brénaz est en cours de réalisation ; les contraintes de pente et de site ont imposé une longue retenue de vingt-huit kilomètres qui fait remonter le remous jusque dans les Basses-Terres et une chute modeste de 7,60 mètres. Le canal d'amenée recoupe la dérivation éclusée du XIXe siècle et surtout court-circuite l'exceptionnel site des rapides ; à titre de compensation, le débit réservé sera porté de 20 à 60 m³/s et même à 150 m³/s certaines fins de semaine en été.

— L'aménagement de Loyettes devait constituer la dernière marche de l'escalier hydraulique haut-rhodanien. Le S.D.A.U. du Haut-Rhône publié en 1976, mais conçu en période de croissance économique, intégrait l'aménagement de Loyettes dans le vaste projet de la basse plaine de l'Ain au cœur d'une future ville nouvelle tripolaire ; conformément à la vocation de la C.N.R., cet aménagement à buts multiples permettrait la desserte fluviale depuis Lyon de la zone industrielle de la plaine de l'Ain, couplée à la centrale nucléaire de Bugey. A la fin des années 1970, l'argument énergétique était seul retenu dans le court terme, sans que soit exclu un développement industriel reporté à des temps meilleurs.

Comment justifier sur le plan économique une dépense voisine de huit cents millions de francs ? Une production annuelle de 275 GWh, même si elle assure l'approvisionnement énergétique d'une ville de 160 000 habitants, reste modeste, comparée à celle de la centrale nucléaire de Bugey (puissance brute : 4 200 MW). Le problème est changé par le développement de la production énergétique d'origine nucléaire qui nécessite en complément une énergie de pointe. Or, il est possible de produire ces kWh très rentables dans des barrages au fil de l'eau par le principe du fonctionnement en éclusées ; le barrage-réservoir de Génissiat (13 Mm^3) assure l'essentiel de « l'éclusée de formation », à l'amont aussi bien qu'à l'aval, pour un faible marnage des retenues ; l'électricité est produite par des « éclusées de transmission » turbinant la lâchure en transit. Deux chaînes d'usines fonctionnent suivant ce principe à l'amont et à l'aval de Lyon ; le rendement du système serait accru par l'équipement du tronçon de soixante kilomètres compris entre l'aménagement en cours de Brégnier-Cordon et l'usine de Cusset-Villeurbanne.

Ainsi, de manière apparemment paradoxale, c'est le développement de l'énergie nucléaire qui justifie l'équipement du dernier tronçon fluvial intact.

Un conflit écologique aigu a conduit la C.N.R. à proposer une variante au projet initial[77] ; le canal de fuite serait raccourci et rejoindrait le Rhône en amont d'Anthon, épargnant ainsi l'essentiel du confluent Ain-Rhône. Pour ne pas perdre de hauteur de chute, la C.N.R. prévoyait de draguer le lit du Rhône tout en stabilisant le profil en long de son affluent par un seuil bâti à la confluence. Ce projet a également été repoussé en 1984 et le ministère a proposé un classement du site sans pour autant interdire une réalisation future de l'équipement.

A l'heure où l'équipement du Haut-Rhône français touche à sa fin, il est possible de situer sa contribution à la production énergétique nationale. Il assure une production annuelle moyenne de 3 700 GWh ou 3,7 TWh sur un total rhodanien de 16 TWh et une production hydroélectrique française de 65 TWh ; l'Ain ajoute environ 0,5 Twh si bien qu'au total les deux cours d'eau assurent 6 à 7 % de la fourniture nationale.

d. L'ÉQUIPEMENT HYDROÉLECTRIQUE DE L'AIN

L'utilisation des eaux de l'Ain resta marginale jusqu'au début des années 1930 car la conception des ouvrages, traditionnelle, privilégiait les petites installations sur des sites de chutes et de rapides.

77. *J.P. Bravard, 1982, b.*

Figure 82. Les barrages de la rivière d'Ain.

En 1928, on comptait vingt-huit usines entre Nozeroy et Loyettes, utilisant 26 % des six cent quinze mètres de chute et produisant seulement 69 GWh sur un potentiel de 900. Les principales étaient :
— Bourg-de-Sirod utilisant 7 m³/s sous quarante-huit mètres de chute ;
— Saut-Mortier utilisant 15 et 60 m³/s sous cinquante mètres de chute ;
— Chartreuse de Vaucluse utilisant 60 m³/s sous vingt-cinq mètres de chute.

L'irrégularité du régime faisait qu'une usine hydroélectrique pouvait « difficilement vivre par ses propres moyens », soit qu'elle utilisât une faible partie du débit, soit qu'elle fût condamnée au chômage en été[78].

La mise en œuvre de la technique des réservoirs et l'interconnexion des réseaux de transport changea radicalement les conceptions d'aménagement. Au début des années 1930, la Société Rhône et Jura, qui exploitait le barrage de Chancy-Pougny depuis 1925, construit l'ouvrage de Cize-Bolozon et demande des concessions pour jouer de la complémentarité des débits du Rhône et de l'Ain.

L'aménagement actuel consiste en cinq barrages, d'amont en aval : Vouglans, Saut-Mortier, Coiselet, Cize-Bolozon et Allement (fig. 82).

Vouglans est l'élément essentiel. Situé à 126 kilomètres de La Mulatière, il dresse un mur de cent mètres de haut en travers des gorges de l'Ain, retient un lac de trente-six kilomètres d'un volume de 605 Mm³ pour une tranche utile de 425 Mm³. Le débit équipé est de 340 m³/s, la puissance installée de 272 MW. La productibilité moyenne est de 241 GWh, mais il convient de la ramener à 188 GWh pour tenir compte de la suppression des deux sites de Chartreuse-de-Vaucluse et Saut-de-la-Saisse, noyés par la remontée des eaux. Le fonctionnement de Vouglans permet également d'augmenter de 40 GWh la productibilité des usines situées plus à l'aval sur l'Ain et le Rhône[79].

En aval de Vouglans, les usines hydroélectriques de l'Ain jouent un rôle secondaire avec des volumes utiles relativement faibles par comparaison (Saint-Mortier 1,65 Mm³, Coiselet 3,4 Mm³, Cize-Bolozon 5 Mm³, Allement 2 Mm³).

Ainsi l'histoire des projets et des réalisations concernant la valorisation de l'énergie hydraulique permet, dans une certaine mesure, de considérer le Haut-Rhône comme une annexe des Alpes voisines.

Le secteur le plus attractif était celui des gorges aux environs de Bellegarde. Dès 1871, un premier barrage équipé de turbines produisait la force mécanique nécessaire à l'essor d'un petit centre industriel ; à partir des années 1880, le site devint l'enjeu d'une compétition active entre des investisseurs d'origine genevoise, lyonnaise puis parisienne (1902), car les projets réalisés permettaient d'envisager un transport à distance. Alors que le tronçon suisse et franco-

78. Demurs, 1931.
79. Agard et coll., 1968.

suisse s'équipait de barrages (Coulouvrenière, Chèvres, Chancy-Pougny), le tronçon français demeurait sous-équipé au début du XXe siècle et la valorisation de l'énergie produite à Bellegarde intéressait la production électrochimique.

A l'aval du Parc, les projets ont abondé mais la seule œuvre hydraulique réalisée fut l'aménagement de Jonage-Cusset (1899) destiné à satisfaire la demande lyonnaise en électricité.

Ainsi le caractère le plus remarquable du Haut-Rhône est bien ce sous-équipement du potentiel hydraulique qui se prolongea jusqu'à la réalisation de Génissiat (1947). Le fleuve fut véritablement mis en réserve pendant de longues décennies :

— Les Ponts et Chaussées voulurent ménager le plus longtemps possible les intérêts de la navigation qu'ils avaient mission de défendre et de promouvoir. L'aménagement de Jonage, le seul qui ait été réalisé sur le Rhône navigable, était équipé d'écluses et préfigurait les aménagements à but multiple de la Compagnie nationale du Rhône.

— Les Ponts et Chaussées voulurent également décourager les initiatives hasardeuses et spéculatives car leur mission était de tirer le meilleur parti possible du potentiel rhodanien. Cette attitude prudente, soucieuse de l'intérêt général, a peut-être freiné le dynamisme rhodanien, dans une époque où les vallées alpines connaissaient l'essor que l'on sait.

— Au lendemain de la guerre de 1914-1918, la loi du Rhône a réservé le fleuve à une compagnie nationale qui achève actuellement ses travaux. Fleuve lyonnais, le Haut-Rhône changeait de destin...

La Perte du Rhône à Bellegarde (cl. R.-Violet).

Le surrégénérateur de Creys-Malville refroidit avec les eaux du Rhône son réacteur de 1200 MW.

III.
Les plaines du Haut-Rhône :
déclin et reprise contemporaine

Qu'on ne s'attende pas à trouver dans ces pages une histoire des mutations démographiques, sociales et économiques enregistrées depuis bientôt deux siècles dans les plaines humides. Cette question complexe et qui dépasse largement les limites de notre sujet est simplement envisagée sous l'un de ses aspects les plus concrets, celui de l'inscription dans le paysage des mutations subies par les plaines riveraines du fleuve. On s'est attaché à retracer les projets, les hésitations et les conflits, les réalisations de la jeune société technicienne dans ces terres humides traditionnellement vouées à des modes d'exploitation extensifs.

Au vrai, la mise en valeur de ces plaines rhodaniennes ne fut pas un processus continu. On mettra en évidence une longue phase de dépression voire de crise, qui a duré plusieurs décennies, de la deuxième moitié du XIXe siècle au milieu du XXe siècle. Depuis une quarantaine d'années, on assiste à l'essor de cultures intensives, celle du peuplier et du maïs, à une demande accrue en eau potable et industrielle, en granulat à l'usage de la construction.

1. Les difficultés des plaines humides à la fin du XIXe siècle

La vallée du Haut-Rhône, au même titre que la plupart des régions françaises, a connu une phase de dépression dans la deuxième moitié du XIXe siècle et durant les premières années du XXe siècle. La période est marquée par un recul des labours et de la vigne, par l'exode rural, par la restauration forestière du cadre montagneux, enfin par le déclin marqué de cette intimité que l'homme entretenait avec les lieux.

Fallait-il engager sur ce thème une étude analogue à celle que R. Lebeau (1955) a réalisée sur les montagnes du Jura méridional et leurs bordures ? Notre approche de la question, sommaire il est vrai, ne nous a pas permis de dégager une spécificité particulière de ces milieux humides quant à l'évolution de leur économie rurale ; en revanche, ces pays ont subi les contrecoups de la loi de 1858 dont l'objectif était d'assurer la protection des villes fluviales contre les inondations. Cet aspect, en apparence strictement juridique, a puissamment interféré avec une tendance de fond de l'économie rurale et sans doute aggravé certaines de ses manifestations.

a. LA LOI DE 1858 ET SES IMPLICATIONS DANS LES PLAINES FLUVIALES

De la crue de 1856 à la loi de 1858

Les dégâts que la crue de 1856 fit subir aux riverains du Haut-Rhône furent sans commune mesure avec ceux que le fleuve infligea aux Lyonnais et aux habitants de la basse vallée. Les digues du Haut-Rhône résistèrent bien, mais il est vrai qu'il en existait encore fort peu.

	Longueur des digues (m)	Longueur dégradée (m)
Haut-Rhône	7 600	90
Lyon-Donzère	37 340	3 706
Donzère-Beaucaire	135 450	13 898
Beaucaire-Arles	30 000	145
Total	210 390	17 830

Les dégâts commis sur les digues par la crue de 1856.

	Crues ordinaires (ha)	Crue de 1856 (ha)
Terres cultivées	3 290	6 358
Iles cultivées	419	419
Mairais, bas-fonds, pâturages palustres	2 314	2 679
Iles en marais	256	256
Total	4 279	9 712

Les surfaces inondées dans les plaines du Haut-Rhône (source : S.N.R.S.).

Ainsi, sur une distance de cent cinquante kilomètres entre le Parc et Villeurbanne, soit plus de 30 % du cours compris entre le Parc et la mer, le Haut-Rhône ne possédait que 3,6 % de la longueur des digues et n'enregistra que 0,5 % des dégâts.

L'enquête réalisée auprès des communes révèle la très bonne adaptation des habitants et du bâti aux crues exceptionnelles car seuls deux ports furent touchés en 1856 :

— A Seyssel (2 500 habitants), les quais insubmersibles assurèrent une revanche de trente centimètres mais la partie basse de la cité fut submergée sous un mètre à un mètre cinquante par une remontée des eaux utilisant les ouvertures destinées à assurer l'écoulement du coteau. Les maisons furent inondées mais la commune ne demanda pas d'indemnités, signe que ce type de dégâts était normalement assumé par les particuliers.

— Dans la plaine du Bouchage, où l'habitat s'est adapté à la crue, l'inondation remonta la basse plaine de l'Huert et de la Save en noyant les terres jusqu'aux environs de Morestel.

— A Briord (400 habitants), la totalité des maisons, soit cinquante-six, furent inondées.

— Vaulx-en-Velin (1 000 habitants) n'eut que peu de maisons touchées, car le cœur du village ne fut pas atteint par la crue.

Il va de soi que l'inondation affecta essentiellement les terres agricoles du lit majeur.

La surface agricole touchée à l'amont de Lyon n'atteignait pas 100 km², selon les estimations officielles, valeur qui paraît faible si on la compare à la surface du champ d'inondation qui était de 267 km² entre Seyssel et La Mulatière. Les Ponts et Chaussées avaient tendance à minimiser les dégâts subis par les terres ; ils évaluaient à 0,5 % la dépréciation moyenne causée par les courants, tout en admettant une certaine aggravation sur les labours d'hiver et de fortes disparités locales, et estimaient la valeur des récoltes à 10 % du prix des terrains. Encore fallait-il tenir compte de la saison de la crue car, au printemps, un deuxième semis était souvent possible et puis la terre bénéficiait de l'inondation l'année suivante... A cette époque, les ingénieurs estimaient qu'une bonne inondation était fertilisante. Somme toute, les plaines du Haut-Rhône pâtissaient fort peu des crues qui étaient jugées plus favorables que nuisibles à l'agriculture.

Durant les deux premières années qui suivirent le désastre subi par les villes en 1856, deux types de solution furent débattus, car susceptibles d'y porter remède dans le futur. Comme il se devait, ces projets étaient de nature contradictoire.

— Les Lyonnais envisageaient sur le Rhône amont la création de vastes réservoirs destinés à écrêter les crues exceptionnelles. L'inspecteur général des Ponts et Chaussées Vallée proposait à l'aval du lac Léman un barrage qui aurait diminué de quarante centimètres la crue à Lyon (1857) ; pour sa part, l'ingénieur Kleitz prétendait que la suppression de tout écoulement à l'exutoire n'aurait abaissé la crue que de vingt-deux centimètres au pont Morand, mais que la dérivation de l'Arve dans le Léman l'aurait abaissée de soixante-trois centimètres.

Tenant compte du fait que le lac du Bourget avait retenu 139 000 000 m³ en 1856 et qu'il serait nécessaire d'en stocker environ 300 000 000, le Service du Rhône étudia la construction d'un barrage-réservoir en Chautagne.

D'autres emplacements furent également examinés et repoussés. Un barrage au défilé de Saint-Alban aurait noyé les terres trop fertiles de Groslée à Cordon ; le site de Miribel était jugé trop dangereux pour Lyon ; quant à équiper l'Ain qui avait fourni de 2 700 à 2 900 m³ sur les 5 600 m³ enregistrés à Lyon, cela était jugé trop coûteux et inefficace car trop à l'amont des écoulements.

En fait, il était admis que la digue des Brotteaux suffisait à la protection de Lyon ; dès lors, la construction de réservoirs amont, la perte de terres agricoles étaient autant de dépenses coûteuses et, somme toute, superflues.

— Quant à elles, les communes riveraines du Haut-Rhône souhaitaient une politique active de défense de leur terroir de plaine. Les Ponts et Chaussées jugeaient l'endiguement insubmersible trop cher et de faible intérêt mais admettaient un effort de la collectivité en faveur des villages du Bouchage et de Vaulx-en-Velin.

Les riverains n'eurent pas le temps de s'organiser et de préciser leurs revendications car, à Paris, un texte législatif d'une très grande importance était voté le 25 mai 1858. La nouvelle loi interdisait toute modification des réservoirs naturels d'expansion des crues situés à l'amont des agglomérations comme Paris et Lyon. Les plaines de Chautagne-Lavours, des Basses-Terres et de l'Ain à Villeurbanne accédaient à un statut nouveau dans la mesure où les intérêts des riverains étaient subordonnés dès lors aux intérêts lyonnais. La politique des Ponts et Chaussées allait être de refuser toute protection contre les grandes crues aux riverains du Haut-Rhône, ce au nom de l'intérêt général. Les travaux réalisés avant la loi de 1858 furent jugés néfastes, particulièrement la digue ferroviaire d'Anglefort à Culoz prolongée par la digue routière de Culoz à Rochefort ; un document de 1876, rédigé par la commission d'étude sur les travaux de défense contre le Rhône, montre que la leçon avait été comprise : « Messieurs les Ingénieurs, en construisant ces digues insubmersibles, ne s'étaient aucunement préoccupés de préserver Lyon et les agglomérations riveraines... sans quoi ils ne se seraient pas privés d'un réservoir aussi considérable que celui qu'offraient les marais de Lavours pour emmagasiner les eaux. »

La politique rigoureuse des Ponts et Chaussées
dans les grandes plaines d'inondation

— En Chautagne, l'annexion de la Savoie, réalisée en 1860, permit une application cohérente de la loi de 1858.

Le Service de la navigation du Rhône bloqua le projet sarde de 1859 qui visait à compléter l'endiguement insubmersible et, en 1861, présenta aux habitants de la Chautagne un nouveau projet d'endiguement submersible entre Picollet et le Molard de Vions sur une longueur voisine de dix kilomètres ; il s'agissait de lutter contre la destruction des terres par les courants de crue sans remettre en question l'inondation elle-même. L'Etat s'engagea à financer la moitié des travaux laissant le reste à la charge des propriétaires des communes riveraines constituées en syndicat, ce conformément à la loi de 1865.

Sur les 1 216 propriétaires concernés par le projet[1], cinq en tout et pour tout donnèrent leur accord ; c'était trop peu pour que le projet ne fut pas enterré.

Le refus de l'endiguement était collectif mais reflétait des intérêts divergents :

— La majorité des agriculteurs refusaient d'engager un quelconque financement ; en outre, la blache était encore d'une grande utilité dans les années 1860-1880 ; la crue annuelle devait jouer son

1. *La loi du 21 juin 1865 précisait que des associations syndicales seraient créées à l'initiative des maires ; à défaut, l'Etat constituerait des syndicats forcés.*

rôle encore que les écrits ne fassent plus mention de l'inondation à cette époque. Il est toutefois significatif qu'en compensation de l'endiguement, Ruffieux ait demandé que les marais soient irrigués[2].

La IIIe République, faute de projets cohérents, fut donc une période de petits travaux simplement destinés à combler les principales lacunes de l'endiguement.

— A la différence de la Chautagne et surtout du marais de Lavours qui avait été efficacement protégé d'un débordement direct, les Basses-Terres du Dauphiné ne bénéficiaient d'aucune protection en rive gauche au moment de la crue de 1856. Il faut probablement y voir la traduction d'un individualisme agraire poussé ; alors qu'en Chautagne, les riverains habitaient le coteau et avaient des intérêts liés, dans les Basses-Terres, les riverains occupaient des fermes éparpillées dans la plaine, plus ou moins exposées, et ne pouvaient amener à leurs vues des communautés peu concernées. L'esprit local semble avoir été obnubilé par deux lourdes contraintes :

— La première est la très grande variabilité du cours du Rhône qui est le propre des secteurs de tressage ; les études du XIXe siècle ont avant tout cherché à fixer le fleuve en empêchant les corrosions capables d'emporter des dizaines d'hectares à chaque crue. En août 1852, vingt-cinq hectares avaient été enlevés en rive gauche ; deux mois avant la crue de 1856, des études avaient été encore lancées pour la protection des deux rives... Ces projets étaient d'autant plus aisément soutenus par Lyon que la navigation en escomptait un bénéfice certain.

— La deuxième contrainte était bien sûr la montée des eaux, mais c'est une question qu'on ne cherchait pas à résoudre par l'endiguement ; la panacée devait être l'approfondissement artificiel du chenal dans le défilé des Roches-de-Saint-Alban accusé de verrouiller la plaine. Cette solution est exprimée dès avant 1856 mais les Ponts et Chaussées reculaient devant le coût de l'opération (trois à quatre millions de francs) et la faible efficacité de travaux qui n'auraient pas écrêté les crues de plus de quarante centimètres. En 1859, l'ingénieur Kleitz proposait un endiguement insubmersible au seul bénéfice du village du Bouchage, protection d'« utilité douteuse » selon lui et contestée par les intéressés eux-mêmes[3].

Le cas de ces Basses-Terres est donc tout à fait original ; voici une plaine régulièrement inondée qui faute de pouvoir ou de vouloir réaliser un endiguement avait porté ses espoirs sur des travaux réputés impossibles. La loi de 1858, en interdisant tous travaux de protection, maintint vivace pendant plusieurs décennies l'idée d'un salut par l'aval. Alors qu'en 1864, toute idée d'endiguement était officiellement abandonnée, on reprenait l'étude du défilé de Saint-Alban... En 1941, par M. Saint-Olive, la commission départementale de l'Isère revenait à la charge en suggérant de détruire l'îlot rocheux de la Molette au Bois du Mont : « Tout effort tendant à accroître la pente aurait un rendement immédiat sur l'amélioration des cultures en abaissant le plan d'eau dans une région d'alluvions

2. A.D. 86. S.
3. A.D. Isère, VI. S. 2.

253

qui sont par elles-mêmes très fertiles » ; ces travaux auraient parfait la remise en état du système de drainage du secteur d'Aoste à Morestel, mais le Service de la navigation recula devant l'ampleur des travaux dans cette période d'austérité. Inversement, les projets de la C.N.R. d'équiper le site de Sault-Brénaz et de créer un remous amont jusqu'à Brangues minent à jamais l'espoir d'un recalibrage du défilé ; il est alors compréhensible que le conseil général de l'Isère profite de ces travaux hydroélectriques pour demander instamment l'endiguement qui reste la seule solution techniquement possible. Le 29 janvier 1982, M. Mermaz déclarait : « Cette région du Bas-Dauphiné paye déjà son tribut à la protection de la région lyonnaise contre les crues du Rhône. Mais nos compatriotes n'ont pas à être inondés pour que les Lyonnais ne le soient pas. Il faut trouver des moyens pour que cela cesse[4]. »

Les riverains du Haut-Rhône conservent donc, à des degrés divers, le sentiment de subir une certaine injustice et la soumission à l'intérêt général, du moins à celui d'une majorité de citadins lyonnais, viennois... est périodiquement contestée. Certains propriétaires et certaines communautés particulièrement exposés au risque d'inondation n'ont pas hésité à braver les foudres de l'administration en se dotant de leurs propres moyens de défense.

La protection précaire des domaines et villages

Un trait manque aux plaines du Haut-Rhône, ces digues en terre sinueuses construites autour des villages ou des grandes propriétés de plaine de la vallée du Rhin ou du Bas-Rhône ; les seuls exemples qu'il soit possible de citer concernent trois domaines et trois communautés des bords du fleuve sur l'ensemble de la zone étudiée.

— La protection des domaines ne concerne que deux minuscules secteurs du lit majeur : il s'agit du domaine du Sauget sur la commune de Brangues, mais en rive droite du Rhône et du domaine du Content sur la commune de Saint-Maurice-de-Gourdans.

Le premier occupe le très beau site d'un pédoncule de méandre recoupé au XVIIe siècle ; cette terre fut jusqu'en 1830 le bien de la famille de Gautheron, seigneur de la Saugiaie et de Tour ; il passa à Gabriel Grattet, châtelain de Brangues, vicomte du Bouchage. La ferme avec ses trois bâtiments et ses 184 hectares parvint en 1845 à H.B. Jullien. Celui-ci réalisa, semble-t-il, les premiers travaux d'endiguement en suivant au plus près la topographie du pédoncule. Cette digue en terre fut améliorée par les soins de l'œuvre Saint-Léonard de Couzon-au-Mont-d'Or, acquéreur du domaine en 1873 grâce au legs d'une Lyonnaise ; de 1873 à 1898, le Sauget abrita une petite colonie d'environ trente condamnés placés sous surveillance avant leur réinsertion sociale. Ces détenus travaillaient la terre et fabriquaient des toiles de chanvre sous les ordres d'un maître-valet de ferme. Lorsque le domaine fut vendu à un négociant, en 1898, la terre valait 1 921 francs l'hectare et produisait de bonnes récoltes de tabac, betterave, avoine et blé[5].

4. Le Dauphiné libéré, 30.1.1982.
5. Renseignements communiqués par M. Durand qui a repris le domaine.

— Citons pour mémoire la digue en terre construite sur une berge convexe du Rhône à Montalieu (BK 66-67) pour la défense du domaine de Chamboud.

— Curieusement le troisième et dernier cas d'endiguement isolé concerne le pédoncule de méandre du Grand-Content à Balan-Saint-Maurice ; la digue, portée sur la carte du dépôt de la guerre, enveloppe la convexité du lobe. Comme les précédents, ce domaine était issu de propriété nobiliaire et ne semble pas avoir attiré l'attention des Services de la navigation.

— La protection spontanée de villages ou terroirs ne concerne que quatre communautés du Haut-Rhône, ce qui est remarquablement faible.

En Chautagne, les agriculteurs de Vions et Chanaz construisirent dans les années 1870 une levée ou butte de terre haute de soixante à cent trente centimètres pour protéger la plaine des crues moyennes. Cet ouvrage, interdit par les autorités, fut le prétexte d'une vive polémique entre les Savoyards et le Service du Rhône. Le Service ordinaire de la Savoie prit fait et cause en faveur des riverains contrevenants contre les avis du Service spécial du Rhône qui fit dessaisi par le ministre des Travaux publics. L'ingénieur Henri Girardon mit alors tout son poids dans la balance et obtint gain de cause : « L'un d'eux (il fait allusion aux ingénieurs de son service lyonnais), vivant au milieu des phénomènes naturels, en connaît la puissance et sait les dangers de la lutte contre eux ; tandis que l'autre, privé de cette expérience, et vivant au milieu de populations incapables de s'élever à des vues générales, n'entend que leurs plaintes, ne voit que leurs souffrances assurément réelles et se trouve tout naturellement conduit à épouser leurs causes. » Le ministre trancha, confirma l'interdiction des digues insubmersibles et laissa aux riverains « les défenses de berge », seuls travaux admis en dérogation à la loi de 1858. Dans cet exemple, il convient de noter que ces travaux concernaient exclusivement la protection des terres agricoles et non l'habitat prudemment installé au-dessus du niveau des crues.

Tel n'était pas le cas de Niévroz, village de l'Ain situé dans la plaine entre Montluel et le fleuve ; les marges du village furent touchées en 1856 et en 1875. Le maire demanda en vain une digue de trois kilomètres, haute de soixante-dix à quatre-vingt centimètres, destinée à protéger le village et les terres les plus fertiles.

Le village de Vaulx-en-Velin était dans une situation analogue : les terres étaient régulièrement noyées lors des fortes crues mais le site du village était épargné grâce à une imperceptible surélévation du lit majeur. Avec Le Bouchage dans les Basses-Terres et Niévroz, Vaulx-en-Velin est un des trois seuls villages de lit majeur que comptent les plaines du Haut-Rhône. Ayant manqué son endiguement en 1830 car les habitants n'avaient rien voulu débourser, Vaulx-en-Velin crut pouvoir enfin le réaliser après la crue de 1856, beaucoup plus sérieuse que les précédentes ; une commission d'enquête émit un avis favorable mais l'administration des Ponts et Chaussées refusa à nouveau en invoquant le doublement du coût des travaux si Vaulx était inclus dans le périmètre protégé de l'agglomération lyonnaise et en faisant valoir le manque de stabilité des terrains marécageux[6].

La construction de la digue villeurbannaise des Brotteaux inquiéta fort les habitants de Vaulx qui craignaient que le Rhône en crue ne s'élève davantage à la faveur de cet étranglement artificiel ; on pensa alors canaliser le Vieux Rhône au milieu des îles, projet qui n'est pas sans rappeler les travaux en cours à Miribel-Jonage. Vaulx proposait également une digue insubmersible autour du bourg et une digue submersible pour défendre les terres agricoles contre les crues ordinaires mais les travaux, que Lyon et l'Etat refusaient d'aider, furent repoussés faute de ressources financières suffisantes. Le problème fut de nouveau posé de manière brutale en 1875, année où trois inondations se produisirent en neuf mois ; les eaux dépassèrent de trente centimètres celles de 1856 et un courant violent renversa de nombreuses habitations. La situation était d'autant plus inquiétante qu'une crue le 7 août était restée à Lyon à 1,42 mètres au-dessous de celle de 1856.

La commune de Vaulx était victime d'un phénomène de « basculement hydraulique » imputé aux travaux du canal de Miribel réalisés vingt-cinq à trente ans auparavant. Pour assurer la protection des mille deux cents habitants du village, le Service de la navigation concéda qu'il fût entouré par une digue insubmersible assurant une revanche de un mètre sur la crue de 1875 ; le projet fut déclaré d'utilité publique par un décret du 18 mai 1878 et les travaux furent réalisés de 1879 à 1882. La digue en terre de Vaulx, bien visible sur le terrain, large de deux mètres au couronnement, ne cerne pas le village de manière continue mais fait obstacle au flot amont ; les secteurs occidentaux et méridionaux du village pouvaient éventuellement être touchés par une submersion passive en cas de très forte crue. Cette digue donna satisfaction jusqu'à 1957, malgré les dommages causés par les crues de 1928 et 1944 (fig. 83).

Ainsi, la seule dérogation d'importance que les Ponts et Chaussées aient accordée sur le Haut-Rhône était valablement motivée par des circonstances tout à fait nouvelles. Dans l'ensemble, la politique mise en place en 1858 fut remarquablement respectée pendant un siècle. L'époque avait les moyens techniques de protéger les terres et les gens, mais il ne faut pas exagérer l'importance de la loi de 1858. Les riverains du fleuve ont été contraints de prolonger, sans doute plus longtemps que certains l'auraient voulu, cette forme de soumission séculaire à la contrainte des eaux qui était la caractéristique des sociétés fluviales. L'étroitesse des plaines et, en corollaire, la complémentarité des ressources issues de terroirs variés, n'exigeait pas cette lutte contre l'inondation qui caractérise l'Alsace, la basse vallée du Rhin, le Bas-Rhône (Caderousse) ou la plaine padane.

La politique menée par les Ponts et Chaussées fut sans doute également d'autant moins contestée que les pays rhodaniens connurent une grave crise de leur agriculture dans la deuxième partie du XIXe

6. S.N.R.S. 780.

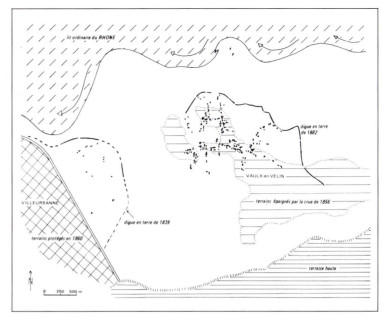

Figure 83. La protection du village de Vaulx-en-Velin contre les crues.

siècle ; la même évolution caractérise les grands marais du Bas-Dauphiné.

b. LE DECLIN RURAL DES PLAINES

Rappelons que les plaines des « lisières » du Jura méridional étaient des pays de labours et de vigne dotés d'un élevage bovin très insuffisant[7]. Les raisons relèvent d'une classique antinomie entre la viticulture et l'élevage et sans doute aussi du manque de ressources fourragères en été sur les chaînons calcaires de basse altitude. Globalement, la production de céréales augmenta jusqu'en 1850, époque d'une occupation maximum de la terre ; ensuite le mouvement s'inversa par la combinaison de l'exode rural, de l'essor d'une économie fourragère et laitière et par l'effet de la crise phylloxérique entre 1870 et 1890[8]. Sur le piedmont savoyard semblable évolution avait été enregistrée[9]. Dans ce contexte sommairement exposé, quels furent les modes d'évolution des plaines du Haut-Rhône ? Il n'est pas possible d'approcher la question de manière statistique, car la totalité des communes, et a fortiori des cantons concernés, disposent de terroirs variés et complémentaires, s'étendant de la montagne au fleuve. On a choisi d'éclairer le sujet par une série de faits ponctuels choisis à dessein dans la plaine d'inondation et les marais du Rhône. Cet espace, marginal pour la plupart des communautés rurales de la zone d'étude, reflète le degré de pression qu'elles souhaitaient y maintenir ; la réaction des conseils municipaux à la loi de 1860 sur la mise en valeur des marais

7. *La carte de coefficients de bovins pour les habitants de 1850 donne des valeurs voisines de vingt à cinquante en moyenne, s'élevant à cinquante-soixante-quinze dans le secteur de Lavours.*
8. *Lebeau, 1955.*
9. *Cholley, 1925.*

257

et terres incultes constitue un test en la matière. Les processus de déclin agricole des terres basses apparaissent avec davantage de netteté dans les grands marais de Bourgoin-Morestel et de Chautagne.

Les plaines du Bugey rhodanien

La loi du 28 juillet 1860, complétée par le décret impérial du 6 février 1861, avait pour principal objet « la salubrité publique, l'intérêt agricole et la prospérité des communes propriétaires[10]. »

Sur la commune de Lavours, 17,7 hectares de bois et pâtures étaient concernés par une éventuelle mise en valeur : « Le mouvement incessant du fleuve ne permet pas d'entreprendre des travaux de culture et d'amélioration » note le rapport qui conseille la plantation de vernes et la mise en défends du communal ; il ne semble pas que les Ponts et Chaussées aient souhaité interdire le pâturage du bétail[11] dans ce secteur de trop grande instabilité du fleuve.

Le cas des communaux de Brégnier-Cordon était sensiblement différent ; cinquante hectares d'alluvions inondables où croissaient quelques saules et vernes servaient de pâturage commun, aux Sables, dans les îles par exemple ; en 1865, le conducteur des Ponts et Chaussées proposa un aménagement diversifié combinant des plantations de saules, peupliers, vernes dans les parties basses les plus exposées aux crues, d'acacias pour les vignes du pays ; sur les meilleures terres des Sables, la culture en hautins sur de petites parcelles louées aux particuliers était jugée propice. La réponse de la municipalité de Brégnier suggère une faible pression en faveur des labours ; le conseil accepta d'effectuer des plantations le long de fossés de drainage mais jugea la mise en culture inutile car la commune possédait assez de terres. Le hautinage était jugé trop coûteux car il eût fallu acheter et transporter de la terre végétale sur les alluvions, se procurer bois et fil de fer pour armer les ceps de vigne.

Les communes des lisières méridionales du Bugey sont-elles entrées dans la phase de récession des labours identifiée sur l'ensemble du Bugey ? En 1863, la commune de Saint-Benoît refusa la mise en culture des communaux où les Ponts et Chaussées proposaient l'extension des fourrages artificiels, le blé, l'avoine, la maïsette et même la vigne sur les terres sableuses : « La mesure est tellement impopulaire parmi les habitants qu'elle a causé dans la commune une véritable agitation » ; cédant à la menace d'une plantation d'arbres autoritaire, le conseil transigea non sans avoir rappelé avec fermeté le rôle essentiel de ces pâturages. La question est donc complexe car les communaux étaient nécessaires à l'existence d'un élevage dans ces pays de vignes et de labours ; comme le note R. Lebeau (1955), « la communauté des pâturages est la pièce maîtresse de l'économie rurale de l'époque. »

En somme, vers 1860-1865, le vaste mouvement de défrichement, de conquête des terres humides semble bloqué le long du Haut-Rhône. Soit que les labours soient jugés inutiles et coûteux comme à Brégnier, soit que les pâturages soient estimés indispensables comme à Lavours et Saint-Benoît, le terroir cultivé ne progresse plus.

10. *Les Archives départementales de l'Ain conservent une intéressante documentation relative à la mise en valeur des marais et des terres incultes appartenant aux communes (S. 218 et S. 1181 pour la zone d'étude). Il convient de la distinguer de la loi sur le reboisement des montagnes signée le même jour, applicable aux terrains dont la consolidation était nécessaire soit pour arrêter les éboulements et les glissements du sol, soit pour éteindre les torrents et régulariser le rgime des eaux. Si la mise en valeur des incultes était reconnue d'utilité publique pour les Ponts et Chaussées, le préfet pouvait inviter les conseils municipaux à délibérer sur leur mise en valeur ; en cas de refus, le décret du 6.2.1861 pouvait déclarer les travaux d'utilité publique après avis du conseil général. Le recensement des terres incultes fut opéré de manière systématique dans le département de l'Ain et concerna aussi bien les communaux des chaînons calcaires que les communaux des bords du Rhône dans les secteurs de divagation.*
11. *A.D. Ain, S. 518.*

> « Les excavations sont si profondes que la salubrité du pays et les effets de dessèchement seront infailliblement compromis. [...] Nous avons vu avec grand regret et avec une telle horreur des tourbières en si grandes quantités sur les communes de Satolas, Colombier, Saint-Quentin et La Verpillière principalement, que bientôt les excavations qu'on pratique formeront des mares d'eau qu'on pourra comparer à des lacs. » (Le représentant de la Compagnie Bimar, 1824.)

Il ne s'agit pas seulement de l'effet de pratiques routinières car ces pays ont su montrer un certain dynamisme dans les années précédentes. Le Rhône va conserver, malgré les sollicitations de l'administration départementale, un ensemble de brotteaux de statut collectif, qui est le support des paysages actuels. Quelques années plus tard, l'endiguement réalisé par le Service de la navigation, en assurant la stabilité des terres, aurait sans doute favorisé une mise en valeur exhaustive des plaines.

Progressivement, l'agriculture décline sur les terres exposées. Un rapport de 1937[12] note que les cent cinquante hectares de communaux de Lavours situés sur les îles ont perdu leurs cultures de vignes, blé et pomme de terre : « Une grande partie des terrains a été laissée en prés et, du 1er mai à la Toussaint, les cent soixante-dix vaches de Lavours y sont quotidiennement menées. » Ce recul des labours est imputé aux difficultés d'accès — mais le fait n'est pas nouveau — au déclin démographique car la population a chuté de moitié en un demi-siècle, et à la hausse du prix du lait grâce à une fruitière établie à Lavours. Les coupes de bois se multiplient sur les îles qui se reboisent spontanément.

Le retour de l'eau dans les marais du Bas-Dauphiné

On se souvient que, sous le Premier Empire, la Compagnie Bimar, concessionnaire des marais de Bourgoin, réalisa la première œuvre de drainage systématique.

« Après le dessèchement, la masse de tourbe privée de toute humidité a vu disparaître sa verdure et aujourd'hui dans la plupart des communaux, il ne reste qu'une terre noire qui est la tourbe terreuse. » ; ainsi s'exprimait en 1822 le maire de La Verpillière ; les travaux venaient de révéler une richesse naturelle sur laquelle se jetèrent les populations locales[13].

— Un nouveau paysage : les tourbières du Bas-Dauphiné.

Les premières extractions commencèrent en 1820 à La Verpillière avant de gagner l'ensemble des gisements disséminés à la surface du marais. De quatre-vingt-six exploitants en 1824, on passait à plus de trois cents en 1844 pour cette seule commune. Chacun extrayait sur son fonds et obtenait un lot communal tiré au sort sur le mode de l'affouage.

Dès 1821, le maire prit un arrêté motivé par les plaintes de la Compagnie Bimar : il ne fallait pas creuser à plus de deux pieds de profondeur. En 1822, c'était l'application de la loi du 21 avril 1810 interdisant les extractions non autorisées. La pression était néanmoins si forte qu'en accord avec le Service des mines, le maire accorda la permission d'extraire sur un bon pied de profondeur dans les communaux. Des arrêtés obligèrent alors à combler entièrement les vides avec des terres en déblais de manière à empêcher, dans les faits, l'exploitation.

Si les abus étaient bien réels, la politique des municipalités de l'époque traduisait des conflits d'intérêt d'un genre nouveau : les rive-

12. S.N.R.S. 1311.
13. A.D. Isère, VI. S. 4 et 6.

rains extrayaient la tourbe pour leur chauffage et pour recueillir la cendre fertilisante (ces feux de plein air, étaient, paraît-il, fort incommodants) mais aussi pour la vente. On fournissait les villages et les petites villes du voisinage comme Bourgoin et surtout La Guillotière et donc Lyon ; les agriculteurs empiétaient ainsi sur un marché réservé à des propriétaires de bois : « Beaucoup de journaliers, flattés par les avantages d'un commerce qui n'exige aucun fonds et qui procure un bénéfice important, se sont jurés qu'à l'avenir au lieu de travailler chez leurs maîtres, ils extrairaient de la tourbe pour leur compte et la vendraient[14]. »

M. de Lapierre, concessionnaire successeur de la Compagnie Bimar, prit le parti d'en faire autant. En 1832, le Service des mines donna son accord à une extraction de type industriel : six à huit pieds de profondeur devaient être atteints par des ouvriers de Hollande et de Picardie pour alimenter Lyon et les localités de la région (la tourbe moulée devant être distillée sur le modèle de l'Ourcq et de l'Essonne). Un lieutenant général d'artillerie parisien, habitué à ce travail, devait organiser la production. Les plans d'eau transformés en pêcheries se combleraient naturellement par apport d'alluvions. Qu'en fut-il exactement ? Il est certain que cette extraction fut opérée pendant quelques années : en 1851, des entailles abandonnées, longues de plusieurs centaines de mètres et larges de douze à quinze mètres, trouaient le marais de Vaulx-Milieu, en partie comblées par des plantes marécageuses mais encore profondes de un mètre à un mètre cinquante.

Cette exploitation massive peut s'expliquer par la hausse du prix du combustible nécessaire à une industrie iséroise en plein essor. « La cause du mal est incessante et se rattache au mouvement industriel qui parcourt tous les départements du royaume. Il faut du combustible et quelle que soit sa nature, l'emploi est assuré d'avance[15]. » On propose la tourbe pour remplacer la houille de la Loire dans la fabrique de sucre de betterave à Morestel.

La fig. 84 représente les autorisations d'exploitations délivrées en 1855 ; des changements sont intervenus en trente ans : la tourbière de Jallieu située entre le canal de Saint-Savin et le canal de Mosar a disparu, sans doute épuisée ; La Verpillière domine moins nettement tandis que l'extraction se généralise à l'ensemble des communes possédant la ressource. Le secteur de La Verpillière, le plus riche, se dessine nettement et l'on reconnaît l'axe de la vallée des Vernes ; l'extraction ne concerne pas les gisements masqués de Bourgoin, Jallieu et L'Isle-d'Abeau. Cette année 1855, 1 639 exploitations se disséminaient sur vingt-six communes, de La Verpillière aux Avenières ; 60 000 m³ furent extraits sur plus de dix hectares de tourbières privées et 20 000 m³ le furent dans des marais communaux. La coutume était d'adjuger les lots au feu de l'enchère dans le marais de Morestel tandis que les habitants étaient tirés au sort sur le mode de l'affouage dans le marais de Bourgoin.

Les méthodes utilisées par les « tourbeurs » du Bas-Dauphiné nous sont rapportées par un document du Service des mines de 1844. Sa

14. *Lettre au maire de La Verpillière en 1825.*
15. *Rapport de l'ingénieur des Mînes, 1836.*

« La tourbe étant ordinairement recouverte d'une couche de gazon de 20 à 25 cm d'épaisseur, on commence par enlever ce gazon sur une largeur de 1,50 m environ sur toute la longueur de la tourbière à exploiter. La surface de la tourbière ainsi mise à nu, on la nettoie avec la pelle ordinaire en enlevant tous les petits restes de terre végétale qui peuvent s'y trouver ; puis à l'aide d'une pelle carrée, quelquefois munie d'un rebord de quelques centimètres, ce qui donne la forme d'un louchet, on enlève des mottes de tourbe : celles-ci ont des dimensions variables suivant la longueur, et la largeur est de 31 à 40 cm. Lorsque la motte de tourbe a été enlevée, il en résulte une excavation qui a au moins 0,60 mètre de profondeur et est pleine d'eau jusqu'à une hauteur de 15 à 20 cm. Beaucoup d'exploitants ne se contentent pas d'extraire une seule motte de tourbe, ce qu'on appelle dans le pays une ''bêchée'' ; ils en tirent successivement du même trou deux et même trois en se servant toujours de la pelle carrée ; ils sont alors obligés de travailler dans l'eau et pour avoir plus de facilité, ils attendent le moment de l'année où la sécheresse est la plus grande. Les excavations d'où l'on a sorti deux mottes ont 0,91 à 1 m de profondeur : celles dans lesquelles on est allé jusqu'à trois mottes ont au moins 1,20 m. Lorsqu'on a extrait d'une excavation toute l'épaisseur de tourbe que l'on a voulu enlever, on découvre immédiatement à côté une deuxième zone de terrain tourbeux et le gazon qui résulte de cette opération préparatoire est jeté dans l'excavation précédente, ce qui la comble en partie. [...] Les mottes sont d'abord étendues isolément sur la surface du sol pour une première dessication puis au bout d'une semaine on les empile sous forme de petits tas coniques. Après ce laps de temps elles sont assez sèches pour être transportées au magasin. Les travaux d'exploitation s'ouvrent au mois de mai et continuent presque sans interruption jusque vers le milieu de septembre. Plus tard on s'exposerait à ce que la tourbe exposée à l'air ne se desséchât pas. » (A.D. Isère, VI-S.)

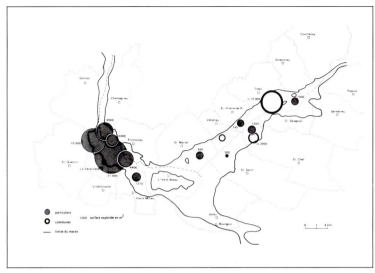

Figure 84. Les autorisations d'exploitation délivrées en 1855 dans le marais de Bourgoin.

confrontation avec les règlements picards montre des procédés assez frustes et empiriques.

Ce marais du Bas-Dauphiné où règne l'anarchie la plus complète découvre un siècle plus tard un problème qu'ont connu certaines vallées du Bassin parisien. Le préfet de l'Isère demande en 1831 le contenu des arrêts qui réglementent le tourbage en Artois et en Picardie ; il apprend qu'une autorisation doit être demandée avant le 1er avril, que les surfaces à exploiter doivent être marquées entre le 15 mai et le 10 juillet et qu'enfin chaque famille a droit à une quantité déterminée. La volonté de contrôler la production est si nette que la taille des briquettes, la forme et les dimensions des pyramides de tourbe stockées dans les ateliers y sont fixées par le pouvoir central.

Le problème le plus sérieux qui se pose dans le marais de Bourgoin est la diversité des conditions d'extraction car les travaux se font sans plan d'ensemble. Au moins, l'Artois et la Picardie prenaient la précaution d'interdire le tourbage à moins de cinquante toises des bords de rivières et canaux navigables, à moins de trente toises des autres cours d'eau de manière à ne pas désorganiser l'écoulement superficiel. Dans le Bas-Dauphiné, rien de tel : certains pour ménager leurs fonds enlèvent une motte et nivellent avec des débris de gazon, n'abaissant la surface que de vingt centimètres. Le sol porte prairie ou, s'il est assez élevé, de l'avoine, du seigle et du jardinage. Ceux qui tirent le plus de bêchées créent des mares profondes dans les tourbières communales ; le rapport cité nous dit qu'il est « impossible d'y pénétrer à cause du nombre et de l'étendue des excavations pleines d'eau et de plantes marécageuses qui s'y trouvent disséminées. Le terrain a été transformé en un vaste marais pour lequel le bienfait de desséchement est à jamais perdu. » Le mal observé à La Verpillière dès 1824 s'est considérablement aggravé. Un véritable cycle se déroule puisque l'assèchement a créé une ressource nouvelle dont l'exploitation provoque le retour à l'état antérieur. Le mal est d'autant plus grave que les pouvoirs locaux n'arbitrent pas ce conflit d'un genre nouveau : faute de choisir entre deux usages de cet espace, l'agriculture sur terres drainées ou le tourbage, ou faute de les concilier au mieux, on laisse se développer un contentieux qui empoisonnera les relations entre intéressés : la compagnie concessionnaire du drainage, sans doute coupable de beaucoup de négligence, est-elle seule responsable du retour à l'état marécageux comme l'affirment les riverains ? La question n'est en fait résolue que depuis un demi-siècle.

Si l'époque de la monarchie de Juillet fut celle du laisser-faire — les projets des Mines visaient à réunir les mares par un réseau de canaux cohérent — le Second Empire ne connut pas plus de succès pour imposer une réglementation. On avait cru trouver la solution en 1861 en imposant une profondeur supérieure à trois mètres ; il fallait même extraire sables et graviers en profondeur si la couche de tourbe s'avérait trop mince ; le Service des mines espérait ainsi décourager les exploitants.

En fait, l'administration dut revenir en arrière ; le décret impérial du 5 juillet 1854 n'exigea qu'une profondeur supérieure à cinquante centimètres et des parois d'excavation verticales ; toutes les demandes étaient accordées, portant chaque année sur plusieurs hectares et quelques dizaines de milliers de mètres cubes.

— L'abandon des marais de Bourgoin et Morestel : un siècle de procès.

Le développement anarchique du tourbage fut en réalité rendu possible par la quasi-inexistence de toute organisation collective susceptible d'assurer l'entretien des canaux et talus. La plupart des bénéficiaires de l'assèchement, malgré les clauses de la transaction de 1807, refusèrent d'effectuer ces travaux et ce fut en particulier le cas des successeurs de la Compagnie Bimar, principaux propriétaires des berges ; un syndicat regroupant propriétaires et communes fut constitué en 1832 dans le marais de Bourgoin, imité en 1855 par le syndicat de la deuxième section. Faute d'une juste répartition des charges, l'entretien s'avéra impossible ; les marais devinrent une nouvelle pomme de discorde et retournèrent à l'abandon[16]. En 1940, « les marais de Morestel pouvaient être classés sur toute leur étendue comme terres abandonnées[17]. » La nappe affleurant au niveau du sol pendant la plus grande partie de l'année, les marais fournissaient la « bauche » et une tourbe médiocre ; seuls quelques secteurs servaient de pâturages en période sèche.

En somme, le marais de Bourgoin livre un curieux exemple de bonification manquée. Les travaux de dessèchement, réalisés grâce à des initiatives languedociennes sur un ancien domaine royal, n'eurent pas l'effet escompté au XIXe siècle : les populations locales ne tirèrent qu'un faible parti des aptitudes culturales nouvelles et prati-

16. Ass. synd. des marais de Bourgoin, 1960.
17. David, 1948.

quèrent l'exploitation systématique des ressources en tourbe ; c'était prélever le combustible et l'engrais au bénéfice du coteau resté l'élément essentiel du terroir. C'était pérenniser, sous une autre forme, le mode d'exploitation traditionnel du marais ; celui-ci n'a affirmé sa vocation agricole qu'après la crise de l'économie de coteau survenue au début du XXe siècle.

La Chautagne : de la crise d'un coteau
à l'abandon d'un marais

La Chautagne et probablement le marais de Lavours, mais les documents ont manqué pour développer l'analyse, présentent des modèles d'évolution relativement simples dans la mesure où le déclin de l'utilisation de la blache est un phénomène mesurable et corrélable avec d'autres faits datés : l'abandon est directement en relation avec la crise de l'économie viticole de coteau et l'exode rural. Ce type d'évolution, relativement « pur » est probablement généralisable à l'ensemble des marais du Haut-Rhône mais il est rare de pouvoir en faire la démonstration. En effet, les marais de Bourgoin et Morestel présentent trop de faits croisés par l'effet manqué de cette bonification qui a modifié les structures foncières et suscité l'engouement pour la tourbe ; le retour à l'état d'insalubrité, particulièrement précoce puisqu'en voie de réalisation dès 1830, y est l'effet de causes externes sans préjuger pour autant de la crise des coteaux qui, ici comme ailleurs, a produit ses conséquences à la fin du XIXe siècle.

Plus qu'un cas particulier, la Chautagne fournit donc un modèle d'évolution dans une séquence de temps particulièrement difficile pour la campagne française, celle des années 1880-1930. A Chindrieux, les habitants ascensaient des lots de communaux par baux de neuf ans ; la mise à prix de ces parcelles de marais culmina en 1869 avant de connaître une baisse sensible très probablement liée à la crise phylloxérique. La période de 1850 à 1875 marque l'apogée de la vigne dans le Jura méridional[18], sans doute également en Chautagne ; « Tous les paysans sont devenus peu ou prou vignerons » et ont utilisé la blache comme engrais vert. Corrélativement, cette période est probablement celle de l'utilisation la plus intensive des marais de Chautagne et Lavours. Dans le Bugey, le phylloxéra se manifesta pour la première fois en 1876 dans le Revermont, à Montagnieu et dans le Bas-Valromey ; la Chautagne fut touchée en 1879 et durement, comme l'ensemble des vignobles qui furent les premiers atteints. En 1891, le conseil municipal de Ruffieux liait directement la désaffection à l'égard du marais à cette crise : « La dévastation des vignobles par le phylloxéra a pour conséquence directe de faire subir à la valeur vénale des fourrages une diminution notable[19]. »

En revanche, la petite commune de Vions, au terroir de plaine situé entre le fleuve et le marais, ne connut pas cette crise de la vigne et de la blache. Cette résistance de la viticulture fut permise par la technique des hautins adaptés à une submersion par les crues du

18. *Lebeau, 1955.*
19. *A.D. 73, 01, Ruffieux, 14. 6. 1891.*

263

Rhône comme à Lavours, Cressin ou à l'humidité des sols comme à Pollieu et Flaxieu[20]. Le milieu fluvial aurait donc naturellement possédé les moyens de résister au phylloxéra grâce aux crues de saison chaude ; ce n'est pas autre chose que la technique adoptée dans le Languedoc.

Ainsi, la viticulture de plaine profita de la crise phylloxérique pour connaître un maximum d'extension ; R. Lebeau a décrit un processus semblable dans le Bas-Bugey, dans la plaine du Rhône située en contrebas du Molard-de-Don.

Le marais de Vions enregistra une désaffection soudaine à partir de 1898. Pourtant, le maximum démographique ne fut atteint qu'au recensement de 1901 avec 393 habitants contre 371 en 1896. Il faut probablement invoquer la mévente du vin signalée vers 1900 ; avec un décalage dans le temps probablement imputable à l'isolement relatif, la région connaît une baisse du prix des vins après une courte phase de reprise liée à la pénurie de vins locaux.

Après le palier des années 1900-1910 — un tiers du marais de Vions était abandonné — la chute reprit brutalement en 1910 ; les maladies cryptogamiques affectèrent particulièrement les vignes de la plaine sensibles à l'humidité et à la chaleur.

Le coup de grâce fut donné par la Grande Guerre qui enleva au pays la main-d'œuvre masculine ; en 1917-1918, les trois quarts du marais étaient à l'abandon.

L'abandon du marais s'est donc manifesté de manière complexe en Chautagne. C'est la résultante de causes de nature différente :

— L'exode rural qui est un phénomène général touche la Chautagne au tournant du siècle et diminue le nombre de faucheurs sans que la mécanisation puisse compenser ces départs.

— Les crises viticoles des années 1880-1890 sur le coteau et 1910 sur l'ensemble de la région réduisent les besoins en engrais verts. Elles ont pu introduire des ruptures et provoquer un oubli des pratiques traditionnelles, en d'autres termes servir de révélateur à une désaffection plus profonde.

— La guerre de 1914-1918 joue dans le même sens puisque, à la fin des hostilités, les habitants plus nombreux qu'auparavant, ne sont pas retournés au marais aussi nombreux qu'en 1910.

L'examen de situations concrètes — limité par la rareté des sources — révèle des modalités d'abandon beaucoup plus complexes qu'on ne saurait le prévoir. Les marais situés au pied des vignobles de coteau semblent avoir connu un abandon relativement précoce ; de manière complémentaire, il serait intéressant de pouvoir analyser un éventuel processus de relais assuré par l'essor de l'élevage laitier sur la périphérie des marais.

Les agriculteurs ont négligé la corvée de curage des fossés, abandonné la discipline séculaire qu'ils s'étaient imposée. Le conseil de Ruffieux ne pouvait qu'en constater les effets : « Les eaux stagnantes se corrompent très vite et présentent de graves dangers pour la santé publique, surtout pendant les chaleurs... Les blachères sont

20. Vion (non daté).

de plus en plus dépréciées et la récolte devient à peu près nulle sur certains points[21]. »

L'ingénieur des Ponts et Chaussées en convient et juge que l'état du marais est « déplorable » : « La récolte jadis très importante décroît d'année en année », les habitants ne peuvent que difficilement sortir la récolte et ont abandonné la portion du marais comprise entre Crozan et Mécoras car elle est de « nul produit ».

Au début de ce siècle, les habitants ont adopté une pratique nouvelle, celle du brûlis hivernal dans le marais. On peut y voir la volonté de favoriser la pousse de l'herbe au printemps et également une forme de lutte contre l'invasion des roseaux, de la bourdaine (*rhamnus*) et des aunes, car le bétail ne pâture plus en hiver et car l'abandon laisse jouer le dynamisme naturel de la végétation.

Brûler le marais, c'est aussi conserver le paysage ouvert qui a été façonné par des siècles de réglementation communautaire très stricte.

Des années 1860 aux années 1930, les plaines humides du Haut-Rhône ont donc connu un processus inégal et complexe de contraction de l'espace agricole ; le recul concerne essentiellement les terres du marais où les velléités ou tentatives de bonification sont abandonnées, où même l'exploitation de la blache est en recul. Le fait est moins net sur les terres riveraines du fleuve car l'espace concerné est très marginal et car les moyens d'appréhender le phénomène sont déficients ; la conquête des terres labourables cesse et il semble que l'on assiste, au moins localement, au progrès des pâtures et des bois.

« Il ne s'agit plus de conquérir des terres à la culture mais d'exploiter uniquement celles qui ont les qualités suffisantes et de les exploiter au mieux en fonction de leurs aptitudes propres[22]. » Le bassin du Rhône connaît, de 1882 à 1912, une baisse des superficies en labours supérieure à 15 % ; le Bugey et singulièrement les plaines du Rhône sont touchés. « Au fond, la nature reprend ses droits ; aidée par la conjoncture économique, elle impose ses options au cultivateur. »

Cette question mérite certainement une analyse systématique qui ferait la part de la conjoncture nationale, de l'exode rural et des crises viticoles vécues de manière si variée par les petits pays du Haut-Rhône.

c. L'ECHEC DES TENTATIVES D'IRRIGATION DANS LA BASSE PLAINE DE L'AIN

Les crises qui ont perturbé l'économie rurale de la basse vallée du Rhône entre 1850 et 1870 ont contribué à freiner le mouvement d'équipement des campagnes et ont durablement détourné les capitaux de l'agriculture[23]. Pourtant, la nécessaire conversion vers les prairies et le maraîchage, la relance de la viticulture, ont assuré le succès de l'irrigation. Les plaines du Haut-Rhône, pour des raisons essentiellement climatiques, n'ont pas connu cette opportunité et ont poursuivi leur lente décadence. Dans ce contexte déprimé, il est

21. *A.D. 73, 37. S. Pc. 20. 1904.*
22. *Désert, 1976.*
23. *Béthemont, 1972.*

surprenant de découvrir un foyer d'initiative dans la basse vallée de l'Ain où maints caractères rappellent irrésistiblement les plaines sèches de la Provence rhodanienne.

Dans les finages de la basse vallée de l'Ain, « la basse terrasse, caillouteuse et sèche, porte un damier de tous petits champs, aux formes diverses, plutôt carrées, en friche ou en pâturage, et souvent entourés de haies rabougries, noires et sèches[24]. » Le bel openfield de la plaine située au pied du Bugey se mue ainsi, sur sa marge occidentale, en une « zone de champs irréguliers et enclos ». Ce paysage est le résultat de l'édit des clôtures de 1770, accepté par les communautés dans la mesure où l'ancienneté de la grande propriété monastique puis bourgeoise a de longue date affaibli leur résistance.

Durant la seconde moitié du XIXe siècle, il est possible que l'écart se soit creusé entre les grands propriétaires et la petite paysannerie de la basse plaine de l'Ain à l'occasion d'une crise sérieuse. Une délibération du conseil municipal de Loyettes[25] fait état de la chute du prix des terres agricoles dont la valeur serait tombée de 800-1 200 francs l'hectare à 100-200 francs seulement ; est-ce « la pauvreté et la sécheresse » du sol qui a chassé la population ? Ou bien est-ce l'attraction de Lyon et du centre industriel de Pont-de-Chéruy, situé dans l'Isère, à quelques kilomètres de Loyettes ? Une enquête réalisée à Loyettes en 1901 insiste sur le déclin démographique de la commune dont le nombre d'habitants est passé de mille deux cent cinquante en 1850 à huit cents seulement au recensement de 1901 ; une migration d'ouvriers vers Pont-de-Chéruy est confirmée à cette occasion. « Les bras manquent à la culture, beaucoup de terres sont incultes » et l'on déplore la baisse de valeur foncière et locative, tombée au quart de ce qu'elle était en 1850. La culture des mûriers, support de l'élevage du ver à soie, aurait disparu pour la même raison, aux dires des populations locales. En fait, on confond cause et conséquence car la production de soie naturelle s'effondra du fait de la pébrine, maladie du ver à soie (1855-1875) et surtout, ensuite, du fait de la concurrence des soies brutes d'Extrême-Orient, introduites sur le marché français par les négociants lyonnais à la fin du XIXe siècle ; c'est le « divorce de Lyon et de la sériciculture française[26] ».

La sécheresse des terrasses fluvio-glaciaires de l'Ain en a fait des pays de moutons et de céréales. En 1865, le sous-préfet de l'Ain poussait à la mise en valeur de La Valbonne trop exclusivement dévolue, selon lui, à l'élevage ovin. Se fondant sur les 100 hl/ha que récoltait un clos de vignes du hameau de Chanes, il proposait d'étendre la viticulture. Au même titre que la Côtière de Dombes, les graviers de la terrasse pourraient convenir à la vigne malgré les risques de gel : le seul véritable handicap lui semblait d'ordre humain : « Nulle opposition à notre œuvre de régénération que celle de l'apathie, du manque de bras et d'argent et enfin que la routine[27]. »

En rive gauche de l'Ain, le risque de gel avait, semble-t-il découragé le développement des vignes et de la noyeraie mais certains grands propriétaires, affiliés à la Société d'agriculture de Lyon,

24. *Lebeau, 1955.*
25. *28 février 1899.*
26. *Carron, 1946.*
27. *A.D. Ain, S. 1787. 1.*

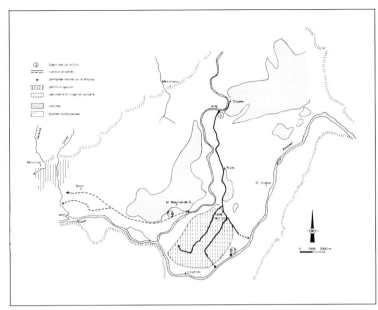

Figure 85. Le projet d'irrigation de la basse plaine de l'Ain.

avaient tenté des expériences : essais d'engrais chimiques, changement de cultures au profit de productions mieux adaptées à la sécheresse comme le « soleil », le moha de Hongrie, l'anthyllide. Le maïs-fourrage, conservé en « noyettes » et ensilé, inaugurait les tentatives d'embouche. Ce relatif dynamisme, dont il conviendrait de vérifier la réalité des manifestations, est à l'origine de deux intéressants projets d'irrigation concernant les deux rives de l'Ain.

Le projet d'irrigation de la plaine du Rhône avec les eaux de l'Ain (1865-1868)

En 1865, une commission d'étude fut instituée sous la présidence de Bodin, député de l'Ain au corps législatif. Elle proposa de construire un canal de dérivation de 16,1 kilomètres conduisant les eaux de l'Ain en direction de Balan et Niévroz. La prise d'eau, prévue en aval du pont de Port-Galand, aurait permis d'irriguer 1 370 hectares grâce à un débit dérivé de 1,60 m³/s, assurant la fourniture de un l/h/s. Il est curieux de constater que ce projet n'ambitionnait pas d'irriguer les 4 000 hectares de la terrasse sèche de La Valbonne, mais des terres situées dans le lit majeur du Rhône, pourvues de sols relativement épais et à la capacité de rétention fort convenable ; c'est là sans doute l'influence de grands propriétaires de Saint-Maurice-de-Gourdans et Niévroz. L'intention des promoteurs du projet était de développer la production du foin ; le modèle régional de référence était l'irrigation des prairies de Montluel par la Sereine et le Cotey ; l'arrosage hivernal permettrait le limonage et le colmatage de cette terrasse par rotation hebdomadaire. Ces prés de Montluel valaient alors de 5 500 à 9 000 francs l'hectare contre 1 800 francs seulement pour les terres proches du Rhône. L'irrigation permettrait donc l'essor de la production fourragère, le développement des cultures maraîchères destinées au marché lyonnais et même, éventuellement, une petite production énergétique à Lyon-Saint-Clair par simple prolongation du canal.

Le conseil général de l'Ain donna son accord ; une étude réalisée par les Ponts et Chaussées en 1866 permit l'octroi d'une subvention du ministère des Travaux publics à concurrence d'un tiers des dépenses. Cet effort était consenti sous réserve de la constitution d'un syndicat de propriétaires intéressés. En fait, ce projet échoua devant l'hostilité des communes de Balan et de Jons qui amodiaient quarante-quatre hectares de communaux en rive droite du Rhône. En 1968, la solution de concéder le canal à une compagnie échoua à son tour malgré la proposition d'irriguer les communaux de Saint-Maurice et Niévroz[28].

Le projet d'irrigation de la plaine de Loyettes (1899-1903)

En 1899, quelques gros propriétaires de Loyettes, membres de la Société d'agriculture de Lyon, proposèrent d'irriguer la terrasse en rive gauche de l'Ain par dérivation des eaux de la rivière. L'âme du projet était Birot, vice-président de la société, secondé par J. et F. Crevat, auteurs d'articles dans le Journal d'agriculture pratique[29].

Ils proposaient de dériver 3 m³/s depuis les balmes de Chazey et d'assurer 1,5 à 3 l/ha/s à 2 090 hectares répartis sur les communes de Loyettes (1 500 hectares), Saint-Vulbas (500 hectares), Blyes (70 hectares) et Chazey (20 hectares). Il est particulièrement intéressant que ces propriétaires aient assimilé la qualité de leurs terres à celle des sols de la Crau ; la perméabilité du substrat les inquiétait fort, à tel point qu'ils demandèrent une enquête aux Ponts et Chaussées de l'Ain pour obtenir des informations sur la Crau. Le débit à l'hectare adopté fut celui de la Crau qui dépasse nettement celui que l'on utilisait traditionnellement dans la région (1 l/s/ha). Les Ponts et Chaussées d'Aix-en-Provence estimèrent qu'il était inutile d'escompter un colmatage du substrat au moyen de cette irrigation. Néanmoins, les auteurs du projet conçurent les plans de l'aménagement en tenant compte de cette contrainte-perméabilité :

— Les canaux, posés à même le sol, perdraient de l'eau par infiltration mais les banquettes seraient damées, gazonnées et plantées d'arbres fruitiers. En 1903, le projet réactualisé prévoyait un bétonnage sur toute la longueur et, compte tenu des pertes prévisibles, on ramenait la surface irrigable à 900 hectares ou 1 200 hectares.

— La prise d'eau se ferait en aval de Chazey, un peu au nord d'un canal creusé au XVIe siècle sur les terres de Loyettes et disparu depuis lors. On irriguerait trente hectares par semaine par la méthode des planches à ados, ou mieux par la méthode cravenne des planches et calans. Les propriétaires avaient parfaitement conscience de la perméabilité du substrat et des sols et du double handicap constitué par le creusement de l'Ain et la nature trop sableuse et peu nutritive de la charge[30].

28. A.D. Ain, S. 2116.
29. 1903, numéros 16, 17, 18, 20 et 32, Un Projet d'irrigation.
30. Un radier en rivière permettrait d'éviter l'érosion du lit ; le canal principal et les branches secondaires auraient une pente telle que la vitesse de l'eau (0,50 à 0,80 m/s) éviterait l'obstruction par le sable. L'eau des canaux de distribution et des grandes rigoles d'arrosage aurait une vitesse de 0,25 à 0,40 m/s de manière à n'entraîner que le limon fertilisant tandis que le sable stérile se déposerait et serait ensuite extrait des canaux. Les petites rigoles et ''razes'' de distribution permettraient une vitesse de 0,10 à 0,20 m³/s de manière à entraîner le limon fin dans les prés.

Ces sols se caractérisent par une texture sableuse, une tendance à la rubéfaction, une faible capacité d'échange et un caractère très filtrant ; la décalcarisation peut s'accompagner d'une argilification suffisamment marquée pour qu'on assiste à une augmentation de la capacité d'échange en bases. Suivant les critères agronomiques modernes, ces « sols sont faciles à travailler et à cultiver... et peuvent avoir d'excellentes capacités de production à condition de les considérer comme de simples apports à qui il faut apporter les éléments fertilisants nécessaires pour compenser les prélèvements culturaux et de l'eau complémentaire en cas d'années sèches[31]. »

L'irrigation devait permettre de convertir l'économie à base céréalière en économie à base fourragère (graminées, luzerne, esparcette) de façon à développer l'élevage du bétail. Cette entreprise devait échouer, comme la précédente, malgré l'adhésion des grands et moyens propriétaires de Loyettes à une association syndicale libre, regroupant environ 330 hectares sur les 1 500 irrigables. En 1904, Birot obtint quelques subventions du ministère de l'Agriculture, creusa un puits et quelques canaux et entreprit d'irriguer cent cinquante hectares de sa propriété, à titre démonstratif, mais la tentative n'eut pas de lendemain.

Ces deux initiatives confortent l'impression que la basse plaine de l'Ain a tout d'une petite Crau égarée dans la vallée du Rhône. Les brotteaux et les prairies sèches des terrasses fluvio-glaciaires, aux minces sols gris ou rougeâtres, rappellent étrangement les « coussous » que l'ingénieur Adam de Craponne entreprit d'irriguer et de colmater dès 1559[32]. Les projets de la plaine de l'Ain furent peut-être influencés par les résultats spectaculaires obtenus au milieu du XIXe siècle par des propriétaires, industriels et commerçants marseillais ou, en 1872, par Nadault de Buffon, le concessionnaire des marais de Bourgoin. Il n'en reste pas moins qu'ils se sont soldés par des échecs faute aux promoteurs d'avoir su convaincre des agriculteurs peu motivés ; dans la plaine de l'Ain, l'administration est restée sur la réserve et les propriétaires comme Birot n'avaient pas des domaines assez vastes pour amortir le coût des travaux.

Ainsi le lit majeur du Rhône et les grands marais périphériques n'ont jamais été, exception faite de certains secteurs de la basse plaine de l'Ain et des Basses-Terres, que des terroirs agricoles insérés dans des finages aux aptitudes faites de complémentarité. A ce titre, ils ont connu la crise agraire qui a durement touché l'économie de coteau au tournant du XIXe et du XXe siècle. Crise de la viticulture, crise des labours, conversion partielle à une polyculture à base herbagère ont provoqué une chute de vitalité aggravée par la saignée de la Grande Guerre ; le phénomène est trop classique pour qu'on s'y attarde et là n'est pas le sujet de cette étude.

La question posée est celle d'une éventuelle modification des relations qu'entretenait l'homme avec la nature dans des milieux humides en crise. La réponse doit être prudente mais les résultats obte-

31. *Bornand et Guyon, 1982.*
32. *Béthemont, 1972.*

269

nus incitent à distinguer le cas des milieux fluviaux de celui des marais.

— Les terres proches du Rhône ne sont plus des terres de conquête dans la deuxième moitié du XIXᵉ siècle. Le paysannat a lâché prise dans sa lutte séculaire contre les contraintes fluviales qu'étaient l'érosion, l'inondation et le sablage. Un semi-abandon marginalise progressivement ces espaces car l'économie rurale se contracte autour du village et des coteaux ; il ne faut certes pas exagérer cette tendance, car la déprise est sans doute modulée mais dans l'ensemble, les hommes cessent une lutte inégale faute de bras et d'une réelle motivation. La loi de 1860 sur la mise en valeur des incultes révèle ce basculement de l'initiative qui, en un siècle, est passée du paysannat affamé de terres à l'administration et teste la capacité de réaction des milieux ruraux : leur refus général témoigne de cette perte de dynamisme car la force de travail manque et l'on se satisfait d'un retour à certaines formes d'économie extensive. Il est probable que l'application stricte de la loi de 1858 a joué un rôle décisif en interdisant aux particuliers, et surtout aux communautés, de se prémunir contre l'inondation, car les textes révèlent de manière formelle que les intentions existaient sur ce plan. Les Ponts et Chaussées, au nom d'un intérêt collectif que les Rhodaniens ne mettaient pas sérieusement en cause, ont pérennisé la contrainte-inondation, mais ils ont fait valoir, à juste titre, que leurs travaux d'endiguement submersible réalisés à la traversée des plaines de tressage avaient avantageusement supprimé les divagations du fleuve et la corrosion des terres. Il n'en reste pas moins que l'administration a cassé le seul ressort du dynamisme local et probablement créé involontairement un effet psychologique insoupçonné ; le milieu rural affecté par la crise agricole s'est soumis au fleuve et a reculé.

— Le sort des marais est sensiblement différent, car ces espaces ne sont pas alors des espaces agricoles mais des terres de cueillette. Que l'économie viticole de coteau s'effondre et c'est l'abandon à un élevage extensif ; le changement est en un sens moins radical que dans les plaines fluviales car il n'y eut jamais dans les marais ces relations complexes de soumission au milieu et de domination de ses contraintes. Le degré de prédation, la pression diminuent simplement et lentement ; chaque année, le passage du feu va suppléer le départ des hommes et maintenir pendant quelques décennies le paysage façonné par les villages ; la fonction disparaît mais le décor se perpétue.

D'une autre manière, les marais bonifiés du Bas-Dauphiné illustrent cette attitude de désaffection. Pour des raisons complexes, le paysannat du XIXᵉ siècle a refusé les implications du drainage et n'a pas modifié son comportement ; le marais est une terre de prélèvement, alors on « tourbe » puisqu'on ne peut plus ramasser la blache ; ce faisant, l'eau revient, contrainte ancestrale, et le cycle de la blache peut reprendre avant de s'éteindre lentement.

Ainsi, le seul secteur des plaines du Haut-Rhône où nous ayions rencontré un relatif dynamisme rural, celui de la basse plaine de l'Ain, est remarquable dans la mesure où le milieu physique n'est précisément pas rhodanien ; quelques grands propriétaires ont en vain cherché à promouvoir un modèle provençal de mise en valeur ; ils auraient sans doute vaincu les contraintes naturelles si le milieu humain s'était révélé favorable.

2. La renaissance agricole des plaines

Au lent mouvement de déclin rural des plaines humides que l'on a pu constater au tournant du siècle, a succédé depuis quelques décennies une évolution de sens contraire. Cette tendance est d'ancienneté et d'ampleur inégale puisqu'elle s'amorce à la fin des années 1930 et se confirme après la Deuxième Guerre mondiale. Ce retour aux plaines humides se matérialise par l'essor de la populiculture et par l'extension de la culture du maïs, phénomène qui n'est pas spécifique à la vallée du Rhône et de la Saône[33].

Néanmoins, cette question du retour aux plaines est intéressante dans la mesure où cette sorte de reconquête n'est pas seulement un fait relevant d'explications socio-économiques ou techniques. Le renouveau agricole pose en effet de manière complexe le vieux problème des relations entre l'homme et le milieu ; nous exposerons brièvement les faits essentiels pour rechercher les liens de causalité au terme de la troisième partie.

a. LE RETOUR AUX MARAIS

La bonification des terres marécageuses est revenue à la mode dans les années 1930. Les premières tentatives s'inscrivent dans la droite ligne des opérations tentées au XIXe siècle dans la mesure où les interventions, commandées de l'extérieur, prétendent suppléer les carences du milieu rural des plaines concernées.

Le premier exemple en date est la mise en valeur des marais de Chautagne. La mission fut confiée au Service du reboisement des terrains de montagne qui venait de corriger le glissement de Serrières sur le flanc ouest du mont Clergeon. Il est exceptionnel que ce service soit intervenu dans un domaine géographique ne relevant pas de sa compétence ; la prise de décision est d'autant plus révélatrice des motivations de l'époque. Les ingénieurs forestiers, qui travaillaient sur le plateau de Clarafond dominant Serrières et les marais, ont probablement considéré que cet espace était sous-utilisé ; il est en effet évident que la blache ne remplissait plus la fonction économique qui était la sienne en raison de la crise viticole. La Chautagne, comme d'ailleurs l'ensemble des marais régionaux, avait franchi ce seuil d'inutilisation en deçà duquel l'initiative peut subir un transfert au profit de nouveaux acteurs[34]. Il était naturel qu'une mise en valeur forestière fut proposée par le service du R.T.M. puisque telle était sa mission et il est alors très original que ce service public ait pris en charge et le drainage et la mise en valeur des lieux. Les Eaux et Forêts ont en quelque sorte assimilé le marais aux pen-

33. Cette partie est volontairement brève car elle s'inscrit dans un autre champ d'étude ; appréhender le changement agricole dans notre domaine géographique sensu stricto *suppose l'utilisation de la télédétection et de techniques complémentaires. Il s'agit d'un autre travail qui relève des méthodes et des finalités de la géographie rurale.*
34. *Gallais, 1976.*

tes alpestres dévastées par l'érosion torrentielle en proposant leur mode de valorisation. Cette illusion s'est dissipée au bout d'une année, en 1937, lorsque communes et propriétaires privés ont refusé de céder à l'amiable davantage de terres, le marais n'était pas en déshérence et il fallut procéder aux fastidieuses opérations d'expropriation.

Semblable prise en charge par la puissance publique d'un espace sous-utilisé fut réalisée pendant la dernière guerre dans les marais d'Albens, au sud de Rumilly. Les Chemins de fer furent chargés d'occuper trente hectares en 1943, de prendre à leur charge drainage et défonçage et de cultiver pommes de terre et légumes pour leurs employés ; le projet concernait six cents hectares de mise en culture soit presque autant que les huit cent soixante-dix hectares domaniaux du marais de Chautagne[35].

La bonification des marais de Bourgoin et Morestel fut reprise et menée à bien pendant cette même période de guerre qui chercha à employer des chômeurs et soutenir la production. La loi du 16 février 1941 autorisa le département et les communes à prendre en charge les travaux d'amélioration foncière importante sous réserve de l'avis favorable d'une commission comprenant les chefs des services techniques départementaux et les représentants des communes ; l'Etat subventionnerait 60 % des travaux et les communes 40 % à récupérer par une taxe annuelle imposée aux bénéficiaires de l'opération. Cette mesure permit au syndicat de Bourgoin d'acquérir tous les canaux et francs-bords et d'incorporer mille hectares supplémentaires dans son périmètre. De 1941 à 1944, le génie rural reprofila les canaux et favorisa un retour à l'agriculture et à l'utilisation des prés-marais. Le drainage, et donc l'abaissement de la nappe phréatique, permirent d'officialiser le tourbage dans cette époque de pénurie en combustible ; en effet, cent soixante hectares de tourbières furent considérées comme « plus facilement exploitables » au voisinage des Avenières, curieux mais compréhensible retour des choses après les condamnations du siècle précédent.

Les marais de Morestel furent directement pris en charge par le département de manière à faire l'économie des délibérations syndicales. La plaine des Basses-Terres fut divisée en quatre bassins hydrographiques[36] et drainée de manière systématique par le génie rural[37]. A la différence des exemples précédents, même si le tourbage fut encouragé, la puissance publique ne chercha pas à se substituer à l'initiative locale et se contenta de procéder à des travaux d'intérêt général.

En l'occurrence, il semble que la Savoie et l'Isère aient manifesté un dynamisme particulier. Il fallut en effet attendre 1960 pour que les deux mille sept cents hectares du marais de Lavours fassent l'objet d'un projet de bonification à l'initiative du génie rural du département de l'Ain. La S.O.G.R.E.A.H. fut, à cette occasion, chargée d'une étude concernant l'assainissement et les possibilités de mise en production des sols organiques. Cette société proposa de recalibrer et d'endiguer le Séran, de créer un réseau de fossés

35. Reynaud, 1944.
36. *La Bièvre 460 ha, la Save 316 ha, Vézeronce 1239 ha, l'Huert 1304 ha, soit un total de 3319 ha.*
37. *David, 1948.*

272

de drainage, tout en favorisant l'épandage des limons de crue et de vidange des barrages dans la cuvette centrale du marais. Ces projets sont restés en sommeil quelques années et sont entrés en conflit avec un projet de réserve naturelle en 1972[38] ; le drainage réalisé dans la partie nord-est du marais l'a été à l'initiative d'un agriculteur de Culoz disposant d'importants moyens mécaniques.

L'assèchement contemporain des marais du Haut-Rhône a ainsi contribué à l'expansion du peuplier et du maïs qui trouvent dans les plaines humides leurs terroirs de prédilection.

b. LE BOISEMENT ARTIFICIEL DES PLAINES

Le temps est loin où Elisée Reclus descendait la vallée du Rhône : « Peu de contrées en Europe, écrivait-il, rappellent plus l'aspect des « prairies tremblantes » de certaines régions du Nouveau Monde que les marais de Chautagne et de Lavours, des deux côtés du Rhône, avec leurs fosses d'eau croupissante, leurs forêts de joncs et leurs bandes de canards sauvages[39]. » Ce temps est loin car la Chautagne est devenu pays forestier ; A. Young et les dessécheurs des marais de Bourgoin et Morestel ne s'y reconnaîtraient pas davantage.

Jusqu'à la fin du XIXe siècle et même, sans doute, jusqu'aux années 1930, il ne fut de forêt que spontanée. La seule mention d'une plantation — cinq cents peupliers — qu'il nous a été donné de rencontrer au hasard des archives, concerne un domaine de huit hectares de taillis riverains du Rhône sur la commune de Motz en Chautagne[40]. Pour le reste, à l'exception des arbres fruitiers souvent associés aux lignes de hautains, la plantation ne se pratiquait pas.

Comme il est souvent de règle lorsqu'une pratique nouvelle se répand, on systématise telle réussite démonstrative. Les forestiers du service R.T.M. ont été en l'occurrence séduits par une plantation de peupliers réalisée sur un domaine de Serrières. En très peu d'années, on créa de toutes pièces la plus vaste peupleraie d'Europe, tout au moins la plus vaste qui fut d'un seul tenant. On adopta une variété de peupliers de Caroline qui avait bien réussi et l'on en planta près de 400 000 sujets sur 680 hectares de 1936 à 1942. Le travail fut considérable : 360 kilomètres de canaux et de drains, 50 kilomètres de canaux et de pistes, on faucha la blache, on dessoucha les taillis d'aunes, on fit apport d'engrais et de chaux aux jeunes arbres... Quand on admire l'immense peupleraie adulte, on imagine mal quelle lutte dut être menée par les forestiers pour refuser l'échec de leur œuvre.

Dans les premières années, ce fut le feu ; en 1940 et 1943, l'incendie volontaire du marais, pratique destinée à assurer la repousse de la blache, se communiqua aux jeunes plantations. Ce fut ensuite l'attaque des parasites et des nuisibles : destructions dues aux campagnols, aux insectes comme la grande saperde, à un champignon qui cause la brunissure des feuilles depuis 1978. A la fin des années 1940, après épuisement de l'engrais, il fut patent que le sol de tourbe

38. Drae, 1982.
39. Reclus, 1977.
40. Arch. départ. Savoie, 01 1861.

273

pure constituait un handicap certain ; il fallut inventer la culture du peuplier sur ce substrat par un réglage des drains et des pratiques de nature agricole par la sélection d'hybrides adaptés.

La peupleraie de Chautagne a aujourd'hui près d'un demi-siècle et devient enfin rentable. Les arbres sont abattus à vingt-sept ans alors que la majorité des forêts privées exploitées sur de bons sols alluviaux sont coupées à vingt-deux ans[41] ; néanmoins, la productivité s'est sensiblement améliorée et s'élève à 15 m³/ha/an pour les dernières plantations.

Malgré son relatif insuccès initial, la peupleraie domaniale de Chautagne a sans doute, à son tour, joué un rôle incitatif en proposant un mode de valorisation des terres humides avant que ne débute l'ère du maïs. Aujourd'hui, la mosaïque des plantations couvre l'ensemble des plaines du lit majeur de Seyssel à Lyon. Le peuplier a valorisé le marais des Avenières et de La Verpillière et constitue la spéculation dominante des berges et des îles du fleuve aux sols récents et légers ; cet essor est particulièrement net de Serrières-en-Chautagne à Rochefort dans la plaine de Peyrieu, comme dans les îles de Miribel. L'île Grand-Jean située sur la commune des Avenières est une propriété communale convertie à la populiculture comme la multitude des parcelles privées.

Cet essor n'est pas sans concurrencer l'agriculture ; tout au moins certains agriculteurs considèrent que les peupleraies ont occupé des surfaces excessives au détriment de cultures d'introduction plus tardive ; certains éprouvent un sentiment de rancœur vis-à-vis de la peupleraie domaniale de Chautagne[42] ; celle-ci n'a-t-elle pas révélé les possibilités du milieu après drainage ? Dans les années 1950-60, certains agriculteurs essayèrent en vain de semer le maïs entre les rangées de peupliers reconstituant ainsi une curieuse forme de « cultura promiscua ». Aujourd'hui, la défense des terres agricoles se fait plus active et certaines communes comme Serrières-en-Chautagne se dotent de plans d'occupation forestière pour résister à la mainmise de propriétaires forains sur les meilleures terres.

c. UNE CEREALE EN EXPANSION : LE MAÏS

L'extension des surfaces cultivées en céréales dans la haute vallée du Rhône, et en particulier dans le lit majeur du fleuve, est une des tendances contemporaines. Ceci constitue un facteur de banalisation des paysages dans la mesure où la spécificité des milieux alluviaux humides est en voie de recul. La question a été posée de l'adaptation des cultures céréalières aux contraintes propres à la plaine alluviale.

Sur une série de parcelles expérimentales cultivées en blé et en maïs, entre la Chautagne et le confluent du Guiers, le fait a été mis en évidence que le blé est indifférent aux conditions climatiques des années d'étude (1979-1982) car la capacité de rétention des sols est satisfaisante ; il est en revanche tributaire des conditions d'hydromorphie locale[43]. Quant au maïs, les rendements dépendent de la profondeur de la nappe et de l'éventualité d'un déficit hydrique aux

41. Ministère de l'Agriculture, 1977.
42. Kunert, 1981.
43. Blondon, 1983.

mois de juillet-août ; ce déficit est sans doute inférieur à la moyenne régionale dans la mesure où les précipitations décadaires de juillet-août sont supérieures à trente millimètres[44]. Le facteur essentiel est donc l'excès d'eau dans le sol qui joue toujours un rôle négatif dans la haute vallée du Rhône par le ralentissement du développement racinaire, l'établissement de conditions asphyxiques et les entraves qu'il procure aux travaux culturaux. Dans le cas du blé, l'eau est une contrainte absolue dans les sols à hydromorphie superficielle et réduit les rendements à 40-45 qx/ha si la nappe est située entre cinquante centimètres et un mètre. En revanche, la culture du maïs est possible quelle que soit la profondeur de la nappe, mais les rendements varient dans de notables proportions (15 à 60 qx/ha avec une nappe superficielle, 50 à 65 si la nappe est à un mètre, 70 à 90 si la nappe est à un mètre vingt-cinq) ; l'optimum se réalise donc dans le cas d'une nappe profonde mais la plante complète ses besoins en eau par une ponction directe dans la nappe lors des années sèches.

Il ressort de ces observations que la culture du maïs, et elle seule, vaut d'être tentée sur les terres les plus humides jusqu'à nos jours dévolues aux prairies. Cette culture « loterie » est pratiquée « parfois au mépris de la prudence et le plus souvent avec des résultats incertains[45] », abstraction nouvelle vis-à-vis des conditions naturelles dans la plaine des Basses-Terres : « Chaque année dans les parties les plus proches de la nappe alluviale, les agriculteurs prennent consciemment de gros risques : si l'été est sec, les zones humides ou même inondables sont favorisées ; la récolte du maïs y sera excellente ; si l'été est humide et si l'eau est en excédent ou même inonde, la récolte sera médiocre ou sera perdue. » On risque donc le maïs comme la betterave ou le tabac dans les chenaux d'inondation. Cette tendance doit cependant être nuancée en fonction de la taille des propriétés ; les agriculteurs modestes tiennent compte des échecs l'année suivante et sont « psychologiquement plus disposés à accepter l'adaptation aux conditions naturelles » tandis que les grands propriétaires amortissent plus facilement les pertes considérées comme marginales.

L'essor du maïs est remarquable dans les plaines de Chautagne et Lavours où cette quasi-monoculture est pratiquée par une poignée de jeunes agriculteurs ; un G.A.E.C. de Chindrieux exploite la totalité des terres de Vions et de Chanaz où il ne reste plus d'exploitant et loue une partie des communaux en marais, à l'instar de cet agriculteur de Culoz qui exploite les communaux du marais voisin. La grande affaire est, depuis quelques années, la mise en valeur des tourbières. Dès 1960, la S.O.G.R.E.A.H. notait une « évolution vers l'assèchement, la minéralisation et l'installation d'une végétation à humus doux » ; le marais de Lavours possédait des espèces végétales « caractéristiques des prairies marécageuses en voie d'assèchement ». Le drainage devait s'accompagner du contrôle de la nappe pour éviter la dessication des sols organiques, une perte des propriétés colloïdales et une impossibilité de réimbibition[46]. Le drainage de la partie nord-est du marais de Lavours a permis la

44. Moyenne sur la période 1960-1982 à la Balme.
45. Pelletier, 1982.
46. Pautou, Bravard, 1982.

monoculture du maïs et a servi d'exemple aux agriculteurs de Chindrieux mais la rentabilité de ces opérations semble devenir douteuse en Chautagne. Les rendements — 50 qx/ha en moyenne de 1972 à 1982 — dépendent d'un excès d'humidité printanière (1983), de la trop grande proximité de la nappe et du développement des parasites.

Les marais des Basses-Terres et la plaine de Bourgoin ont également été touchés par la vogue du maïs. L'autoroute Lyon-Grenoble traverse ce pays humide entre des rangées de peupliers et de vastes parcelles céréalières et seuls, de loin en loin, les affleurements de tourbe noire rappellent l'ancienne vocation des lieux.

Le bon contrôle de la nappe phréatique, le recours aux fertilisants artificiels ont modifié les aptitudes des marais et des terres alluviales si bien que le paysage actuel se distingue moins de celui des autres terroirs qu'aux siècles d'économie traditionnelle.

La complémentarité nécessaire entre des terres aux aptitudes différentes n'est plus qu'un souvenir, chaque parcelle connaît en quelque sorte une existence autonome, par l'effet d'un affranchissement quasi total à l'égard des déterminismes anciens.

3. Les prélèvements d'eau et de matériaux dans le fleuve et sur ses berges

L'essor industriel et urbain de l'époque contemporaine a multiplié les besoins en eau potable, en eau destinée à divers usages de production. L'adoption du béton dans la construction a provoqué l'abandon des grandes carrières de pierre, dont les fronts de taille se patinent aux flancs du Bugey et de l'Ile Crémieu, au profit des gravières des plaines fluvio-glaciaires et alluviales. Le fleuve possède ces ressources : l'eau renouvelable de sa nappe phréatique, le gravier et le sable de son lit et de la plaine holocène. La géographie de ces prélèvements révèle l'influence primordiale de la métropole lyonnaise.

a. L'ALIMENTATION DE L'AGGLOMERATION LYONNAISE EN EAU POTABLE

Autant les édiles des premiers siècles de notre ère se montrèrent hardis dans leur quête de l'eau potable en mobilisant les ressources du Pilat et des monts du Lyonnais, autant l'époque contemporaine se montra timorée malgré l'ampleur de ses moyens techniques. Le siècle de l'industrie n'a résolu qu'en 1853 l'alimentation de Lyon, cité de plus de cent mille habitants, et il a fallu attendre 1895 pour que les captages fournissent l'équivalent des acqueducs gallo-romains[47].

Jusqu'au milieu du XIXe siècle, la quasi-totalité de l'alimentation en eau de Lyon a été assurée par environ quatre-vingt-dix fontaines, placées au pied des coteaux, et par deux mille puits creusés dans la nappe alluviale de la Saône et du Rhône. On a pu ainsi calculer

47. Ce n'est pas le lieu de procéder à une étude historique détaillée des solutions successivement adoptées pour adapter la desserte en eau de Lyon à une population et à des besoins croissants ; nombreux sont en effet les travaux sur la question (Girard (1935), C. Guillemain (1934), Gardes (1976), L. David (1976), M. Baud (1980), C. Bellot (1981), I. Faugier (1983), etc.) et l'on se contentera d'en exposer l'essentiel en se référant aux auteurs cités et à quelques documents originaux.

que, en 1833, chaque Lyonnais disposait en moyenne de 1,3 litre par jour et que chaque point d'eau alimentait environ huit cents personnes.

Cette carence, qui affectait également les conditions sanitaires, puisque les puits d'alimentation se mêlaient aux puits perdus dans une structure urbaine inextricable, s'explique avant tout par le désintérêt de la collectivité pour ces questions. Les seules préoccupations éditilaires ont eu une fonction décorative et ont accompagné l'urbanisation de prestige dans la presqu'île : machine hydraulique et fontaine de l'hôtel de ville construites par l'horloger genevois Jean Archimbaud de 1649 à 1655, projet de Jules Hardouin-Mansart pour un jardin public, place Bellecour (1677), effectivement réalisé sous une forme voisine par le Bruxellois F. Snabel (1727), puis par S. Petitot (1729-1738). Néanmoins, ces réalisations modestes et fragiles ont sans doute préparé les esprits à l'utilisation domestique des eaux du Rhône ; en 1770, l'Académie des sciences, belles-lettres et arts de Lyon lança un concours pour que « par les moyens les plus faciles et les moins dispendieux, il soit procuré à la ville de Lyon la meilleure eau et qu'il soit distribué une quantité suffisante dans tous les quartiers ». L'idée vient trop tôt, mais c'est déjà celle d'une alimentation unique de la ville par les eaux du Rhône.

La première concession ne fut accordée qu'en 1832 au profit des habitants du bas de la Croix-Rousse. A l'époque de la machine à vapeur, deux bateaux amarrés le long du quai Saint-Clair utilisaient la roue à aube pour puiser et élever cinq cents mètres cubes d'eau fluviale chaque jour ; curieuse influence d'un modèle technologique sur les esprits, dont on a déjà vu la persistance à l'ère de l'électricité. La première machine à vapeur ne fut installée qu'en 1853, à l'initiative du maire de la Croix-Rousse, pour desservir ce quartier privée d'eau. Cette époque fut celle d'une floraison de projets suscités par des commissions municipales ; pour satisfaire des besoins évalués à 26 000 m³/jour, on songea à puiser l'eau du Rhône, à forer des puits, à détourner des cours d'eau ; citons pour mémoire le projet Garella de dériver le Rhône dans un canal construit au flanc de la Côtière[48].

Finalement, Lyon accorda en 1853 une concession de quatre-vingt-dix-neuf ans à la Compagnie générale des eaux ; le traité du 8 août 1853 adoptait le projet d'Aristide Dumont qui consistait à capter les eaux de la nappe du Rhône à l'aide d'une longue galerie drainante creusée dans les Petits-Brotteaux du quartier Saint-Clair. La date est importante car la ville venait de faire choix d'un mode d'alimentation que tous les développements ultérieurs ont confirmé. L'usine de Saint-Clair n'assurant, vers 1880, que le tiers des besoins de la ville, les ingénieurs rêvèrent à nouveau de grandes œuvres : en 1893, Aristide Bergès pensait détourner l'Ain à travers la Dombes[49] grâce à un barrage noyant quarante kilomètres de la haute vallée ; il reprenait ainsi un projet du comte d'Orcières (1875), proposant de dériver la Bienne ; en 1900, Bergès céda ses droits au syndicat Ampère. C'était le temps où Paris manifestait son intérêt

48. *Breittmayer, 1880 et 1883.*
49. *Arch. S.N.R.S. 1591.*

pour les eaux du Léman et prévoyait de dériver 1 650 000 m³/jour, de quoi alimenter la capitale et sa banlieue jusqu'en 1930. « Les eaux du Léman sont reconnues les plus favorables à la santé humaine qu'il soit possible de trouver en Europe » peut-on lire dans un mémorandum de 1898 et les Lyonnais ne se privaient pas, de leur côté, de tirer des plans sur cette ressource.

En fait, la construction de l'usine du Grand-Camp (1895-1899), en face de Saint-Clair, a mis un terme à cette deuxième vague de projets car ces puits, complétés vers 1910-1915 par ceux de Bois-Perret, ont permis d'assurer l'alimentation de Lyon pendant plus d'un demi-siècle. Les captages de Charmy mis en service en 1957 et ceux de Crépieux (1968) assurent depuis 1983 la totalité de l'alimentation de la Courly. Cette zone protégée de deux cents hectares a été classée en 1976 et produit plus de 300 000 m³/jour soit environ trois cents litres par habitant et par jour ; l'eau pompée dans cinquante-deux puits et trente-deux forages est refoulée dans le réseau par les deux usines élévatrices de Crépieux (1971), sur la rive droite du canal de Miribel, et Croix-Luizet (1977) à Villeurbanne. Cet ensemble sera capable, à terme, d'assurer la fourniture de 1 000 000 m³/jour si bien que l'avenir est considéré comme assuré pour plusieurs décennies (fig. 87).

Dans la zone de Crépieux-Charmy, l'aquifère est constitué par les alluvions holocènes du Rhône. Cet ensemble gravelo-sableux est épais de quinze à vingt-trois mètres, imprégné d'eau, et repose sur un substratum miocène relativement imperméable ; le filtrage naturel limite au mieux le traitement de l'eau, réduit son prix de revient et ne dénature pas son goût. La nappe se renouvelle très rapidement par « réalimentation induite » à partir du canal de Miribel et du Vieux Rhône et du canal de Jonage.

Le décolmatage du Vieux Rhône a, depuis cette estimation, sensiblement augmenté sa part dans l'alimentation du champ de captage.

Dans le futur, c'est-à-dire aux environs de l'an 2000, les captages pourront se déplacer sur le site de Balan (fig. 88), entre le Rhône et la terrasse de La Valbonne. Les possibilités sont supérieures et le champ de captage présentera l'avantage d'être beaucoup moins exposé à une pollution potentielle que celui de Crépieux-Charmy. La réalimentation du cône de dépression de la nappe créé par son exploitation sera assurée par un apport direct d'eau de l'Ain ; ainsi, le site sera soustrait à une réalimentation induite provenant du Rhône. Cette hypothèse, inscrite au S.D.A.U. du Haut-Rhône, suppose que soit corollairement assurée une protection aussi parfaite que possible de l'affluent.

b. LE REFROIDISSEMENT DE LA CENTRALE NUCLEAIRE DE BUGEY[50]

Jusqu'en 1986, date du couplage au réseau de la centrale de Creys-Malville, la seule utilisation de grande ampleur a concerné le refroidissement de la centrale thermique de Bugey, dont la première tranche a été mise en service en 1972.

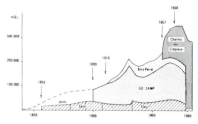

Figure 86. Evolution de la production journalière moyenne des captages d'eau potable pour Lyon et sa banlieue.

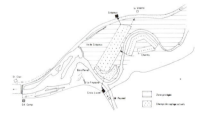

Figure 87. Le champ de captage de Crépieux-Charmy.

50. Le B.R.G.M. a estimé la part relative des différents apports : canal de Miribel amont : 90 000 m³/j (33%) ; canal de Miribel aval : 25 000 m³/j (9%) ; Vieux Rhône : 25 000 m³/j (9%) ; canal de Jonage : 95 000 m³/j (35%) ; La nappe : 35 000 m³/j (13%) ; total : 270 000 m³/j (100%).

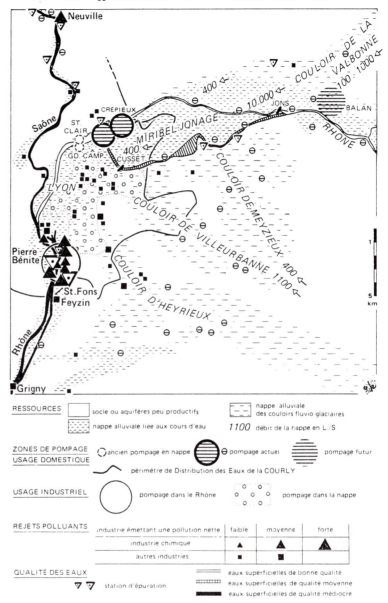

Figure 88. Alimentation en eau et rejets dans l'agglomération lyonnaise.

En effet, les modalités de captage de l'eau potable sont extrêmement diversifiées puisque les communes du Haut-Rhône sont alimentées par des aquifères aussi variés que les terrasses fluvio-
glaciaires, la nappe des alluvions holocènes ou le karst. Quant aux
prélèvements à usage purement industriel, ils demeurent très épar-
pillés et modestes puisqu'ils concernent quelques entreprises de
l'agglomération genevoise, de Bellegarde, Anglefort, Culoz et Sault-
Brénaz.

Le refroidissement de la centrale nucléaire de Bugey nécessite la dérivation d'un débit supérieur à 120 m³/s lorsqu'elle fonctionne à pleine puissance[51].

Considérons les modes de refroidissement. Deux techniques sont utilisées de manière parallèle, le circuit ouvert et le circuit fermé.

Désignation de tranche	Type de filière	Mise en service	Puissance électrique nette en MW	Type de circuit
B1	UNGG	1972	540	ouvert
B2	PWR	1978	920	ouvert
B3	PWR	1978	920	ouvert
B4	PWR	1979	900	fermé
B5	PWR	1979	900	fermé

Débit prélevé à la prise d'eau (m/s)	Réfrigérants atmosphériques	
	Nombre	Hauteur (m)
28	0	
42,5	0	
42,5	0	
5,5	2	127
5,5	2	127

Les tranches B1 à B3 refroidissent leur condenseur avec l'eau du Rhône ; le débit maximum prélevé à la prise d'eau est de 113 m³/s, soit une part importante des 180 m³/s du débit d'étiage ; si les cinq tranches de Bugey avaient été conçues en circuit ouvert, la température du fleuve après rejet aurait dépassé 29°C pendant 10 % du temps, ce qui n'était pas admissible ; par ailleurs, le fonctionnement en circuit ouvert de la centrale nucléaire de Saint-Alban-Saint-Maurice-l'Exil, à l'aval de Vienne, interdisait de trop réchauffer le fleuve à l'amont. Ces deux raisons expliquent que les tranches B4 et B5 soient refroidies en circuit fermé ; un volume d'eau prélevé une fois pour toutes passe par le condenseur et les quatre grandes tours de cent vingt-sept mètres appelées « réfrigérants atmosphériques ». L'eau s'y écoule par gravité le long d'une dispositif de ruissellement en cédant ses calories à l'air qui circule à contre-courant et sort des tours saturé d'humidité. Néanmoins, E.D.F. prélève 5,5 m³/s pour chacune des tranches B4 et B5 de manière à compenser l'évaporation et à limiter la concentration en sel du débit principal. En effet, les eaux du Rhône sont naturellement minéralisées si bien que la concentration en carbonate de calcium provoquerait un entartrage du circuit.

51. Ladet, 1981.

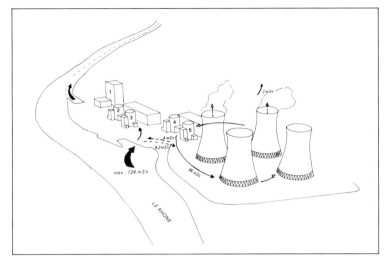

Figure 89. Le refroidissement de la centrale nucléaire de Bugey.

c. LES PRELEVEMENTS DE MATERIAUX DANS LA PLAINE ALLUVIALE

A l'image de la plupart des vallées alluviales, la vallée du Haut-Rhône est considérée comme une source considérable de matériaux destinés à la construction[52].

Les premiers prélèvements

On citera pour mémoire le ramassage des galets calcaires qui occupait les chaufourniers de l'Ain au XIXe siècle ; les plages de galets qui bordent la rivière étaient en effet la source de carbonate la plus proche du plateau dombiste à une époque où se développait le chaulage des terres acides. Cette activité relève du pittoresque et ne devait concerner que quelques centaines de tonnes[53].

Des ponctions importantes ont été effectuées dans le lit mineur du Rhône à l'occasion de la construction et de l'entretien des remblais de voies ferrées. En 1857, lors de la construction de la ligne Lyon-Culoz-Genève, des emprunts furent effectués dans la plaine d'Anglefort pour asseoir la voie dans le marais de Lavours et pour la surélever au-dessus du niveau des crues, à une hauteur relative de deux mètres. Le prolongement vers Aix-les-Bains fut réalisé en 1858 et nécessita le prélèvement de gravier dans le lit mineur, à Vions ; l'opération fut renouvelée en 1900 lors du doublement de la ligne et pour corriger l'enfoncement de la voie dans le marais tourbeux. De même, à l'aval de Seyssel, la compagnie de chemin de fer se fournissait épisodiquement en gravier destiné au rechargement de la voie Culoz-Genève.

Au début de ce siècle, un maître-marinier s'était spécialisé dans l'extraction du sable ; il commença en 1911 par draguer le bras de Vaulx-en-Velin, reprit son activité après la guerre puis se déplaça à Villebois en 1925 ; la nature sableuse des fonds devait lui être plus

52. *Rappelons brièvement que l'énergie calorifique obtenue dans le cœur du réacteur nucléaire doit être transformée en énergie mécanique avant que l'alternateur n'effectue à son tour la transformation en énergie électrique. La première opération est réalisée suivant le principe de Carnot, avec un rendement qui dépend de la température de la source chaude et de celle de la source froide. La source chaude (le cœur de la chaudière) vaporise l'eau du circuit secondaire jusqu'à une température t1 ; la vapeur actionne la turbine puis doit être refroidie dans un condensateur ou source froide jusqu'à une température t2. Le rendement r = t2/t1 dépend du type de centrale thermique adopté : centrale thermique classique : 40% ; centrale thermique nucléaire graphite-gaz : 29% ; centrale thermique nucléaire PWR : 33% ; centrale thermique nucléaire surgénératrice : 42%. Le rendement des surgénérateurs est meilleur car le fluide primaire, en l'occurrence le sodium liquide, permet d'élever à 540 °C la température de t1 alors qu'elle ne dépasse pas 270 °C dans les centrales PWR. Le refroidissement du circuit secondaire se traduit par une très forte dissipation de chaleur dans l'eau de refroidissement des condenseurs. En fait, deux calories sur trois sont rejetées dans l'environnement par cet intermédiaire.*

53. *On s'est attaché à une reconstitution sommaire des étapes de l'intérêt porté à cette ressource en mettant l'accent sur les prélèvement opérés dans le lit mineur ; en effet dans la mesure où le tracé du Rhône est fixé depuis environ un siècle, l'impact complexe de ces prélèvements est beaucoup plus manifeste dans le lit mineur que sur les marges stabilisées du lit majeur. Le bilan des extractions qui est présenté repose sur une documentation officielle qui est celle du Service de la navigation ; les Ponts et Chaussées accordent en effet les autorisatins d'extraction sur les surfaces submersibles et dans le lit des cours d'eau qui relèvent de sa compétence ; ils sont tenus informés des autorisations accordées par la C.N.R. sur les tronçons qui lui sont concédés. Les tonnages qui sont indiqués sont certainement très inférieurs à la réalité des prélèvements effectués par les extracteurs car il n'existe aucun moyen de contrôle véritable ; ils permettent néanmoins de dégager une tendance générale.*

favorable sur ce tronçon où il obtint une autorisation pour dix mille mètres cubes en cinq ans. Cet entrepreneur livrait la marchandise aux verreries de la Loire.

Le principal débouché des matériaux du Rhône était Lyon, car il existait une demande régulière, celle des services vicinaux de la ville et de la banlieue, celle de l'armée pour l'empierrement des cours et aires d'exercice. Dans les années vingt, l'essor de la construction en béton augmenta sensiblement la demande.

Les services municipaux se fournissaient sur les bancs de galets de la rive droite, le long du quai Perrache, face à leur installation située sur la digue de la Vitriolerie. La seule entreprise privée était alors la Société d'entreprises et dragages, installée quai de La Guillotière depuis 1891 et quai Claude-Bernard depuis 1913, qui extrayait à l'aide de dragues à vapeur sur la rive droite à l'aval du pont Morand et du pont Pasteur. Vers 1925, cette société livrait du gravier à béton sans jamais utiliser à plein son potentiel d'extraction ce qui révèle les limites de cette activité ; le Service de la navigation découragea l'installation d'une entreprise parisienne sous le prétexte de la faiblesse des débouchés et d'une saturation des berges occupées par les bateaux-lavoirs et les stocks de marchandises diverses. Ce caractère artisanal de l'extraction peut être illustré de façon anecdotique par cette proposition du Service vicinal départemental qui, en 1927, suggérait d'occuper les chômeurs à ramasser les cailloux à l'étiage, à les casser pour fournir la banlieue en matériaux d'empierrement ! Si l'on excepte les services publics de voirie qui se fournissaient pour leurs besoins propres, le dragage était une activité que se réservaient les mariniers ; en 1936, leur syndicat entra en conflit avec des entreprises de terrassement équipées de pelles mécaniques et travaillant sur les bancs de galets ; dotées d'une productivité supérieure, ces entreprises étaient accusées de réduire au chômage les mariniers dont le slogan était alors : « Les mariniers au Rhône, les terrassiers mécaniques en terre ferme[54]. »

L'extraction fluviale dans l'agglomération lyonnaise (1957-1984)

C'est en 1957, semble-t-il, que l'activité s'est déplacée hors de Lyon où la fourniture se révélait incapable de suivre l'essor de la demande en gravier à béton. En 1957, les dragages débutaient à La Feyssine (Villeurbanne) et en 1958, dans le lit du Vieux Rhône sur Vaulx-en-Velin. Vers 1965, deux entreprises extrayaient 150 000 tonnes/an sur ce tronçon, le groupe de travail "Agrégats et Urbanisme" estime, dans son étude *Les sables et graviers dans l'aménagement de la région urbaine de Lyon*, que 300 000 tonnes ont été extraites du Rhône de 1965 à 1969 mais que ce chiffre est très inférieur à la réalité. Il faut lui ajouter les 1 500 000 tonnes/an extraites dans le lit majeur de Miribel-Jonage durant la même période. Ce volume de 300 000 tonnes/an prélevé dans le lit mineur est notablement plus faible que celui des extractions effectuées dans le lit mineur de la Saône (1 600 000 tonnes/an) car l'affluent constitue la seule source de sable de la région lyonnaise.

54. *Lègre, 1984.*

La politique officielle de localisation des prélèvements a dû prendre en considération un autre secteur sur ce tronçon du Rhône. On a vu précédemment que 1957 est également l'année de mise en service des captages de Charmy situés sur la berge du Vieux Rhône ; cette année-là, le Syndicat des eaux posait la question d'un éventuel risque de pollution de la nappe par des extractions de granulat. Le caractère alarmiste des rapports d'experts-géologues conduisit le Service de la navigation à interdire le dragage dans le Vieux Rhône à partir de 1965, mais cette mesure gênait considérablement la réalisation des objectifs définis par les Ponts et Chaussées dans le secteur de Miribel-Jonage. Le Service de la navigation jugeait alors les extractions positives pour deux types de raisons :

— La constitution d'un piège à gravier à l'amont du pont Poincaré permettrait de bloquer le transit de la charge de fond en provenance du canal de Miribel et du Vieux Rhône et d'éviter ainsi l'engravement de la retenue de Pierre-Bénite mise en eau en 1966.

— Le dragage du Rhône dans Lyon et du canal de Miribel permettrait d'abaisser la ligne d'eau et donc de réduire le risque d'inondation dans la traversée de la ville. Déjà, la construction de l'axe nord-sud et la suppression des ponts Guillotière et Vaïsse avaient permis de gagner au moins trente centimètres sur la crue centennale de 1944[55]. En 1967, une étude de la C.N.R. recommandait de creuser un chenal de navigation de soixante mètres de large et trois mètres de profondeur puis, ultérieurement, de 130×4 m ; l'extraction commencée en 1968 s'est effectuée par lots concédés à d'importantes entreprises de dragage ; c'est au total près de 7 000 000 tonnes qui seront extraites en 1988, à l'achèvement des travaux, entre La Mulatière et le pont Poincaré.

A partir de 1978, le dragage du canal de Miribel a été entrepris ; son approfondissement est compatible avec les projets de la C.N.R. qui envisage une mise au gabarit de navigation. C'est également le cas du Rhône à l'amont du pont de Jons où la réalisation d'un piège à gravier doit bloquer les apports grossiers en provenance de la rivière d'Ain.

Enfin, la position officielle a évolué en faveur d'un dragage systématique dans le secteur de La Feyssine entre les PK8 et 10 sous réserve que le maintien d'un seuil naturel soutienne les niveaux dans le canal de Jonage et le Vieux Rhône pour ne pas perturber l'alimentation phréatique des captages de la Courly. Ces travaux, compatibles avec le projet de la C.N.R. d'édifier un barrage à Saint-Clair, permettront en revanche d'abaisser la nappe aquifère sous Villeurbanne, d'abaisser les niveaux de crue et le fond du canal de Miribel par une sorte de soutirage régressif de ses alluvions de fond[56].

En somme la question des dragages est très bien maîtrisée sur le Rhône lyonnais dans la mesure où l'intérêt économique se conjugue harmonieusement avec les grands objectifs poursuivis par les services qui ont en charge l'aménagement de l'agglomération. On ne saurait omettre le creusement progressif du plan d'eau de Miribel-

55. Lettre du 20 juin 1936, arch. S.N.R.S.
56. Winghart, Chabert, 1962.

Jonage qui assure la fourniture de granulat tout en contribuant à écrêter et étaler les crues ; ce seul gisement représenterait à lui seul quarante millions de tonnes, exploitable à proximité immédiate du centre de consommation. Le lac ainsi réalisé, calé à la cote 174,50 NGF, aura une superficie de mille deux cents hectares environ ; ce centre de loisirs, très apprécié des Lyonnais, est géré par le S.Y.M.A.L.Y.M. (Syndicat mixte pour l'aménagement du parc de loisirs de Miribel-Jonage) mais on ne saurait affirmer que l'état actuel des lieux soit particulièrement esthétique.

A l'amont de l'agglomération lyonnaise, les extractions de matériaux ne visent en revanche qu'à satisfaire les besoins locaux.

Les extractions entre Sault-Brénaz et Genève

A l'aval du barrage de Génissiat, on compte cinq sites de prélèvement récent ou actuel :

— Sur la commune de Brangues, une petite extraction de sable et gravier fin à l'amont du pont de Groslée (30 000 tonnes par an accordées).

— Sur la commune de Brégnier, à l'aval du pont de Cordon, une entreprise iséroise a extrait environ 40 000 tonnes par an depuis une dizaine d'années ; fait exceptionnel, l'autorisation officielle ne précise plus le contingent accordé. De ce fait, les volumes prélevés étaient en accroissement sensible dans le tronçon court-circuité en 1984 par la mise en eau de l'aménagement C.N.R. de Brégnier.

— Sur la commune de Yenne, dans le défilé de Pierre-Châtel, 30 000 tonnes par an ont été accordées jusqu'à l'achèvement des ouvrages C.N.R. de Belley.

— Sur Culoz, une entreprise de préfabrication aurait extrait environ 20 000 tonnes par an à l'aval du viaduc de chemin de fer mais le tonnage réel serait très supérieur, sans doute supérieur à 100 000 tonnes certaines années selon la C.N.R. Le maintien de l'emploi local a justifié la poursuite de l'extraction après la mise en service des aménagements hydroélectriques de Chautagne et Belley.

— Une autorisation temporaire a enfin été accordée à l'aval de Seyssel sur un banc de la rive droite.

Ces extractions à la dragline, ponctuelles et destinées à un marché proche et modeste, ne sont en rien comparables aux prélèvements massifs effectués à l'amont de la retenue de Génissiat. C'est au moins cinq millions de tonnes qui ont été livrées par ce tronçon du Haut-Rhône car les besoins régionaux sont considérables : construction du C.E.R.N., de l'autoroute A.42...

Le site le plus important est celui de l'Etournel en tête de la retenue de Génissiat. En 1970, la C.N.R. autorisa deux entreprises à extraire le gravier sur les berges et dans le lit du Rhône :

— La première entreprise obtenait concession d'un lot de 23,5 hectares ; en 1973, une autorisation délivrait le droit d'extraire 1 800 000 tonnes en cinq ans ; elle était renouvelée pour quatre ans en 1979 (800 000 tonnes).

— La deuxième entreprise, dotée d'une concession de 33,8 hectares, était autorisée à extraire 600 000 tonnes de 1973 à 1979, puis le même volume les quatre années suivantes.

Sur le Rhône franco-suisse, à Challex, une société a pu accroître ses prélèvements de 20 000 tonnes par an (1974-1978) à 120 000 tonnes par an (1979-1983) en travaillant depuis la rive française. On n'a pu avoir connaissance du tonnage prélevé sur le Rhône et l'Arve suisses mais il est clair qu'il excède de manière considérable les apports en provenance de l'amont. Ce véritable curage du Rhône à l'amont de Génissiat s'explique partiellement par la faiblesse de la taxe imposée aux extracteurs en rivière ; avant son relèvement récent, elle était huit fois inférieure à celle qui est imposée en site terrestre. Les excès qui semblent avoir été commis sur ce tronçon sensible ont eu de sérieuses répercussions d'ordre géomorphologique et hydrologique.

Ce déséquilibre entre les apports et les extractions est d'autant plus flagrant que les prélèvements sont très excessifs sur le cours français de l'Arve dans la région d'Annemasse. Pour satisfaire les besoins d'une agglomération en rapide croissance, de nombreux riverains ont pratiqué une extraction en rivière anarchique et conduit l'administration à mettre en place une réglementation. Un arrêté préfectoral de 1963 a imposé une autorisation préalable pour tout prélèvement et, de ce fait, quasiment réservé la ressource à la satisfaction des besoins de la collectivité ; des quantités considérables ont été extraites pour l'établissement des chaussées des autoroutes Genève-Chamonix (1971) et Annemasse-Lyon (1980). La demande régionale s'est ressenti de la crise du bâtiment et des travaux publics mais l'extraction en rivière n'en persiste pas moins sur la commune de Gaillard à l'amont de la frontière franco-suisse[57].

L'insertion contemporaine de nouveaux usages dans l'axe fluvial rhodanien a posé, dès leur mise en œuvre, la question de leur compatibilité avec les usages de l'eau préexistants.

— Le prélèvement de l'eau potable destiné à la satisfaction des besoins croissants de l'agglomération lyonnaise n'a rencontré aucune difficulté particulière car, depuis 1853, il se localise dans la nappe phréatique des berges du fleuve entre Caluire et Crépieux. Cependant, le développement des captages dans le secteur de Charmy-Crépieux à partir de 1957, leur concentration spatiale à l'amont de l'agglomération progressivement opérée par les services de la Courly, ont fait de leur sécurité une priorité absolue.

Or, cette même année 1957, les Ponts et Chaussées prenaient conscience de la gravité des risques d'inondation que couraient les quartiers de l'agglomération lyonnaise situés dans le lit majeur. Cette même zone aval des îles de Miribel-Jonage, déséquilibrée par les travaux achevés un siècle auparavant, enregistrait une évolution anormale qu'il convenait de corriger sans tarder. La grande affaire fut donc, dans les années 1960, d'inventer un aménagement complexe susceptible de ménager et l'alimentation en eau potable et la

57. Extraction du Grand-Camp : étude d'impact réalisée par les dragages Rhône-Saône par le C.E.T.E., 1982.

285

sécurité des riverains. Le plan mis en œuvre depuis plus de quinze ans se manifeste de la manière la plus concrète par l'extraction massive des granulats dans le lit mineur et le lit majeur du fleuve ; la satisfaction d'une demande impérieuse en matériaux de construction produits à un coût économique se conjugue fort bien avec la réalisation d'objectifs d'intérêt général : l'abaissement des niveaux de crue dans l'agglomération, la préparation de la mise au gabarit de navigation du Rhône et du canal de Miribel par la C.N.R., la satisfaction de la demande en loisirs et même une amélioration de la productivité des captages.

— La question d'une bonne compatibilité des usages de l'eau est aujourd'hui celle du risque, mineur mais réel, que fait peser la présence de la production énergétique nucléaire le long du fleuve à l'amont de la zone de captage lyonnaise ; les décideurs ont tenu compte, en mettant en service la première tranche de Bugey dès 1972, de la présence future de l'escalier hydraulique que projetait la Compagnie nationale du Rhône, mais les captages de Crépieux sont vulnérables à tout risque de pollution. C'est donc une question en suspens et les aménageurs prévoient depuis quelques années un partage de l'espace entre ces deux usages.

— Sur le cours amont du Haut-Rhône, il a paru rationnel de jouer d'une complémentarité spatiale entre la production énergétique d'origine hydraulique et l'extraction des matériaux de construction ; dans une région genevoise, au sens large, relativement mal dotée en granulat, la ressource fluviale semble s'imposer d'autant que le colmatage de la partie amont des retenues suisses et françaises pouvait être ainsi atténué sur ce tronçon caractérisé par un fort charriage. Comme les chasseurs ont trouvé leur compte dans la multiplication des plans d'eau et vasières, le partage de l'espace s'est opéré sans conflit majeur mais avec une aisance qui a sans doute masqué l'émergence d'effets indésirables sur l'environnement.

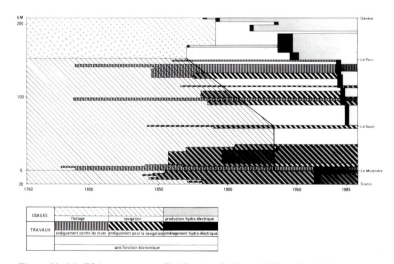

Figure 90. Modèle espace-temps d'utilisation du Haut-Rhône, de 1760 à nos jours.

Conclusion

Comment parvenir à une vision synthétique des projets et des réalisations depuis 1760, date du projet le plus ancien qu'il soit possible de prendre en compte ? On a choisi de construire un graphique espace-temps sur lequel on a porté la totalité de l'information disponible.

— En abscisse, les usages principaux du fleuve — flottage, navigation, hydroélectricité — sont reportés à leur époque ou à la date exacte de la réalisation.

— En ordonnée, on a figuré l'axe fluvial en considérant la distance kilométrique par rapport au km 0 de La Mulatière, essentiellement vers l'amont jusqu'à Genève, accessoirement et à titre de comparaison vers l'aval jusqu'à Givors.

De 1760 à 1840, le flottage et la navigation fluviale se sont contentés, sinon satisfaits, des conditions naturelles puisque aucun aménagement n'a été réalisé pour les corriger. L'endiguement contre les crues ne gêne en rien la navigation (superposition des trames).

Les années 1840 sont une époque-charnière dans la mesure où le Service de la navigation, nouvellement organisé, ne reprend pas les idées d'aménagement à l'amont du Parc mais entreprend, de manière progressive, la correction du fleuve dans les plaines de tressage ; le graphique confirme le fait que l'œuvre reste partielle puisqu'elle ne concerne que les tronçons les plus difficiles du Haut-Rhône (hachures obliques) et cesse aux environs de 1900.

Le flottage et la navigation sont deux usages complémentaires de la voie fluviale mais cessent à des dates différentes sur cet axe. Le flottage est arrêté par la construction du barrage de Bellegarde puis par les barrages suisses ; en revanche, la navigation se maintient plus tardivement, en particulier à l'aval du Sault, car la politique des Ponts et Chaussées fut d'empêcher tout conflit d'usage au profit de la voie d'eau. La réalisation précoce de l'aménagement à dérivation de Jonage-Cusset manifeste cette compatibilité des usages dès la fin du XIXe siècle.

L'aménagement du Haut-Rhône par la Compagnie nationale du Rhône s'est réalisé sur un fleuve abandonné par la navigation ; les intérêts éventuels de la voie d'eau sont préservés, mais le fleuve est voué à la production hydroélectrique. Cet état de semi-abandon du fleuve entre le Parc et la banlieue lyonnaise a permis la restauration d'un paysage non pas naturel mais sauvage durant plus d'un demi-siècle (en blanc sur la figure) ; certains secteurs sont même exempts de toute intervention de génie civil entre les Basses-Terres et le confluent de l'Ain. Cette situation explique partiellement l'intérêt écologique du fleuve et les conflits qui se développent depuis quelques années sur un cours d'eau temporairement abandonné par la société technicienne.

La figure propose ainsi une sorte de modèle espace-temps des usages principaux d'un fleuve péri-alpin et permet une éventuelle comparaison avec d'autres fleuves semblables comme le Rhin et le Danube ou d'autres cours d'eau français de plaine ; dans d'autres cas, il serait nécessaire de prendre également en considération d'autres usages tels que l'irrigation.

*L'appareil permettant aux bateaux de plaisance de franchir l'ouvrage C.N.R.
de Brens-Belley.*

TROISIEME PARTIE

Les changements contemporains de l'environnement fluvial

Le défilé de Saint-Alban et la centrale nucléaire de Creys-Malville.

Dans cette partie, on a fait le choix de dissocier l'étude des aménagements de celle des changements car les seconds ne sont pas toujours la conséquence directe des premiers, en d'autres termes, les changements enregistrés ne sont pas toujours des impacts ; c'est que les liens de causalité peuvent se révéler d'une certaine complexité.

On procédera donc à l'analyse thématique des changements d'ordre géomorphologique, hydrologique, puis biologique ; ces études, conçues de manière volontairement autonome, permettront néanmoins d'esquisser une recherche de facteurs explicatifs. Ces différents points seront synthétisés dans un chapitre consacré à la notion d'impact d'aménagement dans le milieu fluvial.

I.
Les impacts sur
la géomorphologie fluviale

Aspects méthodologiques

La notion d'impact géomorphologique est fort complexe car la compréhension des processus engagés suppose qu'il soit possible de distinguer les caractères de la dynamique naturelle — qui, par essence, est changement constant — de ceux dont l'homme est l'auteur sur le fleuve. La question est d'autant plus délicate que la stabilité et l'instabilité géomorphologique sont des concepts applicables à des milieux parfaitements naturels. En d'autres termes, il est possible qu'un cours d'eau change de modèle sous l'effet du libre jeu des paramètres de charge et de débit. Il serait alors erroné d'interpréter ce changement — coïncidant avec une période de travaux — comme l'impact des interventions humaines. Reprenons l'exemple du cours du Rhône en aval du confluent de l'Ain ; s'il s'agissait d'un tronçon à méandres classiques sujets à des recoupements de pédoncule, on serait en présence d'un milieu stable sur le plan géomorphologique. Le jeu des paramètres internes tendant naturellement à reconstituer les sinuosités, on pourrait prétendre que les digues établies de manière quasiment rectiligne à la fin du XIXe siècle constituent un impact perturbateur de l'équilibre morphologique. En fait, l'analyse des rapports entre la pente de la vallée et la sinuosité du chenal actif a montré que le modèle tressé est le modèle de base et que l'accentuation des sinuosités doit beaucoup probablement au jeu d'un facteur naturel externe. S'il y a instabilité du modèle à l'échelle séculaire, l'homme n'en est pas responsable et l'on peut même proposer, à titre de paradoxe, qu'il a conforté par hasard la stabilité du chenal principal en l'endiguant.

Sur le Haut-Rhône, la question est malheureusement simplifiée par le caractère radical de l'œuvre humaine. A l'observateur non averti des réalités passées, le Rhône ressemblerait à n'importe quel fleuve de plaine océanique n'était la violence de ses eaux ; corseté de digues plus ou moins discrètes, il présente sur la presque totalité de son parcours un chenal unique, calibré et sans aucune fantaisie.

Présenté de la sorte, le problème semble résolu : en un siècle, le paysage du fleuve tressé a évolué par simplification et l'observation diachronique de documents graphiques permet de suivre l'évolution. Pourtant la réalité du changement n'est pas seulement spatiale ; la dynamique fluviale est la résultante d'un complexe de facteurs et il est indéniable que les interventions de l'aménageur modifient substantiellement tout ou partie des paramètres. Progressivement, le cours d'eau « répond » à ces contraintes nouvelles et s'adapte aux mutations qu'on lui a imposées ; plusieurs années, voire plusieurs décennies après les travaux, les riverains, les ingénieurs enregistrent le changement. Il y a décalage dans le temps de l'impact sur l'environnement, auquel convient le qualificatif d'« induit » : l'exemple classique est le basculement du canal de Miribel apparu vingt-cinq ans après le début des travaux.

Le point commun à ces deux types d'impact, qu'ils soient directs ou induits, est que les liens de causalité sont en général clairement établis. Les travaux de génie civil ont fait l'objet d'études topographiques précises et l'on peut mesurer le changement avec une relative précision, qu'il concerne le dessin en plan ou les profils. Des séries de documents permettent une approche diachronique et une évaluation de la vitesse des processus, de leur apparition et de leur amortissement.

Malgré l'abondance et la qualité des documents disponibles depuis le début du siècle dernier, cette méthode a des limites, car elle est tributaire de l'écrit. Il arrive que les données soient fragmentaires, peu adéquates au propos... lorsqu'elles ont été archivées ; certaines dérives de l'environnement géomorphologique échappent ainsi à l'investigation. Or, il advient que l'analyse géomorphologique, par des méthodes appropriées, mette en évidence la réalité de mutations contemporaines ; ainsi, l'étude détaillée des formes et de la dynamique des îles de Brégnier dans l'ancien « passage du Chaffard » révèle un changement de nature de la sédimentation dans la plaine alluviale. La démarche est donc inverse de la précédente puisque l'observation de terrain précède la recherche de liens de causalité passés.

Le choix a été fait de mettre l'accent sur certains types de mutations géomorphologiques : dessin en plan des chenaux, renouvellement des formes fluviales affectées par l'évolution de la dynamique, perturbations apportées au profil en long...

Quelques secteurs ont été retenus à titre d'exemples démonstratifs. Ce sont la Chautagne, les îles de Miribel, les îles de Brégnier-Cordon et l'Etournel à l'amont de Fort-de-l'Ecluse. Ces sections sont les plus représentatives des modèles fluviaux anciens, étendus et diversifiés ; considérées autrefois comme les plus hostiles, elles ont suscité les travaux de correction les plus précoces et autorisent donc un suivi significatif des caractéristiques géomorphologiques.

Il eût certes été possible de présenter la totalité des secteurs concernés par les travaux d'aménagement car l'information a été collectée sur l'ensemble du Haut-Rhône. L'exercice eût été fastidieux car certaines sections ont fait l'objet d'investissements légers et ont subi des dérives limitées ; on a donc jugé préférable d'envisager ces questions sous l'angle méthodologique en sélectionnant quelques faits particulièrement clairs.

Nous étudierons d'abord le cas du canal de Miribel pour lequel les observations ont l'avantage de la durée (1848-1984) et pour lequel les causes du changement sont relativement simples. Des phénomènes analogues sont perceptibles, de manière plus discontinue, à l'amont de la retenue de Génissiat et de Seyssel aux Basses-Terres ; la multiplicité des interventions (digues de protection et de navigation, extractions de granulat, barrages) rend l'explication plus délicate.

Nous envisagerons ensuite la chenalisation du Rhône responsable d'une diminution du renouvellement des formes fluviales.

Nous terminerons par une esquisse des modifications subies par la charge fluviale fine en utilisant des méthodes rétrospectives.

1. L'évolution du profil en long

Le Rhône est un exemple de cours d'eau en équilibre dynamique dans la mesure où une alimentation continue en charge de fond, provenant de l'amont, remplace le débit solide évacué à l'aval[1].

Les perturbations apportées à l'écoulement des eaux, les modifications imposées à la charge fluviale, les extractions de matériaux en rivière ont plus sûrement modifié les cours d'eau que des siècles d'évolution naturelle. Le Rhône offre l'exemple du canal de Miribel qui, sans être aussi spectaculaire que celui du Rhin à l'aval de Bâle, n'en est pas moins classique. Ce basculement est la première manifestation d'un déséquilibre sur le Rhône amont ; depuis quelques décennies, d'autres tronçons connaissent à leur tour une évolution accélérée de leur profil en long.

a. LE BASCULEMENT DU CANAL DE MIRIBEL

Le canal de Miribel fut creusé de 1848 à 1858 pour assurer un chenal de navigation stable et profond dans un secteur de tressage fluvial difficile. Le phénomène de basculement fut observé pour la première fois en 1872 soit une quinzaine d'années après l'achèvement des travaux du canal[2].

Les faits

Lors de la construction du canal, il avait été nécessaire de lui assurer un débit minimum soustrait au lit mineur du Vieux Rhône et

1. Savey, 1982.
2. Les observations effectuées par le Service de la navigation ont fait l'objet d'au moins deux publications : par Moussa (1946) puis par J. Winghart et J. Chabert (1965).

aux bras annexes ; de manière empirique un barrage et une digue divisoire avaient été établis en face du village de Thil (BK 22-23) où commençait cet aménagement long d'environ treize kilomètres et large d'une centaine de mètres. A partir de 1872, les premières protestations émanaient des communes situées en rive droite et à l'aval ; les terres agricoles de Miribel et Neyron étaient en effet inondées à l'occasion des crues, le chemin de halage était régulièrement submergé entre les BK 13 et 16. Peu après, la digue de rive gauche céda sur Neyron au kilomètre 13 si bien que le canal déversait une partie du flot qui faisait retour au Vieux Rhône de manière prématurée ; par une brèche large de soixante mètres, l'eau basculait sur une hauteur de deux mètres cinquante.

La rive gauche fut également touchée par une sensible aggravation des crues. Le village de Vaulx-en-Velin fut inondé à trois reprises en novembre 1874, janvier 1875 et surtout le 7 août de la même année. Alors que, les deux premières fois, la crue avait atteint le niveau de 1856, noyant les rues sous cinquante centimètres d'eau, la crue d'août 1875 dépassa cette cote record de trente centimètres ; le fait était d'autant plus surprenant qu'à cette occasion la cote au pont Morand dans Lyon resta à 1,52 mètre en contrebas de celle de 1856. Il semblait donc que la partie aval des îles de Miribel devenait plus sensible que les années antérieures à des crues de fréquence comparable. Dans le même temps, on mit en évidence un phénomène inverse dans le secteur d'entonnement du canal. Alors que le barrage de Thil avait été établi à 0,14 mètre au-dessus des basses eaux de façon à les dériver entièrement dans le nouveau canal, le radier était perché à 1,59 mètre au-dessus des eaux d'étiage en 1877. La partie amont du canal s'était donc enfoncée, fait confirmé par l'analyse de la ligne d'eau le même jour : au pont Morand, elle se tenait à trente-neuf centimètres au-dessus du niveau d'étiage exceptionnel du 4 janvier 1872, mais à Thil, elle était inférieure de soixante-dix centimètres.

Cette érosion avait d'autres conséquences induites sur les milieux aquatiques annexes :

— Le moulin à blé établi au confluent de la Sereine et du Rhône, sur la commune de Saint-Maurice-de-Beynost, vint à manquer d'eau. La roue tournait depuis 1861, sous un débit de 1,5 m³/s dans le bras du Rhône recoupé par le canal et dérivé au PK 19. Une lame de quatre-vingt-dix centimètres faisait marcher les quatre « tournants » du moulin. Très vite, ce niveau utile se fit moins fréquent car le meunier l'obtenait pour des niveaux de hauteur croissante à l'échelle de Miribel. En 1874, le moulin fonctionnait un jour sur deux ou trois et il fallut adjoindre une machine à vapeur ; vers 1885, on tombait à trente jours de travail plein. Dix ans plus tard, la prise d'eau du moulin se trouvait à un mètre quarante en contre-haut de l'étiage du canal et cessait de servir.

— L'encaissement du Rhône à l'amont de Thil eut également pour effet indirect de drainer la lône de la Chaume dont la largeur aux eaux ordinaires atteignait une centaine de mètres. De 1900 à 1902, un barrage illicite, construit par le propriétaire des lieux, maintint le niveau car la pêche et la chasse étaient affermées à des Lyonnais.

L'interprétation de H. Girardon

H. Girardon, alors ingénieur ordinaire au Service de la navigation, proposa la première interprétation du basculement du canal de Miribel[3]. Le barrage de Thil avait reporté la quasi-totalité des eaux dans l'encaissement endigué du nouveau lit mineur. La vitesse du courant avait augmenté et provoqué un creusement du lit, donc un abaissement du plan d'eau dans la section amont. Corrélativement, ce mécanisme avait déclenché un processus d'érosion régressive et créé à la navigation des difficultés nouvelles entre l'île du Méant et Niévroz. Les alluvions se déposaient à l'aval de Miribel à cause de pertes de charge successives dans la traversée de Lyon où des seuils de fond et des enrochements autour des piles de pont ralentissaient la vitesse du courant. Très vite, les anciens bras furent colmatés par les apports solides : « Dans l'intervalle des crues, les broussailles croissent dans le lit des lônes créant un humus qui, avec la vase, facilite le développement de la végétation ; peu à peu, les lônes se comblent, par suite, les îles sont submergées plus tôt et plus souvent, le même effet se produit sur celles-ci ; il se forme alors un immense barrage végétal qui gêne l'écoulement des eaux et les rejette dans le bras principal[4]. » Cet exhaussement général de la partie aval des brotteaux expliquait l'aggravation des crues enregistrées à Vaulx-en-Velin.

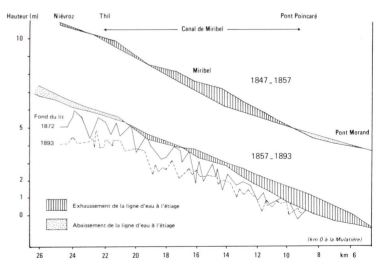

Figure 91. Le "basculement" du canal de Miribel.

La figure 91 établie à partir des données du Service de la navigation précise les étapes initiales du basculement :

— A l'achèvement des travaux, en 1857, l'endiguement révélait son efficacité par une élévation sensible de la ligne d'eau d'étiage et donc

3. *Winghart et Chabert, 1965.*
4. *S.N.R.S. 1331. Inondations Ain.*

une amélioration des conditions de navigabilité ; ce relèvement atteignait près de un mètre à Neyron.

— La comparaison des lignes d'eau à l'étiage montre la réalité du basculement survenu entre 1857 et 1893 ; le point d'inflexion se situe aux alentours de la BK 20, mais le débit de 1893, sans doute plus élevé que celui de 1857, masquait partiellement la réalité. En effet, la comparaison des profils du lit en 1872 et en 1893 situe le point d'inflexion du basculement vers la BK 16 au niveau de Miribel. Ce « point neutre » est situé au PK 16,500[5].

Tentatives de correction et poursuite du basculement

La compréhension rapide du phénomène de basculement orienta les tentatives de correction. On combina la défense de Vaulx-en-Velin et le traitement des causes du basculement :

— Comme il était nécessaire de tenir pour irréversible l'aggravation des inondations sur le territoire de Vaulx-en-Velin, les Ponts et Chaussées admirent la protection du village. Une digue en terre fut élevée de 1879 à 1882, enveloppant la zone habitée depuis le chemin de Décines jusqu'aux Marais. Cette protection donna satisfaction jusqu'aux grandes crues de 1928 et 1944 qui endommagèrent plusieurs secteurs de l'ouvrage.

Le mode de protection adopté, qui excluait les communaux et les terres agricoles, confirme le refus d'une digue latérale insubmersible qui aurait eu pour effet de rétrécir le champ d'inondation et de « précipiter la marche des crues sur Lyon ».

— La concentration des eaux dans le canal menaçant d'accentuer le processus de basculement, on fut conduit à araser de un mètre quarante-cinq le barrage de Thil pour restituer au Vieux Rhône les eaux qu'il avait perdues. C'est l'origine de la « Brèche de Thil » au PK 22,500. En revanche, la « Brèche de Neyron » au PK 13,500 n'est pas due à l'intervention des Ponts et Chaussées et, au contraire de la précédente, aggravait sans doute l'alluvionnement plus à l'aval. En 1878, on surélevait le chemin de halage et en 1882, il fallait prolonger la digue de rive gauche du PK 9,0 au PK 8,2 car un haut-fond était en formation au confluent du Vieux Rhône et du canal ; le courant avait tendance à se fixer en rive gauche, à corroder les îles du Grand-Camp et à provoquer l'échouage des bateaux. C'est le secteur qualifié de « cône de déjection du Grand-Camp ».

— On crut avoir trouvé la solution définitive avec la mise en service du canal de Jonage en 1899, car le canal d'amenée, en prise directe sur le Rhône, dériva dès lors la quasi-totalité du débit jusqu'à concurrence d'environ 500 m³/s en aval de la BK 27.

En fait, comme cela avait été le cas pour le Vieux Rhône, le canal de Jonage enregistra une baisse progressive du débit turbiné au profit du canal de Miribel. Il devint nécessaire de barrer celui-ci à Jons pour assurer de manière définitive un débit suffisant à l'usine hydroélectrique de Cusset ; les travaux du barrage de garde furent réalisés entre 1933 et 1937. Une étude effectuée par les Ponts et

5. *Winghart et Chabert, 1965.*

298

Chaussées a fait le point sur l'évolution contemporaine du basculement : le creusement est confirmé jusqu'en 1952, mais il ne semble pas y avoir eu d'évolution entre 1952 et 1963. « Il semble que le canal ait atteint à peu près définitivement son nouveau profil d'équilibre vers les années 1930. » Dans les années 1950, la brèche de Thil, restaurée au siècle dernier, ne fonctionnait plus que lors des fortes crues de type 1944 et 1957. Globalement, l'approfondissement réalisé en un siècle atteint quatre mètres aux BK 22,3 et 24,5 et le remblaiement aval crée quant à lui une surélévation du fond du lit de 5,5 mètres aux BK 11,0 et 9,5.

L'étude révèle également un phénomène curieux et inexpliqué ; alors que la morphologie des fonds semblait stabilisée comme si un équilibre était réalisé, le niveau atteint par les crues continuait à s'exhausser à l'aval de Miribel. La crue de 1957 (3 750 m³/s) dépassait de quelques centimètres les cotes atteintes par les crues de 1928 et 1944 (5 000 m³/s). La crue de 1961 (2 500 m³/s) confirmait cette anomalie et permettait d'enregistrer une nouvelle aggravation.

— A l'époque présente, il est très probable que le canal est le siège d'un transit de matériaux notable mais non chiffré. Les services d'E.D.F. font régulièrement draguer l'entrée du canal de Jonage et rejeter les matériaux en tête du barrage de Jons de telle manière que, vannes ouvertes lors des crues, le canal de Miribel reçoive une charge de fond ; il serait important de connaître le bilan de ce transfert, car les forts débits de crue passant par le canal de Miribel ont une action érosive sur les fonds. L'instabilité des galets se traduit par une instabilité faunistique[6] ; les biologistes enregistrent la présence d'organismes fouisseurs dans les sédiments de faible cohésion alors que la mobilité des galets gêne le développement d'organismes fixés. En utilisant un modèle mathématique, il a été démontré que le seuil d'instabilité hydraulique est de 300 m³/s, c'est-à-dire que toute crue de cette ampleur détruit l'ensemble des macrophytes* et du périphyton* développés sur leurs supports sur toute la largeur du canal ; ce débit correspond à une crue voisine de 900 m³/s sur le Rhône à l'amont du barrage de Jons. Le modèle utilisé permet d'évaluer à huit à neuf mètres la largeur de la bande instable pour un débit de 30 m³/s qui est le débit réservé. Cette instabilité se traduit à l'aval par des apports grossiers notables ; on en veut pour preuve la construction des bancs de galets dans le bief de réalimentation des captages de Saint-Clair à l'amont du pont Poincaré. « Toutes les tentatives effectuées au début de ce siècle de dragage de la partie aval exhaussée ont été absolument inefficaces, le dépôt de gravier se reformant derrière la drague, même en basses eaux (l'une de ces dragues faillit même rester prisonnière des alluvions et dut s'y tailler un chenal d'évacuation[7]. »

Le C.E.T.E. a récemment évalué les apports à 13 000 m³/t par an mais admet que la valeur vraie est probablement inférieure. Le calcul a été fait en soustrayant le volume de la souille d'extraction du Grand-Camp du volume théoriquement extrait en vingt ans ; la différence représenterait l'apport solide dans ce piège artificiel durant

6. *Darchis, 1979.*
7. *Winghart et Chabert, 1965.*

ce laps de temps. Cette valeur est à rapprocher de celle qui a été calculée en utilisant la méthode de l'entraînement des galets à l'aide de traceurs radioactifs sur le Rhône naturel à l'emplacement de la future retenue de Pierre-Bénite. Le débit solide annuel aurait avoisiné les 17 500 mètres cubes[8]. Indiquons, à titre de comparaison, que, selon les évaluations de la Compagnie nationale du Rhône, le fleuve transporterait une charge de fond voisine de 20 à 25 000 mètres cubes/an à Chanaz et au pont de Cordon.

Interprétation générale :

Les Ponts et Chaussées, depuis H. Girardon, ont confirmé les raisons du basculement, à savoir :

— L'augmentation de pente provenant du recoupement des chenaux sinueux ;

— L'approfondissement du lit nouveau causé par le rétrécissement en largeur.

Reprenons, à ce propos, la méthode appliquée à l'analyse du modèle tressé original. Le graphique 26A révélait l'existence d'un seuil de pente de la vallée voisin de 0,75‰ au-dessus duquel le modèle géomorphologique manifestait l'instabilité du cours d'eau par la tendance au développement de sinuosités. Le graphique 26B, réalisé suivant le même principe, pointe les valeurs de la pente et de la sinuosité imposées au canal et au Rhône endigué à l'amont de Thil dans les années 1870-1890. Curieusement, le taux de sinuosité artificiel reste dans une fourchette 1 à 1,2, la totalité des points sauf un étant d'ailleurs dans la fourchette 1 à 1,12. Cela signifie que pour les valeurs de pente de la vallée supérieures à 0,75‰, les ingénieurs ont figé les conditions de l'instabilité géomorphologique ; le cours d'eau, ne pouvant plus développer sa sinuosité, a dissipé son énergie nette en creusant son lit ; l'équilibre se rétablissait vers l'aval par le prélèvement progressif d'une charge de fond. A partir de Crépieux, l'étalement des eaux, accentué par l'ouverture de la brèche de Neyron, diminuait brusquement la compétence et créait les conditions du dépôt.

Le ralentissement, voire l'arrêt du processus d'incision dans le tronçon amont est un phénomène intéressant à plusieurs titres, car il met en jeu des processus complémentaires.

La fig. 92 représente en ordonnée l'ampleur du creusement en un site donné, la BK 24, à deux kilomètres environ à l'aval du barrage de Jons ; de 1857 à 1963, se confirme la tendance au ralentissement, puisque les deux premiers mètres sont creusés en moins de quarante ans, les deux mètres suivants en soixante ans avant que la courbe ne devienne asymptotique. Il serait tentant d'admettre que le profil en long du canal a atteint dans les années 1960 un nouvel état de stabilité, mais rien ne le démontre[9].

Cette hypothèse est partielle car il convient de prendre en compte l'impact du barrage de Jons (1937) ; celui-ci a produit des effets antagonistes :

Figure 92. L'incision du canal de Miribel à l'amont de Thil.

8. Ramette, Heuzel, 1962.
9. Williams, Wolman, 1983.

— Il a bloqué une partie de la charge de fond si bien qu'on peut légitimement supposer qu'il a exagéré la tendance à l'incision à l'aval de son implantation ; ce processus classique est lié à une reprise de charge sur le fond du lit.

— En revanche, le barrage a modifié les conditions hydrodynamiques de l'incision en dérivant un maximum de 650 m³/s vers l'usine de Cusset. Le barrage diminue d'autant les pics de crue et réduit la durée des débits d'entraînement de la charge de fond. Cet impact hydrologique est lui-même renforcé par le pavage du fond, provoqué par l'entraînement sélectif des galets les plus petits.

On conçoit donc que l'état d'équilibre est la résultante d'un faisceau de facteurs dans un secteur où se superposent l'impact d'un endiguement et d'un barrage à dérivation.

Les Ponts et Chaussées ont enfin montré que le Rhône s'est nettement approfondi à la traversée de Lyon par le resserrement de son lit. La construction de l'axe nord-sud en 1958 et des « bas-ports » de rive gauche, l'« ablation » des ponts Vaïsse et de La Guillotière, dont les piles formaient barrage, ont eu « une influence peut-être prépondérante sur le départ en masse des bancs alluviaux[10] ».

Un phénomène de basculement des profils en long s'est également manifesté à la traversée de Lyon, entre le viaduc de chemin de fer à Saint-Clair et le pont Pasteur, sur une distance de sept kilomètres. De 1955 à 1959, on a assisté à un creusement amont et à un remblaiement des mouilles à l'aval. Cette évolution rapide a conduit à établir un seuil transversal en enrochements pour protéger les piles du pont Poincaré et du viaduc S.N.C.F. à l'amont du palais de la Foire.

Depuis 1968, cette question a cependant perdu de son intérêt puisque la mise en service du barrage de Pierre-Bénite fait remonter le remous jusqu'au niveau du pont W.-Churchill ; à terme, les dragages remonteraient l'étendue de ce bief jusqu'à Saint-Clair où est prévu un barrage équipé d'écluses de navigation.

b. L'ÉVOLUTION DES LIGNES D'EAU DEPUIS 1845 ENTRE GENISSIAT ET LOYETTES

Avant de terminer la construction de l'escalier de barrages du Haut-Rhône, la C.N.R. a cherché à connaître l'évolution du profil en long du tronçon non aménagé. Faute de disposer de données topographiques permettant de suivre l'évolution du lit fluvial, l'étude a porté sur la cote des maxima annuels de débit aux stations de Seyssel, La Balme, Pont-de-Cordon et Sault-Brénaz, sur une période longue de cent trente ans (1845-1975)[11].

L'évolution des maxima met en évidence les tendances de base aux quatre stations et permet sans doute d'extrapoler à l'ensemble de la section fluviale considérée : Seyssel : − 50 centimètres ; La Balme : + 50 centimètres ; Pont-de-Cordon : + 100 centimètres ; Sault-Brénaz ; + 30 centimètres.

10. Winghart et Chabert, 1965.
11. Savey et Pommier, 1976.

De 1845 à 1945, le Rhône aurait creusé son lit du confluent des Usses à Yenne, tandis qu'il l'aurait exhaussé de Yenne à Sault-Brénaz. L'évolution des maxima annuels au pont de Seyssel montre certes un abaissement durant ce laps de temps, mais il n'est pas prouvé que le phénomème soit continu et régulier ; l'allure du graphique dressé par la C.N.R. (fig. 93) suggère plutôt une relative stabilité jusqu'au début du XXᵉ siècle, puis un effondrement à partir des années 1940-1950.

Cette hypothèse semble confirmée par la nécessité qu'a éprouvée la C.N.R. de recaler les courbes QH au limnigraphe de Châteaufort, quelques kilomètres à l'aval de Seyssel. L'enfoncement est voisin de quatre-vingt centimètres entre 1955 et 1979, soit en vingt-quatre ans, ceci évalué pour un débit de 1 000 m³/s. Un graphique mettant en relation l'enfoncement et le temps suggère une vitesse d'enfoncement inégale avec un palier au début des années 1970 (fig. 94).

On assisterait à un « basculement général du lit ». Le Rhône creuserait à l'amont où la pente est supérieure à 1‰ et s'exhausserait à l'aval où les pentes diminuent régulièrement, « l'exhaussement variant en sens inverse de la pente ». Plus en aval, « dans la région de Sault-Brénaz, l'exhaussement ne peut s'expliquer que par un encombrement des berges ou du lit proprement dit par la végétation ou le déversement de détritus, car manifestement, il n'y a, sur tout le secteur du fleuve compris entre Sault-Brénaz et Loyettes, aucune modification appréciable des fonds ».

Cette interprétation du phénomène met l'accent sur l'effet de la pente, ce qui peut soulever des objections :

— En premier lieu, il faut tenir compte des modifications de la géographie des lieux, comme cela est envisagé dans le cas de Sault-Brénaz. L'exemple du pont de Cordon (fig. 95) en est une bonne illustration puisque les digues ont été construites en deux étapes à l'amont (digues insubmersibles dans les années 1860) et à l'aval (digues submersibles dans les années 1880). En bloquant la divagation du chenal, les digues ont restreint l'espace d'accumulation et ont sans doute favorisé l'exhaussement du fond, malgré la vigueur de la pente qui est ici une des plus fortes du Haut-Rhône. La tendance au remblaiement n'aurait dû affecter, de manière aussi sensible, que la partie aval du « cône de déjection » des Basses-Terres dans les environs d'Evieu.

— En second lieu, l'enfoncement de cinquante centimètres enregistré en un siècle à Seyssel est probablement d'une grande complexité. Comment concevoir que le Rhône renverse une tendance millénaire à l'exhaussement sans faire appel à des causes externes ? L'étude de la mise en place des sédiments a montré la tendance au remblaiement de la cuvette de Chautagne et, successivement, des autres bassins de surcreusement glaciaire ; que la progression des alluvions vers l'aval se soit ralentie est possible et que l'exhaussement de la tête du cône ait cessé se conçoit, par l'acquisition d'un profil en équilibre dynamique. En revanche, le renversement de tendance est surprenant car la même cause aurait produit deux effets contraires.

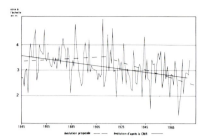

Figure 93. Graphique des maxima annuels de crue au pont de Seyssel.

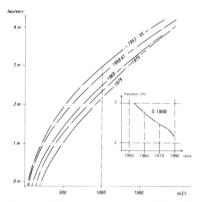

Figure 94. Les courbes hauteur-débit du Rhône à Châteaufort.

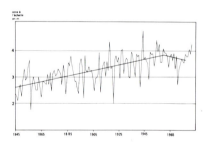

Figure 95. Graphique des maxima annuels de crue au pont de Cordon.

Les ponts de Cordon au début du siècle.

Il est fort possible que la tendance au creusement à l'amont de Yenne soit un impact des travaux d'endiguement réalisés à Seyssel même, au moment des premiers relevés de la ligne d'eau et en Chautagne (digues, pont de la Loi, viaduc de chemin de fer...). De plus, il est rapide d'extrapoler l'observation enregistrée à Seyssel et d'en déduire un enfoncement général jusqu'à Yenne car l'évolution du profil se morcelle en unités de petite dimension :

— Le Rhône a creusé de Motz au pont de la Loi le long des grandes digues longitudinales[12].

— En 1933, le conseil général de l'Ain s'est fait l'écho des plaintes émanant des communes de Rochefort et Massignieu. Le relèvement de deux à quatre mètres du Séran à l'étiage, aggravant les conditions de drainage du marais de Lavours, semblait provoqué par un rétrécissement du lit du Rhône. L'ingénieur des Ponts et Chaussées chargé de la question ne contestait pas l'effet du « tenon de Landard » construit en 1873-1876 en rive gauche ; il admettait un exhaussement de plus d'un mètre en soixante ans aux PK 128 et 129 et admettait un basculement local du lit du Rhône.

Ces exemples, non exhaustifs, montrent que les travaux de génie civil réalisés sur les berges ont multiplié les déséquilibres locaux. La compréhension des processus à petite échelle doit éliminer ou tenir compte de cette source d'erreurs.

Ce basculement de grande ampleur est remis en question à partir de 1955 car les niveaux de crue tendent à s'abaisser sur une partie des stations : Seyssel : − 40 centimètres ; La Balme : − 20 centimètres ; Pont-de-Cordon : − 20 centimètres.

Une étude réalisée en 1979[13] confirme l'abaissement rapide des niveaux du Rhône que le lac suit dans sa descente. Cette érosion est évidemment responsable des difficultés dont d'autres cours d'eau, comme la Loire, sont coutumiers : c'est l'enfoncement de la nappe phréatique en Chautagne amont, l'affouillement du pont de Seyssel et du pied de la voie S.N.C.F. à Châteaufort.

La C.N.R. met en doute l'impact des barrages de Génissiat et de Seyssel qui auraient pu retenir la totalité de la charge de fond en tête de retenue, ce malgré l'importance des débits solides estimés avant la construction (en 1942, la C.N.R. évaluait la charge grossière du Rhône à 60 000 m³ à laquelle les Usses auraient ajouté 20 000 m³.

L'apport en matériaux a également été bloqué par le barrage des gorges du Fier.

En fait, même si elle admet que la courbe dressée depuis 1955 se ressent peut-être de l'étonnante absence de fortes crues de 1960 à 1975, la C.N.R. accuse les extracteurs de granulat qui exercent leur métier dans le lit du Rhône. Ainsi l'exploitant du pont de la Loi extrayait sans doute 50 000 m³ alors que l'autorisation accordée par le Service de la navigation ne portait que sur 15 000 tonnes (environ 7 à 8 000 m³). C'était beaucoup plus que le volume charrié par le fleuve, estimé à 20-25 000 m³ à Chanaz. L'enfoncement enregis-

12. *Bravard, 1981.*
13. *Rapport de M. Pommier :* Evolutions chronologiques comparées des niveaux du lac du Bourget à Aix-les-Bains et du Rhône à l'échelle de Chanaz.

tré au pont de Cordon s'explique également par la présence d'un extracteur deux cents mètres à l'aval.

c. L'EVOLUTION DE LA LIGNE D'EAU
A L'AMONT DE LA RETENUE DE GENISSIAT

Le site de l'Etournel, en contrebas du village de Pougny, fournit une illustration particulièrement nette de l'impact des extractions de granulat. Ces îles boisées et ces bancs d'alluvions grossières recouvertes de vase sont situés à la tête de la retenue de Génissiat dans un secteur soumis à de fortes variations de niveau. L'observation des lieux durant les opérations de vidange permet d'apprécier l'importance de l'accumulation caillouteuse en tête du plan d'eau ; cette évolution a conduit la C.N.R. à autoriser l'extraction des matériaux.

Le cahier des charges autorisait les extracteurs à draguer en rivière à une profondeur de dix mètres. En réalité, il semble que le volume extrait ait été heureusement plus modeste puisque la première entreprise aurait prélevé réellement 243 000 m³ de 1970 à 1979. Les concessions, motivées par l'ampleur des besoins locaux, ont sensiblement excédé les capacités du milieu.

Les trois limnigraphes des Rippes, du pont de Pougny et de « Vers Vaux » ont enregistré une grave modification de la ligne d'eau à partir de 1970. Alors que la C.N.R. n'enregistre qu'un « certain abaissement » de la courbe Q/H de 1970 à 1975 au pont de Pougny et aux Rippes, le phénomène s'accélère depuis cette dernière date ; il atteint soixante centimètres à « Vers Vaux » et au pont de Pougny, vingt centimètres aux Rippes. Il est clair que les prélèvements excessifs en rivière ont créé une érosion régressive ; les dragages ont créé un piège à gravier dans la fosse de l'Etournel. Le processus est appelé à se poursuivre car la pente du fleuve est supérieure à l'amont à ce qu'elle était avant le début du basculement ; l'enjeu est d'autant plus sérieux que les apports amont ont cessé par l'effet de prélèvements excessifs et que l'érosion risque d'aggraver l'instabilité chronique de la rive droite.

La C.N.R. a donc décidé d'arrêter l'extraction et de disposer des épis pour que la fosse n'attire plus de gravier[14].

Le Rhône, cours d'eau en équilibre dynamique, a donc enregistré, jusqu'au début du XIXᵉ siècle, une lente évolution de ses caractéristiques géomorphologiques, seulement perceptible à l'échelle géologique. Les interventions ponctuelles de la civilisation technicienne ont introduit certains déséquilibres en perturbant les modalités du transit de la charge de fond puis en réduisant la charge elle-même.

En premier lieu, les travaux d'endiguement réalisés dans les plaines de tressage dans le dessein d'améliorer les conditions de navigabilité ont provoqué une modification des profils en long du lit :

— Le canal de Miribel (1848-1858) a induit un basculement du profil en long perceptible une quinzaine d'années seulement après son

14. *Rapport C.N.R. in R. Bouteille, 1981.*

achèvement ; le phénomème a duré environ un siècle et s'est soldé par un creusement de quatre mètres à l'amont et par un exhaussement de cinq mètres cinquante à l'aval.

— Les digues insubmersibles de Chautagne, construites à partir de 1780, puis complétées par la suite, ont déclenché de manière analogue une vive incision à l'amont de la plaine. En somme, la concentration des eaux entre des digues insubmersibles quasiment rectilignes accroît la vitesse et déclenche l'incision du lit. L'atténuation du processus le long du canal de Miribel tient sans doute à la réalisation d'un nouveau profil en long mais aussi au fait que depuis 1937 le barrage de Jons, en imposant un débit réservé de 30 m³/s et en dérivant 650 m³/s de manière permanente en hautes eaux, réduit la durée et l'énergie des phases érosives.

— Les conséquences des endiguements submersibles sont beaucoup plus complexes. Retenons simplement l'exemple du passage du Chaffard (1886) à Brégnier-les-Avenières ; ce type d'endiguement analysé dans la partie suivante a facilité l'exhaussement des fonds par perte de compétence lors des débordements.

En second lieu, les interventions ont affecté les alluvions caillouto-sableuses qui constituent le fond du lit et la charge de fond sur la quasi-totalité du cours :

— Les mutations agricoles et le reboisement enregistrés dans le bassin-versant depuis un siècle ont réduit la charge dans une proportion qu'il est, pour l'instant, impossible de préciser davantage.

— L'ouvrage hydroélectrique de Génissiat (1947) a bloqué le transit de la totalité des matériaux grossiers en provenance de l'Arve et de la Valserine et par là-même rendu le profil en long du fleuve d'autant plus sensible à l'aval.

— Enfin, les extractions de granulat en rivière puisent dans une ressource non renouvelée ; par le jeu de l'équilibre dynamique, l'impact de ces prélèvements déborde largement le cadre de leur localisation géographique.

Au total, le tronçon du Rhône situé entre le Parc et les Basses-Terres, a renversé en trois décennies la tendance millénaire à l'exhaussement constant du profil en long. A la fin des années 1970, le Rhône s'abaissait sur la quasi-totalité de son parcours à l'amont de Lyon.

2. La chenalisation du Rhône

On convient de qualifier ainsi la réduction du nombre de chenaux fluviaux sous l'effet des travaux de génie civil. Il va de soi que ce processus concerne les modèles tressés et peut prendre des formes plus ou moins prononcées, le stade ultime étant le chenal unique[15].

Le fleuve a quasiment perdu son modèle tressé à l'exception du seul secteur des Basses-Terres, entre 1840 et 1931 (fig.45).

En 1931, l'originalité des trois grands « passages » de Miribel, du Chaffard et de Chautagne s'était déjà largement estompée, puis-

15. *La méthode d'analyse la plus simple est de comparer les taux de tressage à différentes époques :*
— la situation de référence est l'état avant travaux vers 1840 (fig. 45) ;
— un document intermédiaire d'excellente qualité est l'Atlas aérien de Seyve et Cholley édité en 1931 ; les photographies ont une échelle variable mais proche du 1/10 000ᵉ et ont été prises dans une situation hydrologique d'eaux moyennes (les surfaces correspondant aux plages de gravier sont nettement apparentes).
La comparaison des deux graphiques correspondant aux situations de 1840 et 1931, et la carte topographique au 1/25 000ᵉ révisée en 1971 met en évidence les bouleversements subis par le Rhône.

305

que les taux kilométriques maxima s'étaient abaissés de un tiers environ ; le secteur de Brégnier était le moins perturbé mais la Chautagne et surtout l'ancien tronçon des îles de Miribel enregistraient de forts changements.

En 1983, les îles de Brégnier-les-Avenières font figure d'exception car elles conservent les dernières reliques du paysage naturel. De manière accessoire, signalons également l'intérêt de la section située à l'aval du canal de Miribel entre la brèche de Neyron et les îles du Grand-Camp.

Les sections caractérisées par un faible tressage et, de ce fait, peu perturbées par les travaux d'endiguement réalisés à la fin du XIXe siècle, ont conservé leur paysage jusqu'à une date très récente. Les travaux d'aménagement hydroélectrique ont eu pour effet d'y achever la destruction du modèle tressé ; prenons l'exemple de l'aménagement de Brégnier : la réalisation du canal d'amenée noie la topographie, de Brens à Champagneux, tandis que le débit réservé du canal de fuite tend à se concentrer dans l'ancien chenal principal entre Champagneux et le confluent du Guiers.

Le taux actuel entre le confluent du Fier et Lucey est ramené à 1 ou 2 après aménagement mais il ne serait pas honnête d'imputer à la Compagnie nationale du Rhône la réduction du nombre des chenaux enregistrée depuis 1930 ; l'évolution est continue dans le sens de l'atténuation du tressage ; lorsque les travaux ont commencé, le taux était déjà peu différent.

Une vision par trop générale de la chenalisation a l'inconvénient de masquer la variété des processus géomorphologiques mis en jeu. Lorsque les travaux d'endiguement ont été réalisés, aux siècles passés, la modestie des moyens techniques disponibles obligea les ingénieurs à composer avec le fleuve. Les solutions les plus énergiques ont supprimé des bras du fleuve, comme à l'arrière de la digue de Picollet ou du chemin de fer Culoz-Genève en Chautagne, mais, dans la plupart des cas, les digues n'ont pas interrompu l'écoulement dans les bras annexes du chenal de navigation. Ce n'est donc pas à proprement parler les travaux de génie civil qui modifiaient l'environnement géomorphologique mais la dynamique induite par ces travaux. Il serait intéressant d'observer l'évolution des bras dans trois contextes d'aménagement différents.

a. PREMIER EXEMPLE : LA CHAUTAGNE DE 1760 A 1983

Les caractères de l'aménagement sont composites puisque le lit du Rhône avait la liberté de divaguer dans une plaine large de un kilomètre environ, entre Motz et le pont de la Loi ; les travaux ont d'abord été réalisés en rive gauche avec deux tronçons de digues insubmersibles séparés par un hiatus (digues de Picollet et Serrières, 1760) puis en rive droite au milieu du XIXe siècle. La comparaison de la situation en 1760 (fig. 13) et en 1810-1820 (fig. 96) révèle que les eaux tendent à se concentrer au pied de la digue de Picollet, conformément à un processus classique. Le style tressé est préservé à l'amont de la digue et à l'aval où les travaux de Serrières n'ont

Le Rhône court-circuité en Chautagne.

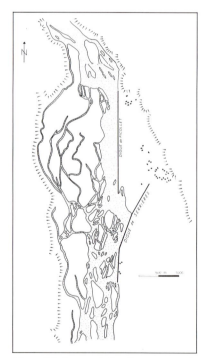

Figure 96. Impact de l'endiguement sur le modèle tressé en Chautagne.

16. *Archives S.N.R.S. Défense des rives. 1876. Ain.*

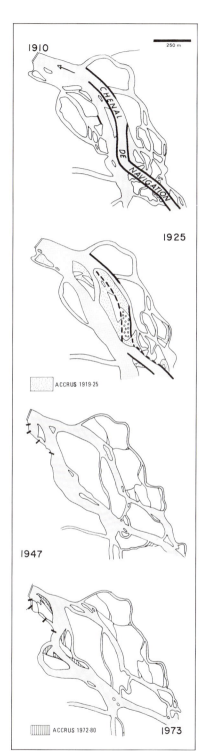

Figure 97. Evolution contemporaine d'un secteur des Basses-Terres.

pas encore fait sentir leurs effets. Corrélativement, les anciens bras de la rive française se sont appauvris et ont acquis une allure filiforme ; certains bras fermés à l'amont sont devenus des lônes que les crues remettent en eau de façon périodique. Le cas présent montre donc qu'une digue puissante établie dans l'axe d'un lit majeur est capable de détruire un modèle géomorphologique tressé en quelques décennies ; celui-ci se simplifie et combine un chenal profond et rectiligne avec divers types de lônes.

— L'installation de la voie ferrée Culoz-Genève dans le lit majeur vers 1850-1860 a été facilitée par cette simplification des lieux et par la relative stabilité acquise par le chenal principal. Après 1760, les anciens chenaux privés d'une alimentation directe par le fleuve conservaient, semble-t-il, un écoulement phréatique notable alimenté par le paraécoulement de la nappe du Rhône et par les résurgences karstiques ; le Verdet écoule aujourd'hui des eaux très pures issues du Grand-Colombier.

— Dans le courant du XIXe siècle, la situation a peu évolué. En 1902, un ingénieur des Ponts et Chaussées relève que « le Rhône est à l'état de divagation dans un lit très large ; il est soumis à une sorte de balancement rythmique dans le temps et dans l'espace... L'on peut presque dire que le Rhône est stable dans son instabilité[16] », formule heureuse qui préfigure les concepts modernes. La construction de la grande digue de rive droite a provoqué un effet symétrique du précédent en attirant le chenal principal à son pied. En 1975, l'essentiel des eaux est plaqué contre les digues de rive gauche, mais des lônes témoignent des hésitations passées.

Depuis 1981, date de mise en service de l'aménagement hydroélectrique de Chautagne, le Rhône est réduit au débit réservé, à l'exception des phases de crue. Ce tronçon court-circuité développe un modèle à méandre remarquable, entre le barrage de retenue de Motz et le pont de la Loi, où les eaux du canal le rejoignent dans la partie amont de la retenue de Belley.

Privé d'apports de charge grossière, le cours d'eau tend à dissiper son énergie en creusant — ce dont témoigne l'engravement visible sous le pont de la Loi — mais un effet de pavage par concentration relative en gros blocs peut limiter le phénomène ; l'évolution la plus visible en peu d'années semble être la tendance à une accentuation du taux de sinuosité. Sur ce tronçon, le Rhône court-circuité se met à ressembler, de manière étonnante, à la rivière d'Ain.

b. DEUXIEME EXEMPLE :
L'EVOLUTION GEOMORPHOLOGIQUE DES ILES DE BREGNIER

Ce tronçon fluvial a été endigué en 1885-1886 à l'aide d'enrochements submersibles destinés à contenir les eaux du chenal de navigation à l'étiage sans pour autant affecter les débordements de crue. Depuis cette date, il a subi une évolution géomorphologique très particulière qui explique largement le caractère semi-naturel des lieux (fig. 97).

Les îles de Brégnier-Les Avenières.

— De 1886 à la Première Guerre mondiale, les digues ont rempli leur fonction[17]. A l'issue des travaux, la technique retenue assurait une bonne alimentation en eau aux bras recoupés qualifiés alors de « lônes ».

Très vite pourtant, l'endiguement favorisa un colmatage minéral des bras secondaires, car le processus de sédimentation s'y opérait de manière continue. En rive gauche, la simplification du lacis des chenaux est très nette : deux groupes d'îles, les Molottes et les Graviers-Grand-Jean s'étaient formés par coalescence d'une foule d'îlons. Les « barrages » des Hirondellières et des Molottes assuraient l'écoulement dans les lônes. A terme, leur disparition semblait donc prévisible.

— En 1912, un « gravier » se forma à l'aval immédiat du coude de la digue des Sables ; l'année suivante, on s'efforça en vain de creuser un chenal dans l'espoir que le courant nettoierait ce passage. Le dépôt s'accrut et refoula les eaux qui se déversèrent pardessus les digues et ouvrirent des brèches. L'abandon des travaux pendant la guerre et l'effet de la grande crue de 1918 provoquèrent le basculement complet en rive gauche à travers une brèche de cinquante mètres de large. Ce changement de tracé affecta le fleuve sur une distance de mille cinq cents mètres mais n'empêcha pas la navigation des vapeurs, puisque le dernier voyage eut lieu en avril 1924. Le Service de la navigation n'abandonna officiellement ses travaux d'entretien qu'en 1936 ; cet abandon signifiait que l'Etat n'était plus tenu d'assurer la protection des berges contre l'érosion. Les communes riveraines durent se grouper en une association syndicale pour prendre le relais.

— A la date de 1925, le nouveau Rhône issu de la brèche de 1917 a détruit la majeure partie des îles Marquises tandis que les îles des Sables sont en voie de formation à cheval sur l'ancien chenal

17. *La comparaison de plans à l'échelle du 1/5 000e et du 1(10 000e dressés par le Service de la navigation sur des secteurs précis ou sur l'ensemble de la zone permet de préciser l'évolution des bras par référence à la situation originelle fournie par l'Atlas du Rhône de 1856.*

engravé. En 1947, une anse de corrosion se dessine en rive gauche tandis que les îles des Sables engraissent. Un îlot arqué fait pour la première fois son apparition à l'amont immédiat du pont. Le faciès géomorphologique à « îlons-basses » a pris de l'extension dans les années 1950. Il est net dans trois îles sur une distance à vol d'oiseau de un kilomètre.

L'évolution vers la disparition des chenaux annexes qui semblait inéluctable avant la rupture des digues a donc fait place à une situation nouvelle, unique sur le Haut-Rhône. Un modèle tressé nouveau, simplifié en « méandres forcés » dans les années 1950 a restauré une dynamique libre à l'aval de la plaine de Brégnier-Les Avenières tandis que le reste du secteur poursuivait lentement l'évolution engagée. L'interprétation de ce phénomène doit faire appel à l'évolution du profil en long même s'il n'est pas impossible que la qualité des travaux réalisés soit en cause.

Remarquons en premier lieu que les ouvrages réalisés en 1885-1886, s'ils avaient le mérite d'être peu coûteux, collaient de trop près au tracé suggéré par le dessin du réseau. En l'occurrence, les recommandations exprimées au sujet du rayon des digues courbes n'étaient pas respectées ; la digue des Sables faisait un coude trop brutal et son cordon de pierre était bien bas et bien léger. L'importance des débordements de crue explique la chute de compétence des eaux à l'aval de ce coude. De manière plus fondamentale, l'endiguement a accéléré l'exhaussement des fonds en le restreignant au chenal de navigation. Le transit des matériaux a certes été favorisé par la rectitude et la pente, mais le coude des Sables n'a pu assurer l'évacuation des matériaux en provenance de l'amont. En somme sans le savoir, on a construit ce type de digues dans un milieu très défavorable ; la technique des enrochements submersibles diminuait la compétence des hautes eaux dans un tronçon à très forte charge de fond et favorisait donc l'alluvionnement sur place.

Le déversement de la brèche des Sables n'est d'ailleurs que la matérialisation d'un processus général et diffus. La surélévation des fonds a favorisé le maintien de l'écoulement dans les lônes malgré leur contraction par colmatage minéral puis organique ; ainsi, le paysage actuel de ces brotteaux est une survivance aberrante de l'état initial. L'exhaussement des fonds, poursuivi dans l'axe du chenal principal jusque vers 1960, a contrebalancé le colmatage inéluctable des lônes par la charge en suspension. En corollaire, il est très probable que l'abaissement récent de la ligne d'eau, lié à l'extraction en rivière au pont de Cordon, a provoqué un vieillissement accéléré de ces milieux puisque l'abaissement de leur ligne d'eau se cumule avec la poursuite du colmatage minéral fin...

c. EVOLUTION GEOMORPHOLOGIQUE DE LA LONE DU MEANT

A l'aval immédiat du confluent de l'Ain, la lône du Méant est un ancien bras du Rhône partiellement colmaté par les alluvions ; les travaux de génie civil réalisés au début du XXᵉ siècle ont joué un rôle essentiel dans la fermeture amont du chenal.

La situation au XIXᵉ siècle (fig. 98 A et B)

En 1816, le Grand Rhône, ou bras principal, se tenait à l'emplacement de la lône actuelle. L'île du Méant, acquise par un grand propriétaire, n'était séparée de son château d'Anthon que par le « petit Rhône ». Le fleuve présentait donc un faciès tressé sur cette section de son cours.

En espérant étendre son domaine, le propriétaire de l'île construisit des éperons en fascines vives sur la « balme plate » graveleuse, de manière à repousser le Grand Rhône sur les terres du seigneur voisin (1809-1813). Il est probable que ces travaux eurent deux effets imprévus :

— Une érosion de berge concave se développa dans la partie aval du bras, en rive droite comme prévu, mais aussi dans la partie aval de l'île.

— Le rétrécissement du bras principal provoqua un report des eaux dans le Petit Rhône dans les années 1820-1840.

En 1860, le bras de rive droite avait tendance à s'engraver, l'île du Méant à progresser vers l'aval. Le Grand Rhône, fixé au pied de la balme d'Anthon, s'en écartait ensuite pour corroder la rive gauche de l'île.

Un projet de 1868 eut pour but de faciliter la navigation à vapeur en supprimant les deux « hauts-fonds » d'Anthon (BK 34) et du Méant (BK 31) où la profondeur ne dépassait pas un mètre. Le trafic était gêné par la présence d'écueils provenant de blocs éboulés de la balme ou déchaussés par l'érosion verticale.

Les travaux de génie civil et leurs effets

L'amélioration du « passage d'Anthon » débuta par des dérochements de fond dans les premières années du XXᵉ siècle et fut complétée à partir de 1908. La décision était liée à un projet de dérivation d'une partie du débit de l'Ain vers une usine hydroélectrique prévue à la hauteur du hameau de Pollet, mais l'abaissement de dix centimètres des niveaux d'étiage du Rhône aurait provoqué un allongement de vingt-sept à cinquante jours de la période de chômage de la navigation. Une série d'épis repoussaient l'Ain vers la balme d'Anthon et défendaient les abords du bras de rive droite, lui-même barré par un chevron.

L'amélioration du « passage du Méant » fut réalisée de 1874 à 1878 par le resserrement entre deux digues longitudinales submersibles (espacées de cent trente-cinq mètres). Ces interventions ont eu deux conséquences :

— Les travaux réalisés à l'amont du bras du Méant ont créé une lône par le piégeage des matériaux grossiers apportés par les crues de l'Ain. En 1931, le bras était déjà partiellement obstrué ; en 1983, les épis et le chevron sont masqués par les alluvions mais l'enrochement est visible dans la berge de l'Ain qui érode en rive droite. Lors des crues, la lône fonctionne comme déversoir et le colmatage se poursuit. L'écoulement actuel, en dehors des périodes de crue, est

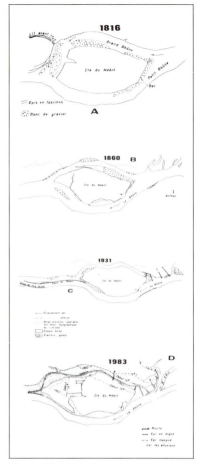

Figure 98. Evolution contemporaine de l'île du Méant.

assuré par des apports phréatiques latéraux issus de la nappe de l'Ain. Il est probable que l'assèchement rapide subi durant les dernières décennies est dû aux conséquences de l'enfoncement du Rhône et à l'effet cumulatif du colmatage minéral.

— Sur le chenal actif du Rhône, la concentration artificielle des eaux a sans doute provoqué une accélération du processus naturel de creusement du lit, puisque l'enfoncement au confluent serait supérieur à trois mètres en cent vingt ans[18].

Les travaux d'endiguement réalisés au XIXe siècle ont fait disparaître le tressage fluvial qui constituait l'originalité profonde du Haut-Rhône. La concentration des eaux, imposée de manière artificielle ou apparue de façon induite et progressive, a supprimé ce lacis de bras secondaires que redoutaient les mariniers en Chautagne, au passage du Chaffard et dans les îles de Miribel.

A la fin des années 1970, la plaine de Brégnier-Les Avenières conservait des reliques du paysage originel car les travaux y ont été plus modestes et l'exhaussement du chenal principal a favorisé l'alimentation en eau de quelques bras barrés.

3. Le renouvellement des formes fluviales

La construction des digues de navigation dans les modèles tressés a un impact indéniable sur l'activité géomorphologique du fleuve. A priori, ceci n'est pas évident car on pourrait considérer que l'endiguement ne contient que les eaux d'étiage et, laissant passer les eaux de crue dans les bras recoupés, ne perturbe pas les processus en hautes eaux. Le canal de Miribel fournit à nouveau un bon exemple d'évolution induite.

En admettant le postulat selon lequel les bancs de galets non fixés par la végétation sont l'indice du remaniement par les eaux et donc un critère sûr de l'activité géomorphologique d'un cours d'eau, suivons l'évolution du taux de renouvellement des formes après la construction du canal, achevée en 1857 (fig. 23).

A l'état naturel, en 1848, le taux de renouvellement approchait les 4 à 5 % (fig. 24 A) pour une surface en gravier correspondant à près de 22 % de la surface totale.

La construction du canal de Miribel a immédiatement fait tomber l'étendue graveleuse de 22 % à 5 % en 1860. Les bancs alluviaux récents se localisent sur les berges des anciens bras, les défluviations ont cessé. A l'étiage et aux eaux moyennes, la faiblesse du débit laissé au Vieux Rhône a favorisé la colonisation végétale et donc, d'après les témoignages, le colmatage minéral fin ; le remaniement des galets se produit lors des crues importantes. Il est à remarquer que le taux de 1860 n'est pas sous-évalué car la crue centennale de 1856 a dû laisser des traces durables.

En 1931, le basculement du canal a fait sentir ses effets. Le creusement de la partie située à l'amont de Miribel a capté la totalité des

18. *La comparaison des plans cotés révèle des différences d'altitude significatives, sans doute supérieures à la marge d'erreur admissible.*
— Le plan du cours du Rhône représente la Prairie d'Anthon à 190 m, compte tenu des corrections nécessaires (cote de référence) ; c'est l'altitude des plans C.N.R. (189,9 m). En 1860, le niveau de l'eau (eau moyenne ?) était à la cote 188,40 m (N.G.F.), alors que la cote actuelle du débit semi-permanent est 185,0 m. L'enfoncement serait donc supérieur à 3 m au confluent, en cent vingt ans.
— En rive droite de la rivière d'Ain, à l'emplacement du camping communal de Saint-Maurice, le fond caillouteux d'un chenal actif en 1860 est figuré à la cote 189,0 m (plan 1/10000e C.N.R.). Or le niveau de l'eau de ce dernier plan est à la cote 188,10 m (basses eaux) ; le fond actuel est sans doute proche de 187 m. Le creusement du lit depuis cent vingt ans serait donc voisin de 2 m à 1,5 km en amont du confluent.
— Une étude du Service de la navigation du Rhône et de la Saône réalisée au début des années 1950 évalue à près de un mètre l'abaissement de la ligne d'eau à l'étiage depuis la fin du XIXe siècle. « La pente de l'Ain a considérablement augmenté dans sa partie inférieure » à la suite du recul du « seuil du Méant » sur le Rhône.

311

eaux qui ne transitent pas par le canal de Miribel ; les formes neuves ont donc quasiment disparu à l'amont de Neyron et le taux a chuté aux alentours de 1 %. On distingue nettement l'effet bénéfique de la brèche de Neyron qui fonctionne dès que le débit dépasse quelques centaines de mètres cubes ; depuis le tronçon exhaussé, l'eau bascule du canal dans les îles. On distingue des bancs de convexité mais leur largeur, voisine de dix à vingt mètres, n'a rien de comparable avec la situation originelle où la largeur des plages de galets pouvait atteindre couramment trois cents à quatre cents mètres ; les eaux issues de la brèche de Neyron rejoignent ensuite le Vieux Rhône qui n'est plus repérable qu'au liséré discontinu qui l'accompagne.

En 1975, la brèche de Neyron a réduit son efficacité car le barrage de Jons a renforcé le débit transitant par l'usine de Cusset ; en revanche, le secteur le plus actif s'est déplacé vers les îles du Grand-Camp sous le coteau de La Pape. De manière paradoxale, le seul chenal encore visible n'est plus le Vieux Rhône mais le canal de Miribel car la faiblesse du débit réservé (30 m³/s) découvre une partie du lit caillouteux et la montée périodique des eaux bloque la colonisation des bancs.

En somme le remaniement fluvial a cessé dans les îles de Miribel ; il a baissé de quatre fois après achèvement des travaux et de vingt fois en une cinquantaine d'années par l'effet du basculement et de la construction de l'aménagement de Jonage.

4. L'évolution contemporaine de la charge alluviale fine

La charge de fond du Haut-Rhône est fort méconnue, n'ayant fait l'objet d'aucune analyse quantifiée, et ne peut être évaluée, de manière sommaire et indirecte, que par l'évolution des lignes d'eau et des fonds ; en revanche, une attention particulière est portée à la charge en suspension.

La raison première tient à la décantation partielle des eaux turbides de l'Arve dans les retenues de Verbois et de Chancy-Pougny dont le faible volume rend nécessaire une vidange périodique. La retenue de Génissiat, dont le volume de 53 Mm³ est considérable, provoquerait un blocage de charge encore plus poussé si les opérations n'étaient coordonnées. Ces vidanges triennales sont menées avec le plus grand soin car la mobilisation brutale des matériaux fins est susceptible de produire de graves impacts à l'aval de Génissiat, soit de nature écologique, soit de nature technique, par colmatage des zones de captage, ou par engorgement des circuits de refroidissement à la centrale nucléaire de Bugey.

Nous nous proposons d'esquisser un bilan provisoire de ces opérations et une évaluation des changements complexes subis par la charge fine depuis deux siècles, en tentant de situer l'importance relative des ouvrages hydroélectriques.

La vidange de la retenue de Verbois en juin 1984.

a. LA VIDANGE DES RESERVOIRS

Raison des vidanges et technique utilisée (fig. 99)

Le barrage suisse de Verbois bloque depuis 1943 le transit des alluvions en provenance de l'Arve, dont le volume annuel est estimé à 0,4 million de tonnes de matières en suspension. L'accumulation se produit à la Jonction, c'est-à-dire au confluent de l'Arve et du Rhône ; il crée une surélévation des lignes d'eau de crue dans la retenue de Verbois, qui menace d'inondation les bas quartiers de Genève. La vidange a pour objet d'évacuer ces sédiments par un effet de chasse d'eau[19].

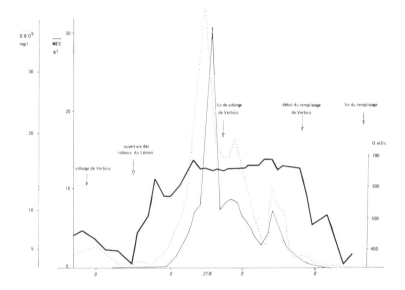

Figure 99. La technique de vidange des barrages du Haut-Rhône.

Depuis 1962, les opérations de vidange de Verbois et des trois autres barrages de la chaîne du Haut-Rhône — Chancy-Pougny, Génissiat et Seyssel — sont réglées par une convention franco-suisse complétée par des avenants en 1967 et 1976.

La date de vidange a été fixée à la fin du mois de juin qui est la période des hautes eaux du Rhône et du lac ; pour des raisons inverses, il n'a pas paru possible de retenir une date hivernale qui aurait pourtant bien été préférable sur le plan hydrobiologique, puisque c'est la période de repos organique.

Les niveaux des quatre barrages sont préalablement abaissés pour permettre le « rinçage » des fonds ; le niveau de Génissiat n'est cependant abaissé que de quinze mètres. L'ouverture des « rideaux » du Léman porte le débit total à 600-650 m³/s dans le but de curer les retenues de Verbois et Chancy-Pougny ; l'opération dure environ quarante-huit heures au terme desquelles le débit à l'aval de Seyssel est réduit de manière à ramener les quatre retenues au niveau habituel de remplissage[20].

19. Les vidanges du barrage de Verbois se sont déroulées en 1945, 1947, 1949, 1951, 1954, 1956, 1960, 1965, 1969. Cette année-là, la périodicité fut fixée à trois ans, si bien que les vidanges suivantes eurent lieu en 1972, 1975, 1978, 1981 et 1984.
20. Cardot, 1975, Giulani et Galland, 1982.

Cette opération, d'apparence purement technique, pose des problèmes sérieux car la gestion du flux de matières minérales n'est pas seule en cause. La retenue de Verbois reçoit directement les égouts de Genève dont l'épuration n'est opérée que depuis 1968 ; le curage du fond prend donc en charge une quantité de matière organique évaluée à 30 000 tonnes/an avant cette date. En 1975, la proportion de matières organiques par rapport à la masse totale libérée était évaluée à 3 à 5 %, l'épuration des eaux usées de l'agglomération genevoise étant jugée assez complète[21]. Par souci de clarté, mais de manière quelque peu arbitraire, on distinguera ces deux flux minéraux et organiques qui sont intimement liés dans la réalité.

Le flux minéral et la pollution mécanique

La vidange de Verbois mobilise de un et demi à deux millions de tonnes de sédiments qui sont pour moitié de la classe des sables et pour moitié des limons et des argiles.

La valeur maxima du taux de matières en suspension (M.E.S.) est comprise entre 14 et 29,5 g/l. En règle générale, le taux de M.E.S. diminue vers l'aval et s'abaisse à des valeurs voisines de 3,4 g/l à Lyon. En fait, une part évaluée à 0,5 à 1 MT se sédimente dans le barrage de Génissiat ; le « rendement » de la vidange n'est, à Seyssel, que 60 % de ce qu'il est à Pougny : « Il semble qu'à Génissiat, on purge les chasses de Verbois d'il y a trois ans et qu'on y stocke les chasses de l'année. » (C.T.G.R.E.F., 1975.)

Jusqu'à la fin des années 1950, l'essentiel du flux minéral en provenance de Verbois semble avoir été contenu dans le réservoir de Génissiat. Par la suite, une véritable « pollution mécanique » s'est manifestée à l'aval ; en 1975, le flux minéral total fut évalué à 1 223 000 tonnes à Pougny et à 724 000 tonnes à Seyssel[21]. La fig. 99 représente le pic de pollution du 22 juin 1975 transitant à Seyssel avec un retard d'une demi-journée sur l'ouverture du Léman. L'épisode fut très bref mais porta à 31 g/l le taux maximum de M.E.S., une valeur supérieure à celle qui est enregistrée à Pougny. En somme, depuis 1943, le réservoir de Génissiat stockait une proportion variable du flux minéral en provenance de Verbois ; une erreur de manœuvre, survenue à l'occasion de la vidange de 1978, mit en évidence le phénomène. En 1978, on conjugua la vidange triennale de Verbois avec la vidange décennale de Génissiat, destinée à la vérification de l'état de l'ouvrage. L'abaissement préalable du niveau devait être porté de seize à quarante-six mètres mais fut en réalité poussé à cinquante-trois mètres (cote 278 mètres) à la suite d'une erreur de manœuvre d'un barrage situé plus à l'amont. Par ailleurs, la vidange dura cinquante-quatre heures au lieu des trente heures prévues, ce au rythme de 700 m³/s. Au terme de l'opération, il ne restait plus que 1,2 Mm³ d'eau dans la retenue de Génissiat, si bien que le flot en provenance du Léman produisit une intense érosion dans les sédiments fins mal consolidés. La vidange de Verbois, réduite cette année-là, fut en réalité celle de Génissiat qui libéra un volume de trois millions de tonnes à l'aval de la retenue de Seys-

La vidange de la retenue de Génissiat en juin 1984.

21. Cardot, 1975.

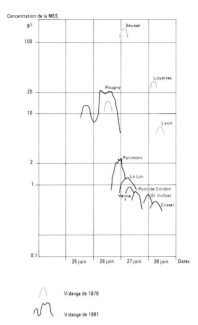

Concentration de la MES

g/l

Seyssel

100

Loyettes

20   Pougny

10   Lyon

2   Pyrimont

         La Loi
1   Pont de Cordon
         Yenne   St Vulbas
                      Cusset

0,1
    25 juin   26 juin   27 juin   28 juin   Dates

Vidange de 1978

Vidange de 1981

Figure 100. Evolution amont-aval des concentrations en MES lors des vidanges de 1975 et 1978.

sel (0,725 Mt en 1975) ; 1,1 Mt se déposèrent entre Seyssel et Loyettes, ce qui, rapporté à la surface du fleuve, correspondrait à une couche moyenne de deux centimètres de limon argileux. En réalité, le dépôt affecta les berges et les milieux de courant lent tels que les rares bras secondaires où le dépôt atteignit plusieurs dizaines de centimètres en certains sites. La chute du taux maximal de concentration en M.E.S. (fig. 100) illustre cette décantation au long du fleuve.

La vidange de 1978 a également affecté la retenue de Seyssel ; l'envasement intense a surélevé les lignes d'eau en temps de crue et réduit le pouvoir compensateur de l'aménagement. La C.N.R. a donc entrepris une série de vidanges spéciales, en période de hautes eaux, en effectuant des chasses par abattage successif des « hausses » du barrage ; cette technique a certes permis de contrôler le maximum de M.E.S., mais s'est révélée peu efficace. La catastrophe écologique de 1978 n'a donc pas fini de produire ses effets puisque la prudence dont font preuve les responsables risque de repousser inéluctablement l'échéance prochaine. On estime à 90 % le volume de la chasse de Verbois stocké dans la retenue de Génissiat en 1981. Une étude détaillée des flux sédimentaires fins a été réalisée à l'occasion de la dernière vidange triennale[22]. L'observation a porté exclusivement sur les dépôts récoltés sur des sites de berge entre les niveaux atteints pour Q = 215 m³/s (fréquence 350 j/an) et Q = 585 m³/s (fréquence 85 j/an) à Sault-Brénaz. Ces dépôts sont issus de suspensions graduées dans les situations de fonctionnement hydrologique normal.

Au pont Carnot, en tête de la retenue de Génissiat, dont le niveau avait été abaissé de dix-huit mètres pour l'occasion, il est clair que des galets transitent en charge de fond, au moins lors des fortes crues et que la M.E.S. est à dominante sableuse.

Dans la retenue de Seyssel, les sédiments les plus grossiers de la vidange ont circulé en charge de fond et sont modelés en mégaripples. Ce sont des sables moyens dont le percentile le plus grossier C est 600 μ. La manœuvre des vannes de Génissiat a produit un effet de soutirage en entonnoir dans la partie aval de la retenue, secteur le plus profond où les eaux ont la turbulence la plus faible ; les sables déposés dans le barrage de Seyssel constituent la fraction la plus grossière du dépôt réalisé à l'amont immédiat du barrage.

A l'aval de Seyssel, le débit artificiel de 700 m³/s lâché du lac Léman pour assurer l'évacuation des limons déposés dans les réservoirs suisses a provoqué la mise en suspension d'une charge radicalement différente, formée de sables fins et limons issus de Verbois.

b. LES EFFETS INDUITS DES LACHURES DE SEDIMENTS

A l'occasion des vidanges, la turbidité atteint alors « des valeurs telles que le transit jusqu'à la mer ne se produit pas, de sorte que des dépôts apparaissent à l'aval du barrage dans les zones où le courant n'est pas assez fort pour véhiculer une telle concentration[23]. »

Ce processus de décantation doit être situé dans le cadre plus large des apports du Rhône à la Méditerranée. Il est bien probable que

22. Salvador, 1984.
23. Savey, 1982.

le flux sédimentaire global est en voie de tarissement : « Les apports du Rhône à la mer ne sont plus guère, en 1983, que de quatre à cinq millions de tonnes par an (poids de sédiments secs), contre dix fois plus il y a quatre-vingts ans : comme bien d'autres fleuves, le Rhône et ses affluents ont été artificialisés au XXe siècle par des barrages qui stockent les sédiments le long du cours et rendent précaire la construction deltaïque désormais très sous-alimentée[24]. »

La Compagnie nationale du Rhône conteste cette interprétation en niant l'importance de ces retenues : « La décantation des éléments fins en suspension est faible et après quelques années n'entraîne pas de prélèvement sensible sur le transport solide par suspension. Il résulte de tout cela... que le littoral maritime n'est pas exposé à une régression par insuffisance des apports solides[25]. » Le débat est ouvert ; il semble que la réduction des apports à la mer, si elle est réelle, provient d'un faisceau de causes et non de l'unique impact des aménagements hydroélectriques. Selon nous, il conviendra de déterminer la part d'une réduction généralisée de la charge des cours d'eau par l'effet d'une protection accrue des bassins-versants depuis la fin du XIXe siècle et la part des impacts « sensu stricto » sur le transit de la charge.

La décantation progressive que nous venons d'envisager était manifeste en juin 1984 au long d'un tronçon non équipé de barrages, de Brens à Jons ; à Champagne, en aval du Péage-de-Roussillon, les apports semblaient très faibles comme si l'essentiel s'était déposé en chemin. Il est concevable que les plans d'eau aménagés par la C.N.R. en arrière des barrages de retenue du Haut-Rhône (la confluence du Fier en arrière du barrage de Motz, le lac du Lit-au-Roi qui est un élargissement du canal d'amenée à l'usine de Belley, le plan d'eau de Pluvis en amont de Brégnier, bientôt Sault-Brénaz) vont subir un colmatage accéléré comme ce fut le cas du Grand Large en amont de l'usine de Villeurbanne-Cusset ; en 1932, il fallut aménager un rideau de palplanches pour limiter les atterrissements. La réalisation des plans d'eau de loisirs est une retombée économique appréciée des communes riveraines mais constitue un obstacle à l'évacuation des flux de sédiments vers la mer.

Une autre conséquence de la sédimentation de M.E.S., qu'elle se produise en régime normal ou soit imputable à une vidange, concerne l'alimentation en eau potable. Dans le voisinage des agglomérations urbaines et industrielles, l'essentiel de l'alimentation en eau est assuré par l'exploitation de la nappe phréatique alimentée par le cours d'eau et le rabattement occasionné rend la réalimentation induite permanente. Le colmatage des berges et dans une moindre mesure des fonds, réduit la perméabilité et serait responsable d'une mise en solution de fer et de manganèse par l'action de souches de bactéries anaérobies.

En 1978, la vidange du barrage de Génissiat a aggravé le colmatage des fonds dans le Vieux Rhône à l'aval de la brèche de Neyron, et, dans une moindre mesure, à l'aval du canal de Miribel. La brutale réduction de perméabilité a bloqué la réalimentation induite et pro-

24. Guilcher et coll., 1984.
25. Savey, 1982 b.

voqué une chute « vertigineuse » des niveaux piézométriques avant que le service des eaux de la C.O.U.R.L.Y. ait eu le temps de modifier les conditions d'exploitation. Le colmatage avait produit un abaissement de la surface piézométrique évalué à deux mètres et réduit le volume prélevé de plusieurs dizaines de milliers de mètres cubes durant les mois suivants. Au mois de novembre 1978, il fallut procéder au curage des fonds sur une longueur de un kilomètre et demi pour extraire plusieurs milliers de mètres cubes d'un limon dont l'épaisseur atteignait cinq à vingt centimètres d'épaisseur. L'utilisation de modèles mathématiques de simulation a permis d'évaluer à 50 000 m³ par jour le gain résultat du curage du canal de Miribel et à 150 000 m³ par jour celui du curage du Vieux Rhône, pour des prélèvements quotidiens compris entre 200 000 et 500 000 m³ par jour[26].

c. L'ETUDE RETROSPECTIVE DE LA SEDIMENTATION FINE

L'analyse de l'impact des réservoirs sur le transit de la matière en suspension et de la charge sableuse de fond a montré un affinement par rapport à la situation considérée comme « naturelle[27]». En règle générale, dans la plaine d'inondation, un plaquage d'alluvions fines plus ou moins riches en matière organique, épais de un à trois mètres, recouvre les alluvions caillouto-sableuses ; dans le détail, l'examen des lits sableux révéla la relative abondance du sable grossier ou moyen, sable « rude », à la base de ces profils. De là, une première hypothèse sur la variation contemporaine de la granulométrie dans la plaine alluviale.

L'évolution de la sédimentation à l'extrémité méridionale du Jura

Les échantillons sableux prélevés à la base des limons se présentent en lits horizontaux épais de plusieurs décimètres à un ou deux mètres, en stratification entrecroisée sur les marges de bancs de galets ; l'évolution de la sédimentation est frappante :

— La dynamique fluviale du XVIIIe et du XIXe siècle permettait le dépôt de sables moyens et grossiers dans la plaine alluviale. Actuellement, les sables moyens ou grossiers existent en minces plaquages couvrant quelques mètres carrés sur l'ensemble du tronçon découvert à l'étiage.

— Inversement, la sédimentation limono-sableuse très caractéristique des conditions qui dominent de nos jours en arrière des levées et dans les bras abandonnés, ne se rencontrait que de manière très occasionnelle sur la forme de lentilles interstratifiées dans la masse caillouto-sableuse et elle était toujours très pauvre en matière organique.

Comment expliquer de telles mutations ? Il semble que pour simplifier, on puisse chercher à résoudre deux questions différentes, à savoir l'apparition massive des limons sableux et la quasi-disparition des sables moyens et grossiers.

26. Barthélemy et Jonac, 1979.
27. Pour connaître la répartion spatiale des dépôts de crue dans l'espace alluvial du Haut-Rhône, on a procédé à plusieurs centaines d'analyses sédimentologiques (Bravard, 1983) de manière à établir un état de référence ; ce faisant, et grâce à l'opportunité des travaux hydroélectrique de la C.N.R., il a été possible d'esquisser une comparaison des dépôts actuels déposés par les crues et des dépôts anciens repérés soit dans des bras morts, soit à la surface de la plaine d'inondation.
L'examen de coupes de terrain dégagées à l'occasion des travaux de la C.N.R. a permis l'observation de très nombreuses séquences granulométriques.

— Jusqu'en 1856, le Rhône présentait dans ce secteur un faciès tressé, de multiples bras peu profonds enserrant des îles et des îlons graveleux ou sableux, mal fixés par de maigres saulaies-peupleraies. La « bande fluviale active », caractérisée par le déplacement des chenaux et le remaniement des formes construites, couvrait environ la moitié du lit majeur ; les bras abandonnés par recoupement des sinuosités les plus fortes étaient susceptibles de subir un colmatage limoneux mais dans l'ensemble le lit majeur n'était pas propice à la rétention des limons. A l'état naturel, les bras multiples étaient parcourus par un courant rapide ; les secteurs de dépôt étaient les îles et les berges balayés par les eaux mais sièges de la sédimentation sableuse ; les secteurs de plaine, temporairement délaissés par la bande fluviale active, et donc susceptibles de recevoir des fines, n'échappaient pas longtemps à un retour des chenaux actifs donc au remaniement et à l'exportation vers l'aval des limons déposés.

Une lône aux Avenières.

Les interventions agricoles du temps favorisaient ce balayage puisque le défrichement était intense, les coupes de bois systématiques ; de maigres fascinages s'opposaient seuls à la divagation des chenaux.

— En 1886, l'endiguement « submersible » du Rhône était terminé ; destiné à offrir un chenal unique et stable à la navigation en eaux basses et moyennes, et, accessoirement, à protéger les terres de la « corrosion », il devait avoir des effets imprévus :

Une lône à Brégnier-Cordon.

• Il favorisa sans doute le développement des bourrelets de berge sableux, hauts de un à deux mètres, qui ceinturent le chenal principal et les bras coupés par des digues à l'amont, qui conservent un écoulement. La fixité des berges et la phytostabilisation par abandon des coupes de bois ont permis la construction des levées alors qu'elles semblent avoir été absentes du système tressé naturel.

• L'endiguement a créé la « lône », bras abandonné dont le colmatage amont semble nettement favorisé par l'endiguement. Encore convient-il de signaler que la situation est très particulière dans la plaine de Brégnier où l'exhaussement du profil d'équilibre a élevé la ligne d'eau, maintenu la circulation dans des bras endigués et même autorisé leur exhaussement par le cailloutis ; dans l'ensemble, cependant, les lônes sont le siège d'un colmatage par les limons.

• Enfin, l'endiguement a favorisé le limonage dans la plaine d'inondation par fixation des sables sur la levée et par blocage de la bande fluviale active. L'exemple des îles d'Evieu[28] en est la preuve a contrario puisque la libre divagation du Rhône favorise l'extension d'une sédimentation sableuse. De manière convergente, l'extension de la ripisylve et des prairies au XXe siècle favorise la sédimentation fine dans les secteurs soumis à une inondation active.

— Si l'endiguement submersible réalisé depuis un siècle a eu pour effet de piéger les limons dans les plaines du Haut-Rhône — cette généralisation doit être soumise à vérifications — en revanche, la disparition des sables grossiers est plus difficile à expliquer :

• Les conditions hydrodynamiques n'ont pas changé au point de réduire la compétence du fleuve au transport des sables fins en sus-

28. *Pautou et coll., 1972.*

pension graduée ; les mouvements locaux de galets et l'incision récente du lit attestée par les mesures de la C.N.R. le prouvent.

• Même si le sable grossier se dépose en bancs de petite taille ou peut former la matrice des alluvions caillouteuses, il est quasiment absent du secteur, ne se dépose pas à l'aval des Basses-Terres où la pente diminue. Il faut donc émettre l'hypothèse d'une modification de la charge fluviale depuis un siècle environ. Cela pourrait s'expliquer par l'effet de rétention occasionné par les réservoirs hydroélectriques du cours amont ; en fait, le produit des vidanges récentes concerne des sédiments très semblables à ceux qui constituent les dépôts alluviaux actuels de la plaine de Brégnier. Les éléments les plus grossiers sont retenus en tête du réservoir de Génissiat ; lors des vidanges, la retenue de Seyssel ne reçoit que des sables moyens.

La cause d'un affinement de la charge fluviale pourrait aussi résider dans une protection accrue des pentes du bassin-versant, en particulier des collines molassiques et glaciaires du piedmont savoyard, depuis la crise de l'économie de coteau et la conversion herbagère. Il est en somme curieux de constater que cette hypothétique modification de la charge serait contemporaine des travaux d'endiguement qui ont fossilisé la rétention des sables fins et limons dans les plaines alluviales.

Ces remarques ne peuvent pas être généralisées à la totalité des tronçons du Haut-Rhône car le Rhône, court-circuité en Chautagne, la rivière d'Ain, conservent le sable grossier dans leur image granulométrique ; or, ces deux secteurs présentent l'originalité de connaître une incision (continue pour l'Ain, contemporaine pour le Rhône en Chautagne). C'est alors le remaniement des alluvions cailloutosableuses qui, dans ces deux cas, alimenterait la charge en sable grossier.

Les implications d'ordre économique et écologique

A l'état naturel, il existe une bonne corrélation entre la pente d'une vallée et la fertilité des terroirs de plaine ; le secteur le plus riche était la plaine des Basses-Terres à l'amont du défilé de Saint-Alban où le remous des fortes crues permettait une sédimentation très fine. En revanche, les secteurs les plus ingrats étaient les lits majeurs caillouteux en forte pente tels que la Chautagne amont, la plaine de Brégnier, les brotteaux de l'Ain et du Rhône entre Miribel et Lyon. La toponymie et les textes[29] confirment la réalité d'apports sableux grossiers, en « sable cru » ; l'exhaussement de ces plaines était freiné par les courants de crue balayant la plaine d'inondation et ne déposant que lors du retrait des eaux (les brotteaux du cours aval de l'Ain sont restés caillouteux depuis leur abandon par la rivière voici plus d'un siècle et malgré leur submersion régulière). Paradoxalement, les grands marais comme la Chautagne et Lavours fixaient les éléments les plus fins sur leurs marges proches du chenal car leur mise en eau, en freinant le courant de crue, abaissait la compétence du courant de débordement ; le marais de Lavours, en position d'abri,

29. *Délibérations de conseils municipaux, enquêtes officielles, rapports des Ponts et Chaussées et plaintes diverses.*

a davantage piégé les fines que le marais de Chautagne situé dans l'axe du val.

On conçoit donc qu'en Chautagne, l'endiguement insubmersible du fleuve n'a rien apporté aux riverains sur le plan agricole : les secteurs caillouteux n'ont plus reçu de sable et se sont même asséchés par l'effet du creusement et les marais n'ont plus reçu de limon. L'endiguement a été bénéfique dans les secteurs de stabilité du profil d'équilibre ou d'exhaussement lorsqu'il a été réalisé de manière à être submersible ; il a donné la fertilité à certaines plaines (Rochefort-Yenne, Brégnier, Saint-Maurice-de-Gourdans, Vaulx-Villeurbanne). Il est curieux de constater que la loi de 1858, en refusant la protection contre l'inondation à ces plaines, a en revanche créé de toutes pièces les conditions de la prospérité agricole un siècle plus tard ; le retour contemporain de l'agriculture vers les plaines du lit majeur, terres d'élection du maïs, doit sans doute un peu à cet effet induit des travaux destinés à promouvoir la navigation au siècle dernier. La réalité de ce colmatage trouve une illustration dans le fait que « les anciens méandres de la plaine de Bouchage sont mieux dessinés par le parcellaire que par les courbes de la carte topographique ». Il est certes exact qu'en règle générale, « l'homme dans ses actions n'est plus un révélateur du milieu » mais il convient également de tenir compte du fait que le milieu a changé dans les Basses-Terres si bien que « les agriculteurs considèrent cet ensemble comme homogène[30] ».

Cet impact a sans doute eu une importance considérable sur le plan écologique. Les modifications subies par la morphologie fluviale ont profondément modifié les flux latéraux de matière minérale dans l'écosystème de la vallée. Aux XVIIIe et XIXe siècles, avant endiguement, les cartes et textes témoignent d'un large extension spatiale de la saulaie sur les îles et les berges ; la végétation était maintenue à des stades pionniers et juvéniles sur du substrat grossier, perméable, caractérisé par une nappe phréatique à forte variation et faible profondeur moyenne. L'aunaie blanche qui exige une nappe plus profonde était probablement présente à l'état de taches diffuses sur les îles les plus hautes.

L'endiguement submersible des plaines comme celle de Brégnier en superposant aux sables une couche limoneuse d'épaisseur variable a modifié les conditions d'hydromorphie, les mouvements verticaux de la nappe, la fertilité du substrat. Il est probablement à l'origine de l'extension spatiale de certains groupements végétaux tels que la frênaie à chêne pédonculé en arrière et en contrebas des levées sableuses, l'aunaie à A. *glutinosa* dans les milieux déprimés à colmatage épais. En somme, l'endiguement submersible aurait indirectement favorisé la descente de certaines espèces comme le chêne dans le lit majeur du Rhône ; un paysage de saulaies basses, ouvertes par le fleuve et les hommes, aurait quasiment disparu au profit d'un paysage de forêt alluviale. Ces travaux auraient alors substitué un paysage de la France des plaines à un paysage de type semi-

30. Pelletier, 1983.

320

torrentiel et submontagnard dont le cours aval de l'Ain est le dernier témoignage.

Les premières analyses démontrent ainsi un affinement de la charge depuis un siècle ; contemporain de l'endiguement submersible, il a conféré aux plaines alluviales une fertilité nouvelle et modifié l'écologie des formations végétales en favorisant la forêt de bois durs, car la géographie et la nature des flux minéraux s'est trouvée profondément et discrètement modifiée. Les causes de cette transformation de la charge doivent être recherchées « à la source » dans une meilleure protection du bassin-versant et sont dues à un effet de rétention partielle dans les barrages réservoirs amont.

En effet, les vidanges triennales effectuées sur le Haut-Rhône ne permettent pas d'assurer le transit vers l'aval des matériaux de fond et des sables grossiers ; la gestion de ces réservoirs, relativement bien maîtrisée quant au maintien de la qualité des eaux fluviales lors de ces opérations, provoque donc néanmoins des effets induits indésirables.

Le Rhône à Brégnier-Cordon en 1983.

Le Rhône à Brégnier-Cordon en 1985 ; le fleuve a son débit resserré.

II.
Les impacts sur l'écoulement des eaux superficielles et souterraines

Les interventions de tous ordres effectuées sans aucune coordination dans le bassin-versant du Rhône ont affecté le régime des eaux ; dans ce chapitre, il conviendra de déterminer ce qui revient au contrôle des niveaux du Léman, à la création des réservoirs alpestres et enfin aux barrages hydroélectriques entre Genève et Lyon.

Une autre question complexe est celle de l'extension spatiale du champ d'inondation. L'évolution géomorphologique s'étant traduite depuis un siècle par un notable enfoncement du fleuve dans son lit majeur, on peut s'attendre à une contraction localisée des surfaces soumises au débordement de crue ; les travaux hydroélectriques en cours d'achèvement introduisent un nouvel ordre dans ce domaine.

On envisagera enfin la façon dont réagit la nappe phréatique qui accompagne le fleuve dans les plaines de remblaiement ; deux secteurs sensibles sont particulièrement concernés, la plaine de Miribel-Jonage et la Chautagne.

1. L'influence des barrages sur le régime du Rhône

Le caractère artificiel du régime du lac Léman a sensiblement modifié l'écoulement du Rhône, son émissaire, par rapport à la situation qui prévalait dans le courant du XIXe siècle. A cette époque, la situation n'était certes pas naturelle, puisqu'un barrage contrôlait déjà l'exutoire, mais son efficacité était relativement limitée ; il avait pour effet de retarder la vidange du lac après la période des hautes eaux estivales et donc contribuait à la régularisation des débits aval.

Depuis près d'un siècle, la gestion de la lame d'eau retenue et lâchée a subi des modifications d'autant plus sensibles qu'il devenait nécessaire de tenir compte du remplissage des réservoirs alpestres d'altitude. Le régime de l'émissaire a enregistré ces mutations de la modulation annuelle des débits.

Par ailleurs, le régime d'exploitation des barrages suisses de Coulouvrenière et Verbois, de Chancy-Pougny, puis de Génissiat et Seyssel, a provoqué des modifications mineures, de pas de temps hebdomadaire et quotidien.

Au total, la situation est extrêmement complexe et l'on s'efforcera de dégager quelques tendances générales faute de posséder toutes les données nécessaires et les compétences pour les traiter.

a. LE LAC LEMAN ET LES RESERVOIRS ALPESTRES

A l'origine de la question se trouve la variation contrôlée de la capacité de stockage du lac Léman et le régime d'exploitation choisi pour le barrage de Genève.

Le volume d'eau concerné par les variations du lac s'était établi à une moyenne annuelle de 620 Mm³ entre 1806 et 1880 ; il s'éleva à plus de 810 Mm³ dans la période 1841-1856. Le règlement inter-cantonal de 1892, en ramenant la variation des niveaux saisonniers à une amplitude de soixante centimètres, réduisait ce volume aux environs de 330 à 340 Mm³, soit, à peu près, la moitié de la situation antérieure ; le changement était d'autant plus brutal que les travaux effectués à Coulouvrenière après 1870 avaient sensiblement augmenté la possibilité de rétention.

Le procès-verbal de la première séance de la commission technique internationale réunie le 28 novembre 1898 fait état de perturbations dès 1887-1888, c'est-à-dire dès la fin des travaux effectués au nouveau barrage de Coulouvrenière (le règlement de 1892 approuvait les accords de 1884). La conséquence de ces travaux était la gêne nouvelle apportée à la navigation à l'aval de Lyon ; pour chaque décimètre perdu entre quatre mètres et trois mètres de tirant d'eau, la batellerie perdait trente-cinq tonnes de port ; la gêne commençait pour un tirant d'eau de 2,5 mètres (480 m³/s) et l'arrêt s'imposait pour un tirant de 1,50 m (380 m³/s). H. Girardon dénonça l'allongement des périodes de chômage en une dizaine d'années.

Période d'observation	Nombre de jours d'arrêt de la navigation (moyenne annuelle)	Nombre de jours de gêne (moyenne annuelle)
1875-1897	0,7	31,7
1887-1897	5,2	59

Les délégués suisses répliquèrent que cela n'était pas possible puisque, pour les besoins des usines situées à l'aval de Genève, le règlement augmentait le débit minimum à la sortie du lac (de 40-60 à 120 m³/s).

Les études ultérieures ont montré que la gêne était bien réelle à la fin de l'été et que les plaintes des mariniers étaient bien fondées. En effet, le nouveau régime du lac augmentait le débit moyen de l'émissaire pendant les mois de remplissage habituel en début de saison chaude mais ensuite il fallait gérer de manière avare une lame d'eau très réduite ; comme le niveau maximum devait être maintenu jusqu'à la fin du mois d'octobre, Genève réduisait l'écoulement dès la fin du mois d'août. Cette réduction, nouvelle, des débits de septembre-octobre coïncidant avec l'étiage habituel de l'Ain et de la Saône, ne pouvait qu'aggraver les conditions de travail des mariniers en aval de La Mulatière. Ce contrôle de l'émissaire avait moins d'importance durant l'hiver car les pluies océaniques relèvent le niveau de la Saône.

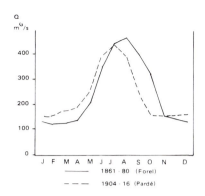

Q
m⁶/s

Figure 101. Evolution des débits moyens mensuels du Rhône à Genève, au début du XXᵉ siècle.

De plus, H. Girardon montra que les Suisses constituaient leur réserve trop tard ; les eaux du lac étaient maintenues en-dessous de la cote maxima en juin, juillet, août de manière à emmagasiner d'éventuelles crues d'été sans nuire pour autant aux riverains. Cette mesure permettait un écrêtage des crues de saison chaude à l'aval de Genève mais nécessitait un complément de remplissage pendant les mois d'août et septembre réputés les plus difficiles pour la batellerie rhodanienne. Au total, H. Girardon estimait la diminution artificielle du débit à La Mulatière à : 36 m³/s fin août ; + 80 m³/s en septembre ; + 60 m³/s en octobre.

La comparaison des courbes de débit moyen mensuel établies pour la période 1861-1880 et la période 1904-1916 montre que ces valeurs doivent être majorées. Le maximum moyen était ramené d'août à juillet de manière artificielle : « Cette transformation se fait sentir jusqu'à Lyon où le déplacement du maximum survenu à la fin du siècle dernier nous a plongés dans une embarrassante perplexité avant que nous ayons trouvé la cause du phénomène[1]. »

Diminution de l'écoulement en septembre et octobre, légère augmentation des débits en hiver, gain de 50-60 m³/s pour les débits printaniers, telles étaient les modifications les plus remarquables du régime de l'émissaire à Genève.

Dans la pratique, la navigation semble avoir davantage pâti d'une gestion inconsidérée de la lame d'eau que des caractéristiques imposées par les cotes réglementaires. Une étude réalisée par la C.N.R. sur les longs arrêts de navigation démontre que certains des étiages automnaux les plus sérieux auraient pu être évités si l'eau du lac avait été mieux ménagée à la fin de la saison de remplissage. L'étiage du 3 octobre au 11 décembre 1955 s'explique ainsi par une vidange trop rapide durant un mois de septembre de faible hydraulicité ; l'abaissement prématuré du niveau conduisit à une réduction brutale et trop marquée du débit sortant au début octobre.

Au total, l'application du règlement issu de la convention intercantonale de 1884 a donc augmenté l'irrégularité du régime de l'émissaire en réduisant la rétention dans le lac Léman.

De manière plus occasionnelle et aléatoire, les débits enregistraient de brusques variations liées aux manœuvres des vannes. Ainsi, les 15 et 16 août 1937, un volume de 39,6 Mm³ fut prélevé pour compléter le remplissage du lac. Une onde négative profondément déprimée progressa vers l'aval en s'atténuant de 1,95 m (Génissiat) à 1,08 m (Seyssel) et 0,75 m (Chanaz)[2].

La situation a évolué de manière sensible à partir des années 1940, du fait de l'augmentation accélérée des volumes stockés à l'amont de Genève ; rappelons à ce propos que le volume d'eau utile fut porté à 700 Mm³ pendant la Deuxième Guerre mondiale, ce qui restaurait l'état qui prévalait au XIXᵉ siècle et que, dès 1958, le volume utile des réservoirs alpestres d'altitude dépassait les 1 000 Mm³.

En premier lieu, les réservoirs alpestres ont modifié le régime du Haut-Rhône suisse. Une étude du régime du Rhône à la Porte du

1. Pardé, 1925.
2. Henry, 1939.

Scex a été réalisée par le Service fédéral des eaux en 1955 et porte sur une série de quinze ans (1938-1952) ; à cette époque, le volume utilisé dans les réservoirs alpestres représentait 150 Mm³ et influençait déjà les débits observés par une réduction des étiages hivernaux et des hauts débits estivaux. Une prévision établie sur l'impact d'une rétention totale de 1 055 Mm³, correspondant à un volume utilisable de 939 Mm³ (le taux d'utilisation retenu est de 89 %) permettait d'escompter une sensible régularisation du régime.

Alors qu'à l'état naturel, le rapport entre les débits moyens mensuels extrêmes était voisin de huit, il est sans doute tombé à 3,3 dès la fin des années 1950. La rétention partielle des hautes eaux de fonte des neiges et des glaces s'opère dès le mois de mai et permet une sensible amélioration de l'étiage hivernal. Alors que la moyenne des débits de saison froide était de 80 m³ durant la période 1938-1952, elle se serait élevée à environ 123 m³, soit une augmentation de 54 %.

A l'aval du lac Léman, cet effet régulateur est également sensible, bien que de façon amortie. La reconstitution des débits naturels à Chanaz utilise les débits stockés et déstockés par les retenues suisses ; eLle fait apparaître une diminution moyenne du débit de juin proche de 16 % (106 m³/s sur un total de 656) alors que l'effet du déstockage est plus sensible de décembre à mars que pendant l'automne. Le rapport des débits mensuels extrêmes a baissé de 2,44 à 1,87. La conséquence de cette régularisation du régime est une perturbation du rythme de l'écoulement alterné dans le canal de Savières qui relie le Rhône au lac du Bourget[3].

On sait que lors des hautes eaux de fonte des glaces et de crue, le canal alimente le lac avec les eaux troubles du fleuve alpestre. Alors qu'en 1916[4], l'écoulement s'était effectué dans ce sens pendant une période ininterrompue de quatre-vingt-sept jours, il est remarquable que de 1950 à 1969, un écoulement durable (trente jours d'affilée) ne se soit produit qu'une fois[5].

Le régime a également été régularisé à Sault-Brénaz. On assiste en premier lieu à une augmentation des débits hivernaux par augmentation en pourcentage du DC 10 jours (930 m³/s) entre décembre et mai, diminution du DC 9 mois (270 m³/s) entre décembre et avril. En second lieu, l'abondance estivale tend à se réduire par diminution du DC 1 mois (750 m³/s) entre juin et septembre et augmentation du DC 9 mois entre mai et août. On constate l'apparition de débits inférieurs à 270 m³/s au mois d'août, ce qui était inconnu avant 1950 et l'on enregistre même le débit d'étiage, soit 170 m³/s en août et septembre ! Même constatation pour les séquences de jours connaissant le DC 9 mois : apparition en été, augmentation notable en automne.

« Ces changements, apparition d'une pénurie estivale et d'une abondance hivernale, changements plutôt contre nature... vont tous dans le sens d'une modération du régime, d'une sorte de gommage des excès, visible surtout de mai à août et de décembre à février[6]. » Les processus en jeu sont complexes car le stockage et le déstockage des réservoirs alpestres et du lac Léman ne doivent pas occulter l'évo-

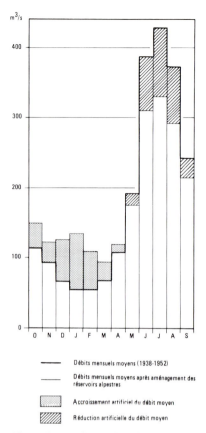

Figure 102. Evolution des débits à la Porte de Scex.

3. Coudert, 1973.
4. Pardé, 1925.
5. H. Vivian (1983) a démontré cette régularisation du régime en comparant statistiquement les débits caractéristiques (D.C.) des séries hydrologiques Pardé (1877-1938) et des séries C.N.R. (1920-1980).
6. Vivian, 1983.

lution naturelle du régime. Deux changements peuvent être invoqués à ce sujet :

— La diminution des superficies englacées dans le bassin-versant du Rhône valaisan (1876 = 17,9 % ; 1968 = 13,6 %), due à la récession glaciaire, a réduit l'écoulement estival et contribué à déplacer le maximum du mois d'août au mois de juillet. Cette réduction porterait sur un milliard de mètres cubes d'eau de fusion entre avril et septembre, sur la période 1916-1975[7].

— Par ailleurs, les dernières décennies se caractérisent par une accentuation des influences océaniques génératrices des précipitations hivernales sur les Alpes ; l'écart entre les moyennes des périodes 1875-1919 et 1911-1970 serait ainsi de 25 %. Cette tendance à une modération naturelle du régime va donc dans le même sens que l'évolution induite par les grands aménagements alpestres et le renforce d'une manière qu'il n'est pas possible de préciser. L'évolution du régime de l'Arve et du Fier, cours d'eau très peu influencés par les aménagements avant la mise en service du barrage d'Emosson (1977) confirme ces observations[8].

En 1959, la batellerie rhodanienne à l'aval de Lyon ressentait cette profonde modification du régime sur le Rhône alpestre :

— Du 14 au 20 juin, le débit à La Mulatière se tenait entre 410 et 450 m³/s et provoquait une gêne de la navigation. Cette semaine-là, le débit à l'émissaire du lac avait oscillé entre 200 et 255 m³/s, ce qui est bas pour le mois de juin.

— L'étiage habituel de l'automne commençait à se manifester dès le 2 août provoquant même l'arrêt de la navigation du 8 au 10 août ; les débits à La Mulatière variaient alors de 355 à 470 m³/s, ceux de l'émissaire variant de 205 à 350 m³/s. L'automne 1959 fut donc particulièrement difficile[9].

En l'occurrence, les réservoirs alpestres rendent difficile le remplissage du lac Léman puisqu'ils retiennent l'eau dès le printemps et jusqu'au mois de septembre. A la fin des années 1950, les débits de juin étaient amputés en moyenne d'environ 75 m³/s à l'entrée dans le lac ; il était nécessaire de réduire d'autant le débit à l'émissaire pour conserver la vitesse de remplissage habituelle. La gestion des barrages alpestres a donc pour effet de prolonger à la fin du printemps l'étiage de saison froide sur le Haut-Rhône français, de diminuer sensiblement les hautes eaux estivales, d'aggraver l'étiage traditionnel de septembre. En revanche, les lâchures opérées en octobre améliorent la situation sur le Rhône français par rapport à la période précédente dans la mesure où elles apportent une contribution au maintien de la cote maxima voulue par le règlement intercantonal de 1884 ; enfin, cette gestion relève les étiages hivernaux de manière sensible.

La mise en service du barrage d'Emosson a eu pour effet de renforcer l'impact des retenues à l'amont du lac Léman puisqu'une partie du débit estival de l'Arve est prélevée au profit du Haut-Rhône suisse. Le protocole franco-suisse de 1981 donne à la France un droit

7. Kasser, 1969.
8. Vivian, 1983, Edouard et Vivian, 1984.
9. Etude C.N.R.

d'intervention sur les débits à l'émissaire, dans les limites des cotes réglementaires ; le volume stocké est limité à 87 Mm³ et correspond à une tranche d'eau de 150 mm au profit des niveaux de saison froide du Léman. Le Rhône français récupère l'eau de son affluent après un détour par le lac et les usines hydroélectriques suisses de l'émissaire ; en compensation, la France peut obtenir des lâchures d'un volume limité (environ 20 Mm³, soit une lame d'eau de 50 mm) abaissant le niveau du lac en-dessous des cotes minima définies par le règlement, à l'exception de la période difficile des mois d'avril et mai.

Ce droit d'intervention est d'autant plus important que la centrale nucléaire de Bugey nécessite un débit minimum de 300 m³/s pour le refroidissement des réacteurs. Un avenant franco-suisse a donc limité les étiages à cette valeur et prévoit des lâchures en cas de besoin ; la tranche d'eau de cinquante millimètres peut donc être utilisée à cette fin.

b. L'AMENAGEMENT HYDROELECTRIQUE DE L'AIN

L'achèvement du barrage-réservoir de Vouglans, en 1968, a exercé une influence notable sur l'hydrologie de la rivière d'Ain et, dans une certaine mesure, sur le Rhône à l'aval du confluent. Nous distinguerons successivement les modifications apportées au régime et l'impact sur l'évacuation des crues.

La figure 103 superpose le diagramme des débits mesurés et le diagramme des débits naturels reconstitués après correction des influences amont[10]. Le fonctionnement de l'ouvrage opère un prélèvement sur les débits de novembre-décembre et les débits de mars à juin au profit de l'écoulement estival (juillet-août) et surtout automnal (septembre-octobre). Il opère donc une certaine régularisation du régime sans pour autant affecter sensiblement le coefficient d'immodération puisque février et août, les mois extrêmes, sont peu touchés. Sur le plan écologique, remarquons que le soutien aux étiages ainsi opéré contribue à relever la nappe phréatique de l'Ain d'environ vingt centimètres au mois de septembre et donc à raccourcir quelque peu la durée de la saison sèche. Le relèvement des débits automnaux, du fait de la modestie des volumes concernés, n'atténue que très peu l'impact du fonctionnement des réservoirs suisses sur le régime du Rhône à Lyon.

Concernant l'impact de la retenue de Vouglans sur les crues, la question est sensiblement plus complexe. Remarquons en premier lieu, que la tranche utile du réservoir (425 Mm³) concerne une fraction importante des apports annuels moyens assurés par la rivière (1 300 Mm³) et un volume comparable à ceux qu'écoulent les grandes crues de l'Ain (400 Mm³ en janvier 1910, 480 Mm³ en février 1928). Dans la phase de conception de l'ouvrage, E.D.F. et les Ponts et Chaussées avaient prévu un ouvrage à buts multiples, susceptible d'assurer un écrêtement des grandes crues à Lyon. La production d'une énergie de pointe hivernale était censée vider la retenue en cette saison et aurait, dans des conditions comparables, écrêté de soixante-

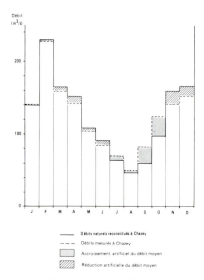

Figure 103. Evolution des débits à Chazey, après la mise en service de Vouglans.

10. Données publiées par la deuxième circonscription électrique concernant les débits moyens mensuels à la station de Chazey-d'Ain (série 1969-1980).

dix à cent centimètres, neuf des quatorze crues les plus importantes survenues entre 1840 et 1957. Pour tenir compte du remplissage assuré en automne et au printemps, le cahier des charges d'E.D.F. prévoyait le maintien d'une « tranche inconditionnelle de crues » d'une capacité de 15 Mm³[11]. En fait, le fonctionnement réel de l'usine semble être sensiblement différent puisque le réservoir n'est que partiellement rempli à l'automne et voit son niveau stabilisé en janvier-février. L'amortissement des grandes crues peut donc jouer au début de la saison des pluies, c'est-à-dire à l'automne.

En revanche, le réservoir de Vouglans a un impact certain sur les crues petites et moyennes. La correction des hydrogrammes de crues à Pont-d'Ain par la prise en compte des variations journalières artificielles de la réserve de Vouglans converties en m³/s et compte tenu du temps de propagation de l'onde de crue évalué à douze heures, a démontré que le réservoir avait amorti de 20 à 40 % les crues survenues entre 1968 et 1974 ; de fait, durant ce laps de temps, Vouglans n'a pas déversé bien que le débit d'équipement ne soit que de 330 m³/s[12].

En utilisant les tableaux de débits journaliers moyens publiés par la circonscription électrique de Dijon, on a cherché si le barrage de Vouglans avait provoqué une diminution du nombre de jours de dépassement de certains débits ; on a choisi les débits 500 m³/s (crue de 1,1 à 1,2 ans) et 1 000 m³/s (crue de deux ans). Dans le premier cas, le nombre de jours moyen est passé de 8 par an (1960-1968) à 5,3 (1969-1981) pour 500 m³/s et de 0,33 à 0,2 pour 1 000 m³/s. On constate une nette diminution mais ce mode d'évaluation est également dépendant des variations naturelles de l'hydraulicité qu'il conviendrait d'intégrer.

C'est là certainement une cause de changements induits à l'aval car, étant donné l'absence de grandes crues dans la dernière décennie, la rivière a perdu un de ses caractères qui était la soudaineté et la brutalité de ses crues.

c. LES BARRAGES SUR LE FLEUVE ET LA MODULATION DES DEBITS

Le fonctionnement des barrages du Rhône a créé une perturbation des débits dès la fin des années 1880 car il était nécessaire d'adapter le volume de la production électrique aux variations quotidiennes et hebdomadaires de la demande. Les deux grands consommateurs de l'époque qu'étaient les villes de Genève et Lyon ont donc imposé des modulations de faible ampleur mais fort gênantes pour la navigation des périodes d'étiage. Après 1947, l'exploitation des retenues de Seyssel et Génissiat a permis la fourniture d'une abondante énergie de pointe puis le fonctionnement en « éclusée » des nouveaux barrages de la C.N.R.

Les premiers barrages hydroélectriques :
Coulouvrenière, Chèvres, Jonage

A partir de 1887-1888, des bateaux naviguant sur le Rhône à l'aval de Lyon pouvaient être surpris en cours de route par une baisse

11. *Agard et coll. 1968.*
12. *S.O.G.R.E.A.H., 1976.*

subite des eaux et s'échouer sur des hauts-fonds. Ces variations de niveau devenaient sensibles et régulières dans les années 1893-94 par rétention et lâchures d'eau du Léman pour le fonctionnement des usines de Coulouvrenière et de Chèvres dont la construction venait de s'achever.

En fait, ce sont les plaintes des usiniers français de Challex, Collonges et Chevrier qui motivèrent la tenue de la première commission technique de 1898. Les meuniers protestaient car la fermeture des vannes suisses leur imposait l'arrêt des roues pendant la nuit.

Une étude des services industriels de la ville de Genève fut réalisée en 1898 sur l'influence des barrages sur le régime du Rhône. La moyenne des débits horaires fut calculée pour la semaine du 16 au 23 novembre et démontrait l'existence d'une double pointe de consommation de 17 à 21 heures et de 8 à 10 heures pour la satisfaction des besoins domestiques et le fonctionnement du tramway de Genève. Le creux de minuit à 6 heures du matin correspond à l'arrêt des usines et l'on a confirmation de l'application du règlement de 1892 prévoyant un débit minimum de 90 m³/s sur l'émissaire du lac Léman (usine de Coulouvrenière). La courbe des débits turbinés à l'usine de Chèvres est différente car elle n'est pas exclusivement contrôlée par la manœuvre des vannes du lac. Durant cette période, Chèvres reçut un débit moyen complémentaire de 31 m³/s en provenance de l'Arve ; à l'aval de l'usine, une égalisation sensible des débits était perceptible par comblement de l'étiage nocturne à 150 m³/s sans que le débit de pointe soit augmenté.

Cette modulation quotidienne portant sur 40 m³/s dans l'exemple précédent se doublait d'une modulation hebdomadaire. La faiblesse de la consommation des dimanches genevois conduisait à opérer des lâchures minima pour épargner l'eau du Léman ; le lendemain, cette rétention faisait sentir ses effets vers Lyon où les mariniers tenaient compte de la « cote du lundi », particulièrement basse. A Beaucaire, la dépression était enregistrée le mercredi. Dans le rapport qu'il présenta en 1898, lors des assises de la commission technique internationale, H. Girardon fournit une première évaluation de ces variations puis la question fut précisée par la mesure des amplitudes moyennes des oscillations quotidiennes produites par le jeu des barrages durant la période 1900-1907 (fig. 105). L'atténuation est très sensible à l'aval des gorges du Rhône et de Seyssel ; au confluent de l'Ain, l'amplitude moyenne ne dépassait pas trois à quatre centimètres. En réalité, c'est l'usine de Cusset qui, après sa mise en service en 1899, portait la responsabilité essentielle en relevant l'amplitude à plus de quinze centimètres à l'aval de Condrieu.

La C.N.R. a réalisé en 1959 une étude traitant de « l'influence sur la navigation du Bas-Rhône des modulations du débit pratiquées en amont ». Nous retiendrons à titre d'exemple la semaine du 28 mai au 4 juin en comparant les débits moyens journaliers du jour J à la sortie du lac, à Pougny et à Seyssel, à ceux du jour J + 1 à Sault-Brénaz, au pont Poincaré et à La Mulatière. Il en ressort

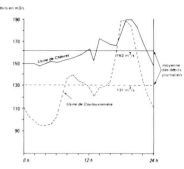

Figure 104. Influence des barrages de Chèvres et de Coulouvrenière sur le régime du Rhône.

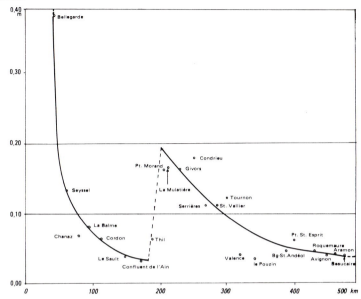

Figure 105. Les oscillations quotidiennes de la ligne d'eau dues aux usines de Genève et de Jonage (1900-1907).

que les barrages du Haut-Rhône et de l'Ain jouent un rôle de rétention important durant le week-end puisque le lac Léman, les barrages du Verbois, Génissiat et Seyssel, les barrages de l'Ain, ont stocké une moyenne de 146 m³/s à eux tous ; la part de chacun se décompose ainsi : Léman : 36 % ; Verbois : 12 % ; Génissiat-Seyssel : 27 % ; Ain : 25 % (total : 100 %).

Le système de rétention du Haut-Rhône intervient donc, ce week-end du 31 mai-1er juin 1959, pour les trois quarts dans la réduction globale du débit à Lyon.

De Génissiat à Sault-Brénaz :
éclusage et modulation des débits

L'impact du réservoir de Génissiat a revêtu une toute autre ampleur. La retenue a une capacité utile de 12 Mm³ qu'il a été proposé d'affecter à la fourniture d'énergie de pointe dès la fin de la Deuxième Guerre mondiale.

Dès 1944, avant donc la mise en service du barrage, on se préoccupa des répercussions de fortes variations de niveau à l'aval de Génissiat. La Compagnie nationale du Rhône avait prévu de construire un système de vannage sur le canal de Savières, permettant de stabiliser les niveaux du lac du Bourget, soit par évacuation rapide de ses crues, soit par soutien à ses étiages. Le projet échoua devant l'opposition véhémente des défenseurs de l'intégrité du site et des associations de pêcheurs persuadées que de fréquents apports d'eau froide d'origine fluviale nuiraient au poisson. G. Tournier explique que cette contestation conduisit la C.N.R. à édifier le barrage compensateur de Seyssel (1951) pour éviter de toucher au canal de Savières, mais l'on s'inquiétait des répercussions que pourrait avoir une manœuvre défectueuse du futur barrage ; l'on envisagea un temps de limiter l'accès aux îles du Rhône, situées entre Seyssel et Chanaz et même de les acquérir à l'amiable, voire par expropriation, pour éviter toute contestation. Les 6 Mm³ de capacité utile du réservoir ne pouvant annuler complètement les variations de niveau occasionnées par le fonctionnement de Génissiat, la C.N.R. craignait également que le renversement périodique du sens d'écoulement dans le canal de Savières ne se traduise à terme par des érosions de berge.

La construction récente des trois barrages de Chautagne, Belley et Brégnier-Cordon a permis à la C.N.R. d'améliorer le fonctionnement en éclusées sur le Haut-Rhône. Il peut être utile d'en exposer sommairement le principe pour mieux dégager les implications d'ordre hydrologique.

La continuité de la canalisation réalisée entre l'Etournel, à l'amont de la retenue de Génissiat, et Brégnier, permet de s'affranchir des temps de transfert du débit entre les cinq aménagements et autorise donc l'exécution d'éclusées simultanées sur chaque usine. La retenue de tête, Génissiat, fournit l'éclusée dite de « formation » en utilisant sa réserve utile ; elle subit à cette occasion un marnage de plus de cinq mètres. Les quatre aménagements suivants pratiquent des « éclusées de transmission » mais exercent une compensation progressive en utilisant leur capacité utile (6 Mm³ pour Seyssel, 1 à 3 Mm³ pour les autres retenues) de manière à réduire à l'aval les écarts de débit. La gestion des retenues du Haut-Rhône se distingue en ceci, de l'escalier du Rhône de Jonage à la mer, que la formation de l'éclusée s'opère par le jeu d'éclusées cumulatives qui permettent d'augmenter progressivement le débit. C'est l'inverse à l'amont de Lyon, car il est nécessaire à la C.N.R. de tenir compte du tronçon non aménagé entre Brégnier et Jons, entre Sault-Brénaz et Jons à partir de 1987.

La réalisation des éclusées a pour but de moduler la production d'électricité sur les besoins de la consommation. Il existe une multitude de possibilités en ce qui concerne la répartition des débits au cours de l'éclusée. La C.N.R. a exposé deux types extrêmes d'éclusées, l'un qui privilégie les heures de pointe, l'autre qui privilégie les heures pleines[13] ; la fig. 106 expose ces deux types d'éclusée pour la situation de débit semi-permanent à Génissiat soit 300 m³/s ; ces deux cas ont été retenus car ce débit permet de réaliser les éclusées maximales sur le Haut-Rhône.

— Le fonctionnement en éclusées de pointe s'opère par la succession quotidienne de trois phases :

Un surdébit de quatre heures par lâchure de 380 m³/s à Génissiat, et par l'effet de la réduction compensatrice, 280 m³/s à Seyssel, 200 m³/s à Chautagne, 120 m³/s à Belley et 40 m³/s à Brégnier-Cordon.

Une marche au débit naturel de 300 m³/s pendant quatorze heures.

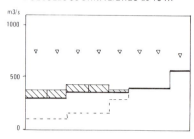

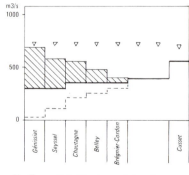

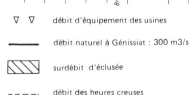

Figure 106. Le fonctionnement en éclusées des ouvrages du Haut-Rhône.

13. *Chute de Sault-Brénaz. Impact sur l'environnement. 1980.*

Une rétention pendant six heures. Le débit relâché à Génissiat tombe à 40 m³/s mais augmente progressivement à l'aval des barrages suivants.

— Le fonctionnement en éclusées d'heures pleines s'opère par la succession quotidienne de deux phases :

Un surdébit de 80 m³/s pendant dix-huit heures sur les quatre barrages de tête et de 40 m³/s à Brégnier-Cordon.

Une rétention pendant six heures qui porte sur un débit triple des valeurs précédentes.

Le premier mode de fonctionnement se situe principalement pendant les mois de décembre et janvier, quant au second, il est susceptible d'être utilisé pendant toute l'année, mais plus précisément pendant les mois de novembre à mars.

Ces variations quotidiennes de débit créent un phénomène de marnage artificiel dont l'impact sur l'environnement est loin d'être négligeable. Dans les retenues, la ligne d'eau varie d'une cinquantaine de centimètres ; l'appel d'eau de l'usine de Belley est particulièrement visible dans le resserrement rocheux du Lit-au-Roi.

Malgré la compensation réalisée par les derniers ouvrages, le marnage reste sensible à l'aval de Brégnier-Cordon. Une analyse statistique des fluctuations de niveau au pont de Groslée a permis à la C.N.R. (1980) de construire la courbe des valeurs classées pour l'année 1979. Le marnage quotidien dépasse un mètre dix jours par an et cinquante centimètres soixante-cinq jours par an.

Cette modulation de l'écoulement, pour un débit de base voisin du débit semi-permanent, crée également une variation de la vitesse de l'eau.

Le Rhône court-circuité

Le régime du Haut-Rhône a changé depuis un siècle sous l'influence complexe des retenues alpestres, de la gestion des eaux du Léman, de la régulation quotidienne des retenues rhodaniennes. Ce changement de nature hydrologique est enregistré aux stations de Sault-Brénaz ou du pont Morand à Lyon, mais la réalité statistique ne doit pas occulter l'impact hydrographique des aménagements à dérivation. Les cinq aménagements de Miribel, Chautagne, Belley, Brégnier-Cordon et Sault-Brénaz, sans compter le projet de Loyettes, totalisent quarante-neuf kilomètres de Rhône court-circuité dans lesquels E.D.F. et la C.N.R. maintiennent un « débit réservé ».

Le débit moyen est de 30 m³/s dans le canal de Miribel depuis 1937, date de construction du barrage de Jons. Ce débit était particulièrement élevé pour l'époque et excédait le « débit de salubrité » retenu par la C.N.R. à l'aval de Lyon pour ses premiers aménagements. Une telle conception restrictive a été reprise pour le débit réservé de Chautagne (6 % du DCE de 140 m³/s, contre 3 à 6 % à l'aval de Lyon) puis sensiblement révisée en hausse pour Belley et surtout Brégnier-Cordon où la moyenne mensuelle dépasse les 100 m³/s.

	J	F	M	A	M	J	J	A	S	O	N	D	mise en service	longueur
CHAUTAGNE	10						20						1980	9
BELLEY	25		28		60			28		25			1981	17
BRÉGNIER-CORDON	80		100		150		100		80				1984	12
SAULT-BRÉNAZ	20			60			20						1986	2
LOYETTES	40			80			40						projet	7
MIRIBEL Canal	30												1937	18

65 km

Par rapport à 1937, les conceptions ont évolué dans le sens d'une modulation saisonnière du débit ; pour des raisons écologiques et esthétiques, les débits estivaux ont été relevés jusqu'à 60 m³/s pour Belley et Sault-Brénaz et même 150 m³/s à Brégnier-Cordon, valeur proche du DCE.

Ce débit réservé est en réalité un débit de base susceptible d'augmenter lorsque le débit du Rhône dans la retenue dépasse le débit d'équipement de l'usine. Dans ce cas, le débit excédant la somme de Q équipement + Q réservé s'ajoute au débit réservé de l'époque de l'année. Prenons l'exemple de l'aménagement de Miribel-Jonage (fig. 107) ; la courbe supérieure représente les maxima journaliers de la période du 1er janvier 1978 au 15 juin 1978, la courbe inférieure représente les minima journaliers. Le régime artificiel du canal se caractérise par l'alternance de phases où le débit est complètement stabilisé et de pics de « crue » lorsque le débit à Jons dépasse 680 m³/s. La figure représente l'hydrogramme d'une période humide alors que les neuf premiers mois 1976, l'année sèche, ne révèlent aucune aspérité sur la ligne des 30 m³/s.

La situation est différente sur les deux aménagements de Chautagne et Belley. Lorsque le débit de crue dépasse le débit d'armement de l'usine (700 m³/s), les vannes sont lentement fermées de manière à faire transiter la totalité du flot (Belley) ou la quasi-totalité (Q – 300 m³/s en Chautagne) par le Rhône court-circuité. Ce fonctionnement affecte le débit en transit mais ne modifie pas la fréquence de dépassement du débit réservé ; la courbe des débits classés du Rhône à Chanaz (1965-1965) indique que les 700 m³/s sont dépassés en moyenne une quarantaine de jours par an.

Le régime hydrologique du Haut-Rhône français a donc subi une série d'influences complexes depuis un siècle.

— De 1884, date de la convention intercantonale confirmée par le règlement de 1892, aux années 1940, la capacité de rétention du lac Léman a été réduite de 600-800 Mm³ à 330-340 Mm³. Il en résulte une augmentation des débits de saison chaude et un déplacement d'août à juillet du maximum mensuel ; en corollaire, le maintien automnal des niveaux du lac a nécessité une politique suisse de réten-

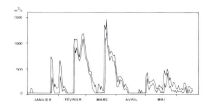

Figure 107. Les débits du canal de Miribel.

tion, de la fin août au mois d'octobre ; la réduction des débits sur le Rhône durant cette période a été d'autant plus durement ressentie par la navigation à l'aval de Lyon que c'est alors l'étiage de l'Ain et de la Saône.

— Depuis les années 1940, un mouvement inverse prévaut avec une ampleur croissante. La capacité de rétention du Léman, relevée à 700 Mm³, s'ajoute au volume stocké dans les Alpes suisses, soit plus de 1 000 Mm³. Il en résulte une puissante régularisation du régime par diminution des débits de saison chaude et hausse des débits de saison froide. Le remplissage des réservoirs alpestres d'altitude s'opère de mai à septembre et gêne la montée du lac Léman ; la navigation française, avant réalisation de l'escalier de barrages entre Lyon et la mer, était considérablement gênée dès le mois de juin et subissait un sévère étiage au mois d'août alors que l'été était auparavant la saison des eaux marchandes sur le fleuve.

— A ces variations de rythme saisonnier, se superposent des variations quotidiennes de débit imposées par la gestion des usines hydroélectriques en service depuis la fin des années 1880. Depuis 1948, le réservoir de Génissiat produit de l'énergie de pointe ; l'éclusée produite est utilisée par les usines récemment construites par la Compagnie nationale du Rhône.

Le Rhône ancien a été court-circuité sur cinquante-huit kilomètres par les aménagements de Chautagne, Belley, Brégnier-Cordon, Sault-Brénaz et Cusset ; sur ces tronçons, le régime est artificiel et fortemment contrasté en période de crue.

2. La contraction du champ d'inondation

Depuis la fin du XVIIIᵉ siècle, les interventions humaines répétées ont sensiblement modifié la géométrie du champ d'inondation. Des impacts directs et indirects ont affecté la capacité naturelle d'étalement et d'écrêtement des crues ; la fin des années 1970 est une période charnière qui clôt deux siècles de lente évolution et inaugure le grand bouleversement opéré par la Compagnie nationale du Rhône.

a. L'EVOLUTION DU CHAMP D'INONDATION AVANT 1980

La contraction du champ d'inondation est remarquable dans les deux secteurs les plus affectés par les travaux d'endiguement, à savoir les plaines de Chautagne-Lavours d'une part, de Miribel d'autre part. La définition du champ d'inondation est fort délicate car elle se réfère à la notion de « crue ». Les ingénieurs employaient naguère l'expression de « champ naturel d'expansion des crues » pour désigner l'espace noyé par le Rhône. La loi de 1858, qui avait pour finalité première de protéger Lyon et donc de ménager l'intégrité de la plaine d'inondation, ne pouvait que délimiter la plus vaste surface possible, en l'occurrence le champ d'inondation de la crue de 1856. Il n'est pas étonnant que, dans la vallée du Rhône, la plaine d'inondation n'ait été bornée que dans ses limites maxima puisque la crue de 1856 est considérée comme une crue de fréquence centennale, même si cela n'est pas tout à fait exact à l'amont de Lyon.

Dans la pratique, la plaine d'inondation a été définie comme « la surface plane bordant le chenal construit par la rivière dans les conditions climatiques actuelles et submergée lors des crues[14] ». De la sorte, définir la plaine d'inondation revient à définir le chenal du cours d'eau.

Il a été démontré de manière statistique que la taille des chenaux s'ajuste au débit à pleins bords qui est lui-même réalisé pour la crue de retour 1,5 an[15]. Ainsi, par définition, l'inondation débuterait lorsque le débit dépasse la valeur correspondant à cette fréquence de retour. L'adaptation de Gumbel aux débits de crue fournit les valeurs suivantes : Seyssel : 1 180 m³/s ; Châteaufort : 1 500 m³/s ; La Balme : 1 260 m³/s ; Sault-Brénaz : 1 200 m³/s ; pont Morand : 2 100 m³/s. Ces valeurs théoriques de débit de crue marqueraient donc le début de l'inondation. Dans la pratique, la réalité est beaucoup plus complexe comme le suggère l'exemple des marais de Chautagne et Lavours.

Le bilan dans les plaines de Chautagne et Lavours

L'analyse des textes anciens a mis en évidence le fait que l'inondation des marais se produisait non seulement lors des crues de saison froide mais aussi, tous les ans, à l'occasion des hautes eaux d'été ; les débits naturels reconstitués du Rhône à Chanaz[16] avoisinent les 600-650 m³/s en moyenne mensuelle pour juin et juillet si bien que l'on est en droit d'estimer que la fréquence de 1,5 an était largement dépassée au XVIIIe siècle. Comment expliquer cette anomalie apparente ? Il est probable que cette situation est un des effets de la dynamique morphologique très particulière de cette plaine ; l'exhaussement du lit tressé devait faciliter le basculement des hautes eaux dans les arrière-marais de Chautagne et Lavours et, par voie de conséquence, conférer une acuité particulière à la question des inondations dans ces bassins. La situation présentait sans doute des similitudes dans les Basses-Terres où l'exhaussement est un processus actif.

La digue de Picollet, première digue longitudinale construite à partir de 1760, à l'amont de la Chautagne, sur les communes de Motz et Serrières, devait protéger de la corrosion du fleuve une partie du lit de tressage soustraite au retour des eaux. Cette digue, qualifiée par la suite d'insubmersible, ne pouvait sans doute pas faire obstacle aux crues moyennes et fortes, comme le suggère l'analyse de quelques textes. Remarquons en premier lieu que son couronnement ne dépassait pas de plus de 1,50 mètre le niveau de la plaine graveleuse, ce que confirme l'observation du terrain ; un marchepied avait été établi en contrebas et en arrière du couronnement de la digue dans le but de briser la violence des eaux déversantes et de supprimer par là même un possible affouillement en arrière de l'ouvrage.

14. Dunne et Léopold, 1978.
15. Wolman et Miller, 1960.
16. Coudert, 1974.

De fait, deux lettres du syndic de Motz à l'intendant général de la division de Savoye, datées des 10 et 20 mars 1824, confirment le fréquent franchissement de la digue par les crues : « L'eau chargée d'un bon limon (au moment des grandes crues) laisse un dépôt considérable partout où elle baigne les propriétés situées le long de la digue, ce qui les améliore considérablement, surtout en élevant leur surface comme on le remarque déjà sur plusieurs de ces propriétés[17]. » Cela était si vrai que l'on ne cherchait pas à finir le couronnement de la digue dans une partie détruite lors de la crue de 1812.

Mieux, ce type d'endiguement autorisait une inondation passive par les eaux du Rhône : « Les eaux qui s'infiltrent par nord de la même digue et qui viennent sortir, dans leurs écoulements, au midi du point extrême de la digue sont très souvent arrêtées et surtout dans les grandes pluies et les crues d'eaux pendant l'été qui proviennent de la fonte des neiges, ces eaux sont refluées dans l'intérieur des terres par le gros cours du fleuve, deviennent stagnantes, nuisibles aux cultures, à la santé des habitants qui éprouvent fréquemment des fièvres[18]. » Il est ainsi clair qu'au milieu du XIXe siècle, soixante-dix ans après la réalisation de la digue de Picollet, le Rhône inondait quasiment la même superficie qu'à l'état naturel ; pour les agriculteurs, le bilan était positif dans la mesure où un lent colmatage avait succédé à l'incessant remaniement des eaux. L'endiguement longitudinal et en échelons réalisé par étapes en Chautagne n'avait donc pas, semble-t-il, d'impact direct sur le réservoir naturel d'expansion des crues.

Les habitants de la Chautagne prétendirent subir les conséquences de la construction de la route nationale et du chemin de fer de rive droite. Lors de la crue d'octobre 1855, « jamais on n'avait vu le pays envahi par une aussi grande quantité d'eau... On a détourné beaucoup de branches du Rhône qui prenaient une part des eaux du fleuve dans les hautes crues, tandis qu'aujourd'hui, la masse de ses eaux se précipite dans les marais de la Chautagne qu'elle parcourt avec un courant redoutable[19]. »

C'est peu après, en 1858 que fut construite la voie ferrée de Culoz à Aix-les-Bains ; elle enjambe le Rhône par un viaduc métallique ancré dans le Rhône et traverse le marais de Chautagne en remblai. Les témoignages de l'époque ont accusé cette ligne d'aggraver les crues en Chautagne amont, de compenser en quelque sorte, mais très partiellement, les pertes subies sur l'autre rive.

Sans qu'il y ait eu le moindre endiguement complémentaire depuis le XIXe siècle — H. Girardon et ses successeurs y avaient veillé — la situation a sensiblement évolué. L'incision progressive du lit mineur s'est accompagnée d'une descente des lignes d'eau pour les débits caractéristiques de crue. Cet exemple illustre bien la notion d'impact induit par des causes complexes.

Ce résultat fut obtenu malgré l'influence apparemment antagoniste d'autres ouvrages de génie civil établis dans le lit majeur. L'impact le plus évident est la mise hors d'eau de la plaine d'Anglefort et

17. A.D. Savoie. Fonds sarde. 1814-1860. 2424.
18. Lettre du conseil de Serrières à l'intendant général, 2 décembre 1849. A.D. Savoie. Fonds sarde. 1814-1860. Liasse 2425.
19. A.D. Savoie. Fonds sarde. 1814-1860. Liasse 2425. Lettre des conseils de Ruffieux, Serrières et Motz au ministre des Travaux publics à propos du projet de chemin de fer Culoz-Aix.

de la partie nord-est du marais du Lavours par les digues insubmersibles.

En somme, la route Culoz-Rochefort, la voie ferrée Culoz-Genève établie sur un remblai insubmersible, le pont de la Loi, le viaduc de la ligne ferroviaire Culoz-Aix prolongé par une voie en remblai et la digue en terre de Vions ont conjugué leurs effets pour rétrécir le champ d'expansion des crues ou ralentir l'écoulement ; ces impacts, qui ont réellement nui à la Chautagne à la fin du XIXe siècle, ont été annihilés par l'incision du Rhône. Ce phénomène rend d'autant plus remarquable la réduction des inondations sur la rive gauche.

A la fin des années 1970, la situation était donc la suivante :

— La Chautagne était à l'abri des petites crues. Seul le lac du Bourget conservait une fonction d'étalement et d'écrêtement par l'intermédiaire du canal de Savières. L'ensemble marais-lac conservait sa fonction hydrologique primitive pour les crues moyennes et fortes, mais l'efficacité en était diminuée par le fait que le débordement ne concernait plus que le pic de la crue (débit maximum instantané) au moment où le franchissement des berges devient possible. La durée de remplissage du réservoir naturel se trouve réduite à quelques heures, au plus une journée. Cette remarque illustre le principe que la position relative du chenal et de la plaine d'inondation ne sont pas seules en cause.

— Un autre exemple illustrera ce propos ; considérons les conditions de mise en eau du marais de Lavours par refoulement des eaux du Rhône dans le lit du Séran, sous le pont de Rochefort. L'inondation du marais commence lorsque le débit du fleuve dépasse 1 000 m³/s ; lors des crues moyennes, l'invasion des eaux du Rhône dure au plus une journée et concerne au maximum quelques dizaines de m³/s. L'accélération contemporaine du passage des crues entre Châteaufort et Chanaz a également contribué à réduire la durée du refoulement dans le marais de Lavours, pour des crues de même fréquence.

Le bilan dans la plaine de Miribel-Jonage

Il est difficile d'apprécier dans quelle mesure exacte les impacts directs et induits des aménagements réalisés depuis 1848 ont modifié le champ d'expansion des crues. D'une certaine manière, le canal de Miribel n'empêchait pas l'inondation, à l'époque où il était conçu et réalisé, et l'endiguement insubmersible de Lyon et Villeurbanne, commencé en 1859, ne pouvait qu'élever les eaux dans la plaine de Vaulx-en-Velin. Des effets induits très complexes ont joué, comme le basculement du canal dont on a vu qu'il aggravait le niveau des crues à Vaulx, comme l'exhaussement alluvial de la plaine... Les études réalisées sur la crue de 1957 par les Ponts et Chaussées ont révélé la faible efficacité relative du champ d'expansion des crues, un siècle après l'achèvement des premiers grands travaux.

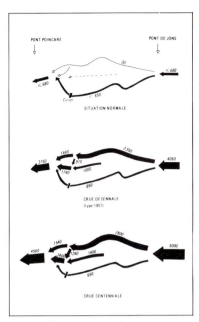

Figure 108. Les maxima instantanés pour certains débits dans les éléments du réseau hydrographique de la plaine de Miribel-Jonage (en m³/s).

20. Winghart et Chabert, 1965.
21. Archives S.N.R.S.

En premier lieu, le débordement du Rhône entre le confluent de l'Ain et Lyon écrête les débits de crue, mais de manière assez modeste. Prenons l'exemple de la crue de 1957, de fréquence décennale ; le débit de pointe s'abaisse de 4 050 à 3 750 m³/s au pont Morand, soit une atténuation de 300 m³/s[20]. Pour une crue de fréquence décennale, remarquons, à titre de comparaison, que l'écrêtement est voisin entre Châteaufort et La Balme, mais il est vrai que les conditions naturelles étaient très perturbées dans les îles de Miribel en 1957... Quoi qu'il en soit, la violence des crues à Lyon reflète davantage le caractère excessif de l'affluent jurassien que celui du réseau proprement rhodanien.

En second lieu, la géométrie du lit majeur à l'aval de l'Ain ne favorise pas le processus de stockage et de déstockage de l'eau, car le flux circule rapidement dans l'axe de la plaine au lieu de basculer dans des cuvettes annexes comme il est de règle dans les bassins amont. Ainsi, le débit en 1957 a dépassé 2 000 m³/s pendant dix-huit heures à l'aval du confluent de l'Ain et au pont Morand sans que le débordement ne produise d'étalement de la crue.

Les modalités de la mise en eau du champ d'expansion expliquent cette faible efficacité. Considérons les étapes de la submersion dans l'hypothèse d'une montée des eaux :

— Le débit du canal de Miribel commence à croître au-delà du débit réservé de 30 m³/s lorsque le débit du Rhône à l'amont du pont de Jons excède la somme du débit maximal turbinable à Cusset et du débit réservé, soit 680 m³/s.

— C'est pour un débit global du Rhône de 1 900 m³/s (crue de 1,2 an) que le franchissement des endiguements de la rive gauche du canal de Miribel se généralise. Localement, l'île est submergée par le flux en provenance de brèches, mais la vieille brèche de Thil ne fonctionne plus par l'effet du basculement du canal.

— Au-delà de 1 900 m³/s, le déversoir latéral établi en rive droite du canal d'amenée à l'usine de Cusset se met en fonctionnement et permet de limiter à 650 m³/s le débit transitant par l'usine si le barrage de garde de Jonage ne remplit pas sa fonction à temps ; l'eau déversée rejoint le Vieux Rhône par une ancienne lône.

La fig. 145 représente la répartition spatiale des débits dans les divers éléments du réseau hydrographique à l'occasion de la crue de 1957, de type décennal, et d'une crue de type centennal. Dans le premier cas, le Vieux Rhône à l'amont de la brèche de Neyron collectait le quart des eaux contre près de 60 % pour le canal de Miribel mais cette répartition des débits aurait diminué l'écart dans la deuxième hypothèse (respectivement 28 et 56 %). Les hydrogrammes de crue instantanée de ces éléments de réseau mettent en évidence le retard des maxima dans le Vieux Rhône qui atteint cinq heures dans l'hypothèse de la crue décennale et seulement deux à trois heures dans l'hypothèse de la crue centennale[21].

Le bilan dans l'agglomération lyonnaise

Tout laisse penser que la protection de Villeurbanne et Lyon est garantie par les travaux réalisés au milieu du XIXe siècle, mais les documents d'urbanisme se doivent de tenir compte des risques potentiels dans la zone dite « intra muros ».

Le lit majeur « naturel » protégé par des endiguements couvre une superficie de 750 hectares sur la commune de Villeurbanne et de 2 500 hectares sur la commune de Lyon, en rive gauche. Le champ d'inondation potentiel conserve une topographie à micro-interfluves et talwegs mais a subi depuis plus d'un siècle une notable sédimentation urbaine si bien que l'altitude de la plaine bâtie n'est plus que légèrement inférieure à celle des crues exceptionnelles susceptibles d'inonder la rive gauche ; celle-ci demeure donc une « zone à risques » dans le projet de nouveau zonage réglementaire. En revanche, la presqu'île a subi un remblaiement multiséculaire tel qu'elle n'est plus inondable par le Rhône, en particulier à l'emplacement des vieux « môles » urbanisés d'Ainay et des Terreaux[22].

L'efficacité des travaux de protection comme le changement radical de la physionomie fluviale qui a fait du Rhône « un lac à faible courant » ont provoqué un « recul indéniable de la peur[23] ». Un impact indirect des anciens travaux d'endiguement fait donc du Rhône un fleuve étranger, comme « exclu du site vécu ».

b. L'IMPACT DES TRAVAUX DE LA COMPAGNIE NATIONALE DU RHONE

Les trois aménagements hydroélectriques de Chautagne, Belley et Brégnier-Cordon sont établis dans le champ d'inondation du Rhône, à l'exception de la dérivation de Belley qui emprunte une ancienne vallée glaciaire sur une distance d'une douzaine de kilomètres. Comme le souligne avec force la compagnie : « Il était absolument indispensable que les ouvrages projetés conservent au tronçon du Rhône intéressé ses possibilités naturelles d'écrêtement des crues, capitales pour la situation des riverains d'aval et notamment l'agglomération lyonnaise ; il était également nécessaire que la situation des riverains de la Chautagne et du lac du Bourget ne soit pas aggravée et souhaitable que cette situation soit même, si possible, améliorée, ce qui a finalement pu être fait[24] ». D'un autre côté, « la création de retenues à niveau peu variable tout au long de la rivière a normalement pour effet d'accélérer la propagation des crues et de réduire leur écrêtement et, par conséquent, d'exhausser leur niveau dans les zones aval[25] ». Un modèle mathématique d'écoulement étalonné à partir des observations faites sur les grandes crues des années 1960 et un modèle physique à l'échelle du 1/300e ont permis de procéder aux choix techniques et de mettre au point les consignes d'exploitation des ouvrages, de manière à satisfaire à ces impératifs d'apparence contradictoire.

Il est fort délicat pour un observateur ne disposant pas de toutes les données techniques et hydrauliques, de dresser un bilan des modalités nouvelles de la mise en eau. La période d'observation est par ailleurs trop courte pour que l'impact des aménagements soit

22. *Ravier, 1982.*
23. *Pelletier, 1982.*
24. *C.N.R., 1984.*
25. *Savey, 1982.*

testé en grandeur nature. Ces réserves expliquent qu'on se contente ici d'un examen critique des données disponibles dans une série de rapports et publications élaborés par la compagnie[26].

L'impact direct des ouvrages

Entre Motz et les marais de Cressin-Rochefort, le canal de dérivation de la chute de Chautagne, la retenue et une partie du canal de dérivation de la chute de Belley encombrent la plaine d'inondation. Il en est de même entre La Balme et Brégnier-Cordon pour la troisième chute (fig. 109).

26. *Savey et coll. 1982.* Chutes de Chautagne et Belley. Aménagement énergétique du Haut-Rhône. *Travaux pp. 3-12 ;* Dossiers d'enquête d'utilité publique des aménagements hydroélectriques de Chautagne et Belley ; Chute de Brégnier-Cordon. Impact sur l'environnement ; *notices techniques sur les aménagements des trois chutes ; contribution de la C.N.R. au Symposium 1984 de la C.I.I.D. à Fort-Collins (U.S.A.). D.T.E. 82-675 ;* L'aménagement du Haut-Rhône et les crues. *D.T 83. 490 C.*

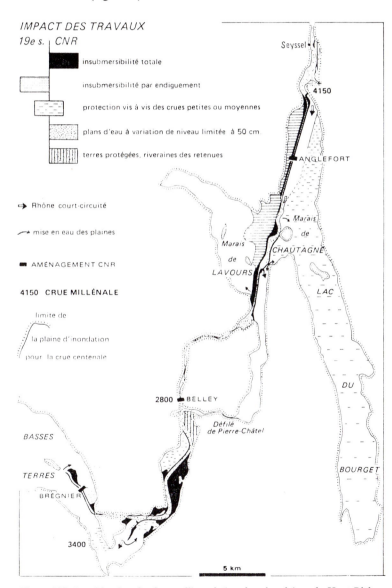

IMPACT DES TRAVAUX
19e s. CNR

insubmersibilité totale

insubmersibilité par endiguement

protection vis à vis des crues petites ou moyennes

plans d'eau à variation de niveau limitée à 50 cm.

terres protégées, riveraines des retenues

Rhône court-circuité

mise en eau des plaines

AMÉNAGEMENT CNR

4150 CRUE MILLÉNALE

limite de
la plaine d'inondation
pour la crue centenale

Figure 109. La réduction du champ d'inondation dans les plaines du Haut-Rhône.

341

En premier lieu, les ouvrages tels que digues et contre-canaux amputent le champ d'inondation de plusieurs dizaines d'hectares même si le tracé suit au plus près les digues insubmersibles de rive droite construites au XIXe siècle. Le plan d'eau artificiel qui s'étend de Seyssel à Brégnier-Cordon est quasiment stable dans la mesure où la ligne d'eau enregistre une élévation de cinquante centimètres seulement entre la situation normale et la situation de crue millénale. Cet espace vient donc également en réduction des volumes stockables en temps de crue.

En revanche, la C.N.R. fait valoir que « le tronçon du Rhône court-circuité par le canal peut jouer un rôle écrêteur de crues, dans la mesure où il est le siège d'un faible débit avant l'arrivée de la crue (débit réservé), de sorte qu'il représente une capacité de stockage non négligeable ». La compagnie « procède parallèlement à un approfondissement et à un élargissement du lit mineur du Rhône pour augmenter sa débitance et compenser la réduction des champs d'inondations résultant de ces endiguements[27] ».

Ces mesures ne pouvant, à elles seules, compenser l'effet d'encombrement des ouvrages, la compagnie applique des consignes d'exploitation particulières :

— « Sur la chute de Chautagne, la consigne prévoit que lorsque le débit du Rhône à Châteaufort atteint 1 400 m³/s — ce qui correspond au début des débordements en Chautagne — le débit dérivé et turbiné à l'usine, qui est alors de 700 m³/s (débit d'équipement de la chute) est réduit progressivement à 300 m³/s. Le Rhône court-circuité peut ainsi se remplir et les débordements se produire. Le maintien d'un débit dérivé compense l'encombrement du lit majeur par la dérivation et évite l'aggravation des niveaux de submersion au droit de cette dérivation. » Ce jeu de compensations devrait donc annuler l'impact de l'ouvrage de Chautagne sur le lit majeur local, mais il n'en reste pas moins que la capacité de stockage des eaux de crue peut sembler réduite par rapport à l'état initial.

— « Sur la chute de Belley, la consigne prévoit également une réduction du débit dérivé lorsque le débit du Rhône atteint 1 400 m³/s, mais ici la réduction de débit est totale, l'usine étant progressivement fermée et le débit dérivé réduit à 0 en dix-huit heures. » Cette mesure était rendue nécessaire car la dérivation de Belley, établie hors du lit majeur, assurerait une vidange des plaines en complément du tronçon Chanaz-La Balme et gênerait la mise en eau des marais et du lac. Dans la pratique, la manœuvre s'avère trop longue puisqu'elle excède largement la durée des crues qui est en général d'une dizaine d'heures à l'état naturel ; l'élévation de cinquante centimètres du plan d'eau de la retenue de Belley, prévue pour rétablir les conditions de submersion en direction des marais de Chautagne se fait donc sentir trop tard pour produire pleinement ses effets.

La mise en eau des marais et du lac du Bourget

La question fondamentale est évidemment le maintien des capacités d'accumulation dans les deux marais de Chautagne et Lavours

27. *C.N.R., D.T. 83. 490 C.*

342

et dans le lac du Bourget. Considérons en premier lieu l'ensemble hydrologique « marais de Chautagne-lac du Bourget ».

Sur sa rive gauche et à l'aval du Molard de Vions, la retenue de la chute de Belley est protégée par une digue insubmersible de telle façon que les relations entre le champ d'inondation et le fleuve ne s'opèrent plus qu'à l'amont du Molard et par le canal de Savières. La rive gauche entre le pont de la Loi et le Molard de Vions a été maintenue submersible ; « On s'est ici contenté de fermer les entrées des bras secondaires (ou lônes) du fleuve et de régulariser le terrain naturel suivant un profil en long calé en fonction de la pente des lignes d'eau[28]. » Le débit de submersion avait été prévu pour un débit de 1 400 m³/s à Châteaufort, de manière à respecter la situation antérieure, mais la réalisation s'est révélée inadéquate car le modèle ne prenait pas en compte le débordement par les lônes ; ainsi la crue du 27 novembre 1983, dont le maximum instantané a atteint 1 580 m³/s à 14 heures, n'est-elle pas entrée dans le marais. En revanche, la crue décennale de mai 1983, voisine de 2 200 m³/s a franchi la digue submersible. En quelque sorte, c'est dorénavant la crue de deux ans qui peut subir une atténuation par débordement ; les riverains n'ont évidemment pas manqué de percevoir le changement et de manifester leur satisfaction.

Le second point sensible est le canal de Savières qui fait communiquer le lac et le Rhône court-circuité par la chute de Belley. Comme, dans ce tronçon du fleuve, « le niveau se trouve notablement abaissé par rapport à la situation naturelle puisqu'il ne s'y écoule plus, sauf en crues, que les débits réservés qui sont au maximum de 60 m³/s, la compagnie a donc installé, au débouché du canal dans le Rhône, un seuil fixe et un barrage mobile pouvant fonctionner dans les deux sens ». Ces ouvrages permettent de contrôler le niveau du lac en été et d'autoriser la circulation de l'eau dans le sens Rhône-lac à l'occasion des crues. En principe, lorsque l'inondation se produit, l'eau entre dans le lac au niveau abaissé par le réglage du seuil de Chanaz, mais l'entrée par refoulement dans le canal réduit sans doute la durée et la vitesse du flux. Cela est si vrai que la C.N.R. se targue d'avoir amélioré la situation des riverains de la Chautagne et du lac du Bourget par :

— « Une réduction modérée des niveaux de submersion dans la Chautagne : −0,20 à −0,30 mètre en amont de la plaine où les champs de submersion sont donc conservés ; la réduction est plus sensible à l'aval près du canal de Savières et vers le lac du Bourget où un mètre peut être gagné dans certains cas suivant la forme de l'hydrogramme de crue.

— « Une accélération de la vidange à la décrue, qui permet un gain sensible sur les durées de submersion, grâce au débouché du canal de Savières dans le Rhône court-circuité dont le niveau s'abaisse lorsqu'on réouvre l'usine. Les durées de submersion à une cote dommageable pour les riverains du lac peuvent dans certains cas être réduites de 50 % par rapport à la situation naturelle et même annulées. »

28. C.N.R., 1984. D.T. E. 82. 675.

L'inondation est forcément réduite par la protection complète de la plaine de Vions vis-à-vis des entrées directes et par la lenteur de fermeture des vannes de l'usine de Belley qui freine la montée des eaux dans le Rhône court-circuité.

Les relations entre le marais de Lavours et le Rhône se font par l'intermédiaire du Séran. Comme le cours aval de la rivière est intercepté par le canal d'amenée de la chute de Belley, l'écoulement a été rétabli par un aqueduc formé de trois pertuis dont la section hydraulique totale est de 48 m². « L'aqueduc a été largement calibré pour assurer l'écoulement des crues du Séran dont le débit maximum est estimé à 150 m³/s, sans perte de charge excessive. A l'inverse, lors des montées de crues du Rhône, l'aqueduc fonctionne en sens opposé et permet le remplissage du marais de Lavours dans des conditions similaires à celles qui se produisaient naturellement. » Le siphon est-il réellement aussi efficace que l'ancienne communication par le pont de Rochefort ? Rien n'est moins sûr car, encore une fois, la montée des eaux dans le Rhône court-circuité est retardée par la lenteur de la manœuvre à l'usine de Brens ; le phénomène est sans doute partiellement compensé par le fait que le confluent du Rhône et du Séran a été reporté plus à l'amont ce qui doit hâter le transfert d'eau vers le marais lors des petites crues.

La protection des terres agricoles riveraines

Un impact non négligeable est celui de la protection totale ou partielle de terres agricoles situées dans le lit majeur et soumises de ce fait au risque d'inondation. Comme les riverains ne sauraient se plaindre de cette concession qu'ils ont obtenue de la C.N.R. et comme la compagnie ne peut considérer son rôle que comme bénéfique (« Quant au rôle que peuvent jouer les aménagements C.N.R., il est très souvent bénéfique. C'est le cas notamment lorsqu'ils comportent des endiguements insubmersibles[29] »), la question d'une réduction des capacités d'accumulation est passée sous silence. Elle se pose de manière secondaire en bordure des aménagements de Chautagne et Belley mais devient essentielle le long de l'aménagement de Brégnier-Cordon.

Plusieurs cas sont à considérer :

— Les plaines de Brens et de La Balme sont protégées car elles bordent la queue des retenues de Chautagne et Brégnier-Cordon dont le niveau est quasiment stabilisé.

— Certains secteurs du lit majeur sont insubmersibles, soit qu'ils aient été remblayés, soit plutôt qu'ils se trouvent dorénavant à l'abri des digues ; ils sont situés à l'aval de La Balme.

— Une superficie importante sera soustraite à l'intrusion des petites crues par réalisation d'un endiguement.

— Enfin, la fréquence et la hauteur de submersion seront réduites dans les plaines de Leschaux-Champagneux (220 hectares) et Glandieu par modification des modalités de la mise en eau ; dans ce cas, l'inondation se fera par l'aval en contournant l'endiguement des

29. *Communiqué C.N.R. in* Le Progrès, *mai 1983.*

ouvrages de Champagneux et Brégnier, de telle façon que la fréquence de mise en eau sera décennale.

La protection des terres fertiles du lit majeur met donc une nouvelle fois en évidence la réduction de la capacité d'accumulation pour les crues petites et moyennes, et même, dans une mesure moindre, pour les fortes crues.

Au total, si l'on considère l'ensemble des impacts de la C.N.R. sur les trois ouvrages réalisés, il est indéniable que l'amélioration enregistrée sur le plan local a des répercussions sur le potentiel d'écrêtage et d'étalement des crues. La compagnie reconnaît que « le fonctionnement des ouvrages, s'il ne provoque en aucune façon une augmentation du maximum des crues, modifie quelque peu sa vitesse ascensionnelle, et en général, tend à l'accroître de sorte que la montée des crues, au lieu de se produire dans un délai d'une dizaine d'heures, peut se produire dans un délai plus rapide de l'ordre de cinq à six heures[30] ». Cela pourrait avoir des répercussions sérieuses en augmentant le risque de concordance entre une crue du Haut-Rhône et une crue brutale de l'Ain, dont on sait qu'elle atteint la région lyonnaise avec une certaine avance.

Pour l'instant, la C.N.R. tire avantage des crues répétées qui se produisent sur le Haut-Rhône depuis 1976, en faisant valoir que les dégâts subis par les plaines iséroises (Les Avenières, Brangues et Le Bouchage) sont dûs aux durées anormalement longues de la fréquence de dépassement des débits critiques. Il n'en est pas moins vrai que ces plaines peuvent pâtir d'une péjoration lors des crues d'intensité faible et moyenne ; les prises de conscience locales sont déjà sources de conflit.

La crue de 1856 avait fait prendre conscience à la collectivité de l'absolue nécessité de préserver les plaines du Haut-Rhône de tout endiguement afin de conserver le champ naturel d'expansion des crues.

De 1858 à la fin des années 1970, la législation fut appliquée de manière draconienne, mais les travaux de génie civil réalisés avant 1858 et parfois même après, ont produit des impacts géomorphologiques différés, eux-mêmes responsables d'une certaine modification des écoulements. Par exemple, l'incision du lit mineur en Chautagne a réduit la fréquence et la durée de mise en eau du marais.

L'aménagement hydroélectrique de la vallée n'a pas encore fait sentir clairement ses effets. L'occupation d'une fraction du lit majeur, de multiples concessions accordées aux intérêts locaux pourront-elles être compensées par l'application de consignes d'exploitation sophistiquées ? Il est probable que la vallée enregistrera une nouvelle réduction de l'écrêtement et de l'étalement pour les crues petites et moyennes.

30. C.N.R., D.T. 83. 490 C.

3. Les impacts sur le niveau et l'écoulement des eaux souterraines

Si les perturbations subies par la ligne d'eau du Rhône depuis deux siècles ont eu une influence sensible sur le comportement de la nappe libre qui accompagne le fleuve, il n'en demeure pas moins que le phénomène n'est pas connu dans tous ses détails. Le creusement du lit a en général pour effet de déprimer la nappe phréatique tandis que l'exhaussement crée une remontée de la nappe ; ceci est exact dans les grandes lignes mais le battement de la nappe entre les phases de hautes et basses eaux du fleuve dépend de la distance par rapport au chenal principal, de la plus ou moins grande perméabilité du substrat et de l'épaisseur de l'alluvionnement fin dans la plaine d'inondation.

Deux secteurs, la plaine entre Jons et Villeurbanne et la plaine de Chautagne présentent l'évolution la plus longue et la diversification la plus poussée. On choisira ces deux exemples faute de pouvoir encore analyser l'impact des barrages hydroélectriques de Belley et Brégnier-Cordon.

a. LA NAPPE PHREATIQUE ENTRE JONS ET VILLEURBANNE

Cette nappe a été modifiée de manière complexe par les grands travaux de canalisation entrepris dès 1848 et par les prélèvements d'eau potable opérés pour satisfaire les besoins de l'agglomération lyonnaise.

— Le « basculement » du canal de Miribel se lit clairement sur les cartes piézométriques établies en situation de nappe haute et de nappe basse (fig. 110). Du pont de Jons à Miribel, le canal draine la nappe comme l'atteste la convergence de l'écoulement souterrain visible dans le dessin des courbes piézométriques ; la dépression est voisine de quatre mètres à Thil le long d'un transect perpendiculaire à l'axe de la plaine (A). A l'aval de Miribel et jusqu'à son débouché à Saint-Clair, le canal réalimente la nappe car le fond s'est exhaussé depuis plus d'un siècle (B) au-dessus du Vieux Rhône qui fait office de drain.

— Le canal de Jonage a un effet analogue à celui de la partie aval du canal de Miribel puisqu'il est édifié en contrehaut de la plaine d'inondation. La digue en terre de rive droite, malgré les précautions prises, n'est pas totalement étanche si bien que le canal de Jonage contribue à l'alimentation latérale de la nappe (C). Ce trait est apparent à l'aval de Décines mais est masqué à l'amont par la résurgence de la nappe du couloir fluvio-glaciaire de Meyzieu qui passe sous le canal ; le B.R.G.M. a évalué le débit à 120 l/s (D).

— Le barrage de Jons, mis en service en 1937, maintient le Rhône à une cote supérieure à celle de la surface piézométrique antérieure et contribue à une réalimentation locale de la nappe ; il a donc supprimé sur ce tronçon l'impact de l'encaissement initial (E).

Il est à signaler que la situation décrite est la plus caractéristique en phase de basses eaux du Rhône, car la différenciation topogra-

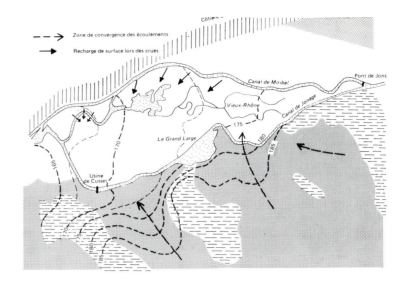

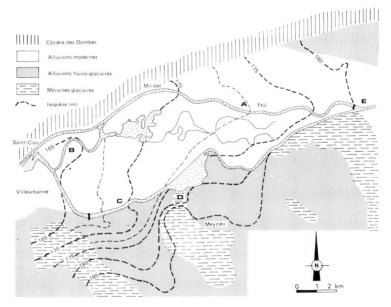

Figure 110. La nappe phréatique dans la plaine de Miribel-Jonage.
Situation de hautes et basses eaux.

phique fait sentir tous ses effets. En revanche, en phase de hautes eaux du fleuve, il se produit un phénomène d'inversion dans le canal de Miribel ; la partie amont se remplit et, déversant même lors des crues, alimente temporairement la nappe par infiltration. A l'aval, le canal perd son eau au profit du Vieux Rhône qui comble le talweg.

A l'impact permanent des grands canaux établis dans le lit majeur se superpose l'impact temporaire des pompages d'eau potable. L'exploitation du secteur de Charmy dans le méandre du Vieux

347

Rhône déprime le toit de la nappe d'environ deux mètres malgré la réalimentation induite qu'assure le canal de Miribel et surtout le vieux chenal.

Le déplacement vers l'amont des captages lyonnais, achevé en 1977 par l'arrêt des pompages du Grand-Camp, a provoqué une curieuse conséquence. En effet, l'urbanisation de Villeurbanne s'est développée pour l'essentiel à l'aval du captage du Grand-Camp qui avait été mis en service en 1899. On assista à l'extension progressive du cône de dépression car l'importance des prélèvements allait croissant ; mais, parallèlement, les constructions se développaient en sous-sol dans le quartier du Tonkin.

Lorsqu'il fut envisagé de supprimer les pompages du Grand-Camp, on dut estimer l'ampleur du relèvement de la nappe ; sans savoir quelle part des 140 000 à 220 000 m³/j prélevés provenait réellement de la nappe et non pas du fleuve par réalimentation induite. Les relevés piézométriques consécutifs à cet arrêt ont validé la simulation modélisée réalisée à cette occasion[31]. Il s'agissait avant tout de prévoir l'influence qu'aurait la remontée de nappe sur la ligne de métro Perrache-Bonnevay ; en fait, l'arrêt des pompages a essentiellement affecté certains immeubles du quartier du Tonkin dont le deuxième sous-sol se trouve inondé, lors des crues du Rhône, par une remontée temporaire et nouvelle de la nappe. C'est que le relèvement du niveau moyen est voisin de un mètre, malgré la destruction du seuil construit en 1964, en travers du Rhône, à l'aval du pont Poincaré.

Il s'agit véritablement d'un effet en cascade car la suppression de ce seuil, en 1977, a perturbé la mise en eau du lac du parc de la Tête-d'Or. Jusqu'à cette date, le plan d'eau était alimenté directement par le Rhône, mais, ensuite, il s'est trouvé perché au-dessus de la nappe phréatique et subit, de ce fait, des pertes par percolation estimées à 600-800 m³/h, sans compter avec l'évaporation estivale (50 m³/h). Il a donc fallu compenser l'infiltration et l'évaporation par trois pompages dans la nappe capables de fournir un total de 3 700 m³/h.

b. LA NAPPE PHREATIQUE DE LA CHAUTAGNE

La plaine du Rhône en Chautagne a subi les impacts de travaux successifs d'endiguement. La diversité naturelle des milieux aquifères ajoute une dimension spatiale à cette diversification fondée sur l'ancienneté des impacts.

L'impact indirect des endiguements longitudinaux sur la nappe

On a vu par ailleurs quel a été l'impact géomorphologique et hydrologique des travaux d'endiguement réalisés depuis les années 1780 en Chautagne. La concentration des eaux, alliée à une diminution des apports grossiers en provenance du bassin-versant, a provoqué l'incision du plancher alluvial et, par voie de conséquence, abaissé la nappe phréatique.

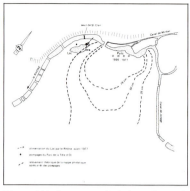

Figure 111. La nappe phréatique dans Villeurbanne. Effet de l'arrêt des pompages.

31. Bouyat, 1979.

Racines d'aulnes noirs découvertes par le tassement de la tourbière de Chautagne.

— La digue de Picollet, submergée lors des très grandes crues, a fortement réduit le colmatage minéral de la plaine de Motz-Serrières, qui présente les caractères d'un modèle tressé fossile. Les chenaux anciens sont encore parfaitement visibles à la surface des bancs de galets, ce, deux siècles après leur mise à l'écart de la dynamique fluviale. En 1860, ces chenaux étaient réduits à l'état de lônes sinueuses larges de dix à vingt mètres, tout au plus. A la fin des années 1970, ces lônes étaient asséchées et la nappe phréatique se tenait à environ deux mètres sous la surface des bancs.

Avant la mise en eau de la retenue de Chautagne, la plaine de Motz-Serrières était un milieu sec, exempt de gîtes larvaires et donc soustrait aux interventions de l'Entente interdépartementale pour la démoustication. Tel n'était pourtant pas le cas de la plaine d'Anglefort (2) malgré la similitude du matériel alluvial et la protection assurée par la digue du chemin de fer Genève-Culoz. Cette différence tient sans doute en partie au fait que la protection ne date que de la fin des années 1850 ; les lônes de la plaine ont fonctionné en tant que bras actifs jusqu'à cette époque tandis que les lônes de Motz-Serrières se perchaient par l'effet de l'incision différentielle ; les lônes d'Anglefort sont donc suffisamment profondes pour conserver un écoulement résiduel par alimentation phréatique.

— L'enfoncement de la nappe phréatique, clairement mis en évidence dans le matériel caillouto-sableux de l'ancien lit tressé, s'est également manifesté dans le marais tourbeux de Chautagne. L'enfoncement des voies de communication reliant le fleuve et le coteau tient sans doute à un effet de tassement de la masse organique spongieuse (le C.D. 57 entre Vions et Chindrieux s'est enfoncé d'environ un mètre en trente à quarante ans) ; il est également nécessaire de prendre en considération l'effet du drainage de la peupleraie réalisé depuis la fin des années 1930 et l'énormité de l'évapotranspiration (1 000 à 1 200 mm/an dans les plantations du R.T.M.). Il n'en reste pas moins que le niveau de la nappe a chuté depuis deux siècles en entraînant dans ce mouvement la surface de la tourbe. Le sommet de la racine pivotante et les racines traçantes des peupliers et des aunes sont suspendus à soixante à quatre-vingts centimètres au-dessus de la tourbe dans les cantons les plus anciens de la peupleraie ; à cette date, les fossés de drainage du communal de Chindrieux cultivé en maïs montraient la nappe à près de deux mètres de la surface, profondeur considérable si l'on tient compte du tassement de la partie superficielle. La situation était analogue dans les champs de maïs du communal de Culoz dans le marais de Lavours.

Une autre conséquence de cet enfoncement de la nappe réside dans une différenciation microtopographique du marais de Chautagne. Les drains artificiels délimitent de vastes parcelles quadrangulaires bombées en leur centre ; les lits limoneux de décantation ralentissent le ressuyage de la couche active de la tourbe dans la partie centrale des parcelles. Au contraire, les bords sont mieux drainés et s'affaissent.

Effet du tassement de la tourbière de Chautagne.

L'assèchement du grand marais et des unités de plaine caillouto-sableuse a enregistré l'impact complémentaire des travaux de la C.N.R.

L'impact des travaux de la C.N.R.

Dans l'ensemble, il est possible d'avancer une sensible dégradation de la situation. Considérons les divers milieux alluviaux concernés dans leur relation avec l'impact subi.

La construction d'un contre-canal en rive droite de l'ouvrage C.N.R. n'a pas empêché un certain abaissement de la nappe dans la plaine d'Anglefort ; de vieux arbres n'ont pu s'adapter à ce changement soudain, car leur appareil racinaire est formé, mais les jeunes sujets devraient suivre la descente de la nappe.

La situation est sensiblement plus sérieuse sur la rive gauche où le niveau phréatique est réglé par la ligne d'eau du Rhône court-circuité. Dans la plaine de Motz-Serrières, la nappe est aujourd'hui stabilisée aux environs de quatre mètres de profondeur, à l'exception de rares périodes de crue qui relèvent le débit du Vieux Rhône. La partie occidentale du marais s'est asséchée comme en témoigne l'inutilité récente des traitements antilarvaires. Les forestiers craignent un possible tassement, généralisé à l'ensemble de la peuple-raie domaniale.

La partie orientale du marais a enregistré un abaissement des niveaux d'eau mais l'Entente pour la démoustication doit continuer les traitements dans les drains profonds. En revanche, à l'aval du pont de la Loi, les niveaux phréatiques n'ont pas été modifiés car la retenue de Belley maintient la ligne d'eau du Rhône à des cotes voisines de la situation à l'état naturel.

Au début des années 1980, les nappes phréatiques du Haut-Rhône restaient relativement peu perturbées par les interventions humaines.

— Le secteur de Miribel-Jonage est devenu particulièrement complexe car la nappe alluviale a réagi aux conditions nouvelles d'écoulement des eaux (basculement du canal de Miribel, perchement du canal de Jonage) et au pompage intensif d'eau potable pour l'agglomération lyonnaise.

— La situation est plus claire en Chautagne où depuis un siècle au moins, on assiste à l'enfoncement continu de la nappe phréatique ; cette évolution est une conséquence de l'incision du Rhône dans ses alluvions holocènes puis des travaux hydroélectriques récents. Au compte des manifestations les plus spectaculaires de ce processus, il faut porter le tassement de la tourbière.

En un siècle, le régime hydrologique du Haut-Rhône a été considérablement artificialisé par la construction de réservoirs d'altitude, par la maîtrise du lac Léman et par la manœuvre des usines hydroélectriques. Le fleuve a quasiment perdu son caractère de fleuve proglaciaire à hautes eaux de saison chaude et réagit avec une grande complexité aux modulations saisonnières, hebdomadaires et quotidiennes de son débit.

Les grands ouvrages de génie civil ont eu très peu d'effets directs sur la formation des crues et leur écrêtement, à l'exception du barrage de Vouglans sur l'Ain. En revanche, la marche des crues peut être perturbée par les ouvrages hydroélectriques établis dans le lit majeur, car la C.N.R. doit composer avec la revendication riveraine d'une meilleure protection des terres, tout en respectant les termes de la loi de 1858 sur la protection de Lyon.

Enfin, une tendance générale à l'incision fluviale et à l'abaissement corrélatif de la ligne d'eau, localement contrôlée par les ouvrages hydroélectriques récents, a provoqué des abaissements de nappe. Les grands marais ont quasiment perdu leur fonctionnement hydrologique, des secteurs de plaine se sont asséchés ; un gain d'espace cultivable ou constructible se paie d'une diminution des ressources en eau et d'un appauvrissement écologique certains.

En somme, la tendance contemporaine est à une distanciation croissante de l'homme par rapport au fleuve, à une levée des contraintes hydriques qui fait lentement sortir les plaines alluviales de l'espace fluvial. Conquête des sociétés riveraines ou banalisation de l'espace ? Le bilan devra être fait dans quelques années.

Une perche (cl. C.N.R.S., U.A. 367).

III.
Impacts et qualité
des milieux vivants

Nous envisagerons successivement l'évolution contemporaine de la qualité des eaux et l'évolution de la flore et de la faune terrestres.

L'étude analytique de la qualité physico-chimique des eaux courantes est trop complexe pour que le géographe puisse proposer mieux qu'une esquisse. A fortiori, est-il hasardeux de prétendre évaluer les mutations sur la longue durée, tant les données anciennes sont fragmentaires et sujettes à caution. Quoi qu'il en soit, il semble que la dégradation enregistrée par les paramètres de qualité des eaux soit relativement faible dans la mesure où l'eau du fleuve est aujourd'hui considérée comme bonne.

Il n'existe pas de documents, à notre connaissance, permettant de restituer avec un degré d'exactitude suffisant l'état et le fonctionnement des formations végétales, ni la composition faunistique des milieux riverains à l'époque pré-industrielle. Les rares cartes qui figurent l'affectation des terres ne distinguent que forêts, taillis ou landes et ne font que rarement référence à la composition floristique ; tout au plus, distinguait-on les saulaies ou les vorgines au XIXᵉ siècle.

Les états de référence précis datent seulement d'une quinzaine d'années sur le Haut-Rhône français et permettent aux naturalistes de présenter des conclusions précises concernant un laps de temps relativement court.

1. Des eaux fluviales de bonne qualité

a. SITUATION AU MILIEU DU XIXᵉ SIECLE

Un suivi de la qualité des eaux du Rhône à l'amont de Lyon suppose la connaissance d'un état de référence. Il se trouve que, dans les années 1830 à 1850, la ville de Lyon a cherché à s'assurer une alimentation abondante et régulière en eau potable.

Jusque-là, la fourniture d'eau était assurée par des puits et par des prélèvements directs en rivière :

— L'eau des puits, forés dans la nappe alluviale et en site urbain commençait à préoccuper sérieusement les hygiénistes locaux. Les eaux « sont plus aptes à se saturer des principes étrangers et surtout des matières organiques qui jonchent les pavés des rues, les cours des habitations et qui remplissent les égouts ainsi que les fosses d'aisance. Ces circonstances produisent des effets pernicieux, surtout après les grandes crues du Rhône et de la Saône. On a remarqué qu'à leur suite, il règne dans certains quartiers de Lyon des maladies particulières qui doivent être attribuées aux qualités nuisibles que prennent alors les eaux des puits[1]. »

Les fouilles archéologiques entreprises en 1983 par les services de la ville de Lyon sur le site de la place Adolphe-Max, à l'occasion des travaux de la ligne D du métro, mettent à jour cette étroite imbrication des puits d'alimentation et des puits perdus dans les quatre à cinq mètres de la couche archéologique superposée aux sables et graviers fluviatiles. Les « effets pernicieux » dénoncés par les médecins du temps touchaient particulièrement les bords de la Saône jusqu'au pont Tilsitt et la presqu'île à l'exception d'une bande étroite au bord du Rhône, élargie au nord dans les quartiers Pêcherie et Célestins et au sud de la place Bellecour.

— La qualité déplorable des eaux puisées dans le sous-sol de l'aire bâtie, ainsi que l'augmentation croissante des besoins avaient conduit à utiliser directement l'eau de la Saône et du Rhône. De l'avis général, les eaux du fleuve étaient de meilleure qualité que celles de son affluent : « En général, les eaux du Rhône ont toujours passé pour salutaires ; les anciens médecins avaient prouvé par plusieurs expériences que, prises dans le lit du fleuve, elles sont plus légères que les eaux de puits. » Ainsi, par exemple, quelques litres d'eau du Rhône placés plusieurs jours au-dessus d'un four de boulanger avaient gardé une qualité inodore et une saveur franche à la différence d'une eau tirée de la Saône. Les médecins avaient également remarqué que les maladies étaient plus fréquentes, à Lyon, dans les quartiers où l'on était obligé de boire les eaux de la Saône que dans les quartiers où l'on faisait usage de l'eau du Rhône.

En quête d'eau potable, les édiles cherchèrent confirmation de ces constatations empiriques. Les premières analyses physico-chimiques comparées, réalisées dans les années 1830, concluaient en faveur du Rhône aux eaux mieux oxygénées et plus pauvres en matière organique.

En fait, suite, semble-t-il, à l'étude de Guimet (1844), la ville de Lyon abandonna le projet de capter les eaux du Rhône pour se tourner vers les eaux de la nappe phréatique du fleuve si bien que la question de la qualité des eaux fluviales perdit momentanément son actualité.

Les analyses ont repris dans l'entre-deux-guerres quand il est apparu que la pollution bactériologique du Rhône contaminait l'eau de la nappe phréatique de Vassieux-Saint-Clair. Ces études ont pris un caractère systématique à l'occasion des premières vidanges de barrage et surtout dans les années 1970 avec la création des centrales nucléaires et des aménagements hydroélectriques de la C.N.R.

b. LA SITUATION ACTUELLE

A l'heure actuelle, les spécialistes s'accordent pour estimer que les paramètres physico-chimiques et bactériologiques demeurent satisfaisants.

Les difficultés inhérentes à ce type de synthèse sont nombreuses. Remarquons en premier lieu que les études effectuées dans la période

1. Drian, 1859.

354

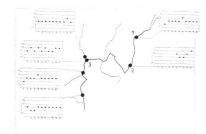

Figure 112. L'évolution de la qualité des eaux du Haut-Rhône (1971-1980).

comprise entre 1951 et 1971 n'ont concerné que des épisodes de nature catastrophique, à l'exclusion de l'état normal. La situation est sensiblement différente depuis 1971 dans la mesure où le ministère de la Protection de la nature et de l'Environnement a organisé l'inventaire du degré de pollution des eaux superficielles[2].

La grille de qualité des eaux élaborée à partir des directives de la Communauté européenne détermine cinq classes en fonction du niveau de pollution[3].

Ce classement permet d'envisager de manière globale l'évolution de la qualité des eaux depuis une dizaine d'années aux deux extrémités du Haut-Rhône et depuis 1976 à La Balme (fig. 112) :

— De l'amont vers l'aval, la situation enregistre une légère amélioration. La qualité est assez régulièrement « passable » à l'aval de Genève (1), bonne à La Balme (2), de bonne à passable suivant les années au pont Poincaré (3).

— Dans le temps, la situation est relativement stable depuis une dizaine d'années, même si un net progrès est enregistré à La Balme depuis 1978. S'agit-il d'une amélioration apparente « plutôt due à l'évolution des techniques d'analyse et à la définition des classes qu'à une réalité de terrain[4] ? »

Si l'on aborde le détail des paramètres, une confirmation de cette qualité relativement bonne est apportée par les analyses effectuées par divers centres de recherche régionaux.

Le Haut-Rhône a une eau très bien oxygénée

Le taux de saturation est voisin de 90 % à Fort-de-l'Ecluse, 93 % à La Balme et 93 % au pont Poincaré. Corrélativement, la concentration en oxygène dissous est très élevée, voisine de 9,7 à 9,8 mg/l. La relative fraîcheur des eaux du Rhône explique en partie que cette concentration soit aussi élevée pour un cours d'eau de plaine. Le fleuve ne connaît pas en effet une situation d'« équilibre thermique » car sa température n'évolue pas comme celle de l'air ; les eaux du Léman et des affluents alpestres refroidissent le fleuve de manière sensible de la mi-février à la mi-novembre de telle manière que l'écart atteint 7°C au mois de juillet entre la température de l'eau et celle de l'air et que la température maximum de l'eau ne dépasse pas 23°C en été[5]. Ce seul paramètre permettrait de situer ces eaux dans la classe 1 A.

Le taux de saturation augmente vers l'aval du fait d'une élévation de la température ; quoi qu'il en soit, la teneur en oxygène est jugée « propice à une activité biologique intense[6] ». Une étude est moins optimiste qui conclut à une « diminution très importante » de l'oxygène dissous depuis dix ans malgré la permanence d'un taux de 6-7 mg/l[7].

Ces évaluations globales doivent être nuancées d'au moins deux façons :

— Le taux de saturation s'abaisse en automne à 45-60 % à l'aval des retenues du Haut-Rhône et du lac Léman mais est voisin du maximum en été, période de production photosynthétique liée à la

2. La surveillance dite « permanente » est exécutée en trois points du Haut-Rhône, à Fort-de-l'Ecluse (067000) et en aval de la station de pompage de Lyon au pont Poincaré (093000) depuis 1971, à la Balme (076800) depuis 1976. En fait, la fréquence du prélèvement des échantillons d'eau n'est que mensuelle dans les deux premières stations et hebdomadaire dans la dernière, ce qui est considéré comme insuffisant par de nombreux spécialistes.
3. Classe 1A : tout usage possible. — Classe 1B : qualité moindre, tout usage cependant. — Classe 2 : qualité "passable". Usage d'irrigation et industriel. La production d'eau potable, les loisirs doivent demeurer un usage exceptionnel. Risques pour la reproduction du poisson. — Classe 3 : qualité médiocre. Usage de navigation, de refroidissement. Vie piscicole perturbée. — Classe 4 : inapte à la plupart des usages.
(L'attribution d'une classe s'effectue à partir du classement le plus défavorable de l'un des paramètres pris en considération, correspondant à la valeur prise par 90% des mesures de ces paramètres.)
4. Livre blanc de la pollution du Rhône, 1982.
5. C.N.R., 1981.
6. Analyses de J.F. Perrin (1978) effectuées d'octobre 1975 à septembre 1976 et d'octobre 1976 au début de 1978.
7. C.T.G.R.E.F., 1976.

prolifération algale. Le taux de saturation s'élève à 150 % pour 126 mg/l dans le plan d'eau du Grand Large doté des caractéristiques d'un étang[8] et approche ces valeurs en été dans les bras dotés d'une forte productivité primaire* comme la lône des Pêcheurs à l'amont de Jons[9].

— Ces valeurs reflètent une très faible pollution organique dans la mesure où la demande biochimique en oxygène (D.B.O.5), nécessaire à la dégradation de la matière organique en éléments simples par les germes bactériens, est elle-même très faible[10] et où les caractéristiques du cours d'eau permettent une bonne réoxygénation des eaux.

Une étude de la D.B.O.5 réalisée en 1969[11] montre une sensible amélioration entre Verbois et La Balme et une stabilisation à un très bon niveau jusqu'à Lyon : Verbois : 4 mg/l ; pont de La Balme : 2,5 mg/l ; pont de Lagnieu : 3 mg/l ; pont de Loyettes : 3 mg/l ; pont de Jons : 3 mg/l ; pont Poincaré : 3 mg/l. La surveillance permanente révèle une relative stabilité autour de 3 mg/l à Fort-de-l'Ecluse et de 2,1 à 2,4 mg/l au pont Poincaré avec une légère tendance à l'augmentation.

Ces valeurs, exprimées en moyennes annuelles, masquent une nette variabilité intersaisonnière car le D.B.O.5 peut s'abaisser à 1 mg/l à Brégnier-Cordon[12] et même 0,5 mg/l sur le Rhône court-circuité en Chautagne[13]. L'explication de ces caractères réside, en premier lieu, dans la faiblesse des apports polluants. La pollution organique provient essentiellement de la Suisse mais ces apports sont « peu considérables[14] » et auto-épurés avant que le Rhône n'atteigne Lyon. En fait, les effluents de la ville de Genève, avant la construction de la station d'épuration de Verbois réalisée en 1968, s'élevaient à 30 000 tonnes de matière organique qui, pour une part, se sédimentaient dans le réservoir de Verbois[15].

D'autre part, des phénomènes de nature saisonnière ont été mis en évidence. L'automne est en effet la période de l'année où la D.B.O.5 est supérieure à la moyenne annuelle à l'amont du Haut-Rhône où une forte quantité de matière végétale rejoint le cours d'eau lors de la chute des feuilles ; les brusques augmentations de débit liées au régime des précipitations provoquent une prise en charge brutale de la matière organique et une forte demande en oxygène[16]. En cette saison, la température autorise une bonne biodégradation vers l'aval alors qu'en hiver et au printemps, le même facteur jouant en sens inverse provoque une accumulation de matière oxydée à l'aval[17].

— A l'aval du pont Poincaré, le Rhône recevait sans épuration les égouts de la ville ; jusqu'en 1967, les méthodes de prélèvement n'avaient pu établir si la pollution était considérable et constante[18]. Une étude[19] a mis en évidence une D.B.O.5 voisine de 11 à 12 mg/l à l'aval du pont Wilson mais le fleuve avait partiellement épuré au niveau du pont Pasteur. La mise en service des collecteurs et de la S.T.E.P. de Saint-Fons, en 1968, a sans doute prolongé vers l'aval les conditions prévalant au pont Poincaré.

8. S.R.A.E., 1979.
9. Juget et coll. 1976.
10. Herguez, 1965.
11. Vial, 1969.
12. A.R.A.L.E.P.B.P., 1979.
13. A.R.A.L.E.P.B.P., 1981.
14. Herguez, 1965.
15. Roux, 1982.
16. Bournaud, Cellot, 1981.
17. Perrin, 1978.
18. Herguez, 1965.
19. Violet et coll., 1967-1968.

— Autre caractère remarquable, la qualité des eaux du Haut-Rhône n'est affectée par les apports affluents que de manière très secondaire.

Cette question avait été abordée dans les années 1960 par une comparaison de la pollution théorique des affluents et du niveau de leur pollution réelle à l'amont de la confluence avec le fleuve[20]. Ainsi, l'accroissement théorique de la D.B.O. du Rhône, compte tenu des rejets exprimés en milliers d'habitants-équivalents, aurait dû additionner les apports relatifs de l'Arve (0,77 mg/l), des Usses et de la Valserine (0,24 mg/l), du Fier et de la Leysse (0,88 mg/l), du Guiers, de la Bourbre (0,40 mg/l) et de l'Ain (0,11 mg/l) ; en fait, il n'en était rien ce qui traduisait une très bonne auto-épuration des affluents.

A ce propos, le S.R.A.E. Rhône-Alpes a réalisé l'examen hydrobiologique des principaux cours d'eau savoyards et dauphinois dans le cadre des plans départementaux de lutte contre la pollution, à la demande des D.D.A. ou des fédérations d'associations de pêche. De manière globale, il ressort de ces analyses que des apports organiques massifs détériorent localement la qualité de l'eau car le débit de ces rivières n'est pas suffisant pour assurer la dilution des déversements en provenance des villages, des fruitières et des porcheries[21] ; cependant, elles conservent un taux d'oxygène dissous proche de la saturation qui permet la décomposition de la matière organique vers l'aval.

Quelques exemples illustreront les problèmes particuliers de ces rivières :

• L'Arve à Genève est un cours d'eau d'excellente qualité biologique (indice biologique : 10) car la vitesse et l'oxygénation autorisent une dégradation poussée de la matière organique. Les analyses récentes démontrent que la mise en service de la station d'épuration d'Annemasse à Gaillard (1977) rend négligeable l'influence actuelle de l'agglomération sur la qualité des eaux ; l'amélioration enregistrée depuis quelques années a permis le retour de l'ombre commun[22].

• Les Usses[23] ont une D.B.O.5 variant, selon les points, entre 3 et 5,7 mg/l ; la présence d'azote ammoniacal non dissocié, donc toxique, caractérise les tronçons situés à l'aval des grosses porcheries et fruitières. Les difficultés sont grandes en période de sécheresse.

• Le Fier et le Chéran[24], grâce à leurs eaux fraîches et rapides, récupèrent convenablement des effluents urbains (Annecy) et agroalimentaires (laiterie de Rumilly, porcheries). Le parcours en gorges, situé à l'amont de la confluence avec le Rhône, achèverait l'auto-épuration.

• Le Guiers a bénéficié d'une opération « rivière propre » financée par le F.I.A.N.E. Les analyses préliminaires ont révélé l'influence néfaste des seuils qui sont construits en rivière pour ralentir le courant, accumulent la matière organique mal dégradée et freinent l'auto-épuration[25]. La rivière souffre d'une remise en suspen-

20. Herguez, 1965.
21. Bravard, 1980.
22. S.R.A.E., 1980.
23. S.R.A.E., 1975 et 1976.
24. S.R.A.E., 1972.
25. S.R.A.E., 1977.

sion des dépôts à l'occasion des crues automnales ou printanières, mais conserve une bonne qualité puisque ses eaux se situent dans la classe 1 B. Considérées comme étant de qualité voisine de celles du Rhône, les eaux du Guiers n'auront qu'une influence très limitée sur le tronçon du fleuve court-circuité par l'aménagement de Brégnier-Cordon[26].

• La situation est très médiocre sur la Bourbre[27] dont le cours inférieur a une aptitude médiocre à l'auto-épuration car la pente est faible ; le débit moyen, voisin de 7,5 m³/s, n'assure pas la dilution des apports industriels en provenance de la région de Bourgoin et de Pont-de-Chéruy. La mise en service de deux stations d'épuration en aval de Bourgoin-Jallieu (1978) et de la ville nouvelle de L'Isle-d'Abeau n'a procuré aucune amélioration notable de l'état des eaux qui est qualifié de « fortement dégradé ». Le Rhône assure actuellement une bonne dilution des apports de la Bourbre mais la réalisation de l'aménagement de Loyettes occasionnerait sans doute une « dégradation marquée » des eaux du Rhône.

• L'Ain est en revanche un cours d'eau très bien oxygéné et non pollué par la matière organique lorsqu'il conflue avec le Rhône ; « La présence de matière organique contribue plus à un enrichissement de la rivière qu'à une nuisance[28]. »

Le flux moyen de D.B.O.5 sur le Rhône[29] confirme cette faiblesse des apports latéraux (38,3 T/j). L'épuration théorique par le fleuve peut être évaluée à (100 + 38,3) − 92 = 46,3 T/j sur le parcours Genève-Lyon. Ce mode de calcul a servi à justifier la création de la zone industrielle de la basse plaine de l'Ain car un flux estimé de 10 T/j de D.B.O.5, représentant environ 15 % de la charge organique du Rhône sur ce tronçon, était supposé entraîner une augmentation de 1 mg/l de D.B.O.5 au pont Poincaré ; le fleuve restait dans la classe 1 B (3 à 5 mg/l). Quant au flux moyen de D.C.O., il a été évalué à 550 T/j à l'amont de Lyon[30].

Au total, l'oxygénation du Haut-Rhône et la charge organique actuelles, parce qu'elles demeurent très bonnes, voire excellentes, ont été peu modifiées par rapport à un état naturel que l'on se gardera de vouloir reconstituer. Davantage que sur les apports organiques d'origine externe, l'accent semble devoir être mis sur des crises naturelles liées au régime du fleuve capable de remettre en suspension la matière organique fournie par les rives. Dans l'optique d'une évolution historique, la question se poserait peut-être de savoir si le développement contemporain de la végétation rivulaire n'a pas sensiblement modifié les entrées de matière organique dans l'hydrosystème et, partant, le rythme de transit dans les eaux fluviales ; l'impact de cette mutation dépasserait alors en importance celui des apports directs d'origine anthropique puisqu'il semble acquis que les affluents jouent, pour l'instant, un rôle très secondaire.

Il est également très probable que l'oxygénation des eaux a diminué depuis un siècle car la multiplicité des bras dans les modèles géomorphologiques tressés assurait probablement de meilleurs

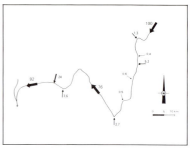

Figure 113. Le flux de D.B.O.5 en 1973.

26. S.R.A.E., 1979.
27. Vial et coll. 1966. Rambeaud et coll. 1967-1968, S.R.A.E. 1979, 1981.
28. A.R.A.L.E.P.B.P., 1978.
29. Etude du service des Mines (1973).
30. Maynadie in table ronde ''La pollution du Rhône'', 13.12.1982.

échanges avec l'atmosphère ; de la même manière, les rapides de Bellegarde et Malpertuis assuraient une excellente oxygénation là où le réservoir de Génissiat retient une masse d'eau lente et profonde.

Les analyses concernant la minéralisation des eaux confirment la bonne qualité du Haut-Rhône.

Une eau minéralisée
mais une pollution chimique très faible

La composition chimique du Rhône est constante à l'amont de Lyon ; « Le fleuve est peu minéralisé (environ 3 500 ohms/cm), de pH alcalin (environ 7,9), presque exclusivement bicarbonaté calcique, ou magnésien et, accessoirement, sulfaté calcique. Les chlorures et les sels de sodium sont presque inexistants (moins de 3 mg/l en général)[31]. » L'influence des affluents est à peu près nulle mais vers l'aval, ils contribuent à appauvrir légèrement le Rhône en sulfates[32].

Une analyse détaillée des eaux du chenal et des eaux des bras adjacents a montré de profondes différences dans la mesure où les eaux originaires des reliefs karstiques jurassiens et des nappes phréatiques « parafluviales » sont alcalines et calciques ; la concentration relative en ions sulfatés révèle le degré d'interpénétration relative des divers types d'eau et le degré de dilution par les affluents non alpestres[33].

La pollution chimique est considérée comme très faible :

• Le taux de nitrates est normal et l'azote ammoniacal est à peine dosable[34].

• Le taux de phosphore signale néanmoins une légère pollution, car il est compris entre 0,1 et 1,0 mg/l. Ce taux assure certes une forte productivité primaire, mais fait peser le risque d'un développement algal explosif en cas de réchauffement des eaux[35].

Les détergents, aux propriétés inhibitrices, sont en quantité insignifiante mais tendent à se concentrer dans les sédiments fins.

• Depuis 1973, le B.R.G.M. étudie la teneur en métaux lourds des sédiments fins ($< 80~\mu$) du fleuve[36] ; un effet de piégeage analogue est mis en évidence mais la pollution est très faible à l'amont de Lyon grâce à l'effet de retenue qu'exerce le lac Léman, même si quelques valeurs fortes sont observées à l'aval de Genève et de Bellegarde (de deux à cinq fois la teneur naturelle en étain, mercure, cuivre et chrome...). Les traces d'étain disparaissent à l'aval de Groslée, celles de plomb à l'aval de Chanaz.

Un état sanitaire satisfaisant

La pollution bactérienne et virale est signalée par la présence de germes d'origine fécale qui sont *escherichia coli*, les streptocoques fécaux et les coliformes.

Les villes de Genève et Annemasse sont responsables d'une pollution « non négligeable[37] » puisque le nombre de germes est voisin

31. *Herguez, 1965.*
32. *Selon H. Golterman, le Haut-Rhône suisse reçoit les sulfates du bassin-versant mais subit également une pollution industrielle, ce qui expliquerait que la teneur des eaux du Rhône soit supérieure à celle du Rhin à l'aval du lac de Constance.*
33. *Roux, 1980.*
34. *Perrin (1978), S.R.A.E. (1979, Vial (1969).*
35. *C.T.G.R.E.F., 1976.*
36. *Vernet et coll., 1976.*
37. *Vial et coll., 1969.*

de 10 à 30 000 pour 100 ml à Fort-de-l'Ecluse (inventaire permanent). L'épuration par le fleuve se révèle efficace puisque ce nombre s'abaisse à moins de 1 000 à l'aval de Lagnieu, avant de remonter dans la banlieue lyonnaise. Avant 1968, l'agglomération amenait au Rhône une pollution bactérienne importante[38], particulièrement à l'aval du pont Wilson avec plusieurs centaines de milliers de germes en été.

Une étude réalisée en 1976-1977 par l'Institut Pasteur de Lyon[39] a démontré que le réchauffement des eaux du Rhône par la centrale nucléaire de Bugey était sans influence sur leur état bactérien ; l'analyse effectuée en sept points entre le pont de Lagnieu et Loyettes confirme la réalité de l'auto-épuration sur ce tronçon qui s'abaisse d'un niveau moyen à un niveau considéré comme faible (600 à 1 000 coliformes pour 100 ml).

2. Des biocénoses aquatiques dégradées

Une question d'un grand intérêt biogéographique est celle du « niveau » biologique originel du Haut-Rhône. En peu de mots, s'agit-il d'un cours d'eau à salmonidés ou d'un cours d'eau à poissons blancs ? Cette distinction fonde partiellement la politique de compensation écologique consentie par les aménageurs aux fédérations de pêche.

a. L'ETAT ANCIEN DES PEUPLEMENTS

Les rares documents anciens qu'on ait pu retrouver attestent la présence d'un salmonidé, l'ombre commun, sur le cours du fleuve jusqu'à Lyon. Les statistiques de pêche professionnelle[40] sont certes contestables mais permettent d'esquisser une répartition des poissons par espèces. Vers 1900, les principaux poissons blancs — le hotu, la vandoise, le chevesne, le barbeau — constituaient 43 % des prises, peut-être environ 40 % de la biomasse, compte tenu des techniques de pêche. Si l'on rapporte l'importance relative de chaque espèce au poids total pêché, sans prendre en compte le hotu introduit à la fin du XIXe siècle — principe admissible puisqu'il est aujourd'hui reconnu que le hotu est une espèce herbivore qui ne concurrence pas les autres poissons[41] — on obtient les valeurs suivantes :

	Truite	Ombre	Barbeau	Brème
Rhône (aval Ain)	8,6	1,2	10,3	2,4
Ain	18,3	14,2	30,5	—

Les salmonidés représentaient donc près de 10 % du stock du Rhône et près d'un tiers de celui de l'Ain. L'ombre commun était présent de manière significative sur le fleuve, ce que, trente ans plus tard, confirment les cartes piscicoles[42]. En fait, le Rhône et les affluents

38. Herguez, 1965.
39. Merle, 1978.
40. Tripier.
41. A.R.A.L.E.P.B.P., 1980.
42. Kreitmann (1932) et Léger (1927, 1943, 1944, 1945).

delphino-savoisiens sont sur les marges de la « zone à ombre » tant les spécimens de ce poisson sont « épars » ou « extrêmement localisés », alors que l'Ain serait une rivière caractéristique[43].

b. NIVEAU TYPOLOGIQUE POTENTIEL ET NIVEAU REEL

La première classification scientifique des zones piscicoles était fondée sur la pente et la largeur des cours d'eau : « Dans un territoire biogéographique déterminé, des eaux courantes de même importance quant à la largeur et à la profondeur, et possédant des pentes comparables, ont des caractères biologiques et spécialement des populations piscicoles analogues[44]. » Cette « règle des pentes », exprimée de manière graphique, permettrait de subdiviser le cours du Haut-Rhône en deux secteurs :

— A l'amont de Chanaz, le fleuve ferait partie de la zone à ombre dans la mesure où la pente moyenne est supérieure à 1‰.

— A l'aval de Chanaz, il se rattacherait à la zone à barbeau, voire même à la zone à brème entre Groslée et Loyettes si l'on appliquait cette règle avec rigueur.

En fait, on convient que cette classification est trop sommaire pour convenir aux fleuves aussi complexes que le Rhône. A la suite d'Illes (1961), les méthodes typologiques[45] prennent en considération des paramètres mésologiques complémentaires, tels que la distance par rapport à la source, la température mensuelle maxima. Une étude synthétique du fleuve réalisée suivant ces principes[46] conduit à situer le Haut-Rhône parmi les cours d'eau à salmonidés ; du Léman à la Chautagne, le fleuve ferait potentiellement partie de l'hyporhithron* (niveaux typologiques 6) et de l'épipotamon* à l'aval jusqu'à Lyon. Cette classification est l'équivalent d'un passage « du niveau à ombre » de la « zone à truite inférieure » (niveau 6) de Huet au « niveau à barbeau » de la zone à cyprinidés supérieures (niveau 7). Disons, pour simplifier, que la prise en compte des paramètres physico-chimiques confirme les qualités potentielles de ce fleuve de piedmont.

Le cycle biologique du hotu se déroulant dans la zone à ombre, les deux espèces seraient des descripteurs écologiques complémentaires. Le niveau biologique du Haut-Rhône avant les aménagements contemporains aurait donc été celui d'une « zone à ombre et à hotu[47] ».

Cette classification mésologique*, toute théorique, a été confrontée avec la classification originelle supposée. Retenons deux prises de position à ce propos :

— Selon le C.T.G.R.E.F. (1974), les niveaux ichtyologiques originels seraient supérieurs aux niveaux théoriques puisque l'ensemble du Haut-Rhône serait un cours d'eau à salmonidés (niveaux 5-6 à l'amont et 6 à l'aval).

En l'absence de l'ombre, certaines espèces telles que le blageon et l'apron sont indicatrices de la zone de l'ombre dans des milieux proches de Lyon demeurés favorables comme le canal de Miribel[48]. Le

43. Léger, 1947.
44. Huet, 1946.
45. Tuffery et Verneaux (1967) et Verneaux et Leynaud (1974).
46. C.T.G.R.E.F., 1974.
47. Nelva, 1985.
48. Perrin, 1978.

Paramètres ▼ / Stations* ▶	1	2	3	4	5
Distance à la source (km)	283	311	379	412	424
Largeur (m)	60	200	200	200	200
Pente (‰)	2,5	2,3	0,3	0,2	0,6
Température mensuelle max. (°C)	18,5	17,5	18,5	18,8	18,9
Niveaux typologiques approchés					
Théorique mésologique	6	6	7	7	7
Ichtyologique originel	5-6	5-6	6	6	6
Ichtyologique actuel	7	7	7	7	7
Invertébrés (témoins)	6	6	6	6-7	6-7
Hypothèse typologique	méta	→ hypo		→ épi →	
	RHITRHON			POTAMON	
Correspondance piscicole (Huet)	Truite moy.		Truite inf.	Cyprinidés sup.	
			Niv. à combre	Niv. à barbeau	

* Stations : 1 : Pont Carnot ; 2 : Aval retenue Seyssel ; 3 : Rix ; 4 : Saint-Vulbas ; 5 : Loyettes.

Figure 114. Appartenance typologique du Rhône
(source : C.T.G.R.E.F., 1974).

niveau biologique réel du fleuve aurait donc été supérieur à ce qu'une classification, pourtant fondée sur d'excellentes conditions physico-chimiques, laissait espérer. Il convient donc de faire intervenir un paramètre jusque-là négligé et qui ressort curieusement de la géomorphologie fluviale. « On peut penser que dans ces grandes dépressions, comme celle de Brégnier-Cordon, les divagations du Rhône dans tous ses bras conféraient à ce fleuve une structure mésologique beaucoup plus complexe et, du même coup, une diversité beaucoup plus grande de la faune[48]. » La C.N.R. a repris l'argument pour démontrer que le fleuve qu'elle a pris en charge n'avait plus rien de naturel et souligne le fait qu'autrefois, chaque divagation avait un caractère de rivière. L'hétérogénéité de sa pente, malgré des valeurs faibles en moyenne, devait créer des zones de rapides et le Rhône avec ses caractéristiques (température fraîche, fond caillouteux, profondeur réduite, eau bien oxygénée) devait correspondre davantage à la description d'une zone à ombre telle qu'on la retrouve actuellement dans certains de ses affluents (Ain, Guiers) et telle qu'elle est décrite par Huet. Les zones à courants faibles appartenaient à une zone à barbeau typique. Le Haut-Rhône se présentait alors comme une succession de zones à ombre et de zones à barbeau d'importance variable suivant la prépondérance des secteurs de rapides ou de calmes, mais le type dominant était la zone à ombre[49]. En somme, le tressage d'un fleuve ou d'un grand cours d'eau améliore son potentiel biologique par rapport à la situation

48. *Perrin, 1978.*
49. *Rapport, C.N.R., 1979.*

qui prévaudrait dans un chenal unique, à qualité physico-chimique des eaux égale.

Contrastant avec ces niveaux potentiels, d'un intérêt sans doute exceptionnel pour un fleuve de piedmont, la situation actuelle ne laisse pas de traduire une sensible dégradation. Le niveau typologique des années 1970, fondé sur le critère ichtyologique, est passé à 7 sur l'ensemble du Haut-Rhône que l'on classe donc dans l'épipotamon, le niveau à barbeau de Huet. On enregistre « une dégradation profonde des peuplements ichtyologiques initiaux dont il ne reste que certains éléments témoins » et une « simplification accentuée des biocénoses[50] ». Cette évolution est perceptible dans l'importance relative des espèces, exprimée en pourcentage de la biomasse*, aux deux dates de 1948 et 1977. Des enquêtes réalisées auprès des pêcheurs et diverses observations en provenance des services de pêche montrent un appauvrissement du fleuve[51].

	Génissiat-Seyssel		Seyssel-Lyon	
	Avant 1948	En 1977	Avant 1948	En 1977
Ombre	10	0	7	1
Truite	10	5	7	4
Carnassiers	6	7	6	7
Poissons blancs pêchés	64	78	70	78
Poissons blancs non-pêchés	10	10	10	10

L'interprétation de ce phénomène d'appauvrissement est nécessairement délicate et il est sans doute artificiel d'isoler telle ou telle cause car la faune réagit de manière très fine aux perturbations qui lui sont imposées. Néanmoins, pour la clarté de l'exposé, on se risquera à isoler quelques facteurs d'évolution, certains étant d'ailleurs dénoncés avec virulence par les milieux écologistes.

3. L'impact des grands travaux sur la qualité des eaux et les biocénoses aquatiques

La responsabilité de la dégradation des biocénoses qui a fait, d'un fleuve à salmonidés, un fleuve à poissons blancs, relève d'interventions de nature très diverse. Nous retiendrons successivement les travaux d'endiguement, réalisés au XIXe siècle, mais dont l'impact fut progressif, et la construction des barrages hydroélectriques, perturbation de nature très différente dans la mesure où elle créait des milieux neufs.

50. C.T.G.R.E.F., 1974.
51. C.T.G.R.E.F., 1979.

a. L'IMPACT DES TRAVAUX D'ENDIGUEMENT REALISES AU XIXᵉ SIECLE

La construction des digues insubmersibles à la fin du siècle précédent avait pour effet de concentrer les eaux à l'étiage pour améliorer les conditions de navigabilité. Il s'en est suivi une augmentation de la pente, un approfondissement du chenal principal au détriment de l'alimentation des bras secondaires.

Ce processus, qualifié de « chenalisation », s'est donc opéré dans les modèles géomorphologiques tressés dont on a vu précédemment qu'ils étaient les plus favorables aux salmonidés, singulièrement à l'ombre. Le bras unique a produit un courant trop rapide, voisin de 1 à 1,5 m/s ; une étude récente a évalué le temps de transit d'une masse d'eau turbide de 600 m³/s à 1,2 m/s entre Seyssel et Creys-Malville et 1,1 m/s entre Creys-Malville et Lyon[52], valeurs voisines des calculs de la C.N.R. (1,28 m/s entre Creys-Malville et le pont de Jons). Cette vitesse élevée est défavorable pour se maintenir en place en plein courant[53]. D'autre part, cette vitesse est capable de provoquer le déplacement des galets du lit ; l'instabilité hydraulique empêche ainsi tout développement de la faune benthique* superficielle ; des macrophytes et le périphiton (algues filamenteuses, diatomées, mousses qui constituent la production primaire) se raréfient et donc diminuent le nombre des consommateurs, c'est-à-dire, en dernier ressort, la production piscicole. Un modèle mathématique a permis de fixer à moins de 300 m³/s le seuil d'instabilité hydraulique au-dessus duquel toute crue détruit l'ensemble de la couverture biologique sur tout le canal[54] ; la chenalisation du Rhône entre le Parc et Lyon, au XIXᵉ siècle, a généralisé ces conditions défavorables ; l'instabilité, de phénomène périodique et sans doute localisé, est devenue situation permanente du confluent de l'Ain au pont de Jons, et de Seyssel à Brégnier. Cette évolution a probablement créé nombre de milieux lotiques voire hyperlotiques dans des tronçons où l'endiguement a concentré et fixé de manière définitive le flux hydrique.

En somme, ces caractères nouveaux permettent de conclure à une exagération des dimensions de l'hyporhithron, tel qu'on le rencontre sur la rivière d'Ain et donc à une dégradation[55]. Les secteurs marginaux comme certains bras abandonnés, le cours aval d'affluents ou le canal de Miribel, conservent seuls des micro-organismes (insectes de la famille des trichoptères, du genre hydropsyche) caractéristiques du rhithron. A elle seule, cette explication ne rend pas compte de toutes les mutations subies par le fleuve sur le plan biologique, mais semble la plus importante.

Il convient cependant d'insister sur le fait que l'endiguement, tel que les ingénieurs l'avaient conçu dans les années 1850-1890, était loin de n'avoir que des effets négatifs. Pour le démontrer, nous prendrons deux exemples, le canal de Miribel et le secteur de Brégnier-Cordon.

— Le canal de Miribel, malgré des conditions hydrauliques difficiles, puisque le débit peut varier brutalement de 30 m³/s à plusieurs

52. Maubert et Picat, 1983.
53. Léger, 1945.
54. Darchis, 1979.
55. Perrin, 1978.

centaines voire milliers de mètres cubes en crue, présente une faune remarquablement riche. La macrofaune benthique est comparable à celle de l'Ain et l'ichtyofaune compte vingt-huit espèces dont l'ombre et l'apron ; la diversité spécifique* est donc exceptionnelle pour le Rhône, même si le hotu compte pour plus de 30 % des espèces et 75 % d'une biomasse qui s'élève à 230 kg/ha[56]. Cette relative richesse du milieu est attribuée aux caractéristiques techniques de l'enrochement réalisé entre 1848 et 1857 à l'aide de gros blocs calcaires non cimentés mais empilés ; ces digues multiplient les caches où se réfugient les poissons à l'occasion des crues ou des pollutions aiguës provoquées par les vidanges de barrages[57]. Selon la position de ces enrochements par rapport aux divers milieux du chenal, ils servent de cache à des espèces variées :

— de courant vif : truite, chabot, blennie ;

— de courant moyen : lotte, anguille, grémille ;

— de courant lent : anguille, grémille, poisson-chat, perche.

Ainsi, le plus ancien canal du Rhône est-il devenu un des milieux les plus riches du fleuve mais il serait dangereux d'en tirer des conclusions hâtives… Alors que l'ensemble du Rhône tendait à s'appauvrir, c'est la technique d'endiguement qui a maintenu la diversité passée.

— Le secteur de Brégnier-Cordon est sans conteste le plus proche des conditions anciennes, malgré l'endiguement submersible réalisé dans les années 1880. Ces travaux, destinés à barrer les bras secondaires à l'amont, laissent néanmoins filtrer l'eau à travers les blocs non maçonnés et servent de cache comme le long du canal de Miribel ; l'exhaussement du chenal a permis le maintien des communications directes entre celui-ci et la plupart des bras qui ont donc résisté au colmatage minéral.

Il est probable que ce secteur de quinze kilomètres présente une diversité de biotopes* bien supérieure à celle du modèle tressé originel qui multipliait le même type de bras peu profond à courant rapide ; tous les types de lônes s'y rencontrent, partiellement ou complètement fermées à l'amont, plus ou moins distantes du chenal endigué et exposées à la mise en eau par les crues.

Ce secteur remarquable qui compte trente-trois des cinquante espèces recensées sur le territoire français est « peut-être le seul tronçon de cours d'eau français qui peut encore offrir un aussi large éventail[59]. » L'ichtyomasse moyenne serait de 461 kg/ha, valeur à comparer avec celles du Rhin (150 à 500 kg dont 321 pour le Vieux Rhin) et du Danube (292 en moyenne) ; le hotu domine moins nettement que dans le canal de Miribel, devant la vandoise, le chevesne et le barbeau.

En somme, les travaux d'endiguement effectués à Brégnier ont fait glisser le secteur de l'hyporhithron (zone à ombre) à l'épipotamon (zone à barbeau) mais la perte de qualité a sans doute été compensée par un gain en diversité ; tel n'est pourtant pas l'avis d'hydrobiologistes qui concluent à une baisse de la diversité et de la productivité*.

56. *A.R.A.L.E.P.B.P., 1978.*
57. *Laferrere, 1977.*
58. *Roux, 1982.*
59. *A.R.A.L.E.P.B.P., 1979.*

Il semble bien, pourtant, que dans la phase « incipiente », un endiguement de ce type n'ait pas que des effets négatifs sur le plan biologique. Il est aussi certain qu'il implique un colmatage inéluctable et donc, à terme, la disparition des biotopes marginaux ; la phase de vieillesse laisse subsister « l'hyporhitron dégradé » où luttent un petit nombre d'espèces rhéophiles*, le hotu et, sur les bords du canal de Miribel, des espèces protégées à la faveur des enrochements.

b. TRAVAUX ET GEOGRAPHIE DES ESPECES

Des aménagements fluviaux réalisés en dehors de la zone d'étude ont eu des répercussions notables sur le peuplement piscicaire du Haut-Rhône. Il s'agit de l'invasion du hotu, de l'arrivée du sandre et de la disparition des espèces migratrices marines.

— Le hotu (*chondrostoma nasus*) est aujourd'hui le poisson le plus abondant sur le Haut-Rhône, à l'aval de Seyssel. Il représenterait 80 à 90 % de la biomasse du canal de Miribel, 40 % à Brégnier-Cordon, 67 % à Belley et 65 % en Chautagne[60]. Une enquête orale, réalisée auprès des pêcheurs aux engins du canal de Miribel, le fait citer dans 70 % des prises contre 65 % une cinquantaine d'années auparavant[61].

Cette importance relative justifie quelques développements même si les qualités culinaires du hotu prêtent à contestation dans la capitale de la gastronomie.

Le hotu est originaire d'Europe Centrale et peut être autochtone, ou du moins très ancien dans le bassin du Rhin. Il a gagné les cours d'eau français au XIXe siècle en utilisant les canaux de liaison entre les fleuves du réseau navigable. Signalé dès 1837 dans la Saône, il serait parvenu dans la région lyonnaise vers 1880[62] ; on a pu disposer d'une enquête réalisée en 1911 à la demande du ministre des Travaux publics sur cette espèce « vorace, très prolifique, de qualité médiocre, signalée comme tendant à se multiplier de façon excessive au détriment des espèces indigènes plus précieuses[63] ». Le Service du Rhône qui avait en charge le canal de Jonage confirma la date de 1880, mais avec prudence. En revanche, « la Société des parfaits pêcheurs à la ligne de la ville de Lyon » assura que les premiers hotus avaient été capturés en 1893 au confluent de la Saône et du Rhône.

Le hotu est un poisson aux reflets argentés, d'une taille maximale voisine de cinquante centimètres, qui râcle la couverture biologique sur les fonds cailluteux (algues, diatomées). L'intense activité de reproduction de ce poisson grégaire le fit accuser de dévorer la ponte et les alevins des espèces nobles, l'ombre commun et la truite. Les bancs furent massivement détruits sur l'Ain et le Suran entre 1901 et 1982 ; en réalité, il est démontré que le hotu ne peut nuire à ces poissons et qu'en revanche œufs et juvéniles de hotu sont victimes de ces prédateurs[64].

Quoi qu'il en soit, le hotu se multiplia de manière « frénétique » sur le Rhône à l'aval de Génissiat, dont les rapides constituaient

60. *A.R.A.L.E.P.B.P., 1981.*
61. *Laferrere, 1977.*
62. *Tripier, 1902.*
63. *Arch. S.N.R.S., 1844.*
64. *Nelva, 1985.*

une barrière infranchissable et sur le cours inférieur des affluents. Cette espèce euryèce s'adapte indifféremment à la zone à brème, à barbeau ou à ombre pourvu que les eaux soient tempérées et non polluées.

L'enquête de 1911, tout en déplorant la prolifération de ce poisson, reconnaît néanmoins une amélioration de sa qualité gastronomique dans les eaux du Rhône : « A son apparition, ce poisson avait une chair molle et de mauvais goût ; mais on doit reconnaître que depuis qu'il s'est acclimaté dans les eaux du Rhône, sa chair est devenue plus ferme et plus savoureuse. » Un accommodement approprié autorisait une « vente courante » et justifiait une « certaine estime » de la part des consommateurs ; le hotu est aujourd'hui prisé des Cambodgiens installés à Lyon qui en constituent le principal débouché. La pêche professionnelle est néanmoins extrêmement limitée et n'a de débouché que sur un marché lyonnais.

— Le sandre a suivi le même itinéraire que le hotu mais avec un retard de plusieurs décennies. Originaire d'Europe Centrale, introduit dans le Rhin par le lac de Constance, il fut signalé sur la Saône en 1925, ce pour la première fois en France. Signalé sur le Rhône en 1932, il s'est, depuis, acclimaté de Lyon à Bellegarde et sur le cours inférieur de l'Ain[65]. Ce poisson occupe une place très secondaire sur le Haut-Rhône et son écologie régionale est mal connue.

— Le Haut-Rhône n'accueille plus chaque année les aloses, poissons migrateurs qui remontent les fleuves au printemps lorsque la température des eaux dépasse 11°. Deux espèces « anadromes »* fréquentaient le Rhône à l'époque du frai :

— La plus abondante était *alosa fallax nilotica* qui constituait 99 % des prises. Signalée en Savoie en 1943, elle entrait dans le lac du Bourget.

— *Alosa alosa*, la grande alose atlantique, remontait jusque vers Lyon[66]. Durant les mois d'avril-mai des années 1930, il se pêchait douze à quinze mille kilos d'aloses le long du Rhône dans la région lyonnaise ; cinq mille kilos étaient vendus à Lyon.

La pêche était meilleure encore sur la Saône dont les eaux, plus tièdes, étaient plus propices au frai. C'est au total cinquante mille kilos qui furent vendus à Lyon en 1931[67].

La tradition veut que les aloses remontaient le Rhône dans le sillage des bateaux chargés de sel. Cette migration a cessé à partir de 1952 puisque le barrage de Donzère-Mondragon a joué un rôle de barrière biogéographique ; les échelles à poissons s'avèrent inadaptées dans le cas de l'alose[68].

c. L'IMPACT DES BARRAGES HYDROELECTRIQUES

Il convient, au préalable, de distinguer deux types d'aménagements :

— Entre Genève et Seyssel, les quatre barrages en service — Chancy-Pougny (1925), Verbois (1943), Génissiat (1947), Seyssel (1951) —

65. *Goubier, 1975.*
66. *Léger, 1945.*
67. *Sornay, 1932.*
68. *Rameye, 1976.*

367

retiennent la totalité des eaux du fleuve dans la vallée encaissée et étroite. Ces retenues, de profondeur inégale, fonctionnent comme des réservoirs où l'eau se renouvelle de manière rapide.

— Entre Seyssel et Lyon, la configuration des lieux a imposé la construction de barrages à dérivation parallèle au lit ordinaire, où transite un faible débit réservé. Les problèmes y sont de nature différente même si la retenue présente des analogies avec les réservoirs de la section amont. L'aménagement de Jonage-Cusset fournit une référence déjà vieille de plus de quatre-vingts ans (1899) à l'heure où les biologistes sont en mesure d'analyser les premiers effets de l'escalier de barrages entrepris sur le Haut-Rhône (Chautagne, 1981, Belley, 1982)[69].

Le barrage de Jons (1938) : un effet d'obstacle ?

La question d'un éventuel impact du barrage de Jons sur les déplacements du poisson n'est pas posée dans la mesure où l'on considère en priorité la disparition des espèces migratrices. Il n'est cependant pas sans intérêt de considérer que Jons est le premier ouvrage établi en travers du fleuve entre Bellegarde et la mer, puisque, de 1899 à 1938, l'aménagement de Jonage-Cusset était alimenté en eau par une simple digue divisoire.

Peu après la mise en service du barrage, pourtant équipé d'une échelle à poissons dans la culée gauche, les conseils municipaux de Saint-Romain-de-Jalionas et Anthon prétendaient constater la raréfaction du poisson et craignirent que les pêcheurs ne désertent les hôtels de la région ; ils furent bientôt imités par les conseils de Loyettes, Saint-Vulbas, Chazey et Pont-d'Ain et tous d'affirmer que le poisson ne remontait plus frayer. La Société des forces motrices du Rhône refusa d'accéder à leur demande et de relever les vannes le samedi et le dimanche mais reconnut cette raréfaction du poisson et n'exclut pas « dans une certaine mesure » la responsabilité du barrage[70]. On ne saurait rien affirmer mais, si cette évolution était réelle, elle supposerait des mouvements de poissons entre les frayères du canal de Miribel et de l'Ain, capables d'enrichir la faune des tronçons stabilisés à l'amont et à l'aval du confluent.

Les mutations écologiques dans les réservoirs et les retenues

A l'occasion d'études préparatoires, réalisées en 1915, à l'époque où l'on envisageait de construire le barrage franco-suisse de Chancy-Pougny, l'inspecteur des Eaux et Forêts du département de l'Ain fut requis de donner son avis sur l'impact du projet en matière piscicole. Sans nier que le barrage constituerait un obstacle infranchissable à la remontée du poisson, il pensait, qu'en compensation, la retenue créerait « une réserve d'eau paraissant devoir être très favorable à l'habitat et à la multiplication des poissons ». Elle se révélerait sans doute profitable à la truite, à l'ombre commun et peut-être, aussi, à d'autres espèces du lac Léman rares dans le Rhône[71]. Le nouveau lac ainsi créé cumulerait, en quelque sorte, les avantages du fleuve et du Léman.

69. Les études réalisées sur le fleuve ne permettent pas, à notre connaissance, de présenter un état complet de la question. Les analyses sont d'une précision très inégales car elles se sont longtemps bornées à fournir des réponses à des questions posées par les aménageurs eux-mêmes.
— Les études portant sur la qualité des eaux et la biologie des réservoirs sont rares et fragmentaires.
— Depuis moins de dix ans, il est possible d'évaluer l'impact du fonctionnement normal des barrages sur le tronçon de cours d'eau situé à l'aval : l'effet des lâchures d'eau, la biologie des tronçons court-circuités commencent à être mieux connus des biologistes.
— Des travaux importants sont effectués depuis une trentaine d'années sur les effets des vidanges de ces réservoirs. La mise en service de la centrale nucléaire de Bugey et le colmatage des puits de la C.O.U.R.L.Y. ont révélé l'acuité d'un problème qui est davantage celui d'une gestion des sédiments fins que proprement écologique. Les biologistes n'ont cependant pas manqué de dénoncer les désastreux effets de ces chasses de matériaux.
70. Arch. S.N.R.S.
71. Arch. S.N.R.S. 1594.

On sait que les réservoirs constituent des écosystèmes différents des eaux fluviales originelles dans la mesure où l'écoulement est perturbé ; les eaux des retenues rhodaniennes sont renouvelées suffisamment vite pour empêcher que ne se produise le phénomène de stratification thermique* et ses conséquences physico-chimiques[72].

	Volume (Mm³)	Durée de remplissage (heures)
Génissiat	53	47
Seyssel	6	5
Chautagne	7,8	6
Belley	25,3	19
Brégnier-Cordon	13,6	10
Sault-Brénaz	32,8	23

Il n'en reste pas moins que les eaux lentes et profondes facilitent le piégeage de la matière organique, diminuent l'éclairage et la photosynthèse, concentrent les fertilisants, suppriment les frayères pour certaines espèces. Les rares études biologiques qui soient disponibles mettent en évidence la modification de la faune pisciaire :

— A l'amont de la retenue de Génissiat, le peuplement a perdu sans doute les espèces d'eau courante comme l'ombre, le toxostome et le chabot. On enregistre une abondance d'espèces limnophiles* comme la brème, la carpe, la tanche, le gardon, la perche-soleil et le brochet. Ces populations subissent de plein fouet l'effet de la pollution genevoise et des vidanges du barrage de Verbois[73].

— La retenue de Seyssel se caractérise par la prédominance d'une espèce banale, le gardon. « Les variations de niveau importantes et les températures relativement fraîches des eaux du Rhône constituent sans aucun doute un facteur limitant le développement des cyprinidés d'eau calme sans permettre pour autant la reproduction des espèces rhéophiles » du fait de l'envasement des fonds[74]. La C.N.R. dresse un bilan relativement optimiste de la situation qui prévaut dans la retenue de Seyssel. Le nombre d'espèces se serait abaissé de treize à huit mais la part des salmonidés représente 9,9 % dans cette retenue en 1978, alors que dans le Rhône à l'aval de Seyssel, elle est de 1 %. La C.N.R. reconnaît toutefois que, si les salmonidés y trouvent une nourriture abondante, ils semblent s'y reproduire fort mal, puisque le peuplement est surtout fait d'adultes[75].

En fait, il semble bien que la truite ait été l'espèce dominante entre Genève et Bellegarde et que l'ombre y était « assez abondant[76] ». Depuis trente ans, l'ombre a disparu, la truite a reculé devant les espèces limnophiles et, faute de frayères, est peut-être menacée par vieillissement de la pyramide des âges de sa population. Le C.T.G.R.E.F. estime que la biomasse est très faible car le marnage (quatre mètres dans cette retenue) détruit la microfaune lenitique* des rives ; la retenue compte très peu d'alevins — quelques petits

72. Savey, 1982.
73. A.R.A.L.E.P.B.P., in Bouteille, 1981.
74. C.T.G.R.E.F., 1979.
75. C.N.R., 1979. Rapport D.T.E. 79. 306.
76. C.T.G.R.E.F., 1979.

gardons — et la plus grande partie des poissons viendrait du tributaire, la rivière des Usses.

— Il a pu être mis en évidence que les lacs artificiels sont souvent le siège d'intéressants effets-lisière. L'écotone est la transition entre deux environnements de nature différente ; la diversité spécifique y est en général supérieure à celle des deux milieux contigus considérés isolément. Les rives d'un réservoir, singulièrement le milieu « eulittoral » qui est situé entre les lignes et des hautes et des basses eaux, offrent ces caractères[77].

Dans le cas particulier des réservoirs du Haut-Rhône, l'intérêt de ces marges est très sensiblement réduit par le fait que les versants calcaires plongent quasiment à la verticale dans les retenues, que le développement linéaire des rives est très réduit et que les versants pentus taillés dans les matériaux meubles subissent des variations de niveau trop brutales. Néanmoins, la tête de la retenue de Génissiat sur le site de l'Etournel, présente un intérêt écologique certain ; défavorables à la faune aquatique, d'autant que les gravières ont raréfié les galets à l'avantage des fines, s'étendent de vastes vasières riches en matière organique. Les ornithologues leur confèrent un intérêt primordial pour le repos hivernal des anatidés, à l'époque des basses eaux. Ce milieu artificiel et rare sur la route des migrateurs accueille sarcelles et limicoles, alors que le plan d'eau héberge des oiseaux plongeurs tels que grèbes, cormorans, harles et canards-milouins, morillons et colverts[78]. C'est le site de reproduction le plus important, en dehors de la Camargue, pour la sarcelle d'hiver. Au total, deux cent trente espèces fréquentent l'Etournel qui aurait le troisième rang dans Rhône-Alpes après le lac Léman et la Dombes pour l'hivernage des canards.

Cet écotone pose un difficile problème de gestion dans la mesure où seuls les processus d'alluvionnement fin s'y manifestent ; le colmatage tend à exhausser ces vasières, à favoriser la colonisation végétale et donc à réduire la diversité du milieu, à tel point qu'il a été proposé de les décaper pour maintenir l'intérêt du site. Cet exemple illustre à nouveau le concept de stabilité géomorphologique nécessaire à une gestion écologique durable et économique ; en l'occurrence, ces vasières sont des milieux neufs parce que la retenue est récente et, à la différence des bancs de galets d'un modèle géomorphologique tressé, ce ne sont pas des milieux renouvelables. Il semble donc une nouvelle fois que les interventions du génie civil puissent accroître la diversité des biotopes sur certains sites, ce dans une phase incipiente.

— L'achèvement de l'escalier de barrages prévus par la C.N.R. va multiplier les retenues de faible profondeur entre Seyssel et Lyon. Le canal de Jonage, construit de 1892 à 1899, préfigure sans doute la situation future des ouvrages amont.

Dans la retenue de Cusset, appelée canal de Jonage, le plan d'eau du Grand Large est une dépression naturelle de cent soixante hectares, longue de 2,5 kilomètres, large de 1,1 kilomètre au maximum et mise en eau sur une profondeur de 3,70 mètres. L'isolement du

77. Baxter, 1977.
78. P. Géroudet in Bouteille, 1981.

Grand Large à l'aide d'un rideau de palplanches, à l'amont, limite les relations avec le canal et confère à ce plan d'eau les caractères d'un étang. Il est sensible aux variations thermiques externes, sursaturé en O² l'été, car la photosynthèse et la productivité primaire sont actives.

Le Grand Large évoque sans doute de manière caricaturale les mutations que subiront les retenues en cours de construction. A défaut de données relevant d'un suivi écologique, on se contentera de faire état des prévisions formulées par les spécialistes.

La question s'est posée d'un éventuel réchauffement de l'eau du Rhône pour des masses d'eau plus lentes et plus étendues en surface. La simulation de régimes thermiques a permis à E.D.F. d'établir le bilan d'énergie de ces masses d'eau dans quatre hypothèses (état naturel, après barrage, après rejets thermiques d'origine nucléaire avec et sans barrage) ; il en ressort que les aménagements hydroélectriques réchaufferont le fleuve de manière négligeable : 0,4° à Creys-Malville, 0,2° à Bugey, 0,3° à Lyon. L'abondance hydrologique d'été est telle que ces résultats ne seraient pas modifiés en cette saison : +0,3° à Creys et à Bugey, +0,4° à Lyon au mois d'août[79].

L'étude d'impact de l'aménagement de Brégnier-Cordon a été publiée en 1979 par la C.N.R. Des hypothèses ont été émises concernant l'évolution prévisible des zones canalisées. L'accroissement de la profondeur, la simplification du profil et de la configuration des rives, la stabilisation des niveaux, la réduction des vitesses devraient réduire la productivité globale par rapport à celle du chenal du Rhône vif et modifier la composition de la biocénose au profit des gammares, du plancton et de quelques espèces piscicoles (sandre, barbeau, chevesne) aux individus vieillis et peu nombreux.

Se fondant sur l'exemple de Seyssel, la C.N.R. se révèle plus optimiste ; considérant que la qualité de l'eau ne sera pas modifiée de manière sensible, que la nourriture sera abondante et les fonds stabilisés, les retenues devraient être favorables aux salmonidés sous réserve que des frayères soient réalisées sur les affluents ou dans des baies aménagées. Dans la dérivation de Belley, le plan d'eau établi à l'emplacement des marais de Cressin devrait ressembler au plan d'eau de Jonage : « Plus calme et plus naturel (que le reste de la dérivation), riche en végétation aux abords des berges... il sera favorable à la vie piscicole et à la reproduction des cyprinidés. » La C.N.R. s'est risquée à évaluer la productivité future des milieux aquatiques sur les sites de Chautagne et Belley[80] :

— productivité du fleuve avant aménagement : 585 kg/km/an ;

— productivité du fleuve après aménagement : Rhône court-circuité : 540 kg/km/an ; retenues : 1 035 kg/km/an ; canaux de dérivation : 186 kg/km/an.

Le suivi écologique effectué depuis la mise en service des ouvrages de Chautagne et Belley semble révéler que, dans les retenues, l'asso-

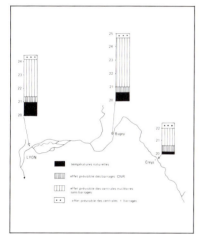

Figure 115. Les températures moyennes annuelles du Rhône non dépassées 95% du temps.

79. E.D.F., 1978.
80. Adaptation de la formule de Léger-Huet-Arrignon.

ciation rhéophile à hotu, vandoise, chevesne et barbeau est en cours de remplacement par une association limnophile à chevesne, gardon et perche. Ainsi, le hotu se cantonnera sans doute aux tronçons du Rhône court-circuités[81].

La C.N.R. espère atteindre 30 % de salmonidés dans les retenues et 50 % dans le Rhône court-circuité, ce qui sera remarquable compte tenu de la proportion avant aménagement, évaluée seulement à 1 %. « Le bilan sera donc nettement favorable » avec gains de productivité et de qualité. Le suivi écologique effectué depuis la mise en service des ouvrages de Chautagne et Belley semble révéler que, dans les retenues, l'association rhéophile à hotu, vaudoise, chevesne et barbeau est en cours de remplacement par une association limnophile à chevesne, gardon et perche. Ainsi le hotu se cantonnera sans doute aux tronçons du Rhône court-circuités[82].

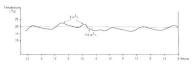

Figure 116. Effet des lâchures du barrage de Vouglans sur les températures de l'Ain.

Les mutations écologiques à l'aval des retenues dans le cadre d'un fonctionnement normal

La manœuvre des barrages du Haut-Rhône et de l'Ain modifie la géographie et le rythme naturel des débits sur ces deux cours d'eau. Pour simplifier, il est possible de ramener les effets écologiques à trois grands types :

Le barrage-réservoir de Vouglans situé dans le Jura a un impact sensible sur le rythme thermique de l'Ain. Il se comporte, en raison de sa profondeur, comme un lac monomictique chaud[83] ; en d'autres termes, les couches profondes se renouvellent une fois par an, en hiver, lorsque la température de la surface s'abaisse au niveau de celle du fond. Cette stratification thermique de type lacustre a deux effets :

— En été, la température des eaux superficielles de la retenue dépasse 20°C, mais les eaux de fond turbinées à Poncin ne dépassent pas 16,5°C. Lors des phases de production électrique, ces eaux froides se mêlent aux eaux du débit réservé dont la faiblesse (6 m³/s) permet un réchauffement excessif dans la journée. Un enregistrement thermographique continu réalisé en juillet 1976 illustre cette « instabilité thermique » de l'Ain. Par voie de conséquence, la population d'ombres communs souffre d'un excès de chaleur (le seuil létal de 23°5 a été atteint deux jours de suite à Chazey en juillet 1976, provoquant des mortalités) et de refroidissements brutaux qui ne permettent pas aux poissons de s'acclimater[84].

— Par ailleurs, la distribution de l'oxygène dissous dans la retenue de Vouglans se caractérise par une sursaturation en surface à la belle saison mais par une concentration nulle vers quatre-vingts mètres de profondeur ; les soutirages de fond rejettent donc l'eau désoxygénée de l'hypolimnion* dans la rivière[85]. A l'aval immédiat de la retenue, le taux de saturation peut s'abaisser à 50 % et s'élève lentement vers l'aval ; parallèlement, le gaz carbonique provenant des décompositions anaérobies* en fond de retenue abaisse le pH de 8-8,4 à 7,8-7,6. Ce phénomène est nuisible aux salmonidés car la désaturation réduit leur capacité de résistance au réchauffement,

81. Nelva, 1985.
82. C.N.R., 1979. D.T.E. 79. 306.
83. C.T.G.R.E.F., 1977.
84. A.R.A.L.E.P.B.P., 1978.
85. C.T.G.R.E.F., 1977.

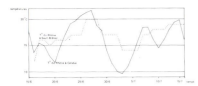

Figure 117. L'effet du Léman sur les températures du Rhône.

un taux de saturation en O_2 de 80 % abaissant le seuil létal autour de 18-20°C.

Le mode de fonctionnement des barrages du Rhône est celui de l'éclusage quotidien. Les lâchures d'eau turbinée n'ont pas le même caractère que sur l'Ain car les retenues du fleuve ne permettent pas la stratification thermique ; quand bien même Génissiat aurait un effet sur la température des eaux, il serait masqué par l'ampleur des variations imputables au lac Léman dont la remontée et l'émission d'eau de fond peuvent créer une amplitude de 12°C en quelques jours, à Genève ; à Sault-Brénaz, cet écart ne s'est réduit que de moitié[86].

Le laboratoire E.D.F. de Chatou a montré que, sur la période 1958-1972, l'effet des retenues est négligeable sur le Rhône aval si l'on considère les moyennes annuelles. En revanche, les retenues augmentent l'inertie du cours d'eau et limitent l'amplitude des fluctuations de température estivales ; les températures maximales journalières seraient ainsi abaissées de 1,2°C à l'aval de Seyssel. Une étude complémentaire réalisée en 1980, et destinée à prévoir l'impact de la retenue de Sault-Brénaz sur la température des eaux a conclu à un refroidissement estival compris entre 0,5 et 0,9°C.

En revanche, les peuplements du Rhône souffrent indubitablement des effets du marnage créé par les rapides variations de débit :

— Au pont Carnot, le marnage atteint un mètre cinquante à cause des lâchures de Verbois et Chancy-Pougny et quatre mètres lorsque fonctionnent les vannes de Génissiat.

— Il est voisin de quatre mètres dans la retenue de Seyssel dont la fonction est de compenser la manœuvre de Génissiat.

— A l'aval des retenues de Chautagne et Belley, le marnage quotidien est voisin de cinquante centimètres[87].

L'émersion des hauts-fonds et des rives est incompatible avec la développement de la faune benthique dont les espèces les plus sensibles, telles que gammares, *hydropsyché* meurent par déshydratation[88]. Cette stérilisation est d'autant plus grave que l'effet-lisière devrait jouer le long des rives et que la vitesse du courant dans l'axe du chenal endigué appauvrit les fonds caillouteux instables.

Par la force des choses, le vieux canal de Miribel autrefois complémentaire du Vieux Rhône est devenu ce que les aménageurs appellent un Rhône « court-circuité ». Les conditions hydrodynamiques qui y prévalent en feraient un milieu écologique difficile n'était la présence des enrochements latéraux non maçonnés qui diversifient les biotopes de manière heureuse.

Les nouveaux tronçons du fleuve court-circuités, en Chautagne et à Belley, ont ceci de commun avec le canal de Miribel qu'ils enregistrent de très fortes variations de débit entre les situations de basses et moyennes eaux du fleuve, où ils reçoivent un débit réservé, et les situations de crue, où ils reçoivent l'excédent par rapport au débit d'équipement. Cependant, les occasions de lâchure sont plus rares en Chautagne et à Belley dans la mesure où le débit d'équipe-

86. *E.D.F., 1977.*
87. *C.T.G.R.E.F., 1974.*
88. *C.T.G.R.E.F., 1976.*

ment est supérieur à celui de Cusset (700 m³/s contre 600) et les fréquences de dépassement de ce débit plus faible à l'amont qu'à l'aval de l'Ain. Il n'en reste pas moins que les crues atteignant 1 000-1 500 m³/s provoquent un effet de chasse défavorable aux espèces non rhéophiles ; la perche-soleil, la carpe, le rotengle sont absents, la vandoise, le brochet, la perche, la brème, le gardon et la grémille sont peu abondants. L'effet de balayage touche particulièrement les petits individus, davantage en Chautagne où la pente est très forte, qu'entre Chanaz et La Balme où les abris (enrochements, souches) sont plus nombreux. Avec toute la prudence qui s'impose, car le suivi écologique ne fait que débuter, les hydrobiologistes croient à une simplification de la faune dans le Rhône court-circuité ; elle pourrait évoluer vers un groupement à base de hotu, vandoise et chevesne dans le chenal, la présence des autres espèces dépendant de l'existence de milieux annexes[89].

On a vu que pour sa part, la C.N.R. espère restaurer les conditions écologiques favorables aux salmonidés et obtenir une bonne productivité car « le Rhône court-circuité sera plus favorable à leur reproduction grâce aux zones graveleuses, peu profondes et à fond stabilisé, plus nombreuses. De plus, les nuisances principales pour la reproduction, le marnage et les vidanges, seront soit atténuées soit supprimées. La survie des alevins sera donc nettement améliorée[90]. »

L'A.R.A.L.E.P.B.P. était beaucoup moins optimiste en envisageant l'impact de l'aménagement de Brégnier-Cordon sur le Rhône court-circuité. Le ralentissement du courant dans les mouilles devrait nuire aux espèces rhéophiles, mais créer les conditions d'une bonne productivité favorable aux poissons d'eau lente n'était le balayage par les crues. En fait, le substrat en galets propres, propice au développement de périlithon* devrait favoriser le hotu et de petits poissons comme le goujon, l'ablette et le spirlin.

En somme, « la biocénose passerait ainsi... à un système artificiel de composition faunistique rappelant la zone à barbeau malgré certains caractères physiques plus proches de la zone à brème. L'espèce dominante y serait alors très vraisemblablement le hotu. » L'évolution induite par la construction de seuils noyés en rivière, destinés à étendre la superficie du plan d'eau et à maintenir en eau des lônes, a également été envisagée ; de tels seuils ont été construits à Lucey, dans le défilé de Pierre-Châtel et à Brégnier. En réduisant encore la vitesse, ils défavoriseraient les poissons de la zone à barbeau, sans que les espèces de la zone à brème, du fait des crues, puissent prospérer : « Finalement, dans un tel milieu, l'espèce dominante serait très certainement le gardon, mais il restera toujours en densité faible[91]. »

Les effets biologiques des vidanges des barrages

Si l'impact le plus spectaculaire de la vidange des réservoirs du Haut-Rhône concerne les lâchures de sédiments fins, le déplacement de la matière organique stockée dans des conditions d'anaérobiose est

89. A.R.A.L.E.P.B.P., 1981.
90. C.N.R., 1979. rapport D.T.E. 79. 306.
91. C.N.R., 1979. Etude d'impact, Brégnier-Cordon.

responsable d'un impact sensible sur la qualité physico-chimique de l'eau et donc d'un impact biologique.

— *Le flux organique et la pollution physico-chimique.* Jusqu'à la date de 1972, on a estimé à 30 000 tonnes/an la masse de sédiments organiques accumulés dans la retenue de Verbois, à l'aval des égouts de Genève. Les effets de la vidange se sont progressivement aggravés, au fil des années, à l'aval de Seyssel ; alors que la pollution ne se faisait pas sentir à la Loi, à soixante kilomètres à l'aval de Verbois, en 1956[92], une aggravation sensible était enregistrée lors des vidanges de 1965 et 1969.

De manière générale, les vidanges ont pour effet de relâcher la matière organique, sédimentée en milieu réducteur, ce qui affecte les qualités du milieu aquatique récepteur.

		1965	1969	1972	1975	1978	1981
DBO5 max. mg O_2/l	Pougny	16,5	8,6	39	25		55
	Seyssel	16	7,5	38	36		10,5
	Loyettes-Jons	12,5		15,8	26	39	7
	Lyon	9,2		12,8			
mini O_2 mg/l	Pougny	1,1	0,5	5,5		5,5	6,1
	Seyssel	2	3	7,4	7,8	0	8,1
	Loyettes-Jons	2,2	3,5	8	8,3	3,6	6,1
	Lyon	4	4	6,4		1,2	
Max. NH_4 mg/l	Pougny	4	5	5,1	6,5	2,4	4,5
	Seyssel	3,5	5		2,5	8,8	7
	Loyettes-Jons	4,55		2,3			6,1
	Lyon	4,55		2		12	

Caractéristiques physico-chimiques du Rhône en temps de vidange
(d'après Roux, 1982).

— La D.B.O.5 est forte et fait baisser le taux d'oxygène dissous.

— Un flux de NH_4 toxique se propage loin à l'aval de Lyon.

La vidange de 1965 affecta gravement la teneur en oxygène de l'eau du fleuve. Le maintien d'une forte D.B.O.5 s'expliquerait par une « dégradation progressive des matières organiques les rendant de plus en plus attaquables dans les conditions biologiques de la D.B.O.5[93]. Le taux de 0^2 chuta à 1 mg/l à l'aval de Verbois, au moment du pic de pollution, et ne dépassait pas 4 mg/l à Lyon. Il est probable que la qualité de l'eau pompée dans la nappe de la banlieue lyonnaise fut affectée car le chlore aurait été anormalement détruit à cette occasion ; par ailleurs, le service d'hygiène appliquée de l'Institut Pasteur enregistrait une dégradation des conditions bactériologiques, le nombre d'*escherichia coli* s'élevant de moins de 350 à 10 000/100 ml dans le secteur Sault-Brénaz-Lagnieu.

92. *Plagnat, Nisbet, 1958.*
93. *Vial et coll., 1969.*

La mise en service de la S.T.E.P. de Genève, en 1968, a fait sentir ses effets bénéfiques en 1972 et 1975, puisque le taux d'oxygène dissous n'est pas tombé en dessous de 5 mg/l à Pougny. Ainsi, en 1975, le flux de D.B.O.5 était-il estimé à neuf cent quatre-vingt cinq tonnes à Pougny, mais à mille cinq cent soixante tonnes à Seyssel ; la vidange de Génissiat aggravait donc la pollution de manière très sensible par libération de dépôts sans doute plus anciens. Il a également été démontré que le lâcher de sédiments fins est susceptible de créer une pollution différée dans le temps lorsque les crues du Rhône remettent en suspension l'azote ammoniacal piégé par adsorption dans les sédiments. Ce phénomène fut démontré en 1974 à l'occasion de la crue du 29 juin au 2 juillet : le Rhône déversa dans le lac du Bourget 12,6 tonnes de NH_4 soit 48 % des entrées annuelles dans le lac[94].

L'analyse des paramètres physico-chimiques confirme l'effet catastrophique de la vidange de Génissiat en 1978. Le taux de O^2 dissous n'avait jamais été aussi satisfaisant à Pougny (6,5 mg/l), mais tomba à des valeurs jamais enregistrées jusqu'à cette date, à l'aval de Seyssel. Il tomba à 0, durant plusieurs heures, à l'aval des retenues et dépassait à peine un à Lyon. En revanche, en 1984, le taux d'oxygène dissous est resté voisin de la saturation à l'aval de Génissiat, ce qui confirmerait une sensible amélioration dans ce domaine.

— *L'effet des vidanges sur les populations animales.* Alors que l'impact des vidanges sur la faune piscicole n'échappe pas à l'observateur le moins averti, l'impact sur la faune invertébrée nécessite des analyses spécifiques ; ces études n'ayant débuté qu'en 1976, à l'initiative du laboratoire d'hydrobiologie de l'université Lyon I, les résultats sont très récents et concernent essentiellement l'effet de la vidange de 1978.

A Jons, la macrofaune benthique comprend environ 70 à 80 % de gammares. La vidange a fortement réduit cette population qui s'est réfugiée dans l'axe du chenal où la vitesse du courant empêchait la sédimentation minérale et donc la fossilisation des organismes ; les effectifs sont restés normaux dans les milieux annexes non touchés par le flux. Les autres espèces n'ont subi que de faibles variations car la période de vidange correspond à l'écophase* aérienne de nombreux insectes[95].

La vidange de 1965 avait causé les premiers dommages sérieux à la population de poissons. Les truites stockées à Lyon dans un réservoir immergé avaient toutes succombé à la chute du taux de O^2 et à la toxicité de l'ammoniaque.

En 1975, le C.T.G.R.E.F. mena des observations à la confluence du Rhône et de deux petits affluents, l'Annaz qui se jette dans le fleuve à Pougny et la Vézeronce, à l'aval de Génissiat ; il nota « le comportement panique des poissons qui, lorsqu'ils l'ont pu, ont fui l'onde polluante pour se réfugier dans les affluents. On a pu relever en effet, aux deux endroits, un cheptel très important quantitativement, même s'il était de meilleure qualité dans l'Annaz. Cependant, tous les poissons n'ont pu fuir et la mortalité, sans être catas-

94. *C.T.G.R.E.F., 1975.*
95. *Dessaix (1980) in Roux, 1982.*

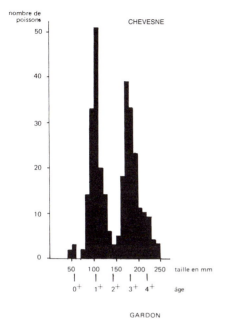

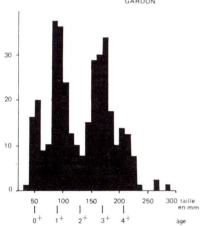

Figure 118. L'impact des vidanges sur la pyramide des âges de populations de poissons.

96. C.T.G.R.E.F., 1975.
97. Roux, 1982.
98. Carrel, Roux, 1982.

trophique, a été importante, les poissons venant mourir sur le bord, sans qu'il soit possible de dire quelle était la cause de leur mort, les matières en suspension ou l'azote ammoniacal. » Une frayère à salmonidés du secteur de l'Etournel fut recouverte par vingt centimètres de vase ; le poisson s'était tassé sur les bords où l'eau était un peu moins chargée. Sur cinq cents mètres de plage « se trouvaient en abondance gardons, ablettes, goujons, brochets, barbeaux, truites, épinoches, qui avaient été surpris par l'arrivée de l'onde de pollution et restaient sans réaction, aisément capturables sans l'aide de la pêche électrique et à l'évidence, fortement choqués ». A l'aval de Verbois, les truites, perches et brochets constituaient 40 % du stock contre 20 % à l'aval de Génissiat[96].

Le même scénario s'est déroulé en 1978 mais avec une gravité accrue. L'A.R.A.L.E.P.B.P. a effectué un test dans le secteur de Brégnier-Cordon, soixante kilomètres à l'aval de Génissiat : « Le jour précédant la vidange du réservoir, des poissons appartenant à onze espèces différentes (salmonidés, cyprinidés, esocidés, percidés) avaient été collectés dans le Rhône au moyen de pêches électriques. Cet échantillon représentatif de la faune ichtyologique de la rivière fut placé dans des réservoirs à poissons le long du chenal du Rhône, de telle manière qu'ils fussent sujets aux effets de la vidange des retenues. De manière évidente, tous les poissons moururent à l'arrivée du flux anoxique* mais même avant cela, aussitôt que les matières en suspension et NH_4 eurent atteint des niveaux élevés, les représentants des espèces les plus rhéophiles (l'ombre et le hotu) furent tués[97].

Une vidange de ce type a donc pour effet de diminuer la densité piscicole (60 % de réduction en 1978), d'affecter principalement les jeunes sujets et la quasi-totalité des salmonidés du chenal. L'abondance relative du hotu chuta de 32 à 11,1 % en Chautagne (A.R.A.L.E.P.B.P. 1980). La fig. 118 représente la pyramide des âges d'une population de gardons et de chevesnes capturés à la pêche électrique entre novembre 1980 et avril 1981 dans un bras latéral à l'aval des Basses-Terres[98]. L'influence de la vidange a été mise en évidence puisqu'il n'y avait presque pas de poissons d'âge 2 + correspondant à l'époque du frai en 1978*. Pour conclure ce point, nous emprunterons à A.L. Roux la conclusion de son étude : « Il est ainsi facile d'imaginer que la disparition d'une classe d'âge tous les trois ans pourrait bien provoquer une modification importante des populations de poissons... L'effet à long terme est très différent suivant qu'il s'agit de salmonidés ou de cyprinidés dont le cycle vital et la dynamique des populations ne sont pas les mêmes. En effet, les espèces dont la vie est longue (cyprinidés) toléreront plus facilement de telles destructions périodiques que les espèces à courte durée de vie (salmonidés). De plus, il est bien connu que les salmonidés sont plus sensibles à la pollution. En conséquence, il n'est pas étonnant qu'ils soient en voie de disparition sur le Haut-Rhône français et progressivement remplacés par des cyprinidés. »

Les vidanges des retenues du Haut-Rhône sont donc le facteur essentiel de la dégradation des peuplements dont le niveau typologique, nous l'avons vu, est passé de 5-6 à 7 depuis les années 1950. « Nous assistons finalement à l'établissement de cycles trisannuels avec de longues périodes pendant lesquelles les eaux possèdent une bonne valeur biologique, entrecoupées de très brèves séquences de pollution intense, avec des eaux impropres à la vie de la plupart des organismes aquatiques[99]. »

La réalisation des barrages du Haut-Rhône peut conduire à nuancer ces constatations pessimistes car la Compagnie nationale du Rhône a choisi de faire transiter la totalité des débits de vidange par les canaux de dérivation de ses aménagements en bloquant tout écoulement par les barrages de retenue. Ainsi, les tronçons court-circuités, alimentés exclusivement par le drainage phréatique, devraient-ils être exempts de toute pollution.

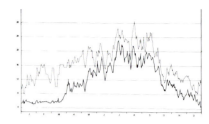

Figure 119. Le réchauffement des eaux du Rhône par la centrale nucléaire de Bugey en 1982.

d. LES IMPACTS SUR L'ENVIRONNEMENT DE LA CENTRALE NUCLEAIRE DE BUGEY

Depuis une dizaine d'années fonctionne la centrale nucléaire de Bugey. Il convient également d'évaluer son influence sur les eaux du Haut-Rhône à la lumière des documents mis à notre disposition par E.D.F.

On distinguera successivement les effets thermiques, la pollution chimique des eaux, puis les conséquences sur l'atmosphère.

L'impact des rejets d'eau réchauffée

Un arrêté préfectoral de prise et rejet d'eau daté du 14 août 1974 a limité à 30°C la température maximale des rejets de Bugey avant mélange ; par dérogation, entre le 1er juillet et le 15 octobre, il pourra être accepté que cette température atteigne 34°C (à titre d'exemple, les 32°C ont été atteints à deux reprises en 1982).

La température maximale de l'eau du Rhône après mélange est fixée à 25°C ; exceptionnellement, cette température pourra atteindre 27°C pendant vingt jours par an. La réglementation suppose que le mélange soit fait au rejet ; en réalité, des photographies aériennes à l'infrarouge thermique ont révélé que le courant chaud est plaqué en rive droite et reste distinct des eaux fluviales pendant environ six kilomètres.

Considérons les deux courbes de température du Rhône à l'amont et à l'aval de la centrale pour 1982 ; les 27°C ont été dépassés un à deux jours au mois d'août et les 29°C ont été approchés. L'amplitude thermique dépasse 10° certaines journées d'hiver ; c'est la saison où le réchauffement du Rhône a été le plus marqué. Il semble possible de relier la variation saisonnière d'amplitude à la variation mensuelle du régime de marche de la centrale, car la marche de ces tranches a avoisiné les 80-90 % de février à mai, contre 40 à 60 % de juin à janvier (fig. 119).

Le C.T.G.R.E.F. (1977) a exprimé son inquiétude à l'égard des effets biologiques et écologiques de ce réchauffement. Considérant que la basse température des eaux du Rhône à l'état naturel est un

99. *Perrin, 1978.*

378

« facteur de sauvegarde d'une certaine qualité biologique », il estimait à cette date qu'une élévation de 1,8° en moyenne devrait correspondre à un changement de niveau typologique. « Le remplacement d'espèces piscicoles qui serait provoqué par un dépassement de cette valeur ne pourrait pas se faire à cause des caractères morphologiques et dynamiques du milieu » ; il n'existe pas, en effet, de zones de frai et d'abri nécessaires au développement des cyprinidés et carnassiers d'eau calme susceptibles de proliférer comme le black-bass, le brochet et la perche.

Juger de l'impact biologique réel de ce réchauffement des eaux semble particulièrement difficile. On se contentera à ce propos de citer le rapport E.D.F. portant sur l'année 1982 : « Le recensement de la population aquatique n'a pas montré d'effet significatif provoqué par les rejets d'eau chaude et comme pour les années précédentes, le rapport élaboré par le C.T.G.R.E.F. ne met pas en évidence d'anomalies sur les espèces. »

La mise en service de la centrale nucléaire surgénératrice de Creys-Malville aggravera l'échauffement des eaux du Rhône car la réfrigération de la centrale est prévue en circuit ouvert par dérivation de 37 m³/s. Une étude prévisionnelle[100] a évalué l'impact cumulé des centrales nucléaires et de l'escalier hydraulique de la C.N.R. sur le Haut-Rhône ; la simulation de régimes thermiques a été effectuée en établissant le bilan d'énergie des masses d'eau durant leur déplacement. Cette étude a permis d'estimer les températures non dépassées 95 % du temps à l'aval de Creys-Malville et de Bugey à Lyon ; l'effet des aménagements hydrauliques sera à peu près négligeable dans le sens d'un réchauffement (de 0,2 à 0,4°C) mais, à l'aval de Bugey, l'élévation de la température due au nucléaire atteindra 3,5°C. Le phénomène sera moins perceptible à Lyon car l'Ain contribue à la dilution des rejets.

Les effets chimiques des rejets liquides

La centrale nucléaire émet des effluents liquides « usés ». Ils sont en général rejetés directement dans le Rhône, après contrôle de leur activité, mais dans des limites définies par la législation et qui tiennent compte du débit du fleuve.

Les mesures effectuées dans l'eau du Rhône, à l'amont et à l'aval de la centrale de Bugey en 1980, montrent une très faible augmentation des concentrations de composants.

Le composant dont l'effet biologique est le plus dangereux est Fe (OH), le seuil létal* est de 0,9 mg/l mais la concentration maximale instantanée enregistrée à l'aval de Bugey n'a pas dépassé 0,047 mg/l en 1980[101].

L'impact des réfrigérants atmosphériques

Les quatre tours de Bugey sont responsables d'une évaporation évaluée aux environs de 2 m³/s en pleine puissance. Des mesures au sol et aéroportées ont été effectuées par E.D.F. sur le site de Bugey

100. E.D.F., 1978.
101. E.D.F., 1981.

Composants	Fleuve avant rejet	Fleuve après rejet	
		Moy. quot. (Q. moyen)	Moy. quot. (Etiage)
Fe (OH)	0	0,0019	0,0062
$CaCO_3$	0	0,014	0,048
Cl^-	5,18	5,182	5,188
SO_4^{--}	34,86	34,90	35,01
Na^+	7,73	7,75	7,79
Ca^{++}	62,8	62,81	62,82
NH_4^+	0	0,005	0,0015
DNO5	0	0,002	0,0067

et ont conclu à un impact négligeable sur l'environnement. La constatation essentielle réside dans le fait que « le comportement des panaches suit de très près l'évolution des conditions météorologiques. »

— Les phénomènes d'entraînement verticaux précèdent ou suivent la formation de cumulus naturels. De même, les panaches stratiformes sont le plus souvent associés à des stratus naturels.

— Les grands panaches peuvent exister surtout par déficit avant saturation faible, par exemple les matins d'hiver et la nuit, alors que les panaches visibles n'existent souvent pas les après-midi d'été par temps plus chaud et plus sec[102].

E.D.F. estime que les précipitations induites par le rejet sont pratiquement négligeables. « Aucune modification décelable d'humidité relative n'a été enregistrée, quel que soit le type de temps et de panache. » Le panache de condensation est long de quelques dizaines de mètres à quelques kilomètres suivant la vitesse du vent et occasionne une réduction d'ensoleillement « inférieure à l'équivalent de deux heures de soleil par an dans une zone de deux kilomètres autour de la centrale (réduction de 1/2 000e) ». De manière plus précise, la réduction instantanée et localisée du rayonnement solaire à l'ombre du panache peut atteindre 70 % par temps clair et ne dépasse pas 20 % par temps couvert. En revanche, en bordure de l'ombre portée, on enregistre une augmentation du rayonnement solaire de 15 à 20 % due au phénomène de réflexion sur le bord du panache. Dans la zone d'ombre portée, lorsque la réduction de rayonnement global dépasse 50 %, l'abaissement de la température sèche est limité à 0,5-1°C[103].

102. *Caudron, Montfort, 1981.*
103. *E.D.F., 1981.*

4. Les impacts sur la végétation et la faune terrestres

a. LES FORMATIONS VEGETALES ACTUELLES DANS LA PLAINE ALLUVIALE

Les phytosociologues ont décrit et identifié l'appartenance phyto-sociologique de dix-huit groupements végétaux situés dans la plaine alluviale et les marais[104].

La distribution des espèces est commandée essentiellement par les paramètres hydriques : la hauteur d'eau dans les milieux aquatiques et semi-aquatiques, la profondeur moyenne et les variations de la nappe phréatique, les caractéristiques physico-chimiques de l'eau (température, oxygénation, minéralisation). Les « ensembles fonctionnels » sont des territoires homogènes caractérisés par une dynamique de l'eau particulière ; par exemple, l'aune blanc est lié à la nappe du Rhône, fraîche, minéralisée en ions Ca^{++} et bien oxygénée.

Les groupements végétaux de la plaine fluviale s'organisent en séquences évolutives ; les bancs alluviaux proches du chenal s'exhaussent progressivement par dépôt de sable puis de limon ; l'approfondissement de la nappe phréatique et l'évolution pédogénétique permettent le développement d'une séquence originale. Le colmatage à dominante minérale des lônes et des « basses » et le colmatage à dominante organique de bras morts profonds (fig. 120) permettent d'identifier deux autres séquences. Dans les trois cas, le stade ultime est la frênaie.

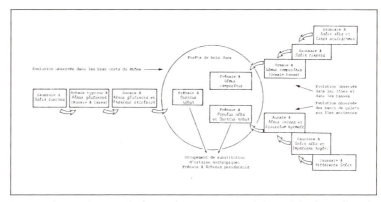

Figure 120. Les séquences évolutives des groupements végétaux de la plaine alluviale.

En revanche, la mosaïque des groupements végétaux des grands marais est indépendante de la dynamique géomorphologique. Une cartographie à grande échelle des marais de Chautagne et de Lavours[105] a mis en évidence l'importance du facteur hydrique et de la richesse du substrat en matière organique (fig. 121).

104. *Pautou (1975, 1979).*
105. *Pautou (1969, 1971).*

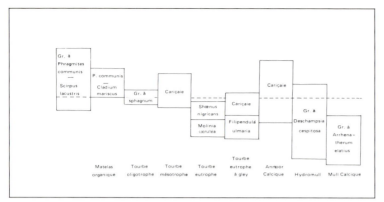

Figure 121. Relations entre les groupements végétaux des marais, la profondeur moyenne de la nappe et la nature du substrat.

Floraison de l'impatience de l'Himalaya dans la forêt alluviale à saule blanc.

Dans l'optique qui est la nôtre, ces états de référence ont un triple intérêt :

1. Lorsque des secteurs de la plaine alluviale holocène possèdent un paysage végétal qui n'est pas conforme au modèle « normal », il est probable que le jeu des paramètres écologiques déterminants à été modifié à une époque plus ou moins récente. La végétation enregistre assez vite le changement, si bien qu'il est tentant de chercher à corréler les transformations subies par le vivant avec les impacts géomorphologiques et hydriques.

2. Une analysc écologique détaillée met toujours en évidence le rôle capital que joue la dynamique fluviale dans les plaines alluviales. Les formations végétales et la faune associée se distribuent en séquences « allogènes », c'est-à-dire commandées par une contrainte externe, en l'occurrence, les processus d'érosion-alluvionnement. Les processus sont une constante du fonctionnement mais leur vitesse, leur extension spatiale, leur localisation géographique dans l'espace de la vallée sont en revanche éminemment variables ; on cherchera à démontrer que le changement constaté dans le domaine géomorphologique a d'importantes répercussions sur le plan des formations végétales et de la faune terrestre. L'analyse récurrente utilise la reconstitution géomorphologique, par raisonnement déductif, permet la restitution du paysage végétal ; l'évaluation des impacts anciens peut donc être envisagée de manière indirecte avec quelque vraisemblance. Cette méthode a l'avantage de permettre le diagnostic du changement en l'absence de signes identifiables sur le terrain.

3. Le changement est un phénomène actuel dans les marais et la plaine alluviale. Les observations réalisées depuis une quinzaine d'années permettent de proposer une vision très nuancée de la dynamique végétale actuelle. Le changement doit bien autant à l'abandon de milieux humanisés qu'à l'effet des impacts sur le milieu.

b. L'EVOLUTION GENERALE DE LA RIPISYLVE DEPUIS LA FIN DU XIXᵉ SIECLE

Au XIXᵉ siècle, la ripisylve était beaucoup moins développée qu'elle ne l'est aujourd'hui.

Nous avons montré qu'en Chautagne, vers 1860, les îles du Rhône situées entre les digues insubmersibles étaient cultivées ou bien portaient des formations à base de saules ; la mise en valeur agricole, l'élevage sur les brotteaux, les coupes de bois très rapprochées bloquaient la dynamique de la végétation[106]. Le boisement de l'espace fluvial, très apparent sur une carte de 1902, est dû à la conjonction de plusieurs causes, mais c'est fondamentalement la déprise humaine qui est le facteur essentiel.

En application de la loi de 1858 sur la défense des grandes villes contre les inondations, l'administration des Ponts et Chaussées avait pour mission de veiller au déboisement du lit fluvial, de manière à faciliter l'évacuation des crues vers l'aval. Le Service du Rhône a imposé un mode de gestion sur les biens communaux et revendiqué son droit sur les terres situées dans les limites du *plenissimum flumen* (loi du 8 avril 1898). Faute de pouvoir effectuer par lui-même le nettoyage des berges et des îles, le Service du Rhône louait à bail des parcelles sous réserve que l'amodiataire se conformât à un cahier des charges très strict. De la sorte, quel que fut le statut foncier de l'espace fluvial, la biomasse était systématiquement réduite par l'intervention humaine.

Du début du XXᵉ siècle au début des années 60, on a assisté à une déprise humaine progressive. Les cultures, les pâturages et les coupes de bois ont reculé, de manière certes inégale, mais spectaculaire à l'échelle de la période considérée. La politique des Ponts et Chaussées, fondée sur des textes réglementaires, s'est révélée inapplicable dès lors que les hommes ont fait défaut. Des baux signés à des prix dérisoires n'ont attiré que quelques exploitants forestiers à la recherche de bois de trituration. En somme, le paysage forestier de la plaine fluviale est une des manifestations du profond changement subi par la société rurale.

Dans ces conditions, il est fort probable que la dynamique des séquences végétales riveraines a été affectée par une sorte de « rétroaction positive[107] ». La forêt alluviale fixe mieux les îles, ralentit les processus d'érosion, favorise sans doute le colmatage et l'érosion. Peut-on dire, pour autant, que ce paysage retourne à un état considéré comme « pseudo-naturel » ? Ce n'est certainement pas le cas puisque les endiguements limitent ou orientent les processus de régénération fluviale. Par ailleurs, ce serait sans compter avec les changements subis par le régime hydrologique. On estime que le développement du tapis végétal dans le lit de la Loire nivernaise et tourangelle, consécutif au rétrécissement du périmètre mouillé, traduit une adaptation à l'écoulement de débits instantanés moins importants depuis un siècle[108]. Qu'en est-il sur le Rhône ? Il est difficile de se prononcer faute d'états de référence précis et d'une connaissance suffisante des processus mis en jeu.

106. Bravard, 1981, pp. 143-144, en particulier fig. 43.
107. Tricart, 1977.
108. Bomer (1972, 1979).

A cette tendance générale s'est superposé l'impact indirect des grands travaux d'aménagement réalisés sur le fleuve. La variété des situations rencontrées doit beaucoup à la diversité naturelle des conditions géomorphologiques, à la nature des travaux effectués et à leur ancienneté relative.

L'effet de l'endiguement insubmersible en Chautagne

Dans la plaine alluviale du Rhône, il existe un secteur remarquable où les groupements végétaux sont de type xérophile, car ils ne subissent pas l'influence directe de la nappe phréatique. Le cône de déjection du Fier est colonisé par une pinède à pin sylvestre et la plaine caillouteuse de la Chautagne amont sur les communes de Motz, Serrières et Anglefort porte de nos jours une pelouse à *bromus erectus* de type *xerobrometum* et des fourrés à *salix eleagnos* et *hippophae rhamnoides*, dont le stade ultime semble être la frênaie à *quercus robur* et *populus nigra*[109]. Il n'est pas douteux que l'endiguement insubmersible a déclenché un processus incontrôlé d'incision du lit et d'abaissement de la nappe phréatique et donc asséché le substrat caillouto-sableux en moins de deux siècles[110]. A l'extérieur des digues, les formations végétales actuelles constituent un type de « séquence allogène » dans ce sens que la nappe est influencée par des mouvements lents et irréversibles qui perturbent la dynamique normale de l'eau. Cette évolution favorise la descente d'espèces mésophiles* dans la plaine alluviale ; un phénomène analogue s'observe dans le Grésivaudan où le charme descend dans la plaine alluviale de l'Isère[111]. L'évolution brutale du profil en long depuis deux siècles a créé en Chautagne une mosaïque de milieux xérothermiques* qui rappelle ceux de la « Hardt rhénane jeune[112] » ou des brotteaux de l'Ain.

A l'intérieur des digues, la séquence alluviale riveraine a subi des perturbations[113]. Le resserrement du lit a renforcé l'onde de crue, augmenté la fréquence et l'intensité du remaniement érosif. Il en découle un blocage au stade de la saussaie à *salix alba* de la chronoséquence* établie sur les bancs de galets. A l'extérieur des digues, l'aunaie à *alnus incana* est considérée comme relicte puisque les conditions hydromorphologiques de son établissement ne sont plus réunies ; sa disparition est inéluctable à terme.

L'effet de l'endiguement submersible

Les travaux réalisés entre 1850 et 1890 sur le Haut-Rhône ont concentré les eaux d'étiage dans un chenal unique et quasiment fait cesser les processus de régénération géomorphologique sans pour autant faire obstacle au débordement des flux hydriques et minéraux.

La conjonction de ces trois facteurs que sont l'abandon des rives, le blocage de la dynamique érosive et l'exhaussement par limonage de crue ont sans doute favorisé l'extension de la forêt de bois dur ; il convient de faire la part de l'évolution autogène[114], mais aussi des facteurs allogènes : le dépôt de la couche limoneuse en arrière des digues submersibles a modifié les conditions d'hydromorphie,

109. Pautou, 1979.
110. Pautou, Bravard, 1982.
111. Pautou, 1983.
112. Carbiener, 1984.
113. Pautou, 1979.
114. Pautou, 1983.

384

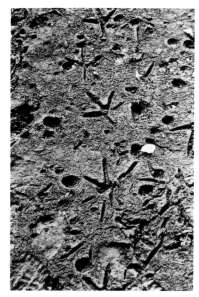

Empreintes sur les limons du Rhône.

les mouvements verticaux de la nappe et la fertilité d[...]
est dès lors à l'origine de l'extension spatiale de certa[...]
ments végétaux tels que la frênaie à chêne pédonculé e[...]
en contrebas des levées sableuses (nappe peu profonde), [...]
à *alnus glutinosa* dans les milieux déprimés à colmatage é[...]
somme, l'endiguement submersible aurait indirectement h[...] ou
favorisé la descente de certaines espèces comme le chêne dans le lit
majeur du Haut-Rhône et préparé l'intrusion future d'espèces collinéennes. De manière plus complexe, la position relative des unités écologiques aquatiques et terrestres par rapport aux flux minéraux issus du chenal endigué conditionne leur vitesse d'évolution.

L'impact des ouvrages hydroélectriques de la C.N.R.

On connaît l'influence de la retenue de Génissiat depuis 1948 et les
conséquences du mode de gestion du réservoir[115] :

— La mise en charge de la retenue élève la nappe alluviale et provoque la disparition de certains groupements forestiers.

— Le ralentissement du courant et la fixation des berges provoquent
un exhaussement des vasières par apports minéraux et leur colonisation par le roseau commun, la laîche et les saules associés dans
une succession originale.

— Les ouvrages à dérivation que termine actuellement la C.N.R.
ont des impacts diversifiés sur la végétation : le facteur d'évolution
essentiel sera un abaissement de la nappe phréatique au voisinage
du Rhône court-circuité.

— Les lônes en voie de colmatage seront envahies par des
hélophytes* comme *typha latifolia*, *phragmites communis* ; les groupements semi-aquatiques à base de *carex* seront colonisés par des
saussaies à *salix alba* et *salix cinerea*.

— Dans les îles, la frênaie à *quercus robur* et *populus alba* s'éten-
dra au détriment de la forêt de bois tendre et l'on peut s'attendre
à un développement des espèces de la charmaie.

c. LE STATUT DE LA FAUNE DANS LES RIPISYLVES RHODANIENNES

L'avifaune

L'existence d'un « phénomène ripisylve » a été mise en évidence ;
l'eau fluviale joue indirectement un rôle uniformisant car un important lot d'espèces aviaires* est commun aux ripisylves d'étages bio-
climatiques différents[116].

La forêt riveraine a une diversité et une richesse exceptionnelles,
comparables à celles de la peupleraie artificielle de Chautagne, avec
quarante-trois espèces ; la densité des espèces est même supérieure
car les strates buissonnantes et arbustives sont plus fournies et car
l'existence de clairières attire certaines espèces. Le caractère sans
doute le plus original est la présence du gorge bleue sur les gravières nues et les berges, mais en revanche, les milieux pionniers d'eau
courante ont un petit nombre d'espèces, sept au maximum.

115. *Girel et Doche, 1983.*
116. *Tournier, 1976.*

Il est probable que la réduction du renouvellement géomorphologique et le vieillissement de la ripisylve rhodanienne ont modifié la structure des peuplements depuis le début du siècle mais les ornithologues ne disposent pas de données anciennes ; les inventaires qualitatifs existants ne permettent pas de comparaison satisfaisante.

La faune terrestre

On pourrait croire que l'abandon relatif des milieux fluviaux depuis le début du siècle et l'extension de la ripisylve ont été favorables à l'expansion des mammifères sauvages. C'est en fait le contraire qui s'est produit, semble-t-il, encore que le bilan soit nuancé. Il convient de distinguer le sort du castor et de la loutre et celui du gros gibier, sanglier et chevreuil.

La loutre a quasiment été éliminée du Haut-Rhône[117] ; elle a disparu des gorges de Bellegarde avant la construction de Génissiat, des lônes de Brégnier à la fin des années 1970, dans un secteur où elle était pourtant très abondante entre 1937 et 1946[118] ; dans les îles de Rillieux, elle a été observée pour la dernière fois en 1976, alors qu'elle était très commune dans la région lyonnaise au début du siècle. Le sort de cet animal est expliqué par la valeur de sa fourrure et sa réputation de carnassier destructeur de poisson, mais la société rhodanienne des siècles passés, beaucoup plus présente et pressante, semble avoir respecté la loutre comme si l'attitude des pêcheurs avait évolué au XXe siècle. Une moins grande intimité de l'homme avec les eaux a-t-elle conduit à exagérer la nuisibilité de l'animal, la péjoration des conditions de pêche a-t-elle conduit à voir un concurrent dans ce chasseur ? Toujours est-il que l'avenir de la loutre est compromis sur le Haut-Rhône car l'axe fluvial a cessé de jouer le rôle d'épine dorsale, d'axe d'échanges entre les individus.

Présent sur le Haut-Rhône à la fin du XIXe siècle, le castor a quasiment disparu puisqu'il ne s'était maintenu que vers les îles du Grand-Camp à Rillieux, dans l'aire de protection des champs de captage. Fort heureusement, l'espèce est en expansion depuis une dizaine d'années grâce à une politique de lâchers :

— Au début des années 1960, le castor a été réintroduit dans le Verbois, un affluent suisse du Rhône et dans la rivière des Usses en Savoie (1971). Il semble que la vidange des barrages de Verbois et de Génissiat en 1972 a provoqué la migration du castor vers les Basses-Terres où il était observé deux mois plus tard[118]. Des chantiers d'abattage sont visibles dans plusieurs autres secteurs.

— A l'autre extrémité du Haut-Rhône, des couples en provenance du Rhône ardéchois ont été lâchés par la F.R.A.P.N.A. le long du Vieux Rhône, dans les îles de Miribel (1977-79) ; le castor s'est acclimaté et progresse en direction de l'Ain par colonisation des lônes[119].

La diminution de la pression humaine sur les îles du Rhône a favorisé le gros gibier qui y trouve un refuge. L'hiver, le sanglier des-

117. *Broyer et Erome, 1981.*
118. *Ain et coll., 1973.*
119. *Amoros, Bourbon, 1980.*

Abattage d'un aulne noir par le castor

cend des chaînons bugistes et savoyards pour chercher la nourriture en plaine et un refuge en période de chasse ; le chevreuil gagne les îles des Basses-Terres en période de sécheresse estivale. Pour faciliter ces mouvements du gros gibier, la Compagnie nationale du Rhône a même prévu des passages à travers le canal d'amenée à l'usine d'Anglefort, en Chautagne, car les sangliers se déplacent entre le Grand-Colombier et les îles de la Malourdie.

En somme, les mammifères n'ayant pas de valeur cynégétique pour la simple raison qu'ils sont protégés subissent depuis quelques décennies une dégradation de leur statut. Cette tendance peut être contemporaine du retour au fleuve que l'on a enregistré par ailleurs, en particulier dans le secteur agricole ; la question se pose alors de savoir si cette tendance est un fait nouveau à l'échelle historique ou bien si l'on assiste au retour à un état de fait plus ancien. La première hypothèse suppose que les sociétés traditionnelles, exerçant une pression uniforme sur le milieu, aient respecté le castor et la loutre ; rien n'est moins sûr et l'occupation des terres et l'utilisation des eaux étaient particulièrement exhaustives. Il nous semble plutôt que le relatif abandon des terres et des eaux fluviales, de la fin du XIXe siècle au lendemain de la Seconde Guerre mondiale, a favorisé une certaine restauration de la faune riveraine ; l'époque présente doit ménager des biotopes d'accueil à ces espèces menacées.

d. REGENERATION GEOMORPHOLOGIQUE, INTERET ECOLOGIQUE ET PAYSAGER

L'intérêt paysager des berges du Haut-Rhône est en grande partie conditionné par la diversité des séquences de végétation riveraine. Les secteurs les plus pittoresques — il est vrai que le point de vue est subjectif — sont ceux où le volume végétal, la densité forestière

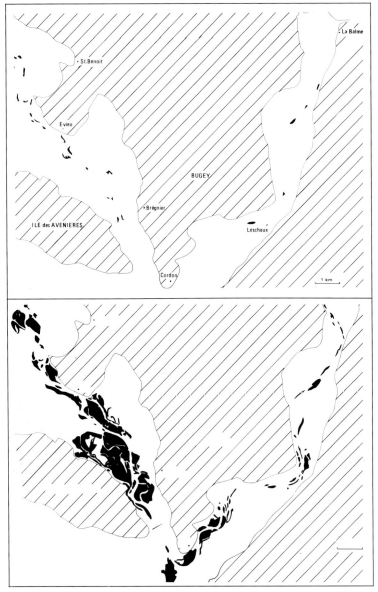

Figure 122. Les stades peu évolués de la forêt alluviale et les bancs de galets du secteur La Balme-Brangues à la fin des années 1970.

augmentent progressivement des bancs de galets vers l'intérieur des îles et s'accompagnent d'une gradation dans les nuances du vert. On a vu précédemment que cette distribution idéale des séquences se double d'une diversité et d'une richesse écologique exceptionnelle, comme dans le secteur remarquable des îles d'Evieu dans les Basses-Terres.

Comme le renouvellement des séquences de végétation est réglé par le jeu des processus de construction et de destruction des formes fluviales, il est à craindre que la chenalisation artificielle du fleuve ne leur ait porté une atteinte irréparable. Nous nous proposons d'examiner les faits sur un tronçon de trente-six kilomètres situé entre le défilé de Pierre-Châtel et le défilé de Saint-Alban. Nous l'avons divisé en trois ensembles homogènes sur le plan des formes fluviales et des impacts :

— le tronçon La Balme (Pierre-Châtel)-Cordon, faiblement tressé au XIXᵉ siècle, fut endigué vers 1880-1890 ;

— le tronçon Cordon-Evieu, au tressage remarquable, fut endigué à la même époque (plaine de Brégnier-Les Avenières) ;

— le tronçon Evieu-Groslée a connu un progrès du tressage au XIXᵉ-XXᵉ siècle et ne fut pas endigué car, à la fin du siècle dernier, les conditions de navigation avaient été jugées satisfaisantes.

	La Balme-Cordon	Pt de Cordon-Evieu	Evieu-Groslée
Longueur (km)	21	8	7
Indice de renouvellement des formes I_R au XIXᵉ siècle	1,4	4,2	0,7
Indice de renouvellement des formes I_R vers 1970-1980	0,3	1,25	2,5
Indice d'intérêt biologique I_B (1970-1980)	6,2	44,1	15,4
Indice de régénération biologique I_{RB} vers 1970-1980	0,2	0,35	2,3

A l'état naturel, l'indice de renouvellement des formes I_R[120] était particulièrement élevé dans la plaine de Brégnier-Les Avenières, où l'on comptait 4,2 hectares de bancs de galets et de sable par kilomètre linéaire. L'activité fluviale devait être si forte que les séquences végétales ne pouvaient sans doute arriver à leur terme dans la bande de tressage actif. Un indice comparable I a été calculé sur la carte de la végétation au 1/25 000ᵉ Yenne-Morestel[121]. Le renouvellement a chuté dans ce tronçon et, n'était le petit secteur des îles d'Evieu, où les digues ont lâché au début du siècle, le taux serait voisin des valeurs atteintes à l'amont de Cordon (fig. 122 B). En revanche, le renouvellement des formes a sensiblement progressé à l'aval d'Evieu sur le tronçon non endigué et en voie d'exhaussement.

D'où vient, dans ce cas, l'intérêt particulier porté à la plaine de Brégnier-Les Avenières par les écologistes ? Certainement de l'exceptionnelle richesse écologique de ce milieu amphibie. L'indice d'intérêt biologique I_B le classe à nouveau en première position devant le secteur aval (fig. 122 A). L'endiguement submersible a bloqué le remaniement en dehors du chenal principal sans toutefois bloquer

120. I : surface en bancs de galets, sable (ha) / km linéaire (mesure effectuée sur la carte du Rhône au 1/10000ᵉ, 1857-1866).
I_R : surface occupée par les bancs non colonisés et par les groupements végétaux pionniers (ha) / km linéaire (mesure effectuée sur la carte de la végétation au 1/25000ᵉ, G. Pautou, 1979).
I_B : surface occupée par les groupements végétaux pionniers (bancs à Mélilot) et juvéniles (Saussaie à S., alba, Aunaie à A. incana) / km linéaire.
I_{RB} : surface occupée par les groupements pionniers × 100 / la surface occupée par les groupements juvéniles.
121. Pautou, 1979.

la sédimentation sur les berges des chenaux barrés à l'amont ; le dépôt de sable forme des levées bien marquées colonisées par l'aunaie à *alnus incana*. On conçoit donc que la diversité et, partant, la richesse écologique de ce tronçon soient héritées puisque la géographie des unités est stabilisée depuis environ un siècle. Les levées s'exhaussent progressivement et sont envahies par les espèces de la frênaie ; à terme, les groupements à base de saules et d'aunes sont menacés de banalisation.

L'avenir, dans ce domaine, semble appartenir aux sections fluviales douées d'une aptitude à la régénération biologique. L'indice I_{RB} met en évidence l'importance relative des groupements pionniers par rapport au stade plus évolué de l'aunaie ; il permet de constater le caractère relicte des formations de la plaine de Brégnier-Les Avenières et confirme l'intérêt du tronçon aval où la régénération est six à sept fois supérieure.

Cette méthode cartographique simple, certes critiquable et partielle à bien des égards, permet de situer de manière assez objective l'intérêt relatif des plaines fluviales sur le plan écologique. Elle permet surtout de les situer dans une perspective historique en évaluant le degré d'artificialisation par rapport à l'état naturel ; elle fournit également un critère pour l'aide à la gestion de ces milieux dans l'hypothèse d'une protection. En l'occurrence, on a par ailleurs suggéré de détruire une partie des digues submersibles dans la future réserve naturelle de Brégnier-Les Avenières de manière à assurer la régénération des formes et des séquences écologiques.

e. L'EVOLUTION DES MARAIS APRES LEUR ABANDON

Quel que soit le statut foncier, privé ou communal, l'abandon de la fauche dans les marais est un phénomène général que l'exemple des marais de Chautagne et Lavours illustre particulièrement bien.

Sur la tourbe pure, l'arrêt de la fauche provoque en trois ou quatre ans l'invasion des prairies à molinie et à *schoenus nigricans* par le *cladium* puis la phragmite ; après quelques années, cette formation est colonisée par des fourrés de bourdaine (*Rhamnus frangula*) qui préparent enfin le passage à l'aunaie à *Alnus glutinosa* au bout de dix ans environ.

Sur les tourbes eutrophes* à gley, la prairie à *carex* et *filipendula ulmaria* passe en quelques années à l'aunaie à *alnus glutinosa* sur les gleys*, en intercalant un stade à *salix cinerea*.

Ainsi, l'abandon des marais conduit-il, par des séquences quelque peu différentes, au même groupement final à *alnus glutinosa* qui se présente comme un fourré dense de quatre à six mètres de hauteur. La mise en valeur traditionnelle avait favorisé les espèces spécialisées à forte exigence écologique et véritablement créé la mosaïque des groupements hygrophiles*, l'abandon favorise le recouvrement par un petit nombre d'espèces à large amplitude écologique. « L'action de l'homme a donc été nécessaire jusqu'à nos jours puisqu'en s'opposant au dynamisme de la végétation, elle a permis le maintien de la plupart des groupements végétaux qui constituent le marais[122]. »

Dans le marais de Chautagne, le paysage traditionnel permet l'accueil des espèces d'oiseaux migratrices, en particulier les estivants nicheurs, mais ne connaît qu'une très faible fréquentation hivernale[123] ; l'abandon du marais se traduit dans un premier temps par un appauvrissement car la cladiaie forme une strate herbacée dense et impénétrable qui est l'habitat de la seule locustelle tachetée. A terme, le boisement du marais réduit l'extension des lieux de repos et de nourrissage fréquentés par les espèces migratrices sur l'un des grands axes de passage ; progressivement, les espèces aquatiques et les espèces inféodées aux milieux ouverts sont éliminées au profit des espèces terrestres de l'aunaie et de la frênaie. Le coefficient de diversité gagne en valeur, mais la spécificité des marais fait place à une regrettable banalisation.

L'évolution de la végétation palustre n'est cependant pas univoque, car l'extension des peupleraies artificielles et des cultures de maïs perturbe à son tour l'écosystème :

— Les peupleraies artificielles tendent à devenir un milieu diversifié avec l'âge ; des espèces ligneuses se développent en sous-bois (*alnus glutinosa*, *salix cinerea*, *viburnum opulus*...) avec une strate herbacée dense (*solidago gigantea*...). La peupleraie de trois à six-sept ans réalise un « phénomène de convergence d'oiseaux terrestres et aquatiques, d'oiseaux de milieux ouverts et semi-ouverts » en mêlant des milieux aussi variés que les arbres, les prairies et les fossés de drainage[123]. En vieillissant, la peupleraie acquiert une surprenante richesse avec trente-neuf espèces recensées ; cette diversité est expliquée par la présence de l'aune en sous-bois et par la descente d'espèces montagnardes dans cette « station abyssale » que constitue une peupleraie fraîche et humide de vallée.

— La culture du maïs banalise la flore riveraine des fossés par rabattement excessif de la nappe ; de nombreuses espèces rares ont disparu au profit des roseaux et du *cladium*[124]. On craint que les traitements phytosanitaires ne portent gravement atteinte à la faune entomologique* ; on a recensé le quart des espèces de lépidoptères présentés en France sur la partie aval du seul marais de Chautagne, ce qui confirme l'intérêt d'une protection accrue de ces milieux humides.

Conclusion

Les analyses physico-chimiques régulièrement pratiquées sur le Haut-Rhône reconnaissent la bonne qualité des eaux ; le taux d'oxygène dissous est très fort, la D.B.O.5 faible, la minéralisation est forte mais naturelle, l'état sanitaire satisfaisant. En somme, le Rhône à l'amont de Lyon est relativement à l'abri de la pollution.

Ces caractères, joints à d'autres paramètres favorables comme la pente, la vitesse et la température des eaux, sont d'ordinaire pro-

122. Ain, Pautou, 1969.
123. Tournier, 1976.
124. Dufay, 1979.

pres aux cours d'eau à salmonidés. Divers indices laissent d'ailleurs penser que les secteurs de tressage étaient dans la zone à ombre et que les secteurs à courant plus lent et lit unique étaient dans la zone à barbeau. Les études hydrobiologiques démontrent que les biocénoses sont appauvries, simplifiées par rapport à un état originel supposé. Les raisons de ce paradoxe sont multiples et doivent être recherchées dans les diverses formes d'aménagement du cours d'eau :

— Les endiguements réalisés au XIXe siècle ont concentré les eaux dans les plaines de tressage, accru la vitesse et l'instabilité des substrats naturels. Pour des raisons techniques, certains tronçons comme le canal de Miribel ou Brégnier-Les Avenières possèdent une certaine diversité de biotopes d'origine anthropique.

— Les causes du changement peuvent être externes puisque les canaux de la France de l'Est ont ouvert le Rhône à des espèces originaires d'Europe Centrale, le hotu puis le sandre. En revanche, les barrages hydroélectriques du Bas-Rhône ont coupé le Rhône de la mer au début des années 1950.

— Les barrages du Haut-Rhône sont responsables des perturbations les plus graves. Les barrages construits sur le Rhône torrentiel ont désavantagé les espèces d'eau courante au profit des espèces d'eau lente ; les barrages à dérivation en cours d'achèvement devraient produire des effets très diversifiés ; il est encore trop tôt pour conclure de manière ferme sur un sujet aussi controversé. Il est en revanche un impact sur lequel tout le monde s'accorde, c'est celui des vidanges des retenues suisses et françaises rendues nécessaires par leur colmatage. Le flux minéral fin s'accompagne d'une chute du taux d'oxygène dissous très dommageable pour la faune pisciaire et particulièrement pour les salmonidés. Ces vidanges seraient les principales responsables du niveau anormalement bas des biocénoses.

— La centrale nucléaire de Bugey n'a depuis dix ans qu'une influence limitée sur un paramètre physique qui est la température de l'eau et d'éventuels effets biologiques n'ont pas été démontrés.

Sur les rives du fleuve, on a assisté depuis le début du siècle à un développement généralisé des formations boisées. La cause première est sans doute la déprise rurale qui a permis une recolonisation forestière spontanée dans les marais et sur les terres exposées proches du fleuve ; ce mouvement fait place à un processus inverse depuis une quinzaine d'années par suite du retour au fleuve que nous avons analysé.

Plus précisément, c'est la forêt de bois durs qui a été favorisée au détriment de la forêt de bois blancs. Cette évolution est liée au blocage de la dynamique érosive et à un intense limonage de crue créés par la construction des digues de navigation dans la deuxième moitié du XIXe siècle ; la végétation a également réagi à des enfoncements de nappe locaux provoqués par des enfoncements d'origine anthropique.

En somme, un paysage verdoyant, forestier, mais dont l'apparence assez flatteuse ne doit pas masquer le caractère relicte : la forêt riveraine, du moins les séquences de plus grand intérêt, est en sursis car le fleuve n'assure plus la régénération morphologique et donc biologique. La forêt alluviale a perdu une grande partie de sa spécificité et acquiert progressivement les caractères des formations collinéennes régionales.

Passages à gros gibier sur le canal de Chautagne.

IV.
Conclusion :
Réflexions sur la notion d'impact

« L'aménagement consiste à infléchir ou à remplacer par une autre une dynamique existante[1]. » Dans cet esprit, et en conclusion de cette étude, nous présenterons une série de réflexions de portée générale sur la notion d'impact, effet des relations nouvelles que l'homme entretient depuis deux siècles avec l'environnement fluvial.

1. Aménagements et impacts

a. AMENAGEMENTS ET REALITE DES IMPACTS

Depuis la loi de juillet 1976, les aménagements ou travaux d'une certaine importance nécessitent la réalisation d'une étude d'impact qui doit dresser un bilan de l'état des lieux avant l'intervention projetée. L'état « zéro » est en général caractérisé par la description de quelques paramètres jugés pertinents suivant les critères du moment, les moyens financiers dont dispose le maître d'œuvre ou les compétences dont il peut s'entourer à cette occasion. Dans le souci légitime d'évaluer l'impact futur des aménagements, par la pratique d'un « suivi » calé sur cet état de référence ou état-zéro, on a trop souvent tendance à sous-estimer le fait que la perturbation va s'insérer dans un environnement souvent instable. Il est en effet peu douteux que la plupart des plaines alluviales et des cours d'eau tempérés ont subi des perturbations sensibles depuis deux siècles ; la dynamique observable enregistre à la fois le fonctionnement de l'écosystème et une dérive plus ou moins rapide imputable à ces perturbations.

Toute étude d'impact en milieu fluvial devrait situer chaque paramètre du milieu dans le complexe naturel et dans une perspective historique car certains de ces paramètres sont en pleine évolution. Une telle préoccupation est rare chez les aménageurs, car elle est trop souvent considérée comme un luxe coûteux, mais elle présente l'avantage évident de relativiser les impacts contemporains. « On pourrait croire que c'est seulement depuis quelques décennies, c'est-à-dire depuis l'explosion industrielle, que les interventions humaines sont génératrices de conséquences graves sur les rivières. En fait, il n'en est rien. Ces conséquences sont apparues dans nos pays occidentaux dès que des travaux un peu importants ont été exécutés sur les rivières... Un fleuve comme le Rhône, par exemple, offrait à la fin du siècle dernier un aspect complètement artificiel[2]... »

Une autre question délicate est celle des liens de causalité existant entre tel ou tel aménagement et l'impact enregistré. Dans la majorité des cas, un endiguement, un barrage, des dragages peuvent pro-

1. *Tricart, Kilian, 1979.*
2. *Savey, 1982.*

voquer des impacts rapides et bien définis ; les remarques précédentes nous font admettre que des mutations peuvent être indûment attribuées à un aménagement récent capable d'occulter des impacts plus anciens. Dans des pays ou dans des milieux « neufs », la technique contemporaine est capable de provoquer des bouleversements facilement lisibles ; il n'en est pas de même sur nos grands fleuves dont le contrôle est recherché depuis des siècles.

b. AMENAGEMENTS ET COMPLEXITE DES REPONSES

En admettant que les liens de causalité soient clairement définis, les réponses des paramètres de l'environnement aux mutations imposées par un aménagement sont de nature plus ou moins complexe. Considérons en premier lieu les impacts engendrés par un aménagement.

On a proposé l'expression de « spectre d'influence » d'un aménagement pour définir l'ensemble des mutations diverses subies par l'environnement en réponse à une cause donnée[3]. Ce concept est tout à fait applicable au barrage-réservoir de Génissiat qui a modifié la charge fluviale, les rythmes hydrologiques hebdomadaires et quotidiens, la biologie de ses eaux et du fleuve à l'aval... On peut également envisager l'effet spectral du canal de Miribel qui a modifié la hiérarchie des éléments du réseau hydrographique à la fin du XIXe siècle, provoqué le basculement du profil en long, modifié la géométrie des crues... Toute étude détaillée démontre que chaque intervention est susceptible d'affecter plusieurs paramètres de l'environnement, c'est-à-dire de produire un spectre d'influence.

L'aire d'influence d'une intervention est l'extension spatiale des mutations subies par tel ou tel paramètre en réponse à un aménagement[3]. Sur le Haut-Rhône, la géographie des influences est d'allure linéaire car elle a pour cadre la plaine alluviale ; en démarquant la typologie géomorphologique qui distingue des modifications de profil en long par contrôle amont et aval, on peut proposer une double série d'impacts :

— Certains aménagements provoquent des impacts par contrôle amont. Ainsi, le barrage de Génissiat produit-il des effets à l'aval de son site d'implantation : pollution lors des vidanges, modification des flux de sédiments, incision du lit... Le basculement observé sur le canal de Miribel est responsable d'une importante accumulation grossière dans le secteur des îles du Grand-Camp... Dans tous les cas, c'est le flux hydrique qui déplace vers l'aval la manifestation du changement.

— Les impacts par contrôle aval se produisent à l'amont d'un aménagement. Le réservoir de Génissiat provoque ainsi un colmatage minéral fin sur le site de l'Etournel par perte soudaine de compétence et l'on aurait enregistré un exhaussement du profil en long du Rhône par contrôle aval si d'importants dragages en rivière n'avaient été effectués. De la même manière, les fosses créées par ces extractions ont accéléré l'incision naturelle du fleuve en ajoutant un effet d'érosion régressive. Les barrages modifient également

3. *Marchand, 1983.*

396

la migration de certaines espèces de poissons ; c'est par un effet de contrôle aval que l'alose, espèce catadrome, ne remonte plus sur le Haut-Rhône...

La question est plus difficile si dans dans un deuxième temps, on envisage les effets de plusieurs aménagements spatialement proches les uns des autres ou bien dissociés. Prenons l'exemple d'un secteur géographique bien délimité, la Chautagne amont, où le creusement du lit fluvial est avéré. On sait que les digues insubmersibles construites en rive gauche après 1780, puis en rive droite après 1840 ont concentré les eaux, augmenté leur vitesse et provoqué un creusement. Ce même tronçon a subi d'autres impacts par effet de contrôle amont puisque la végétalisation du bassin-versant rhodanien depuis la fin du XIXe siècle a sans doute réduit la charge disponible, puisque le barrage de Génissiat a bloqué depuis 1947 tous les éléments minéraux d'un diamètre supérieur à celui des sables moyens, puisque le barrage de retenue de Motz (1981) isole ce tronçon hormis les phases de crue. Toutes ces causes constituent un faisceau ; elles sont de nature différente, d'ancienneté variable, de localisation géographique précise ou diffuse, mais ont en commun cette particularité de cumuler leurs effets ; donc plusieurs causes distinctes peuvent induire le même changement en un lieu donné. On propose l'expression de « synergie d'impacts » pour qualifier semblable réponse du milieu[4].

Considérons toujours la Chautagne car la situation y est particulièrement complexe. L'enfoncement du Rhône est la conséquence directe de la concentration des eaux et de la diminution de la charge qui ont augmenté l'énergie nette du cours d'eau ; cette réponse n'est pas la seule car la nappe phréatique libre qui accompagne le Rhône s'est elle-même enfoncée, provoquant un assèchement de la plaine caillouteuse et une transformation des formations végétales qui acquièrent une adaptation à la sécheresse. Un ou plusieurs aménagements peuvent donc avoir des impacts directs et indirects, tant il est vrai qu'un élément de l'écosystème ne réagit jamais isolément ; il existe dans certaines situations une véritable réaction en chaîne de l'environnement.

Ces remarques concernant les liens existant entre les aménagements et les impacts mettent en lumière la grande complexité des situations et suggèrent la nécessité de ne pas se cantonner à une recherche de causalité trop univoque. La question de la perception du changement est, à ce propos, de première importance.

c. CHANGEMENT ET PERCEPTION DU CHANGEMENT

Le fait que la question du changement ne se posait pas au XVIIIe siècle et au début du XIXe siècle est un truisme. La dynamique naturelle était une donnée de fait, une constante, dans la mesure où les communautés riveraines du fleuve ne pouvaient incriminer aucun artefact.

Les premiers impacts clairement analysés sont dus à la construction des défenses de berge qui prenaient souvent l'apparence ou la

4. A.L. Roux, "in letteris".

réalité d'éperons offensifs et menaçaient les terres de la corrosion. De manière analogue, les grandes digues de Chautagne étaient censées modifier la circulation de l'eau et les flux minéraux en Chautagne et dans le marais de Lavours. On voit donc que dans les premières décennies de la société technicienne, les liens de causalité sont établis avec clarté dans la mesure où existe une unité de lieu entre l'aménagement et l'impact décrit.

Cette époque vit avec nervosité l'intrusion des grands travaux de génie civil car l'on redoute une perturbation des grands équilibres socio-économiques... On note fréquemment une perception immédiate et donc souvent abusive du changement ; tout pont, toute digue du Service de la navigation... sont accusés des pires maux avant même leur achèvement. Avec le recul du temps, on s'apercevra que les effets sont minimes ou tout autres que ceux que l'on dénonçait...

En revanche, il arrive qu'un changement minime soit perçu immédiatement et de manière précise et exacte. Reprenons l'exemple de la régulation des débits sur l'émissaire du Léman à la fin des années 1890 ; elle a produit une faible modulation du débit dénoncée par la batellerie rhodanienne à l'aval de Lyon car l'étiage automnal artificiel perturbait la navigation. Cet impact est d'apparence secondaire mais essentiel pour la corporation des mariniers. On saisit donc dans ce cas précis que le changement est connu par le truchement d'une contrainte révélatrice. La construction des barrages hydroélectriques à l'aval de Lyon a supprimé cette contrainte et résorbé la perception de l'impact.

La perception du changement peut prendre des voies inattendues. Le creusement du lit du Rhin, consécutif à la réalisation des projets de l'ingénieur Von Tulla, fut analysé une vingtaine d'années après l'achèvement des travaux car la navigation éprouvait des difficultés ; rien de tel sur le canal de Miribel où le phénomène du basculement a des causes et certains effets comparables. A l'époque, le changement ne fut analysé que de manière indirecte, lorsque, une quinzaine d'années après l'achèvement des travaux du canal, il fut patent que la partie aval de la plaine enregistrait une sérieuse aggravation des crues. L'alluvionnement à la surface de la plaine avait élevé le niveau des eaux à débit de crue égal. Cet exemple démontre que le changement peut être révélé après la prise de conscience d'une mutation révélatrice. La remarquable précision des études réalisées à l'occasion des travaux permit d'effectuer la démonstration scientifique de ce basculement car l'on disposait d'un état des lieux pouvant servir de référence, mais combien d'impacts ne sont pas analysés faute d'éléments de comparaison.

Cette remarque pour suggérer que la non-perception du changement est trop souvent la règle, soit que la mutation soit trop lente ou trop différée, ou tout simplement ne paraisse pas pertinente aux décideurs ou aux agents économiques. Il ne s'agit pas de tout analyser, car ce serait irréaliste, mais de prendre conscience que certains problèmes peuvent se poser ; ainsi le Rhône est-il considéré comme un pourvoyeur de granulats alors que la charge de fond est très limitée. On a confondu la nature grossière des fonds, héritée de périodes plus actives de l'Holocène, avec la charge qui fixe le taux de renouvellement de cette matière première si bien que la tendance contemporaine à l'encaissement s'est trouvée confortée. Dans le domaine des flux minéraux, considérons encore le thème du sablage des terres à l'occasion des crues ; ce handicap des plaines de tressage dénoncé par les riverains a cessé d'être pertinent au tournant de ce siècle pour des raisons complexes et il a cessé d'être évoqué. La non-perception du changement est manifeste et s'explique aisément par la disparition de la contrainte. De manière analogue, l'affinement de la charge, le blocage des limons en arrière des digues submersibles ont modifié dans un sens favorable la fertilité des terres ; ce changement produit par un faisceau d'impacts n'a pas plus été analysé car le phénomène s'est étalé sur plusieurs générations et correspond à la période de déprise rurale. La non-perception du changement est très probable dans le domaine vivant car les moyens d'investigation sont très limités en milieu fluvial et car les progrès sont trop récents pour que des comparaisons valables puissent être réalisées avec des états de référence précis.

Inversement, le changement peut être démontré sans que les causes soient clairement définies. La raréfaction ou le développement de certaines espèces d'éphéméroptères sur le Rhône lyonnais depuis vingt ans peut être due à un faisceau d'interventions : pollution, mise en eau du barrage de Pierre-Bénite, effet-aval d'aménagements du Haut-Rhône[5]... Dans ce cas, le raffinement des techniques supplée aux carences de la perception humaine.

d. LA DYNAMIQUE DU CHANGEMENT

Les réponses de l'environnement à une ou plusieurs interventions dans le lit majeur ou sur le fleuve peuvent donc être multiples, localisées ou diffuses, ne concerner qu'un nombre limité de paramètres. L'étude du Haut-Rhône permet d'envisager le comportement de ces paramètres dans le temps et dans l'espace.

Remarquons en premier lieu que le temps de réponse est très variable d'un paramètre à un autre. La géomorphologie fluviale semble enregistrer immédiatement le changement lorsque les conditions hydrodynamiques sont perturbées par un aménagement ; ce caractère n'est pas toujours immédiatement perceptible ou considéré comme significatif par l'observateur éventuel. L'impact peut concerner la géométrie des fonds après endiguement, le piégeage des fines en arrière d'une digue submersible, le colmatage d'un réservoir... Il conviendrait sans doute de résoudre la question du seuil de déclenchement des processus ; à notre sens, dans un milieu en équilibre dynamique, toute perturbation crée un impact, puisque l'état du milieu original est déterminé par le complexe des paramètres que sont la pente, la charge, le débit. Toucher à un élément revient à déséquilibrer le système.

En revanche, la réponse des sols et de la végétation peut être différée dans le temps. Les boisements à base d'aunes blancs des bords

5. P. Usseglio, comm. pers.

399

du fleuve, considérés comme caractéristiques, sont dans un environnement pédologique et hydrique sans doute différent de celui qui a vu leur mise en place. De même l'introduction récente du chêne pédonculé dans la plaine alluviale est la conséquence décalée des mutations enregistrées sur le plan pédologique.

La durée du changement peut varier suivant l'impact que l'on considère :

— L'impact peut être réversible et durer le temps de la perturbation ; ainsi la modulation des débits fluviaux, commandée par la gestion saisonnière des réservoirs alpestres et du Léman, par la gestion hebdomadaire et quotidienne des ouvrages hydroélectriques fluviaux, est-elle une question purement technique et dépendante.

En revanche, le temps de restauration des équilibres et le principe même de cette restauration sont beaucoup plus difficiles à cerner si l'on considère le vivant. La vidange des réservoirs, si elle est réussie sur le plan technique, induit certainement des perturbations biologiques, même lorsque les mortalités de poisson n'ont pu être observées ; on est sans doute en présence d'un phénomène de non-perception du changement et il ne fait guère de doute que le déclassement biologique du Rhône depuis l'après-guerre est sans doute lié à la gestion des réservoirs.

— Dans le domaine géomorphologique, la puissance des solutions techniques conduit à l'irréversibilité du changement. Alors que les éperons paysans limitaient à grand-peine l'érosion des berges, les digues du XIXe siècle ont changé le modèle fluvial ; incapable de tresser, c'est-à-dire de dissiper son énergie conformément au libre jeu des paramètres, le fleuve a adapté sa réponse en modifiant son profil en long. Il est remarquable que toutes les interventions se soient soldées par un cumul d'impacts géomorphologiques — le creusement du lit — dans un contexte historique de réduction non contrôlée de la charge fluviale ; de la sorte, ces influences se sont confortées pour finalement produire une dérive irréversible. Le seul secteur où une situation de réversibilité géomorphologique fut possible est celui des Basses-Terres où les endiguements du XIXe siècle s'inséraient dans un contexte d'exhaussement localisé et rapide, mais cette exception ne fait que confirmer la règle générale.

En corollaire, cette irréversibilité des mutations géomorphologiques induit l'irréversibilité des mutations pédologiques et phytosociologiques qui sont génésiquement liées. C'est le complexe entier qui dérive lorsque le modèle géomorphologique est perturbé.

Une fois qu'un processus de changement est amorcé, la durée du changement dépend de facteurs complexes. En règle générale, le milieu semble tendu vers un état d'équilibre nouveau par adaptation du système à la modification des paramètres. Le basculement du canal de Miribel, démontré dès 1875, se serait progressivement atténué pour cesser à la fin des années 1950, une fois assurée la réalisation d'un nouveau profil d'équilibre ; le creusement du Rhône en Chautagne va se prolonger après la réalisation de l'aménagement de l'ouvrage hydroélectrique de la C.N.R. mais peut se trouver bloqué par un effet de cuirassage lorsque l'incision aura mis à jour des matériaux holocènes excédant la compétence des courants de crues... L'épaisseur du revêtement limoneux piégé dans la plaine alluviale tend vers un maximum par réduction progressive de la fréquence des submersions au fur et à mesure de l'exhaussement...

L'ancienneté du changement, la vitesse et l'intensité des processus mis en jeu sont variables d'un tronçon fluvial à un autre, car ils dépendent d'une multitude de facteurs. On peut ainsi mettre en évidence une hiérarchie du taux du changement des paysages, en délimitant les zones sujettes aux impacts les plus forts sous l'effet des processus actuels. Sur le Haut-Rhône, les secteurs qui reviennent le plus souvent sont l'Etournel, la Chautagne, les Basses-Terres et la plaine de Miribel-Jonage, c'est-à-dire les secteurs de tressage aux XVIIIe et XIXe siècles alors que d'autres tronçons ont enregistré des mutations beaucoup plus modestes. Cette particulière sensibilité des plaines de tressage a plusieurs causes :

— Les tronçons dont la pente est supérieure à 1‰ ont un courant rapide et réagissent avec brutalité aux interventions de génie civil mal calculées. Or, ce sont les tronçons où les nécessités de la navigation à vapeur imposaient l'endiguement et donc la concentration des eaux. Ce changement de modèle ne s'imposait pas sur les tronçons à méandres ou rectilignes puisqu'ils disposaient naturellement d'un chenal unique.

— Ces tronçons sont situés à l'aval des sources de matériaux grossiers qui expliquent largement l'occurrence du modèle tressé. La réduction de la charge globale a fragilisé ces milieux en diminuant le poids de ce facteur. Par ailleurs, ces matériaux, mis en place depuis le Post-glaciaire, se comportent comme un facteur externe en commandant la pente de la vallée et la nature du substrat longtemps après le tarissement de leurs apports ; c'est par exemple la nature des accumulations caillouto-sableuses qui explique les réactions de la nappe phréatique, l'assèchement des horizons superficiels et la transformation des associations végétales. Les tronçons en pente faible ne connaissent pas des mutations aussi profondes car ils ne subissent que faiblement le poids des facteurs externes.

— Le taux de changement varie également en fonction de la nature des travaux de génie civil réalisés ; les digues insubmersibles concentrent les débits de crue et ont donc plus d'efficacité érosive que les digues submersibles qui permettent l'étalement des inondations.

— Remarquons enfin que des ouvrages identiques établis dans un contexte dynamique différent produisent des impacts différents. Des digues submersibles semblables ont été construites vers 1880 à l'aval du confluent de l'Ain et dans le passage du Chaffard (Brégnier-Les Avenières) ; le creusement s'est accéléré sur le premier tronçon tandis que les digues étaient rompues par exhaussement sur le second. Ces ouvrages ont donc accentué les tendances naturelles de la dynamique du fleuve.

2. Les hommes et le changement sur le fleuve

a. DES ESPACES NATURELS SUR LE HAUT-RHÔNE ?

La société rurale traditionnelle pratiquait une occupation quasi exhaustive des terroirs de plaine et s'accommodait d'une mise en valeur extensive de leurs aptitudes naturelles. Le paysage fluvial avait une apparence sans doute plus humanisée qu'à la fin des années 1970, car les hommes tiraient partie des moindres possibilités : fauche dans les marais, cultures sur les bancs récents, coupe systématique des moindres saulaies, halage, pêche... Mais l'humanisation des terroirs se conciliait parfaitement avec le maintien d'un fonctionnement naturel de l'écosystème ; le milieu n'avait certainement plus ses qualités originelles puisque les défrichements ont joué depuis des millénaires sur les flux minéraux disponibles et sans doute également sur les flux hydriques, mais les communautés riveraines avaient sans doute conscience de la stabilité historique de leur cadre de vie ; les paramètres n'étaient pas suffisamment modifiés pour perturber la géographie des modèles fluviaux et donc la hiérarchie des contraintes vécues. Les terroirs de prédation qu'étaient les marais, les brotteaux, les forêts de plaine constituaient des écosystèmes juvéniles soumis au retour régulier des flux hydriques et minéraux.

Il ne fait pas de doute que certains grands travaux de génie civil réalisés dans la deuxième moitié du XIXᵉ siècle, en levant des contraintes, ont perturbé le fonctionnement de l'écosystème fluvial et introduit des mutations irréversibles révélées par des dérives lentes et incontrôlées. Or, ces mutations capitales imposées par la civilisation technicienne sont contemporaines de la crise des sociétés rurales traditionnelles, une telle conjonction n'étant pas en soi surprenante. Le paradoxe est donc que le paysage fluvial a pris une apparence naturelle dans le même temps où les impacts des grands travaux faisaient sentir leurs effets induits et différés. On assistait au développement général des forêts riveraines, à l'étouffement des berges et des chemins de halage, à la fossilisation des digues sur les limons, à l'invasion de la phragmitaie, des taillis d'aunes et de saules dans les bas-fonds, c'est-à-dire à la création d'un paysage historiquement nouveau, paysage sauvage, verdoyant, mais peu « naturel ». On saisit donc à ce propos deux idées importantes :

— L'abandon relatif des plaines a eu un impact réel mais d'une nature très différente des mutations induites par les grands travaux. Une déprise crée des paysages neufs dans la mesure où il n'y a pas retour à un état de fait antérieur ; il n'y eut pas de cycle conquête-déprise sur le fleuve, mais transformation continue.

— La notion de paysage naturel n'existe pas sur un fleuve de l'Europe occidentale. Le paysage originel n'est que mythique, puisque la transformation des paramètres est permanente ; le paysage du XVIIIᵉ siècle, très humanisé, était en quelque sorte semi-naturel, puisque son fonctionnement était sauvegardé ; le paysage actuel n'est que localement sauvage et possède un fonctionnement très artificialisé.

b. LA RECONQUETE AGRICOLE DES PLAINES ET LA HIERARCHIE DES CONTRAINTES

La réhabilitation des terroirs de plaine alluviale ou des marais à laquelle on assiste depuis quelques décennies est à juste titre analysée de manière classique à l'aide d'une série de facteurs contemporains dont on ne saurait sous-estimer l'importance :

— C'est la mise au point d'espèces adaptées aux contraintes hydriques propres aux lieux humides, telles que diverses variétés de peupliers, de maïs ou d'arbres fruitiers...

— C'est la levée des contraintes dans la plupart des cas, blocage de l'érosion latérale, abaissements de nappe par drainage autorisés par la puissance des moyens techniques mis à la disposition de l'agriculture.

— C'est enfin l'initiative de la collectivité ou d'individus, d'origine extérieure ou d'extraction locale, qui peuvent aisément donner leur mesure dans des milieux sous-valorisés. Cette descente vers les plaines est d'autant plus opportune que les contraintes techniques propres à l'agriculture de versant se surmontent moins facilement que les handicaps de la plaine humide.

Toutes ces considérations ne doivent pas occulter un fait essentiel qui est un changement progressif des aptitudes physiques des terroirs de plaine. Les travaux du XIXe siècle ont levé certaines contraintes (par protection directe des terres, par enfoncement induit de la ligne d'eau et des nappes) et créé des sols limoneux dans la plaine d'inondation. Les sols jeunes sont d'excellents supports, sont faciles à travailler et freinent les mouvements de l'eau ; en quelque sorte, la vallée du Haut-Rhône s'est homogénéisée dans la mesure où les plaines de tressage ont acquis certaines qualités des plaines de méandrage. Ce chapelet de plaines intra-montagnardes, après avoir perdu sa charge caillouteuse, la torrentialité de son régime, a acquis jusqu'aux caractères des vallées de la France des plaines. La Chautagne amont, protégée par des digues, la basse plaine de l'Ain où l'incision fut plus rapide, n'ont pu acquérir ces aptitudes nouvelles et font figure d'exception. Le temps paraît bien loin où les agriculteurs de Brégnier devaient apporter à dos d'homme la terre du versant sur les sables alluviaux avant de planter les hautins...

En ce sens, certains conflits récemment apparus dans le lit majeur sont également liés à la levée de contraintes, indépendamment de l'émergence de facteurs économiques nouveaux. Les extractions de granulat en Chautagne amont, au confluent de l'Ain, dans la plaine de Miribel-Jonage, sont facilitées par l'abaissement de la nappe phréatique qui fait de ces espaces l'équivalent de certaines terrasses fluvio-glaciaires.

Ces changements permettent de revenir sur la vieille question du déterminisme géographique.

c. MODIFICATION DES CONTRAINTES NATURELLES ET DETERMINISME GEOGRAPHIQUE

La position déterministe classique posait en principe que des contraintes naturelles semblables modelaient des genres de vie et des

403

paysages analogues dans des contextes humains différents. Cette attitude fut fortement nuancée par la suite, J. Brunhes (1934) faisant par exemple remarquer, à propos du val d'Anniviers, que chaque vallée alpine conserve son autonomie et sa manière propre de résoudre le problème de l'existence.

Dans les plaines du Haut-Rhône, la société rurale du XIXe siècle confrontée à la série des contraintes fluviales, apportait des réponses semblables, adoptait un comportement d'autant plus homogène que les terroirs de plaine ne constituaient qu'une fraction de l'agrosystème ; ces sociétés n'étaient pas des sociétés de l'eau dans la mesure où la domination du milieu est tout aussi partielle que la soumission des hommes. L'habitat ne s'est pas adapté puisqu'il se réfugiait sur les hauteurs, les défenses contre les crues étaient inexistantes à la différence d'autres vallées fluviales, la lutte contre l'érosion très localisée... On adaptait des pratiques agraires usitées dans les autres terroirs de la communauté avec des modes d'autant plus extensifs que les contraintes étaient plus pesantes.

Nous présentons ces remarques simples pour dresser quelques gardefous à la résurgence des interprétations à caractère déterministe. Considérons la question du parcellaire ; il est tentant de lier une grande division des terres à de bonnes possibilités culturales et au contraire, la grande propriété et de grandes parcelles à la présence de zones inondables requérant de puissants moyens financiers et techniques. En fait, une étude historique de l'appropriation des plaines montre que, très souvent, le phénomène est indépendant des qualités ou défauts du milieu ; la propriété paysanne, toujours menue, se glisse dans les vides laissés par les fiefs féodaux, puis les grands communaux. Toutes les grandes propriétés sont aujourd'hui héritées de ces découpages anciens fort aléatoires.

Par ailleurs, les impacts multiples des grands travaux ont, nous l'avons vu, modifié les aptitudes naturelles et la réalité des contraintes ; c'est particulièrement vrai à l'aval de Sault-Brénaz où la fréquence des inondations a fortement diminué. Donc l'homme n'était que partiellement révélateur du milieu et, s'il ne l'est plus, c'est autant à cause d'une disparition des contraintes que d'un progrès des techniques de mise en valeur. L'écologie rétrospective pose finalement plus de problèmes qu'elle n'en résout dans ce domaine.

d. L'EMERGENCE DES CONFLITS

Depuis la Dernière Guerre, les revendications se multiplient sur l'espace fluvial ; les agriculteurs rencontrent d'autres compétiteurs à la recherche d'électricité d'origine hydraulique, de granulats près des agglomérations, d'espaces de loisirs et de chasse... Les relations ne sont pas toujours conflictuelles et l'agriculture régionale peut tirer grand profit des travaux connexes réalisés par la C.N.R. : contrôle du niveau des nappes, protection contre les inondations, indemnités diverses... Cette question complexe mérite une étude particulière que nous n'avons pas réalisée car elle sortait du champ d'étude préalablement défini.

Ecologie et agriculture

Nous évoquerons simplement la question écologique dans ce contexte du retour aux plaines humides.

Remarquons en premier lieu que l'intérêt des écologistes s'est manifesté essentiellement en faveur de l'avifaune, puis ensuite en faveur de la faune aquatique et terrestre. La préservation des milieux les plus intéressants concerne les marais et la confluence de l'Ain où la multiplicité des biotopes, l'ouverture des formations végétales et l'immensité garantissaient une richesse exceptionnelle. Il se trouve que ces mêmes espaces sont revendiqués par l'agriculture et par la chasse dans un conflit triangulaire complexe.

La spécificité écologique des lieux est directement conditionnée par l'humidité, considérée par le monde rural comme la seule contrainte réelle et facilement contournable. Par ailleurs, l'observation des marais a démontré que le paysage ouvert est éphémère, que la dynamique de la végétation conduit au boisement des lieux et à une banalisation ; le marais est un milieu semi-naturel, qui doit une partie de son caractère à l'intervention humaine. L'écologiste a donc besoin de l'agriculteur et le chasseur, souvent agriculteur lui-même, peut redouter l'extension de la grande culture... L'avenir appartient peut-être à un partage de l'espace entre les compétiteurs mais réside plus probablement dans la définition d'une gestion permettant une bonne compatibilité des usages ; le retour à un élevage sur prairie naturelle dans le marais de Lavours deviendra peut-être un jour réalité.

Les aménageurs et le changement

Ces préoccupations nouvelles ont conduit les aménageurs à prendre en considération les effets négatifs de leur intervention et à proposer des corrections. Il semble que l'on puisse considérer deux situations très différentes dans leur nature.

Le premier type de correction concerne les impacts négatifs des travaux de génie civil du XIXe siècle. L'exemple caractéristique est celui du canal de Miribel dont le basculement privait d'eau l'usine hydroélectrique de Cusset ; la mise en service du barrage de Jons en 1937 permit d'assurer une fourniture en eau satisfaisante. L'effet aval du même aménagement, à savoir l'exhaussement de la plaine alluviale, motiva la mise en œuvre d'un vaste plan de correction après la crue de 1957. On ne rappellera pas la question des pompages du Grand-Camp dont l'arrêt a motivé une série d'interventions destinées à abaisser la nappe phréatique...

Ces exemples démontrent que, dans la périphérie d'une agglomération comme Lyon, la solidarité étroite des aménagements rend insupportable pour la collectivité l'impact négatif des grands travaux ; a contrario, les échecs subis sur le Haut-Rhône en Chautagne, dans la plaine de Brégnier, n'ayant pas de répercussion croisée, ni de réelle importance locale, n'ont pas fait l'objet d'une correction quelconque.

Une deuxième catégorie de préoccupations concerne les aménagements récents dont l'impact sur l'environnement, prévisible et objet d'évaluations dans le cadre des études d'impact, motive des mesures particulières de la part du maître d'œuvre :

— Les premiers barrages hydroélectriques ont inauguré des politiques de compensation : redevances aux sociétés de pêche lésées, repeuplements[6], satisfactions données à d'autres usages comme l'agriculture, le tourisme...

— Depuis quelques années, le Haut-Rhône est le cadre d'une politique d'atténuation de l'impact, concrétisée par l'octroi de débits réservés nettement supérieurs à ceux du Rhône aval.

— Plus difficile à faire admettre est la politique des réserves naturelles, qui inaugurerait un véritable partage de l'espace au profit des intérêts de l'environnement.

L'enjeu est de taille, car il s'agirait non seulement de soustraire des espaces aux revendications de l'agriculture ou du tourisme mais également de promouvoir une gestion fondée sur les règles de la dynamique fluviale que les riverains ont combattues depuis des siècles.

6. *Dans ce cas précis, il conviendrait de savoir si le fait d'accorder des compensations financières aux sociétés de pêche ne crée pas un impact supplémentaire car le choix des espèces de repeuplement est parfois contestable (A.L. Roux, communication orale).*

CONCLUSION

Unité et diversité
de l'espace fluvial rhodanien

Une séquence de végétation alluviale au pont d'Evieu.

Nous pouvons maintenant conclure sur les raisons pour lesquelles la plaine du Haut-Rhône n'a pu affirmer avec netteté une identité propre ; il faut les chercher autant dans les vicissitudes de leur histoire que dans un morcellement géographique, générateur de diversité.

Identité perdue que celle d'un fleuve navigué, flotté, fleuve d'équipages de mariniers et de chevaux, de voyageurs et de pêcheurs. Un paysage et une animation se sont estompés à la fin du XIXe siècle : chemins de halage bien entretenus côtoyant le fleuve, haltes animées, embarcadères. La légende d'un fleuve, que d'autres ont célébrée, était celle d'un autre Rhône, doté d'une très forte personnalité, tandis que les plaines bordières, soumises aux contraintes de l'inondation, de l'érosion et du sablage, subissaient le fleuve et vivaient à son rythme. On peut affirmer qu'à cette époque, qui n'était certes pas l'âge d'or, la vallée du Haut-Rhône était réellement un espace fluvial drainant les hommes et quelques richesses.

Identité perdue car l'homme a rétréci le fleuve, unifié ses eaux par des travaux d'endiguement, avant que de l'abandonner à lui-même au tournant de ce siècle. Il n'est pas jusqu'au régime, faisant gonfler les eaux pendant la saison chaude, qui n'ait perdu l'originalité profonde des cours d'eau pro-alpins. Les hommes ont oublié le Rhône pendant de longues décennies et la nature a repris une partie de ses droits, non pas originelle, mais quand même sauvage. La forêt s'est refermée sur un fleuve qui « cesse d'être observable et même approchable. Souvent, il n'a plus de rives, plus de lit[1]. » Fleuve délaissé si ce n'est par quelques pêcheurs, le contraire d'une « scenic river » anglo-saxonne, alors que tout y invitait. Le chemin de fer a détourné les marchandises et les hommes vers des voies plus rapides...

Vallée marginale, terroir de prairies et de bois, de quelques cultures dérobées aux inondations. La loi de 1858, strictement respectée, éloignait les établissements humains, époque où la vallée du Haut-Rhône n'était guère mieux qu'un champ d'inondation nécessaire.

Depuis une trentaine d'années, la vallée a retrouvé le dynamisme perdu ; l'agriculture mécanisée s'est affranchie de l'humidité et a découvert des sols nouveaux, limoneux et fertiles. Le Rhône, réinventé par les aménageurs, est devenu escalier de barrages ; une solidarité nouvelle se fait jour entre l'amont et l'aval car les éclusées, les vidanges, le refroidissement des centrales nucléaires, peut-être un jour la navigation restaurée, imposent de coordonner les initiatives et le mode de gestion. L'aménagement contemporain redécouvre l'unité de l'espace fluvial, système complexe menacé par des solutions techniques peu respectueuses des grands équilibres.

1. *Paul Morand, 1929. Le Rhône en hydroglisseur. E. Paul, édit. Paris.*

Ainsi, la société contemporaine valorise le fleuve oublié, restaure son utilité perdue, efface progressivement les stigmates d'une histoire longue et différenciée. Le Rhône retrouve une unité technicienne en perdant souvent l'originalité des « pays » que nous avons cherché à analyser dans cette étude.

Cette diversité régionale dote encore néanmoins la vallée du Haut-Rhône d'une forte personnalité, aussi achèverons-nous ce travail par une esquisse des « pays » rhodaniens.

1. Le Rhône encaissé, du lac Léman à Seyssel

Sur ce tronçon en pente raide (2 à 3‰), le fleuve avait les caractères d'un torrent enserré entre des versants raides et souvent instables ; des bancs de galets, des « pertes », des gouffres et la montée des eaux brutale faisaient obstacle à toute velléité d'aménagement ; le Rhône, flotté, restait étranger à ses rives.

Il fallut attendre 1870 pour que des capitaux étrangers cherchent à valoriser l'énorme potentiel énergétique de ce tronçon ; successivement, les capitaux suisses, lyonnais, puis parisiens ont fait entrer Bellegarde dans l'histoire de l'hydroélectricité, si bien que le Rhône avait ici quelque chose d'alpin par ses caractères propres et la somme d'initiatives et d'efforts qui l'ont animé.

Cette lutte s'est inscrite dans un paysage aujourd'hui perdu ; la construction d'un escalier de barrages, dont Génissiat est depuis 1948 le symbole, a noyé le torrent. Le fleuve aménagé a acquis des caractères massif-centraliens en s'intégrant pleinement dans l'économie nationale, mais conserve quelques caractères discrets de l'ancienne dynamique : versants peu stables, érosion de la section non aménagée, colmatage combattu par des vidanges difficilement maîtrisables.

2. Les marais intramontagnards de Chautagne et Lavours

A l'aval de Seyssel et de la confluence du Fier, le Rhône a progressivement colmaté le val du Rhône surcreusé en ombilic glaciaire. La géographie des flux minéraux a créé une diversité de terroirs exceptionnelle dans la vallée en juxtaposant la plaine caillouteuse du lit fluvial, des bourrelets limoneux et de vastes arrière-marais tourbeux, tout en isolant la cuvette lacustre du Bourget.

Les grands marais étaient des milieux aux contraintes particulières car, chaque été, les hautes eaux déversantes noyaient les immenses blachères communales, terroir de fauche et de pâturage dont la mise en valeur extensive régénérait l'économie de coteau. Cette complémentarité intramontagnarde est, à l'inverse du tronçon amont, la caractéristique principale de ce Rhône. Une société rurale taxée de routine, en fait prudente, refusait toute levée des contraintes susceptible de déstabiliser son économie.

L'ère technicienne a d'autant plus profondément affecté la vallée que la montagne imposait un cadre inhospitalier ; les voies de communication de ce pays longtemps frontalier se sont établies sur de puissantes digues longitudinales et transversales et les barrages hydroélectriques ont perturbé la circulation des flux minéraux. Sans le savoir, les aménageurs ont, ouvrage après ouvrage, modifié les paramètres de l'hydrodynamique et créé des impacts profonds : incision du lit, enfoncement de la nappe phréatique, drainage induit ont provoqué le déclin des grands marais, estompant lentement l'hétérogénéité naturelle de l'espace fluvial.

3. La vallée du Rhône péri-jurassienne

A l'aval de la Chautagne, le Rhône s'engage dans le val de Yenne, traverse la cluse de Pierre-Châtel, puis coule à nouveau dans un val surcreusé, de La Balme à la confluence du Guiers. Sur la bordure ouest du Jura, il épanouit sa vallée dans l'ombilic à substrat molassique des Basses-Terres avant de traverser les verrous et petits ombilics de graben qui marquent la ligne de suture entre le Bugey et le plateau de Crémieu.

Le remplissage caillouto-sableux a progressé dans ce secteur durant l'Holocène sans toutefois achever le colmatage des Basses-Terres. Les pentes, supérieures jusqu'ici à 1‰, s'atténuent progressivement et l'on entre dans la « plaine », au sens où l'entendaient les mariniers de jadis. Le Rhône méandre alors, adoptant un style exceptionnel pour un fleuve de piedmont montagnard.

Ce tronçon complexe, resté à l'écart des grandes voies terrestres et longtemps considéré comme peu intéressant sur le plan de la fourniture d'énergie, a néanmoins été aménagé pour les seuls besoins de la navigation à vapeur. Travail discret, car il s'agissait de ménager la submersibilité de la plaine, et discontinu, car réalisé aux moindres frais, mais riche de conséquences. L'endiguement a limité l'érosion des terres, provoqué l'engraissement de la plaine riveraine en limons fertiles et posé les bases de la prospérité agricole actuelle.

Le Rhône jurassien se termine à l'aval par le fameux site du Sault, sur un verrou rocheux franchi en rapides. Ce nœud de la navigation fluviale depuis l'Antiquité a hérité d'un riche paysage associant moulins, digues, chemins de halage, la seule écluse du Haut-Rhône antérieure aux aménagements hydroélectriques avant d'accueillir le dernier des ouvrages de la Compagnie nationale du Rhône.

4. Le fleuve hors du Jura

A l'aval de Lagnieu, le fleuve quitte la bordure du Jura, et obliquant vers le sud-ouest, gagne la région lyonnaise. Décanté dans les ombilics amont, le Rhône s'encaisse à la traversée des constructions morainiques würmiennes et des épandages fluvio-glaciaires ; l'apport de la rivière d'Ain redresse la pente, renouvelle la charge grossière et crée à nouveau ce paysage de chenaux et d'îles, de brotteaux, qui gênaient tant les mariniers du Rhône au « passage de Miribel ». Le Rhône retrouve alors ce paysage de fleuve de piedmont soumis aux fortes contraintes de la crue et de l'érosion.

C'est sur ce tronçon que les aménagements rhodaniens se font les plus anciens et les plus complexes pour les besoins de la grande cité voisine. Le creusement du canal de Miribel (1848-1858) pour résoudre les difficultés de la navigation, celui du canal de Jonage (1892-1899) pour assurer la fourniture d'électricité à Lyon, ont déclenché une série d'impacts, tels que le classique basculement du canal de Miribel et l'aggravation des inondations dans la partie aval de la plaine. La réalisation d'aménagements correcteurs d'impacts (le barrage de Jons en 1937, le creusement des plans d'eau de Miribel-Jonage suite à la crue de 1957) implique la totalité de l'espace fluvial dans la recherche d'équilibres nouveaux, d'autant que l'agglomération sollicite une étonnante complémentarité de fonctions.

Le fleuve acquiert ici, au contact de la ville, des caractères nouveaux qui s'imposeront plus à l'aval dans la moyenne vallée du Rhône.

Annexes

Bibliographie

J. AGARD, R. CHAMBOREDON, E. ROBERT, J. STAI-MESSE, M. TAVERNIER, 1968. *Réservoir créé à Vouglans sur la rivière d'Ain par Electricité de France : possibilités et conditions d'utilisation pour atténuer les grandes crues du Rhône à Lyon*, Société hydrotechnique de France, Xe Journées de l'hydraulique, Paris, IV, 5, pp. 2-8.

G. AIN, B. GILOT, M.C. NEUBURGER, G. PAUTOU, J. TETART, J. THOMAS, 1973. *Etude écologique des anciens lits du Rhône entre le confluent du Guiers et le confluent de l'Ain*, Université sc. méd. Grenoble, et Compagnie nationale du Rhône, 73 p.

G. AIN, G. PAUTOU, 1969. *Etude écologique du marais de Lavours (Ain)*. Doc., carte vég. Alpes, VII, pp. 25-64, tabl., fig., 1 carte coul. h.t.

C. AMOROS, C. BALOCCO, C. JACQUET. *Les écosystèmes aquatiques abandonnés par le Rhône et l'Ain dans le secteur de leur confluence*. Doc., cart., écol., Grenoble, 3 cartes h.t. (sous presse).

C. AMOROS, M. RICHARDOT-COULET, G. PAUTOU, 1982. « Les "ensembles fonctionnels" : des entités écologiques qui traduisent l'évolution de l'hydrosystème en intégrant la géomorphologie et l'anthropisation (exemple du Haut-Rhône français) », *Revue de géographie de Lyon*, 1, pp. 49-62.

F. AMOROZ, M. BOURBON, 1980. "Ré-introduction du castor à l'amont immédiat de Lyon", *Bulletin mensuel société linéenne*, Lyon, 49e ann., 8, pp. 505-510.

L. ANCHIERRI, 1963. *Les prés-marais domaniaux de Chautagne. Projet d'aménagement. 1963-1977*, rapport dact., Direction des Eaux et Forêts, Service du reboisement des terrains de montagne, Chambéry.

B. ANDRASFALVY, 1973. *Utilisation des eaux du champ d'inondation du Danube dans le Sarkoz et ses environs avant l'aménagement des eaux* (en hongrois), Vizügyu Történeti Füzetek, 6, 75 p., Budapest.

A.R.A.L.E.P.B.P., 1978. *Ecologie de l'ombre commun*, rapport final au Conseil supérieur de la pêche, 2e éd., 85 p., cartes.

A.R.A.L.E.P.B.P., 1978. *Etude hydrobiologique du canal de Miribel*, rapport à la C.N.R., Lyon, 29 p., tabl., fig., annexes.

A.R.A.L.E.P.B.P., 1879. *Etude hydrobiologique du Haut-Rhône dans le secteur de Brégnier-Cordon*, rapport à la C.N.R., Lyon, 102 p., bibl., annexes.

A.R.A.L.E.P.B.P., 1980. *Etude biologique et écologique du hotu*, Chondrostoma nasus *L. 1758 (*Pisces, Cyprinidae*)*, contrat Union Lyonnaise des pêcheurs à la ligne, rapport dact., 37 p., +5 tabl.,7 fig.

A.R.A.L.E.P.B.P., 1981. *Etude hydrobiologique du Haut-Rhône dans les secteurs de Chautagne et Belley*, rapport à la C.N.R., Lyon, 93 p., bibl., annexes, glossaire.

Y. ARIKAN, 1964. *Etude géologique de la chaîne Grand Crédo-Vuache (Ain, Haute-Savoie, France)*, Eclog., Géol. Helv., 1, pp. 1-75.

G. ARMAND, 1974. *Villes, centres et organisation urbaine des Alpes du Nord, le passé et le présent*, thèse lettres, Grenoble, Allier, 958 p.

L. ARMAND, 1908. *Amélioration de la navigabilité du Rhône*, asso. fr. avanc. sciences, Paris, pp. 1-14.

J. ABEL, A.H. ROCHE, 1960. *Rapport du syndic-directeur* daté de 1948, association syndicale autorisée des marais de Bourgoin, imp. Paillet, Bourgoin, 46 p.

J. AUBERT, 1939. "Historique de la navigation sur le Haut-Rhône français", *Et. Rhod.*, XV, pp. 181-190.

V.R. BAKER, 1973. *Erosional forms and processes for the catastrophic pleistocene Missoula floods in Eastern Washington*, pp. 123-148, in Morisawa M. ed. : fluvial geomorphology, G. Allen and Unwin, London (edit. 1981).

H. BALLEYDIER, 1939. "Le port de Genève", *Etudes rhodaniennes*, XV, pp. 191-207.

Y. BARTHELEMY, R. JONAC, 1979. *Approvisionnement en eau de l'agglomération lyonnaise*, doc. Bur. rech. géol. et min., 8. p. 1836190.

M. BAUD, 1980. "La desserte en eau de la communauté urbaine de Lyon", in *Technica*, 417, pp. 3-17.

G. BAZIN, 1969. "Le domaine de Belle-Combe en d'Avillon", in *Rive gauche*, n°31, pp. 20 à 23 et 25.

R.M. BAXTER, P. CLAUDE, 1980. *Les effets des barrages et des retenues d'eau sur l'environnement au*

Canada. Expérience et perspectives d'avenir, ministère des Pêches et Océans, Ottawa, 36 p.

J. BECKER, 1952. *Etude palynologique des tourbes flandriennes des Alpes françaises*, thèse, mém. serv. carte géol., Alsace et Lorraine, 11, 61 p.

C. BELLOT, 1981. *Consommation en eau des industries de la C.O.U.R.L.Y.*, maîtrise de géographie, Lyon III, 142 p., non pub.

P. BENOIT-JANIN, 1968. *Aménagement rural. Etude agro-pédol. du triangle Lyon-Meximieux-La Verpillière*, ministère de l'Agriculture, D.D.A. de l'Ain-Isère-Loire-Rhône, Soc. Am. friches Est, Chaumont.

P. BENOIT-JANIN, 1970. *Etude agro-pédologique des zones marécageuses et mal drainées*, D.D.A., Isère, S.A.F.E. Chaumont (N. du dépt 38), 31 p., annexes et 2 cartes coul.

P. BENOIT-JANIN, 1970. *Etude pédologique des marais de Bourgoin (secteur de l'Isle-d'Abeau)*, 27 p. dact. + cartes, Mission d'étude et d'aménagement de la ville nouvelle de l'Isle-d'Abeau.

P. BENOIT-JANIN, 1970. *Etude pédologique des marais de Bourgoin (secteur de La Verpillière)*, Mission et Aménagement ville nouvelle de l'Isle-d'Abeau, S.A.F.E., Chaumont, 20 p., dact. + cartes coul.

G. BERTRAND, 1981. "La formation du paysage rural français, in *Etudes et Recherches*, 4, ministère de l'Environnement, Doc. française, pp. 40-42.

J. BETHEMONT, 1972. *Le thème de l'eau dans la vallée du Rhône. Essai sur la genèse d'un espace hydraulique*, thèse Lettres, Saint-Etienne, 642 p., Le Feuillet blanc imp.

J. BETHEMONT, 1977. *De l'eau et des hommes. Essai géographique sur l'utilisation des eaux continentales*, Bordas, Paris, 280 p.

J. BETHEMONT, B. BRET, 1983. "La notion d'aménagement intégré appliqué au bassin de la Loire", in *Revue de géographie de Lyon*, 3, pp. 219-234.

A. BINEAU, 1839. "Recherches sur diverses eaux de l'intérieur de Lyon", in *Ann. soc. agr.*, Lyon, + II, p. 503.

G. BLONDON, 1983. *Relations entre les comportements hydriques des sols et les rendements culturaux. Applications aux secteurs alluviaux de la haute vallée du Rhône français*, thèse écol. appl., Univ. sc. et méd., Grenoble, 100 p.

T.C. BOISSEL DE MONTVILLE, 1795. *Voyage pittoresque et Navigation exécutée sur une partie du Rhône réputée non navigable*, Paris, in quarto, 156 p., 1 carte, 17 pl.

R. BLANCHARD, 1950. "Les travaux de la Compagnie nationale du Rhône : Génissiat, Donzère", in *Revue de Géographie alpine*, XXXVIII, 1, pp. 189-193.

H. BOCON DE LAMERLIERE, 1840. *Lyon en 1840. Récit des inondations rédigé par un témoin oculaire*, Perrin imp.

A. BOCQUET, R. DESBROSSE, J. PERRIAUX, J.P. USELLE, 1970. "Etude du remplissage de la grotte des Romains à Virignin (Ain)", in *Revue de géographie alpine*, 5 fig., 1 pl., ph., 4, pp. 671-678.

J. BOISSONNAS, 1929. *Le port fluvial de Genève et l'aménagement du Rhône sur un parcours genevois*, IIIᵉ congrès du Rhône, Union gén. rhod., pp. 107-112.

L. BOITEL, 1840. *Lyon inondé en 1840 et diverses époques, histoire de toutes les inondations qui ont affligé Lyon*, L. Boitel, imp. Lyon, 59 p.

B. BOMER, 1972. "Aspects et évolution du lit mineur de la Loire entre les confluents de la Vienne et de la Maine", 97ᵉ Congrès national des sociétés savantes, Nantes, 15-21, in *Actes* publié en 1976, Paris, Bibl. nat.

B. BOMER, L. BUSNEL, C. DUAULT, Y. TROUSSELET, 1979. "Milieux naturels et interventions humaines en Touraine. Résultats des recherches récentes", in *Bulletin ass. géo. fr.*, Paris, 460, 139-143.

J.L. BOREL, 1976. "a. Climat et écologie aux âges des métaux dans les Alpes du Nord", coll. XXVI, *Les Ages des métaux dans les Alpes*, IXᵉ Congrès Union intern. des sc. préh. et protoh., Nice, pp. 93-118.

J.L. BOREL, 1976. "b. La végétation pendant le Post-Glaciaire dans le Jura et les Alpes du Nord", in *La Préhistoire française*, tome II, éd. du C.N.R.S., pp. 67-73.

M. BORNAND, F. BOURDIER, P. MANDIER, G. MONJU-VENT, 1976. "Les glaciers quaternaires dans les Alpes et le bassin du Rhône", IXᵉ congrès I.U.S.P.P., Nice, éd. C.N.R.S., Paris, dir. H. de Lumley, t. 1, *Les Civilisations paléolithiques et mésolithiques de la France*, pp. 27-31.

M. BORNAND, A. GUYON, 1979. *Etude pédologique de la haute vallée du Rhône. Aménagements de Chautagne et de Belley*, rapport de l'Institut national de recherches agronomiques, Montpellier, S.E.S., n°460.

M. BORNAND, A. GUYON, 1980. *Etude pédologique dans la haute vallée du Rhône. Aménagement de Brégnier-Cordon*, I.N.R.A., Montpellier, S.E.S., n°486, 95 p.

M. BORNAND, A. GUYON, 1982. *Etude pédologique dans la haute vallée du Rhône. Aménagement de Loyettes et Sault-Brénaz*, I.N.R.A., Montpellier, S.E.S., n°524, 132 + 158 p. + carte.

M. BOSSI, 1808. *Statistique générale de la France. Département de l'Ain*, Paris, 720 p.

M. BOURBON, PH. LEBRETON, M. CZAJKOWSKI, 1973. "Les oiseaux de la basse vallée de l'Ain", in *Bull. soc. nat. arch. Ain*, 87, pp. 37-52.

F. BOURDIER, 1961. *Le bassin du Rhône au quaternaire. Géologie et préhistoire*, éd. C.N.R.S., Paris, 1 vol., 364 p., + 1 vol. 297 fig., bibl., index.

F. BOURDIER, G. MONJUVENT, P. OLIVE, 1976. "Les dépôts lacustres dans les Alpes", IXe Congrès U.I.S.P.P., Nice, éd. C.N.R.S., Paris, dir. H. de Lumley, t. 1., *Les Civilisations paléolithiques et mésolithiques de la France*, pp. 183-187.

BOURDON (général), 1894. "Le canon du Rhône et le lac de Genève", *Bull. soc. géol.*, Paris, 7e série, t. V, pp. 70-134.

M. BOURNAUD, C. AMOROS, 1984. "Des indicateurs biologiques aux descripteurs de fonctionnement : quelques exemples dans un système fluvial", in *Bull. écol.*, t. XV, 1, pp. 57-66.

M. BOURNAUD, B. CELLOT, 1981. "Les macroinvertébrés du Rhône en amont de Lyon. Dynamique actuelle", *Actes 26e Congrès nat. Ass. fr. limno.*, Orléans, pp. 138-144.

R. BOUTEILLE, 1981. *Etude d'impact : exploitation de l'Etournel, retenue de Génissiat, Ain*, 29 p. + annexes.

C. BOUYAT, R. FAGES, G. PICOD, 1979. "Prévision des effets de la suppression des pompages importants. Ex. des pompages du Grand-Camp à Lyon", *Doc. B.R.G.M.*, 8, pp. 303-314.

J.P. BRAVARD, 1980. "Quelques aspects des nuisances créées par l'industrialisation de l'élevage (l'originalité du piedmont des Alpes françaises du Nord)", in *Rev. géogr. de Lyon*, 2, pp. 161-181.

J.P. BRAVARD, 1981. "a. La Chautagne. Dynamique de l'environnement d'un pays savoyard", *Inst. ét. rhod.*, n°18, 182 p., Lyon.

J.P. BRAVARD, 1981. "b. Sur la genèse d'un faciès géomorphologique du Haut-Rhône français : les méandres forcés", in *Bull. rhod. géomorph.*, 10, pp. 5-15.

J.P. BRAVARD, 1981. "Sur l'échec d'une bonification du XIXe siècle : le cas du marais de Bourgoin", in *Evocations*, 3-4, pp. 69-82.

J.P. BRAVARD, 1982. "a. A propos de quelques formes fluviales de la vallée du Haut-Rhône français", in *Rev. géogr. Lyon*, 1, pp. 39-48, 4 p., photo h.t.

J.P. BRAVARD, 1982. "b. Le barrage de Loyettes, nature ou énergie de pointe ?", in *Revue géogr. Lyon.*, 3, pp. 287-290.

J.P. BRAVARD, 1983. "a. Les sédiments fins des plaines d'inondation dans la vallée du Haut-Rhône (approche qualitative et spatiale)", in *Rev. géogr. alp.*, LXXI, 4, pp. 363-379.

J.P. BRAVARD, 1983. "b. Une auto-capture du Rhône par déversement dans les Basses-Terres du Bas-Dauphiné (Isère, Ain)", in *Rév. géogr. Lyon.*, 4, pp. 369-382, 3 fig.

J.P. BRAVARD, 1984. "Du paysage géographique ou : nature et société", in *Lire le paysage, lire les paysages*, coll., Univ. de Saint-Etienne, C.I.E.R., travaux XLII, pp. 281-287.

J.P. BRAVARD, C. AMOROS, G. PAUTOU. *The impact of civil engineering projects on the successions of communities in a fluvial system: a methodological approach applied to a section of the upper Rhone river, France*, O.I.K.O.S. (sous presse).

J.P. BRAVARD, M. LAFERRERE, 1984. "La géographie de l'eau dans l'agglomération lyonnaise", in *Revue géogr. Est*, XXIV, 2-3, pp. 115-122.

Y. BRAVARD, 1963. *Le Bas-Dauphiné. Recherches sur la morphologie d'un piedmont alpin*, thèse Lettres, Grenoble, 504 p. , Allier ed.

Y. BRAVARD, 1984. "Le relief des Alpes occidentales : vers des explications nouvelles ?", in *Revue géogr. alp.*, 2-3-4, pp. 389-409.

A. BREITTMAYER, 1880-1883. *Archives de la navigation à vapeur du Rhône et de ses affluents*, 2 t., 64 p. et 478 p., imp. Olive, Marseille.

E. BROCHIER, 1982. "Les métiers des rives", in *Catalogue de l'exposition : Lyon au fil des fleuves*, pp. 183-189, 272 p., Esp. Lyon Art contemp., Lyon.

M.P. BROISE, 1975. "Le rôle des eaux en Savoie dans l'Antiquité", in *Actes coll. "Du Léman à l'océan"*, Caesarodunum, Univ. Tours, 10, pp. 171-175.

A. BRON, 1930. *Le Rhône et les relations économiques franco-suisses*, 3e Congrès du Rhône, Union géog. rhod., pp. 35-44.

J. BROYER, G. EROME, 1981. *Ecologie de la loutre lutra lutra et étude de sa répartition dans le bassin rhodanien*, 65 p., annexes. Etude réalisée à la demande de la C.N.R.

J. BRUNHES, 1934. *La Géographie humaine*, 4e éd., 3. t., 986 p., 278 fig., Paris, Lib. F. Alcan.

J. BRUSCHIN, M. DYSLI, 1974. "Erosion des rives due aux oscillations du plan d'eau d'une retenue. Le Rhône à l'aval de Genève", in *Bulletin technique de la Suisse romande*, 2, pp. 33-45.

R. BUCAILLE, 1981. "Essai d'une définition spécifiquement anthropologique de la région : l'exemple de la Bourgogne", *Monde alp. et rhod.*, 1, pp. 49-58, coll. Soc. d'Ethno. française, 1978.

F. BURDEYRON, 1965. "La pierre blanche de Seyssel", *Histoire de la Semine*, n°27, 41 p., annexes, dact.

D. CARDOT, 1975. *Vidanges des retenues du Haut-Rhône. Compte rendu relatif à la campagne des chasses de Verbois de juin 1975*, Comité technique de l'eau, Lyon, 9 p. + graph.

G. CARREL, 1986. *Caractérisation physico-chimique du Haut-Rhône français et de ses annexes ; incidences sur la croissance des populations d'alevins*, thèse Université Lyon I, 185 p. , dact.

M.A. CARRON, 1946. *La production de soie brute en France*, Inst. ét. rhod., Lyon, mém. et doc., n°3, 108 p.

L. CAUDRON, J. MONTFORT, 1981. "La source froide des centrales nucléaires", in *Revue française de l'électricité*, pp. 272-273.

C.E.A., 1977, *Traçage du site du Bugey*, étude pour E.D.F., mars, 14 p. + cartes et tabl.

L. CHABERT, 1977. "L'électrochimie et l'électrométallurgie en Savoie de 1890 à 1977", *L'Histoire en Savoie*, 45, pp. 1-20.

L: CHABERT, 1978. *Les Grandes Alpes industrielles de Savoie. Evolution économique et humaine*, thèse Lettres, 559 p., Gaillard imp., Saint-Alban-Leysse.

J.C. CHAMBERT, 1856. *Les inondations de Lyon, du Rhône et de la Saône en 1856*, Lyon.

L. CHAMPIER, 1949. "A propos des marais de Bourgoin : progrès techniques et équilibre social", in *Evocations*, 35-36, pp. 388-395.

C. CHASTILLON. *Vers 1600. L'Abbaye et fort de Pierrechastel, destroict sur le Rosne*, recueil de gravures.

F. CHAVAZ, S. GYGAX, 1960. "La régularisation des lacs au cours du dernier demi-siècle", *Cours d'eau et énergie*, 3, pp. 1-10.

J. CHETAIL. "La digue de Landaize sur le Rhône en 1758", *Belley*, pp. 69-74, Le Bugey.

V. CHOMEL, 1981. "Le chartier du Bouchage aux archives de l'Isère", in *Evocations*, 2, pp. 61-66.

A. CHOLLEY, 1925. *Les Préalpes de Savoie et leur avant-pays*, thèse Lettres, Paris, Colin, 755 p.

R.J. CHORLEY, 1971. *Introduction to fluvial processes*, Methuen and Co. London.

M. CHURCH, D. JONES, 1982. "Channel bars in gravel-bed rivers, 291-338", in *Gravel bed rivers, fluvial processes, engineering and management*, R.D. Hey, J.C. Bathurst, C.R. Thorne, 875 p., Wiley ed.

P. CLERC, 1982. *Les espaces naturels des plateaux sud de l'Isle-d'Abeau*, maîtrise de géographie, Lyon III, 72 p., non publié.

J. COIGNET, 1929. *L'aménagement du Haut-Rhône*, 3e Congrès du Rhône, Genève, Union gén. rhod., pp. 99-106.

C.N.R., 1979. a. *Aménagements de Chautagne et Belley. Impact piscicole*, 23 p. dact., D.T.E., 79-306.

C.N.R., 1979. b. *Chute de Brégnier-Cordon, impact sur l'environnement*, 141 p.

C.N.R., 1980. *Chute de Loyettes. Demande d'autorisation de travaux avec D.U.P. Impact sur l'environnement, dact.*

C.N.R., 1982. *Chute de Sault-Brénaz. Demande d'autorisation de travaux avec D.U.P. Impact sur l'environnement*, 174 p. dact.

C.N.R., 1983. *L'aménagement du Haut-Rhône et les crues*, 6 p., rapp. dact., D.T.E., 83-490.

C.N.R., 1984. *Contribution au rapport : "Nouveaux développements dans les mesures de protection des ouvrages d'irrigation, de drainage et de maîtrise des crues*, 9 p., dact., D.T.E., 82-675, Symposium C.I.I.D., Fort-Collins (U.S.A.).

P. CORDONNIER, 1972. "L'avifaune du marais de Lavours", in *Bulletin soc. nat. arch. Ain*, 86, pp. 47-62.

C.T.G.R.E.F., 1974. *Etude écologique à caractère synthétique du fleuve Rhône préalable à l'étude des effets du réchauffement des eaux*, 21 p., ministère de l'Agriculture.

C.T.G.R.E.F. (BALLAND), 1975. *Effets sur le Rhône des chasses de Verbois et de Génissiat*. Ministère de l'Agriculture, 93 p., + annexes.

C.T.G.R.E.F., 1976. *Etude écologique du Rhône. Etudes biologiques et écologiques des sites d'implantation de centrales thermiques. 1. Caractères mésologiques. 2. Les peuplements*, 33 p., + tabl, ministère de l'Agriculture.

C.T.G.R.E.F., 1977. *Etude écologique du Rhône. Site du Bugey, Chavanay et Tricastin. Présentation générale et principales conclusions*, 17 p, ministère de l'Agriculture.

F. DAINVILLE, 1968. *Le Dauphiné et ses confins vus par l'ingénieur d'Henri IV, Jean de Beins*, lib. Minard, Paris.

F. DARCHIS, 1979. *Relations entre la dynamique des fonds du Haut-Rhône français et la structure du peuplement benthique*, Ecole nationale sup. des Mines de Paris, Univ. Cl.-Bernard, Lyon I, 130 p., dact.

A. DAUZAT, 1963. *Dictionnaire des noms de lieux de France*, Larousse éd., Paris, 738 p.

A. DAVID, 1948. "Les marais de Morestel. Notes sur les travaux récents dans les marais de Bourgoin", min. Agr., in *Annales du génie rural*, fasc. 70, 77 p., carte.

J. DAVID, 1980. *Du rural au rurbain. L'avant-pays savoyard. Analyse régionale et géodémographique*, éd. de l'Inst. géog. alp., Grenoble, acad. de Savoie et Acad. florimontane, 358 p.

L. DAVID, H. VILAIN, 1964. *Sur un bras du Rhône post-würmien à Lyon et sur les conditions climatiques au moment de son remblaiement*, C.R. somm., Soc. géol. France, 10, p. 426.

DAVIS, 1902. "Base-level, grade and peneplain", in *Journ. géol.*, 10, 77-111.

J. DELVERT, 1961. *Le paysan cambodgien*, coll. Le monde d'Outre-mer passé et présent, études, X, Paris et La Haye, Mouton, 740 p.

A. DEMANGEON, L. FEBVRE, 1935. *Le Rhin, problèmes d'histoire et d'économie*, Paris, A. Colin, 304 p.

M. DERRUAU, 1961. *Précis de géographie humaine*, A. Colin éd., Paris, 572 p.

M. DERRUAU, 1965. *Précis de géomorphologie*, Masson et Cie, Paris, 415 p.

S. DESMARIS, 1937. "La croissance de Bellegarde. Essai de géographie urbaine", in *Bull. soc. nat. Arch. Ain*, 51, pp. 44-63.

A. DESAUNAIS, 1939. "La vie d'un fleuve, vingt ans d'activité rhodanienne", in *Et. Rhod.*, XV, pp. 209-248.

A. DESAUNAIS, 1945. "Les débouchés maritimes et fluviaux de la Suisse", in *Et. rhod.*, pp. 59-69.

G. DESERT, R. SPECKLIN, 1976. "Les réactions face à la crise", in *Histoire de la France rurale*, G. Duby, t. 3, pp. 409-452, Seuil, Paris.

P. DESGATILLES, 1966. "La route du Haut-Rhône", in *Visages de l'Ain*, n°85, pp. 36-48.

J. DESSAIX, 1980. *Les Gammares du Rhône en amont de Lyon : dynamique des populations et estimations de production*, thèse doct. 3e cycle, Lyon I, 129 p.

B. DEZERT, R. FRECAUT, 1978. *L'économie des eaux continentales. Aménagement et environnement*, S.E.D.E.S.-C.D.U., Paris, 185 p.

R. DION, 1961. *Histoire des levées du Val de Loire*, chez l'auteur, Paris, 312 p.

L. DONCIEUX, 1921. *Sur un ancien passage du Rhône anté-würmien à travers le plateau de Clarafond*, C.R. Acad. sc., Paris, t. 173, pp. 162-165.

P. DONZE, 1976. "Les formations glaciaires dans la haute vallée du Rhône, à l'aval du Léman", IXe congrès U.I.S.P.P., Nice, éd. C.N.R.S., Paris, dir. H. de Lumley, t. 1, *Les Civilisations paléolithiques et mésolithiques de la France*, pp. 38-41.

P. DONZE, 1976. "Les nappes fluvio-glaciaires et alluviales dans la haute vallée du Rhône et ses dépendances", IXe congrès U.I.S.P.P., Nice, éd. C.N.R.S., Paris, dir. H. de Lumley, t. 1, *Les Civilisations paléolithiques et mésolithiques de la France*, pp. 38-41.

J. DORGELO, 1973. a. *Etude de la végétation dans les anciens lits du Rhône et des moustiques qui lui sont liés de Lyon au confluent de l'Ain*, thèse S.C., Lyon.

J. DORGELO, 1973. "b. La végétation de la basse vallée de l'Ain", in *Bull. soc. nat. Arch. Ain*, 87, pp. 53-59.

J. DORGELO, 1973. "c. La végétation de la lône du Grand-Gravier", *Bull. soc. nat. Arch. Ain*, 87, p. 61.

H. DOUXAMI, 1902. "La vallée moyenne du Rhône à travers le Jura méridional", *Ann. géog.*, pp. 407-418.

D.R.A.E. RHONE-ALPES, 1982. *Réserve naturelle du marais de Lavours (Ain)*, 27 p., dact., minist. de l'Environnement.

A. DRIAN, 1859. *Minéralogie et pétralogie des environs de Lyon*, Lyon, M. Savy, Libraire, 14 ; pl. Bellecour.

M. DUBOIS, 1959. *Le Jura méridional. Etude morphologique,* thèse Lettres, soc. d'éd. d'ens. sup., Paris, in 8°, 644 p.

CL. DUFAY, 1979. "Les lépidoptères des marais de Chautagne (Savoie), in *Bull. mens. soc. Lin. Lyon*, n°10, pp. 589-605.

P. DUFOURNET, 1930. "L'aménagement du Haut-Rhône dans l'histoire. Les précurseurs de la dérivation", in *Les Alpes*, Grenoble, 67, pp. 95-98.

P. DUFOURNET, 1965. "Le réseau routier gallo-romain de Vienne à Genève et la position des stations d'Etanna et de Condate. Principes de circulation et calcul des distances", *Actes 89e Congrès soc. sav.*, Lyon, 1964, section arch., imp. nat., pp. 35-72, carte h.t.

P. DUFOURNET, 1968. "Navigation sur le Rhône supérieur. Témoignages archéologiques sur deux éléments du trafic", *Actes 91e Congrès nat. soc. sav.*, Rennes, 1966, pp. 99-155.

P. DUFOURNET, 1969. "Le carrefour fluvio-routier de Seyssel dans l'Antiquité", *Actes coll. intern. cols des Alpes*, pp. 59-85, Antiquité et Moyen Age, Bourg-en-Bresse, cartes.

P. DUFOURNET, 1973. "a. Pierre blanche et carrière de Seyssel (Ain et Haute-Savoie)", *Le Monde alpin et rhodanien*, 3-4, Grenoble, pp. 129-159.

P. DUFOURNET, 1973. "b. Ponts et passages du Rhône entre le Pas de l'Ecluse et Yenne, et le réseau routier correspondant de l'Antiquité", in *Rev. sav.*, pp. 76-96, 2 fig., 2 pl. h.t.

P. DUFOURNET, 1975. "La navigation sur le Haut-Rhône français, du Moyen Age à la fin de la batellerie : regards sur l'Antiquité", *Actes du Col. "Du Léman à l'océan"*, Paris, Ecole norm. sup., 15-16/6/74, Caesarodunum, bull. inst. et lat. et centre recherches. Piganiol, Tours, 10, pp. 210-222.

P. DUFOURNET, 1978. *Pour une archéologie du paysage. Une communauté agraire sécrète et organise son territoire. Bassy et alentours (Haute-Savoie et Ain)*, Paris, 397 p.

P. DUFOURNET, R. CHEVALLIER, 1981. "Nouvelles inscriptions funéraires à Anglefort", *Le Bugey*, 73e année, 68e fasc., pp. 7-18, fig., 3 pl.

T. DUNNE, L.B. LEOPOLD, 1978. *Water in Environmental Planning*, San Francisco, W.H. Freeman.

M. DU POUGET, 1982. "L'intervention administrative dans la vie des fleuves : le Service de la navigation de Lyon", pp. 68-72, in *Lyon au fil des fleuves*, catalogue d'exposition E.L.A.C., Lyon.

G. DURAND, 1974. "Le patrimoine foncier de l'Hôtel-Dieu de Lyon (1482-1791), *Pub. centre hist. éco. et soc.*, Lyon, 450 p.

E.D.F. (R. GRAS, J. FLEURET, A. GILBERT), 1978. *Etude de l'effet des aménagements hydrauliques du Rhône en amont de Lyon sur les conditions de refroidissement des centrales thermiques de Creys-Malville et Bugey*, rapp. E 31-78, n°59, dact.

J.L. EDOUARD, H. VIVIAN, 1984. "Une hydrologie naturelle dans les Alpes du Nord ? Les nouveaux paramètres de l'hydrologie alpine : les aménagements hydroélectriques", in *Revue géogr. alp.*, 2-3-4, pp. 165-188.

R. ENAY, 1981. "Les formations glaciaires et les stades de retrait du glacier würmien dans l'Ile-Crémieu", in *Bull. mens. soc. Lin. Lyon*, 50e année, 1, pp. 5-26.

J. EVIN, J. MARECHAL, G. MARIEN, 1983. "Lyon natural radiocarbon measurements IX", in *Radiocarbon*, vol. 25, n°1, pp. 59-128.

I. FARGIER, 1983. *L'alimentation de la C.O.U.R.L.Y. en eau*, maîtrise de géographie, Lyon III, 114 p, non publié.

D. FAUCHER, 1968. *L'Homme et le Rhône*, N.R.F., Gallimard, Paris, 402 p.

H.N. FISK, 1944. *Geological investigation of the alluvial valley of the lower Mississipi River*, Miss. River Comm. U.S. Army Eng. Corps, Vicksburg, Miss., 78 p.

R. FORAT, 1954. "Aux confins septentrionaux du Bas-Dauphiné : les Basses-Terres. Etude morphologique", in *Rev. géogr. alp.*, pp. 675-712.

F.A. FOREL, 1892, 1895, 1904. *Le Léman : Morphologie limnologique*, 3 vol., 1909 p., F. Ronge, Lausanne.

J. FOURNET, 1842. "Sur le lit du fleuve à Lyon", in *Rive gauche*, 16, pp. 185-211.

L. FRANÇOIS, 1928. "L'Ile Crémieu ou plateau de Crémieu", in *Et. rhod.*, Lyon, vol. IV, pp. 47-97, 11 text., fig., 2 pl.

R. FRECAUT, P. PAGNEY, 1983. *Dynamique des climats et de l'écoulement fluvial*, Masson, Paris, 239 p., 44 fig.

P. FRECON, 1907. *La navigation du Rhône*, thèse Droit, Rey éd., Lyon, in 8e, 282 p.

J. GALLAIS, 1976. "De quelques aspects de l'espace vécu dans les civilisations du monde tropical", in *Esp. géogr.*, 1, pp. 5-10.

G. GARDES, 1976. *L'art et l'eau à Lyon*, thèse 3e cycle, Univ. Lyon II, dact.

S. GENTIL, K. KOSMELJ, B. LACHET, P. LAPORTE, G. PAUTOU, 1983. "Classification statistique et modélisation des niveaux de la nappe phréatique près de Brégnier-Cordon, en relation avec les apports en eau et la température", in *Rev. géogr. alp.*, 4, pp. 353-362.

F. GEX, 1940. "Le diguement de l'Isère dans la combe de Savoie", in *Revue géogr. alp.*, 1, pp. 1-71.

J. GIBERT, R. GINET, J. MATHIEU, J.L. REYGROBELLET, A. SEYED-REIHANI, 1977. "Structure et fonctionnement des écosystèmes du Haut-Rhône français. V. : le peuplement des eaux phréatiques, premiers résultats", *Ann. limnol.*, 13, 1, pp. 83-97.

M. GIGNOUX, COMBAZ, 1914. "Histoire des dernières glaciations rhodaniennes dans le bassin de Belley", *C.R. Somm. Ac. Sc.*, Paris, CLVIII, pp. 1536-39.

M. GIGNOUX, J. MATHIAN, 1951. *Les enseignements géologiques du grand barrage de Génissiat sur le Rhône (Ain, Haute-Savoie) : karstification éocène de l'Urgonien, quaternaire rhodanien*, trav. lab. géol. fac. sc. Grenoble, t. XXIX, pp. 121-162.

J. GIREL, 1974. *Contribution à l'étude écologique du Jura de l'Ain*, thèse 3e cycle, Grenoble, 100 p.

J. GIREL, 1977. "Matériaux bibliographiques pour l'étude écologique de la végétation naturelle et de l'espace cultivé des pays de l'Ain", *L'Ain (Sciences)*, 1, pp. 31-44.

J. GIREL, 1982. "Les apports en eau dans la vallée du Haut-Rhône français : essai de synthèse cartographique par exploitation de données biogéographiques et floristiques", in *Rev. géogr. Lyon*, 1, pp. 7-23.

J. GIREL, DOCHE B., 1983. "Influence des activités humaines sur la genèse, l'évolution et la disparition de groupements végétaux alluviaux (exemple du site de l'Etournel, dans la vallée du Haut-Rhône entre Bellegarde et Genève)", in *Rev. géogr. alp.*, 4, pp. 343-351.

Y. GIULANI, J. GALLAND, 1982. "Tentative de gestion des sédiments accumulés dans des réservoirs hydroélectriques", in *La gestion des sédiments, colloque de Propriano*, bull. B.R.G.M. , (2), III, n°1, pp. 149-150.

GOLAZ, 1934. *L'aménagement du Haut-Rhône, secteur frontière Suisse-Seyssel*, Union gén. rhod., Fêtes et VIIIe Congrès du Rhône, Lausanne, imp. réunies S.A., 1935, in 8°, pp. 155-161.

J. GOUBIER, 1975. *Biogéographie, biométrie et biologie du sandre*, thèse doct., Lyon I, 259 p.

A. GRANDJEAN, 1983. *Calcul économique et environnement. L'aménagement hydroélectrique du Haut-Rhône*, thèse 3e cycle, Univ. Paris, Val-de-Marne, multigr., 221 p., + annexes.

P. GUICHONNET, 1955. "Le cadastre savoyard de 1738 et son utilisation pour les recherches d'histoire et de géographie sociales", in *Rev. géogr. alp.*, t. XLIII, fasc. 2, pp. 255-298.

M.C. GUIGUE, 1868. "Notice sur la chartreuse d'Arvière", in *Rev. sav.*, III, 6, pp. 483-493.

A. GUILCHER, 1984. "Les océans", *Doc. phot. n°6068, La Documentation française, Paris*.

C. HANNSS, 1984. "La constitution des plaines alluviales et leurs rebords dans la vallée de l'Isère entre l'embouchure de l'Arc et le bassin de Moirans, ainsi que de la plaine alluviale de la Leysse dans le val du Bourget", in *Rev. géogr. alp.*, 2-3-4, pp. 439-456.

H. DE ST-D., 1837. *Itinéraire pittoresque du Bugey*, 240 p., de Bottier éd., Bourg.

M. HENRY, 1939. "Sur l'hydrologie du Rhône", in *Et. rhod.*, XV, pp. 81-94.

C. HERGUEZ, 1965. *Etude analytique des eaux de rivière de la région Rhône-Alpes, Composition, Pollution*, thèse, 299 p., Lyon.

A. HUART, 1939. "La navigation fluviale d'Aix-les-Bains à Lyon", *Et. rhod.*, XV, pp. 249-254.

M. HUET, 1954. "Biologie, profils en long et en travers des eaux courantes", in *Bull. fr. pisc.*, 175, pp. 41-53.

J. ILLIES, L. BOTOSANEANU, 1963. *Problèmes et méthodes de la classification et de la zonation écologique des eaux courantes considérées surtout du point de vue faunistique*, Mitt. Int. Verein, theor. angew. Limnol., 12, 1-57.

C. JACQUET, C. AMOROS, Y. AUDA. *Evolution des écosystèmes aquatiques abandonnés par les fleuves : recherches méthodologiques sur l'utilisation des restes de Cladocères en écologie rétrospective*, Arch. für Hydro. (sous presse).

A. JAYET, 1966. *Résumé de géologie glaciaire régionale*, 56 p., G. Chapuis éd., Genève.

A. JOUVE, 1938. "De Lyon à Seyssel et à Aix. Exploration du Rhône supérieur par le bateau à vapeur *L'Abeille*", in *Revue Lyon.*, 7, pp. 17-44.

J. JUGET, C. AMOROS, D. GAMOLIN, J.L. REYGROBELLET, M. RICHARDOT, PH. RICHOUX, C. ROUX, 1976. "Structure et fonctionnement des écosystèmes du Haut-Rhône français. II. Etude hydrologique et écologique de quelques bras morts. Premiers résultats", in *Bull. soc. écol.*, 7 (4), pp. 479-492.

E. JUILLARD, 1968. *L'Europe rhénane*, A. Colin, Paris, 293 p.

E. KAPP, R. SCHAEFER, 1965. *La culture du chanvre dans la plaine rhénane. Importance économique et rôle de cette fibre textile dans la vie rurale de l'Alsace de jadis*, Arts trad. pop., XIII, 1, pp. 35-52, 4 pl., ph.

P. KASSER, 1969. *Influences of changes in the glacierized area on summer runoff in the Porte de Scex Drainage basin of the Rhone*, Symposium of hydrology of glaciers, U.G.G.I., Cambridge.

M. KAUFFMANN, 1840. *Récit de toutes les inondations de Lyon d'après des documents authentiques* ; accompagné d'une carte des lieux inondés en 1840, dressée par M. Dignoscio, Lyon, Imp. de Bourroy, 48 p.

W. KILIAN, 1910. *Rapport sur les conditions géologiques des travaux d'aménagement projetés à la perte du Rhône par la Société des forces hydrauliques du Rhône*, 12 p, multigraphiées, 1 carte, Arch. dép. Rhône, Fonds S.N.R.S.

W. KILIAN, 1911. *Contribution à l'histoire de la vallée du Rhône à l'époque pléistocène. Le défilé de Fort-de-l'Ecluse (Ain)*, Zeits. für géomorph., t. 6, pp. 31-67, 5 fig., 59 réf.

A. KLEINCLAUSZ, 1925. *Lyon des origines à nos jours, la formation de la cité*, Lyon, lib. P. Masson.

A.D. KNIGHTON, 1977. "The Meander Problem", *Geography*, 275, pp. 106-111.

K. KOSMELJ, 1982. *Méthodologie statistique pour le traitement des variables hydriques du Haut-Rhône français*, thèse 3e cycle, Univ. Grenoble I, 48 p., dact.

L. KREITMANN, 1932. a. *Les grandes lignes de l'économie piscicole du bassin français du Rhône*, ann. V, Grenoble, nouvelle série Sciences-Médecine, IX, pp. 255-258.

L. KREITMANN, 1932. b. *Carte piscicole de la Haute-Savoie*, trav. lab. hydrobiol. pisc., Grenoble, 15 p., + 1 carte.

R. KRUMMENACHER, 1972. "Hydrogéologie du bassin de la Valserine", in *Bull. B.R.G.M.*, 2e série, section III, n°2, pp. 27-36, 5 fig., 1 tabl.

M. KUNERT, 1981. *La Chautagne. Questions sur l'avenir d'un pays rural*, mém. dact., 68 p., annexes, Inst. ét. pol., Univ. sc. sociales, Grenoble II.

G. LACEY, 1930. "Stable channels in alluvium", *Proceedings of the Institution of Civil Engineers*, 229, 259-92.

H. LADET, 1981. *Différents impacts d'une centrale thermique nucléaire*, E.D.F., G.R.P.T., Centrale du Bugey, 23 p., + 30 pièces jointes.

J. LAFERRERE, 1977. *Intérêt écologique du canal de Miribel (Rhône). Comparaison entre pêches traditionnelles et pêches scientifiques*, I.S.A.R.A.-A.R.A.L.E.P.B.P., mém. dact., 94 p.

M. LAFERRERE, 1960. *Lyon, ville industrielle*, thèse Lettres, Paris, P.U.F., 496 p.

LALANDE, 1778. *Traité des canaux*, in folio, Paris.

E. DE LAMERLIERE, *Lyon en 1840. Récit des inondations qui ont frappé cette ville et le département du Rhône en octobre et novembre, rédigé sur des documents authentiques par un témoin oculaire*, imp. L. Perrin, Lyon, 64 p.

G. LAMOUILLE, 1975. *Anglefort et le val du Rhône de Génissiat à Culoz*, imp. du Bugey, Belley, 44 p., cartes, tabl., photos.

J.C. LASSERRE, 1980. "Le Saint-Laurent, grande porte de l'Amérique", in *Les Cahiers du Québec*, coll. Géographie, éd. Hurtubise, H.N.H., 753 p.

C. LAUGENIE, 1984. "Le dernier cycle glaciaire quaternaire et la construction des nappes fluviatiles d'avant-pays dans les Andes chiliennes (38-42e de latitude sud)", in *Bull. ass. fr. quat.*, 1-2-3, pp. 139-146.

R. LEBEAU, 1955. *La vie rurale dans les montagnes du Jura méridional. Etude de géographie humaine*, Inst. ét. rhod., mém. et doc., n°9, Lyon, 603 p.

LEBEL, 1956. *Principes et méthodes d'hydronymie française*, Publ., Univ. Dijon, XIII, 392 p.

J.L. LEE, B.L. HENSON, 1978. "The longitudinal river, valley, and regional profiles of the Arkansas river", *Zeits. für Geomorph.*, 22-2, pp. 182-191.

L. LEGER, 1927. *Carte piscicole du département de l'Ain*, trav. lab. hydrobiol. pisc., Grenoble.

L. LEGER, 1937. "Economie biologique générale des cours d'eau alpins", in *Bull. fr. pisc.*, 109-5-13.

L. LEGER, 1943. *Carte piscicole du département de la Savoie*, trav. lab. hydrobiol. pisc., Grenoble, 16 p., + 1 carte.

L. LEGER, 1944. *Etude sur l'hydrographie et l'économie piscicole du département de Savoie*, trav. lab. hydrobiol. pisc., Grenoble, 34-35, pp. 51-66.

L. LEGER, 1944. "Etude sur l'hydrographie et l'économie piscicole du département de Savoie", *Ann. Univ. Grenoble*, n.s., sc. méd., XX, pp. 133-148, 2 fig., carte à 1/200 000e.

L. LEGER, BURDIN, ARNAUD, 1945. *Carte piscicole du département du Rhône (avec notice sur l'hydrographie et l'économie piscicole des cours d'eau)*, trav. lab. hydrobiol. pisc., Grenoble.

B.P. LEGRE, 1984. *Les gravières du secteur Nord de la plaine de l'Ain-Ambronay*, maîtrise de géographie, Lyon III, 123 p. (non publié).

P. LENTHERIC, 1892. *Le Rhône, histoire d'un fleuve*, 2 vol., Plon, Paris, VIII, 549 p. et 585 p., 34 cartes, pl., Aube éd., 1905.

P. LEON, 1954. *La naissance de la grande industrie en Dauphiné. Fin du XVIIe siècle*, 1869.

E. LEROUDIER, 1910. "Les agrandissements de Lyon à la fin du XVIIIe siècle", in *Rev. hist. Lyon*, 9, pp. 81-102.

LEVEY, 1978. "Bedform distribution and internal stratification of coarse grained point bars, upper Congaree River (South Carolina)", in *Fluvial sedimentology*, Miall A.D. ed., C.S.P.G., mém. 5, pp. 105-127.

J. LEWIN, 1981. "Contemporary erosion and sedimentation", in *John Lewin*, ed. British Rivers, G. Allen and Unwin, London, 216 p.

M.T. LORCIN, 1974. *Les campagnes de la région lyonnaise aux XIVe et XVe siècles*, thèse doct. d'Etat, imp. Bosc, Lyon, 548 p.

M.P. LORTET, 1843. *Documents pour servir à la géographie physique du bassin du Rhône*, 44 p., 10 pl., Lyon, imp. de Barret.

J. LOUP, 1974. *Les eaux terrestres*, 171 p., Masson éd., Paris.

M. LUGEON, 1912. *Etude géologique sur le projet de barrage du Haut-Rhône français à Génissiat (près de Bellegarde)*, mém. soc. géol. fr. (4) 2, n°8, 136 p., 31 fig., 7 pl. h.t.

M. LYET, 1981. *Dynamique de l'écoulement fluvial dans le Valromey*, maîtr. géogr., Lyon III (non publié).

J.H. MACKIN, 1948. "Concept of the graded river", *Geol. Soc. Am. Bull.*, V 59, pp. 463-511.

M. MAGNY, 1979. "Atlantique et Subboréal : humidité et sécheresse ?, in *Rev. arch. Est Cent. Est*, XXX, 115-116, pp. 57-66.

M. MAGNY, 1982. "Atlantic and Subboreal: dampness and dryness", pp. 33-43, in *Climatic change in Later Prehistory*, A.F. Harding edit., Edinburgh Univ. Press.

M. MAGNY, H. RICHARD, 1985. "Contribution à l'histoire holocène du lac du Bourget : recherches sédimentologiques et palynologiques sur le site de Conjux-La-Chatière (Savoie, France)", in *Rev. de paléobiologie*, 4, 2, pp. 253-277.

G.A. MAILLET, 1939. "Les possibilités du trafic régional sur la voie navigable du Haut-Rhône français", in *Et. rhod.*, XV, pp. 255-276.

MALTE-BRUN, 1808. *Annales de voyage*, t. II.

F. MANCIPOZ, 1948. "La lutte pour les marais de Bourgoin", in *Evocations*, 33-34, pp. 362-365.

P. MANDIER, 1981. "La région lyonnaise : un relief tertiaire rajeuni par les glaciers quaternaires", in *Rev. géogr. Lyon.*, vol. 56 n°1, pp. 101-107, 2 fig.

P. MANDIER, 1982. *Etude du quaternaire de la région lyonnaise*, livret-guide de l'excursion de la dernière session de l'I.G.C.P. (avec la collaboration de J.L. de Beaulieu pour les analyses polliniques). Texte 31 p., 11 fig., 1 tabl.

P. MANDIER, 1984. *Le relief de la moyenne vallée du Rhône au tertiaire et au quaternaire. Essai de synthèse paléogéographique*, thèse doct. Etat, Univ. Lyon II, 3 t., texte 653 p., tabl., fig., 215 p., cartes.

P. MANDIER, 1984. "Signification dynamique et climatique des formations et terrasses fluviatiles quaternaires dans les Alpes et leur périphérie. Rapport", in *Bull. Ass. fr. quat.*, 1-2-3, pp. 113-118.

P. MANDIER, 1984. "Signification dynamique et climatique du système des basses et moyennes terrasses du couloir rhodanien", in *Bull. Ass. fr. quat.*, 1-2-3, pp. 123-128.

P. MARCHAND, 1983. *Les conséquences et les implications de l'aménagement de la Volga. Essai de classification et définition d'une recherche*, mém. de D.E.A., fac. de sciences humaines, Univ. de Nancy, 50 p., dact.

E.A. MARTEL, 1910. *Etude géologique et topographique sur les projets de barrage du Rhône à Génissiat, Malpertuis et la perte du Rhône*, rapp. multigr., 58 p., Arch. dép. du Rhône, fonds S.N.R.S.

G.H. MATTHES, 1947. *Macroturbulence in natural stream flow*, Am. Geophys. Union Trans, V 28, pp. 255-262.

H. MAUBERT, P. PICAT, 1983. *Premières observations sur les caractéristiques radioactives des suspensions du Rhône lors des opérations de dévasement des retenues du Haut-Rhône*, C.E.A., Cadarache, 26 p.

P. MAUVERNAY, R. COUTAGNE, E.A. MARTEL, 1911. "Aménagement du Haut-Rhône français : Bellegarde et Malpertuis", in *Ann. Soc. agr. sc. et ind. de Lyon*, Lyon, Rey, in 8°, 68 p.

G. MAZENOT, J GOURC, 1939. "Les tourbières de la vallée de la Bourbre aux environs de La Verpillière (Isère)", in *Et. rhod.*, XV, pp. 145-160.

R. MERIAUDEAU, 1980. "L'écrêtement des crues sur le Rhône jurassien", in *Mélanges offerts au Prof. P. Veyret, "Montagnes et Montagnards"*, pp. 65-72.

G. MERLE, 1978. *Analyses bactériologiques de l'eau du Rhône, site du Bugey*, rapp. E.D.F., E. 31, 78 / n°21, 5 p., + tabl. et gr.

J. MESSINES DU SOURBIER, 1940. "La Chautagne (Savoie) et ses plantations de peupliers", in *Rev. géogr. alp.*, XXVIII, pp. 389-443.

B. MEURET, 1980. *Socialisme et localité. Villeurbanne, histoire d'une différenciation*, thèse 3e cycle, Grenoble.

MINISTERE DE L'AGRICULTURE, 1977. *Département de la Savoie. Inventaire des peupleraies non domaniales et des alignements de peupliers*, 7 p., dact., Service des Forêts, Inventaire forestier national.

E.C. MORESTI, 1984. "Utilizzazione delle acque e organizzazione del territorio", in *L'Uomo tra Piave e Sile*, E. Bevilacqua, Univ. di Padova, quad. Dep. Geogr., 2, pp. 25-74.

J. MOUSSA, 1946. "L'état actuel du Rhône en aval de Lyon ; les conditions qu'il offre à la navigation", in *Et. rhod.*, pp. 77-86.

J. MOUSSA, 1972. "Les inondations à Lyon sur la rive gauche", in *Rive gauche*, 43, pp. 23-27, 44, pp. 12-18.

M. NADAULT DE BUFFON, 1850. *Dessèchement des marais de Bourgoin*, Société nationale et centrale d'agriculture, 31 p., notes, Arch. dép. Isère, VI, S, 6.

A. NELVA, E. PATTEE, J.F. PERRIN, H. PERSAT, A.L. ROUX, 1981. "Structure et fonctionnement des écosystèmes du Haut-Rhône français. 25. Premières observations sur les populations piscicoles dans le secteur de Brégnier-Cordon", *Verh. Internat. Verein. Limnol.*, 21, pp. 1276-1282.

R. NEVEU, 1967-1968. "Evolution de la qualité des eaux dans la région lyonnaise au cours des trente dernières années", in *Rev. Inst. Pasteur Lyon*, n°2, pp. 331-345.

P. OLIVE, 1972. "La région du lac Léman depuis 15 000 ans : données paléoclimatiques et préhistoriques", in *Rev. géogr. phys. géol. dyn.*, vol. 14, n°3, pp. 253-264.

P. OZENDA, 1963. *Principes et objectifs d'une cartographie de la végétation des Alpes à moyenne échelle*, doc. cart. vég. Alpes, I, 5-18, 1 tabl.

P. OZENDA, G. PAUTOU, 1979. *Quelques problèmes relatifs à l'interface urbain-rural dans les grandes vallées alpines*, coll. "Ecol. et Développement, C.N.R.S., Paris.

M. PARDE, 1925. *Le régime du Rhône. Etude hydrologique*, Lyon, (Etude et travaux de l'I.E.R.), 2 vol. 883 + 440 p., 89 + 28 fig., 177 + 62 tabl., thèse Lettres Grenoble.

M. PARDE, 1928. "Les crues du Rhône en décembre 1925 et février 1928", *Inst. Et. rhod.*, t. IV, pp. 3-46.

M. PARDE, 1931. "L'Ain, étude hydrologique", in *Bull. sc. nat. Arch. Ain*, 45, pp. 45-79.

M. PARDE, 1942. "Quelques nouveautés sur le régime du Rhône", *Mém. et Doc.*, 1, 172 p., Inst. ét. rhod., Lyon.

R. PASSEGA, 1957. "Texture as Characteristic of Clastic Deposition", *Bull. Petrol. Geol.*, 41 (9), pp. 1952-1984.

R. PASSEGA, 1963. "Analyses granulométriques, outil géologique pratique", in *Rev. Inst. fr. du pétrole*, XVIII, II, pp. 1489-1499.

R. PASSEGA, 1964. "Grain size representation by C.M. patterns as geological tool", *J. Sediment. Petrol*, 34 (4), pp. 830-847.

R. PASSEGA, BYRAMJEE, 1969. "Grain-size image of clastic deposits", *Sedimentology*, 13, pp. 233-252.

G. PAUTOU, 1975. *Contribution à l'étude écologique de la plaine alluviale du Rhône entre Seyssel et Lyon*, thèse doct. sc., Grenoble, 375 p.

G. PAUTOU, 1983. "Répercussion des aménagements hydroélectriques sur le dynamisme de la végétation", in *Rev. géogr. alp.*, 4, pp. 331-342.

G. PAUTOU, J.P. BRAVARD, 1982. "L'incidence des activités humaines sur la dynamique de l'eau et l'évolution de la végétation dans la vallée du Haut-Rhône français", in *Rev. géogr. lyon.*, 57, 1, pp. 63-79.

G. PAUTOU, P. GENSAC, 1973. "La forêt d'Evieu (Ain), chênaie à charme sur sol hydromorphe", *Ann. Cent. Univ. Savoie*, pp. 47-55.

G. PAUTOU, P. GENSAC, 1973. "Recherches écologiques sur quelques types de prairies du marais de Lavours (Ain)", in *Ann. Centre univ. Savoie*, I, sc. nat., pp. 57-63.

G. PAUTOU, J. GIREL, G. AIN, B. LACHET, 1979. "Recherches écologiques dans la vallée du Haut-Rhône français", *Doc. carto. écol.*, Univ. sc. et méd. Grenoble, pp. 5-64.

G. PAUTOU, R. MERIAUDEAU, B. GILOT, J. THOMAS, G. AIN, 1976. "Le lit du Rhône à la sortie du Jura : formation des îles, évolution de la végétation, genèse des biotopes larvaires à moustiques", in *Rev. géogr. alp.*, LXIV, pp. 289-309.

G. PAUTOU, J. THOMAS, G. AIN, R. MERIAUDEAU, B. GILOT, NEUBURGER, 1972. *Etude écologique des îles du Rhône entre Seyssel et Lyon. Organisation opérationnelle de la démoustication*, Grenoble, Univ. sc. et méd., 54 p., 38 fig., 1 carte dépl. 1/10000e.

G. PAUTOU, F. VIGNY, R. GREFFAZ, 1971. "Carte des groupements végétaux de la Chautagne (Savoie)", *Doc. cart. vég. Alpes*, t. IX, pp. 79-108., 1 carte coul. 1/10000e h.t.

J. PELLET, 1974. "A propos de quelques étangs du Bas-Dauphiné", in *Evocations*, n°3, pp. 98-103.

J. PELLETIER, 1982. "a. Occupation des sols et modifications de l'agrosystème", pp. 80-85, in *Rapport P.I.R.E.N. Rhône*, 106 p., dact., Univ. Lyon I.

J. PELLETIER, 1982. "b. Types et zones d'écoulement des eaux dans les plaines et collines de la région de Morestel, Brégnier-Cordon. Première approche", in *Rev. géogr. Lyon.*, vol. 57, 1. pp. 25-38.

J. PELLETIER, 1983. "La compétition pour les sols dans deux secteurs des plaines alluviales basses des vallées du Rhône et du Pô", in *Rev. géogr. Lyon.*, 4, pp. 323-354.

A. PELOSATO, 1982. *Livre blanc de la pollution du Rhône*, Coordination de lutte pour l'environnement dans la vallée du Rhône, 86 p.

J. PERNON, 1978. "Une officine de potiers gallo-romains découverte récemment à Portout (Savoie)", in *Archeologia*, 124, pp. 36-47.

H. PERRET, 1945. "Avec les mariniers du Rhône (de Sault-Brénaz à Lyon)", in *Evocations*, 2, pp. 9-10.

J.F. PERRIN, A.L. ROUX, 1978. "Structure et fonctionnement des écosystèmes du Haut-Rhône français. VI. La macrofaune benthique", *Verh. Internat. Verein. Limnol*, 20, pp. 1494-1502.

J.F. PERRIN, 1978. *Signification écologique des peuplements benthiques du Haut-Rhône français*, thèse Sciences, Univ. Lyon I, 171 p., + biblio., croquis, pl.

R. PERROUSE, 1979. *Il était une fois... Bellegarde*, 142 p, Bellegarde.

H. PERSAT, 1976. *Principaux aspects de l'écologie de l'ombre commun*, thèse doct. spéc. Lyon I, 69 p.

R. PETERSCHMITT, 1948. "Une analyse pollénique de tourbes du marais de Lavours, à Béon (Ain)", *C.R. Somm. Acad. Sc.*, t. 227, Paris, pp. 562-564.

J.L. PEIRY, 1984. *Etude d'aménagement de l'Arve dans l'agglomération d'Annemasse*, maîtrise d'Aménagement, 131 p., Univ. Lyon III (non publié).

H. PINONDEL DE LABERTOCHE, 1846. *De l'état présent des marais de Bourgoin, principalement dans la première section*, Lyon, imp. de L. Boitel, 24 p.

F. PLAGNAT, M. NISBET, 1958. "La pollution du Rhône par les vidanges de retenue du barrage hydroélectrique de Verbois recevant les eaux de l'agglomération genevoise", *Annales St. cent. hydrobiol. appl.*, 7, pp. 187-238, Thonon.

A. PLANGERON, 1982. *Gestion et protection des ressources aquifères de la plaine de l'Ain, rive droite*, Dir. dép. Env. et Cadre de vie de l'Ain, rapp. dact.

X. DE PLANHOL, 1976. *Eléments pour une typologie mondiale des paysages d'enclos*, C.R. Table ronde C.N.R.S. "Ecosystème bocagers", Rennes, pp. 79-85.

M.F. POIRET, G. VICHERD, 1982. *Ain, Autoroute, Archéologie*, catalogue d'exposition, Bourg-en-Bresse, musée de Brou, 24 avril-20 juin, 176 p., 49 pl., ill.

PONTS ET CHAUSSEES, 1910. *Monographie du Rhône de la frontière suisse à la mer*, Imp. réunies, Lyon, 32 p.

P. PORTE, 1980. *L'oppidum et l'habitat mérovingien de Larina*. mém. de maît. Hist., 2 vol., Aix-en-Provence (non publié).

QUINSONAS (COMTE DE), 1858. *De Lyon à Seyssel. Guide du voyageur en chemin de fer, par un Dauphinois*, L. Perrin imp., Lyon, 758 p., 1 carte.

CL. RAFFESTIN, 1968. *Genève, essai de géographie industrielle*, thèse n°206, Univ. de Genève, 350 p.

P. RAMBEAUD, L. LEMOINE, J. DUBUS, 1967-1968. "La pollution de la Bourbre et les risques de contamination de la nappe alluviale", in *Rev. Inst. Pasteur*, Lyon, 1, n°2, pp. 297-301.

RAMETTE, HEUZEL, 1962. "Le Rhône à Lyon. Etude de l'entraînement des galets à l'aide de traceurs radioactifs", *Houille blanche*, A, pp. 389-399.

L. RAMEYE, A. KIENER, C.P. SPILLMANN, J. BIOUSSE, 1976. "Aspects de la biologie de l'alose du Rhône. Pêche et difficultés croissantes de ses migrations", in *Bull. fr. pisc.*, n°263, pp. 50- 74.

G. CH. RAVIER, 1982. *Inondations et aménagement urbain dans l'agglomération lyonnaise*, thèse 3e cycle Géogr. C.E.G.E.S. Rhône-Alpes, éd., 137 p., dact., cartes.

G. CH. RAVIER, 1982. "b. Le projet de nouvelles zones submersibles de l'agglomération lyonnaise : un essai de cartographie à finalité réglementaire", in *Rev. géogr. Lyon.*, 57, 3, pp. 241-266.

A. RECAMIER, 1954. "Le Rhône préhistorique", in *Bull. Soc. nat. Arch. Ain*, pp. 99-114, 2e partie.

E. RECLUS, 1877. "La France", in *Nouvelle Géographie Universelle, la terre et les hommes*, t. II, 959 p.

J.L. REYGROBELLET, J. MATHIEU, R. GINET, J. GIBERT, 1981. "Structure et fonctionnement des écosystèmes du Haut-Rhône français. VIII, Hydrologie de deux stations phréatiques dont l'eau alimente des bras morts", *Int. J. Speleol.*, 11, pp. 129-139.

H.E. REINECK, I.R. SINGH, 1980. *Depositional sedimentary environments*, 2e éd., 549 p., 683 fig., Springer-Verlag, Berlin, Heidelberg, New York.

J.B. RENAULT, D. WILLEM, 1983. *Etude du caractère saisonnier des relations entre variables hydriques dans la vallée du Haut-Rhône français*, 59 p., dact., I.N.P.G., Grenoble.

E. REVENIER, 1852. *Mémoire géologique sur la perte du Rhône*, Genève, in quarto.

J. REYNAUD, 1944. "Le desséchement des marais d'Albens", in *Rev. géogr. alp.*, XXXII, 3, pp. 499-504.

J. RICHARD-MOLARD, 1935. "Une forêt disparue en Grésivaudan : la forêt de Servette", in *Rev. géogr. alp.*, 4, pp. 845-853.

J. RITTER, 1973. *Le Rhône*, coll. "Que sais-je ?", 1507, P.U.F., Paris, 126 p.

F. RIVET, 1962. *La navigation à vapeur sur la Saône et le Rhône (1783-1863)*, coll. Cah. Hist., 5, P.U.F., Paris, 619 p., pl.

A.L. ROUX, 1976. "Structure et fonctionnement des écosystèmes du Haut-Rhône français. I. Présentation de l'étude", in *Bull. écol.*, 7, pp. 475-478.

A.L. ROUX, 1982. *Impacts of emptying and cleaning reservoirs on the downstream Rhone Physico-chemical and biological water quality*, 2nd Int. Symp. on regulated streams, Univ. of Oslo, Norway.

A.L. ROUX (*SOUS LA DIRECTION DE*), 1982. *Cartographie polythématique appliquée à la gestion écologique des eaux ; étude d'un hydrosystème fluvial : le Haut-Rhône français*, éd. C.N.R.S., Lyon, 116 p.

P. RUSSO, A. AUDIN, 1961. "Le site de Lyon. Panorama de son évolution", in *Rev. géogr. Lyon.*, vol XXXVI, 4, pp. 295-346.

B.R. RUST, 1978. "a. Depositional models for braided alluvium", in *Fluvial Sedimentology*, Miall. A.D. ed., C.S.P.G., mem. 5, p. 605-625.

B.R. RUST, 1978. "b. Classification of alluvial channel systems", in *Fluvial sedimentology*, Miall. A.D. ed., C.S.P.G., mem. 5, pp. 187-198.

H. DE SAINT-D, 1837. *Itinéraire pittoresque du Bugey*, 240 p., De Bottier imp., Bourg.

P. SAINT-OLIVE, 1875. "Le mandement de Bechevelin", in *Rev. lyon.*, III, 19, pp. 501-512.

P. SAINT-OLIVE, 1860. "Notice sur le territoire de la Tête-d'Or", in *Rev. lyon.*, II, 20, pp. 61-77.

P. SAINT-OLIVE, 1948. "En flânant sur les bords du Haut-Rhône entre Saint-Didier d'Aoste et Cordon", in *Evocations*, n°27-28, avril-mai, pp. 259-274.

P. SAMBARDIER, 1932. "La vie à Lyon. Les dernières plattes", In *Rive gauche*, pp. 17-18.

Y. SAPEY-TRIOMPHE, 1984. *Géomorphologie et hydrogéologie de la région d'Aoste (Isère)*, thèse doc. spéc., Univ. sc. et méd., Grenoble, 308 p.

DE SAUSSURE, 1787. *Voyage dans les Alpes*, t. II, pp. 90-104, in 8°.

J. SAUNIER, 1959. "Le cours du Rhône, frontière entre la Bresse et le Dauphiné, et limite départementale de l'Ain et de l'Isère", in *Evocations*, pp. 34-41.

H. SAVAY-GUERRAZ, 1985. *Recherches sur les matériaux de construction de Lyon et Vienne antiques*, thèse 3e cycle, Lyon, 313 p., inédit.

P. SAVEY, 1982. "a. Plaine et domaine fluvial. Rapport général.", colloque de Propriano sur la gestion des sédiments, in *Bull. B.R.G.M.* (2), III, I., pp. 49-65, 15 fig.

P. SAVEY, 1982. "b. L'aménagement intégré d'un grand fleuve : le Rhône. A. Conception générale et effets sur les crues et les nappes phréatiques", in *Houille blanche*, 5-6, pp. 421-425.

P. SAVEY, J. LECORNU, P. MORAND, 1982. "Chutes de Chautagne et Belley. Aménagement énergétique du Haut-Rhône", in *Travaux*, mars, pp. 3-12.

P. SAVEY, POMMIER, 1976. *Etude des maxima annuels*, rapport D.T.E. dact., Compagnie nationale du Rhône.

H. SCHARDT, 1891. "Etudes géologiques sur l'extrémité de la 1re chaîne du Jura", in *Bull. Soc. vaud. sc. nat.*, 3e série, t. 27, pp. 69-157.

H. SCHARDT, 1920. "Les cours d'eau pliocénique et les accidents transversaux de la chaîne du Jura", in *Ecl. géol. helv.*, pp. 120-122.

J. SCHIFF, 1936. "La fin de la navigation sur le Haut-Rhône", in *Et. rhod.*, XII, n°3-4, pp. 259-272, 3 fig. et cartes.

S.A. SCHUMM, 1968. *River adjustment to altered hydrologic regimen, Murrumbidgee River an paleochannels, Australia*, U.S.G.S.P., Paper 578.

S.A. SCHUMM, 1977. *The Fluvial System*, 338 p., New York, Wiley and Sons.

D.G. SMITH, 1973. "Aggradation of the Alexandra. North Saskat-Chewan river, Banff Park, Alberta", pp. 201-219, in *Fluvial geomorphology*, Morisawa M. ed.

SORG, 1934. "L'aménagement du Haut-Rhône, secteur Culoz-Lyon", *U.G.R., Fêtes et 8e Congrès du Rhône*, Lausanne, Imp. réunies S.A., 1935, in 8°, pp. 172-176.

J. SORNAY, 1932. "Lyon, marché de poisson d'eau douce", *Et. rhod.*, VIII, pp. 91-101.

S.R.A.E.(Serv. rég. amén. eaux), 1972. *Etude synthétique du Fier et du Chéran (Savoie et Haute-Savoie)*. Cartes, tabl., dact., Lyon.

S.R.A.E., 1975. *Rapport d'examen hydrobiologique sur la rivière les Usses (74)*, 13 p., tabl., dact., Lyon.

S.R.A.E., 1976. *Rapport d'examen hydrobiologique sur la rivière les Usses. Complément de l'étude de décembre 1975*, non pag., dact., Lyon.

S.R.A.E., 1977. *Etat de la qualité des eaux de l'Arve (74)*, dact., Lyon.

S.R.A.E., 1977. *Etude de la qualité des eaux du Guiers (Isère-Savoie), opération rivière propre*, 44 p. + tabl. et cartes, dact., Lyon.

S.R.A.E., 1979. a. *Chute de Brégnier-Cordon. Etude qualitative des apports du Guiers au Rhône court-circuité*, 13 p. + annexes, dact., Lyon.

S.R.A.E., 1979. b. *Chute de Loyettes. Etude qualitative des apports de la Bourbre au Rhône court-circuité*, 7 p. + annexes, dact., Lyon.

S.R.A.E., 1979. c. *Etudes préliminaires à l'aménagement piscicole du Grand-Large (Rhône)*, 45 p. + annexes, dact., Lyon.

S.R.A.E., 1979. *d. Etude qualitative des apports de la Bourbre. 1981. Etude complémentaire*, dact., Lyon.

S.R.A.E., 1980. *Examen hydrobiologique de l'Arve, secteurs Cluses-Annemasse*, dact., Lyon.

S.R.A.E., 1981. *Etude complémentaire qualitative des apports de la Bourbre au Rhône court-circuité. Aval du Pont-de-Chéruy*, dact., 10 p. + annexes, Lyon.

SERVICE DES MINES, 1973. *La pollution des eaux dans la région Rhône-Alpes*.

S.O.G.R.E.A.H., 1960. *Mise en valeur des marais de Lavours. Etude agronomique*, Grenoble, 85 p., dact., 3 cartes.

L. STARKEL, 1959. "Development of the relief of the Polish Carpathians in the Holocene", *Przeglad geograficzny*, pp. 121-142.

CH. TALON, 1946. "En feuilletant les archives du Moulin de la Serra. S'agit-il d'un ancien nom du Rhône ?", in *Evocations*, 11-12, pp. 19-20.

R. TARDY, 1970. *Le pays de Gex, terre frontalière*, 355 p., mém. et doc. n°16, Inst. ét. rhod., Lyon.

M. TERME, 1841. *Rapport sur l'inondation de 1840, présenté par le maire de la ville de Lyon à M. le préfet du Rhône*, Lyon, Imp. Chavin et Nigon, 51 p.

J. THOMAS, 1984. *Observations sur le glissement de rochers de Leschaux. Aménagement de Brégnier-Cordon*, C.N.R., Centre du Haut-Rhône, 8 p., dact.

G. TOURNIER, 1952. *Rhône, dieu conquis*, Plon éd., 362 p., 3 cartes h.t.

H. TOURNIER, 1976. *Contribution à la connaissance écologique de l'avifaune des milieux humides savoyards*, thèse doct. 3e cycle, Ecol. appl., Univ. sc. et méd., Grenoble, 160 p.

J. TRICART, 1963. "Feuilles de Nantua au 1/80 000e (révision des formations quaternaires) et feuille de Nantua au 1/50 000e (formations glaciaires)", in *Bull. Soc. géol. fr.*, 271, t. LIX, pp. 905-934.

J. TRICART 1965. "Quelques aspects particuliers des glaciations quaternaires du Jura", in *Rev. Géogr. Est*, pp. 499-527.

J. TRICART, 1977. *Précis de géomorphologie. 2. Géomorphologie dynamique générale.*, S.E.D.E.S., Paris, 345 p.

J. TRICART, 1978. *Géomorphologie applicable*, Masson éd., Paris, 204 p.

L. TRIPIER, 1902-1903. "Etude des eaux et de la pêche dans le département de l'Ain", in *Ann. Soc. ém. Ain*, 1902, 1903, XXXVI, pp. 81-147.

G. TUFFERY, J. VERNEAUX, 1967. *Méthode de détermination de la qualité des eaux courantes*, min. Agr., Centre nat. d'ét. techn. et de rech. techno. pour l'agr.,

les forêts et l'équip. rural. C.E.R.A.F.E.R., section pêche et ind.

J. VALLOT, 1891. "Les marmites de géants", in *Martel (E.A.)*, 1910.

P.C. VARENNE-FENILLE, 1807. "Notes sur les marais de Bourgoin et les moyens d'opérer leur dessèchement", in *Œuvres d'agriculture à Paris c/o A.J. Marchant, cité par L. Champier, 1949*.

J. VERNEAUX, G. LEYNAUD, 1974. *Introduction à la définition d'objectifs et de critères de la qualité des eaux courantes*, trav. dir. qual. eaux, pêche et pisc., Paris, 28 p.

J.P. VERNET, G. SCOLARI, F. RAPIN, 1976. "Teneurs en métaux lourds des sédiments de rivières suisses, du Rhône français et de ses principaux affluents", in *Bull. B.R.G.M.*, (2), III, 1/2, pp. 31-45, 8 fig.

G. VEYRET-VERNER, 1948. *L'industrie des Alpes françaises. Etude géographique*, thèse Lettres, Grenoble, Arthaud, 371 p.

P. et G. VEYRET, 1967. *Au cœur de l'Europe, les Alpes*, Flammarion, 546 p.

J. VIAL, R. BERGER, C. HERGUEZ, A. DREVON, 1966. "La notion de vitesse d'écoulement dans la recherche de la pollution et de l'auto-épuration des rivières. Etude de la Bourbre le 13.1.65", in *Bull. Trav. Soc. pharm. Lyon.*.

J. VIAL, CH. GEOFFRAY, A. DREVON, 1969. "Etude de la pollution chimique et bactériologique du Rhône en amont de Lyon à la suite de la vidange de la retenue de Verbois en juillet 1965", in *Rev. Inst. Pasteur*, Lyon, 2, n°1, pp. 31-50.

G. VIEUX, 1970. "Montagnes russes et françaises aux Brotteaux", in *Rive gauche*, 33, pp. 17-20, 1 fig.

G. VIEUX, 1979. "Les premières années du parc de la Tête-d'Or", in *Rive gauche*, 68, pp. 3-12.

A. VIGARIE, 1978. "Milieu naturel et occupation humaine dans les marais de Guérande. Applications de la méthode des scénarios aux complexes écologiques", in *Cahiers nantais*, 14, pp. 13-48.

R. VILAIN, P. DUFOURNET, 1981. "Les industries mésolithiques et protohistoriques des plateaux de Bassy-Veytrens et de Seyssel-Vens (Haute-Savoie, France)", in *Nouvelles Arch. Museum d'Hist. Nat. Lyon*, fasc. 19, 122 p., 16 fig., 29 pl., 7 cartes, 20 pl.

H. VINCIENNE, 1930. "a. Observations stratigraphiques et tectoniques sur la terminaison méridionale de la chaîne du Credo", in *C.R. somm. Acad. Sc.*, Paris, t. 190, p. 805.

H. VINCIENNE, 1930. "b. Les relations structurales entre les Rochers de Léaz (Ain) et du vieux château d'Arcine (Haute-Savoie) et le Vuache. Conclusions sur la tectonique de cette chaîne", *C.R. somm. Acad. Sc.*, Paris, t. 190, p. 947.

R. VION, 1956. "Un vignoble savoyard : la Chautagne", in *Rev. géogr. alp.*, XLIV, pp. 717-739.

H. VIVIAN, 1977. *Averses extensives et crues concomitantes sur l'arc alpin. Etude hydrométéorologique*, thèse Grenoble, 1976, Paris, lib. H. Champion éd., t. I, 628 p., t. II, 684 p., atlas.

H. VIVIAN, 1983. "Chronique hydrologique de l'année 1981, 4 fig., 3 tabl.", in *Rev. géogr. lyon.*, 4, pp. 383-394.

H. VIVIAN, 1983. "Les fluctuations de l'abondance annuelle, mensuelle et des rythmes journaliers du Rhône supérieur à Sault-Brénaz", in *Rev. géogr. alp.*, 4, pp. 311-329, 4 fig.

R. VIVIAN, M. RICQ, 1966. "La rencontre des glaciers du Rhône et de l'Isère dans la cluse de Chambéry et le val du Bourget", in *Rev. géogr. alp.*, LIV, 3, pp. 389-414.

J.M. WALTER, 1974. "Les dernières forêts alluviales rhénanes en Alsace-Bade", in *Bull. Ass. Philom. Alsace*, 15, pp. 101-112, 11 pl. h.t., Strasbourg.

S. WEGMULLER, 1974. *Pollenanalytische Untersuchungen zur spät- und post-glazialen vegetations geschichte der französischen Alpen*, 178 p., dact. (inédit).

G.P. WILLIAMS, M.G. WOLMAN, 1983. "Downstream effects of dams on alluvial rivers", *Un. States Geol. Surv. Prof. Pap.*, 1286, 83 p.

J. WINGHART, J. CHABERT, 1965. "Haut -Rhône à l'amont de Lyon : étude hydraulique de l'île de Miribel-Jonage", in *Houille blanche*, 7, pp. 1-20.

M.G. WOLMAN, J.P. MILLER, 1960. "Magnitude and frequency of forces in geomorphic processes", in *Journ. Geogr.*, V 68, 54-74.

Cartes et plans

Cartes topographiques actuelles

Institut géographique national
Echelle : 1/50 000e.
Annemasse : XXXIV-29.
Belley : XXXII-31.
Bourgoin : XXXI-32.
Chambéry : XXXIII-32.
La Tour-du-Pin : XXXII-31.
Lyon : XXX-31.
Montluel : XXXI-31.
Saint-Julien-en-Genevois : XXXIII-29.
Saint-Rambert-en-Bugey : XXXII-30.
Seyssel : XXXIII-30.
On a également utilisé les feuilles au 1/25 000e correspondantes et les missions photographiques I.G.N.

Cartes et plans anciens

Carte topographique de la France à 1/80 000e.
Feuilles : Nantua (1843-1931) ; Chambéry (1844-1932) ; Lyon.

A. BARON, 1840. Plan des inondations du Rhône et de la Saône dans Lyon et ses faubourgs en l'année 1840, dédié à la Chambre des députés.

Carta corografica degli stati di SM il re di Sardegna data in luce dall'ingegnere Borgonio nel 1683, corretta ed accrescinta, nell'anno 1772.

Carta topografica degli stati in terrafirma di SM il re di Sardegna alla Scala 1/50 000. 1854. Opera del corpo reale dello stato maggiore, X et XI.

Carte géométrique d'une partie du cours du Rhône depuis Genève au confluent du Guyers pour servir à la nouvelle délimitation des Etats de France et de Savoie. 1760. (Archives départementales de Savoie, C 625.)

Carte du Rhône entre Le Parc et Donzère. 1857 à 1866. "Carte topo. du cours du Rhône entre Le Parc et le pont de Donzère, levée et gravée de 1857 à 1866 par les soins de l'Adm. des Ponts et Chaussées, service sp. du Rhône.

CASSINI de Thury César puis Dominique. 1744. Carte de France. pl. 117-118.

A. CHOLLEY, F. SEIVE, 1931. Atlas photographique du Rhône. I. De la frontière suisse à Lyon, Lyon, J. Desvigne.

Hospices civils de Lyon. Plan des terrains de la rive gauche du Rhône vers 1760 (Hosp. civils de Lyon).

J.B. NOELLAT, 1827. Nouvelle carte topographique et statistique du département du Rhône (... réduite de la carte de Cassini). (B.M. Lyon, fonds Coste, plan 41.)

Nouveau plan géométral de la ville de Lyon. 1789. (B.M. Lyon, fonds Coste, plan 126.)

Plan géométral de distribution des divers emplacements à vendre dans les terrains des Brotteaux, 1780. (B.M. Lyon, fonds Coste, plan 156.)

Plan géométral des domaines de la Part-Dieu et de la Tête-d'Or (musée Hôtel-Dieu).

Société de topographie historique de Lyon. 1875. Plan général du Bourg de la Guillotière, mandement de Bechevelin en Dauphiné... pour servir à la rente noble de la Guill. et Bechevelin. Arch. de Lyon (reproduit en 1875). (Fonds Coste, B.M. Lyon, plan 191).

Cette liste n'est pas exhaustive. Plusieurs documents importants sont cités dans le texte.

Cartes géologiques

Echelle 1/50 000e. Ed. B.R.G.M.
Feuilles : Lyon, Montluel, Rumilly, La Tour-du-Pin, Seyssel.

Echelle 1/80 000e. Carte géologique détaillée de la France. Ed. ministère de l'Industrie.
Feuilles : Nantua, Chambéry, Lyon.

Cartes écologiques

J.F. DOBREMEZ, 1972. Carte écologique de Belley. 1/50 000e (XXXII-31). *Doc. Cart. Végét. Alpes*, X, 43-56, 3 fig., 4 tabl., 1 carte coul. h.t.

J.F. DOBREMEZ, P. OZENDA, A. TONNEL, F. VIGNY, 1974. Carte de la végétation potentielle des Alpes Nord-Occidentales (partie française). *Doc. Cart. Ecol.*, vol. XIII, pp. 9-27, tabl., 1 carte coul. h.t., 1/400 000e.

J.F. DOBREMEZ, G. PAUTOU, 1972. Carte écologique des Alpes. Feuille La Tour-du-Pin, 1/50 000e

(XXXII-32). *Doc. Carte Vég. Alpes*, X, pp. 57-60, carte coul., lég. en dépliant h.t.

J.F. DOBREMEZ, G. PAUTOU, F. VIGNY, 1974. Carte écologique des Alpes à 1/100000e. Feuille de Belley. Matériaux pour une carte de l'environnement. *Doc. Cart. Ecol.*, vol. XIII, p. 29-48, tabl., 1 fig. coul. h.t.

J. GIREL, M.C. VARTANIAN. F. VIGNY, 1976. Carte écol. au 1/100000e Bourg-en-Bresse. Essai de cartographie écologique intégrée. *Doc. carto. écol.*, XVIII, 11-42.

S. LEFEBVRE, 1978. Carte écologique de Chambéry au 1/50000e. Etude des séries de végétation. *Ann. Centre Univ. Savoie*, t. III, Sc. nat., pp. 175-186.

P. OZENDA, G. PAUTOU, 1980. Cartographie écologique et cartographie de l'environnement : l'exemple de la région Rhône-Alpes. *Bull. écol.*, t. 11, 1, pp. 53-59.

L. RICHARD, 1973. Carte écologique des Alpes au 1/100000e. Annecy, feuille P.15. *Doc. carto. écol.* XI, pp. 49-72.

Glossaire

ANADROME : Espèce de poisson qui migre de la mer vers un cours d'eau pour frayer.

ANAÉROBIE : Se dit d'organismes vivant en l'absence d'oxygène.

ANOXIQUE : Privé d'oxygène.

ARROYO : Cours d'eau à écoulement temporaire.

AVIAIRE : Relatif aux oiseaux.

BALME : En Dauphiné, un escarpement.

BEINE : Banquette littorale immergée sur le bord d'un lac.

BENTHIQUE : Relatif aux organismes vivant sur le fond d'un milieu aquatique.

BIOCÉNOSE : Ensemble des animaux et des végétaux peuplant un biotope.

BIOMASSE : Poids de matière vivante par unité de milieu à un instant donné (sur le sol ou dans l'eau).

BIOTOPE : Aire géographique restreinte soumise à des conditions physiques, chimiques et biologiques particulières.

BOUCHURE : Clôture végétale pour retenir les animaux.

CHAMPÉAGE : Part sur les récoltes donnée au seigneur.

CHRONOSÉQUENCE : Succession naturelle des organismes vivants en un lieu.

CLUSE : Gorge transversale dans un pli anticlinal ou une succession de plis.

CONTROLE AMONT : Evolution du profil en long d'un cours d'eau sous l'influence des apports de matériaux grossiers en provenance de l'amont.

DÉFLUVIATION : Changement de grande ampleur du lit d'un cours d'eau.

DIVERSITÉ SPÉCIFIQUE : Degré de complexité des communautés végétales ou animales.

ECOPHASE : Période dans le développement d'un organisme.

ECRÊTEMENT : Diminution du débit maximum d'une crue.

ENTOMOLOGIQUE : Relatif aux insectes.

ÉPANDAGE FLUVIO-GLACIAIRE : Accumulation grossière mise en place par les eaux de fusion à l'avant des glaciers.

EPIPOTAMON : Voir ''Potamon''.

ÉTALEMENT : Allongement de la durée d'une crue.

EUTROPHE : Milieu où la nourriture est abondante.

FEUDATAIRE : Possesseur d'un fief.

FORET PRIMAIRE : Forêt non remaniée par l'intervention de l'homme.

GÉLIFRACTION : Fragmentation d'une roche sous l'effet du gel de l'eau contenue dans ses fissures ou ses pores.

GLEY : Horizon d'un sol engorgé par l'eau et caractérisé par des phénomènes de réduction.

HÉLOPHYTE : Plante aquatique dont les feuilles et les fleurs sont aériennes.

HOLOCÈNE : Dernière période du quaternaire (10 000 à l'Actuel). Se divise en Préboréal (10 000 à 9 000 BP), Boréal (9 000 à 7 000 BP), Atlantique (7 500 à 4 500 BP), Subboréal (4 500 à 2 700 BP) et Subatlantique (2 700 BP à l'Actuel).

HYDROMORPHE : Relatif à un sol dont les caractères sont dus à la présence de l'eau.

HYGROPHILE : Se dit d'un organisme qui recherche l'humidité.

HYPOLIMNION : Couche lacustre de profondeur.

HYPORHITRON : Voir ''Rhitron''.

INTERSTADE : Période comprise entre deux stades d'avancée glaciaire.

ISOPIÈZE : Ligne d'égale hauteur d'une nappe phréatique.

KAME : Colline de graviers typique des marges glaciaires.

KARSTIQUE : Relatif aux reliefs dus à la dissolution du calcaire.

LÉNITIQUE : Se dit d'un cours d'eau où la vitesse du courant est faible.

LÉTAL : Mortel.

LIMNOPHILE : Relatif à un organisme de milieu lénique.

LOTIQUE : Relatif à un courant rapide.

MACROPHYTE : Plante aquatique visible à l'œil nu (par opposition aux microphytes que sont les algues microscopiques).

MÉSOLOGIQUE : Relatif aux conditions physiques et chimiques d'un milieu régissant la vie des organismes.

MÉSOPHILE : Adapté à des conditions moyennes.

OBÉANCE : Territoire dépendant d'un chapitre de chanoines.

OMBILIC : Bassin de surcreusement d'une vallée glaciaire.

OXBOW-LAKE : Bras mort d'un cours d'eau en forme de fer à cheval.

PÉDOLOGIQUE : Relatif aux caractères du sol.

PÉDONCULE : Partie rétrécie du lobe convexe d'un méandre.

PÉRILITHON : Organisme recouvrant les galets d'un cours d'eau (algues et animaux microscopiques).

PÉRIPHYTON : Couverture biologique liée à un substrat végétal (algues microscopiques fixées sur les tiges de roseaux, par exemple).

POTAMON : Partie aval d'un grand cours d'eau.

POUDINGUE : Conglomérat formé de cailloux arrondis.

PRODUCTIVITÉ : Niveau de production des eaux ; la production primaire concerne les végétaux.

RHEOPHILE : Relatif aux organismes d'eaux courantes.

RHITRON : Partie moyenne d'un cours d'eau, à pente assez forte et courant rapide.

RIPISYLVE : Forêt riveraine d'un cours d'eau.

RISS : Avant-dernière grande glaciation alpine (vers 350 000 à 150 000 BP).

RUBÉFIÉ : Coloration rouge d'un sol due à la libération d'oxydes ferriques par l'altération des éléments.

SALTUS : Dans l'Antiquité, terres incultes vouées au pâturage.

SÉQUENCE DE VÉGÉTATION : Succession de communautés de plus en plus complexes avec le temps.

STRATIFICATION THERMIQUE : Répartition verticale des couches d'eau en fonction de leurs températures dans un lac ou un réservoir, les plus froides étant généralement au fond.

TALWEG : Ligne joignant les points les plus bas du fond d'une vallée.

TERRASSE DE KAME : Banquette d'accumulation glaciaire construite par les eaux de fonte contre un versant.

TOUEUR : Bateau fixe dont la roue à aubes servait à faire remonter les autres bateaux.

WÜRM : Dernière grande glaciation alpine, divisée en stades (de 75 000 à 15 000 BP).

XÉROTHERMIQUE : Caractérisé par de fortes températures.

Table des photographies

Les gorges du Rhône, *34.*
Les rapides de Malpertuis, *40.*
Tourbe et craie lacustre, *43.*
Blocs de tourbe roulés, *47.*
Le Rhône à Brangues, *65.*
Le méandre de Saugey, *65.*
Le Rhône entre le défilé de Fort-de-l'Ecluse et les gorges de Bellegarde, *69.*
La perte du Rhône à Bellegarde, *72.*
Au fond de la perte du Rhône, *73.*
Un mollard calcaire, *79.*
Le Rhône à l'amont d'Yenne, *80.*
La lône Grand-Jean, *85.*
Le Rhône à l'aval de Lagnieu, *91.*
Le tressage des îles de la Sauge, *111.*
Le Rhône à Brangues, *112.*
Le Rhône à Brangues, *113.*
Le canal de Sasières lors d'une crue du Rhône, *114.*
Le Rhône à Neyron avant la construction du canal de Miribel, *134.*
Des bovins approchent encore le fleuve, *141.*
Le château de Lavours, *153.*
Une maison de pisé, *153.*
Une tuilerie sur les bords du Rhône, *154.*
La blache des marais : Carex, *161.*
Pêche au filet dans les gorges du Rhône, *178.*
Un pêcheur aux Avenières, *179.*
Aqueduc du moulin du château de Culoz, *181.*
Une scierie de Culoz, *181.*
Le moulin de La Serre, *184.*
Le rapide du Grand-Sault, *189.*
Carrière de pierre à Vions, *192.*
Ruines d'un four à chaux, *192.*
Le Furan à Rothonod, *200.*
L'Ain à Bolozon avant l'aménagement hydroélectrique, *201.*
Seyssel, *202.*
Le canal de Miribel, *214.*
Le pont Morand, *216.*
La digue de la Serre (1867-1868), *218.*
La dérivation éclusée du Sault, *218.*

La maison de l'éclusier à Sault-Brénaz, *218.*
Détail de l'écluse amont, *218.*
Un ''barrage'' à l'aval du pont de Cordon, *222.*
Un ''barrage'' en tête de la lône Grand-Jean, *222.*
Une hirondelle de la Compagnie des Parisiens, *223.*
Une borne kilométrique du chemin de halage, *226.*
Le barrage de La Coulouvrenière à Genève, *228.*
La façade du barrage de La Coulouvrenière, *228.*
Les barrages du Rhône à Bellegarde, *234.*
Les barrages vus depuis la perte du Rhône, *234.*
Les barrages submergés par une crue du Rhône, *234.*
Les piliers de Bellegarde, *235.*
Un pilier de Bellegarde, *235.*
Le barrage de Jons, *239.*
Le barrage de Génissiat, *241.*
Le barrage de Seyssel, *241.*
La Perte du Rhône à Bellegarde, *247.*
Le surrégénérateur de Creys-Malville, *248.*
L'appareil permettant aux bateaux de plaisance de franchir l'ouvrage C.N.R. de Brens-Belley, *289.*
Le défilé de Saint-Alban et la centrale nucléaire de Creys-Malville, *292.*
Les ponts de Cordon, *302.*
Le Rhône court-circuité en Chautagne, *306.*
Les îles de Brégnier-Les Avenières, *308.*
La vidange de la retenue de Verbois en juin 1984, *313.*
La vidange de la retenue de Génissiat, *314.*
Une lône aux Avenières, *318.*
Une lône à Brégnier-Cordon, *318.*
Le Rhône à Brégnier-Cordon en 1983, *322.*
Le Rhône à Brégnier-Cordon en 1985, *322.*
Racines d'aulnes noirs découvertes par le tassement de la tourbière de Chautagne, *349.*
Effet du tassement de la tourbière de Chautagne, *349.*
Une perche, *352.*
Floraison de l'impatience de l'Himalaya, *382.*
Empreintes sur les limons du Rhône, *385.*
Abattage d'un aulne noir par le castor, *387.*
Passages à gros gibier sur le canal de Chautagne, *394.*
Une séquence de végétation alluviale au pont d'Evieu, *408.*

Sauf mention, et à l'exception des reproductions de cartes postales anciennes, les clichés sont de l'auteur.

Table des figures

FIG. 1. Les niveaux du lac Léman à l'Holocène, *39*.

FIG. 2. La sédimentation alluviale grossière postérieure à la fusion du glacier würmien, *41*.

FIG. 3. Localisation des découvertes archéologiques et des bois subfossiles entre Génissiat et le confluent du Guiers, *44*.

FIG. 4. Coupes dans la plaine alluviale de Chautagne, *45*.

FIG. 5. L'auto-capture du Rhône dans les Basses-Terres dauphinoises, *51*.

FIG. 6. Les unités géomorphologiques de la plaine des Basses-Terres, *52*.

FIG. 7. Le déplacement vers l'ouest du confluent de l'Ain depuis le Tardiglaciaire et l'accélération de l'enfoncement de la rivière, *55*.

FIG. 8. Le déplacement du confluent de l'Ain depuis cinq siècles, *56*.

FIG. 9. La tourbe dans le marais de Bourgoin, en 1970, *61*.

FIG. 10. L'instabilité des versants du Rhône dans le secteur de Chancy-Pougny, *68*.

FIG. 11. Glissements de terrain et éboulements enregistrés le long de la voie ferrée Culoz-Genève entre 1883 et 1972, *70*.

FIG. 12. Coupe géologique sur le site des pertes de Bellegarde, *72*.

FIG. 13. Le Rhône en Chautagne, vers 1760, *74*.

FIG. 14. Effets géomorphologiques de crues en Chautagne vers 1730, *75*.

FIG. 15. Le cours du Rhône à l'extrémité méridionale du Jura vers 1760, *81*.

FIG. 16. Le Rhône dans la plaine de Brégnier-Les Avenières vers 1860, *83*.

FIG. 17. Les lignes d'eau dans les Basses-Terres, *86*.

FIG. 18. Captures d'affluents du Rhône dans la plaine de Brégnier, *86*.

FIG. 19. Le recoupement du méandre du Saugey, *87*.

FIG. 20. Les modèles géomorphologiques du Rhône entre le confluent de l'Ain et Lyon, *91*.

FIG. 21. Evolution des méandres de Balan-Villette, *93*.

FIG. 22. Un secteur de tressage dans les environs de Miribel en 1848, *95*.

FIG. 23. Les surfaces en gravier dans les îles de Miribel en 1848, 1860, 1928, 1975, *97*.

FIG. 24. Le taux de renouvellement des formes fluviales dans les îles de Miribel à différentes dates, *97*.

FIG. 25. Pentes et sinuosités des chenaux entre le confluent de l'Ain et Lyon, *99*.

FIG. 26. Pente de la plaine et sinuosité des chenaux avant 1850 et vers 1880, *100*.

FIG. 27. Les modèles fluviaux du Haut-Rhône, *101*.

FIG. 28. Le taux de tressage du Haut-Rhône en 1840 et 1931, *102*.

FIG. 29. Les pentes moyennes entre Le Parc et La Mulatière, *102*.

FIG. 30. Le taux de renouvellement des formes alluviales avant les travaux d'aménagements, *105*.

FIG. 31. Typologie des bancs alluviaux, *105*.

FIG. 32. Corrélation pente de la vallée-largeur des chenaux de tressage, *106*.

FIG. 33. Module et débit spécifique du Rhône, de la source à la mer, *115*.

FIG. 34. Le régime moyen du lac Léman, 1841-1856, *117*.

FIG. 35. L'influence du lac Léman sur le débit de crue du Rhône en 1856, *117*.

FIG. 36. Le régime du Rhône et de ses affluents, *120*.

FIG. 37. L'influence de l'Ain sur les grandes crues du Rhône à Lyon, *121*.

FIG. 38. Hydrogrammes de la crue de 1918 sur l'Ain et le Rhône, *121*.

FIG. 39. Le champ d'inondation du Rhône entre Genève et Lyon en 1856, *123*.

FIG. 40. Le lit majeur du Rhône à Villeurbanne et Lyon à la fin du XVIIIe siècle, *126*.

FIG. 41. L'écrêtement naturel des maxima instantanés pour des niveaux de crue caractéristiques, *127*.

FIG. 42. Durée de dépassement des débits 1 100 et 1 500 m³/s à Sault-Brénaz (période 1920-1982), *129*.

FIG. 43. Le complexe de terroirs des plaines de Chautagne et de Lavours, *137*.

FIG. 44. Les brotteaux de Vaux et Miribel en 1726, *140*.

FIG. 45. Les interventions nobles dans le lit majeur à l'aval du confluent de l'Ain, *146*.

FIG. 46. La mise en valeur de l'île du Méant, *147*.

FIG. 47. La Guillotière : le paysage rural à la fin du Moyen Age, *148*.

FIG. 48. L'occupation de la plaine alluviale de Jonage vers 1830, *151*.

FIG. 49. La création du parcellaire de Loyettes au XIXᵉ siècle, *152*.

FIG. 50. La protection du village de Lavours contre les crues vers 1860, *153*.

FIG. 51. Le modèle de fonctionnement d'un complexe de vie en Chautagne, *160*.

FIG. 52. L'extraction de la tourbe dans le marais de Lavours vers 1860, *166*.

FIG. 53. Le drainage du marais de Bourgoin à La Verpillière, *169*.

FIG. 54. Le drainage des marais des Basses-Terres et ses conséquences, *170*.

FIG. 55. Prix des lots de pêche au XIXᵉ siècle, *176*.

FIG. 56. Exemples d'utilisation de la force hydraulique sur le Jourdan à Culoz, *182*.

FIG. 57. Moulin à nef à Lyon. Extrait du Grand plan de Simon Maupin, 1635, *184*.

FIG. 58. Moulins à nef du quai Saint-Clair à Lyon, en 1817, *184*.

FIG. 59. La navigation sur le Haut-Rhône en 1835, *185*.

FIG. 60. La navigabilité du Rhône en 1854, *186*.

FIG. 61. La tenue moyenne des eaux au pont Morand (Lyon) de 1851 à 1858, *187*.

FIG. 62. Seyssel en 1834, *193*.

FIG. 63. Le "mouvement" de la navigation du Rhône en 1853, *193*.

FIG. 64. La digue de Picollet en Chautagne, *195*.

FIG. 65. La digue de Seyssel en 1847, *196*.

FIG. 66. La protection de Villeurbanne et de la rive gauche de Lyon contre les inondations, *207*.

FIG. 67. Les digues de Villeurbanne aux Brotteaux, *208*.

FIG. 68. Les investissements destinés à la navigation du Rhône entre 1843 et 1904, *213*.

FIG. 69. Dépenses effectuées sur le Haut-Rhône entre 1843 et 1926, *213*.

FIG. 70. Le "passage" du Sault. Son aménagement dans la seconde moitié du XIXᵉ siècle, *217*.

FIG. 71. L'œuvre de correction fluviale, 1840-1890, *219*.

FIG. 72. L'endiguement du Rhône au passage du Chaffard, *221*.

FIG. 73. Le trafic du bois sur la rivière d'Ain, *224*.

FIG. 74. Le trafic des voyageurs par bateaux à vapeur sur la ligne Lyon-Aix-les-bains, *224*.

FIG. 75. Le trafic des marchandises à la descente sur le trajet Le Sault-Lyon, *226*.

FIG. 76. Les réglementations concernant les niveaux du lac Léman aux XIXᵉ-XXᵉ siècles, *227*.

FIG. 77. Les niveaux saisonniers du lac Léman. Evolution au XIXᵉ siècle-début XXᵉ siècle, *229*.

FIG. 78. Evolution historique de la tranche utile du lac Léman et du volume d'eau correspondant, *229*.

FIG. 79. Le stockage artificiel des eaux dans le lac Léman et dans les réservoirs alpestres suisses, *232*.

FIG. 80. Bellegarde, le site industriel, *233*.

FIG. 81. Les aménagements hydroélectriques de la Compagnie nationale du Rhône, *243*.

FIG. 82. Les barrages de la rivière d'Ain, *245*.

FIG. 83. La protection du village de Vaulx-en-Velin contre les crues, *257*.

FIG. 84. Les autorisations d'exploitation délivrées en 1855 dans le marais de Bourgoin, *261*.

FIG. 85. Le projet d'irrigation de la basse plaine de l'Ain, *267*.

FIG. 86. Evolution de la production journalière moyenne des captages d'eau potable pour Lyon et sa banlieue, *278*.

FIG. 87. Le champ de captage de Crépieux-Charmy, *278*.

FIG. 88. Alimentation en eau et rejets dans l'agglomération lyonnaise, *279*.

FIG. 89. Le refroidissement de la centrale nucléaire de Bugey, *281*.

FIG. 90. Modèle espace-temps d'utilisation du Haut-Rhône, de 1760 à nos jours, *286*.

FIG. 91. Le "basculement" du canal de Miribel, *297*.

FIG. 92. L'incision du canal de Miribel à l'amont de Thil, *300*.

FIG. 93. Graphique des maxima annuels de crue au pont de Seyssel, *302*.

FIG. 94. Les courbes hauteur-débit du Rhône à Châteaufort, *302*.

FIG. 95. Graphique des maxima annuels de crue au pont de Cordon, *302*.

FIG. 96. Impact de l'endiguement sur le modèle tressé en Chautagne, *306*.

FIG. 97. Evolution contemporaine d'un secteur des Basses-Terres, *307*.

FIG. 98. Evolution contemporaine de l'île du Méant, *310*.

FIG. 99. La technique de vidange des barrages du Haut-Rhône, *313*.

FIG. 100. Evolution amont-aval des concentrations en matières en suspension lors des vidanges de 1975 et 1978, *315*.

FIG. 101. Evolution des débits moyens mensuels du Rhône à Genève au début du XXᵉ siècle, *325*.

FIG. 102. Evolution des débits à la Porte de Scex, *326*.

FIG. 103. Evolution des débits à Chazey, après la mise en service de Vouglans, *328*.

FIG. 104. Influence des barrages de Chèvres et Coulouvrenière sur le régime du Rhône, *330*.

FIG. 105. Les oscillations quotidiennes de la ligne d'eau dues aux usines de Genève et de Jonage (1900-1907), *331*.

FIG. 106. Le fonctionnement en éclusées des ouvrages du Haut-Rhône, *332*.

FIG. 107. Les débits du canal de Miribel, *334*.

FIG. 108. Les maxima instantanés pour certains débits dans les éléments du réseau hydrographique de la plaine de Miribel-Jonage (en m³/s), *339*.

FIG. 109. La réduction du champ d'inondation dans les plaines du haut-Rhône, *341*.

FIG. 110. La nappe phréatique dans la plaine de Miribel-Jonage. Situation de hautes et basses eaux, *347*.

FIG. 111. La nappe phréatique dans Villeurbanne. Effet de l'arrêt des pompages, *348*.

FIG. 112. L'évolution de la qualité des eaux du Haut-Rhône (1971-1980), *355*.

FIG. 113. Le flux de D.B.O.5. en 1973, *358*.

FIG. 114. L'appartenance typologique du Haut-Rhône, *362*.

FIG. 115. Les températures moyennes annuelles du Rhône non dépassées 95% du temps, *371*.

FIG. 116. Effets des lâchures du barrage de Vouglans sur les températures de l'Ain, *372*.

FIG. 117. L'effet du lac Léman sur les températures du Rhône, *373*.

FIG. 118. L'impact des vidanges sur la pyramide des âges de populations de poissons, *377*.

FIG. 119. Le réchauffement des eaux du Rhône par la centrale nucléaire de Bugey en 1982, *378*.

FIG. 120. Les séquences évolutives des groupements végétaux de la plaine alluviale, *381*.

FIG. 121. Relations entre les groupements végétaux des marais, la profondeur moyenne de la nappe et la nature du substrat, *382*.

FIG. 122. Les stades peu évolués de la forêt alluviale et les bancs de galets du secteur La Balme-Brangues à la fin des années 1970, *388*.

Index géographique

Ain, *103, 119 à 122, 128, 151, 175 à 180, 189, 190, 193, 194, 201, 224, 244, 245, 265 à 269, 277, 281, 328, 329, 339, 358, 360, 372, 373.*

Aix-les-Bains, *221, 223, 224.*

Anglefort, *44, 45, 74, 102, 150, 154, 161, 178, 242, 281, 349, 350.*

Annemasse, *359, 360.*

Anse, *148.*

Anthon, *54, 92, 139 à 141, 143, 157, 177, 188, 309 à 311, 368.*

Aoste, *81.*

Arcine, *40.*

Artemare, *79, 80, 166, 190, 192.*

Arve, *17, 71, 72, 118 à 121, 192, 229, 237, 285, 327, 328, 330, 357.*

Avenières (Les), *41, 49, 50, 52, 83 à 85, 88, 150, 179, 243, 272, 274, 307 à 309, 318, 387 à 390.*

Balan, *58, 92, 93, 99, 100, 107, 138, 140, 141, 146, 255, 267, 268, 278.*

Balme (La), *44, 127, 128, 183, 303, 355.*

Bart, *243.*

Basses-Terres (Les), *41, 49 à 52, 80 à 90, 102, 107, 108, 125, 143, 144, 157, 159, 170, 250, 253, 254, 272, 275, 276, 302, 307 à 309, 319 à 321, 345, 377, 386, 387, 400, 401, 411.*

Béligneux, *35.*

Bellegarde, *40, 71 à 73, 180, 186, 192, 233 à 239, 247.*

Belley, *242, 243, 332, 333, 340 à 345, 366, 369, 371, 372.*

Béon, *43, 77, 78, 165.*

Beynost, *147.*

Blyes, *54, 58, 268.*

Boisse (La), *58, 59, 148.*

Bouchage (Le), *49, 52, 88 à 90, 143, 153, 159, 167.*

Bourbre (La), 36, 41, 61, 62, 119, 170, 183, 358.

Bourget (Le), *41, 45, 46, 124, 192, 236, 242, 251, 338, 342, 343, 367, 376.*

Bourgoin, *61 à 63, 158, 159, 161, 167 à 172, 259 à 263, 272, 276, 358.*

Bouvesse, *53.*

Brangues, *52, 87, 88, 103, 143, 153, 167, 254, 284.*

Brégnier, *47, 50, 81 à 88, 178, 194, 195, 225, 236, 242, 243, 258, 284, 301 à 304, 307 à 309, 316, 318, 322, 332, 333, 340 à 345, 356, 362, 365, 366, 369, 371, 374, 386 à 390.*

Brens, *243, 289.*

Brigue, *17.*

Briord, *52, 53, 90, 91, 103, 251.*

Brive (La), *53.*

Bugey, *53, 158, 249, 258, 259, 263.*

Cessenoud, *85.*

Ceyzérieu, *77, 144, 145, 165, 166.*

Chaffard (passage du), *51, 103, 105, 187, 219 à 222.*

Challeix, *180, 285, 330.*

Challonges, *45.*

Chamagnieu, *62.*

Champagneux, *47, 48, 220, 243, 344, 345.*

Chanaz, *78, 124, 191, 242, 255, 303, 326, 334, 343.*

Chancy-Pougny, *68, 70, 180, 245, 304, 312 à 317, 368, 375, 376.*

Charnoz, *54, 56.*

Charvieu, *36.*

Châteaufort, *127, 128, 302, 303, 342.*

Châtillon, *153, 158.*

Chautagne (La), *42 à 46, 73 à 80, 102, 105, 107, 108, 124, 125, 136 à 138, 157 à 167, 181, 195, 196, 219, 241 à 243, 252, 253, 255, 263 à 265, 271 à 276, 281, 303, 305 à 307, 319, 320, 332, 336 à 338, 340 à 345, 348 à 350, 366, 369, 371 à 374, 377, 381 à 385, 387, 390, 391, 394, 397, 398, 400, 401, 410, 411.*

Chazey, *54, 121, 122, 176, 179, 190, 268, 328.*

Chesnes, *36.*

Chevrier, *180, 330.*

Chindrieux, *43, 161 à 163, 263, 275, 349.*

Collonges, *72, 178, 180, 330.*

Condate, *45.*

Conjux, *45.*

Coupy, *69, 233.*

Credo (mont), *40.*

Crépieux, *93, 98, 139, 277, 278.*

Cressin, *77.*

Creys-Malville, *182, 248, 278, 292, 371, 378, 379.*

Culoz, *77, 79, 144, 145, 150, 154, 165, 178, 181, 182, 192, 252, 273, 275, 284.*

Curtin, *159.*

Dagneux, *148.*

Evieu, *81 à 88, 143, 318, 388 à 390, 408.*

Fier (Le), *103, 104, 118, 121, 303, 357.*

Flaxieu, *77, 165.*

Fort-de-l'Ecluse, *18, 35, 40, 69, 71, 355, 356.*

Franclens, *192.*

Furan (Le), *47, 176, 180, 182, 187, 190 à 192, 200.*

Genève, *116 à 118, 212, 213, 227 à 233, 235, 236, 240, 313, 314, 323 à 330, 356, 359, 360, 375, 376.*

Génissiat, *70, 72, 211, 236, 238 à 241, 244, 284, 303, 304, 312 à 317, 319, 331 à 333, 363, 369, 370, 377, 385, 396, 397, 410.*

Gland (Le), *86.*

Glandieu, *84, 86, 181, 344, 345.*

Grand-Colombier, *78, 150, 162.*

Grenay, *36.*

Grésin, *46, 69.*

Groin (Le), *79.*

Groslée, *87, 88, 89, 125.*

Guiers (Le), *82, 118, 119, 121, 357, 358.*

Hières-sur-Amby, *191.*

Huert (L'), *86, 89, 90, 170.*

Ile-Crémieu, *61, 182.*

Isle-d'Abeau (L'), *61.*

Jameyzieu, *36.*

Jonage, *94, 141, 151, 152, 183, 236, 239, 298, 330, 331, 346 à 348, 370, 371.*

Jonction (La), *17.*

Jons, *42, 92, 139, 188, 239, 268, 299 à 301, 333, 334, 346 à 348, 356, 368, 376.*

Lagnieu, *36, 91.*

Lancin, *36.*

Lavours, *43, 44, 73 à 80, 124, 125, 136 à 138, 144, 145, 153, 154, 157 à 167, 181, 192, 195, 196, 258, 259, 272, 273, 275, 276, 319, 320, 344, 381, 382, 390, 391, 410, 411.*

Léaz, *69.*

Léman (lac), *17, 36 à 39, 116 à 118, 226 à 233, 240, 278, 313, 323 à 328, 373, 398.*

Leschaux, *48.*

Longeray, *69.*

Loyettes, *36, 54 à 57, 151, 152, 183, 184, 188, 242 à 244, 266, 268, 334, 368.*

Lucey, *72, 374.*

Lyon, *42, 59, 60, 117, 120 à 122, 126 à 128, 141, 148, 149, 184 à 187, 191, 192, 196 à 198, 203 à 210, 212, 215, 216, 223, 225, 226, 251, 268, 276 à 279, 282, 283, 301, 327, 330, 340, 348, 353 à 356, 360, 366, 367, 375, 376, 399, 411, 412.*

Malville, *36, 42, 53.*

Meyzieu, *58, 183, 346 à 348, 356.*

Miribel, *58, 91 à 100, 102, 103, 105, 125, 126, 139 à 142, 177, 187, 213, 214, 219, 220, 239, 274, 283, 284, 295 à 301, 304, 305, 311, 312, 316, 317, 333, 334, 338, 339, 346 à 348, 364 à 366, 373, 374, 386, 396, 400, 405, 411, 412.*

Montagnieu, *47.*

Montalieu, *36, 53, 90, 255.*

Montluel, *139, 147, 148, 267.*

Morestel, *36, 89, 90, 158, 159, 172, 260 à 262, 272.*

Motz, *74, 154, 161, 162, 241, 336, 337, 349, 350.*

Mulatière (La), *127, 128.*

Neyron, *93, 95, 96, 134, 142, 183, 296, 298, 312.*

Niévroz, *59, 255, 267, 268.*

Parc (Le), *186, 187.*

Perna (La), *53.*

Pérouges, *139.*

Peyrieu, *155.*

Pierre-Châtel, *18, 35, 43, 148, 155, 156, 374.*

Pont-de-Chéruy, *56, 266.*

Port-Galland, *54.*

Portout, *46.*

Proulieu, *183.*

Pyrimont, *192.*

Rix, *85, 86.*

Rochefort, *77, 144.*

Ruffieux, *77, 78, 154, 162, 164, 253, 263 à 265.*

Saint-Alban, *35, 53, 102, 125, 253, 292.*

Saint-Benoît, *85, 88, 143, 157, 178, 258.*

Saint-Chef, *61.*

Saint-Genix, *155, 194, 195.*

Saint-Jean-de-Niost, *56.*

Saint-Maurice-de-Beynost, *58, 93, 296.*

Saint-Maurice-de-Gourdans, *42, 55 à 58, 92, 141, 143, 146, 157, 184, 254, 268, 309 à 311.*

Saint-Romain-de-Jalionas, *56, 368.*

Saint-Savin, *36, 61, 62, 159, 167, 171, 172, 260.*

Saint-Vulbas, *36, 54, 56, 183, 268, 280, 281, 328, 360, 371, 378.*

Saône (La), *59, 60, 116, 178, 191, 212, 282, 354, 367.*

Saugey (Le), *87, 88.*

Sault-Brénaz, *37, 42, 53, 121, 127 à 130, 183, 188, 189, 191, 194, 215 à 219, 225, 226, 236, 242, 243, 254, 301, 302, 326, 332 à 334, 369, 373.*

Save (La), *86, 89, 90, 170.*

Savières (canal de), *46, 78, 119, 124, 191, 212, 242, 326, 343.*

Sémine (La), *38, 40.*

Séran (Le), *79, 119, 165, 166, 176, 182, 190, 303, 344.*

Sermérieu, *61.*

Serrières-de-Briord, *42, 47, 53, 90.*

Serrière-en-Chautagne, *74, 77, 78, 162, 196, 271, 306, 336, 337, 349, 350.*

Seyssel, *45, 71, 121, 127, 139, 190, 192, 193, 196, 202, 241, 250, 301 à 303, 313 à 317, 319, 332, 363, 369, 375, 376.*

Sion, *46.*

Surjoux, *192.*

Thil, *59, 98, 141, 142, 296, 298.*

Thuellin, *89.*

Usses (Les), *40, 104, 118, 119, 121, 211, 303, 357, 386.*

Valais (Le), *17, 117, 136, 211, 232, 233, 325 à 327.*

Valbonne (La), *36, 54, 58, 266.*
Valromey (Le), *79.*
Valserine (La), *69, 72, 119, 121, 180, 235, 237, 357.*
Vanchy, *69, 71.*
Vaulx-en-Velin, *58, 59, 93, 94, 140, 142, 147, 198, 204, 205, 251, 255 à 257, 281 à 284, 296 à 298, 338, 339.*
Verbois, *235, 312 à 317, 356, 377.*
Vernes (marais des), *41, 62.*
Verpillière (La), *36, 61, 62, 167, 169 à 171, 259 à 262, 274.*

Versoix, *195.*
Veyrins, *49, 52, 88.*
Vézeronce, *90, 143, 149, 167.*
Villebois, *53, 54, 191, 225, 226, 281, 282.*
Villette-d'Anthon, *92, 93, 143, 146, 147.*
Villeurbanne, *126, 150, 204 à 210, 226, 236, 239, 278, 282, 283, 339, 340, 346 à 348.*
Vions, *153, 192, 255, 263, 264, 281, 343, 344.*
Virignin, *36, 161, 183.*
Vongnes, *145.*
Yenne, *80, 155, 181, 284.*

ENGLISH SUMMERY:

The Rhone River, between Geneva (Switzerland) and Lyon (France)

This study deals with the relations between fluvial environments and Man in the valley of the Rhone River, from Lake of Geneva downstream to Lyon at the confluence of the Saone River.

First part
The Rhone River in its valley at the dawn of the industrial era

The prints of the last glaciation

The main characteristics of the valley were influenced both by the structural frame and the conditions of the glacial retreat.

Downstream from the Lake of Geneva, the Rhone River crosses the folds of the Jura Mountains and has inherited one of the courses left by alpine glaciers. The river has settled into a glacial valley; this explains the differences between the three sections:

1. Upstream, between Geneva and Le Parc, the Rhone River incised a narrow and deep trough into the würmian morains and its molassic and calcareous substrate.

2. From Le Parc to Le Sault, at the contact of Jura Mountains and Ile Cremieu Plateau, the glacier has dug a series of overdeepened areas under structural control. As early as the Post-Glacial epoch, the tributaries of the Rhone River (mainly the Arve and Fier Rivers) provided a large amount of coarse load while the Rhone River was decanted through the Lake of Geneva. The coarse load supply progressively filled in the over-deepened areas; this resulted in the aggradation of the valley floor and the isolation of backswamps (Chautagne and Lavours marshes). At the southern end of the Jura Mountains, the course of the river changed in the 6th century because of a self-capture.

The section upstream of Le Sault continues to aggrade with a finer load (sand and gravel) than upstream (cobbles).

3. Downstream, the defile of Le Sault where the Rhone River is flowing on a rocky bed, the situation is quite different; the river bed is degrading because of bed load retention in the upstream basins.

Between Le Sault and the confluence of the Ain River, the Rhone River incised several terraces (the lowest ones being holocenic) into fluvio-glacial deposits. The degradation increased in historic times. Between the Ain River confluence and Lyon, the situation is far more complex with intermittent periods, poorly documented, of aggradation and degradation. The variations of coarse load supply and hydrology may explain these changes.

Thus, the Rhone Valley floor is not characterized by a continuous and concave long profile; different sections are controlled by structure rock outcrops, glacial influences and holocenic changes.

The fluvial dynamics of the Rhone River
at the beginning of the 19th century: reality and perception

This study is based on the analysis of archives: texts and a rich iconography that could be preserved. Four sections of peculiar interest were distinguished:

1. The gorges from Geneva to Le Parc have unstable slopes and have experienced many landslides of the drift cover. The Rhone River was a fast torrent ($V = 3m^3.s^{-1}$ for average discharge) with a high gradient (more than 0.0015, locally more than 0.003) and an important bedload from the Arve River ($80.000m^3.yr^{-1}$) as well as significant water level variations during spates ($Q100 = 1200m^3.s^{-1}$).

The Bellegarde's Loss was a known scenic place because the Rhone River was flowing below stratas of cretaceous limestone in average discharge situations. The Rhone River fall was moving back ($1m.y^{-1}$) because of regressive erosion.

2. The Rhone River flood plain at the backswamps of Chautagne and Lavours is well documented because the boundary between France and Savoy was not fixed, along this braided section.

As many as 125 islands can be counted along a short section (2.500m long) of a 1760's map. In summer, the water (2 meters higher because of snow and ice melting) covered the flood plain, eroded tilled land or covered the wheat crops with sand. Out of the braided belt, the peat could aggrade in the backswamps where the submersion lasted several weeks a year. The water originated also from the karstic ranges that border the valley. During the floods, the marshes received mineral fluxes, which at that time was considered as an increase in fertility.

3. The river flood plain in the Basses Terres of the Dauphiné developed several fluvial patterns. Firstly, a braided and anastomosed pattern began along a section shortened by the self-capture of the river ($S = 0.0007$). Aggradation of the river bed, because of a downstream control, was fast ($0.01m.yr^{-1}$) and promoted the development of quasi-anastomosed channels on the margins of the flood plain. Secondly, downstream the river meanders because of a lower slope (0.0002 to 0.0003) in a large basin; the progradation of the upper braided belt has overlapped part of the meander pattern. Thirdly, the meanders dating from the end of the Roman times may still be observed in the abandoned valley. Since that time, the general pattern upstream of the captured section has changed to braiding.

4. The Rhone River between the Ain River confluence and Lyon displayed a braided pattern in a flood plain 3-5km large. (the slope

is 0.0006). Meanders occured locally, influenced by the presence of steep bluffs cut into the morains and outwash gravel deposits; some may date from yet undetermined periods of the Holocene, under different palaeodischarge conditions.

In conclusion, the Rhone River was mostly a braided river (80% of the course) at the beginning of the 19th century. The braiding index exceeded 10 in three sections of steeper slope (0.0005 to 0.001), influenced partly by coarse load supply from tributaries. The braiding generated a strong rate of geomorphic renewal of the alluvial biotopes and increased the number of lotic stretches.

The hydrology before water regulation

The Rhone River was a submontaneous river characterized by a high specific discharge (about $30 l.s^{-1}.km^{-2}$); the glacial regime of the Suiss Rhone River is softened by the Lake of Geneva which also cuts off the flood peaks. The tributaries downstream the lake give the Rhone River a pluvio-nival influence.

The Rhone River has severe spates, mainly during the cold season and mainly from the Ain River. The flood peaks were fortunately lowered by the expansion into the large flood plains upstream of Lyon (276km were flooded for Q_{100}). This character explains the fact that the town of Lyon could expand on to the flood plain as early as the 18th century.

Second part
Control of the Rhone river by man

The study of the river, in slightly modified conditions, has shown the constraints occuring in the Rhone River Valley: the instability of the geomorphic pattern, the speed of the river flow and the danger of floods. Riverine societies had to wait until the 19th century to improve their control upon the river.

The riverine communities: constraints and adaptations
• The rural settlement

This study refers to the distinction between several types of fluvial environments, according to the combinaison of natural constraints:

— The islands, bars and banks were called "Brotteaux" because they were land for pasture, grazing and wood cutting as well as the subject of dispute between villages. The geomorphic instability discouraged attempts to defining precise limits of property. Excessive pressure enhanced the natural wandering of the river because of the general destruction of the alluvial forest.

The only large wooded areas existed on the property of noble and religious estates; they were partly sold after the Revolution of 1789. On the contrary, the peasants tilled very small plots threatened by floods and bank erosion. Conflicts were numerous between the landlords and the communities, which defended collective property of pastures.

The villages were situated on the margins of the valley abore the floods limit; because of its narrowness and of the speed of flow, the riverine populations never built flood levees. The only works were rock embankments to protect land from river erosion.

— The large marshes of Chautagne and Lavours were owned by the landlords who gave some rights to communities before the Revolution. The marshes were essential to economic equilibrium because they provided grazing land in the cold season and, above all, hay for cattle and green manure for the vineyards planted on the hills. Rural communities were fiercely opposed to any attempts of land improvement by flood protection or draining. In the Bourgoin marsh (Dauphiné), the improvement was imposed by the government but ruined by peat extraction. This character is shown to be common in large european marshlands as in the Fens, the Languedoc, or along the Danube River.

• The traditionnal uses of the river

The Rhone and its largest tributaries were managed by the Ponts et Chaussées Administration that leased fishing rights along sections of several kilometers. Official fish production was low in the 19th century, except in the vicinity of Lyon because the town was the main market for the production. The control was strict but fish populations, mainly Salmonids, were altered by poaching (use of prohibited nets, chemical poisoning, retting of hemp).

Water mills were very scarce along the rivers, not only because of the natural constraints (floods, gravel deposits) but mainly because of prohibition by the Ponts et Chaussées Administration, which gave priority to navigation. Nevertheless, somme mills worked in the upper gorges and a few vessel mills downstream. The main source of energy was provided by small tributaries equiped mainly with sawmills.

Navigation was then the main activity on the rivers.

The gorges of the Rhone River were said to be "flottable"; because of the Bellegarde's Loss, they could not be navigated. Downstream the Rhone River was "navigable" under difficult conditions: interruptions because of low flow or floods, speed of the water, shallow channels in the braided sections, shelves... The tributaries experienced only landing navigation.

The traffic was low (100.000 to 250.000T), mainly stone and wood rafts to Lyon.

• The protection of plains and towns by embanking

The first civil engineering works of the 18th century attempted to fix the course of the Rhone River and thus allow river crossing. The only works devoted to land protection were begun in the Savoy, under Sarde's domination. The first large embankments of Lyon were built in the 18th century.

Control of the river (end of the 19th-20th century)

• Protection of Lyon against flooding

The flood plain, mainly on the left bank, was protected in 1837 by an earthen embankment; it was destroyed twice in 1840 and 1856 ($4.140m^3.s^{-1}$) by strong floods. Then a strong embankment was completed in 1859 and has protected the city since then.

• Waterway improvement was intended at the end of the 18th century in the gorge section; a canal should have prolonged the navigation upstream from Le Parc to Geneva but engineers and trades men failed to find funding.

In fact, the improvement of the Rhone River was performed to develop steam shipping in the "navigable section" after 1839. The first embankments were begun in 1848 (Miribel canal in the vicinity of Lyon), but the funds devoted to the Rhone River upstream Lyon were limited by Parliament. A lock was built at the Sault passage to avoid the rapids (1884-1890) and submersible embankments were constructed between 1874 and 1886 in the braided sections to narrow the Channel.

These works appeared to be useless because the railways, built since the years 1850, attracted the traffic. River navigation ceased at the beginning of the 20th century, the last traffic being the transport of passengers to the Lake of Bourget resorts.

The control of Lake of Geneva and of the alpine waters

— The outlet of Lake of Geneva was equiped with hydraulic machinery from 1708 to 1842. A more efficient dam, completed in 1845, raised the level of the lake (1.20 to 1.50m).

In 1884, suiss regulation fixed the lowest and highest levels of the lake so as to reduce the fluctuations; Geneva lost some available energy for its power station at the outlet of the lake but obtained a minimum discharge.

— At the end of the 1930's, these conditions became more tractable but electricity supply has been transfered to the Alps where large reservoirs may stock winter energy supplies of three times more water than in the Lake of Geneva.

The era of "white coal"

The first attempts to produce energy, except machinery at Lake of Geneva, was limited to Bellegarde, on the site of the losses (1871). A power station produced mecanic energy and was coupled with the creation or an early industrial estate; the initiative came from Switzerland.

When it became possible to transfer energy to cities, many projects then were initiated by private companies from Lyon and Paris. In fact, the Rhone River remained underequipied because the Ponts et Chaussées Administration intented to protect the interests of navigation and control the initiatives; the main development scheme was completed in 1899 in the vicinity of Lyon (derivation dam of Jonage Cusset). The law of the Rhone River (1921) reserved development to the Compagnie nationale du Rhône, which received a concession in 1934. A chain of dams were constructed after 1937. The first was the Genissiat Dam which was completed in 1948 (1.660GWh). After an interruption, construction resumed in 1978 and is almost complete.

The river flood plains: decline and recent recovery

The valley of the Rhone River, as with many French regions, experienced an economic depression at the end of the 19th and at the beginning of the 20th centuries. Many factors may explain this crisis and some are specific to the valley.

— Firstly, the flood of 1856 was followed by an act of Parliament (1858) that forbid the protection of the plain against the floods so as to preserve Lyon from more severe floodings, despite the protests of riverine populations.

— Secondly, the plains were striken by the crisis of agriculture (development of pastures, crisis of vineyards...), by depopulation. Many marshes were abandoned and the alluvial forests expanded along the river, restoring a quasi-natural landscape, all the more as the navigation was decaying.

A major change occurred in some areas of the Rhone Valley during the 1930's. During the economic crisis, the State paid unemployed people to improve the Chautagne marshland after having bought the land (750ha were planted of poplars); other works of collective interest were also performed. After the 2nd World War, agriculture practices changed drastically with corn expansion, mecanisation, fertilization, the control of phreatic water levels, etc.

The valley is a purveyor of drinking water for Lyon ($300.000m^3$ per day), cools two large nuclear power plants (Bugey = 4.180MW and the fast breeder reactor of Creys-Malville) and provides gravel for construction as well as river entertainment for the towns. Thence, the river and the valley are experiencing strong pressures and many impacts.

Third part
Man-induced changed to the fluvial environment

The impacts on fluvial geomorphology

• The long profile of the Rhone River has been degrading in some sections since the middle of the 19th century; but, this change is more or less recent and severe. The embankments are responsible for constricting the navigation channel and increasing the tractive force in formerly braided sections. Other impacts are the retention of bedload in reservoirs of the Rhone River (Genissiat in 1947) and of its tributaries (Fier and Ain Rivers), the vegetalisation of moun-

446

tain slopes since the end of the 19th century (which reduces the load supply) and the extraction of bed sediment for concrete production.

• The embankments have completely suppressed the braided pattern of the river. Nevertheless, many flowing arms, more or less silted, are preserved in the flood plain, namely at the southern end of the Jura Mountains.

This change has suppressed the geomorphic regeneration capacity of the river.

• A preliminary study of fine load (mainly suspended load) registers a contemporaneous change towards finer classes because of the reservoirs and because of selective retention in the watershed. Despite the flushing of the reservoirs, the transit of load has been deeply altered. The consequence is a change of the fertility in the flood plains, a change of the ecological condition on terrestrial biotopes and the siltation of aquatic biotopes.

The impacts on surficial and phreatic flows

• Until 1940, the regulation of the Lake of Geneva (1884) has lowered the retention capacity from $600\text{-}800.10^6\text{m}^3$ to $330\text{-}340.10^6\text{m}^3$. The consequence for the Rhone River has been a flow increase of summer discharge and a flow decrease of autumn discharge, which is very detrimental for downstream navigation.

Since the 1940's, the trend has reversed; the lake capacity was increased to 700.10^6m^3 and the alpine reservoirs (1000.10^6m^3 contribute to a strong egalisation of saisonnal discharges. Summer became the season of low discharges downstream.

The hydroelectric power plants built on the Rhone River since the 1950's induce daily and weekly fluctuations because of peak energy production. The technique or diversion dam multiplies the by-passed sections, where discharge and dynamics are totally influenced.

• From 1858 to 1970's, the legislation prohibiting the construction of flood embankments has been applied very drastically but the risks of flooding have decreased because of man-induced river degradation; since the end of the 1950's, a period of relatively low flood discharges has given the population a false impression of security. The completion of new hydroelectric power plants since the beginning of the 1980's has probably affected the flood transmission and extension but it is too early to conclude with precision; the valley will probably experience an increase in peak discharges and a decreased inondation zone during high and medium frequence spates.

• The phreatic levels have been influenced in the sections where the river bed has been degrading. Namely, in Chautagne the incision (2m since the 19th century) has provoked a low water table and a subsidence of the peatland. The lowering of the water level in the by-passed sections of diversion dams is about 1.5 to 2m.

In conclusion, the contemporary trend is a progressive reduction of fluvial constraints in the Rhone River Valley.

Impacts on water quality and the ecotope

• The physico-chemical quality of Rhone water is rather good because pollution is limited. These characters, combined with slope, speed of flow, water temperatures and substrates, could be suitable for Salmonids during a part of their life history if there were no dams to inhibit spawning migrations. Hydrobiological studies demonstrate that ecotopes have been impoverished compared with a reconstructed natural state. The reasons are mainly an increased instability of substrates along the embanked sections and the construction of dams (creation of lenitic conditions, lethal effects of reservoir flushing every 3 years). Nevertheless, the by-passed sections are of ecological interest.

• The hard wood forest are replacing soft wood forests. This is due to the change in fluvial dynamics and to the lowering of the water table. The alluvial forest has lost part of its specificity and is infiltrated by ''collinean'' species.

Conclusions concerning impacts

1. The ''reference state'' of the environment should be always situated in a historical perspective, at least for long term changes. The surveyed changes, in european countries, often may be induced by earlier activity whose influency may have been forgotten.

2. Different kinds of impacts on the environment may be distinguished: influence spectrum, influence era, upstream and downstream impact, sheaf of impact, cumulation of impact, direct and indirect impacts.

3. The perception of change may be subjective, depending on the sensibility of the population, on revealing new contraints as well as changes in the environment. Some alterations are not yet analyzed.

4. Lag times are quite variable from one variable to another; reversibility and irreversibility depend on the type of civil engineering work performed.

5. The landscape of the Rhone River recovered a pseudo-natural aspect while the larger works were inducing deep environmental changes. Recent economical development does not fit with the same constraints as in earlier times.

List of illustrations

1. The levels of the Lake Geneva during the Holocene, *39*.

2. The coarse alluvial sedimentation after melting of the wurmian glacier, *41*.

3. The alluvial plain between Genissiat and the confluence of the Guiers River. Archeological discoveries and subfossil woods, *44*.

4. Cuts in the Chautagne Alluvial Plain, *45*.

5. The self-capture of the Rhone River. The Basses Terres, *51*.

6. The geomorphological units of the Basses Terres Plain, *52*.

7. The westward shifting of the Ain River confluence from the tardiglacial period and the increasing degradation of the river in the confluence area, *55*.

8. The shifting of the Ain River confluence over five centuries, *56*.

9. Peat in the Bourgoin marshland in 1970, *61*.

10. The slope instability in the Chancy-Pougny area, *68*.

11. Landslides and rockfalls recorded along the Culoz-Geneva Railway between 1883 and 1972, *70*.

12. Geological transect on the site of Bellegarde, *72*.

13. The Rhone River, Chautagne, around 1760, *74*.

14. The geomorphological effect of floods, Chautagne around 1730, *75*.

15. The Rhone River course, Southern end of the Jura Mountain around 1760, *81*.

16. The Rhone River, Bregnier-Les Avenieres Plain around 1860, *83*.

17. The water levels. Basses Terres area, *86*.

18. The captures of tributaries to the Rhone River in Bregnier Plain, *86*.

19. Cutoff of the Saugey meander, *87*.

20. The geomorphological patterns of the Rhone River downstream the Ain River confluence, *91*.

21. The evolution of Balan-Villette meanders, *93*.

22. A braided section near Miribel in 1848, *95*.

23. The gravelly areas in Miribel Islands in 1848, 1860, 1928, 1975, *97*.

24. The rejuvenation rate of fluvial landforms in Miribel Islands at different dates, *97*.

25. Channel slope and sinuosity downstream the Ain River confluence, *99*.

26. Plain slope and channels sinuosity before 1850 and around 1880, *100*.

27. The fluvial patterns of the Upper Rhone River, *101*.

28. The braiding rates in 1840, *102*.

29. The average slopes between Le Parc and La Mulatiere, *102*.

30. The rejuvenation rate of fluvial landforms before the man's impacts, *105*.

31. Typology of alluvial bars, *105*.

32. Correlation valley slope- braided channels width, *106*.

33. The specific discharge of the Rhone River, from the source to the sea, *115*.

34. The average regime of Lake Geneva, 1841-1856, *117*.

35. The influence of Lake Geneva upon the peak flow of the Rhone River in 1856, *117*.

36. Conditions of the Rhone River and its tributaries, *120*.

37. The influence of the Ain River upon the large floods of the Rhone River at Lyon, *121*.

38. The 1918 flood hydrogram. Ain and Rhone Rivers, *121*.

39. The flooded area between Geneva and Lyon in 1856, *123*.

40. The flood plain at the end of the 18th century, Villeurbanne and Lyon, *126*.

41. Natural reduction of maximum peak discharges for characteristic flood discharges, *127*.

42. Duration of discharges exceeding 1100 and 1500m³.s, Sault-Brenaz (1920-1982), *129*.

43. The soils complex, Chautagne and Lavours plains, *137*.

44. The islands or "brotteaux" of Vaux and Miribel in 1726, *140*.

45. The noble interventions in the flood plain downstream the Ain River confluence, *146*.

46. The reclamation of the Meant Island, *147*.

47. The Guillotiere (Lyon): the rural landscape at the end of the Middle Ages, *148*.

48. Land occupation in Jonage Alluvial Plain around 1830, *151*.

49. Parcelling of the Loyettes, 18-19th centuries, *152*.

50. Protection of Lavours against floods around, *153*.

51. Functionning model of the Chautagne "life complex", *160*.

52. Peat extraction in the Lavours marsh land around 1860, *166*.

53. Bourgoin marshland drainage, La Verpilliere, *169*.

54. Basses Terres marshland drainage, its consequences, *170*.

55. Fishing sections rentals, 19th century, *176*.

56. Examples of hydraulic power use, Jourdan River, Culoz, *182*.

57. The vessel mills of Lyon, 1635, *184*.

58. Vessels mills, Saint-Clair embankment, Lyon in 1817, *184*.

59. Navigation on the Rhone River in 1835, *185*.

60. The Rhone River navigability in 1854, *186*.

61. The average levels of waters, Morand Bridge, Lyon from 1851 to 1858, *187*.

62. Seyssel in 1834, *193*.

63. Shipping traffic in 1853, *193*.

64. Picollet embankment, Chautagne, *195*.

65. Seyssel embankment, in 1847, *196*.

66. Protection against floods, Villeurbanne and Lyon, *207*.

67. Villeurbanne embankments, *208*.

68. Investments for navigation between 1843 and 1904, *213*.

69. Expenses along the Rhone River between 1843 and 1926, *213*.

70. The Sault Pass improvement at the end of the 19th century, *217*.

71. Fluvial correction works, 1840-1880, *219*.

72. Embankment of the Rhone River, Chaffard Pass, *221*.

73. Wood traffic, Ain River, *224*.

74. Passenger steamboats traffic, Lyon-Aix line. Comparison with the Saone and Rhone River (downstream Lyon) traffic, *224*.

75. Downstream freight traffic from Le Sault to Lyon, *226*.

76. The rules concerning Lake Geneva levels, 19-20th centuries, *227*.

77. The seasonnal water levels of the lake Geneva, *229*.

78. Historical evolution of the useful portion of Lake Geneva, *229*.

79. Artificial water storage in Lake Geneva and other Suiss alpine reservoirs, *232*.

80. Bellegarde, the industrial site, *233*.

81. Schemes of the "Compagnie nationale du Rhône" development, *243*.

82. Dams of the Ain River, *245*.

83. The protection of Vaulx-en-Velin against floods, *257*.

84. The authorisations of exploitation in 1855, Bourgoin marshland, *261*.

85. Irrigation projects, Lower Ain River Plain, *267*.

86. Evolution of the average daily production of drinking water-catchments, Lyon, *278*.

87. The water-catchment field of Crepieux-Charmy, *278*.

88. Water supply and waste vaters in Lyon districts, *279*.

89. Bugey Nuclear Power Plant cooling, *281*.

90. Model of the space-time use, Rhone River from 1760 to 1985, *286*.

91. The long profile tilting of Miribel Canal, *297*.

92. The degradation of Miribel Canal, upstream Thil, *300*.

93. Annual peak discharges, Seyssel Bridge, *302*.

94. QH curves and degradation of the bed, Chateaufort, since 25 years, *302*.

95. Annual peak discharges, Cordon Bridge, *302*.

96. The impact of embankment upon the braided pattern, Chautagne, *306*.

97. Recent evolution of a section in the Basses Terres area, *307*.

98. Recent evolution of Meant island, *310*.

99. The method for dam flush-out in 1981, *313*.

100. The downstream evolution of suspended matters concentration, flushings of 1975 and 1978, *315*.

101. Evolution of average monthly discharges at Geneva, beginning of the 20th century, *325*.

102. The evolution of discharges, Porte de Scex, Switzerland, *326*.

103. The evolution of monthly discharges, Chazey, after completion of Vouglans Dam, *328*.

104. The influence of Chevres and Coulouvreniere Dams upon the Rhone River system, *330*.

105. The daily fluctuations of water levels downstream Geneva and Jonage (1900-1907), *331*.

106. Lockage-water functioning of the dams, *332*.

107. Miribel Canal discharges daily maximums and minimums in 1978, *334*.

108. Peak discharges for characteristic flows in the different units of hydrographical net, Miribel-Jonage flood plain (m³.s), *339*.

109. The flood plain contraction along the Upper Rhone River, *341*.

110. The ground water levels in Miribel-Jonage flood plain, high and low waters situation, *347*.

111. The ground water levels, Villeurbanne. Impact of water-catchment stopping, *348*.

112. The evolution of water quality (1971-1980), *355*.

113. BOD 5 flux in 1973, *358*.

114. Typological appurtenance of the Upper Rhone River, *362*.

115. Average yearly temperatures unsurpassed 95% of time, *371*.

116. Impact of Vouglans dam releases upon Ain River temperatures, *372*.

117. The impact of Lake Geneva upon the Rhone River temperatures, *373*.

118. Impact of dam flush-out upon the age pyramid of fish populations, *377*.

119. The warming of the Rhone River by the Bugey Nuclear Power Plant, 1982, *378*.

120. Evolutive sequences of vegetal associations, *381*.

121. Relations between vegetal associations of marshland, average waterlevel depth, nature of the substrate, *382*.

122. First stages of the alluvial forest and cobbles bars, La Balme-Brangues section at the end of the 1970's, *388*.